사서로 읽는
항우와 유방

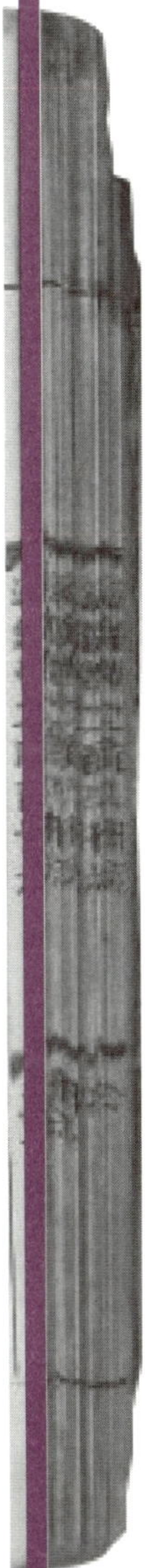

학오 신동준 선생의 마지막 저서

사서로 읽는 항우와 유방

신동준 지음

초한지제의 흥망을 『사기』, 『한서』, 『자치통감』으로 파헤치다

사서의 행간에서 읽어낸 초한지 바로보기

인간사랑

차례

저자 서문

고금동서를 막론하고 영웅호걸은 난세에 나오게 마련이다. 천하에 주인이 없는 탓이다. 진시황의 급서처럼 거대한 권력 공백 상황에서는 더 말할 게 없다. 건달에 불과했던 유방이 명문 귀족 가문의 항우를 제압하고 최초의 평민 출신 황제가 된 것도 이런 맥락에서 이해할 수 있다. 모두 난세이기 때문에 가능한 일이었다.

두 번에 걸친 미북 정상회담이 상징하듯이 북핵으로 인한 한반도의 불안정한 상황은 여러모로 항우와 유방이 다툰 초한전楚漢戰 당시를 방불하고 있다. 전대미문의 현직 대통령 탄핵과 그로 인한 국론분열, 유엔 차원의 강도 높은 대북압박 등이 그렇다. 한반도 주변의 상황은 더욱 심각하다.

중국의 시진핑은 '신중화질서'를 뜻하는 '중궈멍中國夢'을 역설하며 완력腕力을 과시하고 있고, 일본의 아베는 '북핵위기'에 힘입어 중의원

선거 압승의 여세를 몰아 헌법 개정을 통한 군사대국 노선을 노골화하고 있다. 미국의 트럼프는 G1의 자리를 견지하기 위해 '아메리카 퍼스트'를 기치로 중국 포위 전략에 박차를 가하고 있고, 러시아의 푸틴은 막강했던 '옛 소련의 부활'을 기치로 내걸며 '통일한국의 밥상' 위에 슬그머니 숟가락을 얹고 있다. 제대로 대처하지 못했다가는 남북이 공멸하는 최악의 상황을 맞을 수도 있다. 구한말 성리학에 찌든 조선조의 사대부들이 세도정치의 부패를 방치한 채 당리당략에 함몰됐다가 패망을 자초한 악몽을 떠올리게 한다.

학계에서는 '초한전'의 시기를 통상 초한지제楚漢之際로 부르고 있다. 항우가 진나라를 멸하고 서초패왕西楚霸王의 자리에 오른 뒤 한중왕漢中王 유방이 천하를 쥐는 시기까지 진행된 7년간의 짧은 과도기를 가리킨다. 초한지제는 아무리 시간을 소급해 진시황이 천하를 사상 최초로 통일한 시기부터 계산할지라도 겨우 22년에 불과하다. 통상 역사소설 『초한지』에서 집중 조명하고 있는 '초한지제'의 시기는 풍몽룡의 역사소설 『열국지』가 다루고 있는 550년의 춘추전국시대나 나관중의 역사소설 『삼국지』로 널리 알려진 100여 년의 삼국시대에 비해 턱없이 짧다. 그럼에도 『초한지』는 같은 역사소설인 『삼국지』나 『열국지』 못지않게 많은 독자를 보유하고 있다. 그만큼 변화무쌍하고 흥미진진하다. 금의야행錦衣夜行과 파부침주破釜沈舟, 암도진창暗渡陳倉, 사면초가四面楚歌 등 수많은 고사성어가 이를 뒷받침한다. 100여 년에 걸친 역사소설 『삼국지』에 나오는 성어 못지않게 많다.

주목할 것은 『초한지』가 『열국지』 및 『삼국지』와 달리 정본이 없다는 점이다. 구성 또한 다른 두 역사소설과 적잖은 차이가 있다. 『삼국지』나 『열국지』는 적어도 100년 이상의 세월을 포괄하며 무수히 많은 인물을 등장시키고 있다. 이에 반해 『초한지』는 진나라가 무너지고 항우와 유방이 쟁패전을 벌이다가 결국 유방이 승리하기까지 대략 10여 년 남짓의 세월만 다룰 뿐이다. 등장인물이 그리 다채롭지 못한 이유다. 가장 치명적인 것은 나관중의 『삼국지』 및 풍몽룡의 『열국지』와 달리 『초한지』에는 그런 저자가 없다는 점이다.

중국에서는 가정嘉靖과 만력萬曆 연간에 활약한 저명한 역사소설 작가 웅대목熊大木이 '초한지제'를 포함해 전한과 후한의 모든 역사를 소설로 풀어낸 『전한지전全漢志傳』을 펴낸 바 있다. 이후 작자 미상의 『양한개국중흥지전兩漢開國中興志傳』이 나왔다. 얼마 후 만력 40년인 1612년 지금의 남경인 금릉金陵 출신 종산거사鐘山居士 견위甄偉가 모두 101회로 구성된 『서한통속연의西漢通俗演義』를 펴냈다. 지난 2019년 2월 중문학자 김영문은 진시황의 부친 자초子楚가 조나라에서 인질 생활을 하는 기원전 250년 전후부터 한혜제漢惠帝 유영劉盈이 즉위하는 기원전 195년까지 대략 50여 년의 역사를 담은 『서한통속연의』를 3권짜리 '원본 초한지'로 번역 출간했다. 사실 이 책이 현존하는 『초한지』의 원본에 가장 가깝다.

지난 1917년 복건성 출신 민간학자 황사항黃士恒도 역사소설 『진한연의秦漢演義』를 상무인서관商務印書館에서 펴낸 바 있다. 서한 즉 전한이 들어선 이래 외척인 왕망에 의해 패망했다가 후한을 세운 광무제光武帝 유수劉秀에 의해 한나라가 부흥하는 시기까지 총 200여 년을 다뤘다. 취급한 시기가 웅대목의 『전한지전』과 마찬가지로 통상적인 '초한지제'의 범위를 훨씬 넘고 있다. 한고제漢高帝 유방이 초패왕楚霸王 항우와 벌인 쟁패爭霸 과정에 초점을 맞춘 견위의 『서한통속연의』와 대비된다. 유방이 항우를 제압하고 연회를 베푸는 장면부터 줄거리가 시작되고 있기 때문이다.

다만 황사항의 『진한연의』 앞 대목은 견위의 『서한통속연의』가 한혜제 유영의 즉위 전후 시기까지만 다루고 있는 까닭에 『서한통속연의』가 다루지 못한 '초한지'의 후속편으로 간주할 수 있을 것이다. 원래 견위가 『서한통속연의』를 펴낼 때 진정한 의미의 '정본 초한지'를 만들고자 했으면 진시황의 부친인 자초가 조나라에서 인질 생활을 하는 기원전 250년 전후부터 진시황이 천하를 통일한 뒤 천하순행 도중 문득 사구沙丘에서 숨을 거두는 기원전 210년까지의 기간은 과감히 들어내야만 했다. 대신 한고제 유방의 뒤를 이어 한혜제 유영이 즉위하는 기원전 195년부터 태후가 된 여후가 사실상의 여제로 군림하는 시기를 지나 여후의 사망 직후 승상 진평陳平이 태위 주발周勃과 합세해 여씨 일족을 일거에 몰아내고 대왕代王 유항劉恒을 한문제漢文帝로 맞이하는 기원전 180년까지의 시기를 덧붙이는 게 타당했다. 그리하는 게 광의의 '초한지제' 범위와 일치한다. 그 경우 광의의 '초한지제'는 모두 30년이 된다.

원래 동아3국에서는 원본 내지 정본이 존재하지 않은 까닭에 마치 서울 장충동이 가게마다 '원조 족발'을 내세우듯이 작가들마다 '원조'를 구두선처럼 내세우고 있다. 일본에서는 국민작가로 불리는 시바 료타로司馬遼太郎가 지난 1970년대 말에 쓴 『항우와 유방』이 정본으로 통용되고 있다. 동아3국 내에서 역사적 사실을 가장 핍진逼眞하게 그려냈다는 평가를 받고 있다.

한국에서는 이미 조선조 때 여러 판본의 『초한지』가 언해본諺解本으로 출현한 바 있다. 이런 흐름은 일제 때도 지속됐다. 해방 이후에는 지난 1956년 종산거사 견위의 『서한통속연의』를 윤색해 펴낸 김팔봉의 『통일천하』가 등장했다. 이는 나중에 『초한지』로 서명을 바꿨다. 이후 1984년 정비석의 『초한지』, 2008년 이문열의 『초한지』 등이 '한국판 정본'을 자처하며 잇달아 출간됐다. 21세기 현재 시중에는 이문열과 정비석의 작품 이외에도 여러 작가들의 『초한지』가 정본처럼 나돌고 있다.

원래 초한지제는 여러 군웅이 항우와 유방을 사이에 두고 이합집산을 거듭한 까닭에 그 내용만큼은 매우 복잡하기 짝이 없다. '초한지제'를 가장 상세히 기록해 놓은 사서는 『사기』이다. 「본기」와 「열전」을 비롯해 「진초지제월표秦楚之際月表」와 「한흥이래제후왕연표漢興以來諸侯王年表」, 「고조공신후자연표高祖功臣侯者年表」 등을 종합적으로 검토해 월月 단위로 자세히 분석할 필요가 있다. 그리하지 않으면 당시의 사실史實을 정확히 파악키 어렵다. 이는 '초한지제'를 집중 조명하고 있는 역사소설 『초한지』의 기본특징이기도 하다.

본서가 최근 동아3국의 학자들에 의해 새롭게 밝혀진 연구 성과까지 모두 반영한 것은 바로 이 때문이다. 시중에 나와 있는 온갖 종류의 역사소설 『초한지』가 자칫 독자들에게 왜곡된 역사적 사실을 전파하지나 않을까 우려한 데 따른 것이다. 현재 한중일의 동아3국 학계에서는 흔히 알고 있는 '해하垓下 결전決戰'이 사실은 진성 아래서 전개된 '진하陳下 결전'이고, 항우가 자진한 곳으로 알려진 '오강烏江의 자진自盡'은 '동성東城의 전사戰死'라는 게 통설로 통용되고 있다. 본서가 이에 관한 논의를 자세히 다룬 이유다. 모두 제자백가의 관점에서 접근했다. '초한지제'의 실상을 정확히 독자들에게 알릴 필요가 있다는 판단에 따른 것이다. 독자들은 본서를 통해 '초한지제'의 성격과 특징을 종합적으로 파악할 수 있을 것으로 본다.

고금동서를 막론하고 국제정치는 냉혹의 차원을 넘어 살벌하기만 하다. 부국강병을 통해 최소한의 자위력을 보유하지 못한 나라는 유사시 강대국의 병탄 대상이 되고 만다. '초한지제'의 군웅이 보여준 다양한 위기대처 방안과 교묘한 지략 중에는 21세기 G2시대에 그대로 써먹을 만한 게 매우 많다. 특히 항우와 유방을 비롯해 군웅과 책사들이 벌이는 이합집산이 그렇다. 그 속셈이 매우 복잡하고 음흉하기 짝이 없다. 20세기 초 리쭝우李宗吾가 『후흑학厚黑學』에서 유방을 속이 시커멓고 얼굴이 뻔뻔한 이른바 '면후심흑面厚心黑'의 달인으로 지목한 것도 이런 맥락에서 이해할 수 있다.

난세에는 난세의 논리가 작동하게 마련이다. 리쭝우가 '면후심흑'을 역설한 배경이다. 역사적으로 볼 때 중원에서는 이전의 왕조가 패망의 조짐을 보일 때면 예외 없이 군웅들이 일시에 들고 일어나 천하를 놓고 다투는 치열한 접전 양상을 보였다. 중국의 사가들은 이를 통상 '축록중원逐鹿中原'으로 표현했다. 군웅이 서로 다투는 것을 사람들이 주인 없는 사슴의 뒤를 미친 듯이 쫓아가는 것에 비유한 것이다.

여기의 사슴은 대권을 상징한다. 진시황의 급서 이후 전개된 일련의 '축록중원' 양상은 춘추전국시대의 연장선 위에 있다. 춘추전국시대의 난세가 형식적으로는 진시황 때 종식되었지만 실질적으로는 유방이 보위에 오르는 기원전 202년 2월에 매듭지어진 사실을 시사한다. 승자인 유방 대신 패자인 항우가 늘 소인묵객騷人墨客의 시제詩題와 화제畵題의 대상이 된 것은 이에 대한 애상哀想에 가깝다.

'초한지제'에 활약한 여러 군웅과 책사들의 위기대처 방략과 다양한 유형의 지략은 21세기 제4차 산업혁명시대의 경제전쟁에 그대로 써먹을 수 있는 것들이 매우 많다. 어떤 면에서는 삼국시대 군웅들의 활약을 통해 얻는 지혜보다 더 많은 것을 얻을 수 있다. 본서가 '초한지제'의 여러 사건과 각 인물들의 활약을 시간대별로 요약 정리해 분석한 이유다. 독자들이 '초한지제'를 보다 정확히 알 수 있도록 꾀한 것이다. 역사소설 『초한지』가 역사적 사실보다 흥미위주로 써진 것과 대비된다.

원래 본서는 『사기』와 『한서』 및 『자치통감』 등의 기록을 토대로 동아3국에서 활약하는 여러 학자들의 연구 성과를 두루 반영한 대중교양서의 일환으로 나온 것이다. 필자는 지난 2009년에 『한권으로 읽는 초한지』를 펴낸 바 있다. 『사기』와 『한서』 및 『자치통감』의 내용을 시간대별로 종합 정리해 펴낸 것이다. 본서는 비슷한 시기를 다루고 있기는 하나 최근의 인문교양 학습 열풍에 부응코자 하는 취지에서 출발한 까닭에 체제와 내용 면에서 이전과 크게 다르다. '초한지제'에 관한 한 모든 사실史實과 사평史評 및 사론史論을 총망라해 놓은 게 그렇다. 이는 본서만의 자랑이기도 하다.

본서는 기본적으로 사실史實의 확인을 통해 21세기 제4차 산업혁명시대에 맞닥뜨리고 있는 온갖 난관을 슬기롭게 돌파코자 하는 기업 CEO 등에게 도움을 주고자 하는 취지에서 나왔다. 시간대별로 인물에 초점을 맞춰 추적한 이유다. 독자들로 하여금 마치 역사소설을 읽는 것처럼 자연스럽게 '초한지제'의 진면목을 접할 수 있도록 배려한 것이다. 모쪼록 본서가 한국 주도의 한반도 통일을 이뤄 명실상부한 '동북아 허브 시대'를 열고자 하는 모든 사람들에게 도움이 됐으면 하는 바람이다.

2019년 봄 학오재學吾齋에서 저자 쓰다

들어가는 글

난세와 협객

인성人性과 민성民性

전국시대 말기는 천하통일의 기운이 최고조로 올라간 시기였다. 덩달아 자국을 중심으로 천하를 통일코자 한 열국 제후들 간의 전쟁 양상도 한층 격화됐다. 이 와중에 죄 없는 백성들이 대거 전쟁터로 끌려나가 광야의 백골이 되는 잔인한 상황이 지속됐다. 이를 목도한 제자백가들 내에서 개인과 국가, 군주와 신민 등의 기본관계에 대한 진지한 문제제기가 일어났다. 당시 제자백가들이 인간의 본성과 국가공동체의 존재의미 등에 관한 다양한 의문과 해법을 제시한 이유다.

인성人性 문제를 처음으로 제기하고 나선 당사자는 맹자였다. 그는 아무도 이를 본격 제기하지 않은 상황에서 문득 사람의 본성은 하늘의 본성인 천성天性과 같다고 주장하고 나섰다. 이후 제자백가들 내에서 뜨거운 설전이 오갔다. 맹자의 이런 주장에 세대를 격해 가장 강력한 비판을 가한 사람은 법가사상을 집대성한 한비자이다. 그는 맹자의 성선설이 치국평천하와 동떨어진 공연한 이상론에 불과하다고 비판하면서 성선설과 대비되는 성악설을 내세웠다.

흔히 성악설은 순자가 처음 주장한 것으로 알려져 있으나 이는 잘못이다. 한비자의 스승인 순자는 기본적으로 성性과 정情은 엄격히 나눌 수 없는 것으로 간주한 까닭에 인간이 본래 악하다는 식으로 인성을 말하지는 않았다. 그는 사람이 맛난 음식과 미색 등에 혹하는 것은 매우 자연스런 일로 결코 인성론의 논쟁 대상이 될 수 없다고 보았다. 다만 이런 흐름을 방치할 경우 국가공동체가 혼란에 빠질 수밖에 없는 까닭에 일정한 제한을 가해야 하고, 그 제한은 윗사람이 솔선수범하는 예치禮治여야 한다고 주장했다. 예치가 완벽하게 이뤄지면 길을 가는 행인도 능히 성인이 될 수 있다고 주장한 점에서 도덕적 심성 훈련만 철저히 하면 누구나 성인이 될 수 있다고 본 맹자의 주장과 별반 차이가 없다.

원래 예치에 강제성을 부여하면 법치가 되고, 법치에 자율성을 보장하면 예치가 된다. 양자는 종이 한 장 차이에 지나지 않는 것이다. 한비자가 말하는 선악 개념은 치국평천하 기준에서 나온 것이다. 유가에서 말하는 통상적인 선악 개념과는 아무런 상관도 없다. 이는 인간을 원자처럼 쪼개 개별적으로 고찰하는 개인 차원의 인성론과 거리가 멀다. 국가공동체 내 인민의 속성을 다룬 민성론民性論에 해당한다.

한비자를 비롯한 법가, 손무 등의 병가, 귀곡자 등의 종횡가, 관중을 효시로 하여 사마천에 의해 그 이론이 집대성된 사상 최초의 정치경제학파인 상가商家 모두 이익을 향해 무한 질주하는 인간의 호리지성好利之性에 초점을 맞추고 있다. 인성이 아닌 민성에 초점을 맞춘 결과다. 맹자는 수신제가 차원의 덕치가 이뤄지면 치국평천하도 자연스럽게 이뤄진다고 보았다. 그러나 한비자는 정반대로 치국평천하 차원의 법치가 확립되어야 수신제가 차원의 효행도 실효를 기할 수 있다고 주장했다. 접근방법이 정반대이다. 한비자의 이런 접근방식은 병가와 종횡가, 상가 등으로부터 폭넓은 지지를 받았다. 『손자병법』이 전쟁 발발의 배경과 전개과정, 전후 결과 등을 호리지성에 입각해 분석하고 대안을 제시한 것도 이와 무관치 않다.

경쟁이 치열해지고 난세의 정도가 깊어질수록 인간의 호리지성은 두드러지게 나타나기 마련이다. 21세기의 경제전쟁 시대에 『손자병법』의 가르침이 수신제가에서 치국평천하에 이르기까지 모든 유형의 갈등과 대립, 경쟁 원리에 그대로 맞아떨어지는 이유다. 항우와 유방이 천하를 놓고 다툰 '초한지제'는 호리지성이 유감없이 작동한 난세의 전형에 해당한다. 그럼에도 『사기』는 유방의 무리를 마치 『삼국연의』에 나오는 유비의 무리처럼 '의리집단'으로 묘사해 놓았다. 협기俠氣를 좇아 움직이는 소위 임협任俠의 무리가 그것이다. 「화식열전」을 통해 호리지성에 입각한 상가 이론을 집대성한 사마천은 자신의 기본입장을 바꾼 것일까? 그렇지는 않다.

원래 임협의 무리는 호리지성에 의해 움직이는 일반 백성과 달리 난세인데도 불구하고 오직 '의리'를 좇아 삶과 죽음을 넘나드는 무리를 말한다. 외견상 난세일수록 호리지성이 강하게 드러난다고 주장한 법가와 병가, 종횡가 등의 주장과 배치된다. 그러나 법가와 병가 등도 난세의 시기에 호리지성에 휘둘리지 않고 이익 대신 명예를 중시하는 자들의 존재를 인식했다. 명예는 먹고 사는 문제처럼 긴박한 게 아닌 까닭에 인간의 본성이라고까지는 말하기 어려우나 그 충동만큼은 호리지성 못지않게 강력하다. 명예를 향해 돌진하는 이른바 호명지심好名之心이 바로 그것이다. 아리스토텔레스가 '인간은 정치적 동물이다'라고 선언한데서 알 수 있듯이 남들로부터 존중을 받고 싶어 하는 호명지심은 민성론 차원에서 볼 때는 거의 인간의 본성에 가까운 것이다.

한비자는 인간이 국가공동체 내에서 삶을 영위하면서 남의 칭송을 받고자 하는 호명지심이 사람에 따라서는 호리지성보다 더 강렬하다는 사실을 통찰했다. 이를 뒷받침하는 『한비자』「궤사」의 해당구절이다

"지금 세인들은 군주의 자리를 업신여기며 권력을 우습게 여기는 자를 두고 고상하다고 말하고, 군주를 낮춰보며 벼슬을 마다하는 자를 현명하다고 말하고, 이익을 무시하며 위세를 가벼이 여기는 자를 진중하다고 말하고, 법령을 따르지 않고 하고 싶은 바대로 행하는 자를 충실하다고 말하고, 명예를 숭상하며 관직에 나가지 않는 자를 정절이 뛰어난 열사라고 말하고, 법을 가벼이 여기고 형벌이나 사형의 중벌도 피하지 않는 자를 용사라고 말한다. 지금 백성들이 명성을 추구하는 것이 이익을 추구하는 것보다 그 정도가 훨씬 심하다. 상황이 이럴진대 선비 가운데 먹을 것이 없어 극도의 빈궁에 빠진 자가 어찌 도인을 흉내 내 깊은 산속으로 들어가 수행하는 방식으로 명성을 다투려 들지 않겠는가? 세상이 제대로 다스려지지 않는 것은 신하들로 인한 것이 아니다. 바로 군주가 다스리는 도를 잃었기 때문이다."

인간의 호명지심이 얼마나 강한지 날카롭게 지적하고 있다. 겉만 보면 호명지심을 좇는 자들의 행보는 성선설에 입각해 인의예지를 추구하는 자들과 분명 다르다. 그러나 '의리'를 좇아 움직인다는 점에서는 서로 닮아 있다. 곤충과 새가 공히 날개를 이용해 날아다닌다는 점에서는 같지만 그 메커니즘은 서로 다른 것과 같다.

사마천은 맹자가 역설한 인의를 추구한 대표적인 인물로 공자의 제자인 자로子路를 들었다. 자로는 자신에게 녹봉을 주는 주군을 위해 갓끈을 고쳐 매며 분투하다 목숨을 잃는 유가식의 의리를 보여주었다. 이런 자들을 일컬어 이른바 유협儒俠이라고 한다. 배우면서 의협義俠의 기개를 보이는 자를 말한다. 자공이 배우면서 부를 추구하는 유상儒商의 길을 걸은 것과 대비된다.

진수는 정사 『삼국지』에서 관우를 두고 배우면서 용맹을 떨치는 유장儒將으로 묘사해 놓았다. 나관중은 역사소설 『삼국연의』를 저술할 때 '초한지제' 당시의 소하와 유사한 역할을 한 제갈량을 군신軍神으로 미화하면서 '유장'의 표상으로 그려 놓았다. 그러나 삼국시대 당시 '유장'의 모습을 보인 사람은 제갈량이 아니라 군막 안에서도 선생을 모셔다가 가르침을 받은 조조의 장수 하후돈이었다. 하후돈은 조조가 자신의 군막 안에 칼을 차고 들어오는 것을 허용한 유일한 장수이기도 하다.

삼국시대 당시 유비는 명예를 중시하는 인간의 호명지심을 적극 활용해 부하들의 충성을 얻어낸 대표적인 경우에 속한다. 조조도 간혹 호명지심을 활용했으나 주로 호리지성을 이용했다. 역대 병서 가운데 『오자병법』은 『손자병법』과 달리 호명지심에 입각해 병사들을 훈련시켜 장수와 병사가 하나가 될 것을 주장한 것으로 유명하다. 크게 보면 『손자병법』과 『오자병법』의 내용이 상호 보완적이듯이 인간의 호리지성과 호명지심은 원래 하나이다. 대상과 시기에 따라 어느 한 쪽이 두드러지게 나타나는 것처럼 보일 뿐이다.

큰 틀에서 보면 호명지심도 호리지성의 일환에 지나지 않는다. 군주와 나라를 위해 헌신하는 식의 명예를 얻게 되면 후대가 덕을 본다. 본질적으로 보면 이익을 향해 무한 질주하는 호리지성에 해당한다. 다른 각도에서 보면 호명지심은 고차원적인 호리지성으로 풀이할 수 있다. 법가와 병가, 종횡가 등이 호명지심을 호리지성과 대립되는 개념으로 간주하지 않은 이유다. 이 점에서 의義와 이利를 대립적인 개념으로 파악한 유가와 대조를 이룬다.

이런 차이는 인간의 본성을 개별적인 인간의 '인성' 차원이 아니라 국가공동체 내 집단구성원으로서의 '민성' 차원에서 바라본 데 따른 것이다. 태어날 때부터 '정치적 동물'로 살아가는 인간을 국가사회와 분리시킨 뒤 선악을 논하는 것 자체가 공론空論에 지나지 않는다. 몸과 마음을 나눌 수 없는 것과 같다. 이들은 한쪽으로 치우친 유심론唯心論과 유물론唯物論을 모두 배척한 셈이다. 한비자가 유가와 마찬가지로 효행을 비롯한 가족 간의 도덕을 중시한 사실이 이를 뒷받침한다.

사실 정신을 육체와 분리시킨 유심론을 극단화하면 영성靈性에 초점을 맞춘 종교의 영역으로 들어가게 된다. 이는 국가공동체 차원의 치국평천하는 물론 인간 개개인 차원의 수신제가와 괴리된 별개의 영역이다. 춘추전국시대에 제자백가 가운데 영성을 논한 사람은 단 한 사람도 없다. 장자도 해골의 일화를 통해 사후세계를 언급하기는 했으나 이는 단지 현세의 명리에 매몰된 인간을 계도하기 위한 우화寓話에 지나지 않는다. 그는 무병장수하는 신선을 언급하는 선에서 그쳤다. 인격신에 가까운 천지天志를 언급한 묵자도 사후의 세계에 대해서는 언급치 않았다. 동양에서 영성과 사후의 세계를 본격적으로 언급하기 시작한 것은 불교가 널리 유포된 남북조시대 이후이다.

그 이전만 하더라도 오직 개별적 인간의 본성을 논한 '인성론'과 국가공동체 속의 인민들 속성을 논한 '민성론'밖에 없었다. 인성론은 호명지심, 민성론은 호리지성에 초점을 맞추고 있다. 사마천은 '초한지제'를 풍미한 임협의 무리를 크게 두 부류로 나눈 바 있다. 자로처럼 유협儒俠의 길을 걸은 사람은 「자객열전」, 유방의 무리로 활약한 번쾌와 관영처럼 유협遊俠의 길을 걸은 사람은 「유협열전」에 따로 편제한 게 그렇다.

'초한지제'와 임협

'초한지제'를 깊숙이 연구한 일본학자 사다케 야스히코佐竹靖彦가 유방의 무리를 크게 2가지 유형으로 나눈 것도 사마천과 닮았다. 그의 주장에 따르면 첫째, 주창周昌과 주가周苛 등 패현沛縣의 하급관원들이 있다. 이들은 임협에 속하지 않는다. 둘째, 번쾌와 주발 등 패현의 건달들이다. 이들이 사다케가 주목한 임협의 무리들이다. 원래 번쾌는 개고기를 팔아 생계를 유지한 인물이다. 선비 부류와 천양지차가 있다. 주발은 멍석과 깔개를 파는 행상인 출신이다. 사람들의 장례를 거들며 입에 풀칠을 했다. 관영은 망현과 탕현의 북쪽에 인접한 탕군의 중심지 수양睢

陽에서 옷감 행상을 하던 자이다.

그렇다면 임협이라고 할 것도 없는 '허접한' 자들을 사다케는 왜 임협의 무리에 포함시킨 것일까? 주목할 것은 이들 모두 유방의 무리에 가담한 덕분에 일약 고귀한 신분으로 변신하는 데 성공한 점이다. 이들의 행보가 호리지성에 따른 것인지 아니면 호명지심에 입각한 것인지 여부를 따지는 것 자체가 무의미하다. 명예가 있는 곳에 이익이 따르고, 이익이 있는 곳에 온갖 유형의 명예직이 덧붙여지는 현실이 이를 증언한다. 객관적으로 볼 때 유방의 무리가 보여준 의리는 「자객열전」의 공의公義도, 그렇다고 「유협열전」의 사의私義도 아니다. '사이비 임협'에 지나지 않는다. 「진승상세가」에 나오는 진평陳平의 언급이 이를 뒷받침한다.

"대왕은 오만하고 거의 예절이 없는 까닭에 청렴하고 기개와 절조가 있는 선비는 대왕 곁에 가까이 오지 않습니다. 다만 대왕은 성품이 시원시원해서 작위와 영지를 아낌없이 부하에게 내리는 까닭에 완고하고 우둔하며 이익을 밝히고 부끄러움을 모르는 자들이 대왕 밑으로 모여들고 있습니다."

'거의 예절이 없다'는 뜻의 원문은 소례少禮이다. 무례無禮를 미화해 놓은 것이다. '완고하고 우둔하며 이익을 밝히고 부끄러움을 모르는 자'의 원문은 '완둔頑鈍, 기리嗜利, 무치無恥'이다. 유방 휘하에 '완둔, 기리, 무치'의 무리가 들끓었음을 시사한다.

실제로 유방 휘하로 모여든 자들은 장량을 제외하면 모두 천인 출신이다. 가장 학식이 높은 소하와 조참도 지방의 아전 출신에 지나지 않았다. 나머지는 그야말로 시정잡배나 다름없었다. 유방 자신이 지금의 파출소장에 해당하는 정장亭長의 자리를 얻기까지 건달로 소일했다. 번쾌는 개백정, 관영은 비단장수, 주발은 장례식 악사, 하후영은 마부, 어렸을 때부터 유방과 함께 놀았던 노관은 뚜렷한 직업도 없는 건달에 불과했다. '완둔, 기리, 무치'의 전형에 해당한다.

그렇다면 유방은 어떻게 해서 이처럼 '허접한' 인간들을 토대로 천하를 거머쥔 것일까? 사다케가 말하는 임협 개념은 이런 '허접한' 수준까지 수용한 것일까? 원래 임협의 '임'은 매사를 어떤 한 가지 흐름에 기대는 것을 말한다. '임협'은 곧 호방하고 의리가 있다는 뜻의 의협 내지 호협豪俠과 통한다. 약자를 돕고 강자를 물리치는 이른바 '의리의 사나이'가 바로 그들이다. '허접한' 인간들도 과연 임협을 발휘할 수 있었던 것일까? 「유협열전」에 나오는 임협과 이들을 비교하면 그 해답이 나올 것이다.

「유협열전」의 내용에 따르면 사회경제사적으로 볼 때 임협은 전국시대 중엽 경제력이 집중된 상업도시에서 출현하기 시작했다. 당시 여러 도시 가운데서도 시장이 활성화된 도시를 특히 성시城市로 불렀다. 사서의 기록을 보면 성시는 시정市井 표현과 함께 나온다. 시정은 길거리 내지 시장을 뜻한다. 『사기정의』에 따르면 이 말은 시장이 발달되지 않았을 당시 아침에 물을 긷기 위해 우물에 모인 사람들이 물건을 우물곁에 두고 팔고 사는 관행에서 나왔다.

지금도 펀둥펀둥 놀면서 떠돌아다니는 무리를 '시정잡배'라고 한다. 중국에서는 시정소인市井小人 내지 시정무뢰市井無賴로 표현한다. 믿지 못할 거리의 소인배 무뢰한의 뜻이다. 사마천은 「화식열전」에서 시정잡배와 정반대되는 자를 불규시정不窺市井으로 표현해 놓았다. 거리나 시장을 바삐 돌아 나닐 필요가 없는 부상대고富商大賈를 지칭한 말이다. 그는 「화식열전」의 이 대목에서 금력은 권력과 쌍벽을 이룰 만큼 막강한 힘을 발휘한다는 취지에서 '시정' 운운한 것이다. 조선조 때 돈만 있으면 귀신도 부릴 수 있다는 뜻의 유전가사귀有錢可使鬼 풍자어가 나돌았다. 돈이 있으면 무죄이고 없으면 유죄라는 21세기의 유전무죄 무전유죄有錢無罪 無錢有罪 풍자를 방불한다.

'시정'에서 생장한 임협은 한마디로 '시정잡배'를 달리 표현한 것에 지나지 않는다. 유방과 번쾌, 주발, 관영 모두 시정잡배에 지나지 않았다. 이들 시정잡배의 출현은 상공업의 발달에 따른 금융제도의 비약적인 발달과 불가분의 관계를 맺고 있다. 시정잡배들이 바로 시장의 이익을 거둬들이는 데 적극 개입했다는 의미이다.

당시 상공업이 가장 발달했던 제나라는 춘추시대부터 대형의 도전刀錢을 널리 통용시키고 있었다. 초나라는 저울질하여 가치를 정하는 칭량화폐稱量貨幣인 금판金版을 유통시켰다. 청동으로 만든 의비전蟻鼻錢도 사용됐다. 한나라와 위나라 및 조나라 등 이른바 중원의 삼진三晋에서는 도시마다 화폐를 달리 유통시킨 까닭에 그 종류가 매우 많았다. 이들 화폐에는 하나같이 발행 도시의 이름이 새겨져 있었다.

유방과 같은 시정잡배는 지배층의 하수인 역할을 수행했다. 21세기 현재 고리대금업자의 하수인 역할을 하는 조폭과 하등 다를 바가 없다. 물론 당시 지배층은 시장을 합법적으로 장악한 까닭에 불법적인 고리대금업자와는 성격이 다르다. 합법적으로 많은 세금을 거둬들이기 위해 성시의 자유스런 교역을 보증하는 지혜를 발휘한 게 그렇다. 시리市吏를 두어 성시의 자치를 최대한 보장했다. 망명자나 살인자에 이르기까지 온갖 종류의 사람이 성시에 몰려든 이유다.

여기서 주목할 것은 이들 온갖 종류의 사람들이 모여든 성시를 효율적으로 관리하기 위해서는 '시리'만으로 일정한 한계가 있을 수밖에 없었다는 점이다. 유방과 같은 건달들이 바로 이들 '시리'의 조아爪牙 역할을 한 것이다. 말이 임협이지 서민들의 등을 쳐 먹는 조폭에 지나지 않았던 것이다.

그러나 「유협열전」에 나오는 유협遊俠은 이들과 약간 성격을 달리한다. '엄선된 조폭'에 해당한다. 이는 「자객열전」에서 나라를 위해 몸을 내던지는 공의公義 차원의 협객과 짝을 맞추기 위한 것이었다. 실제로 「유협열전」에 나오는 인물들 모두 비록 '공의'가 아닌 사의私義 차원에 지나지 않았으나 나름 '시리'와 성시 사람들로부터 일정한 신망을 얻은 자들이다. 「유협열전」은 최초로 '유협' 용어를 사용한 경우에 속한다.

그렇다면 「자객열전」과 「유협열전」은 구체적으로 어떤 차이가 있기에 사마천은 굳이 이들 두 열전을 따로 편제한 것일까? 등장인물을 보면 그 배경을 대략 짐작할 수 있다. 「자객열전」에는 춘추시대 중엽에 활약한 조말曹沫과 춘추시대 말기의 전제專諸, 전국시대 초기의 예양豫讓과 섭정聶政, 전국시대 말기의 형가荊軻 등 모두 5명이 등장한다. 조말은 노장공의 총애를 받은 장수이다. 노장공이 제나라와 화친을 맺는 자리에서 춘추시대 첫 패자인 제환공을 위협해 빼앗긴 땅을 다시 돌려받는 공을 세웠다. 전제는 오왕 합려가 왕위에 오르는 데 결정적인 공을 세운 인물이다. 합려는 전제 덕분에 조카인 오왕 요僚를 제거하고 보위에 오를 수 있었다. 예양은 비록 실패하기는 했으나 자신을 국사國士로 예우해준 주군 지백의 원수를 갚기 위해 필사의 노력을 기울인 당대의 임협이다. 섭정 역시 자신을 알아준 엄중자의 지우지은知遇之恩을 갚기 위해 한나라 재상 협루를 척살한 자객이다. 형가는 연나라 태자 단丹의 헌신적인 지원에 감읍해 진시황 척살에 나선 인물이다. 그는 척살에 실패해 이내 진나라 병사의 손에 죽어가면서도 자신이 '당당한' 임협의 일원임을 밝혔다.

"일이 이루어지지 못한 것은 진왕을 산 채로 잡아서 반드시 땅을 돌려준다는 약속을 받아 연나라 태자의 지우지은에 보답하려 했던 것이다!"

태자 단이 원한 것은 진시황에 대한 암살이었다. 그러나 형가는 진시황의 목숨이 아니라 빼앗은 땅을 제후국에 돌려준다는 약속을 원했다. 비록 뜻을 이루지는 못했지만 그는 사의가 아니라 공의를 위해 죽음을 무릅쓰고 척살에 나섰음을 밝힌 것이다. 사마천은 「자객열전」 말미에서 이들을 이같이 평해 놓았다.

"조말로부터 형가에 이르기까지 다섯 사람은 그 뜻을 이루기도 하고, 또 이루지 못하기도 했지만, 그 뜻을 세움이 빛을 비추듯 분명하니 이를 속이지 않고 이름을 후대에 드리우도록 해야 한다. 어찌 헛되이 하랴!"

유형은 다양하지만 이들 모두 치국평천하 차원의 '공의'를 실현하기 위해 몸을 내던졌다는 점에서는 동일하다. 「유협열전」에 나오는 임협 역시 비록 '공의'는 아닐지라도 '사의'를 위해 헌신한 인물들로 채워져 있다. 사마천은 「유협열전」을 따로 편제케 된 배경을 이같이 설명해 놓았다.

"지금 민간 사이의 임협은 오직 자신의 행실과 명예를 갈고 닦음으로써 그 이름이 세상에 널리 알려진 자들이다. 어질다고 칭송하지 않는 이가 없으니 참으로 쉬운 일이 아니다. 그런데 유가와 묵가가 이들을 배척하여 기록하지 않은 까닭에 진나라 이전부터 민간에서 유협의 흔적은 아스라이 사라져 보이지 않게 되었다. 나는 그것을 매우 한스럽게 생각한다. 내가 듣건대 한나라가 일어난 뒤 주가朱家, 전중田仲, 왕공王公, 극맹劇孟, 곽해郭解의 무리가 있었다. 비록 때때로 법과 기강을 흔들어 놓기는 하였으나 그들의 사사로운 의리와 청렴함, 양보하는 미덕은 칭송할 만한 것이었다. 이름은 헛되이 나는 것이 아니고, 선비는 까닭 없이 서로 어울리지 않는다. 무리를 지어 힘센 자를 중심으로 모여 끼리끼리 어울리면서 재물을 모으고, 가난한 사람들을 마음대로 부리고, 위세를 떨며 외롭고 약한 자들을 괴롭히면서 멋대로 자기 좋은 짓을 하는 것을 유협 역시 커다란 수치로 여긴다. 나는 세상 사람들이 그 뜻을 잘 살피지 않은 채 주가와 곽해 등을 두려워하며, 행패를 부리는 건달패와 그들을 같이 여겨 비웃는 것을 슬퍼한다."

'사사로운 의리와 청렴함, 양보하는 미덕'의 원문은 사의私義 염결廉潔 퇴양退讓이다. '사의'를 빼고는 모두 군자의 행보에 가깝다. 사마천은 「유협열전」에 거론된 인물들 모두 흔히 생각하는 시정잡배 내지 건달이 아니라는 점을 강하게 항변하고 있다. 「자객열전」에 나오는 인물들과 비교할 때 단지 '사의'를 좇은 것만이 다를 뿐 나머지는 예양 및 조말 등과 비교해도 손색이 없다는 취지를 담고 있다.

사마천은 자신의 주장을 뒷받침하기 위해 전한 때 활약한 대표적인 유협들 가운데 주가와 곽해 등의 활약을 소상히 소개해 놓았다. 이에 따르면 주가는 노나라 사람으로 유방과 비슷한 때를 살았다. 노나라는 전통적으로 유학이 성한 곳이라 자로처럼 의리를 중시하는 기풍이 있었다. 주가는 주로 어려운 사람을 도와 목숨을 구하는 일에 앞장섰다. 식탁에 두 가지 반찬도 올리지 못할 정도로 어려운 형편이었지만 남의 어려움을 모른 척하지 않았다. 헌신적인 봉사를 하고도 자신의 재능이나 베푼 덕을 자랑하지 않았다.

곽해는 「유협열전」의 상징에 해당한다. 그는 사마천과 비슷한 시기를 살았다. 사마천이 그의 행보를 가장 상세히 소개해 놓은 것도 이 때문일 것이다. 직접 만나 취재한 덕분인지도 모른다. 곽해는 당시 관상가로 명성을 떨친 허부許負의 외손자이다. 그의 아비는 협기를 너무 드러내는 바람에 한문제 때 죽임을 당했다. 당시 협객들 가운데 법을 어기는 자가 매우 많았다. 곽해 역시 부친과 마찬가지로 친구의 원수를 갚고 망명하는 자 등을 숨겨주는 의협심을 발휘했다. 그가 시종 감시대상이 된 이유다. 성미가 급했던 그는 젊었을 때 마음에 들지 않으면 폭노暴怒를 터뜨리며 살인을 저지르기도 했다. 강도질과 화폐 위조도 서슴지 않았다.

그러나 나이가 들면서 사람이 일변했다. 검소한 생활을 하고 남에게 은혜를 베풀고도 보답을 받지 않는 등 완전히 다른 사람이 되었다. 「유협열전」은 인근의 젊은이와 현자, 호걸들이 모두 그를 흠모하며 사귀기를 바랐다고 기록해 놓았다. 대표적인 일화가 실려 있다. 한번은 낙양에 어떤 사람들이 서로 원수가 되어 주변 호걸들의 권유에도 화해하지 않았다. 부탁을 받고 중재에 나선 곽해가 한밤중에 원수진 사람을 찾아가 설득했다. 화해가 성사되자 곽해가 낙양을 떠나며 이같이 말했다.

"낙양의 부로들이 여러분께 권했으나 이를 따르지 않았다고 들었습니다. 지금 다행히 제 말을 들어주셨으나 제가 어찌 이 지방 어르신들의 권한을 빼앗을 수 있겠습니까? 낙양의 부로들이 다시 권하면 그때 잘 따르도록 하십시오!"

곽해가 낙양 일대 부로들의 권한을 빼앗을 수 없다고 말한 것은 당시 유협이 나름 성시에서 일정한 순기능을 했음을 암시한다. 한무제가 집권 초기 장안의 세도가와 부호들을 변방으로 이주시키려고 하자 장군 위청이 나서 곽해를 대상에서 빼 줄 것을 청했다. 그의 집이 가난하다는 점을 이유로 들었다. 그러나 한무제의 대답은 단순명쾌했다.

"벼슬도 없는 자들이 장군의 비호를 받고 있으니 이는 그들의 집이 가난하지 않다는 증거다!"

황제 곁에 있는 장군과 교분을 쌓을 정도면 집안에 재물이 없을지라도 세도가에 해당한다고 일갈한 것이다. 한무제는 곽해가 그 아비 못지않게 임협으로 명성을 떨치는 것을 우려했다. 곽해를 변방으로 이주시켜 놓고도 안심하지 못해 끝내 다른 죄를 씌워 사형에 처한 이유다.

「유협열전」에 나오는 인물은 「자객열전」의 인물과 달리 '사의'에 입각해 임협을 발휘한 자들이다. 세인들은 지우지은의 은원관계도 없이 임협을 발휘한 이들을 의협義俠으로 인정했다. 의협의 개념이 바뀐 셈이다. 사마천이 「자객열전」과 별도로 「유협열전」을 편제한 것도 바로 이 점에 주목한 결과다. 곽해와 같은 무리가 상공업이 발달한 대도시를 배경으로 큰 힘을 행사한 것은 전국시대 이래 임협을 중시하는 풍조가 면면히 이어진 결과로 볼 수 있다.

그러나 한무제의 입장에서 볼 때는 「자객열전」과 「유협열전」을 막론하고 여기에 등장하는 인물들 모두 제국의 통치에 큰 위협이 될 수밖에 없는 자들이다. 억지 구실을 붙여 괴해를 죽음으로 몰아간 이유다. 당시 유방 주변의 인물들은 장량과 소하 및 조참 등을 빼고는 「자객열전」은 말할 것도 없고 「유협열전」에 나오는 인물들과 비교조차 할 수 없는 '허접한' 자들이다. 이들이 임협을 떠벌이며 건국공신이 될 수 있었던 것은 난세였기에 가능했다. 시대를 잘 만난 덕분이다.

무릇 고금을 막론하고 임협은 「자객열전」의 '공의' 차원이든, 「유협열전」의 '사의' 차원이든 법치를 훼손하는 걸림돌로 작용할 수밖에 없다. 난세에는 어느 정도 눈을 감아줄 수 있으나 통치 질서가 어느 정도 안정되면 어떤 식으로든 손을 봐야 했다. 대낮에 마피아와 삼협회, 야쿠자 등의 총질과 칼질을 방치할 수 없는 것과 같다.

「자객열전」과 「유협열전」은 춘추전국시대에서 한나라 초기에 이르는 혼란기 때 의리를 전면에 내세운 임협의 무리가 어떤 역할을 수행했는지를 잘 보여준다. 사마천은 임협의 무리를 굳이 자객과 유협으로 구분했지만 본질적으로 양자는 아무런 차이가 없다. 사다케가 유방 휘하에 '허접한' 인물들만 득실거렸는데도 불구하고 끝내 천하를 거머쥔 배경을 임협에서 찾은 것은 나름 일리가 있으나 정곡을 찌른 것은 아니다. 「유협열전」의 다음 대목에 주의할 필요가 있다.

"어떤 천한 자가 말하기를, '누가 인의를 알겠는가? 이익을 누릴 수 있게 해주면 그가 바로 덕이 있는 자이다'라고 했다."

여기의 '천한 자'는 법가와 병가 및 종횡가 등을 돌려 표현한 것이다. 사마천도 이에 동조하면서 다만 유가들로부터 지탄을 받을까 두려워 '천한 자' 운운한 것이다. 이를 확대해석하면 호명지심에 방점을 찍은 장량도 호리지성에 입각해 있는 번쾌와 주발 등과 별반 차이가 없다는 얘기가 된다. 사다케의 해석이 정곡을 벗어났다고 지적하는 이유다.

객관적으로 볼 때 '초한지제'는 비록 7년에 불과하나 일진일퇴의 공방이 벌어지는 와중에 무수한 사건이 쉴 새 없이 빚어진 시기이다. 매 사건마다 다양한 인물이 잇달아 등장하고 있고, 그들의 대처방법 또한 제각각이다. 본서는 해당 사건의 전개과정 및 배경 등을 포함해 각 인물들의 위기 대처방안과 배경 및 속셈 등을 속속들이 파헤쳤다. 가히 '초한지'에 관한 한 최종 완결판에 해당한다.

본서가 여러 학자들의 다양한 견해를 빠뜨리지 않고 반영한 근본 이유가 여기에 있다. '초한지제'의 역사거울인 사감史鑑을 통해 제4차 산업혁명 시대에 맞닥뜨리고 있는 안팎의 난관을 슬기롭게 헤쳐 나가고자 하는 모든 사람에게 도움을 주고자 한 것이다. 기업CEO와 사회 각계의 오피니언 리더를 비롯해 일반인에 이르기까지 명실상부한 '동북아 허브시대'를 조속히 열고자 하는 사람들 모두 본서를 통해 다양한 지략을 능히 찾아낼 수 있을 것으로 본다.

1부
항우가 초패왕을 칭하다

초한지제의 흥망을 『사기』,
『한서』, 『자치통감』으로
파헤치다

제1장
진승陳勝이 반란의 선봉에 서다

진시황의 급서

최고最古의 사서인 『춘추좌전春秋左傳』에 미신적인 오행설에 관한 얘기가 많이 나온다. 가장 오래됐다는 태공망 여상의 병서 『육도六韜』와 『삼략三略』 등도 예외가 아니다. 진시황은 오행설의 맹신자였다. 이는 진제국이 오행의 금金을 상징하는 수덕水德에 의해 천하를 통일했다는 민간의 오행설을 신봉한 결과였다. 이로 인해 1년 12달 가운데 수덕에 속한다는 10월을 세수歲首로 삼았다. 10월 초하루에 '떡국'을 먹은 셈이다. 그리해도 안 될 것은 없지만 이로 인해 은나라 이래 1,000여 년 넘게 유지돼 온 기존의 역법曆法 체계가 엉망이 됐다. 국정의 혼란을 상징적으로 보여준다.

오행설에 따르면 수덕은 오색五色 가운데 흑색, 오미五味 가운데 매운 맛에 해당한다. 진제국이 모든 예복과 깃발, 휘장 등을 검은색으로 통일한 이유다. 숫자 6도 수덕의 상징이다. 이로 인해 관모冠帽의 길이도 6촌, 수례의 길이와 한 보폭의 길이도 6척, 수레도 6마리 말로 끌도록 했다. 너무 경직돼 있지 않은가? 경직은 죽음을 의미한다. 사람이 숨을 거두면 시신이 이내 경직되는 것과 같다. 진나라가 사상 처음으로 제국을 건설한 지 불과 15년 만에 허무하게 무너진 데에는 이런 경직된 통치체제가 크게 작용했다.

극히 현실적이면서도 과학적인 법가 및 병가사상을 흡입해 사상 첫 천하통일을 이룬 진시황은 왜 이처럼 미신적인 행보를 보인 것일까? 천하통일 이후 지나친 자만심에 빠진 결과는 아닐까? 불로장생의 허황된 꿈을 꾸다가 서복徐福 등의 '사기꾼'에게 농락을 당한 것을 보면 틀린 말도 아니다.

그럼에도 그가 죽기 직전까지 사상 첫 제국인 진제국의 통치기반을 굳건히 다지기 위해 헌신적으로 일한 점 등은 높이 평가할 만하다. 열정적으로 천하순행에 나선 게 그렇다. 그는 천하통일을 이룬 이듬해인 기원전 220년부터 경호상의 문제가 있음에도 천하순행을 강행했다. 기원전 218년의 제3차 순행까지 해를 거르지 않았다. 진제국의 상징인 아방궁阿房宮은 제2차 순행이 이뤄지는 기원전 219년부터 짓기 시작했다. 아방궁의 영건 작업은 항우가 함양을 분탕질하는 기원전 207년 말까지도 계속됐다. 규모가 얼마나 컸던 것인지 쉽게 상상이 가지 않는다. 각지에서 수많은 백성들이 동원된 것은 물론이다. 제국의 백성들은 엄한 법제로 인해 하소연도 못한 채 고통을 감수해야만 했다. 백성들의 불만은 마치 흘러내리는 물을 방죽에 가득 채운 것과 같았다. 둑의 일각이 터지는 순간 폭포 같은 기세로 쏟아져 내릴 판이었다. 그 기폭제 역할을 한 것이 바로 진시황의 급작스런 죽음이었다.

전국7웅 가운데 가장 먼저 진나라에 병탄된 한나라의 귀족 출신 장량張良이 진시황 척살을 꾀한 것은 바로 이런 시류에 올라탄 것이었다. 진시황이 급서하면 거대한 힘의 공백으로 인해 이내 천하가 크게 시끄러워질 것이고, 그러면 그 틈을 노려 패망한 고국을 부흥시킬 수 있다고 판단했음에 틀림없다. 몰락한 한나라의 귀족 입장에서는 이게 '정의'일 수 있으나, 통일천하의 대국적인 면에서 보면 이는 '반동'이었다. 전국시대 말기 연나라 왕자 단旦의 사주를 받고 진시황의 척살을 노린 자객 형가荊軻의 행보와 하등 다를 바가 없다.

원래 장량은 부친과 조부를 비롯해 위로 5세에 걸쳐 한나라 재상을 지낸 명문가 출신이다. 『한서』「장량전」은 지금의 하남성 영천군인 성보城父 출신이라고 기록해 놓았다. 『사기』「유후세가」에 따르면 그의 원래 성은 주왕실과 마찬가지로 희씨姬氏로 진시황 암살 미수 후 성을 장씨로 바꿨다. 그의 조부 희개지姬開地는 한소후와 한선혜왕, 한양애왕 때 재상을 지냈다. 부친 희평姬平도 한희왕과 한도혜왕 때 재상을 지녔다. 한도혜왕 23년(기원전 250년)에 부친 희평이 죽고, 이후 20년 뒤에 진나라가 한나라를 병탄했다.

당시 장량은 나이가 어려 한나라에서 벼슬을 하지는 않았으나 그의 집에는 하인이 300명이나 있었다. 그는 동생이 죽었는데도 장례를 치르기는커녕 오히려 가산을 모두 털어 진시황 척살에 나설 자객을 찾아 나섰다. 조부와 부친이 5대에 걸쳐 한나라의 재상을 지냈기에 급속하게 몰락한 자신의 처지에 대한 울분이 여느 한나라 유민보다 훨씬 컸을 것이다.

기원전 218년, 진시황이 제3차 천하순행에 나섰다. 그의 어가가 지금의 하남성 무양현武陽縣인 박랑사博浪沙를 지날 즈음 장량의 사주를 받은 창해군滄海郡의 역사力士가 어가를 향해 철추를 날렸다. 장량의 입장에서 보면 '불행하게도' 철추는 어가를 맞추지 못하고 옆에 있는 부거副車에 맞았다. 진한대의 관제에 따르면 황제가 행차할 때는 36승의 속거屬車가 따랐다. '부거'는 어가 옆을 따르는 속거를 가리킨다. 진시황이 크게 놀라 역사를 잡고자 했으나 실패했다. 천하에 명을 내려 10일 동안 대대적인 수색을 펼쳤지만 허탕이었다.

21세기에 들어와 중국의 하남성 당국은 창해군의 역사가 진시황의 어가를 향해 철퇴를 날린 지금의 하남성 원양현原陽縣 동쪽의 박랑사博狼沙 현장에 장량과 창해군 역사의 석상을 세워 놓고 관광지로 가꾸고 있다. 주목할 것은 한국에 창해군 역사에 관한 설화가 널리 유포돼 있는 점이다. 1980년대 한국정신문화연구원에서 펴낸 『한국구비문학대계韓國口碑文學大系』에 따르면 조선조 효종 때 홍만종洪萬宗은 『순오지旬五志』에서 창해군 역사의 고향이 강원도 강릉의 대창리라고 주장했고, 정조와 순조 때 활약한 홍직필洪直弼은 『창해역사 유허기』를 남겼다. 강릉에서는 오래전부터 그를 서낭신으로 모셨고, 전래의 강릉관노가면극에서는 6과장의 하나인 '시시딱딱이'의 주인공으로 나오기도 한다. 지난 1991년 강릉시는 이들의 기록을 토대로 창해군 역사를 기리는 유허비를 제막키도 했다.

위서 논란에 휩싸여 있는 『환단고기桓檀古記』「북부여기北夫餘記」에 따르면 창해군 역사는 고조선의 지방장관으로 그 이름이 여홍성黎洪星이었다고 한다. 창해군의 설치지역이 지금의 천진 일대였고, 진시황이 지금의 하북성 지역에 있던 조선을 갈석산 동쪽으로 밀어내자 여홍성이 앙심을 품고 있다가 장량의 사주를 받고 척살 음모에 가담케 됐다는 게 골자다. 진시황이 천하를 통일하는 과정에서 고조선의 세력이 갈석산 이동으로 밀려난 게 확실한 만큼 「북부여기」의 기록을 전적으로 후대인이 만들어낸 얘기로 단정하기는 어렵다.

객관적으로 볼 때 장량의 진시황 척살 음모는 천하통일 이전 시대로 돌아가고자 하는 산동山東 6국 귀족세력의 반동적인 행보를 상징한다. '산동'은 진나라의 동쪽 경계선인 효산崤山의 동쪽을 지칭하는 말로 전국7웅 가운데 진나라를 제외한 한나라, 조나라, 위나라, 연나라, 제나라, 초나라를 상징한다. '산동'은 진나라가 있던 지금의 섬서성 일대인 관중關中으로 들어가기 위해 반드시 거쳐야 할 동쪽 함곡관函谷關 이동 지역과 일치하는 까닭에 관동關東 또는 관외關外로 불리기도 했다. 관외에서 관중 즉 관내關內로 들어가는 것을 통상 입관入關, 관내에서 관외로 나가는 것을 출관出關이라고 했다. 입관과 출관은 통상 함곡관을 통해 이뤄졌으나 남쪽 무관武關을 통하는 경우도 있었다. 후술하는 것처럼 이는 유방이 입관한 길이기도 했다.

당시 장량이 진시황 척살에 나선 것은 졸지에 평민의 처지로 영락한 산동 6국 귀족들의 울분을 대신한 것이다. 관중과 관동을 하나로 묶는 천하대세의 도도한 흐름을 거스른 극히 퇴행적인 짓이었다. 21세기 제4차 산업혁명시대의 관점에서 볼 때 더욱 그렇다. 장량의 진시황 척살 음모를 결코 미화해서는 안 되는 이유다.

그럼에도 수천 년 동안 장량의 테러 시도는 '의거'로 미화됐다. 정서적으로 진한시대의 귀족들과 통하는 당송 이래의 사대부들 모두 장량이 진시황 척살에 실패한 것을 두고두고 아쉬움을 금치 못했다. 진시황을 '미친 폭군'으로 간주한 결과다. 대표적인 인물로 북송대의 학자 소순흠蘇舜欽을 들 수 있다.

원래 그는 명문가 출신이다. 조부 소이간은 부재상에 해당하는 참지정사參知政事를 지내고, 부친 소기도 공부랑중工部郎中으로 있을 때 문장으로 명성을 떨쳤다. 성격이 호탕한 소순흠은 술을 무척이나 좋아했다. 결혼한 뒤 처가에서 살 때 재상 겸 추밀사樞密使로 있던 그의 장인 두연杜衍은 사위가 매일 저녁 식후에 술을 한 말이나 마시면서 부엌에서 안주를 가져가지 않는 것을 의아하게 생각했다. 사람을 보내 사위의 행동을 살펴보게 했다. 정탐꾼이 몰래 서재 곁으로 다가가 살펴보니 소순흠은 혼자 술을 마시며 『한서』를 읽고 있었다. 그는 「장량전」을 읽다가 역사가 던진 철추가 어가를 빗겨나가 부거에 맞는 대목에 이르러 문득 책상을 치고 벌떡 일어나서는 큰소리로 이같이 말했다.

"아, 정말 아깝다. 어찌하여 명중하지 않았단 말인가!"

그러고는 큰 잔에 술을 가득 따른 뒤 단숨에 마셔 버렸다. 이어 다시 자리에 앉아 계속 책을 읽다가 장량과 유방이 만나는 대목에서 이르러서는 다시 주먹으로 책상을 '꽝' 치며 이같이 탄식했다.

"군신이 서로 만나는 것이 어찌 이처럼 어려운가!"

그러고는 또 다시 큰 잔에 술을 가득 부은 뒤 단숨에 들이켰다. 오랫동안 사대부들은 이를 미담으로 얘기했다. 말술을 마시는 것까지 좇을 필요는 없지만 『한서』를 읽을 때는 소순흠과 같은 기개를 보여야 한다고 생각한 것이다. 『한서』만큼 명분을 좋아하는 사대부들의 입맛에 맞는 책도 드물었다.

원래 『한서』는 『사기』의 기록을 첨삭해 만든 사서이다. 후한 초기 반고班固가 쓴 『한서』는 사마천의 『사기』와 더불어 오랫동안 사대부의 교양필수 사서로 통한 대표적 고전이다. 『사기』가 중국의 상고시대부터 한무제의 치세까지 중국의 역사 전반을 다룬 통사通史인데 반해 『한서』는 전한의 역사만을 다룬 단대사斷代史이다. 후한이 전한의 정통을 이었다는 점을 강조하기 위해 한고제 유방의 창업 일화를 크게 미화해 놓았다. 진시황과 항우 등의 사적이 크게 폄하된 이유다. 사마천이 『사기』를 저술하면서 역사적 사실에 충실하고자 애쓴 것과 대비된다.

사대부들은 명분을 극도로 중시한 성리학을 맹신한 까닭에 역사적 사실을 입맛에 맞게 각색한 『한서』를 『사기』보다 더 높이 평가했다. 이념이 역사적 실체를 깔아뭉갠 대표적인 사례에 해당한다. 성리학을 집대성한 남송대의 주희가 북송대의 사마광이 쓴 『자치통감資治通鑑』을 멋대로 개작한 『통감강목通鑑綱目』을 펴내면서 조조를 폄하하고 유비를 정통으로 내세운 것과 닮았다.

이런 식으로 접근하면 역사를 통해 지혜와 교훈을 얻는 길은 요원해진다. 한마디로 패망의 길이다. 성리학에 찌든 조선조의 사대부들이 이상적인 도덕정치를 외친 『맹자』와 『주자가어朱子家語』 등에 빠져 있다가 『전국책』과 『한비자』 및 『손자병법』 등을 탐독한 일본의 사무라이들에게 당한 게 그 증거다. 『한서』처럼 역사적 사실을 임의로 윤색 내지 개작한 사서를 읽을 시간이 있으면 차라리 『사기』를 한 번 더 읽는 게 낫다. 마오쩌둥의 경우는 주희의 『통감강목』을 쓰레기통에 내던진 채 죽을 때까지 『자치통감』만 17번 읽었다.

조선과 중국을 포함한 동양의 역대 제왕 가운데 '신중화제국'의 창업주인 마오쩌둥을 제외하고 통감을 극도로 애호한 이른바 통감벽通鑑癖의 모습을 보인 사람은 조선조의 세종밖에 없다. 이는 지나치게 명분론에 치우친 성리학의 한계를 통찰한 결과다. 당시 조선의 사대부들은 사서삼경을 금과옥조로 삼은 까닭에 세종처럼 실사구시實事求是의 생각을 갖고 있지 못했다. 당태종 이세민이 신하들과 함께 고금의 정사를 논한 『정관정요』가 역설한 것처럼 역사를 통해 교훈을 배우는 이른바 '역사의 거울'인 사감史鑑이 없으면 흥망의 이치를 몰라 독단적인 신념이나 학설에 함몰되기 십상이다. 『장자』는 이를 일곡지사一曲之士로 규정했다. 세상을 천하의 차원에서 읽을 줄 모르는 '한쪽으로 치우친 선비'라는 뜻이다. 세종은 늘 조선조의 사대부들이 사서삼경에만 매달려 '일곡지사'로 전락할까 우려했다. 『세종실록』에 따르면 그는 재위 7년(1425) 11월 29일에 다음과 같이 우려를 표명한 바 있다.

"내가 경연에서 『춘추좌전』과 『사기』, 『한서』, 『통감강목』 등에 기록된 옛 일을 물었으나 모두 모른다고 말했다. 나는 지금의 선비들이 말로는 경학을 한다고 하나 세상만물을 깊이 탐구해 밝힘으로써 마음을 바르게 하는 이치를 터득했다는 얘기를 아직 듣지 못했다!"

당시 세종이 가장 보고자 했던 책이 바로 『자치통감』이었다. 『자치통감』은 『춘추좌전』에 감명을 받은 북송대의 사마광이 제왕의 '사감'을 통한 통치를 돕기 위해 48세에 시작해 죽기 직전인 66세에 이르기까지 무려 19년에 걸쳐 완성한 대작이다. 당시 조선에는 『자치통감』 전질이 없었다. 그만큼 학문이 피폐했다. 세종은 이를 얻기 위해 명나라 황제에게 특별히 부탁하기도 했다.

엄밀히 말하면 중국의 역대 제왕들 가운데서도 『자치통감』을 독파한 사람은 그리 많지 않았다. 대부분 주희가 축약해 놓은 『통감강목』만 읽었을 뿐이다. 『통감강목』은 분량 면에서도 『자치통감』의 10분의 1 수준밖에 안 되는데다 역사를 보는 시각 자체도 극히 편협해 『자치통감』과는 비교도 할 수 없는 '졸작'에 지나지 않는다.

잠시도 손에서 책을 놓지 않는 이른바 수불석권手不釋卷을 행하며 극도로 호학好學했던 세종은 경연 등을 통해 『자치통감』을 완독했다. 이어 경연을 정지하면서까지 수년간에 걸쳐 노력한 끝에 『자치통감』에 주석을 덧붙인 『통감훈의通鑑訓義』를 펴내기까지 했다. '사감'을 얼마나 중시했는지를 방증하는 대목이다. 모두 실사구시의 부국강병을 이루기 위한 것이었다. 그의 실사구시 정신은 다양한 실무 분야에 대한 관심으로 드러났다. 세종이 관심을 기울인 분야로는 불학佛學과 풍수학, 음운학音韻學, 악학樂學, 천문학, 농학農學 등 인문과 과학기술 등 모든 분야에 걸쳐 있었다. 세종 때 다방면에 걸친 수많은 전문 서적이 간행되어 글을 숭상하는 풍습이 크게 일어난 배경이다. 동양의 전 역사를 통틀어 역대 제왕 가운데 세종만큼 '사감'의 중요성을 통찰한 군왕은 그리 많지 않다. 사마광이 '좌전벽'으로 인해 『자치통감』을 저술했듯이 그 또한 '통감벽' 덕분에 최고의 성세를 구가하게 됐다고 평할 수 있다.

『자치통감』은 『사기』나 『한서』처럼 정통과 이단을 나누는 식의 서술방식인 기전체紀傳體 대신 연대별로 기술하는 이른바 편년체編年體를 택한 게 특징이다. 사마광이 『자치통감』을 저술하면서 기전체 형식의 기술이 당연시된 상황에서 굳이 편년체를 고집한 것은 있는 사실을 있는 그대로 기술하는 『춘추좌전』의 이른바 춘추필법春秋筆法을 추종한 결과다. 『자치통감』이 『춘추좌전』의 기술이 끝난 춘추시대 이후의 전국시대부터 시작하는 것도 이런 맥락에서 이해할 수 있다. 메이지유신의 사상적 지도자인 후쿠자와 유키치福澤諭吉가 평생에 걸쳐 『춘추좌전』을 13번이나 읽은 것도 '좌전벽' 덕분이라고 할 수 있다.

마오쩌둥과 후쿠자와가 보여준 '통감벽'과 '좌전벽'은 역사적 사실에 충실한 사서를 읽어야만 오늘의 난국을 타개할 수 있는 지혜와 교훈을 얻을 수 있다는 사실을 통찰한 결과다. 그런 점에서 성리학자들이 도의론 및 명분론에 입각해 그토록 칭송한 장량의 진시황 척살 음모는 실사구시 및 부민부국의 각도에서 새롭게 평가할 필요가 있다.

당시 진시황 척살에 실패한 장량은 진나라 관원들이 사방으로 자신을 체포하려 나서자 황급히 지금의 강소성 수녕현 서북쪽인 하비下邳로 숨어 들어갔다. 하비는 사수泗水의 하류에 있는 작은 마을이다. 사수는 태산의 중간 지점에서 발원해 서쪽으로 공자의 고향인 곡부를 거친 후 남쪽으로 방향을 틀어 유방의 고향인 패현沛縣에 이른다. 여기서 다시 약 20킬로미터가량 흘러가면 장량이 유방을 만난 유현留縣이 나온다. 훗날 장량이 논공행상에서 이곳을 봉지로 받은 후 유후留侯로 불리게 되었다.

여기서 다시 35킬로미터 흘러가면 항우가 패왕霸王이 된 뒤 수도로 삼은 팽성彭城에 이른다. 팽성에서 동쪽으로 방향을 바꿔 직선거리로 약 70킬로미터가량 가면 하비에 다다른다. 여기서 계속 흐름을 멈추지 않고 동남쪽으로 방향을 틀어 35킬로미터가량 진행하면 항우의 고향인 하상下相에 닿게 된다. 사수는 하상 주위에서 수수睢水와 합류한다.

수수는 위나라 도읍 대량에서 홍구鴻溝와 나뉘어 동남 방향으로 망현芒縣과 탕현碭縣을 거쳐 회수의 본류와 합친다. '초한지제'에 활약한 항우와 유방, 장량, 한신 등 수많은 영웅호걸들의 고향과 활동무대가 온통 사수가 흘러가는 수로 주변에 포진해 있다. 대략 이를 머리에 그리고 당시의 상황을 생각하면 '초한지제'의 줄거리가 보다 명확해질 것이다. 진시황의 제4차 순행은 장량의 척살 미수 사건 여파로 인해 제3차 순행이 끝난 지 3년 뒤인 기원전 215년에 행해졌다. 이때는 별 탈이 없었다. 기원전 211년 겨울 10월, 진시황은 자신의 마지막 순행이 되리라는 사실도 모른 채 제5차 순행에 나섰다. 천하를 통일한 지 11년째 되는 재위 37년 정월이었다. 진나라는 오행에 입각해 지금의 음력 10월을 정월로 삼은 까닭에 심기일전의 모습을 보이기 위해 순행일정으로 잡은 것이다.

당시 진시황에게는 20여 명의 아들이 있었다. 가장 어린 자식인 호해胡亥를 총애했다. 호해가 부황의 천하순행에 동행할 것을 청하자 이를 기꺼이 허락한 이유다. 좌승상 이사李斯도 진시황 수행에 따라 나섰다. 함양은 우승상 풍거질馮去疾이 지켰다. 승상 제도는 진무왕 2년(기원전 309년)에 진나라가 처음으로 도입한 제도이다. 열국의 재상보다 한 단계 위다. 우승상이 좌승상보다 높았다. 유방의 한나라도 이를 그대로 좇았다. 개국공신인 조참曹參이 좌승상 때 제나라와 위나라를 평정한 공을 인정받아 우승상이 되어 평양후에 봉해진 게 그 증거다.

이해 12월, 진시황이 지금의 호북성 운몽택 일대의 구의산으로 올라가 순임금에게 제사를 지낸 뒤 다시 배를 타고 아래로 내려가 절강성 소흥현 소재 회계산에서 우임금에게 제사를 올렸다. 남방순행을 마친 진시황은 귀경길에 오르면서 동쪽 바닷길을 따라 북상하는 노선을 택했다. 지금의 강소성 소주인 오현吳縣을 지나 산동성 바닷가에 위치한 낭야琅邪와 지부之罘에 이르러 거대한 물고기를 보게 되었다. 「진시황본기」의 원문은 거어巨魚이다. 대략 덩치가 큰 상어나 고래였을 것으로 짐작된다. '활로 쏘아 죽였다'는 대목은 진시황이 직접 활을 들었음을 시사한다.

'거어'를 사살한 진시황은 다시 해안을 끼고 서쪽으로 갔다. 이듬해인 진시황 37년(기원전 210년) 가을 7월, 진시황이 지금의 산동성 평원진平原津 부근에 이르러 문득 병이 나고 말았다. 병이 더욱 심해지자 진시황은 궁문 수위의 총책인 중거부령中車府令으로 있으면서 옥새를 관장하는 있는 조고趙高를 불렀다. 그는 자신이 직접 쓴 유조를 조고에게 보여주며 이를 장자인 부소扶蘇에게 보내도록 했다. 「진시황본기」는 서신의 골자를 이같이 기록해 놓았다.

"속히 와서 상사喪事에 참여하고, 함양에서 회합해 안장安葬을 행하도록 하라."

부소를 태자로 세운다는 내용이 전혀 나오지 않고 있는 점에 주의할 필요가 있다. 단지 장례에 참석해 자신의 장례를 무사히 치르라는 당부만 있을 뿐이다. 그렇다면 당시 진시황은 후사를 정해 놓지 않고 죽을 경우 커다란 혼란이 일어나리라는 것을 예상치 못한 것일까? 있을 수 없는 일이다. 극히 현실적인 법가사상에 입각해 천하를 통일한 진시황은 후사 없이 숨을 거둘 경우의 상황을 누구보다 잘 알고 있었다고 보아야 한다. 그렇다면 역사적 진실은 무엇일까? 먼저 사서의 기록을 좇아 당시의 상황을 간략히 살펴보기로 하자.

기원전 210년 7월, 진시황이 지금의 하북성 광종현 서북쪽의 사구평대沙丘平臺에서 숨을 거뒀다. 마지막 천하순행인 제5차 순행에 나선 지 9달 만이다. 사망 당시 그의 나이는 50세였다. 당시 진나라 음력으로는 아직 새해가 되지 않았다. 전해인 기원전 211년 10월부터 새해가 시작된 까닭이다. 『사기』와 『자치통감』 모두 그같이 기록해 놓았다. 지금의 음력에 익숙한 사람들 입장에서 보면 헷갈릴 수밖에 없다. 본서는 지금의 음력으로 모두 바꿔 기록할 것이다.

당시에도 진시황의 급작스런 죽음을 놓고 '독살설' 등 여러 얘기가 나왔으나 사인은 과로사였다. 과로사는 누적된 피로가 일시에 폭발해 돌연사로 나타나는 게 특징이다. 이사는 진시황의 급서로 인해 변란이 일어날까 두려워해 이를 비밀로 한 채 발상하지 않았다. 곧 진시황의 관을 여닫이 창문을 낸 일종의 침대수레인 온량거轀輬車에 싣고 환관을 배승시켰다. 진시황이 마치 살아 있는 것처럼 위장하려는 속셈이었다. 이르는 곳마다 식사를 올리고 백관의 보고도 이전처럼 했다. 오직 호해와 조고, 환관 5~6명만이 이 사실을 알고 있었다.

이상이 「진시황본기」의 기록이다. 진시황이 죽기 직전까지 후계자를 정하지 않은 것처럼 기록돼 있다. 이 기록을 사실로 믿을 경우 2가지 상황을 상정할 수 있다. 첫째, 호해를 태자로 낙점했을 가능성이다. 앞서 살펴본 바와 같이 장남 부소에게 보내는 편지에는 '태자' 운운의 얘기가 없다. 호해와 이사, 조고 등이 모두 횡사하는 바람에 호해가 진시황의 유명에 의해 보위에 올랐다는 사실이 묵살되고, 항간에 나돌던 '유조위조설'이 마치 사실인 양 전해졌을 수 있다. 진시황의 급서 시점으로부터 2세대 뒤에 태어난 사마천도 이를 역사적 사실로 간주해 그대로 기록했을 가능성을 배제할 수 없다. 이는 관련 사료의 뒷받침이 있어야 하는 만큼 추후 진지한 검토가 요구된다.

다른 하나는 후계자를 이미 낙점해 두고 조만간 이를 발표하려 했으나 본인도 예상치 못한 시점에 급서한 경우이다. 그렇다면 진시황의 의중은 누구에 있었던 것일까? 객관적으로 볼 때 막내아들 호해에게 있었다고 보는 게 옳다. 우선 호해가 부황의 천하순행에 동행한 사실이 이를 뒷받침한다. 5차례에 걸친 천하순행 과정에서 20여 명에 달하는 아들 가운데 동행한 사람은 호해가 유일하다. 극도로 총애하지 않았다면 불가능한 일이다. 고금을 막론하고 군왕은 자신이 총애하는 자식을 후계자로 삼고 싶어 하는 법이다.

「진시황본기」에 이를 뒷받침하는 일화가 나온다. 일찍이 장남 부소는 훗날 부황인 진시황을 폭군으로 몰아가는 데 결정적인 배경이 된 이른바 분서갱유焚書坑儒 사건이 빚어질 당시 이같이 간한 바 있다.

"지금 유생들 모두 공자를 높이 받들며 그의 가르침을 배우고 있습니다. 폐하가 이들을 모두 중법重法으로 묶어 버리니 신은 장차 천하가 불안해할까 두렵습니다."

진시황은 이 말을 듣고는 크게 노했다. 방대한 영토와 수많은 백성을 보유한 '제국'을 다스리기 위해서는 법가사상에 입각한 엄격한 법치가 전제돼야 한다고 확신했기 때문이다. 당시 진제국의 인구는 대략 4,000만 명 정도로 추산되고 있다. 진시황은 장남 부소를 '단련'시킬 요량으로 흉노의 침공에 대비해 상군上郡에 주둔하고 있는 몽념蒙恬의 군사를 감독케 했다.

객관적으로 볼 때 부소는 20명에 달하는 진시황의 여러 아들 가운데 특별히 뛰어난 인물이 아니었다. 호해에 대한 악평은 후대의 사관들이 유가사상을 좋아한 부소를 높이 평가하며 동정한데서 비롯됐다. 호해는 사서에 나오는 것처럼 어리석지도 않았고 나이도 어리지 않았다. 진시황이 급서할 당시 호해의 나이는 이미 20세에 달해 있었다. 호해가 2세 황제로 보위에 오른 뒤 부황의 유업을 이어야 한다는 뚜렷한 목표의식을 갖고 있었던 사실이 이를 뒷받침한다. 호해가 재위 원년인 기원전 209년에 천하순행에 나서 회계군에 이른 뒤 부황이 세운 각석刻石에 미처 다 새겨 넣지 못한 내용을 채워 넣은 게 그렇다. 아방궁 등 대규모 토목공사를 계속한 것도 이런 맥락에서 이해할 필요가 있다. 조고가 이사에 이어 2세 황제 호해를 제거하는 와중에 진제국이 급속히 몰락하는 바람에 이들 모두 희극적인 인물로 왜곡되었을 공산이 크다.

고금을 막론하고 후계자를 정해 놓지 않은 상황에서 창업자가 급서했을 때 후사 자리를 놓고 각 세력이 다투는 것은 불가피하다. 권모權謀가 등장할 수밖에 없다. 「진시황본기」의 기록처럼 조고와 이사가 의기투합해 황제의 가짜 유조를 만들었을지라도 이를 무턱대고 비난할 수도 없는 일이다. 기록에 따르면 이들은 가짜 유조로 호해를 태자로 세운 뒤 부소에게는 마치 진시황이 살아 있는 것처럼 가장해 자진을 명하는 가짜 조칙을 만들었다고 한다. 가짜 조칙에서는 부소가 흉노를 격파해 영토를 개척하는 공을 세우지 못한 채 병력만 소모하고, 여러 차례 상서하여 직설적으로 선황을 비방하고, 주야로 감군監軍의 일을 파한 채 함양으로 돌아가 태자 노릇을 하지 못하는 것을 원망했다고 비판했다. 또 몽념은 부소의 이런 잘못을 알고도 고쳐 줄 생각을 하지 않았으니 불충을 저질렀다고 지적했다. 부소는 하사한 검으로 자진하고,

몽념도 사약을 받아 불충을 회개하라고 명하면서 몽념이 거느린 군사는 비장裨將으로 있는 왕리王離에게 넘긴다는 말을 덧붙였다.

「이사열전」에 따르면 당시 부소는 가짜 조칙을 뜯어보고는 울면서 내실로 들어가 자진하려고 하자 이때 몽념이 황급히 만류했다.

"폐하는 밖에 있으면서 아직 태자를 세우지 않았습니다. 저에게 30만 명을 이끌고 가 변방을 지키라고 하면서 공자를 감군으로 삼았으니 이는 천하의 중임입니다. 오늘 한 명의 사자가 오자 곧바로 자진하려고 하나 그것이 가짜 조칙이 아닌지를 어찌 알 수 있겠습니까? 다시 물어본 뒤 자진할지라도 결코 늦지는 않을 것입니다."

이때 사자가 명을 받들 것을 여러 번 재촉하자 부소가 몽념에게 반문하듯 물었다.

"부친이 자식에게 죽음을 내렸는데 오히려 어찌 다시 묻는다는 말이오!"

그러고는 곧바로 자진했다. 여기서 주목할 것은 부소가 가짜 조칙을 뜯어보고는 '울면서' 내실로 들어가 자진하려 했고, 몽념의 간언에도 불구하고 '부친이 자식에게 죽음을 내렸는데' 운운하며 가짜 조칙을 진짜로 간주한 점이다. 이 대목은 당시 정황을 기록한 「진시황본기」와 「몽념열전」 등에는 나오지 않고 오직 「이사열전」에만 나온다. 이를 어떻게 해석해야 할까?

대략 3가지를 생각할 수 있다. 첫째, 부소는 내심 부황인 진시황에게 불효를 범했다고 생각하며 후회하고 있었을 가능성이다. '울면서' 운운의 기록이 이를 뒷받침한다. '울면서 자진' 운운의 원문은 '읍입내사泣入內舍, 욕자살欲自殺'이다. 부소는 20여 명이나 되는 진시황의 자식들 가운데 한 사람에 불과하다. 단지 장자인 점만이 약간 유리할 뿐이다. 진시황의 입장에서 볼 때 제국의 틀이 아직 완전히 갖춰지지 않은 상황에서 부소처럼 유가사상을 좇을 경우 제국이 뿌리 채 흔들릴 공산이 컸다. 그를 변방의 감군으로 내보낸 이유다. 원문의 '읍泣'을 후회의 눈물로 간주하는 것은 이 때문이다.

둘째, 부소는 내심 자신이 태자가 되기 어렵다는 식으로 체념했을 가능성이다. '부친이 자식에게 죽음을 내렸는데' 운운한 대목이 이를 뒷받침한다. 원문은 '부이사자사父而賜子死, 상안부청尙安復請'이다. 부황에게 불효와 불충을 범한 상황에서 어찌 감히 태자의 자리를 넘볼 수 있겠는가 하는 체념이 짙게 배어 있다. '상안부청' 구절이 이를 뒷받침한다. 그는 내심 공도 세우지 못한 채 여러 차례 상서해 부친을 노엽게 만든 상황에서 조칙이 가짜인지 여부를 묻는 것은 불효하기 짝이 없는 짓이라고 생각했을 공산이 크다. 이는 '흉노를 격파해 영토를 개척하는 공을 세우지 못한 채 병력만 소모하고' 운운한 가짜 조칙이 그 내용만큼은 있는 사실을 그대로 적시했음을 의미한다. 부소가 자신의 잘못을 지적한 가짜 조칙을 보고는 이내 자진을 결심한 근본 배경이 여기에 있음직하다. 비록 가짜 조칙이기는 했으나 없는 사실을 꾸민 게 아니라는 점에서 조고와 이사의 모의를 무턱대고 비난할 일은 아니다.

셋째, 사마천이 『사기』를 저술하면서 역사적 사실을 「이사본기」에 은밀히 기록해 두었을 가능성이다. 당초 『사기』는 진시황을 비난하면서 한나라의 창업을 기리는 차원에서 저술된 것이다. 사마천 자신이 진시황을 못마땅하게 생각했지만 당시의 시대적 분위기가 그랬다. 그렇다고 사마천이 사관으로서 있는 사실을 그대로 기록하는 춘추필법春秋筆法

의 소명을 잊은 채 있는 사실을 멋대로 왜곡한 것은 아니다.

다만 사마천으로서도 자칫 호해의 즉위를 정당화하는 게 아니냐는 오해를 살 수도 있는 이런 대목을 「진시황본기」에 싣는 것만큼은 내심 크게 꺼렸음직하다. '본기'는 '열전'과 비교할 때 그 비중이 한없이 크다. '열전'에는 야사와 같은 얘기를 실어도 큰 문제가 없다. 그러나 '본기'의 내용만큼은 한나라의 창업배경에 조금이라도 손상이 가서는 안 된다. 이미 치욕스런 궁형을 받은 사마천은 이른바 '자기검열'을 거쳐 당시의 비화를 「이사열전」에 슬쩍 끼워 넣었을 가능성이 높다. 실제로 『사기』에는 이런 경우가 매우 많다. 「항우본기」와 「고조본기」를 비롯해 여타 '열전'의 관련 대목들이 약간씩 뉘앙스의 차이가 나거나 심지어 서로 상충되고 있는 게 그렇다. 앞으로 해당 대목마다 이를 상세히 검토할 것이다.

결국 부소의 자진을 계기로 몽념을 비롯해 그간 용케 살아남았던 몽씨 일족이 도륙을 당했다. 고금을 막론하고 후계자를 둘러싼 세력 다툼에서 패한 쪽이 살아남은 적은 거의 없다. 자리가 크고 귀할수록 더욱 그렇다. 황위皇位는 지존의 자리이다. 반기를 들 가능성이 조금이라도 남아 있는 한 미리 제거하는 게 상책이다. 특히 창업 초기의 경우는 더욱 그렇다. 역대 왕조가 창업 때마다 막강한 위세를 떨친 창업공신들을 이른바 토사구팽兎死狗烹의 대상으로 삼은 이유다. 후계 다툼에서 막다른 길에 몰렸다가 기사회생한 여후가 유방 사후 경쟁자였던 척부인을 이른바 인간돼지인 이른바 인체人彘로 만든 것도 같은 맥락이다.

사마천이 「여태후본기」를 따로 편제해 잔인한 비인간적인 보복행위를 한 여후의 치적을 높이 기린 것도 권력투쟁의 속성과 결과 등을 사관의 냉정한 눈으로 바라보았기에 가능했다. 공과 사를 엄히 구분한 결과다. 몽념의 죽음에 대한 사마천의 비판이 이를 뒷받침한다.

"무릇 진나라가 천하를 처음 평정했을 때 천하의 민심은 아직 정해지지 않았고, 다친 병사들 역시 아직 제대로 낫지 않은 상황이었다. 이런 상황에서 몽념은 장수가 되어 백성들의 위급을 구하는 식으로 노인을 공양하며 어린 고아들을 돌보고, 민생의 안정을 꾀하는 등의 방안을 강력 간하지 않고 한낱 권력에 아부해 자신의 공을 세우는데 급급했다. 그의 형제들이 주살을 당한 것 또한 당연한 일이 아니겠는가!" 원래 장수의 기본임무는 외부의 침공으로부터 나라를 지키는 보국保國에 있다. 민생의 안정 등은 조정에 있는 문신들의 몫이다. 장수에게 문신의 역할까지 수행해야 한다고 주장한 것은 초점이 어긋났다. 몽씨 일족의 패망을 권력투쟁의 관점에서 분석하지 않고 덕치의 관점에서 논한 게 그렇다. 진시황 사후 천하가 요동칠 때 백성들 모두 부소의 자진과 몽씨 일족의 멸문지화滅門之禍에 커다란 동정을 표했다. 부소가 죽지 않고 살아 있다는 소문이 나돈 게 그 증거다. 그럼에도 사마천은 비록 덕치의 관점이기는 하나 몽씨 일족의 멸문지화를 당연한 것처럼 평해놓았다. 그는 민심의 흐름을 무시한 것일까?

이는 사마천 나름대로 혹여 있을지도 모를 필화筆禍에서 빠져나가기 위한 보신책으로 보는 게 타당하다. 일종의 둔사법遁辭法에 가깝다. 사마천은 설화舌禍로 인해 치욕스런 궁형을 당했다. 여기에 『사기』로 인한 필화까지 겹칠 경우 빠져나갈 구멍이 없게 된다. 자칫 일족이 몰살을 당할 수도 있다. 한나라 건국과 관련한 『사기』의 기록을 읽을 때마다 주의해야 할 대목이다.

진승과 오광의 봉기

기원전 210년 겨울 10월, 진나라 음력으로 2세 황제 호해 원년인 새해가 시작됐다. 호해도 21세가 되었다. 새해의 시작을 계기로 황제와 신민 모두 심기일전하자는 취지에서 대사령大赦令을 발포했다. 이어 조고를 궁전 출입을 총괄하는 낭중령郎中令으로 삼아 국사를 돌보도록 했다. 호해가 이내 조고와 천하대사를 논의했다.

"짐이 나이도 어리고 이제 막 즉위한 까닭에 백성들이 아직 가까이 따르지 않고 있소. 선황은 천하순행을 통해 나라의 강대함을 보여줌으로써 해내를 위엄으로 복종시켰소. 이제 짐이 한가로이 지내면서 순행하지 않는다면 약하게 보여 천하의 백성을 신하로 삼아 양육할 도리가 없게 될 것이오."

대사령을 발포한 지 3달 뒤는 지금의 음력으로 기원전 209년 봄 정월이지만 진나라 음력으로는 2세 황제 원년의 4번째 달에 해당했다. 날씨가 화창해진 것을 틈타 호해가 첫 천하순행에 나섰다. 좌승상 이사가 호해를 시종했다. 이번에는 진시황의 제5차 순행을 거꾸로 되짚어 나갔다. 먼저 지금의 요녕성 수중현 동남쪽의 갈석碣石에 이르렀다가 해안을 끼고 남쪽으로 내려가 절강성의 회계산에 이르렀다. 각석刻石에 미처 다 새겨 넣지 못한 내용을 완성하고, 당시 대신으로서 시종했던 자의 이름까지 새겨 넣었다. 2세 황제로서 당연히 할 일을 한 셈이다. 호해의 언급이 그 증거다.

"각석에 새겨진 내용은 모두 시황제가 남긴 업적이다. 지금 짐이 '황제'라는 칭호를 이어받아 사용하는 마당에 각석의 글귀에 '시황제'를 칭하지 않는다면 오랜 세월이 흐른 후 짐이 한 일처럼 보여 시황제의 공업과 덕을 밝힐 수 없게 될 것이다."

좌승상 이사와 우승상 풍거질 등이 입을 모아 말했다.

"청컨대 황제의 조서를 각석에 자세히 새겨 그 연유를 밝게 드러내기 바랍니다."

"가하다."

그러고는 이내 요동으로 갔다가 함양으로 돌아왔다. 이해 4월, 2세 황제가 진시황의 급서로 중단된 아방궁 축조 작업을 다시 시작했다. 이 또한 선황의 공업을 널리 드날리기 위한 것이었다. 당초 아방궁의 축조는 진시황 35년(기원전 212년)에 시작됐다. 진시황이 자신의 능묘를 미리 조성하는 여산의 수릉壽陵 조영도 함께 전개됐다. 이때 중원 일대의 백성과 죄수가 대거 동원됐다. 화북 일대의 백성과 죄수가 대거 동원된 만리장성 축성 작업으로부터 불과 3년 뒤에 시작된 까닭에 민심이 흉흉했다. 각지에서 유민이 격증하면서 치안이 크게 불안해졌다.

이해 가을 7월, 마침내 일이 터지고 말았다. '진승陳勝과 오광吳廣의 난'이 그것이다. 진시황이 급서한 지 꼭 1년 만에 빚어진 이 사건은 이후 사상 최초의 제국인 진제국이 일거에 무너지는 계기로 작용했다. '진승과 오광의 난'은 항우와 유방이 천하를 다투는 '초한지제'의 발단에 해당한다. 이 난은 크게 2가지 방향으로 전개됐다. 초기에는 말할 것도 없이 진제국과 정면 대결하는 양상으로 진행됐다. 그러나 군웅이 사방에서 봉기한 이후에는 영토를 확장하는 과정에서 이들과 충돌하는 새로운 상황이 빚어졌다. 진승과 오광은 이 과정에서 이내 몰락하고 말았다. 항우와 유방은 바로 이들의 몰락을 계기로 역사의 무대에 새 주인공으로 등장한 경우에 해당한다.

사마천이 「공자세가」와 같은 차원에서 특별히 「진섭세가陳涉世家」를 편제해 진승의 공적을 기린 것은 바로 이런 차원에서 나온 것이다. 진승이 봉기를 들지 않았다면 새로운 세상이 열리지 않았다는 취지이다. 훗날 반고는 『한서』를 저술하면서 사마천의 이런 편제에 크게 불만을 품고 진승의 행적을 '세가'가 아닌 '열전' 차원으로 깎아내렸다. 『한서』에 「진섭세가」가 아닌 「진승항적전」이 편제된 이유다. 반고는 「진섭세가」는 말할 것도 없고 「항우본기」조차 '열전'으로 폄하한 뒤 「진승항적전」으로 함께 묶어 처리한 것이다. 진승과 항우 모두 일종의 반란집단에 지나지 않는다고 본 것이다.

당초 진승과 오광의 봉기는 그 배경이 매우 단순했다. 두 사람은 마을의 이장 같은 역할을 했다. 진나라는 행정조직과 군사조직이 통일돼 있었던 까닭에 이장이 군리軍吏 역할도 겸했다. 두 사람은 수자리를 서기 위해 현위縣尉의 지휘 아래 900여 명의 백성들을 이끌고 북경시 밀운현 서남쪽 어양漁陽을 향했다. 도중에 잠시 휴식을 취하기 위해 안휘성 숙현 남쪽의 대택향大澤鄕 일대에 머물렀다. 이때 공교롭게도 갑작스레 큰 비가 내렸다. 이내 물이 범람해 길이 모두 끊겼다. 정해진 기일에 도착키가 어렵게 됐다. 진나라 법은 매우 엄격해 기한을 어긴 자는 모두 참수형에 처해졌다. 진승과 오광이 서로 모의했다.

"지금 도망쳐도 죽고, 모반을 일으켜도 죽는다. 이왕 죽을 것이라면 나라를 위해 죽는 것이 가하지 않겠는가?"

오광의 말에 진승이 맞장구를 쳤다.

"지금 천하가 진나라의 통치로 고통을 받은 지 오래되었다. 내가 듣건대 호해는 막내아들로 부당하게 즉위한 것이고, 응당 보위를 계승할 사람은 장남 부소라고 한다. 백성들은 부소가 현명하다는 얘기만 여러 곳에서 들었을 뿐 그가 죽은 사실을 모르고 있다. 전국시대 말기 초나라 명장 항연項燕은 여러 차례 전공을 세우고 사졸을 아껴 초나라 사람 모두 그를 좋아한다. 어떤 사람은 그가 죽었다고 말하고, 어떤 사람은 그가 도주해 숨었다고 한다. 만일 우리 무리가 거짓으로 부소와 항연을 자칭하며 천하를 위해 앞장서면 이에 호응하는 자가 많을 것이다."

진승과 오광이 곧 현위를 죽인 뒤 무리를 모아놓고 선동했다.

"우리 모두 기한을 넘긴 까닭에 참수되고 말 것이다. 설령 정상을 참작해 참수를 면할지라도 수자리를 서다 죽는 자가 10 중 6, 7은 될 것이다. 이왕 죽을 것이라면 큰 이름을 내야 할 것이다. 왕후장상이 어찌 씨가 따로 있을 수 있겠는가!"

무리들이 모두 큰소리로 호응했다. 여기서 나온 성어가 바로 '왕후장상王侯將相, 영유종호寧有種乎'이다. 진승은 젊었을 때 머슴이 되어 남의 농사를 지은 적이 있었다. 하루는 밭두둑에서 일손을 멈추고 휴식을 취하다가 문득 동료 머슴들에게 이같이 말했다.

"만일 부귀하게 되면 우리 서로 잊지 말도록 합시다."

머슴들이 크게 비웃으며 핀잔을 주었다.

"머슴으로 있는 주제에 어찌 부귀를 이룬다는 것인가?"

진승이 탄식했다.

"아! 연작燕雀이 어찌 홍혹鴻鵠의 뜻을 알겠는가!"

연작은 제비와 참새 등의 작은 새로 소인을 상징한다. 많은 사람들이 홍혹을 기러기인 홍안鴻雁이나 고니인 황혹黃鵠 등의 큰 새를 지칭한 것으로 여기고 있으나 이는 잘못이다. 전국시대 중엽 진나라를 최강의 군사대국으로 만든 상앙의 스승 시자尸子가 쓴 『시자』에 이런 구절이 나온다.

"홍혹은 날개가 합쳐지지 않는다. 사해를 품은 마음이 있기 때문이다."

'홍혹'을 봉황처럼 상서로운 새로 풀이해야 하는 이유다. '홍혹'을 '홍곡'으로 읽는 것도 잘못이다. '곡鵠'은 '적的 과녁'을 뜻한다. 진승은 남의 머슴살이를 할 때부터 '홍혹'의 마음을 품고 있었으니 확실히 범상치 않은 인물이었음에 틀림없다.

진승과 오광은 공자 부소와 항연을 사칭하며 무리들을 끌어 모으기 시작했다. 이들은 단壇을 세워 맹약한 후 나라 이름을 '대초大楚'라고 했다. 곧바로 대택향을 공략한 뒤 지금의 안휘성 숙주시 동남쪽의 기현蘄縣까지 손에 넣었다. 이어 안휘성 숙현인 부리符離 출신 갈영葛嬰을 시켜 병사를 이끌고 동쪽으로 진격케 했다. 안휘성과 하남성 경계에 있는 질현銍縣, 찬현酇縣, 고현苦縣, 자현柘縣, 초현譙縣 등지가 차례로 함락됐다. 점령할 때마다 병사들을 수습하자 지금의 하남성 회양현淮陽縣인 진현陳縣에 이르렀을 때는 수만 명에 달하게 되었다. 진현의 현위는 엄청난 숫자의 반란군에 놀라 미리 달아났다. 약간의 충돌이 있었지만 사실상 무혈입성이나 다름없었다. 진현의 백성들이 쌍수를 들어 이들을 맞아 주었다. 명망이 높은 인사들도 대거 찾아와 그의 입성을 축하했다. 진승이 크게 감격한 나머지 진현을 근거지로 삼은 배경이다. 자신의 성과 진현의 명칭이 똑같이 진陳인 것도 하늘의 계시처럼 여겨졌다.

장이와 진여

진승은 진현으로 진공할 때 당대의 현자로 소문난 장이張耳와 진여陳餘를 만나게 됐다. 두 사람이 자발적으로 찾아온 덕분이다. 진승은 평소 이들이 현명하다는 말을 듣고 있었던 까닭에 크게 기뻐했다. 이때 진승에게 커다란 기대를 걸고 있던 진현의 호걸과 부로父老들도 진승을 찾아왔다. 이들은 진승을 칭송했다.

"장군은 몸소 갑옷을 걸치고 예리한 병기를 든 채 병사들을 지휘해 포악한 진나라를 쳤습니다. 초나라 사직을 다시 세움으로써 망한 것을 일으켜 세우고 끊어진 것을 이었으니 그 공덕은 응당 왕이 될 만합니다. 지금 천하의 장수들을 감독하고 지휘하려면 왕을 칭하지 않으면 안 됩니다. 모쪼록 장군은 속히 왕의 자리에 오르도록 하십시오."

평소 '홍혹'의 뜻을 품고 있었던 진승이 내심 쾌재를 불렀다. 어느 때나 마찬가지지만 '초한지제'와 같은 난세에는 시세에 올라타 출세하려는 자들이 들끓기 마련이다. 이들이 속속 진승 곁으로 모여들기 시작했다. 이들은 진승에게 속히 보위에 오르라고 부추겼다. 진제국을 무너뜨리고 새 제국을 세우는 것은 나중 문제였다. 자신들의 꿈을 조속히 실현시키기 위해서는 진승이 황제에 앞서 먼저 왕에 등극하는 것이 시급한 과제였다. 이는 진승의 속셈과 맞아떨어졌다. 그러나 진승으로서도 자신의 의중을 섣불리 말할 수는 없었다.

특히 보위에 오르는 것과 같이 중차대한 일은 반드시 일정한 형식이 필요했다. 진승이 이를 모를 리 없다. 곧바로 당대의 현자로 소문난 장이와 진여의 동의를 구한 이유다. 그러나 두 사람의 생각은 달랐다. 이들은 토왕土王의 수준에서 한 발 더 나아간 토황제土皇帝에서 출발해야 명실상부한 '역성혁명'이 가능하다고 생각했다. 이들이 진승의 왕위 즉위를 적극 만류하고 나선 이유다.

"진나라가 무도하여 열국을 병탄하는 과정에서 남의 사직을 무너뜨리고 남의 자손들을 끊었습니다. 또한 열국 백성들의 힘을 피폐케 만들고 그들의 재산 또한 모두 탕진케 만들었습니다. 장군은 눈을 한 번 크게 부릅뜨고 담력을 크게 내보이며, 천하 만민을 위해 1만 번 죽을지라도 구구하게 살 뜻이 없다는 취지의 계책으로 포학한 진나라를 멸하려고 합니다. 그런데 지금 이곳 진현에 이르자마자 왕위에 올라 천하에 사사로운 마음이 있다는 것을 내보이고 있습니다. 원컨대 장군께서는 왕이 되는 것을 뒤로 미루고 급히 군사를 이끌고 서쪽으로 진격하십시오. 동시에 사람을 진나라에 패망한 6국에 보내 그들의 후예를 다시 세우도록 하십시오. 그러면 천하는 장군의 우당友黨이 되고, 진나라는 더욱 많은 적을 맞게 됩니다. 진나라에 적이 많이 생기면 진나라의 힘은 사방으로 분산되고, 장군의 우당이 많아지면 그 군사는 더욱 강하게 될 것입니다. 이같이 하면 들판에서 장군과 교전할 군사도 없게 되고, 장군의 군대에 대항해 성을 지키려는 현도 없게 될 것입니다. 그 기회를 이용해 포악한 진나라를 주멸한 뒤 함양에 거처를 정하고 제후들에게 명을 내리십시오. 우당으로 있는 열국의 제후들은 패망한 나라에서 다시

선 까닭에 이후 덕으로 그들을 복종시킨다면 제업帝業은 자연히 이루어질 것입니다. 그런데도 지금 이곳 진현에서 홀로 왕이 되면 천하의 민심이 이내 흩어질까 두렵습니다."

우선 세력부터 확장해 점령지에 새로운 제후를 임명한 뒤 이들 제후들의 추대에 의해 제위에 오르는 것이 바람직하다는 얘기였다. 왕을 자칭하기엔 아직 세가 부족하고, 다른 사람들로부터 사사로운 욕심을 의심받을 수 있다는 점 등을 논거로 들었다. 일리 있는 지적이었다. 그러나 진승은 이를 듣지 않았다. 그는 이내 스스로 왕위에 오른 뒤 국호를 병기 때 지은 '대초大楚'에서 '장초張楚'로 바꿨다. 초나라를 크게 확장한다는 뜻이다. 진현의 명칭도 진성陳城으로 바뀌었다.

원래 '장초'의 도성이 된 진현은 춘추시대 진陳나라의 고토이다. 도중에 초나라에 병탄됐다가 진시황의 천하통일 이후 진현으로 편제됐다. 그러다가 이때에 이르러 '장초'의 도성으로 변신한 것이다. 진성은 전국시대 말기 일시 초나라의 수도로 있었던 까닭에 초나라 전래의 수도 명칭인 영郢을 덧붙여 영진郢陳으로 불리기도 했다.

왜 당시 진승은 당대의 현자로 소문난 장이와 진여의 충고를 좇지 않은 것일까? 크게 2가지 이유를 들 수 있다. 첫째, 1달 만에 가난한 농부에서 농민반란군의 수장이 된 진승에게 비록 '토왕'에 지나지 않지만 보위는 너무나 매력적이었다. 진승에게 두 사람의 건의는 이상에 치우친 공허한 말 정도로밖에 들리지 않았을 공산이 컸다. '토황제'가 '토왕'보다 바람직한 것은 사실이나 객관적으로 볼 때 진제국은 아직도 천하제일의 막강한 무력을 보유하고 있었다. 언제 자신이 심어 놓은 제후들의 추대를 받아 '토황제'의 자리에 오를 지 장담할 길이 없었다. '토왕'

을 택한 것을 나무랄 수 없는 일이다.

둘째, 장이와 진여는 비록 그럴 듯한 취천하取天下 방략을 제시하기는 했으나 내심 진승과 오광의 난을 이용해 옛 위나라나 조나라를 부활시키려는 속셈을 숨기고 있었다. 얼마 후 이들의 속셈은 그대로 드러났다. 당시 진승이 이들의 속셈을 정확히 파악했는지는 알 길이 없으나 그런 낌새를 눈치 챘을 가능성을 배제할 수 없다. 진승이 '장초'를 세운 후 스스로 보위에 오른 것을 무턱대고 나무랄 수만도 없는 이유다.

객관적으로 볼 때 당시 진승이 장이와 진여의 계책을 좇았으면 진제국을 뒤엎고 새 왕조를 세울 가능성이 높았다. 그러나 진승은 당장 눈앞에 있는 작은 이익을 탐했다. '장초'의 왕위에 올라 '제업'이 아닌 왕업王業에 만족해하는 모습을 보인 게 그렇다. '홍혹' 운운하며 뜻만 컸을 뿐 그릇이 작았다고 평할 수밖에 없다.

원래 장이와 진여는 전국시대 당시 위나라 수도로 있던 지금의 하남성 개봉開封인 대량大梁 출신이다. 훗날 북송이 수도를 개봉에 둔 데서 알 수 있듯이 전국시대 이래 대량은 중원의 중심지에 해당했다. 상업과 교통의 요지로 있었던 까닭에 물자와 사람의 교류와 이동이 빈번했다. 천하정세에 두루 밝을 수밖에 없었다. 대량 출신인 장이와 진여가 천하정세에 밝았던 게 결코 우연이 아니었다. 그러나 대량은 진나라 군사가 천하통일 과정에서 황하의 물을 끌어들여다가 수공을 가하는 바람에 폐허로 변해 버리고 말았다. 두 사람으로서는 고향을 잃어버린 것이나 다름없었다. 두 사람의 진나라에 대한 적개심 또한 남달랐다고 보아야 한다.

훗날 유방에 의해 왕에 봉해진 장이는 젊었을 때 위나라 공자 신릉군信陵君의 빈객賓客으로 지낸 적이 있다. 신릉군은 전국시대 말기 제나라의 맹상군孟嘗君과 위나라의 평원군平原君, 초나라의 춘신군春申君과 더불어 이른바 전국4군자戰國四君子로 명성을 떨친 인물이다. 신릉군의 빈객으로 있는 것 자체가 명예로운 일이었다. 이는 그가 부잣집에 장가를 간 사실과 무관치 않았다.

「장이진여열전」에 따르면 장이는 일찍이 어떤 일로 명부名簿를 삭제하고 달아나 지금의 하남성 기현杞縣 동쪽의 외황外黃에서 유랑하게 됐다. 외황은 원래 춘추시대 당시 송나라 땅이었다. 진나라가 천하를 통일한 후 이곳에 현을 두고 진류군陳留郡에 귀속시켰다. '외황'이라는 이름은 위군魏郡에 내황內黃이 있었던 까닭에 원래의 명칭에 외外 자 하나를 덧붙인 것이다. 항우와 유방이 천하를 놓고 치열한 공방전을 펼칠 때 이곳 외황은 중요한 전장이었다. 병법에서 흔히 말하는 일종의 쟁지爭地에 해당했다. 자신이 점령하면 유리하고, 적이 점령하면 불리해지는 그런 곳이었다.

대량 출신인 장이가 고향인 대량을 떠나 외황을 유랑한 것은 외황이 당시만 해도 크게 번성했기 때문이었다. 당시 외황에 한 부잣집 딸이 매우 아름다웠다. 그녀는 어떤 자에게 시집을 갔다가 이내 남편을 떠나 부친의 옛 빈객에게 몸을 의탁하게 됐다. 평소 장이를 잘 알고 있던 이 빈객이 부잣집 딸에게 이같이 말했다.

"현명한 남편을 구하고자 하면 반드시 장이를 따르도록 하시오."

그녀가 이를 좇아 마침내 남편과 헤어진 뒤 장이에게 시집을 갔다. 장이는 이를 계기로 곤궁한 생활에서 벗어나 널리 명사들과 사귀게 되었다. 처갓집에서 활동자금을 후하게 도와준 덕분이었다. 장이는 1,000

리나 멀리 떨어진 곳의 빈객을 초빙하는 일도 마다하지 않았다. 명성이 멀리 퍼지게 된 배경이다. 신릉군의 빈객이 된 것도 이때쯤으로 보인다. 얼마 후 그는 마침내 위나라에서 벼슬을 얻어 처갓집이 있는 외황의 현령이 되었다. 천하의 명사들과 교유하면 할수록 명성이 더욱 높아지고, 덩달아 벼슬길도 탄탄해지는 행운을 잡은 셈이다.

그러나 도중에 문득 일이 틀어지고 말았다. 기원전 225년 진나라 장수 왕분이 대군을 이끌고 위나라로 쳐들어왔다. 그는 황하의 물을 끌어들이는 수공水攻 작전을 펼쳤다. 위나라 도성 대량大梁이 3개월 만에 무너졌다. 위왕 위가魏假가 뒤늦게 항복했으나 화가 난 왕분이 이내 그의 목을 베었다. 이로써 위나라가 드디어 멸망하고 말았다. 위나라 멸망으로 장이 역시 외황의 현령 자리에서 물러난 채 처갓집이 있는 외황에 그대로 머물러 살았다.

진여도 처갓집이 지금의 하북성 정현 동남쪽에 있는 조나라 고형苦陘 일대의 호족인 공승씨公乘氏였다. 공손씨 역시 외황의 호족이 장이를 사위로 맞이할 때 그랬던 것처럼 진여가 평범한 인물이 아니라는 것을 알고는 선뜻 딸을 시집보냈다. 어떤 면에서 장이와 진여 모두 진승보다 훨씬 유리한 조건을 갖추고 있었다. 명성도 명성이지만 천하를 경륜코자 하는 지략을 지니고 있는데다 처갓집 덕분에 막강한 재력을 자랑하며 수많은 명사와 교유한 게 그렇다. 비록 무력 면에서는 진승이 앞서 나갔지만 명성과 지략 면에서는 장이와 진여가 한 수 위였다.

그러나 난세에는 힘이 우선이다. 기선은 진승이 잡았다. 그렇다면 응당 장이와 진여 등을 휘하의 참모로 두고 이들을 적극 활용하는 모습을 보여주어야 했다. 삼국시대 당시 유비가 천하의 명사 제갈량을 삼고 초려三顧草廬하여 휘하의 참모로 활용한 게 대표적인 실례이다. 일설에 따르면 제갈량이 유비를 직접 찾아갔다는 얘기도 있다. 장이와 진여가 진승을 찾아간 것과 닮았다. 뒤에 얘기하겠지만 수천 년 동안 천하의 꾀주머니인 지낭智囊의 상징으로 거론된 장량도 유방을 제 발로 찾아갔다. 난세에는 내로라하는 책사들이 천하를 거머쥘 만한 인물을 찾아오기 마련이다. 삼고초려 여부가 중요한 게 아니라 인재의 활용 여부가 관건이라는 얘기다.

물론 진승도 장이와 진여를 참모로 활용하는 모습을 보였다. 그러나 이는 겉만 그랬을 뿐 속은 달랐다. 더구나 자발적인 것도 아니었다. 자신들의 계책이 받아들여지지 않은 상황에서 장이와 진여가 진승에게 심복했을 리 없다. 제갈량과 장량은 유비와 유방을 만난 자리에서 자신들의 건의가 그대로 채택되는 것을 보고 감격한 나머지 참모의 길을 걷게 됐다. 그런 점에서 진승은 뜻만 컸을 뿐 천하경영의 웅략雄略이 없었다.

당시 장이와 진여는 함께 진승을 찾아간 데서 알 수 있듯이 이른바 문경지교刎頸之交로 소문이 나 있었다. 목이 달아날지라도 변치 않을 만큼 가까운 친교를 뜻한다. 원래 이 말은 전국시대 말기 조혜문왕趙惠文王 때 명신 인상여藺相如와 장수 염파廉頗가 맺은 두터운 친교에서 나온 것이다. 염파는 인상여의 출세를 시기하며 크게 불화했으나 인상여의 넓은 도량에 감격한 나머지 이내 깨끗이 사과한 뒤 죽음을 함께 해도 변치 않을 정도의 친교를 맺게 됐다. 장이와 진여 역시 같은 대량 출신으로 어렸을 때부터 함께 생장해오면서 의기가 투합한 까닭에 인상여와 염파 못지않은 우정을 과시했다.

이로 인해 많은 사람들이 두 사람의 연배가 비슷한 것으로 생각하고 있으나 「장이진여열전」은 나이가 젊은 진여가 장이를 '부친처럼 섬겼다'고 기록해 놓았다. 원문은 '부사父事'이다. 섬긴다는 뜻의 동사 사事 앞에 나온 부父는 '부친처럼'의 뜻을 지닌 부사어로 사용된 경우다. 사마천은 『사기』 전체를 통틀어 '부사'라는 용어를 3번 사용했다. 「장이진여열전」의 장이와 진여의 경우를 포함해 「장승상열전」에 나오는 장창張蒼과 왕릉王陵, 「유협열전」에 나오는 전중田仲과 주가朱家의 경우가 그렇다. 모두 의리의 표상에 해당한다.

장이와 진여는 나이 차이가 대략 20세 안팎이었을 것으로 추정된다. 나이 차이를 잊고 친교를 맺는 것을 흔히 망년지교忘年之交라고 한다. 원래 유가에서는 나이를 크게 중시했다. 장유長幼의 질서를 5륜五倫의 하나로 간주한 게 그렇다. 지난 2011년 서울교대 입시에 희귀한 문제가 출제됐다. 스승과 제자의 관계는 부자父子와 군신君臣, 부부夫婦, 장유長幼, 붕우朋友의 관계를 논한 5륜 가운데 어디에 속하는지를 물은 문제가 그렇다. 대부분 '부자'와 '군신', '장유'를 들었다. 그러나 학교는 '붕우'를 정답으로 처리했다. 수험생들 가운데 정답을 맞힌 사람이 하나도 없었다고 한다.

'스승의 그림자는 밟지 않는다'고 배운 사람들 입장에서 볼 때 이 문제는 약간 논란의 소지가 있기는 하다. 그러나 '붕우'를 정답으로 처리한 게 잘못된 것은 아니다. 불가에서는 사제지간을 붕우의 관계로 바라보는 전통이 오래전에 확립됐다. 승려들이 서로를 도반道伴으로 부르는 게 그렇다. '부처의 길을 같이 걸어가는 짝'의 뜻이다. 남송 때 주희에 의해 집대성된 성리학은 불가에서 많은 것을 끌어들였다. 성리학을 도학

道學으로 칭하며 불가에서 의발衣鉢을 전수하듯 공자사상이 증자와 맹자에게 전수됐다는 식의 정통론正統論을 전개한 게 그렇다.

이론 면에서 주희를 뛰어넘었다고 평가받는 조선조 중엽의 퇴계 이황은 나이 어린 제자에게조차 하대下待하지 않았다. 제자를 '도반'으로 생각했기 때문이다. 근 30세 차이가 나는 젊은 학자 기대승과 성리학의 핵심 이론인 이기론理氣論을 심화한 사단칠정四端七情 문제를 놓고 치열한 논쟁을 벌인 것도 서로 상대를 '도반'으로 간주했기에 가능했던 일이다. 큰 틀에서 보면 이 또한 나이를 뛰어넘은 '망년지교' 덕분으로 해석할 수 있다.

장이와 진여의 관계도 이런 맥락에서 바라볼 필요가 있다. 나이가 젊은 진여가 장이를 부친처럼 모셨는데도 장이가 진여를 마치 붕우를 대하듯이 가까이 하면서 '문경지교'를 맺은 것은 서로를 일종의 '도반'으로 간주했기 때문일 것이다. 진나라가 위나라를 병탄할 당시 장이와 진여가 위나라의 명사라는 소문을 뒤늦게 듣고 장이에게 1,000금金, 진여에게 500금의 현상금을 내걸고 이들을 수소문한 것도 이들이 당대의 '도반'이었음을 반증한다.

위기에 처한 두 사람은 황급히 성명을 바꿔 진현으로 들어간 뒤 신분을 감춘 채 작은 고을의 문지기로 지내며 재기할 날을 기다렸다. 이와중에 진여가 신분이 탄로 날 수도 있는 실수를 저질렀다. 향리鄕吏가 지나갈 때 한 눈을 파는 바람에 제대로 인사를 하지 못해 향리의 화를 돋운 게 그렇다. 향리가 근무태만의 구실을 붙여 태장笞杖을 가하려고 하자 진여가 거칠게 대항하려는 모습을 보였다. 순간 장이가 재빨리 진여의 발을 밟으며 그대로 태장을 맞게 했다. 향리가 돌아간 뒤 장이가 진여를 이끌고 뽕나무 아래로 가서 나무랐다.

"전에 내가 그대에게 어떻게 말했던가? 지금 작은 모욕을 당하자 이를 참지 못해 한낱 소리小吏 한 사람을 죽이려 드는 것인가?"

진여가 사과했다.

"제가 어리석었습니다!"

장이가 진여의 발을 밟은 것은 말할 것도 없이 때가 올 때까지 은인자중해야 한다는 취지였다. 당대의 명사인 진여가 이를 모를 리 없다. 그럼에도 그가 그토록 과민한 반응을 보인 것은 신분을 감춘 채 문지기로 살아가는 현실에 대한 불만이 그만큼 컸음을 반증한다. 이들이 진나라에 최초로 반기를 든 진승이 진현으로 진공하자 환호작약한 배경이 여기에 있다. 새로운 제국을 건설할 수 있다는 희망을 발견했기 때문이다. 고려 말에 정도전이 멀리 함흥까지 무부武夫인 이성계를 찾아간 것에 비유할 만하다.

그러나 정도전은 새 왕조의 건립에 성공했지만 장이와 진여는 실패했다. 진승의 그릇이 작았기 때문이다. 진승이 이들의 충고를 무시한 채 먼저 왕위에 오르는 하책을 택한 게 그렇다. 객관적으로 볼 때 먼저 왕위에 오르는 것 자체가 잘못된 것은 아니다. 문제는 그 다음이었다. 진승에게는 '제업'을 이루고자 하는 거창한 포부와 지략이 없었다. 그가 도중에 좌절한 근본 이유다.

여기서 주목할 것은 위나라 멸망 직후의 어수선한 시기에 유방이 외황에 머물고 있는 장이를 찾아와 여러 달 동안 식객으로 있었던 점이다. 장이의 명성이 간단치 않았음을 방증하는 대목이다. 이는 「고조본기」에는 언급돼 있지 않다. 오직 「장이진여열전」에 짧게 소개돼 있을 뿐이다. 사마천이 『사기』를 저술하면서 의도적으로 「장이진여열전」에 간략히 언급해 놓았을 공산이 크다. 이를 「고조본기」에 실을 경우 장이가 유방보다 더 훌륭한 사람이라는 인식을 심어줄 우려가 컸다. 저의를 의심받아 추궁을 당할지도 모를 일이었다. 『사기』를 읽을 때 한고제 유방을 위시해 한나라 황제와 관련된 대목을 읽을 때 주의해야 할 대목이다. 반드시 관련 기사를 모두 살펴본 뒤 종합적인 판단을 해야만 한다. 장이와 유방의 만남이 대표적인 경우다. 다음은 「고조본기」에 나오는 해당 기록이다.

"일찍이 고조는 포의布衣로 있던 시절 여러 차례 장이를 추종하며 함께 노닌 적이 있다. 몇 달 동안 문객으로 있었다."

원문은 '삭종장이유數從張耳游, 객수월客數月'이다. 추종했다는 뜻의 '종從'과 함께 노닐었다는 뜻의 '유游'를 함께 쓴 이유는 무엇일까? 무명인사에 불과했던 유방에게 과연 당대의 명사인 장이와 함께 '노닐었다'는 표현을 쓸 수 있는 것일까? 객관적으로 볼 때 당시 유방은 돈 한 푼 없이 빈둥거리며 놀고먹는 이른바 '백수건달'에 지나지 않았다. '노닐었다'는 표현은 '추종했다'는 표현을 약화시키기 위해 덧붙여 놓은 일종의 수사修辭에 가깝다. 세력 있는 집에 머물면서 덕이나 좀 볼까 하고 수시로 그 집에 드나드는 문객門客 내지 하는 일 없이 남의 집에 얹혀서 밥만 얻어먹고 지내는 식객食客으로 있었다는 '객수월'의 표현이 이를 뒷받침한다.

당시 장이가 머물던 지금의 하남성 기현 동쪽의 외황外黃은 유방의 고향인 풍읍豐邑에서 직선거리로 약 150킬로미터가량 떨어져 있는 곳이다. 유방이 400리가량 멀리 떨어진 곳까지 찾아가 문객 내지 식객 노릇을 한 것은 장이의 명성이 간단치 않았음을 반증한다. 실제로 유방은 천하를 통일한 직후인 기원전 202년, 장이가 죽자 경왕景王이라는 시호를 내리고 그의 아들 장오張敖에게 장녀 노원공주魯元公主를 시집보냈다. 장이에 대한 존경심이 끝까지 이어졌음을 보여주는 대목이다.

그렇다면 당대의 명사인 장이는 왜 '백수건달'에 불과한 유방을 문객으로 맞아들인 것일까? 사다케 야스히코佐竹靖彦는 지난 2005년에 펴낸 『유방劉邦』에서 유방이 장이에게 풍읍과 패현 및 사수군泗水郡 일대의 동향 등을 소상히 전하는 등 나름 소식통 역할을 한 덕분으로 파악했다. 그랬을 공산이 크다. 장이가 '백수건달'에 불과한 유방 등으로부터 각지의 생생한 현장소식을 듣고자 한 것은 그 또한 진승 못지않게 나름 큰 뜻을 품고 있었음을 암시한다. 진여도 크게 다르지 않았다고 보아야 한다.

원래 장이와 진여는 고향도 같고 생장 및 결혼 배경 등 여러 면에서 서로 닮은 점이 많다. 두 사람이 '문경지교'와 '망년지교'를 맺은 게 일면 수긍이 간다. 그러나 장이와 진여는 후술하는 바와 같이 이후 군웅들이 천하를 놓고 다투는 과정에서 서로 원수가 되고 말았다. '문경지교'와 '망년지교'가 무색해지는 대목이다.

통상 까마귀가 모인 것처럼 처음에는 좋았다가 뒤에는 틀어지는 교제를 오집지교烏集之交라고 한다. 결과론적인 얘기이기는 하나 장이와 진여의 '문경지교'와 '망년지교'는 결국 '오집지교'로 끝나고 말았다. 중국의 역대 인물 가운데 '문경지교'와 '망년지교'로 시작해 '오집지교'로 끝난 경우는 오직 장이와 진여밖에 없다. 난세가 만들어낸 비극이다.

2세 황제 호해

진승이 '장초'를 세운 뒤 각지에 격문을 보내자 진나라의 혹법酷法에 시달리던 사방의 여러 군현이 이내 파견된 관원을 죽이고 이에 적극 호응했다. 호해도 상황이 심상치 않자 사자를 보내 반란상황을 살펴보게 했다. 사자가 있는 사실을 그대로 보고하자 호해가 크게 화를 내며 그를 사법관에게 내려 보내 처리케 했다. 뒤에 갔다 돌아온 사자는 호해가 묻자 이같이 대답했다.

"여러 도적이 쥐와 개처럼 도적질을 함께하는 상황에서 군수郡守와 군위郡尉가 바야흐로 쫓아가 잡고 있습니다. 지금 이들을 거의 다 잡아들였으니 크게 근심할 바가 못 됩니다!"

호해가 흐뭇해하며 노고를 치하했다. 고금을 막론하고 나라든 기업이든 아니면 한 집안이든 패망할 때는 늘 군주와 기업주 및 가장의 귀에는 달콤한 얘기만 들어오기 마련이다. 호해의 모습이 꼭 그와 같다. 이를 뒷받침하는 유명한 일화가 있다. 전한 초기에 제국의 통치이념과 체제를 정비한 숙손통叔孫通이 주인공이다.

한나라가 전한과 후한을 합쳐 중국 역사상 가장 긴 400년의 왕업을 이을 수 있었던 데에는 그의 공이 컸다. 그는 비록 겉으로는 유가로 행세했으나 사실은 당대의 법가에 해당한다. 진제국의 패망을 계기로 유자들 내에서 법가에 대한 비판이 고조된 까닭에 유가를 자처했을 뿐이다. 「유경숙손통열전」에 따르면 지금의 산동성 등현인 설薛 땅 출신인 그는 당초 진나라 말기 학문이 뛰어나다는 소문이 난 덕분에 이내 부름을 받고 함양으로 가 박사 임용을 기다렸다. 이때 문득 진시황이 급서하고 뒤이어 진승이 거병하자 2세 황제 호해가 그를 포함한 여러 명의 박사와 유생들을 소집했다.

"초 땅의 수자리를 서던 병사들이 진현에 이르렀다고 하니 공들은 이를 어찌 생각하시오?"

박사를 포함한 여러 유생들이 앞으로 나와 이같이 말했다.

"신하가 감히 군사를 일으킨 것은 반역이고, 그 죄는 죽어 마땅하며 결코 사면할 수 없습니다. 원컨대 폐하는 급히 발병發兵하여 그들을 치십시오."

호해의 안색이 문득 붉게 변했다. 숙손통이 앞으로 나와 말했다.

"저들의 말은 모두 틀렸습니다. 이미 선황이 천하를 하나로 통합해 일가를 이루고, 각 군현의 성을 허물고, 무기를 녹여 다시는 그것을 사용치 않겠다는 뜻을 천하에 보였습니다. 게다가 위로 영명한 군주가 있고, 아래로 법령이 구비되어 있어 모든 것이 중앙으로 몰려들고 있습니다. 어찌 감히 반기를 드는 자가 있을 수 있겠습니까? 지금 저들 도적들이 일어난 것은 마치 쥐새끼가 곡식을 훔치고 개가 물건을 물어간 것에 불과합니다. 어찌 족히 언급할 가치가 있겠습니까? 현재 각 군의 군수와 군위郡尉가 그들을 잡아들여 논죄하고 있으니 어찌 족히 우려할 일이겠습니까!"

숙손통의 말이 끝나기 무섭게 박사와 유생들이 '반역설'과 '도적설'로 나뉘어 치열한 논쟁을 벌였다. 호해는 자신의 시대를 태평성대로 규정한 숙손통의 '도적설'을 지지했다. 곧 어사에게 명해 '반역설'을 주장한 자들은 형리에게 넘겨 조사케 하고, '도적설'을 언급한 자들은 모두 용서케 했다. 이어 숙손통에게 비단 20필과 옷 1벌을 하사하고 박사에 제수했다. 숙손통이 출궁하여 숙사로 돌아오자 유생들이 그를 맹비판했다.

"선생은 어찌하여 그토록 아첨하는 말을 한 것이오?"

숙손통이 대답했다.

"그대들은 모르고 있소? 나는 하마터면 호구虎口를 빠져나오지 못할 뻔했소!"

그러고는 이내 고향인 설 땅으로 달아났다. 이후 숙손통은 유방에 합류하기 전까지 여러 명의 군주를 섬기는 바람에 후대의 유자들로부터 많은 비판을 받았으나 난세에는 일면 불가피한 측면이 있다. 억세게 운이 좋은 소수의 사람을 제외하고는 처음부터 제대로 된 주군을 만나기가 하늘의 별 따기 만큼이나 어려운 일이다. 삼국시대 당시 순욱과 순유, 장료 등이 원소와 여포 밑에 있다가 나중에 조조를 만난 게 바로 그렇다. 따지고 보면 '초한지제' 때 당대의 전략가인 한신과 책사인 진평이 뒤늦게 유방에게 합류한 것도 같은 맥락이다. 연전연승을 거듭하던 항우도 자신의 주변을 둘러싸고 있는 자들의 달콤한 말만 가려서 들었다. 패망의 길을 자초한 셈이다.

진나라 2세 황제 호해는 앞서 언급한 것처럼 결코 어리석은 인물이 아니었다. 그럼에도 숙손통의 일화가 보여주듯이 사서에 이런 기록이 남은 것은 당시 그가 지나친 자부심으로 인해 사태를 너무 안이하게 바라보았음을 뒷받침한다. 실제로 진시황처럼 위대한 업적을 남긴 경우 그 후계자들은 이에 도취될 수밖에 없다. 거대한 권력이 마치 마약처럼 사람을 환각시키기 때문이다.

이는 진승에게 기회로 작용했다. 그는 동료인 오광을 가왕假王으로 삼은 뒤 제장들을 감독하며 서쪽으로 진격해 지금의 하남성 형양滎陽을 치게 했다. 형양은 훗날 유방과 항우가 치열한 접전을 벌인데서 알 수 있듯이 천하의 요충지였다. 2가지 점에서 그러했다. 첫째, 이곳은 관중으로 들어가는 사실상의 관문에 해당했다. 이곳을 장악해야 함곡관을 거쳐 관중으로 들어갈 수 있었다. 둘째, 형양 인근에는 오창敖倉이라는 거대한 곡물창고가 있었다. 삼국시대 관도대전 당시 조조가 원소의 곡물창고를 불태운 바로 그곳이다. 이곳을 장악해야 군량을 여유 있게 조달할 수 있었다. 형양의 전략적 중요성은 이루 말할 수 없었다.

당시 장이와 진여는 진승의 곁을 떠나지 않았다. 이들은 왜 자신들의 계책이 받아들여지지 않았음에도 진승 곁을 떠나지 않은 것일까? 나름 속셈이 있었다. 장차 기회를 오면 진승의 곁을 떠나 자립코자 한 것이다. 진승으로는 천하를 거머쥘 수 없다는 게 이들이 내린 결론이었다. 이들이 염두에 둔 곳은 옛 조나라 땅이었다. 이곳은 진여와 인연이 깊은 곳이다. 그가 적극 나서 진승을 설득한 이유다.

"대왕께서는 옛 위나라와 초나라 땅의 병사들을 이끌고 서진하여 함곡관을 통해 관중關中으로 들어가는데 힘써야 합니다. 황하 이북의 땅을 수복할 여력이 없을 터이니 저에게 일부 군사를 내어주시면 제가 북쪽의 조나라 땅을 공략토록 하겠습니다. 신은 전에 조나라 땅에서 유랑할 때 그곳의 호걸들을 사귀면서 나름 지형들을 소상히 파악한 바 있습니다."

진승은 진여의 건의가 그럴 듯하다고 여겼다. 곧 평소 잘 알고 지내던 진현 출신 무신武臣을 장군으로 삼고, 휘하장수 소소邵騷를 호군護軍으로 삼은 뒤 3,000명의 군사를 내주면서 북진하여 조나라 땅을 공략케 했다. 이때 장이와 진여는 무신의 북진 때 각각 좌우 교위校尉로 참여했다. 두 사람은 진승이 자신들의 계책을 받아들이지 않았을 뿐만 아니라 자신들을 장군으로 삼지 않고 단지 교위의 자리만 준 것에 불만을 품었다. 이는 이후 두 사람이 무신을 회유해 독립을 선언케 한 결정적인 배경이 됐다.

장이와 진여의 속셈을 까맣게 모른 '장초'의 진승은 자신이 이내 천하의 새 주인이 될 것을 의심치 않았다. 정신없이 사방으로 반진反秦 토벌군을 내보낸 이유다. 이를 무턱대고 탓할 수만도 없었다. 당시 진제국의 본거지인 함곡관 안의 관중關中을 제외한 함곡관 밖의 이른바 관동關東 지역에서는 백성들 내에서 '반진'의 분위기가 크게 고조돼 있었다.

진승은 무신에게 북벌을 명하면서 휘하장수 등종鄧宗에게는 남정南征에 나서 지금의 안휘성 수현 일대인 구강군九江郡을 공략케 했다. 겉모습만 보면 진승의 남정북벌 계책은 매우 그럴 듯했다. 이를 계기로 옛 초나라 출신 병사들이 수천 명 단위로 모여 진나라에 반기를 든 사실이 이를 뒷받침한다. 「진섭세가」는 '그런 일이 수 없이 많았다'고 기록해 놓았다. 원문은 불가승수不可勝數이다. 직역하면 '일일이 셀 수 없다'는 의미이다. 매우 많다는 것을 과장해 표현한 것이다. 그 숫자가 정확히 얼마인지 따지기에 앞서 각지에서 수많은 봉기가 일어나 진승의 '장초'에 호응한 것만은 분명하다.

여기서 「진섭세가」가 특별히 '초나라 출신 병사'라고 명기한 것은 2가지 점을 시사하고 있다. 첫째, 평소 초나라 땅 출신 병사들의 불만이 매우 컸다는 점이다. 둘째, 이들 모두 초나라 부흥을 기치로 내건 '장초'의 출현에 커다란 기대를 걸었다는 점이다. 유방과 항우가 모두 초나라 땅 출신인 게 결코 우연이 아님을 알 수 있다. 진제국은 초나라 출신들이 대거 반기를 들고 일어나면서 점차 제국 해체의 초읽기에 들어간 것이나 다름없었다.

괴철의 유세

주목할 것은 당시 조나라 땅으로 들어간 무신武臣의 움직임이다. 그는 지금의 하남성 활현 경계인 백마진白馬津에서 황하를 건너 여러 현으로 진격했다. 참모의 일원으로 참여한 장이와 진여 등이 지역의 호걸들에게 유세했다. 「장이진여열전」에 그의 유세 전문이 실려 있다.

"진나라가 문란한 정사와 혹형으로 천하의 백성들을 해친 지 이미 수십 년이 되었다. 북쪽으로 장성을 축조하고, 남쪽으로 5령五嶺을 지키느라 나라 안팎이 소란스러워졌고 백성들 또한 모두 피폐해졌다. 인두세 명목으로 백성들을 키질하듯 재물을 거두어 군비에 충당하니 재물이 고갈되고 힘이 소진되어 백성들은 더 이상 살 수 없는 지경이 되었다. 혹법에 따른 형벌이 준엄해 천하의 백성들은 부자지간일지라도 서로 의심하며 불안하게 살고 있다. 분격한 진왕陳王이 이내 팔을 휘두르며 천하를 위해 처음으로 기의하자 사방 2,000리 백성들 가운데 이에 호응하지 않는 자가 없었다. 집집마다 스스로 울분을 터뜨리고, 사람마다 스스로 싸움에 나서 각기 원한을 갚고 원수를 공격했다. 각 현의 백성들은 그들의 현령과 현승縣丞을 살해하고, 각 군의 백성들은 그들의 태수와 교위校尉를 살해했다. 지금 진왕이 세력을 크게 확장해 진현을 왕도王都로 정한 뒤 곧바로 오광吳廣과 주장周章으로 하여금 백만 대군을 이끌고 서쪽으로 진격케 했다. 이런 때에 공을 세워 봉후封侯가 되지 못하는 자는 결코 호걸이라 할 수 없을 것이다. 여러 호걸들은 시험 삼아 서로 계책을 내어 이를 도모하도록 하라! 무릇 천하가 같은 마음으로 진나라로부터 고통을 당한 지 매우 오래되었다. 천하 만민의 힘을 모아 무도한 진나라 군주를 쳐야 할 것이다. 그래야 부형의 원한을 갚고 봉지를 나눠받을 수 있다. 선비가 떨쳐 일어날 수 있는 절호의 기회가 바로 지금 이 한때에 달려 있다!"

여기의 '5령'은 진나라 군사가 주둔한 남쪽 변경의 요충지를 말한다. 당초 진시황은 남쪽 지방을 점령하기 위해 굴착한 영거靈渠의 수로를 이용하여 물자와 함께 동원한 50만의 병력을 5군軍으로 나누어 각각의 요새를 지키게 했다. 1군은 심성령鐔城嶺, 2군은 구의九疑, 3군은 반우番禺, 4군은 남야南野, 5군은 여간수餘干水에 진수鎭守했다. 5령을 진수키 위해 백성들이 대거 차출된 것은 말할 것도 없다. 장성의 축조만큼이나 민원民怨이 컸다.

장이와 진여의 유세는 조나라 땅 호걸들을 격동시키기에 충분했다. 이들 모두 길을 떠나 무신의 행군에 참여했다. 졸지에 수만 명의 군사를 얻게 된 무신이 여세를 몰아 조나라의 성 10개를 함락시켰다. 이에 크게 고무된 무신은 스스로 무신군武信君이라 칭했다. 원래 무신군은 전국시대 말기에 활약한 종횡가 장의張儀의 군호君號이다. 후술하는 바와 같이 항량項梁도 '무신군'을 칭했다. 이들 모두 장의를 흠모했을 공산이 크다.

무신은 옛 조나라 땅의 10여 개 성을 함락시켰으나 나머지 성들은 모두 굳게 지키는 바람에 공략치 못했다. 이내 동북쪽으로 방향을 틀어 지금의 하북성 정흥현 서남쪽의 범양范陽을 공격했다. 범양에는 당대의 책사 괴철蒯徹이 살고 있었다. 훗날 사가들은 괴철의 이름이 한무제 유철劉徹과 같다는 이유로 괴통蒯通으로 기록했다. 무신이 범양으로 쳐들어올 당시 괴철이 현령을 찾아갔다.

"가만히 들으니 공이 장차 돌아가실 것 같아 이렇게 조문하러 왔습니다. 그러나 공이 저를 얻으시어 목숨을 구할 수 있게 됐으니 동시에 경하를 드립니다."

현령이 물었다.

"어찌하여 내가 죽는다고 말하는 것이오?"

괴철이 대답했다.

"진나라의 법은 매우 엄중합니다. 공이 현령이 된 이래 10여 년 동안 다른 사람의 부모를 죽이고 다른 사람의 아들을 고아로 만들고, 다른 사람의 발을 자르고, 다른 사람의 이마에 묵형墨刑을 가한 일이 수를 헤아릴 수 없을 정도로 많습니다. 자식을 사랑하는 부로父老와 부모의 원수를 갚으려는 효자들이 가슴에 비수를 품고도 감히 공의 배를 찌르지 않는 것은 진나라의 법을 두려워하기 때문입니다. 지금 천하대란이 일어나 진나라의 법은 통하지 않게 되었으니 부로와 효자들 모두 가슴에 품은 비수로 공의 배를 찔러 그들의 명성을 드러내려 합니다. 이것이 제가 조문을 드리려는 이유입니다. 지금 제후들 모두 진나라에 반기를 든 상황에서 무신군의 군사가 이미 이곳에 당도했습니다. 공이 굳게 범양을 지키고 있는 사이 젊은이들이 앞 다퉈 공의 목을 베어 무신군에게 바치려 합니다. 공은 속히 저를 무신군에게 보내어 화를 복으로 돌리십시오. 공의 생사가 지금 결단에 달려 있습니다."

현령이 크게 놀라 즉시 괴철을 무신에게 보냈다. 괴철이 무신을 만나 이같이 말했다.

"장군은 한사코 싸움에서 이긴 연후에 땅을 공략하려고 합니다. 이는 유혈전을 치르며 성을 공격해 함락시키는 것과 같습니다. 제가 가만히 생각해 보건대 이는 잘못된 것입니다. 장군이 저의 계책을 좇으면 성을 공격하지 않고도 항복시킬 수 있습니다. 격문을 돌려 싸우지 않고도 사방 천리의 땅을 평정하는 게 가하지 않겠습니까?"

무신이 물었다.

"그게 무슨 말이오?"

괴철이 설명했다.

"지금 범양령范陽令이 군사를 정비해 성을 지키려고 하는 것은 겁이 많아 죽음을 두려워하면서 동시에 욕심이 많고 부귀를 중히 여기기 때문입니다. 그는 천하에 가장 앞서 항복하려는 생각이 간절하지만 혹여 장군이 조나라의 10개 성을 공략하면서 진나라 조정이 임명한 관원을 주살한 것처럼 자신도 살해 당하지나 않을까 걱정하고 있습니다. 지금 범양의 젊은이들은 범양령을 죽인 뒤 농성하며 장군에게 저항하려 합니다. 장군은 어찌하여 저를 시켜 범양후의 인장을 범양령에게 전하려 하지 않는 것입니까? 그리하면 범양령은 곧바로 성을 장군에게 바치고, 범양의 젊은이들 역시 감히 범양령을 살해하지 못할 것입니다. 이후 범양령에게 명하여 주륜화곡朱輪華轂을 타고 연나라와 조나라 교외의 땅을 내달리게 하십시오. 연과 조 두 나라 관원들 모두 이를 보고 말하기를, '이는 범양령이 아닌가? 서둘러 항복하도록 하자!'며 크게 기뻐할 것입니다. 그러면 연과 조의 모든 성을 싸우지 않고도 항복 받을 수 있습니다. 이것이 바로 격문을 전해 천리의 땅을 평정하는 계책입니다."

'주륜화곡'은 왕후 등의 귀족이 타고 다니던 붉은 색의 화려한 수레를 지칭한다. 당시 무신은 괴철의 말을 그럴 듯하게 여겨 곧바로 괴철에게 범양후의 인장을 내주며 속히 범양령에게 전해주도록 했다. 과연 소문이 퍼지자 조나라 땅의 현령과 군수가 다투어 투항했다. 순식간에 싸우지 않고도 접수한 성이 30개가 넘었다.

무신이 괴철의 계책을 좇아 조나라 땅에서 세력을 급속도로 확장할 당시 진승으로부터 함양 공략의 명을 받은 주장周文도 승승장구하고 있었다. 원래 그는 진승에게 발탁되기 전에 이미 진현 일대에서 용병에 능하다는 칭송을 받고 있었다. 진승은 '장초'를 세운 뒤 이 얘기를 듣자마자 곧 그에게 장군의 인수印綬를 준 뒤 서쪽으로 나아가 진나라를 치게 했다. 가장 막중한 책임을 맡긴 셈이다.

그러나 진승은 이미 교만한 기색이 역력했다. 무신과 주장을 비롯해 사방으로 진격한 '장초'의 장수들이 파죽지세로 세력을 넓히고 있는데다 조고의 전횡으로 인해 함양이 크게 혼란스럽다는 소식을 접한 결과였다. 그러나 진제국은 아직 '제국'의 위용을 완전히 잃은 것은 아니었다. 적을 업신여기면 반드시 패하기 마련이다. 『손자병법』을 비롯한 모든 병법서가 경적필패輕敵必敗를 강하게 경계한 이유다. 당시 진승 휘하에서 박사博士로 있던 공자의 후손 공부孔鮒가 이같이 간했다.

"신이 듣건대 『손자병법』에 이르기를, '적이 나를 공격치 않을 것이라고 믿지 말고, 응당 나를 강대하게 하여 적에게 격파당하지 않도록 하라'고 했습니다. 지금 대왕이 방비를 소홀히 하고 있으니 만일 넘어진 뒤 다시 떨쳐 일어나지 못하면 후회한들 결코 미치지 못할 것입니다."

진승이 호언했다.

"과인의 군대에 대해 선생은 염려할 필요가 없소!"

진승의 호언이 결코 허황된 것만은 아니었다. 주장이 병사들을 모아 함곡관에 이르렀을 때 이미 병거는 1,000승이나 되었고, 병졸도 수십만 명에 달했다. 이들은 섬서성 임동현 동쪽 희戱 땅에 주둔했다. 함양에서 50킬로미터가량 떨어진 곳이다. 함양공략은 시간문제처럼 보였다. 2세 황제 호해가 크게 놀라 곧바로 군신들을 모아놓고 상의했다.

"어찌해야 좋겠소?"

산택山澤의 세금을 담당하는 소부少府의 관원 장함章邯이 말했다.

"도적이 이미 여기까지 이르렀으니 저들은 수도 많고 강합니다. 지금 인근의 현에서 군사를 징발해 올 수도 없습니다. 여산에는 실형을 받고 노역에 종사하는 죄수들이 매우 많습니다. 우선 급한 대로 그들을 사면한 뒤 무기를 주어 저들을 치도록 하십시오."

호해가 이를 좇았다. 천하에 대사령을 내린 뒤 장함으로 하여금 여산의 죄수와 노비의 자식들을 모두 징발해 초군을 치게 했다. 장함이 이들을 이끌고 가 주장의 군사를 급습했다. 방비를 소홀히 하다가 급습을 당한 주장의 군사들이 사방으로 달아났다.

장이와 진여는 조나라의 옛 도성인 한단邯鄲에 이르러 이 소식을 들었다. 게다가 진승을 위해 각지를 경략하고 돌아온 많은 장수들이 참소로 인해 죄를 얻어 주살됐다는 소식도 들렸다. 진승에게 불만을 품고 기회를 노리고 있던 장이와 진여가 쾌재를 불렀다. 곧바로 무신을 찾아가 이같이 부추겼다.

"기현蘄縣에서 기의하여 진현陳縣으로 들어가 왕위에 오른 진승은 틀림없이 6국의 후손들을 찾아 제후로 세우는 일은 하지 않을 것입니다. 장군은 지금 3,000명의 군사로 조나라 땅의 성 수십 개를 함락시키고 하북의 광활한 땅에 홀로 주둔하고 있습니다. 만일 장군이 보위에 오르지 않는다면 결코 조나라 땅을 안정시킬 수 없을 것입니다. 게다가 진승이 측근들의 무함을 믿고 보복을 가하려 들 경우 장군은 화를 피할 길이 없습니다. 그는 장군을 제거한 뒤 자신의 형제나 자매를 조왕으로 내세우고 결코 조나라 왕실의 후손을 찾아 세우지는 않을 것입니다. 장군은 결코 이번 기회를 놓쳐서는 안 됩니다. 시간이 매우 촉박합니다."

이해 8월, 무신이 조왕趙王으로 자립했다. 진승이 기의한 지 불과 1달만에 일어난 일이다. 장이와 진여의 건의를 받아들이며 핵심 참모로 삼지 않은 후과였다. 무신의 자립은 이후 군웅할거의 기폭제로 작용했다. 당시 무신은 자신의 자립을 곁에서 도운 진여를 대장군大將軍, 장이를 우승상右丞相에 임명했다. 또한 측근인 소소邵騷를 좌승상으로 삼은 뒤 사람을 시켜 진승에게 이 사실을 통보했다. 믿었던 장수의 배신 소식을 접한 진승이 대로했다. 곧 무신 등의 집안을 멸한 뒤 군사를 동원해 조나라를 치려고 했다. 이때 상주국上柱國 채사蔡賜가 만류했다. '상주국'은 전국시대 초나라의 관명으로 원래는 국도國都를 보위하던 관직명이었으나 후에 영윤令尹 다음가는 초나라 최고의 무관 관직이 되었다. '장초'는 영윤을 두지 않은 만큼 상주국이 가장 높은 관직이었다. 상주국에 임명된 채사는 진승의 신임이 그만큼 두터웠다. 당시 채사는 진승에게 이같이 간했다.

"진나라가 아직 망하지 않았는데 무신 등의 집안을 주살하면 이는 또 하나의 진秦나라를 만드는 것이나 다름없습니다. 차라리 무신 등을 치하한 뒤 이들에게 명해 속히 군사를 이끌고 서쪽으로 가 진나라를 치게 하느니만 못합니다."

진승이 이를 좇았다. 무신 등의 일족을 궁중으로 이주시켜 사실상 연금한 뒤 장이의 아들 장오張敖를 성도군成都君에 봉하고, 사자를 조나라로 보내 축하하면서 속히 군사를 이끌고 서진할 것을 명했다. 장이와 진여가 진승의 속셈을 읽고 조왕 무신에게 이같이 말했다.

"대왕이 조왕이 된 것은 진승의 진의가 아닙니다. 계략으로 대왕을 축하한 것일 뿐입니다. 진승이 진나라를 멸하면 반드시 조나라에 압박을 가할 것입니다. 대왕은 서쪽으로 용병해서는 안 됩니다. 연燕과 대代 땅이 있는 북쪽을 경략한 뒤 하내河內의 남쪽을 거둬 영토를 넓히십시오. 우리 조나라가 남쪽으로 황하에 근거지를 두고, 북쪽으로 연과 대 땅을 소유하면 장초가 비록 진나라를 이긴다 해도 반드시 감히 조나라를 제어할 엄두를 내지 못할 것입니다. 또한 저들이 진나라를 이기지 못하면 틀림없이 조나라를 중히 여길 것입니다. 조나라는 진나라와 장초가 서로 다투다 피폐해진 틈을 타면 가히 뜻을 펼 수 있을 것입니다."

무신이 이를 옳게 여겨 서진하지 않은 채 장이와 진여의 건의를 좇아 북진을 택했다. 한광韓廣에게 연燕, 이량李良에게 상산常山, 장염張黶에게 상당上黨을 경략케 했다. 한광이 군사를 이끌고 북진해 연 땅을 경략하자 연 땅의 호걸들이 한광을 연왕으로 옹립코자 했다. 한광이 거절했다.

"나의 모친이 조 땅에 있소. 불가하오."

연 땅의 호걸들이 입을 모아 말했다.

"조나라는 바야흐로 서쪽으로 진나라, 남쪽으로 초나라의 침공을 걱정해야 하는 상황에 처해 있습니다. 그 힘으로는 우리의 뜻을 저지할 수 없습니다. 하물며 초나라의 강한 무력으로도 조왕 휘하 장상將相의 가족들을 해치지 못했는데 조나라가 고단한 상황에서 어찌 감히 장군의 가족을 해치겠습니까?"

한광이 이내 자립해 연왕이 되었다. 무신이 걸은 길을 똑같이 밟아 보위에 오른 셈이다. 뛰는 놈 위에 나는 놈이 나온 셈이다. 한광이 자립했다는 소식을 들은 무신 역시 진승 못지않게 휘하장수의 배신에 몸을 떨었다. 어떻게 해서든 한광을 토벌해야만 했다. 우선 그를 안심시킬 필요가 있었다. 몇 달 뒤 한광의 모친을 비롯한 일족을 연나라로 보내주었다. 그러고는 은밀히 장이와 진여와 함께 군사들을 이끌고 북쪽으로 진격했다. 연나라와의 경계에 이르렀을 때 무신이 방심한 채 홀로 진영 밖으로 나갔다가 연나라 군사들에게 사로잡히고 말았다.

연나라 장수가 크게 기뻐하며 곧바로 조왕 무신을 영내에 가둔 뒤 사람을 보내 조나라 땅의 반을 떼어주면 무신을 풀어주겠다고 제의했다. 장의와 진여가 크게 놀라 사자를 보내 사정했지만 연나라 장수는 오히려 사자를 죽이고 조나라 땅의 할양을 강력 요구했다. 장이와 진여가 노심초사하고 있을 때 잡일을 맡고 있던 병사 한 사람이 문득 동료들에게 이같이 호언했다.

"내가 사자로 가서 연나라 장수를 설득해 왕을 모시고 돌아오겠다."

동료 병사들이 모두 크게 웃었다.

"연나라 진영에 사자로 간 사람이 10명이 넘는다. 모두 곧바로 살해됐다. 네가 어떻게 능히 왕을 데리고 올 수 있단 말인가?"

그러자 그 병사가 보란 듯이 곧바로 연나라 진영의 영루로 달려갔다. 사자를 자처한 그는 연나라 장수를 만난 자리에게 이같이 물었다.

"제가 무엇 때문에 왔는지 아십니까?"

"조왕의 석방을 위해 온 것이 아닌가?"

"장군은 장이와 진여가 어떤 사람인지 아십니까?"

"그들은 현능한 사람들이다."

"그렇다면 그들이 장차 무슨 일을 하려는지 아십니까?"

연나라 장수가 반문했다.

"조왕을 구하려고 하지 않겠는가?"

조나라 병사가 웃으며 말했다.

"장군은 그들이 무엇을 하려는지 아직 모르고 있습니다. 무릇 무신과 장이, 진여 모두 말에 채찍을 휘두르는 것만으로 조나라의 수십 개의 성을 얻었습니다. 이들은 서로 남면하여 왕이 되려는 야심을 품고 있습니다. 어찌 그들이 경상卿相의 자리로 만족해 인생을 끝내려고 하겠습니까? 신하와 군주의 신분은 결코 같다고 할 수 없습니다. 그들은 자신들의 세력이 아직 안정되지 않았기에 서로 독립하여 왕이 되지 않은 것일 뿐입니다. 조나라 백성들의 마음을 잡기 위해 나이가 많고 적음에 따라 먼저 무신이 왕이 된 것입니다. 장이와 진여 두 사람은 겉으로는 조왕을 구하려는 몸짓을 하고 있지만 실제로는 연나라가 죽여주기를 바라고 있습니다. 조왕이 죽으면 두 사람은 조나라를 나누어 각각 자립할 것입니다. 무릇 하나의 조나라로도 오히려 연나라를 쉽게 대적할 수 있는데 하물며 두 명의 현왕賢王이 왼쪽에서 들고 오른쪽에서 끌어당기며 조왕 무신을 죽인 죄를 문책하면 연나라를 패망케 만드는 것은 극히 쉬운 일입니다."

연나라 장수가 그럴 듯하다고 생각해 조왕 무신을 석방했다. 그 병사가 무신을 수레에 태우고 조나라 진영으로 돌아왔다. 비록 살아서 돌아오기는 했으나 무신의 체면은 땅에 떨어졌다. 이 와중에 상산을 평정키 위해 출정한 이량이 반기를 들었다. 사건의 발단은 매우 사소한데서 비롯됐다.

당시 이량은 예상한 바대로 상산을 쉽사리 평정한 후 곧바로 조왕 무신에게 승전보를 알렸다. 무신이 크게 기뻐하며 다시 그에게 태원太原을 공략토록 했다. 태원을 공략키 위해서는 험하기로 유명한 정형井陘의 관문을 지나야만 했다. 이량의 군사가 석읍石邑에 이르렀을 때 진나라 군사가 정형의 관문을 굳게 지키고 있었던 까닭에 더 이상 앞으로 나아갈 수 없었다. 이때 관문을 지키는 진나라 장수가 2세 황제를 칭하며 사람을 시켜 이량에게 서신을 보냈다.

"그대는 전에 짐의 총애를 받아 이름을 얻었다. 그대가 능히 초나라를 떠나 다시 진나라로 돌아온다면 그대의 죄를 용서하고 직위를 높여주겠노라!"

이량은 이를 믿지 않고 다시 한단으로 돌아가 군사를 더 청하여 정형을 치려고 했다. 이들이 한단에 미처 이르기 전에 우연히 길에서 무신의 누이 일행과 만나게 됐다. 무신의 누이는 교외에서 주연을 벌인 뒤 귀가하던 중이었다. 100여 기騎를 대동하고 돌아오는 모습이 조왕의 행차를 방불했다. 멀리서 이를 본 이량이 조왕의 행차로 생각해 황급히 길 옆으로 벗어나 땅에 엎드려 절을 올렸다. 술에 취한 조왕의 누이는 그가 장군인 줄도 모르고 기병을 시켜 답례토록 했다. 이량은 수행 군관들 보기가 매우 민망해졌다. 군관 가운데 한 사람이 말했다.

"천하가 모두 진나라에 반하여 일어나 앞을 다투어 스스로 왕위를 차지했습니다. 조왕 무신은 원래 장군의 휘하에 있던 자입니다. 지금 일개 아녀자에 불과한 그의 누이는 장군이 예를 갖추었음에도 수레에서 내려와 답례도 하지 않는 식으로 모욕을 주었습니다. 청컨대 그 뒤를 따라가 죽이도록 하십시오."

이량은 진나라 측의 서신을 받았을 때부터 내심 두 마음을 품게 되었으나 결단을 주저하고 있었다. 그러던 차에 휘하 군관의 이 말을 듣고는 문득 화가 벌컥 치밀어 올라 곧바로 사람을 시켜 조왕의 누이를 쫓아가 도중에 죽이게 했다. 그는 내친 김에 군사들을 이끌고 한단성을 급습했다. 아무런 방비도 하지 않고 있던 성 안의 무신과 소소는 이내 붙잡혀 살해되고 말았다.

당시 장이와 진여는 자신들의 눈과 귀가 되어 일하고 있었던 자들 덕분에 무사히 몸을 빼내 달아날 수 있었다. 두 사람이 조왕 무신의 잔여세력을 거두자 그 수효가 대략 수만 명에 이르렀다. 장이의 빈객으로 있던 사람이 말했다.

"두 분 모두 이곳에서는 기려羈旅에 불과할 뿐입니다. 조나라에 귀부해 독립코자 해도 성사되기가 어려울 것입니다. 만일 옛 조왕의 후예를 왕으로 세운 뒤 그를 인의로써 보필하면 가히 공을 이룰 수 있을 것입니다."

'기려'는 나그네를 뜻한다. 타국 출신 관원을 흔히 기려지신羈旅之臣

이라고 한다. 전국시대에 활약한 오기와 상앙 등이 모두 기려지신이다. 토착 관원의 견제로 인해 모두 비참한 최후를 맞았다. 장이와 진여도 가만히 생각해 보니 자신들 역시 '기려'에 지나지 않았다. 곧 조헐趙歇이라는 조나라 왕족의 후손을 찾아 옹립한 뒤 하북성 형대현邢臺縣 서남쪽에 위치한 신도信都를 도읍으로 정했다. 이때 이량이 군사를 이끌고 와 진여를 공격했으나 오히려 진여의 반격에 크게 패해 진나라의 장수 장함이 있는 곳으로 황급히 달아났다. 이로써 조나라는 마침내 장이와 진여의 손에 들어왔다. 그러나 이것이 오히려 '문경지교'와 '망년지교'를 자랑했던 두 사람 사이에 갈등을 일으키는 계기로 작용했다.

전담의 거병

'장초'를 세운 진승의 입장에서 볼 때 자신을 배신하고 조나라를 세운 무신이 휘하장수 한광의 배신에 이어 이량의 손에 죽게 되었으니 결과적으로 남의 손을 빌려 원수를 갚은 셈이다. 차도살인借刀殺人의 계책을 구사한 것이나 다름없었다. 그러나 그 내막을 보면 배신이 배신을 낳은 식으로 난세의 정도가 심화됐음을 의미한다. 주변 사람을 아무도 믿지 못하게 됐다는 뜻이다. 항우는 바로 이런 식으로 대응하다가 패망했다. 유방이 사람을 믿고 맡긴 것과 대비된다. 이런 엇갈린 대응이 두 사람의 운명을 갈랐다고 해도 과언이 아니다. 주변 사람조차 믿을 수 없는 난세일수록 오히려 역으로 치고 나갈 필요가 있다. 비상 시기에는 비상한 대책이 필요한 법이다. 위기가 곧 기회라는 얘기가 헛말이 아니다. 어떻게 대응하느냐가 중요하다는 얘기다.

진승도 초기에는 나름 휘하장수들을 믿고 전폭 지원하는 모습을 보였다. 유방과 별반 다를 바가 없었다. 그러나 진승은 뜻만 높았지 그릇이 작았다. 유방처럼 호방한 모습을 보여주지 못했다. 대표적인 예로 '장초'가 건립될 당시 최고의 무공을 세운 갈영葛嬰을 주살한 일을 들 수 있다. 원래 갈영은 봉기 초기부터 생사고락을 함께한 인물로 진승의 오른팔이나 다름없었다. 충성심도 휘하장수들 가운데 으뜸이었다. 그는 진승이 반기를 들어 순식간에 하남성 일대를 점령할 당시 곧바로 온갖 부역에 동원되던 농민들을 이끌고 합류했다. 반란군이 하남성에 이어 안휘성 일대를 휩쓸 당시 농민반란군의 숫자가 1달 만에 1,000기의 말과 5만 이상의 병력을 보유한 대군으로 성장케 된 데에는 갈영의 공이 컸다. 그는 진승과 오광이 농민군을 이끌고 서진할 때 스스로 동진하여 후방을 안정을 지키는 역할까지 수행했다. 더구나 그는 용병에도 뛰어났다. 진승의 명을 받고 동진하면서 안휘성과 하남성 일대를 파죽지세로 공략한 게 그렇다. 그러나 그는 진승의 심기를 거스르는 역린逆鱗을 범하는 바람에 비참한 최후를 맞이했다.

「진섭세가」에 따르면 지금의 안휘성 정원현 동남쪽인 동성東城에 이르러 초나라의 왕족 혈통으로 노魯나라 땅의 귀족출신인 양강襄彊을 '초왕'으로 옹립한 게 빌미가 됐다. 양강을 옹립한 것은 나름 동성 일대의 민심을 조속히 수습하려는 속셈에서 비롯됐다. 그러나 그는 얼마 후 진승이 '장초'를 세우고 보위에 올랐다는 소식을 듣고 크게 당혹해했다. 자신의 행위는 모반을 꾀한 것으로 비춰질 소지가 컸다. 곧바로 양강의 목을 벤 뒤 황급히 진승에게 달려가 자초지종을 보고했다. 그러나 '장초'의 창업주 진승은 갈영을 그대로 두었다가는 자신의 자리마저 위태롭게 될 것으로 생각해 곧바로 갈영을 주살했다. 멋대로 옛 초왕의 후손을 옹립해 모반을 꾀했다는 게 죄목이었다. 무신이 독립해 조나라를 세운 지 1달 뒤의 일이다. 믿었던 무신으로부터 배신을 당한 바 있는 진승은 이제 모든 사람을 의심하기 시작했다.

당시 오광은 갈영이 세운 빛나는 무공을 생각해 죄를 낮춰 줄 것을 건의했지만 진승은 어느 누구의 말도 듣지 않았다. 진승은 이미 옛날의 진승이 아니었다. 「진섭세가」에 따르면 그는 전에 함께 품팔이 머슴 노릇을 하던 옛 동료가 찾아오자 왕의 위신을 떨어뜨렸다는 이유 하나만으로 그의 목을 베어버렸다. '왕후장상의 씨가 따로 있는가?'라고 외칠 때의 초심은 완전히 사라지고 없었다. 보위에 오른 지 얼마 안 돼 2세 황제 못지않은 향락생활에 빠져 있었다. 수많은 궁녀가 그의 시중을 드는 가운데 성대한 식사가 늘 준비되어 있었다. '장초'는 이미 대들보가 무너져 내리고 있었다. 부왕副王에 봉해진 오광이 갈영의 전철을 밟을까 우려해 진승에게 등을 돌린 배경이 여기에 있다.

현재 중국에서는 현상賢相의 상징인 제갈량이 바로 갈영의 후손이라는 얘기가 널리 퍼져 있다. 한문제가 갈영의 억울한 죽음을 안타깝게 생각해 그의 후손에게 제현諸縣을 식읍으로 내렸고, 이를 계기로 제갈諸葛이라는 복성複姓을 갖게 됐다는 것이다. 이에 대한 반론이 없는 것은 아니나 나름 설득력이 있다.

진승이 갈영을 모반혐의를 씌워 곧바로 주살한 것을 크게 탓할 수는 없다. 아무리 해당 지역 민심을 수습키 위한 방안이라고 변명할지라도 갈영이 양강을 멋대로 초왕의 자리에 앉힌 것은 확실히 도를 넘은 것이었다. '모반의 싹'을 보인 것만큼은 부인할 수 없다. 진승의 입장에서 볼 때 갈영과 같은 강신强臣을 방치할 경우 앞날을 예측키 어려웠다. 무신과 마찬가지로 문득 자립을 선언할지도 모를 일이었다. 그가 구실을 붙여 갈영의 목을 친 것은 나름 '장초'의 앞날을 위한 결단의 성격을 띠고 있었다.

실제로 갈영을 제외한 여타 장수들은 나름 진승을 위해 최선을 다하는 모습을 보였다. 비록 패하기는 했으나 함곡관을 돌파해 함양 인근까지 진출한 주장을 비롯해 옛 위나라 땅을 경략한 주불周市 등이 그들이다. 많은 사람들이 '주불'을 주시周市로 쓰고 있으나 이는 잘못이다. 불市은 무릎을 덮는 앞치마를 뜻하는 글자로 획수가 4획이고, 저자를 뜻하는 시市는 획수가 5획이다. 주불은 진승의 명을 좇아 옛 위나라 땅을 차례로 경략했다.

당시 주불은 주변을 경략하며 지금의 산동성 고청현 동남쪽의 적현狄縣까지 쳐들어갔다. 이곳은 제나라 왕족 출신인 전담田儋의 고향이다. 적현 사람들은 전담의 지휘 아래 성을 굳게 지켰다. 원래 전담은 사촌동생인 전영田榮과 전영의 동생 전횡田橫 등 전씨 일족의 세력의 지원을 받아 제나라 땅 백성들의 마음을 사로잡고 있었다. 여기에는 전담을 비롯한 이들 전씨 일족이 호방한 자세로 백성들을 대한 게 크게 작용했다. 제나라 왕족의 혈통을 자부한 이들 전씨 세력이 '뿌리도 알 수 없는' 진승의 밑에 들어갈 리 만무했다. 바야흐로 천하는 열국이 서로 치열하게 각축하는 전국시대 말기 양상으로 되돌아가고 있었다.

전담은 호방하기도 했지만 병법에서 역설하는 궤계詭計에도 능했다. 그는 적현의 현령을 척살하기 위해 짐짓 가노家奴를 결박한 뒤 청년들을 앞세워 현의 관아로 갔다. 당시 노비를 죽이려면 반드시 먼저 관에 가서 이를 보고해야만 했다. 전담은 현령을 유인해 죽이기 위한 계책으로 가노를 결박해 현청으로 간 것이다. 그는 현령이 나오자마자 곧바로 격살한 뒤 관부 자제들을 모아놓고 이같이 말했다.

"제후들이 모두 진나라에 반기를 들어 자립하고 있다. 제나라는 이미 오래전에 세워진 나라이다. 전담은 전씨이니 의당 왕이 되어야 한다."

마침내 자립하여 제왕齊王의 자리에 올랐다. 이어 대규모로 군사를 일으켜 반격을 가했다. 주불의 군사가 이를 당할 길이 없었다. 전담이 여세를 몰아 제나라의 옛 땅을 모두 평정했다. 진승의 '장초'는 이제 동쪽으로 진출하는 일이 사실상 불가능해졌다.

당시 주불은 위나라 땅으로 돌아온 뒤 옛날 위나라 공자인 영릉군寧陵君 위구魏咎를 위왕으로 삼고자 했다. 위구는 위나라 때 영릉군에 봉해졌으나 위나라가 패망한 뒤 서인이 되어 여느 서민과 다를 바 없이 조용히 지냈다. 주불이 위구를 낙점한 것은 위나라 땅에서 그의 신망이 높았기 때문이다. 그러나 위구는 '장초'의 수도인 진성에 머물고 있었던 까닭에 진승의 허락 없이는 본국으로 갈 수 없었다. 이때 주변 사람들이 입을 모아 주불에게 위왕의 자리에 오를 것을 청했다. 그러나 주불은 이를 강력 사양했다.

"천하가 혼란하면 충신이 나타나는 법이오. 지금 천하가 공히 진나라에 반기를 들고 있소. 충신의 의리로 말하면 반드시 위왕의 후예를 세우는 것이 옳을 것이오."

제후들이 거듭 주불을 세우고자 청했으나 주불은 끝내 사양하며 이를 받아들이지 않았다. 「진섭세가」에 따르면 그는 오히려 진성에 있는 공자 구를 모셔오기 위해 진승에게 사자를 5번이나 보내는 노력을 계속했다. 원문은 사자5반使者五反이다. 여기의 '5'를 반드시 '5번'으로 해석할 필요는 없다. 다각도의 노력을 기울였다는 뜻으로 풀이하는 게 문맥에 맞다.

당시 어떤 식으로 진승을 설득했는지 여부는 기록이 없어 알 길이 없다. 다만 주불이 '충신의 의리' 운운한 점 등을 감안할 때 위구를 위왕으로 삼는 게 오히려 '장초'의 세력을 키우는데 도움이 된다는 식으로 설득했을 가능성이 높다. 진승은 충성스런 주불조차 믿지 못해 결단하지 못하고 꾸물거렸던 것으로 보인다. '사자5반'은 바로 이런 정황을 요약해 표현한 것이다. 마침내 진승이 공자 위구를 보내주자 주불은 그를 위왕으로 삼은 뒤 그 밑의 재상이 되었다. 주불은 배신이 난무하는 당시 상황에서 매우 특이한 인물이었다.

'장초'의 패망

'장초'의 진승이 주불과 같은 충성스런 장수가 있는데도 불구하고 이내 패망케 된 데에는 여러 원인이 복합적으로 작용했으나 진제국의 반격도 빼 놓을 수 없다. 반격의 선봉에 선 인물은 진나라 장수 장함章邯이었다. 장함은 '장한'으로 읽기도 한다. 여기의 함邯은 조나라 수도 한단邯鄲처럼 지명으로 쓰일 때는 '한'으로 읽는다. '한단'은 제갈 내지 남궁, 황보 등처럼 사람의 성씨로 쓰이기도 한다. 이때도 '한'으로 읽는다.

문제는 장함처럼 성씨가 아닌 이름으로 사용될 경우다. 중국어로는 '한han'이라는 음 하나밖에 없다. 그러나 장함의 경우 우리나라에서는 오랫동안 '한'이 아닌 '함'으로 읽어 왔다. 중국어로 '간gan'이라는 한 가지 음밖에 없는 감甘을 '간'이 아닌 '감'으로 읽어온 탓에 '한단'과 같이 특이한 경우를 빼고는 '함'으로 읽어온 결과다.

당시 '장초'의 주력군을 이끌고 있던 주장周章은 장함의 반격으로 크게 패했다. '장초'의 입장에서 볼 때 치명타에 해당했다. 주장은 『사기』와 『자치통감』에 주문周文으로 나오기도 한다. 글월을 뜻하는 '문'과 '장' 가운데 하나는 자字로 사용됐을 공산이 크다.

장함이 반격을 가할 당시 주장은 황급히 함곡관을 빠져 나온 뒤 지금의 하남성 협현인 조양曹陽으로 물러나 주둔했다. 숨을 고른 뒤 재반격을 가할 심산이었다. 그러나 승승장구하다 일격을 당해 지리멸렬을 면치 못한 '장초' 군사의 사기는 이미 크게 꺾여 있었다. 2달여 뒤 진나라 장수 장함이 함곡관을 빠져 나와 기습을 가했다. 주장의 군사가 다시 크게 패해 하남성 면지澠池 일대로 달아났다. 주장도 나름 병법에 밝았지만 장함은 한 수 위였다. 그는 여세를 몰아 10여일 뒤 또 다시 추격전을 전개했다. 주장의 군사를 연거푸 대파했다. 연이어 패한데다 군사들이 사방으로 궤주하자 주장이 마침내 스스로 목을 매어 자진했다. 주력군의 궤멸은 '장초'의 패망을 알리는 조종이나 다름없었다.

다만 오광이 이끄는 '장초'의 군사는 그런대로 형양을 포위한 가운데 우세를 유지하고 있었다. 당시 형양은 진나라 승상 이사의 아들 이유李由가 하남성 낙양현 일대의 삼천군三川郡 군수 자격으로 형양성을 굳게 지키고 있었다. 오광이 형양성을 쉽게 함락시키지 못한 이유다. 이 와중에 '장초'의 내부에서 분란이 일어났다. 오광의 교만과 형편없는 용병술이 발단이었다. '장초'의 장수 전장田臧 등이 함께 모여 대책을 상의했다.

"주장이 이끄는 군사가 이미 격파되었으니 진나라 군사가 조만간 이곳에 이를 것이다. 그런데도 우리는 여전히 형양성만 포위한 채 아직 함락시키지 못하고 있다. 이때 진나라 군사가 도착해 협격을 가하면 우리는 대패하고 말 것이다. 약간의 군사만 남겨 형양성을 지키게 하고 나머지 군사들은 모두 진나라 군사를 영격迎擊하느니만 못하다. 지금 오광은 교만한데다 용병술도 제대로 알지 못한다. 그와 더불어 일을 도모할 수는 없다. 자칫 참패를 당할까 걱정이다."

곧 진승의 왕명을 임의로 고쳐 오광을 주살한 뒤 그 머리를 진승에게 바쳤다. 진승이 전장에게 사람을 보내 최고의 관직인 영윤令尹의 인수를 전하면서 그를 상장上將으로 삼았다. 진승이 자신과 함께 기병한 오광을 죽인 전장을 문책하지 못하고 오히려 영윤의 인수를 내린 것을 두고 해석이 분분하다. 주력군을 이끌던 주장의 자진을 계기로 진승에게 제장들을 통제할 만한 힘이 사라졌다고 보는 게 가장 합리적일 듯하다.

당시 '장초'의 영윤에 임명된 전장은 이내 이귀李歸 등의 제장들로 하여금 형양성을 지키게 한 뒤 직접 정병을 이끌고 출격했다. 하남성 형양현 동북쪽 오산敖山에 있는 거대한 곡식창고인 오창敖倉을 지키고자 한 것이다. 그러나 그는 장함이 지휘하는 진나라 군사에게 대패하고 말았다. '장초'의 군사들이 사방으로 궤주했다. 장함이 여세를 몰아 형양성 아래에서 '장초'의 군사들을 대파하고 이귀 등을 죽였다. 장함의 군사는 거침이 없었다. 장함 자신은 지금의 하남성 허창현인 허현許縣에 주둔해 있던 오봉伍逢의 '장초' 군사를 격파한데 이어 그의 별장別將도 따로 일군을 이끌고 가 하남성 담현인 협현陜縣에서 등설鄧說의 '장초' 군사를 대파했다. 등설과 오봉이 차례로 궤산해 진성으로 도주하자 대로한 진승이 등설의 목을 베었다. 자중지란의 양상이었다.

명분상 진승의 휘하장수로 있었으나 사실상 협력관계에 있었던 진가秦嘉와 주계석朱鷄石 등이 잇달아 등을 돌린 게 그 증거다. 당시 이들은 군사를 일으켜 담현郯縣 일대에서 동해군수東海郡守를 포위하고 있었다. 진승이 무평군武平君 반畔을 장군으로 삼은 뒤 담현의 군사를 감독케 했다. 그러나 진가는 무평군에게 소속되는 것을 꺼린 나머지 명을 듣지 않고 자립하여 대사마大司馬가 되었다. 곧 휘하 군관들에게 이같이 말했다.

"무평군은 나이도 어릴 뿐만 아니라 군사도 잘 모른다. 그의 명을 듣지 말도록 하라."

그러고는 진승의 명을 변조해 무평군 반을 죽여 버렸다. 진승의 입장에서 보면 설상가상의 사태가 잇달아 터져 나오고 있었다. 당시 2세 황제 호해는 잇단 승전보에 크게 고무됐다. 곧 비서장 격인 장사長史 사마흔司馬欣과 동예董翳를 파견해 장함을 돕게 했다. 장함은 이미 오봉과 등설을 대파한데 이어 상주국 채사가 이끄는 '장초'의 군사까지 격파하고 채사의 목을 베었다. 말 그대로 파죽지세였다. 여기서 조금만 더 밀어붙이면 '장초'를 완전히 궤멸시킬 수 있었다. 그는 여세를 몰아 진성의 서쪽을 방비하고 있던 장하張賀의 군사를 쳤다. 다급해진 진승이 직접 현장으로 달려가 독전督戰했으나 장하는 전사하고 말았다.

이해 12월, 장하의 전사를 계기로 '장초'의 병사들이 사방으로 달아났다. 진승의 휘하에는 그의 명을 받아줄 장수가 한 명도 없었다. 「진섭세가」는 진승이 마부 장가莊賈가 이끄는 수레를 타고 지금의 안휘성 부양현인 여음汝陰으로 갔다가 돌아오던 중 안휘성 와양현 동남쪽 하성보下城父에서 횡사한 것으로 기록해 놓은 것이다. 포상을 노린 장가가 진승의 목을 벤 것이다. 그러나 장가도 끝이 좋지 못했다. 당시 진승의 시종으로 있다가 장군으로 임명된 여신呂臣이 청색두건을 두른 농민군인 창두군蒼頭軍을 만든 뒤 안휘성 태화현 신양新陽에서 기병해 진성을 탈환했다. '창두'는 원래 노비를 뜻하는 말이다. 당시 위나라 땅에는 창두군이 20만 명가량 있었다. 여신은 진성을 탈환한 뒤 진승을 살해한 장가의 목을 베고, 진성을 다시 '장초'의 수도로 삼았다. 이어 진승을 탕산碭山에 장사지내고 시호를 은왕隱王이라고 했다.

그러나 '장초'는 사실상 패망한 것이나 다름없었다. '장초'의 장수 송류宋留가 자신이 평정한 남양南陽 일대를 진나라에 돌려준 게 그 증거다. 진승은 생전에 송류에게 명하여 군사를 이끌고 가 남양을 평정하고 섬서성 상현 경계에 있는 무관武關을 통해 함양으로 진격케 한 바 있다. 이는 훗날 유방이 관중으로 들어가는 이른바 입관入關을 시도할 때 사용한 루트이기도 했다.

원래 관문 안으로 들어간다는 의미의 '입관'은 지금의 서안인 함양이 있는 곳을 관중關中으로 칭한데서 알 수 있듯이 동쪽 관문인 함곡관이나 남쪽 관문인 무관 등을 통해 관중으로 들어가는 것을 뜻했다. 지금의 북경을 수도로 삼은 원나라 이후에는 북경으로 들어가는 관문이 오직 만리장성의 동쪽 끝에 해당하는 지금의 산해관山海關밖에 없었던 까닭에 산해관을 통해 안으로 들어가는 것만을 '입관'이라고 했다.

똑같은 '입관'일지라도 시대에 따라 그 의미가 약간 다르다.

당시 송류는 남양을 경략한 뒤 무관을 통해 입관하려다가 문득 진승이 죽었다는 소식을 듣고는 남양을 다시 진나라에 돌려주었다. 이어 군사를 이끌고 진나라에 투항했다. 그럼에도 2세 황제 호해는 그를 받아주기는커녕 오히려 거열형에 처한 뒤 전시傳尸했다. '전시'는 유사 사례를 막기 위해 시체를 두루 돌리는 것을 말한다.

호해가 취한 행보는 하책 중의 하책이었다. 진승은 비록 죽었을지라도 그를 추종하는 장수들이 아직 많이 남아 있었다. 이들이 죽기로 싸울 것은 불 보듯 뻔했다. 큰 틀에서 보면 유방과 항우도 그런 사람들 중 하나였다. 결과적으로 이들이 진나라를 멸망시켰다. 사마천이 바로 이런 관점에 서 있었다. 그가 진승을 '열전'이 아닌 '세가'에 편제한 이유다. 사마천의 이런 평가는 나름 일리가 있기는 하나 아무래도 진승을 지나치게 높였다는 지적을 면키 어렵다. 진승의 역할을 객관적으로 평가할 필요가 있다.

진승이 오광과 함께 진제국에 반기를 든 2세 황제 호해 원년(기원전 209년) 7월은 양력으로 8월이다. 폭염이 기승을 부리는 한여름에 해당한다. 초나라 땅은 고온다습한 지역이다. 이런 곳에서는 축축하고 더운 땅에서 생기는 독한 기운인 이른바 장독瘴毒이 유행한다. 반란의 열기가 장독의 전염을 방불했다. 쉽게 끓는 초나라 사람들의 기질도 한 몫했다.

앞서 살펴본 바와 같이 진승은 진현을 함락시키자마자 진성으로 개칭해 '장초'의 수도로 삼은 뒤 가장 신뢰하는 휘하장수 주장에게 명해 '장초'의 주력군을 이끌고 가 함곡관을 돌파케 했다. 제국의 심장부를 일거에 무너뜨릴 심산이었다. 일견 무모해 보였으나 현실은 달랐다. 주장은 함곡관을 가볍게 뚫은 뒤 함양 인근의 희정戲亭까지 진격했다. 장함이 이끄는 진나라 군사의 결사적인 반격이 없었다면 함양 입성도 불가능한 게 아니었다.

진승은 또 옛 친구인 무신에게 명해 옛 조나라 땅을 공략케 했다. 무신 역시 별다른 어려움 없이 조나라의 옛 수도인 한단을 손에 넣었다. 괴철의 계책을 좇은 게 주효했다. 비록 장이와 진여의 사주에 넘어간 무신이 배신은 했으나 진승의 북벌공략은 나름 주효한 셈이다. 진승이 파견한 주불 역시 비록 전담의 반격으로 뜻을 이루지는 못했으나 제나라의 옛 수도 임치 서북쪽의 적현까지 진출했다. 전담의 반격이 없었다면 동쪽 제나라 전역도 '장초'의 판도에 편입시킬 수 있었다. 진승은 반기를 든 지 불과 1, 2달 만에 진성을 기준으로 하여 대략 사방으로 500킬로미터나 되는 방대한 영토를 확보한 셈이다. 한반도 2배의 넓이에 해당한다.

문제는 이런 승승장구하던 기세가 일거에 꺾인 점이다. 왜 그랬을까? 함양 인근까지 진출했던 주장은 진나라 장수 장함의 반격을 받고 궤멸했다. 너무 사태를 낙관하다 당한 것이다. 진승이 공자의 후손인 공부의 충언을 흘려들을 때 이미 그런 조짐이 드러났다. 만일 이때 주장에게 사람을 보내 진나라의 반격에 대비해 만전을 기할 것을 당부했다면 일이 어떻게 진행됐을지 모른다. 후한을 세운 광무제 유수劉秀는 그런 식으로 대비해 마침내 천하를 손에 넣을 수 있었다. '장초'의 주력이 궤멸한 단초를 진승이 제공한 셈이다.

조나라 땅으로 들어간 무신이 한단에 입성하자마자 장이 및 진여의 사주를 받고 자립한 것도 따지고 보면 진승의 책임이 크다. 주변을 둘러싼 아첨배의 무함을 믿고 사방으로 진격해 공을 세운 장수를 제거한 게 빌미를 제공했다. 무신도 자신이 파견한 한광의 배신으로 인해 이내 횡사했지만 믿었던 무신이 진승에게 등을 돌린 1차 책임은 진승에게 있었다. 동쪽 제나라 땅으로 진출했던 주불이 전담에게 격퇴당한 것 역시 뼈아픈 일이었다.

진승이 세운 '장초'는 승승장구하던 초기의 승세勝勢를 계속 이어나가지 못하고 추종 세력이 독립하거나 진나라의 반격으로 허무하게 무너지는 바람에 이내 궤멸되고 말았다. 일찍 핀 꽃이 일찍 지는 격이 되고 만 것이다. 결과적으로 진승은 반년 동안 왕 노릇을 하는 동안 수도인 진성에서 수춘에 이르는 회수 하류 일대의 벨트 지역만 잠시 손에 넣었을 뿐이다. 유방과 항우를 비롯해 각지에서 자립한 여타 군웅들이 나름 몇 년 동안 정권을 유지하며 '토패'의 역할을 수행한 것과 비교할 때 장초는 반란정권이라고 부르기도 어려울 정도다.

그럼에도 사마천은 그런 진승을 높이 평가해 '열전'이 아닌 '세가'에 기록해 놓은 것이다. 나라의 형태조차 제대로 갖추지 못한 '장초'를 두고 열전이 아닌 세가에 기록해 놓은 것은 지나쳤다. 객관성을 잃었다는 지적을 면키 어렵다. 그 배경은 무엇일까? 여러 해석이 있을 수 있으나 사마천이 진제국의 등장 자체를 사갈시蛇蝎視한 결과로 보인다. 「여불위열전」에서 진시황을 마치 여불위의 자식으로 못 박아 기록해 놓은 게 그 증거다.

진승의 기의는 진시황 사후에 빚어진 힘의 공백 속에서 천하대란의 서막을 열었다는 점을 제외하고는 큰 의미를 찾기 힘들다. 천하대란의 막을 연 것 자체를 긍정 평가하는 것도 꺼림칙하다. 다만 이후 천하를 재통일한 유방의 봉기와 한때 천하를 호령한 항우의 등장을 촉발시켰다는 점에서는 나름 의미를 찾을 수 있을 것이다.

제2장
항량項梁이 조부의 뜻을 받들다

항량의 거병

사서의 기록에 따르면 항우와 유방이 역사의 무대에 등장한 것은 진승이 처음으로 반기를 든 기원전 209년 7월에서 꼭 2달 뒤인 이해 9월이다. 진나라 음력으로는 한 해의 마지막 달인 납월蠟月에 해당한다. 새해가 시작되는 10월부터는 진나라 음력으로 2세 황제 호해 2년이 된다.

당초 항우는 그 모습이 전혀 드러나지 않았다. 숙부인 항량의 휘하 장수로 있었던 탓이다. 유방의 경우는 기병하기 전까지 비록 진나라 조정의 명을 거역한 결과이기는 했으나 일종의 군도群盜로 있었다. 마치 마오쩌둥이 초기에 장제스 정부군에 쫓긴 나머지 정강산井岡山 안으로 들어가 비적匪賊이나 다름없는 생활을 한 것과 닮았다. 마오쩌둥을 비판하는 사람들은 그가 이미 정강산 내에서 비적으로 활약했던 왕좌王佐 등을 휘하에 두고 민가를 습격해 보급투쟁 등을 벌인 사실 등을 논거로 제시하고 있다. 중국의 공식자료는 이에 대해 침묵하고 있다. 왕좌 등이 제거된 과정은 지금까지 수수께끼로 남아 있다.

현재 중국 정부는 공식적으로 '정강산 빨치산 혁명기지' 운운하며 이를 미화하고 있으나 당시의 관련 기록을 종합해 보면 아무리 잘 봐줘도 당시 그는 토비土匪 수준에 불과했다. 후술하는 바와 같이 유방의 경우가 꼭 이와 같았다. 그가 천하를 거머쥔 뒤 사가들은 여러 수사를 동원해 이를 은근슬쩍 덮어 버렸다. 그러나 「고조본기」의 행간을 자세히 살펴보면 그가 군도의 일원으로 역사의 무대에 출현한 사실을 알아챌 수 있다.

주목할 점은 항량과 유방 모두 진나라 관원을 제압한 뒤 반진反秦의 깃발을 높이 든 점이다. 항량의 경우 애초에 봉기를 꾀한 장본인은 회계 군수 은통殷通이었다. 유방도 패현 현령을 제압한 뒤 그 자리를 차지하며 군웅의 일원으로 등장했다. 진승의 휘하장수에서 출발해 자립하거나 전담처럼 자신의 근거지를 토대로 기의한 여타 군웅과 다른 점이다.

공교롭게도 항량과 유방은 마치 모의라도 한 듯 같은 시기에 봉기했다. 항량項梁이 지금의 강소성 소주시인 오현吳縣에서 기병할 당시 강소성 서주시 북부에 위치한 패현沛縣에서 유방劉邦도 동시에 기병했다. 전담이 제나라 땅에서 기병해 제왕을 자처하며 '장초'의 전불을 물리칠 때였다. 항량과 유방의 동시 봉기는 우연으로만 볼 수 없다. 사다케는 『유방』에서 진승의 휘하장수 주장이 함곡관을 돌파한 후 진나라 장수 장함의 반격으로 궤멸되면서 이런 격랑이 일게 된 것으로 분석했다. 초나라 땅에 부임해 있던 진나라 관원들 내에서 '이제 진제국의 운명이 다했구나!'라는 판단이 들게 만들었다는 것이다.

그러나 이는 논리적으로 모순이다. '장초'의 주력군을 이끌고 있던 주장이 패하지 않았다면 나름 일리가 있으나 주장은 장함의 결사적인 반격으로 이내 궤멸되고 말았다. 주장의 궤멸은 초나라 땅에 임관된 진나라 관원들로 하여금 오히려 '진제국의 운명이 아직도 남았구나!'라고 판단케 만들었을 공산이 크다.

항량과 유방 등이 초나라 땅에서 반기를 든 배경은 역사문화적인 맥락에서 추적할 필요가 있다. 전국시대 말기 초회왕은 종횡가 장의의 속임수에 넘어가 함양으로 갔다가 억류된 뒤 이내 객사한 바 있다. 이는 초나라의 백성들이 진나라에 이를 갈게 된 결정적인 배경으로 작용했다. 항량이 범증의 계책을 받아들여 초나라 왕족의 후예를 찾아내 옹립한 뒤 '초회왕'이라는 왕호王號를 붙인 게 그 증거다. 비록 비명에 횡사하기는 했으나 선왕의 시호를 살아 있는 군왕의 왕호로 사용한 것은 이것이 유일무이한 경우이다. 초나라 백성들의 진나라에 대한 증오가 얼마나 컸는지를 반증한다. 객관적으로 볼 때 진시황이 급서할 당시 초나라 땅에서는 거대한 반진의 파도가 일렁이고 있었다.

항량은 초나라의 명문가 출신이다. 「항우본기」는 이를 세세장가世世將家로 표현해 놓았다. 대대로 장수를 배출한 가문이라는 뜻이다. 그의 부친은 초나라 장수 항연項燕이다. 항연은 진시황이 천하를 통일하기 2년 전인 기원전 223년 초나라 군사를 이끌고 진나라 군사와 결전을 치렀다. 이 싸움에서 항연이 왕전王翦이 이끄는 진나라 군사에게 패하면서 초나라도 이내 패망하고 말았다. 항량이 기병하기 14년 전의 일이다.

원래 항씨라는 성씨는 지금의 하남성 침구현인 항읍項邑에 봉해진데서 나온 것이다. 위나라 도성 대량에서 동남쪽으로 약 160킬로미터가량 떨어져 있다. 항우는 항씨 성의 유래가 되는 항읍에서 다시 280킬로미터가량 떨어진 지금의 강소성 숙천현 서남쪽 하상下相에서 태어났다. 숙부인 항량이 하상으로 이주할 때 부친이 함께 이주한 결과로 보인다.

항량은 일찍이 사람을 죽인 일로 인해 관중에 있는 약양櫟陽의 감옥에 갇힌 적이 있었다. 함양으로 압송될 때 인근 기현蘄縣의 옥리 조구曹咎가 적극 나선 덕분에 간신히 형벌을 면할 수 있었다. 기현은 유방의 고향인 패현과 함께 사수군 관할 하에 있었다. '초한지제' 당시 전국 36개 군郡 가운데 가장 중요한 군이 바로 사수군泗水郡이었다. 당시 항량은 조구를 시켜 약양의 옥리인 사마흔司馬欣에게 서신을 보내도록 부탁해 일을 무사히 마무리 지었다. 조구와 사마흔이 항량 사후 항우의 핵심 측근으로 활약케 된 배경이다.

당시 가까스로 감옥에서 빠져 나온 항량은 조카인 항우와 함께 지금의 강소성 소주시인 오현吳縣으로 몸을 피했다. 이후 그는 오현에 요역徭役과 상사喪事가 있을 때마다 늘 일을 주관해 처리하며 명성을 쌓았다. 「항우본기」는 당시 항량이 은밀히 병법을 사용해 빈객과 젊은이들을 요지에 배치하고 지휘하는 식으로 이들의 재능을 알아 두었다고 기록해 놓았다. 나름 병법을 깊이 연구하며 때가 오기를 기다린 듯하다. 대대로 장수를 배출한데다 초나라 최고의 명장으로 불린 부친 항연이 진나라 장수에게 패사한 집안인 만큼 특이하게 볼 것도 없다.

한 번은 항량이 조카 항우와 함께 밖에 나갔다가 회계산을 유람하고 지금의 전단강인 절강浙江을 지나는 진시황의 행차를 보게 됐다. 장려한 행렬을 유심히 바라보던 항우가 문득 이같이 탄식했다.

"저 황제 자리는 가히 빼앗아 대신할 만하구나!"

깜작 놀란 항량이 황급히 조카의 입을 막았다.

"경망스런 말을 입 밖에도 꺼내지 말라! 삼족이 멸하게 된다."

「항우본기」는 항량이 내심 항우를 기재奇才로 여겼다고 기록해 놓았다. 내심 흐뭇해했음을 시사한다. 항우의 원래 이름은 적籍이다. 우羽는 자字이다. 사마천이 「항우본기」를 「고조본기」에 앞서 편제한 것은 당시의 기준에서 볼 때 파격이었다. 궁형을 당한데 따른 울분이 항우를 높게 평가하는데 적잖이 작용했음직하다. 반고가 『한서』에서 항우를 진승과 함께 묶어 「진승항적전」을 편제한 것과 대비된다. '세가'가 아닌 '열전'에 편제하면서 진승과 항우의 자인 섭涉과 '우'를 사용치 않고 이름을 사용한 것 자체가 이미 폄훼貶毁의 뜻을 담고 있다.

「항우본기」에 따르면 항우는 어렸을 때부터 문文보다 무武를 좋아했다. 어려서 글을 배웠으나 성공하지 못하고 중도에 포기했다는 기록이 그렇다. 장수 집안의 내력이 그같이 만들었을 가능성이 높다. 주목할 것은 그가 검을 배웠으나 이 또한 달가워하지 않은 점이다. 무인의 기본은 칼을 쓰는데서 시작한다. 왜 그랬을까? 「항우본기」의 기록이다. 항량이 노여워하자 항우는 이같이 항변했다.

"글이란 원래 사람의 이름을 쓰는 것만으로도 충분합니다. 검 또한 한 사람만을 대적할 수 있을 뿐이니 족히 배울 만한 것이 못됩니다. 저는 만인을 대적하는 것을 배울 생각입니다!"

무武는 원래 글자의 생성 원리에서 볼 때 전쟁을 그치게 한다는 뜻을 지닌 회의자會意字이다. 이를 최초로 언급한 사서는 『춘추좌전』이다.

「노선공 12년」조에 따르면 남방의 강국 초나라가 중원의 패자 진晉나라를 필邲 땅에서 격파한 직후인 기원전 597년 6월 15일, 한 신하가 초장왕에게 이같이 건의했다.

"군주는 어찌하여 경관京觀을 만들어 구경거리로 삼지 않는 것입니까? 신이 듣건대 '승리하면 반드시 자손에게 이를 알려 무공을 잊지 않게 한다'고 했습니다."

'경관'은 적의 시체를 모아 산처럼 만든 전승기념물을 말한다. 그러자 초장왕이 이같이 말했다.

"이는 그대가 알 수 있는 바가 아니오. 글자의 구조를 보면 무武는 싸움을 멈추게 한다는 뜻에서 창을 뜻하는 과戈에 멈출 지止를 더해 만든 것이오. 주무왕이 은나라를 쳐서 이기자 사람들이 『시경』「주송, 시매時邁」에 나오는 시를 지어 이를 기렸소. 여기서 이르기를, '주무왕이 간과干戈를 거두고 궁시弓矢를 자루에 넣은 뒤 미덕을 지닌 인재를 구해 천하를 다스릴 생각으로 현자를 구하는 뜻을 천하에 널리 알리니 이로써 천하를 보유했네!'라고 했소. '무'는 난폭한 자를 억누르는 금폭禁暴과 부득이할 때가 아니면 평시에 무기를 거둬들이는 집병戢兵, 나라의 사직을 보호하는 보대保大, 천하평정의 공을 세우는 정공定功, 백성을 편안케 만드는 안민安民, 천하 만민을 화락하게 만드는 화중和衆, 나라와 백성의 재물을 풍족하게 하는 풍재豊財 등 7가지 일을 이루기 위해 필요한 것이오."

역사상 '무'의 의미를 이처럼 잘 해석한 것도 없다. 초장왕이 춘추시대 중엽 제환공 및 진문공의 뒤를 이어 천하를 호령하는 패자가 된 것이 결코 우연이 아님을 알 수 있다. '만인을 대적하는 것을 배운다'는 뜻의 원문은 학만인적學萬人敵이다. 항우가 '학만인적'을 언급한 것은 초장왕이 '무'의 뜻을 풀이한 것과 닮았다. '항량이 이내 병법을 가르치자 항우가 크게 기뻐했다'는 기록이 이를 뒷받침한다. 실제로 항우가 직접 병서를 썼는지 여부는 자세히 알 길이 없으나 후한 때까지만 해도 항우의 병법서가 전해져 내려왔다. 『한서』「예문지藝文志, 병서략兵書略」의 병형세가兵形勢家 항목에 항우가 지었다는 병법인 『항왕項王』 1편이 수록돼 있다.

실제로 『사기』의 기록을 통해 확인할 수 있듯이 항우의 용병술은 탁월한 바가 있다. 어떤 면에서는 배수진 등을 구사해 병법의 귀재로 통한 한신을 능가했다. 뛰어난 용병술을 구사하는 차원을 넘어 병서까지 지었다는 것은 글을 모르면 불가능한 일이다. 마오쩌둥은 생전에 이를 근거로 '항우가 독서를 멀리했다'는 속설은 역사적 사실과 다르다고 지적한 바 있다. '병법의 뜻을 알고는 또한 끝까지 배우려고 하지 않았다'는 「항우본기」의 구절도 이런 맥락에서 풀이할 필요가 있다. 병법을 공부하다 중단했다는 의미가 아니라 세세한 전술보다는 기본 골자에 해당하는 전략의 의미를 천착하는데 치중했다는 뜻으로 풀이하는 게 문맥에 부합한다. '글이란 원래 사람의 이름을 쓰는 것만으로도 충분하다'는 구절 역시 결코 항우가 독서를 멀리했다는 주장의 근거가 될 수 없다. 서생 수준의 글 읽기는 의미가 없다는 취지로 풀이하는 게 옳다.

항우는 용모도 뛰어났다. 키가 8척尺이 넘은데다 힘도 출중해 능히 무거운 정鼎을 두 손으로 들어 올릴 정도였다고 한다. 전국시대 중엽 진 무왕秦武王은 힘자랑을 하기 위해 주왕실에 있는 정을 들다가 놓치는 바람에 힘줄이 끊어져 목숨을 잃은 바 있다. 항우의 비력臂力이 초인적이었음을 짐작할 수 있다. 「항우본기」는 항우의 재기才氣 또한 보통 사람을 뛰어넘은 탓에 오현의 자제子弟들이 모두 그를 두려워했다고 기록해 놓았다. '자제'는 남의 아들이나 그 집안의 젊은이를 높여 부르는 말이다. 한마디로 항우는 문무를 겸비한 타고난 무인이었음에 틀림없다. 불학무식不學無識한데다 병법과 거리가 멀었던 유방과 대비되는 대목이다.

항우가 역사의 무대에 등장케 된 것은 전적으로 숙부 항량 덕분이다. 항량은 천하대세의 흐름을 읽는데도 뛰어났다. 당초 회계군수 은통殷通은 진승이 기병했다는 소식을 듣고 곧 군사를 일으켜 호응할 생각으로 명망이 높은 항량을 불러 협조를 구했다.

"강서江西 일대가 모두 반기를 들었소. 이는 하늘이 진나라를 망하게 하려는 것이오. 내가 듣건대, '먼저 기병하면 적을 제압할 수 있고, 나중에 기병하면 적에게 제압을 당한다'고 했소. 나는 먼저 기병할 생각이오. 그대와 환초桓楚로 하여금 군사를 이끌게 할 생각이오."

환초도 회계 일대에서 항량 만큼 명성이 높았다. 당시의 '강서'는 지금의 강소성 일대를 흐르는 장강의 남쪽을 말한다. 북쪽을 뜻하는 강동江東과 대비된다. 강서를 강우江右, 강동을 강좌江左로 부르기도 했다. 삼국시대에는 손권의 동오 영역을 흔히 '강동'으로 불렀다. 지금의 강소성 남쪽과 안휘성 남쪽 및 절강성, 강서성, 복건성을 포함한 광대한 지역을 말한다.

은통이 '먼저 기병하면' 운운한 것은 병법에서 말하는 선발제인先發制人을 언급한 것이다. 병력이 비슷할 때 상대의 기세를 꺾기 위해 먼저 움직여 주도권을 쥐는 것을 말한다. '선발제인'의 대표적인 사례로 당태종 이세민이 일으킨 '현무문玄武門의 변變'을 들 수 있다. 그는 '선발제인'을 시도해 친형인 태자 이건성의 무리를 하루 밤 사이에 소탕하고 부황 이연으로부터 보위를 양위 받았다. 도덕적으로는 비난받을 만한 일이기는 하나 역대 왕조의 최고 성세 가운데 하나인 이른바 정관지치貞觀之治는 '현무문의 변'이 없었으면 존재하지 못했을 것이다. 훗날 조선의 사실상의 창업주에 해당하는 태종 이방원도 '선발제인'의 기습전을 펼쳐 정도전의 무리를 소탕하고 태조 이성계로부터 보위를 양위 받은 바 있다. 말할 것도 없이 '현무문의 변'을 그대로 흉내 낸 것이다. 당시 이방원이 정도전의 무리를 소탕하고 국기國基를 튼튼히 하지 않았다면 그 아들인 세종이 보위에 올라 최고의 성세를 구가하고, 조선조가 500년 동안 이어지는 일도 없었을 것이다.

'선발제인'과 보완관계를 이루는 것이 후발제인後發制人이다. 일찍이 마오쩌둥은 「중국혁명전쟁의 전략문제」에서 중국의 역대 전쟁사를 두루 탐사한 뒤 약자가 승리를 거머쥐는 비책을 이같이 정리한 바 있다.

"유방과 항우가 다툰 성고대전成皐大戰, 원소와 조조가 충돌한 관도대전官渡大戰, 손권과 조조가 격돌한 적벽대전赤壁大戰, 손권과 유비가 접전한 이릉대전夷陵大戰, 동진의 총사령관 사현과 전진의 부견이 맞붙은 비수대전淝水大戰 모두 약자가 최후의 승리를 거둔 경우다. 이들 전쟁 모두 강약이 서로 달랐으나 약자가 한발 물러났다가 힘을 결집해 반격함으로써 승리를 거둔 '후발제인'의 대표적인 사례에 해당한다."

'후발제인'은 강적과 맞붙었을 때 한발 뒤로 물러나 병력을 집중한 뒤 강적의 허점을 집중 공략함으로써 승리하는 계책을 말한다. 출처는 『순자』「의병議兵」이다. 초나라 장수 임무군臨武君은 기세등등한 적과 맞섰을 때 승리를 거두는 비결을 이같이 밝혔다.

"위아래로 천시와 지리를 얻어야 하고, 동시에 적의 움직임을 예의 주시하면서 적보다 나중에 움직이되 먼저 목적지에 이르러야 한다. 이것이 용병의 요체이다."

강적을 만나면 일단 정면 대결을 피한 뒤 적의 예기가 무뎌지고 전열이 흐트러졌을 때 병력을 총결집해 기습공격을 가하라고 충고한 것이다. 『전국책』「제책」에 이를 절묘하게 비유한 대목이 나온다.

"천리마라도 오래 달리면 피로해져 평범한 말도 그보다 빨리 달릴 수 있고, 천하의 용사도 싸움에 지치면 힘이 빠져 평범한 여인도 그를 이길 수 있다!"

'선발제인'은 뛰어난 전술이기는 하나 상대가 압도적으로 강할 때는 통하지 않는다. 그때는 '후발제인' 계책을 구사해야 한다. '2보 전진을 위한 1보 후퇴'가 바로 그것이다. 한 발 물러서는 것은 반격의 시기를 놓치지 않기 위해 힘을 비축하는 것을 의미한다. 양자는 상호 보완적이다. 전력이 비슷할 때는 '선발제인', 상대의 전력이 막강할 때는 '후발제인'을 구사하는 게 정답이다.

당시 회계태수 은통이 항량에게 '선발제인'을 언급하며 도움을 청한 것은 병법에 대한 이해가 간단치 않았음을 반증한다. 그러나 은통은 환초와 항량의 속셈을 제대로 읽지 못했다. 환초는 은통의 그릇이 작은 것을 알고 이내 화가 미칠까 두려워 제의를 거절한 채 늪지대로 달아나 몸을 숨겼다. 항량이 은통의 목을 베고 반진의 깃발을 든 뒤 비로소 항량의 무리에 가담한 이유다. 사서에는 자세한 기록이 나오지 않고 있으나 당시 환초와 항량은 서로 의견을 조율했을 공산이 크다. 항량은 환초의 은신을 구실로 조카 항우의 손을 빌려 은통의 목을 벤 게 그렇다. 「항우본기」에 따르면 당시 항량은 은통에게 이같이 말했다.

"환초가 달아났는데도 사람들은 그가 어디에 있는지 전혀 알지 못하고 있습니다. 오직 저의 조카 항우만이 이를 알고 있습니다."

그러고는 이내 항우에게 칼을 들고 문밖에서 대기토록 했다. 항우를 도부수刀斧手로 써 먹으려는 수작이었다. 항량이 이내 다시 들어가 은통 곁에 앉아 이같이 청했다.

"청컨대 항우를 부른 뒤 그에게 명을 내려 환초를 불러 오게 하십시오."

내막을 알 길이 없는 은통이 흔쾌히 대답했다.

"그리 하겠소."

항량이 항우를 불러들인 뒤 이내 항우에게 눈짓하며 말했다.

"가히 실행할 만하다!"

항량의 말이 다 끝나기도 전에 항우가 칼을 뽑아 순식간에 은통의 머리를 잘라 버렸다. 순식간에 벌어진 일이라 손을 쓸 여유도 없었다. 사서의 기록에 따르면 '선발제인'을 최초로 언급한 인물은 은통이다. 아이러니하게도 그는 오히려 항량의 '선발제인'에 의해 목숨을 잃은 셈이다. 은통이 항량 등을 휘하에 두고 반진의 깃발을 들었다면 역사는 전혀 다른 방향으로 흘러갔을 공산이 크다.

『사기』「항우본기」는 '선발제인'의 당사자를 은통으로 기록해 놓았으나 『한서』「항적전」에는 항량이 '선발제인'을 언급한 뒤 이내 은통의 머리를 벤 것으로 묘사돼 있다. 반고가 「항적전」을 기술하면서 사마천이 쓴 「항우본기」를 읽지 않았을 리 없다. 은통과 같은 인물이 '선발제인'

과 같은 뛰어난 병법원리를 들먹였을 리 없다고 스스로 판단한 듯하다. 『사기』 이외의 다른 사료를 보고 「항우본기」와 다르게 기술했는지 여부는 자세히 알 길이 없으나 그럴 가능성은 거의 없다고 보는 게 옳다. '초한지제'를 『사기』만큼 자세히 기록해 놓은 사서는 없기 때문이다. 반고가 의도적으로 개작했을 공산이 크다. 다만 항량이 '선발제인'으로 은통의 머리를 벤 점에 주목할 경우 「항적전」의 기록이 논리적으로 맞기는 하다. 그러나 논리와 역사는 엄격히 구별해야 한다. 『한서』가 역사적 사실을 멋대로 왜곡했다는 비난을 받고 있는 점에 비춰 결코 터무니없는 추론이 아니다.

당시 항량이 은통의 머리를 들고 회계태수의 인수를 찬 채 밖으로 나가자 회계군 부중府中의 사람들이 모두 크게 놀랐다. 「항우본기」는 당시 상황을 이같이 기술해 놓았다.

"이때 항우가 격살한 자의 숫자가 수백 명에 달했다. 부중의 관원들이 모두 두려워하며 감히 대항치 못했다."

'감히 대항치 못했다'는 것은 투항을 돌려 표현한 것이다. 진제국의 법에 따르면 관원의 투항은 곧 멸문滅門을 의미한다. 투항코자 하면 멸문을 각오해야 했다. 이들은 왜 그처럼 위험한 결단을 해야만 했나? 「항우본기」에 나오는 사마천의 풀이처럼 '두려움' 때문일 수도 있다. 그러나 그보다는 너무나 순식간에 일어난 일이라 관원들이 미처 대응할 여유가 없었다고 보는 게 옳다. 초나라 땅 백성들 내에 넓게 퍼져 있던 반진의 분위기도 적잖이 작용했을 것이다.

당시 항량은 어쩔 줄 몰라 하는 관원들을 달래기 위해 전부터 잘 알고 지내던 회계군 일대의 호걸과 관원을 불러 모은 뒤 거사의 배경을 자세히 설명했다. 병법의 관점에서 볼 때 이는 위세威勢를 보임으로써 반항의 의지를 꺾으려는 고도의 심리전술에 해당한다. 당태종과 휘하 장수 이정이 역대 병서와 병법을 논한 『당리문대糖李問對』는 이를 공심攻心으로 풀이해 놓았다. '공심' 즉 심리전술은 피를 보지 않고도 적을 제압하는 매우 효과적인 전술이다.

항량이 회계군 일대에서 거병하면서 사람들을 시켜 병사를 모으게 했다. 곧 정병 8,000명을 얻을 수 있었다. 항량과 항우는 스스로 회계군의 군수와 그 부장副將이 된 뒤 주변을 차례로 공략했다. 당시 항우의 나이는 24세였다.

3개 세력의 정립

항량과 유방이 기병한 이듬해인 기원전 208년 봄 단월端月은 지금의 음력으로는 정월이 되어 호해 3년이 되어야 하지만 진나라 음력으로는 여전히 2세 황제 호해 2년이었다. 이때는 장이와 진여가 조헐을 내세워 조왕으로 삼고 신도信都를 도읍으로 정한 때였다. 1달 전에는 진승이 마부로 있던 장가에게 횡사를 당했다. 진승과 협력관계에 있던 진가秦嘉는 진승의 횡사 소문을 듣자마자 곧바로 초나라 귀족 경씨景氏의 일족인 경구景駒를 초왕으로 삼고 스스로 대사마大司馬가 되었다. 경구는 왕족도 아닌 귀족 출신인데다 병권을 장악하고 있는 만큼 진가가 사실상의 주인이나 다름없었다.

진가가 생각할 때 이제 진승도 없는 만큼 '장초'는 사라진 것이나 다릅없었다. 누대에 걸친 귀족 출신 경구를 초왕으로 내세울지라도 큰 문제는 없다고 생각했을 공산이 크다. 그러나 이는 그만의 생각이었다. 왕족과 귀족은 하늘과 땅만큼의 차이가 난다. 귀족 출신으로 치면 그 수를 헤아릴 수 없을 정도였다. 진가가 세운 초나라는 알맹이가 없었다. 게다가 무력도 뒷받침되지 못했다. 누대에 걸쳐 장군을 배출한 '세세장가' 출신인 항량의 입장에서는 진가의 소행을 용납키 어려웠다.

당시 너무 성급하게 속셈을 드러낸 진가는 지금의 산동성 어대현인 방여方與로 가 인근 정도定陶에서 진나라 군사를 격파코자 했다. 당시 정도는 전국시대 이래 천하의 중심지로 간주된 요충지였다. 제수濟水를 통해 서쪽으로 지금의 하남성 개봉인 위나라 수도 대량으로 통하고, 동쪽으로 제나라 수도 임치와 연결됐다. 나아가 서북쪽의 백마진白馬津을 통해 황하를 넘으면 이내 조나라 수도 한단邯鄲과 이어지고, 다시 연나라 수도인 지금의 북경 일대인 계薊에 이르는 태항산太行山 동쪽 산기슭의 육로로 들어서게 된다. 말 그대로 천하의 요충지였다.

다만 진시황의 천하통일 후 중요성이 약간 떨어졌다. 정도에서 200킬로미터가량 서쪽으로 떨어져 있는 홍구鴻溝 일대의 형양이 새로운 요충지로 부상한 결과였다. 그렇다고 정도의 위상이 실추된 것은 아니었다. 지리적 특성상 여전히 동서남북으로 통하는 중심지 역할을 수행했다.

진가는 단독으로 진나라 군사와 정면충돌할 경우 승리를 자신할 수 없었다. 곧 제왕 전담을 끌어들일 속셈으로 유세객인 공손경公孫慶을 제나라에 사자로 보냈다. 힘을 합쳐 함께 함양으로 진격하는 방안을 제시했다. 전담은 어부지리를 취할 속셈으로 선뜻 답하지 않았다. 그가 공손경에게 물었다.

"진승이 패하여 아직 그 생사를 모르고 있소. 진가는 어찌하여 자세히 확인하지도 않고 다시 초나라 왕을 세운단 말이오?"

공손경이 반박했다.

"그렇다면 제나라는 초나라에 물어보고 왕을 세웠습니까? 제나라는 그러지 않고 왕을 세웠는데 초나라만 무슨 이유로 제나라에 물어본 뒤 왕을 세워야 한단 말입니까? 초나라는 반진의 깃발을 가장 먼저 들었으니 응당 천하에 호령을 발할 만합니다."

뛰어난 논변이다. 그러나 그는 결코 훌륭한 종횡가는 못 되었다. 상대를 격노케 만들어 오히려 일을 그르쳤기 때문이다. 화가 난 전담이 곧바로 그의 목을 베었다. 왕족 출신으로 백성들의 지지를 받아 보위에 오른 전담이 볼 때 진승이 없는 초나라는 나라라고 할 것도 없었다. 더구나 초나라 백성들의 전폭적인 지지를 받지도 못하는 진가와 손을 잡을 이유가 없었다.

'장초'의 정통성은 진성을 탈환하는데 성공한 여신에게 있었다. 그러나 여신도 진승의 뒤를 이을 만한 인물이 못 되었다. 그는 진나라 조정에서 파견한 좌우 교위校尉가 이끄는 진나라 군사에게 패해 재차 진성을 내줘야만 했다. 여신은 달아나는 병사들의 앞길을 가로막는 방법으로 간신히 위기를 모면할 수 있었다. 재차 군용을 정비한 여신이 진성을 향해 진격하는 도중 강서성 파양番陽 일대에서 군도로 활약하고 있는 경포와 서로 만났다. 의기가 투합한 두 사람은 하남성 식현과 채현 경계의 하천인 청파青波에서 진나라 군사를 격파했다. 덕분에 진현을 다시 손에 넣을 수 있었다. 경포의 가세가 결정적인 도움을 주었다.

원래 경포는 지금의 안휘성 육안현인 육현六縣 출신이다. 본래 성은 영씨英氏로 법을 저촉해 경형黥刑을 받고 진시황릉을 조성하는 여산驪山으로 보내졌다. 여산에는 노역에 종사하는 죄수가 10만 명에 달했다. 진시황 사후 경포는 그 무리를 이끌고 장강 일대로 달아나 군도가 되었다. 당시 그곳에는 파양 현령으로 있던 오예吳芮가 큰 세력을 떨치고 있었다. 장강 일대에 산재한 백월百越의 우두머리로 있던 오예는 크게 민심을 얻은 덕분에 일명 파군番君으로 불렸다. 파番는 통상 '번'으로 읽으나 지명으로 사용될 때는 '파'이다. 파鄱와 같다.

당시 여신과 의기투합한 경포가 도움을 얻기 위해 오예를 찾아가자 오예는 그의 예사롭지 않은 모습을 보고 곧바로 자신의 딸을 내주었다. 덕분에 경포는 수천 명에 달하는 오예의 휘하 군사까지 이끌고 가 진나라 군사를 칠 수 있었다. 「경포열전」에 나오는 일화에 따르면 젊었을 때 어떤 사람이 그의 상을 보고 이같이 말했다.

"형을 받은 뒤 왕이 될 것이다."

장년이 된 후 법을 위반해 경형黥刑을 받게 되자 경포가 껄껄 웃었다.

"어떤 사람이 나의 상을 보고 형을 받은 뒤 왕이 될 것이라고 했다. 거의 이를 말한 듯하다!"

춘추시대 이래 초나라는 영토가 넓었던 만큼 진시황이 급서한 상황에서는 각 지역마다 군웅이 할거할 소지가 다른 지역에 비해 훨씬 컸다. 오예도 그런 인물 가운데 한 사람이었다. 진승의 횡사로 사실상 '장초'가 무너진 상황에서 너나 할 것 없이 초왕을 자처한 것도 이런 맥락에서 이해할 수 있다. 진성을 탈환한 여신이 '장초'의 명맥을 이어가고 있는 가운데 진가에 의해 옹립된 경구가 초왕을 자처하며 새로운 구심점으로 부상한 게 그렇다.

항량에 의해 격파될 때까지 경구가 나름 세력을 떨치게 된 것은 형식이 내용을 압도한 대표적인 사례에 해당한다. '장초'의 명맥을 잇고 있는 진성에는 정작 있어야 할 왕이 없었다. 비록 진가에 의해 날림으로 보위에 오르기는 했으나 경구는 '초왕'의 타이틀을 내걸고 있었다. 내용도 없는 말뿐인 '초왕'인데도 불구하고 그가 강소성 패현 동남쪽의 유현留縣에 머물 때 패현 일대에서 토패土霸로 있던 유방이 무리를 이끌고 와 몸을 의탁했다. 청년 100여 명을 모은 뒤 경구를 좇고자 한 당대의 책사인 장량과 만나 함께 경구의 무리로 들어간 배경이다.

난세에는 비록 멋대로 붙인 타이틀일지라도 이처럼 위력을 발휘한다. 유사한 사례가 하나 더 있다. 지금의 강소성 양주시 서북쪽 광릉廣陵 출신 소평召平이 항량을 끌어들인 게 그렇다. 진승의 휘하장수였던 소평은 진승이 살아 있을 때 명을 받고 자신의 고향인 광릉으로 진공했으나 함락시키지 못했다. 이때 진승이 진나라 군사에게 패해 황급히 도주했다는 소식이 들려왔다. 생사도 알 길이 없었다. 이 와중에 장함이 이끄는 진나라 군사가 다가왔다. 다급해진 소평은 회하淮河를 건넌 뒤 임의로 진승의 명을 고쳐 항량을 초나라 상주국으로 제수하며 이같이 하명했다.

"강동江東은 이미 평정되었다. 상주국은 속히 군사를 이끌고 서쪽으로 진격해 진나라 군사를 깨뜨리도록 하라!"

멋대로 만들어낸 진승의 명령이었지만 위력을 발휘했다. 이 또한 형식이 내용을 압도한 사건에 해당한다. 소평이 언급한 '강동'은 지금의 강소성 남부 태호 일대를 말한다. 전후 맥락에 비춰볼 때 당시 항량은 소평이 조작한 가짜 명령을 진짜로 여긴 듯하다. 설령 가짜임을 알고 있을지라도 이를 따질 이유가 없었다. 최고 군사령관에 해당하는 '상주국'의 감투가 그의 머리 위에 씌워졌기 때문이다. 그가 휘하 장병 8,000명을 이끌고 황급히 회하를 건너 서쪽으로 진격한 이유다.

항량이 도하할 당시 마침 지금의 안휘성 천장현인 동양현東陽縣에서 아전을 통솔하는 영사令史 진영陳嬰이 동향현을 함락시켰다. 자신의 휘하 군사만으로는 승산이 없다고 판단한 항량이 급히 사자를 보내 함께 서쪽으로 진군할 것을 제의했다. 진영은 매우 성실한 인물로 평소 백성들의 신망이 높았다. 사람들이 그를 장자長者로 부른 이유다. 동양현을 함락시켰을 당시 마을 청년들이 삼삼오오 모여 현령을 살해한 뒤 세를 불려 마침내 그 수가 2만 명이 되었다. 이들은 진영을 새로운 '초왕'으로 삼고자 했다. 진영이 이를 모친에게 말하자 모친이 반대했다.

"내가 너의 집 며느리가 된 이후 너의 선조 중 귀한 사람이 있다는 말을 일찍이 들은 바가 없다. 지금 큰 명성을 갑자기 얻게 되면 이는 상서롭지 못한 일이다. 차라리 다른 사람 휘하로 들어가는 게 나을 것이다. 일이 잘 풀리면 제후에 봉해질 수 있다. 설령 실패할지라도 쉽게 몸을 빼낼 수 있고, 세상 사람들도 이름을 거명하며 비난하지는 않을 것이다."

진영이 사람들에게 말했다.

"항씨는 대대로 장군을 배출한 말 그대로 '세세장가' 출신이오. 명망 또한 초나라에서 매우 높소. 지금 대사를 이루려고 하는 마당에 장차 그 집안 출신이 아니면 안 될 것이오. 나는 항씨에 의지해 진나라를 패망시키는 데 앞장서도록 하겠소."

무리들이 이 말을 좇았다. 진영 휘하의 군사가 항량에게 귀속되면서 항량의 세력이 문득 크게 확장됐다. 이로써 진승이 횡사한 후 초나라 땅에서는 진성에 둥지를 튼 여신의 '장초' 잔여세력을 위시해 유방과 장량 등이 가세한 진가 및 경구의 '자칭 초왕' 세력, 누대의 장군가문 출신인 항량을 중심으로 한 '세세장가' 세력 등 3대 세력이 정립鼎立하는 형국이 빚어졌다. 각기 독립을 선언한 제나라와 조나라, 위나라, 연나라 등에서는 볼 수 없는 특이한 모습이었다. 이는 초나라의 땅이 그만큼 넓었다는 반증이기도 하다.

이들 3대 세력 가운데 항량의 세력이 가장 막강했다. '자칭 초왕'인 진가 및 경구 세력과 비교할 때 명분 면에서도 앞서 있었다. 장강 일대의 군도세력인 경포와 성씨만 전해지고 이름이 알려지지 않은 포蒲 장군이 항량에게 귀부한 것도 바로 이 때문이었다. 경포는 여신과 함께 진나라 군사를 깨뜨린 후 휘하 군사를 이끌고 돌아오던 중 항량이 서쪽으로 회하를 건넜다는 소식이 들려오자 이내 휘하 군사를 이끌고 항량 휘하로 들어갔다. 이로써 항량의 무리는 6~7만 명가량이나 되었다. 회하를 도하한 항량은 일단 지금의 강소성 비현인 하비下邳에 영채를 차렸다.

항량이 하비에 영채를 차린 데에는 나름 속셈이 있었다. 하비에서 불과 수십 킬로미터밖에 떨어져 있지 않은 강소성 서주시 동쪽 팽성彭城에 경구 및 진가의 군사가 주둔하고 있었다. 큰 틀에서 보면 반진을 기치로 내걸고 기의한 만큼 서로 합세해 서쪽으로 진격하는 게 옳았다. 그러나 이는 힘이 비등할 경우에나 통하는 얘기다. 객관적으로 볼 때 항량 쪽이 훨씬 막강했다. 항량의 입장에서 볼 때 진영과 경포, 포 장군 등이 합세한 여세를 몰아 이들 세력까지 흡수하는 게 옳은 수순이었다. 진가 및 경구가 저항코자 한 것은 당연했다. 항량이 군리들에게 말했다.

"앞서 '장초'를 세운 진왕陳王이 제일 먼저 기의했다. 그러나 지금 그가 싸움에서 패한 나머지 행방조차 알지 못하게 되었다. 이런 상황에서 진가가 진왕을 배반하고 경구를 초왕으로 세웠으니 이는 참으로 대역무도한 짓이다!"

일견 그럴듯하나 당시의 정황에 비춰 앞뒤가 맞지 않는다. 경구 세력을 '흡수통합'하기 위한 억지 명분이었다. 그 이유로 크게 2가지를 들 수 있다. 첫째, 진승의 생사를 알 수 없다는 주장을 납득키 어렵다. 『사기』「표」에 따르면 진승이 사망한 시점은 기원전 209년 12월이다. 항량이 경구를 친 것은 이듬해인 기원전 208년 4월이다. 「표」는 진승의 휘하 장수 여신이 '창두군'을 이끌고 진성을 재탈환한 시점을 기록해 놓지 않았으나 「진섭세가」의 해당 대목을 보면 진승이 횡사한 지 얼마 안 된 시점에 이뤄진 게 확실하다. 이런 정황에 비춰 무려 4달이 경과하는 사이 진승의 횡사 소식을 몰랐다는 것은 납득키 어렵다. 경구의 군사를 이끌고 가 고향 탈환에 실패한 유방이 항량에게 몸을 의탁한 것은 이해 3월의 일이다. 천하대세는 모든 힘이 항량을 중심으로 결집하는 양상이었다. 「항우본기」는 경구의 군사를 격파한 뒤 설현薛縣에 주둔할 때 비로소 진승의 전사 소식을 접하게 됐다고 기록해 놓았으나 이를 액면 그대로 믿기 힘들다. 항량이 경구 세력을 격파하기 위해 짐짓 진승의 횡사 사실을 모른 척하며 '대역부도' 운운했을 공산이 크다.

둘째, 항량이 진가를 두고 '대역부도' 운운한 것은 논거가 약하다. 진승의 생사가 불투명한 상황에서 진가가 비록 날림이기는 하나 경구를 새로운 '초왕'으로 내세운 것을 탓할 수만도 없다. 유방과 장량 등이 경구에게 몸을 의탁한 사실이 이를 반증한다. 객관적으로 볼 때 항량 역시 소평이 가짜 명령을 통해 초나라 '상주국'에 제수하지 않았다면 그처럼 급속히 세력을 불리기는 어려웠을 것이다. 진가가 날림으로 경구를 '가짜 초왕'에 앉혔다고 비난할 처지가 못 된다는 얘기다. 사실 난세에는 명분이 사실에 기초한 것인지 여부를 따지는 일 자체가 부질없는 짓이다. 난세에는 힘이 곧 정의로 통하기 때문이다.

항량이 진가와 경구 무리를 '대역부도' 운운할 때 이미 승부는 끝나 있었다. 항량의 군사가 진격하자 진가의 군사가 제대로 싸워보지도 못한 채 사방으로 도주했다. 항량의 군사가 급히 뒤를 쫓아 호릉胡陵에 이르자 진가가 군사를 돌려 다시 싸웠다. 궁지에 몰린 쥐가 고양이에게 덤비는 격이었다. 이것이 때로는 극적인 반전의 계기로 작용할 수도 있으나 이는 극히 예외적인 경우이다. 하루 만에 진가가 교전 끝에 전사한 게 그렇다. 장수를 잃은 진가의 군사가 일제히 항복했다. 「항우본기」는 경구가 혼전의 와중에 용케 몸을 빼서 달아났으나 이내 옛 위나라 땅에서 죽었다는 식으로 짤막하게 기록해 놓았다. 구체적으로 어디서 어떻게 죽었는지 등에 대해서는 침묵하고 있다. 중국의 역대 왕조 교체 과정에서 늘 빚어지듯이 홀로 달아나다가 아사했거나 이름 모를 농부의 손에 의해 황천행이 되었을 공산이 크다.

당시 진가의 군사를 흡수한 항량은 그 세력이 다시 크게 확장돼 병사의 숫자가 문득 10여만 명에 달하게 됐다. 최강의 무력을 보유한 셈이다. 진가의 뒤를 쫓아 호릉까지 오게 된 항량은 잠시 그곳에 주둔하면서 장차 10만 대군을 이끌고 서쪽으로 진격코자 했다. 당시 장함이 이끄는 진나라 군사는 승승장구하며 사방에서 반란군을 토벌하고 있었다. 마침내 동진을 거듭해 호릉과 가까운 하남성 하읍현인 율현栗縣에 이르게 됐다. 보고를 접한 항량이 곧바로 별장 주계석朱雞石과 여번군餘樊君을 파견했다.

이는 항량이 거병한 이후 진나라 정규군과 가진 첫 번째 교전이었다. 그 결과는 참패였다. 이 싸움에서 여번군은 전사했고, 주계석도 크게 패해 황급히 달아났다. 대로한 항량이 이내 군사를 이끌고 설薛 땅으로 들어가 주계석을 주살한 뒤 정면 대결을 피한 채 우회전술을 택했다. 조카 항우에게 명하여 지금의 하남성 양성襄城을 치게 했다. 양성이 저항하자 쉽게 함락시킬 수 없었다. 화가 난 항우는 가까스로 함락시킨 뒤 성 안의 모든 사람을 산 채로 묻어버렸다. 만행이었다. 이 일로 인해 항우는 후대 사가들로부터 커다란 비판을 받았다. 그러나 사실 화를 참지 못해 잔인한 모습을 보이기는 유방도 크게 다르지 않았다.

『사기』 전편을 보면 '초한지제' 당시 산 채로 묻는 식의 잔인한 짓을 벌인 사실이 생생히 기록돼 있다. 모두 5~6곳에 이른다. 유방과 항우가 벌인 잔혹행위 별로 구분하면 오히려 유방이 더 많다. 많은 사람들이 양성에서 항우가 벌인 갱살坑殺과 이후 함양 입성 후 아방궁을 불태우며 도살행위를 벌인 점에 지나치게 주목해 유방의 잔학행위를 간과하고 있다. 『사기』의 기록을 보면 항우가 벌인 잔학행위는 양성과 함양 도살을 포함해 모두 3번이다. 「전담열전」에 따르면 항우는 이밖에도 서초패왕이 되어 천하를 호령한 지 얼마 안 된 시점에 유방과 합세해 반기를 든 제나라를 토벌할 때 지나는 곳마다 모두 도살한 적이 있다. 자신의 패업을 뿌리째 흔들어 놓았기 때문이다. 원문은 '소과자진도지所過者盡屠之'이다. 여기에서 도屠는 개와 돼지 등을 잡을 때처럼 무참히 도살하는 것을 말한다.

유방도 참혹한 '도'를 행한 바 있다. 후술하는 바와 같이 함양에 입성하기 위해 무관武關을 통과할 당시 진나라 군사가 강력 저항하자 대로한 나머지 무관 일대를 도륙했다. 또 한韓나라 땅을 공략할 때 영천潁川 일대를 도륙한 바 있다. 「항우본기」에 따르면 유방과 항우가 최후의 결전을 치를 당시 유방 측의 계책에 넘어가 항우를 배신한 초나라 대사마 주은周殷과 경포가 육현六縣과 성보城父 일대의 군민을 도륙한 바 있다. 항우의 근거지를 초토화하기 위한 전략의 일환이었다. 항우와 유방이 함께 도륙에 참여한 적도 있다. 초기에 항량의 명을 받고 지금의 산동성 복현인 성양城陽 일대를 도륙한 게 그렇다.

'초한지제'의 도살 행각을 자세히 살핀 것은 결코 항우를 두둔코자 한 게 아니다. 사서의 기록에도 불구하고 항우의 만행만 부각되는 것은 편파적이라는 것을 지적코자 한 것이다. 사실 똑같은 만행도 승자의 경우는 감춰지거나 두루뭉수리하게 처리되고, 패자의 경우는 더욱 잔인하게 묘사되기 마련이다. 삼국시대 조조가 행한 도륙행위가 이에 해당한다. 필자는 조조의 행보와 관련한 일련의 저서에서 이를 세밀히 분석해 크게 과장됐음을 논파한 바 있다.

주목할 것은 유방이 처음으로 항량을 찾아와 '알현'한 것도 바로 항우가 양성에서 '갱살'을 행할 즈음이라는 점이다. 후술하는 바와 같이 유방은 당초 경구 밑으로 들어가 군사지원을 받고 고향인 풍읍의 탈환에 나선 바 있다. 그러나 믿었던 옹치雍齒가 진나라 군사에게 투항하는 등 내분이 빚어져 실패하고 말았다. 절치부심하던 유방은 항우가 비록 잔인한 짓을 벌이기는 했으나 악전고투 끝에 양성을 함락시킨 소식을 듣고 나름 여러 생각을 했을 공산이 크다. 그가 항량 밑으로 들어가 군사 5,000명의 지원을 받아 풍읍을 탈환한 배경도 이런 맥락에서 살펴볼 필요가 있다.

초나라의 등장

항량은 진가 및 경구의 무리를 흡수할 당시 내심 쾌재를 불렀을 공산이 크다. 아무리 둘러보아도 군웅들 가운데 10만 대병의 가장 막강한 무력을 보유한 사람은 그 자신밖에 없었다. 진승의 사망이 확실해진 상황에서 천하를 거머쥘 수 있는 가장 유리한 위치였다. 그가 휘하의 별장別將들을 불러 모은 이유다. 말할 것도 없이 별장들이 자신을 진승의 후계자로 추대해 주기를 은근히 기대한 것이다. 경구에게 몸을 의탁했다가 이내 항량에게 귀부한 유방 역시 이 모임에 참석했다.

별장은 원래 별동대 대장을 뜻하는 말이나 여기서는 약간 뉘앙스가 다르다. 맹주가 된 자에게 기대 그 명을 받게 된 자로 해석하는 게 역사적 사실에 부합한다. 세력이 커지고 맹주가 죽게 되면 이내 그 뒤를 이어 맹주가 될 수도 있다. 이는 비단 '초한지제' 때에 한한 게 아니다. 중국의 전 역사를 보면 이런 행태가 거듭되고 있음을 알 수 있다. 운 좋게 성공하면 천자가 되고, 그렇지 못하면 일시 반란군의 두목으로 끝나게 된다. 한나라를 세운 유방을 위시해 명나라를 세운 주원장과 현대 중국을 세운 마오쩌둥이 전자의 경우다. 명대 말기의 농민반란군을 이끌고 일시 북경의 자금성까지 손에 넣었던 이자성과 청대 말기 남경에 도읍해 천하의 절반을 차지했던 태평천국의 홍수전 등이 후자의 경우에 속한다. 이들 모두 별장에서 출발한 인물들이다. 사서에 나오는 '별장' 표현에 유의해야 하는 이유다.

유방은 천하를 거머쥐기 전에 크게 2번에 걸쳐 별장의 행보를 걸었다. 첫 번째는 기병 초기에 진가가 내세운 초왕 경구 휘하로 들어가 별장으로 활약한 때이다. 두 번째는 경구가 패한 후 항량 밑으로 들어가 별장으로 활약한 때이다. 이 또한 항량이 패사할 때까지 지속되었다. 이런 행보는 비난 유방에 그친 게 아니었다. 진시황 사후 각 지역에서 봉기한 '토패'들 모두 상황에 따라 이합집산을 거듭하며 한쪽의 맹주 세력에게 몸을 의탁하고 기회를 보아 세력을 확대하는 노선을 택했다.

의도적으로 별장을 자처한 경우도 있다. 중일전쟁 당시 이른바 '서안문 사건'을 계기로 제2차 국공합작을 성사시킨 뒤 마오쩌둥의 홍군이 장제스의 국민당 군 밑으로 들어간 게 대표적인 사례이다. 크게 보면 유방이 항량의 휘하로 들어간 것도 같은 맥락으로 이해할 수 있다. 세력이 상대적으로 미약할 때 후일을 도모키 위한 고육책에 해당한다. 일종의 도광양회韜光養晦 계책으로 풀이할 수 있다.

당시 회의에 참석한 별장 중에는 가장 나이가 많은 범증范增도 있었다. 지금의 안휘성 동성현 남쪽 거소居鄛 출신인 그의 당시 나이는 70세였다. 그는 평소 집에 있을 때부터 기이한 계책을 좋아했다. 「항우열전」에 당시 범증이 항량에게 건의한 내용이 실려 있다.

"진승이 실패한 것은 실로 당연합니다. 무릇 진나라가 멸망시킨 6국 중 초나라가 가장 죄가 없었습니다. 전에 초회왕은 진나라로 들어갔다가 돌아오지 못하고 그곳에서 죽자 초나라 사람들이 이를 가엽게 여겼습니다. 이런 추모 열기는 지금까지 그대로 이어지고 있습니다. 초나라의 저명한 음양가인 남공南公이 이르기를, '초나라에 비록 3호戶만 남아 있을지라도 진나라를 멸망시키는 것은 반드시 초나라일 것이다'라고 했습니다. 그런데 지금 진승은 먼저 거사했음에도 초나라가 후예를 세우지 않고 자립한 까닭에 그 세력이 오래 가지 못한 것입니다. 이제 그대가 강동江東에서 일어나자 초나라의 벌떼처럼 일어난 장수가 모두 그대에게 다투어 귀부하고 있습니다. 이는 그대가 세세토록 초나라 장수를 배출한 집안 출신으로 초나라 후예를 다시 초왕으로 세울 수 있다고 판단했기 때문입니다."

항량이 이를 옳게 여겨 곧 사방으로 초왕의 후손을 찾았다. 이내 초회왕의 손자인 미심芈心이 백성들 틈에 끼어 양치기 머슴노릇을 하고 있는 것을 발견했다. 여기의 미芈는 양이 우는 소리를 뜻한다. 초나라 건국설화에 따르면 곰을 토템으로 삼는 족속이 양을 치다가 나라를 세운 것으로 되어 있다. 이로 인해 사서에는 초나라 왕족 모두 웅熊으로 기록되어 있으나 별칭으로 '미'를 사용키도 했다. '미심'을 '웅심'으로도 부른 이유다.

기원전 208년 여름 6월, 항량이 '미심'을 초왕으로 삼았다. 이로써 마침내 '장초'를 대신한 명실상부한 '새로운 초나라'가 등장했다. '장초'의 도성이었던 진성 역시 옛날 명칭인 진현으로 환원됐다. 창두군을 이끌고 진성을 탈환해 고수하고 있던 진승의 휘하장수 여신으로서는 닭 쫓던 개가 지붕 쳐다보는 격이 되었다. 새로운 초나라가 들어선 마당에 여신도 자연히 미심을 정점으로 한 새로운 초나라 소속이 될 수밖에 없었다.

새로운 초나라는 '장초'의 흔적을 지우기 위해서라도 새로운 도읍지가 필요했다. 항량은 다각도로 후보지를 물색했다. 고심 끝에 선정된 곳은 회수 강변에 있는 지금의 강소성 우이현盱眙縣이다. 우이현은 춘추시대에 오나라에 속해 있다가 전국시대로 들어오면서 초나라 영토에 편입됐다. 진시황이 천하를 통일한 후 이곳에 처음으로 현을 설치했다. 초기의 명칭은 우이盱台였다. 이台는 통상 '태'로 읽으나 지명으로 사용될 때는 '이'로 읽는다. 후에 이眙로 바뀌었다. 현이 되었을 때 사수군에 속했으나 곧바로 동해군東海郡 소속으로 바뀌었다. '초한지제' 때 처음으로 도읍이 된 것이다.

우이현은 항량이 세를 불리는 데 결정적인 역할을 한 진영陳嬰의 고향 동양東陽과 수십 킬로미터밖에 떨어져 있지 않았다. 새 도읍지로 우이현을 택할 때 진영의 공이 컸음을 방증한다. 실제로 진영은 새로운 초나라의 상주국이 되어 5개 현에 봉해졌다. 그간 진승의 휘하장수 소평의 가짜 명령 덕분에 '가짜 상주국'으로 활약한 항량은 스스로 무신군武信君을 칭했다. 이는 전국시대 말기 대표적인 종횡가인 장의의 군호君號로 앞서 조나라 왕으로 즉위한 무신武臣도 군호로 사용한 바 있다. 무신이 횡사한 까닭에 썩 내키는 군호가 아니었다. 실제로 항량 역시 한창 잘 나가던 시기에 자만하는 바람에 패사하고 말았다.

『사기』와 『자치통감』 등은 전국시대 말기에 진나라에서 죽음을 맞은 '초회왕'의 시호를 그대로 사용한 이유를 두고 백성들의 바람을 좇은 것이라고 기록해 놓았다. 그러나 생전에 시호를 붙이는 것도 전례가 없는데다 굳이 적국인 진나라에서 비참한 최후를 맞이한 사람의 시호를 그대로 사용할 이유도 없다. 당시 항우의 초회왕 제거를 미화하기 위한 초나라 항씨들의 주장을 후대의 사가들이 그대로 인용했을 가능성도 배제할 수 없다.

주목할 것은 이때 유방을 주군으로 모시고 있던 장량이 자립을 꾀한 점이다. 그는 '무신군' 항량에게 이같이 유세했다.

"그대는 이미 초나라의 후예를 새 왕으로 세웠습니다. 옛날 한韓나라의 여러 공자 중 횡양군橫陽君 한성韓成이 가장 현명하니 그를 한나라 왕으로 세워 우리 무리를 더욱 많이 심도록 하십시오."

항량이 이를 좇았다. 곧 장량을 시켜 횡양군 한성을 찾아낸 뒤 그를 한나라 왕으로 세웠다. 이어 장량을 한나라의 사도司徒로 삼은 뒤 한나라 왕과 더불어 1,000여 명의 군사를 이끌고 서진해 한나라 고토를 경략케 했다. 장량이 여러 성을 얻었으나 진나라 군사가 반격을 가해 이를 다시 탈환했다. 한나라는 진시황이 천하통일 과정에서 가장 먼저 병탄한 나라이다. 한나라 땅은 함양이 속해 있는 관중과 가장 가까웠던 탓에 이곳을 잃을 경우 함양의 안위도 걱정할 수밖에 없었다. 총력을 기울여 반격을 가한 이유다. 결국 한나라의 고토를 회복해 함양을 공략코자 하는 장량의 계획은 무산되고 말았다. 「유후세가」는 장량이 이후 이리저리 오가다가 지금의 하남성 우현인 영천潁川 일대에서 무리를 이끌고 유격활동을 벌였다고 기록해 놓았다. 영천은 진시황이 한나라를 병탄한 뒤 한나라 옛 땅에 세운 군의 명칭이다. 결국 장량은 고국에서 일종의 '빨치산' 역할을 수행한 셈이다.

2달여 전에 유방은 이미 항량으로부터 군사지원을 받아 고향인 풍읍을 손에 넣고 소규모 군벌로 성장해 있었다. 두 사람이 재회한 것은 유방이 초회왕의 명을 받고 관중으로 진격할 때이다. 그 사이 서로 멀리 떨어져 각기 따로 교신도 하지 못한 채 활약한 셈이다. 『사기』를 비롯한 사서 모두 그 배경에 대해 침묵하고 있다. 장량이 유방과 재회한 뒤 최고의 참모로 활약한 것은 분명하나 그 이전 시기에는 그런 행보를 찾아보기 힘들다.

이는 2가지 점을 시사하고 있다. 첫째, 장량은 초기만 해도 유방의 성공 가능성을 그리 높게 평가하지 않았을 가능성이다. 만일 유방의 성공 가능성을 높이 쳤다면 유방이 항량의 군사를 빌려 풍읍을 손에 넣고자 할 때 종군하는 게 상식에 부합했다. 그러나 그는 그리하지 않았다. 유방이 자신의 고향인 풍읍을 손에 넣고 군벌로 성장하면 좋고, 그렇지 못할지라도 크게 상심할 이유는 없다고 판단했을 공산이 크다. 유방과는 별도로 항량을 움직여 한나라의 재건을 꾀한 게 이를 뒷받침한다.

둘째, 장량 스스로 군웅의 일원으로 등장코자 했을 가능성이다. 누대에 걸쳐 한나라의 재상을 지낸 명문가 출신 장량은 건달 출신 유방과 달리 병가를 비롯한 제자백가 학문도 깊었을 뿐만 아니라 진나라의 병탄으로 집안이 일거에 몰락한 데 따른 원한도 깊었다. 그가 전 재산을 기울여 자객을 구한 뒤 진시황 척살을 꾀한 이유다. 벼슬이라고는 기껏 지금의 파출소장에 해당하는 시골의 정장亭長을 지낸 유방과는 차원이 다르다. 처음부터 흉중에 천하를 도모코자 하는 큰 웅략을 품고 있었다고 보아야 한다. 항우와 별반 다를 바가 없다. 초한지제 때 활약한 영웅들 가운데 유독 항우와 장량만이 명문가 출신이었다. 엘리트의식이 남달랐다고 보아야 한다.

장량이 유방에게 고개를 숙이고 들어간 데에는 한나라 고토 회복의 복안이 무산된 것이 결정적인 배경으로 작용했을 공산이 크다. 영천 일대에서 '빨치산' 활동을 하면서 식량보급 등 크고 작은 어려움을 무수히 겪었다고 보아야 한다. 이때 자신의 한계를 실감하고 자신을 알아주는 사람 밑에 들어가 뜻을 펴는 것으로 방향을 전환했을 공산이 크다. 유방이 문득 세력을 키워 중소군벌로 성장한 후 관중 토벌군단의 일원이 되었을 때 재회한 사실이 이를 뒷받침한다.

국공내전 당시 장량과 유사한 경로를 밟은 인물이 바로 저우언라이周恩來이다. 중국의 전 역사를 통틀어 최고의 재상으로 흔히 장량과 제갈량, 저우언라이를 든다. 세 사람 모두 재치와 학식이 뛰어났고, 집안이 명문가이거나 유복했고, 난세의 시기에 큰 꿈을 품고 유학을 가거나 망명지 생활을 하면서 혁명을 꿈꿨고, 이후 자신들의 한계를 알고 2인자 책사의 삶을 살고자 했고, 마침내 자신을 알아주는 주군을 만나 2인자로서 충실한 삶을 산 덕분에 후대인의 뇌리에 뛰어난 재상으로 각인된 것 등이 모두 닮았다.

저우언라이는 국공내전 당시 이른바 '프랑스 유학파'의 우두머리에 해당했다. 훗날 덩샤오핑이 우여곡절 끝에 마오쩌둥의 뒤를 이어 '신중화제국'의 제2대 황제의 자리에 오르게 된 것도 전적으로 저우언라이 덕분이다. 중국공산당이 창립할 당시만 해도 마오쩌둥은 호남성 촌뜨기 출신의 '고집 센 얼치기 공산주의자'에 지나지 않았다. 실제로 강서소비에트에서 장제스 국민군의 포위공격으로 궤멸적인 타격을 입고 섬서성 연안까지 2만 리에 달하는 처참한 패주 과정에서 시종 저우언라이는 마오쩌둥의 상관으로 있었다. 마오쩌둥은 연안에 당도한 이후에야 비로소 우두머리로 우뚝 설 수 있었다. 살벌한 내부투쟁 과정에서 저우언라이가 마오쩌둥의 2인자를 자처한 덕분이었다. 훗날 중국 정부는 모든 공식문서에 비참하기 짝이 없는 패주를 장정長征으로 둔갑시키고, 귀주성 북부 도시 준의遵義에서 열린 회의에서 마오쩌둥이 당 주도권을 장악한 것처럼 묘사했다. 말할 것도 없이 '신중화제국'의 창업주를 미화하기 위한 것이다.

장량이 유방의 핵심 참모가 된 과정도 이와 사뭇 닮았다. 횡양군 한성을 등에 업고 한나라 고토를 수복한 뒤 함양을 점거코자 한 것은 저우언라이가 마오쩌둥의 농민폭동을 반대하며 도시노동자 폭동을 주도한 것과 유사하다. 최고의 산업 및 상업도시인 상해를 일시 점거했다가 장제스의 반격으로 패퇴한 뒤 게릴라 활동을 펼친 과정은 장량이 진나라 군사의 반격으로 황급히 달아나 게릴라 활동을 전개한 사실과 닮았다.

제갈량의 삶도 두 사람과 닮았다. 비록 장량처럼 진시황 척살을 기도하거나 저우언라이처럼 도시폭동을 꾀하지는 않았으나 스스로 관중管仲과 악의樂毅의 후신을 자처하며 천하를 손 안에 넣고 주무를 수 있다고 자부한 게 그렇다. 스스로 천하제일의 책사를 자부하며 선전한 것이나 다름없다. 그가 조조를 찾아가지 않은 것은 이미 조조 휘하에 인재들이 차고 넘쳤기 때문이다. 자신을 알아주는 사람 밑으로 들어가 포부를 펼치는 게 수지맞는 일이었다. 의형제를 맺은 관우와 장비를 이끌고 외톨이나 다름없이 떠돌아다니던 유비가 찾아오자 '천하삼분지계'를 언급하며 선뜻 따라나선 배경이다. 이들 3인 모두 제2인자의 삶이 어떤 것인지를 몸으로 보여준 대표적인 사례에 속한다. 이들이 최근 새롭게 평가받고 있는 청대 말기의 명상 증국번曾國藩과 더불어 역대 중국의 재상 가운데 최고의 재상으로 손꼽히는 게 결코 우연이 아니다.

이런 관점에서 볼 때 장량이 유방을 처음 만나 '패공이야말로 거의 하늘이 내린 인물이다!'라고 칭송했다는 「유후세가」의 기록은 믿을 바가 못 된다. 원문은 '패공태천수沛公殆天授'이다. 항간에 나도는 얘기를 그대로 옮긴 것이거나 후대인의 가필로 보는 게 옳다. 진시황 척살까지 시도한 장량으로서는 유방을 처음 만났을 때 난세의 시기에 올라타 구석진 시골 풍읍에서 몸을 일으킨 건달 출신 '고집 센 얼치기 토패' 정도로 간주했을 공산이 크다. 저우언라이가 마오쩌둥을 처음 만났을 때 촌뜨기 출신의 '고집 센 얼치기 공산주의자'로 본 것과 닮았다. 이같이 접근해야만 장량이 유방의 풍읍 탈환에 참여하지 않고 독자적으로 횡양군을 등에 업은 채 한나라 고토 수복을 꾀한 과정이 자연스럽게 해석된다.

항량의 패사

사마천은 「유후세가」에서 장량의 '빨치산 투쟁'과 관련해 아무런 기록도 남기지 않았다. 오직 유병영천游兵潁川 4자만 기록해 놓았을 뿐이다. 전설로 남을 만한 전공을 하나도 세우지 못했음을 반증한다. 『사기』의 관련 기록은 같은 시기 진나라 장수 장함이 세운 혁혁한 무공으로 채워져 있다. 장함의 반격이 끝까지 소기의 성과를 거뒀을 경우 항량을 정점으로 한 새로운 초나라의 운명 역시 '장초'의 전철을 밟을 소지가 컸다. 그러나 2가지 점에서 달랐다.

첫째, 항량은 진승과 달리 병법에 뛰어났다. 본인 자신이 직접 군사를 지휘해 거듭 승리를 거뒀다. 도성인 진성에 머문 채 휘하장수들을 사방으로 파견해 세력을 확장한 진승과 천양지차가 있었다. 그가 마지막까지 방심하지 않았으면 새로운 제국 건립의 대업을 이룰 수도 있었다. 그러나 그는 잇단 승리에 도취한 나머지 방심하다가 허를 찔리고 말았다.

둘째, 함양 조정이 진승 때와 달리 농민반란군을 얕본 점이다. 이는 장함이 정예군을 이끌고 사방으로 뛰어다니며 각지의 반란군 수괴를 잇달아 궤멸시킨 데 따른 것이었다. 당시 장함이 세운 전공은 눈이 부실 정도였다. 그는 진승의 주력군을 격파한 이후 계속 동진하여 위왕 위구魏咎의 군사를 하남성 진류현 서북쪽 임제臨濟에서 격파했다. 위구를 옹립한 뒤 그 밑에서 재상을 하고 있던 주불이 황급히 동쪽 제나라의 전담과 남쪽 초나라의 항량을 찾아가 구원을 청했다. 위나라가 패망할 경우 제나라와 초나라도 안심할 수 없었다.

제왕 전담은 직접 군사를 이끌고 지원에 나섰다. 임제는 위나라 수도 대량에서 서북으로 약 40킬로미터 떨어진 곳이다. 제나라 수도 임치를 기준으로 보면 매우 먼 거리이다. 그럼에도 전담이 군사를 이끌고 구원에 나선 것은 순망치한脣亡齒寒을 우려한 결과로 풀이할 수 있다. 그러나 항량의 대처가 안이했다. 그는 일족인 항타項它를 장수로 삼은 뒤 대군을 이끌고 주불을 따라가 위나라를 구원토록 했다. 『사기』에는 '항타'

라는 이름이 「위표팽월열전」에 딱 한 번 나온다. 변변치 못한 인물이었음을 반증한다.

당시 장함이 구사한 계책은 야음을 틈탄 기습 계책이었다. 이 계책은 복병술과 더불어 『손자병법』을 위시한 역대 병서가 하나같이 역설하고 있는 이른바 기병술奇兵術의 꽃에 해당한다. 장함은 한밤중에 전군에 하령해 함매銜枚케 했다. '함매'는 적을 습격할 때 소리를 내지 않기 위해 병사들이 나무판자와 같은 것을 입에 문 것을 말한다. 매枚는 그 모양이 젓가락과 같아 양 끝으로 줄이 달려 있어 목 뒤로 묶게 된데서 나온 용어이다. 말에게도 '함매'를 하기도 한다. 전담과 주불, 항타, 위구 모두 장함이 이런 화려한 '기병술'을 구사하리라고는 상상치도 못했다. 이들은 오직 정규군이 맞붙는 식의 정병술正兵術만 염두에 두고 있었을 뿐이다. 경계가 소홀할 수밖에 없었다. 그 결과는 처절한 참패였다.

임제의 성 아래에서 이들 모두 목이 잘려나갔다. 당시 위왕 위구는 백성들을 생각해 항복을 약속했다. 항복이 받아들여지자 '백성에게는 죄가 없다'며 스스로 불 속으로 뛰어들었다. '초한지제' 때 모든 책임을 떠안고 불속으로 뛰어든 유일한 군주에 해당한다. 위구를 위왕으로 옹립한 주불의 안목이 그만큼 뛰어났음을 반증한다. 진승에게 한없이 충성을 바치며 '장초'를 위해 헌신했던 주불이 기병술 등의 병법이치를 제대로 파악치 못해 참패를 자초한 것이 아쉬울 뿐이다.

'초한지제'에서 두 나라의 군주와 장수들이 참변을 당한 것은 이것이 처음 있는 일이었다. 야음을 틈탄 장함의 기습전이 얼마나 혁혁한 전공이었는지를 웅변한다. 훗날 진나라가 패망하는 바람에 그의 뛰어난 용병술이 제대로 전해지지 않았을 뿐이다. 객관적으로 볼 때 장함이 세운 전공으로 인해 천하대세의 축은 진나라에게 유리한 쪽으로 기울어지기 시작했다.

당시 전담을 좇아 참전했던 제나라 장수 전영田榮은 전사한 친형 전담의 남은 군사를 거두어 지금의 산동성 양곡현인 동아東阿 방향으로 달아났다. 장함이 여세를 몰아 곧바로 그 뒤를 쫓아가 포위했다. 제나라 사람들은 전담의 패사 소식을 듣고 크게 놀라 황급히 전국시대 말기 제나라 왕으로 있던 전건田建의 동생 전가田假를 새 왕으로 옹립했다. 일족인 전각田角이 재상, 전각의 동생 전간田間이 장수가 되어 진나라 군사의 동진을 저지했다.

이해 가을 7월, 무신군 항량이 군사를 이끌고 산동성 제녕현인 항보亢父에서 진나라 군사를 치던 중 전영이 위급하다는 소식을 듣고 이내 방향을 틀어 동아 쪽으로 진격했다. 장함은 항량이 갑자기 군사를 돌려 배후를 치리라고는 생각지 못했다. 전영과 항량이 협격에 나서자 장함이 견디지 못하고 서쪽으로 달아났다. 덕분에 전영의 군사는 무사히 제나라로 귀환할 수 있었다.

당시 항량은 달아나는 진나라 군사를 추격해 북쪽으로 진격하면서 자신을 수종하고 있던 조카 항우와 유방에게 명해 성양城陽을 치게 했다. 「항우본기」와 「고조본기」는 이들 두 사람의 군사가 성양 일대를 도륙했다고 기록해 놓았다. 원문은 '공성양攻城陽, 도지屠之'이다. '초한지제' 당시 항우와 유방이 합세해 만행을 저지른 유일한 경우에 속한다. 항우만을 탓할 수 없음은 앞서 언급한 바와 같다.

고금동서를 막론하고 싸움은 기복이 있기 마련이다. 패세敗勢 때는 수비에 치중하며 피해를 최소화해 반전의 기회를 노리고, 승세勝勢 때는 머뭇거리지 않고 이에 적극 올라타는 게 중요하다. 『손자병법』을 비롯한 모든 병서가 하나같이 흐름에 올라타는 승세乘勢를 역설한 이유다.

병법에 밝았던 항량이 이를 모를 리 없었다. 초나라 군사가 하남성 복양濮陽의 동쪽에 주둔하다가 다시 장함의 군사와 싸워 이를 격파했다. 장함이 다시 군사를 정비해 복양을 지켰다. 이때 주변에 해자를 파 물을 가득 채워 넣었다. 유방과 항우가 할 수 없이 그곳을 떠나 정도定陶를 공격했다.

이해 8월, 동아에서 진나라 군사에게 포위됐다가 항량 덕분에 무사히 귀환하게 된 전담의 동생 전영이 자신이 없는 사이에 제왕의 자리에 오른 전가를 쳤다. 제왕 전담이 죽은 상황에서 불가피한 점이 있었지만 전영은 그리 생각지 않았다. 등에 칼을 꽂은 것으로 생각했다. 제나라로 귀환하자마자 급히 전가를 친 이유다. 무력적 기반이 없었던 전가로서는 황급히 달아나는 수밖에 없었다. 그는 초나라로 달아났다. 재상 전각의 동생 전간은 군사를 이끌고 조나라를 구하러 출전했다가 이 소식을 듣고는 크게 놀라 이내 조나라에 머물며 감히 제나라로 귀환하지 못했다. 전각도 조나라에 눌러 앉았다. 전영이 조카인 전담의 아들 전불田市을 보위에 앉힌 뒤 스스로 재상이 되었다. 동생 전횡田橫을 장수로 삼은 뒤 불온한 모습을 보인 제나라 땅 일부를 평정케 했다.

당시 항량은 전영에게 큰 은혜를 베풀었다고 생각했다. 그러나 전영의 생각은 약간 달랐다. 가까스로 사지에서 빠져나올 수 있던 것은 항량 덕분이기는 하나 항량이 전가를 비호하고 있는 게 영 마음에 걸렸다. 이 사이 장함이 전열을 정비해 재차 반격에 나설 움직임을 보였다.

진나라 군사의 예기가 날카로웠다. 항량이 여러 차례 제나라와 조나라에 사자를 보내 일시에 군사를 일으켜 함께 장함을 칠 것을 청했다. 전영이 역으로 제의했다.

"초나라가 전가를 죽이고, 조나라가 전각과 전간을 죽이면 이내 출병하겠다."

그러나 초, 조 두 나라가 이를 허락지 않았다. 전영이 화가 나 끝내 출병치 않았다. 새롭게 단장해 갓 출범한 새 초나라도 이전의 '장초'와 마찬가지로 공통의 적인 진나라를 앞에 두고 적전분열 양상을 보인 셈이다. 불길한 조짐이었다.

진나라가 이를 틈타 힘을 결집했다면 쉽게 반란군을 제압할 수도 있었다. 그러나 진나라 조정은 더 큰 혼란에 빠져 들고 있었다. 우승상 풍거질馮去疾과 좌승상 이사, 장군 풍겁馮劫 등이 호해에게 잇달아 간했다.

"우리 진나라가 군사를 동원해 관동의 도적들을 치자 죽거나 도주한 자가 매우 많습니다. 그런데도 오히려 도적들이 그치지 않고 있습니다. 도적이 많아지면 모든 사람들이 수자리 등의 노역으로 인해 고생하고, 부세賦稅 또한 커집니다. 청컨대 아방궁 짓는 일을 그치고, 사방 변두리의 수자리 등을 줄여주시기 바랍니다."

호해가 화를 냈다.

"짐이 즉위한지 2년이 되었소. 도적들이 사방에서 일시에 일어나고 있는데도 그대들은 이를 금하지 못하면서 선제가 한 일을 없애려 하고 있소. 이는 위로 선제에게 보답치 못하고, 아래로 짐을 위해 충성을 다하지 않는 것이오. 그러고도 어찌 그 자리에 있는 것이오."

이에 풍거질과 이사, 풍겁을 사법관에게 내려 보내 책임을 추궁하며 다른 죄도 묻게 했다. 풍거질과 풍겁이 스스로 목숨을 끊으며 말했다.

"장상將相은 모욕을 당하지 않는 법이다!"

오직 이사만 감옥행을 택했다. 자신의 변론 능력과 그간의 공적을 믿은 데다 실제로 반기를 들 마음이 없었던 점을 얘기하면 모든 일이 쉽게 풀릴 것으로 자신했기 때문이다. 그러나 이는 그만의 생각이었다. 호해는 오히려 한 술 더 떠 조고에게 사안을 넘겨 다스리고자 했다. 조고는 이사와 그의 아들 이유가 모반을 꾀했다고 무함하면서 이사의 종족과 빈객을 모두 잡아들였다. 조고가 이사를 다스리면서 무자비하게 매질을 가했다. 이사가 고통을 이기지 못해 스스로 없는 죄를 인정했다. 이사가 옥중에서 상서했다.

"신이 승상이 되어 백성을 다스린 지 30여 년이 되었습니다. 당시 진나라 땅은 좁아 사방 1,000리에 지나지 않았고, 군사 또한 수십만에 불과했습니다. 신은 얕은 재주를 다해 우선 모신謀臣을 은밀히 파견한 뒤 많은 금옥金玉을 보내면서 이를 토대로 제후들에게 유세토록 했습니다. 마침내 6국을 병탄해 그 왕을 포로로 잡고, 진나라의 왕을 세워 천자로 삼을 수 있었습니다. 또한 북으로 이민족 부락을 쫓아내고, 남으로 백월百越의 남북부에서 절강까지 수천 리에 이르는 곳에 사는 이민족 부락을 평정해 진나라의 강성함을 보여주었습니다. 게다가 두곡斗斛과 도량度量, 문장文章의 통일을 꾀해 천하에 공포함으로써 진나라의 이름을 수립했습니다. 이 모든 것이 신의 죄입니다. 신은 실로 오래 전에 죽을 죄에 처해졌어야 했으나 다행히 주상이 저의 능력을 다하게 하여 이내 오늘에 이를 수 있었습니다. 원컨대 폐하는 이를 밝게 살피시기 바랍니다."

서신을 올리자 조고가 관원들로 하여금 이를 폐기하여 상주하지 못하게 하며 이같이 말했다.

"죄수가 어찌 상서할 수 있는가?"

조고가 그의 빈객들로 하여금 어사와 알자, 시중을 사칭해 돌아가면서 이사를 신문케 했다. 이사가 말을 바꿔 사실대로 답변하면 갑자기 사람을 시켜 다시 매를 가했다. 호해가 사람을 시켜 이사를 심문케 하자 이사는 전과 같이 매질할 것으로 생각해 끝내 감히 말을 바꾸지 못했다. 이에 자복하는 말을 하자 죽을죄에 처하는 것이 마땅하다고 보고했다. 호해가 기뻐했다.

"만일 조고가 없었다면 나는 승상에게 거의 속아 넘어갈 뻔했다!"

호해가 삼천군수 이유를 조사키 위해 파견한 사자가 돌아오기도 전에 이유는 이미 초나라 군사에게 격살 당했다. 마침내 이사를 5형五刑에 처하는 것으로 일치를 보아 함양에서 허리를 자른 뒤 그 시체를 저자에 내걸었다. 이사가 옥을 나올 때 그의 차남도 함께 잡혀 있었다. 그를 돌아보며 말했다.

"나는 너와 더불어 다시 누런 사냥개를 끌고 함께 상채上蔡 성의 동문 밖으로 나가 토끼를 쫓고 싶지만 어찌 그것이 가능할 수 있겠느냐?"

'5형'은 얼굴에 죄명을 쓰고 먹물을 칠하는 경형黥刑, 코를 베는 의형劓刑, 발을 베는 비형剕刑, 거세하는 거궁형宮刑, 목을 베는 대벽大辟 등의 5가지 형벌을 말한다. 부자가 서로 바라보며 울었으나 이미 늦었다. 이내 이사의 삼족이 주멸되고 말았다. 호해가 조고를 승상으로 삼자 대소사가 모두 그에 의해 결정되었다. 사마천은 『사기』「이사열전」에서 이사의 죽음을 두고 이같이 평했다.

"이사는 일반 서민 출신으로 제후들에게 유세하다가 진나라로 들어온 뒤 열국상쟁으로 인해 진시황을 보필하며 마침내 제업을 성취했다. 이사는 삼공이 되었으니 가히 '중용'이라고 이를 만하다. 이사는 육예의 목적을 알면서도 밝은 정사로 군주의 결점을 보완하지 않았다. 막중한 작록을 유지하면서 아부하고 구차하게 영합했다. 명을 엄히 하고 형벌을 혹독하게 함으로 조고의 간사한 말을 듣고 적자를 폐하고 서자를 세웠다. 제후들이 이미 반기를 든 후에 이사가 이내 간쟁코자 했으나 이 또한 늦은 게 아니겠는가. 사람들 모두 이사가 극히 충성했음에도 5형을 당해 죽은 것으로 알고 있다. 그러나 그 본말을 살펴보면 세속의 공론과 다르다. 그리 하지만 않았다면 이사의 공적도 주공周公 및 소공召公 주공과 더불어 주성왕을 보필한 공신과 같은 대열에 서 있었을 것이다!"

이사는 입지전적인 인물이다. 진시황이 사상 최초로 천하통일에 성공해 강력한 중앙집권적 '제왕정'을 실시케 된 데에는 법가인 이사의 공이 컸다. 이사는 비록 진시황 사후 조고의 꼬임에 빠져 3족이 죽임을 당하는 참화를 입었으나 이는 그가 조고를 너무 가벼이 본데서 비롯된 것으로 진시황이 그를 발탁한 것과는 별개의 사안이다. 그럼에도 진시황을 폄하하는 사람들은 이사의 발탁을 암군의 행보로 깎아내리고 있다.

원래 이사는 하남성 상채현인 초나라 상채上蔡 출신으로 젊었을 때 군郡의 아전으로 있었다. 하루는 변소의 쥐가 오물을 먹다가 사람과 개가 다가가면 놀라서 도주하는데 반해 창고의 쥐는 넓은 건물 안에 살며 사람과 개가 지나가는데도 전혀 겁내지 않고 곡식을 여유 있게 먹는 것을 보게 되었다. 충격을 받은 그는 이같이 소리쳤다.

"아, 사람의 잘나고 못난 것은 비유하면 쥐와 같은 것이다. 오직 스스로 어떤 상황에 처하는가에 달렸을 뿐이다."

이에 그는 곧 당대의 명유名儒인 순자를 찾아가 제왕지술帝王之術을 배웠다. 법가사상을 집대성한 한비자는 그와 동문이었다. 그는 학문이 어느 정도 완성되자 곧 스승을 찾아가 하직인사를 올렸다.

"듣건대 '때를 얻으면 태만하지 말라'고 했습니다. 지금 제후들이 바야흐로 서로 다투자 유세객들이 정사를 주도하고 있고, 진나라 왕은 천하를 병탄하여 황제를 칭하려 하고 있습니다. 지금이 바로 포의布衣가 유세하기 좋은 시기인 듯합니다. 비천한 처지에 있으면서 자신의 계책을 실행하지 않는 것은 굶주린 짐승처럼 고깃덩이를 보면 바로 집어삼켜야 하는 처지에 있는데도 사람의 얼굴을 한 까닭에 억지로 참는 것에 불과합니다. 치욕으로 말하면 비천보다 더 큰 게 없고, 슬픔으로 말하면 빈궁보다 더 심한 게 없습니다. 오랫동안 비천한 지위와 곤궁한 처지에 놓여 있는데도 부귀를 비판하며 스스로 실행하지 않는 것은 선비의 진심이 아닐 것입니다. 저는 장차 서쪽으로 가 진왕에게 유세할 생각입니다."

그가 진나라에 이르렀을 때 마침 진장양왕이 죽은 까닭에 이내 여불위를 찾아가 그의 사인舍人이 되었다. 그의 학문과 재주를 아낀 여불위는 곧 그를 황제 곁에서 시중을 드는 낭관郎官으로 천거했다. 그가 '낭관'의 자격으로 자연스럽게 진시황을 만나 유세하자 진시황이 크게 기뻐하며 그를 곧 타국 출신 국정자문관인 객경客卿에 임명했다. 그러나 기원전 237년 여불위가 노애의 반란에 연루돼 상국의 자리에서 쫓겨나자 진나라의 대신들이 진시황을 찾아가 이같이 건의했다.

"여불위도 다른 나라에서 온 자입니다. 지금 진나라로 들어와 벼슬하는 타국 출신 모두 그들의 군주를 위해 유세하면서 진나라 군신을 이간하고 있습니다. 이들을 모두 내쫓아야 합니다."

유세객을 추방하는 명령인 이른바 축객령逐客令이 내려진 배경이다. 타국 출신으로 진나라에 들어와 벼슬을 살고 있는 기려지신羈旅之臣과 유세객 모두 지위 고하를 막론하고 추방한다는 내용이었다. '축객령'의 발포에는 당시 진나라의 치수治水사업을 맡고 있던 정국鄭國이 한나라에서 온 첩자라는 사실이 밝혀진 점도 크게 작용했다.

당시 한나라는 진나라가 대규모 치수사업에 힘을 쏟아 한나라를 침공치 못하게 할 속셈으로 수리전문가 정국을 파견했다. 함양 인근의 경수涇水를 300여 리 떨어진 낙하洛河에 연결시켜 농토를 관개해야 한다고 주장한 정국은 승낙을 받자마자 곧바로 대규모 공사를 진행시켰다. 그러나 공사가 반쯤 진행되었을 때 그의 신분이 발각됐다. 그는 곧 공사가 마무리되면 오히려 진나라에 이로울 것이라며 설득하자 진시황이 이를 받아들였다. 결국 진흙이 섞여 있는 경수의 물을 끌어오자 염분이 섞인 관중 일대의 농토가 일거에 비옥한 농토로 일변했다. 진나라의 국력을 피폐케 만들고자 한 계책이 오히려 진나라를 더욱 부강하게 만든 셈이 된 것이다.

이는 당시 '객경'으로 있던 이사는 쫓겨 가는 와중에 올린 소위 「간축객서諫逐客書」 상소문의 취지와 같다. 그 골자는 다음과 같다.

"듣건대 '태산은 모든 토양을 가리지 않고 받아들여 그같이 크게 되고, 강과 바다는 작은 시냇물도 가리지 않고 받아들여 그렇게 깊게 되었다'고 합니다. 왕자王者는 백성들의 귀의를 두루 받아들임으로써 덕정을 널리 펼 수 있는 것입니다. 그런데 지금 대왕은 백성들을 버려도 적국에 도움을 주는 것인데 하물며 찾아온 빈객을 물리쳐 다른 제후들이 업적을 쌓도록 도와주고 있습니다. 소위 '도적에게 군사를 빌려주고, 양식을 집어준다'고 한 것이 바로 이를 두고 이르는 말입니다."

「간축객서」는 제갈량의 「출사표」에 버금하는 것으로 평가받는 명문이다. 당시 진시황은 「간축객서」를 읽고 크게 깨달은 바가 있어 곧 '축객령'을 거둔 뒤 사방으로 사람을 보내 그를 데려오도록 했다. 그는 복직하자마자 이같이 건의했다.

"진나라가 천하를 도모한 지 이미 여러 대가 되었습니다. 진나라의 힘과 대왕의 위망威望으로 6국을 무찌르는 것은 마치 먼지를 터는 것과 같이 쉬운 일입니다. 그런데도 부지런히 천하를 도모하지 않은 채 다른 나라들이 다시 부강해지는 것을 앉아서 구경만 하려는 것입니까. 6국이 다시 합종하여 일어나면 어찌할 것입니까. 그때는 후회해도 미치지 못할 것입니다."

"어찌 하는 것이 좋겠소."

"몰래 유세객을 시켜 각국에 금옥金玉을 가지고 가 유세하도록 하십시오. 각 제후국의 명사들 중 금전으로 매수할 수 있는 자들에게는 재물을 후하게 주어 교결交結하고, 이를 거부하는 자는 가차 없이 제거토록 하십시오."

진시황이 천하통일 과정에서 무력과 더불어 첩자를 보내 이간질하는 계책인 반간계反間計를 구사한 배경이 여기에 있다. 비슷한 시기에 이사와 더불어 진시황을 섬긴 병가의 대가 울료자尉繚子도 유사한 건의를 한 바 있다. 「진시황본기」는 반간계를 건의한 사람은 이사가 아닌 울료자고, 이사는 진시황의 명을 좇아 이를 주도한 것으로 기록해 놓았다. 내용 면에서 「이사열전」과 부딪친다. 사마광은 『자치통감』을 편제하면서 「진시황본기」를 좇지 않고 「이사열전」을 좇았다. 「간축객서」를 높이 평가한 결과로 보인다.

진시황의 이사 발탁은 명군과 현신의 만남에 해당한다. 천하통일이 그의 건의를 좇아 이뤄진 게 그 증거이다. 큰 틀에서 보면 이사의 죽음도 춘추시대의 오자서를 비롯해 전국시대의 오기 및 상앙과 마찬가지로 '기려지신'의 한계에서 빚어진 것이다. 자신을 발탁하고 총애했던 주군의 죽음이 결정적인 배경이다. 뒤를 이은 군주가 선군과 마찬가지로 '기려지신'을 총애하리라고 기대하는 것 자체가 무리이다. 더구나 오랫동안 시기의 눈초리를 보내던 자들의 무함을 막아내는 것은 거의 불가능에 가깝다. '기려지신'이 자신을 총애한 주군의 죽음을 계기로 거의 예외 없이 비참한 최후를 맞이한 근본 배경이 여기에 있다.

제3장
유방劉邦이 건달 무리를 이끌다

유방의 관상

관상학에서는 흔히 코끝의 준두準頭가 높이 솟고 용의 얼굴을 한 모습을 융준용안隆準龍顔이라고 한다. 유방의 관상을 말한다. 또 그는 왼쪽 넓적다리에 72개의 검은 점이 있었다고 한다. 눈동자가 2개인 중동重瞳이었다는 얘기도 있다. 모두 기이한 인물의 관상이다. '사람을 아끼고 베풀기를 좋아했다. 큰 도량을 지녀 농사와 관련한 여러 생산 업무에 종사하는 것을 좋아하지 않았다'는 식의 기술도 같은 맥락이다.

유방은 지금의 강소성 패현沛縣에서 태어났다. '패현'은 현재 강소성 서북쪽 가장자리, 대운하의 일부가 되어 있는 미산호微山湖 서북쪽에 위치해 있다. 미산호 자체는 산동성에 속한다. 현재의 패현에서 서쪽으로 수십 킬로미터 떨어진 곳에는 안휘성과 하남성의 경계가 있다. 교통요지에 속한다.

패현도 진나라 때 처음으로 설치됐다. 한나라 초기 사수군泗水郡을 개편해 패군沛郡으로 격상시켰다. 말할 것도 없이 유방의 고향인 점을 감안한 조치다. 전국시대 말기를 풍미한 맹상군의 근거지인 산동의 설군薛郡과 하남의 탕군碭郡과 접해 있다. 일부 학자의 연구에 의하면 당시 초나라 문화의 북쪽 가장 자리에 해당한다고 한다. 남방문화를 상징하는 초나라의 영역이기는 했으나 내용면에서 보면 북방문화에 가깝다는 것이다. 이런 분석은 나름 유효하다. 항우와 유방 모두 본인 스스로는 초나라 사람이라고 생각했지만 유방만큼은 중원과 가까운 곳에서 태어난 만큼 겉만 초나라 사람이지 사실은 북방인에 해당하기 때문이다. 항우가 초나라 본거지인 강회江淮 일대 출신인 것과 다르다.

유방의 고향은 보다 정확히 말하면 패현 소속의 풍읍豐邑 중양리中陽里이다. '풍읍'은 진나라 때 패현에 속해 있다가 한나라 때 풍현豐縣으로 독립했다. 이 역시 패현을 군 단위로 격상시킨 것과 마찬가지로 유방의 고향인 점을 감안한 조치다. 지금도 공식 지명은 강소성 풍현이다. 유방의 무덤이 이곳에 있다. 당시만 해도 풍읍은 패현의 현성縣城에서 서쪽으로 약 30킬로미터 지점에 위치해 있었다. 제법 규모가 큰 읍에 속했다.

유방의 방邦은 황제 즉위 후 고친 이름이다. 그렇다면 유방의 원래 이름은 무엇일까? 현재로서는 정확히 알 길이 없다. 기록이 없기 때문이다. 황제의 원래 이름이 밝혀지지 않은 거의 유일한 경우에 속한다. 일본의 역사소설가 시바 료타로司馬遼太郎는 『항우와 유방』에서 청대 말기 양장거梁章鉅가 쓴 『칭위록稱謂錄』을 근거로 '방'을 형님이라는 뜻의 강소성 일대 방언으로 보았다. 그 경우 유방은 곧 '유씨 형님'이 되는 셈이다. 전한 말기 유학자 양웅揚雄은 『방언』에서 초나라 일대에서는 형님의 뜻을 지닌 방언으로 박膊을 들었다. '방'과 '박'의 음이 제법 닮았다. '유박'이든 '유방'이든 결국 그는 당초 그럴듯한 이름을 갖지 못한 채 성장했던 것만은 확실하다. 출신이 그만큼 한미했음을 뜻한다.

그의 부친과 모친 역시 이름이 알려지지 않은 사실이 이를 방증한다. 사서에는 부친의 이름이 그저 태공太公, 모친은 유오劉媼로 나온다. '태공'은 주무왕의 조상인 고공단보古公亶父의 존칭이다. 고공단보 태공이 바라던 인물이라는 뜻의 태공망太公望은 주무왕을 도와 주나라 건국에 대공을 세워 제나라에 봉해진 여상呂尙의 별칭이다. '태공'은 노인에 대한 존칭에 해당한다. 유오의 '오'는 흔히 '온'으로 읽고 있으나 이는 속음俗音으로 원래 음과 동떨어진 것이다. 현대 중국어 역시 온媪의 발음인 '원wen'이 아니라 '아오ao'이다. 「고조본기」에는 유방의 단골 술집 여주인인 왕오王媼의 이름이 나온다. 우리말의 '아주머니'에 가깝다. 원래 '오'와 짝이 되는 것은 옹翁이다. 유방의 부친도 '유옹'으로 기록하는 게 타당하나 건국시조의 부친인 까닭에 극존칭을 사용해 '태공'으로 칭한 것이다.

'태공'과 '유오'는 사가들이 유방의 부모 이름을 몰라 부득불 노년남자에 대한 존칭인 공公과 노년부인에 대한 통칭인 오媼를 붙인 것으로 보는 게 통설이다. 그렇다면 유오는 '아주머니'의 뜻을 지닌 '오'보다 훨씬 격이 높은 존칭을 사용해야 했던 것은 아닐까? 이에 대해 여러 설이 있다. 사다케는 『유방』에서 유방의 생모가 일찍 죽었기 때문이라고 보았다. '패공이 기병하여 야전을 치를 때 그의 모친을 위나라 수도 대량 부근의 소황小黃에서 잃었다'는 『진류풍속전陳留風俗傳』을 근거로 제시했다. 기병할 당시 유방은 소규모 반란집단의 우두머리에 불과했던 까닭에 그의 모친 역시 '유오'로 불렸을 공산이 컸다는 것이다. 이에 반해 그의 부친은 그가 보위에 오른 뒤까지 생존했던 까닭에 '태공'이라는 존칭을 얻게 됐다는 분석이다. 일리 있는 해석이다.

유방의 자字는 계季이다. '계'는 백伯, 중仲, 숙叔, 계季로 이뤄지는 막내아들의 자字로 많이 사용됐다. 실제로 유방의 친형으로 유백劉伯과 유중劉仲이 있다. 유계 위에 존재했을 유숙劉叔은 어렸을 때 죽은 것으로 추정된다. 유방의 동생으로는 유교劉交가 있다. 유교에 대해 『사기』는 어머니가 같다는 뜻의 동모소제同母少弟, 『한서』는 아버지가 같다는 뜻의 동부소제同父少弟로 기록해 놓았다. 이를 둘러싸고 학자들의 견해가 엇갈린다. 사다케는 『한서』의 기록을 좇아 유백과 유중, 유방, 유교 모두 같은 부모로부터 태어났다는 주장을 펼치고 있으나 설득력이 약하다. 『한서』가 고조의 일대기를 크게 윤색해 놓은 점을 감안할 필요가 있다. 『사기』의 기록을 보면 유방의 부친 역시 유방과 마찬가지로 호색했다. 아들이 딸린 여인을 첩으로 들였을 공산이 크다. 이게 통설이다. 여러 기록을 종합해 볼 때 유계는 이복동생으로 보는 게 타당하다.

「고조본기」에 실려 있는 유방의 출생 관련 일화는 말할 것도 없이 후대인들이 만들어낸 것이다. 모든 왕조의 창업주는 예외 없이 이와 유사한 일화를 갖고 있다. 대표적인 일화로 유오가 큰 연못가에서 쉬다가 잠깐 잠이 든 사이 꿈에서 신을 만나게 되었고, 이때 천둥과 번개가 일다가 문득 사방이 어두컴컴해져 태공이 급히 달려가 보니 홍수를 일으킨다는 교룡蛟龍이 부인의 몸 위에 올라가 있었다는 것이다. 얼마 후 유오가 임신을 하여 드디어 유방을 출산했다. 마리아가 동정녀의 몸으로 예수를 낳았다는 것만큼이나 신이神異하기 짝이 없다. 사마천이 이런 얘기를 믿었다고 보기는 어렵다. 항간에 나도는 출생관련 일화를 참고용으로 기록해 놓았을 공산이 크다.

「고조본기」에는 유방과 관련해 보다 인간적인 일화들이 제법 많다. 유방이 젊었을 때 늘 왕오王媼의 주점이나 무씨 집 여인 무부武負의 주점으로 가 외상술을 마셨다는 기록이 그렇다. 부負는 부婦와 통한다. 그는 술에 취하면 왕오와 무부의 술집에서 그대로 드러눕곤 했다. 왕오와 무부는 외상술 지불을 채근한 적이 없다. 유방이 매번 술을 사 머물며 마시는 날이면 술 매상이 평소의 몇 배나 되었기 때문이다. 왕오와 무부는 연말이 되면 늘 외상값을 기록한 나무패를 꺾어 그의 외상을 스스로 청산해 버렸다. 당시 외상값은 나무패에 자신이 마신 값을 부호로 기록해 두는 권券을 이용했다. 일각에서는 이를 어음의 효시로 보기도 한다.

그러나 돈을 내고 술을 마신 적이 전혀 없었던 것은 아니다. 정장으로 취임한 날과 여치呂雉와 혼례를 올린 날이 그렇다. 그는 건달 일당을 이끌고 두 술집을 순례하며 성대한 피로연을 베풀었다. 체면 상 외상술을 마실 수는 없었을 것이다. 왕오와 무부는 깜짝 놀란 것은 말할 것도 없다. 그러나 유방이 술값을 낸 것은 이것이 처음이자 마지막이었다. 이후에도 유방은 틈만 나면 무리들을 이끌고 와 술을 퍼마셨다. 다 마시면 손을 들어 외상으로 달아둘 것을 지시했다. 건달 출신이 미안해하는 기색을 할 리 없다.

당시 사람들은 그의 이런 일화에 신이한 얘기를 덧붙여 놓았다. 「고조본기」에 따르면 왕오와 무부 모두 술에 취해 누워 있는 유방의 몸 위에 늘 용이 나타나는 것을 보고 기이하게 여겼다고 한다. 대략 천하를 거머쥔 뒤 이런 얘기가 덧붙여졌을 것이다. 고금을 막론하고 크게 되면 사소한 일조차 크게 미화되기 마련이다. 『한서』는 말할 것도 없고 『사기』에 이르기까지 모든 사서가 유비를 관인대도寬仁大度한 인물로 묘사해 놓은 게 그렇다.

주목할 것은 「고조본기」에서 술에 취해 곯아떨어진 유방의 몸 위에 용이 나타났다고 떠벌인 최초의 인물로 무부를 지목한 점이다. 원래 그녀는 나름 관상을 잘 맞춘다는 소문이 나 있었다고 한다. 관상에서 말하는 '융준용안'의 용어는 여기서 나왔다. 역대 제왕 가운데 최고의 추남은 명태조 주원장이었다. 공식적인 초상화에는 의젓한 모습으로 그려져 있으나 민간에 전해오는 것은 앞이마가 툭 불거져 있고 주걱턱인데다 곰보의 모습이다. 학자들은 이것이 실물에 가까울 것으로 보고 있다. 천하를 거머쥐면 미추美醜와 현우賢愚를 막론하고 모두 신이한 인물로 미화되기 마련이다.

천하 건달 유방

유방은 젊었을 때 건달로 지내다가 장년에 이르러 비로소 처음으로 관원 시보試補가 되었다. 맡은 직책은 사수군의 가장 큰 정亭인 사수정泗水亭의 정장亭長이다. '정장'은 10리마다 세워진 '정'의 치안과 소송을 담당한 관원이다. 요즘의 파출소장에 가깝다.

당시 현縣의 규모는 통상 사방 100리였다. 현에는 10리마다 1개의 정이 있었다. 10정이 모여 1향鄕을 이뤘다. 사수정은 다른 대다수 정이 현성에서 멀리 떨어진 이른바 이정離亭과 달리 패현의 관아로부터 약 100보 가량밖에 떨어져 있지 않았다. 이처럼 현의 관아와 함께 성 안에 있는 정을 통상 도정都亭이라고 했다. 도정은 이정보다 격이 높았다. 하속下屬이 상대적으로 많았다. 도정에는 정장의 사적인 집안일을 돕는 가승家丞이 있었다. 일종의 집사에 해당한다. 그밖에도 숙박하는 손님의 접대를 담당한 정보亭父와 경찰업무를 담당한 구도求盜, 잡일을 하는 정졸亭卒 등이 있었다. 정보가 구도보다 격이 높았다. 당시 군 단위에 700개의 정, 3,000명의 정졸이 배치돼 있었던 점에 비춰 볼 때 사수정에도 대략 4명가량의 정졸이 배치돼 있었을 것으로 짐작된다.

놀고먹는 게 일인 건달의 입신과정에서 보면 처음 얻은 자리치고는 매우 높은 자리에 해당한다. 「고조본기」는 관아의 모든 관원치고 그에게 무시당하지 않은 자가 없었다고 기록해 놓았다. 사람이 '완장'을 차면 크게 '폼'을 잡듯이 건달이 문득 정장의 자리에 오른 뒤 세상 사람들이 작게 비춰졌는지도 모를 일이다. 여기에는 주색을 밝힌 그가 늘 무리들을 이끌고 다니며 우두머리 노릇을 한 게 적잖이 작용했을 것으로 보인다. 예나 지금이나 술자리에서는 술을 사는 자가 우두머리 노릇을 하기 마련이다.

유방이 정장의 자리에 오르면서 가장 '횡재'한 것은 호족의 딸을 부인으로 맞은 일이다. 이 또한 난세가 만들어낸 기연奇緣에 해당한다. 「고조본기」에 따르면 패현에서 서쪽으로 약 70킬로미터가량 떨어진 지금의 산동성 선현 남쪽에 있는 선보單父 출신 여공呂公이 마침 원수진 사람을 피해 패현으로 와 있었다. 현령과 가까운 인연으로 현령의 빈객이 되어 있다가 유방을 만나게 된 것은 우연이었다. 귀한 손님을 흔히 빈객賓客 또는 중객重客이라고 한다.

현령의 중객이 와 있다는 소문이 인근에 금방 퍼졌다. 패현의 호걸과 향리들은 이 소식을 듣고 모두 찾아와 인사했다. 이때 패현의 공조연功曹掾으로 있던 소하蕭何가 진상하는 예물을 주관했다. '공조연'은 아전의 우두머리로 집사에 해당한다. 그가 여러 하객들에게 말했다.

"진상한 예물이 1,000전錢에 이르지 않는 자는 당하에 내려앉도록 하시오."

정장으로 있던 유방은 짐짓 성명과 예물 액수 등을 적어 넣은 명함을 제출하며 '하전만賀錢萬'이라고 써넣었다. 축하의 의미로 1만 전을 바치겠다는 뜻이다. 당시 쌀값은 1말에 60~70전이었다. 1만 전은 20킬로그램 들이 쌀 평균가격을 5만 원으로 잡을 경우 대략 700만 원가량에 해당한다. 면식도 없는 인물에게 단순한 축하 인사 명목으로 700만 원가량의 금액을 써 넣은 것은 파격이다. 당시 그는 단 1전도 지참하지 않았다. '허풍'의 전형이다.

지금의 명함에 해당하는 '알謁'이 들어가자 여공이 크게 놀라 곧 자리에서 일어나 유방을 문 앞에서 맞이했다. '알'은 얇게 쪼갠 나무 목판에 직함과 이름, 용건 등을 간략히 쓴 것을 말한다. 여공은 관상에 일가견이 있었다. 그는 유방의 관상을 본 뒤 안으로 맞아들여 자리를 함께 했다. 이때 소하가 충고했다.

"유방은 원래 큰 소리만 치고, 일의 실행은 적은 자입니다."

여공이 이를 무시했다. 유방은 상좌에 앉으면서 조금도 사양하는 기색이 없었다. 술자리 손님이 반은 가고 반 정도 남아 있을 때 여공이 눈짓을 하여 유방을 붙잡아 두었다. 유방이 홀로 남게 되자 여공이 말했다.

"나는 관상보기를 좋아해 지금까지 여러 사람의 관상을 보았으나 그대와 같은 상은 본 적이 없소. 원컨대 그대는 자중자애自重自愛하도록 하시오. 나에게 딸이 있으니 원컨대 시첩侍妾으로 삼아주었으면 하오."

「고조본기」에는 유방의 반응에 대한 기록이 없다. 주색을 밝힌 그는 쾌재를 불렀을 공산이 크다. 술자리가 파한 뒤 여공이 이를 부인 여오呂媼에게 말하자 여오가 크게 화를 냈다.

"당신은 전부터 늘 우리 딸을 기특하다고 여기면서 귀인에게 시집보낼 생각이라고 말해 왔소. 패현 현령이 당신과 친분이 있어 딸을 달라고 했는데도 주지 않더니 어찌 스스로 망령되게 유방 같은 건달에게 딸을 허락한 것이오?"

여공이 말했다.

"이는 아녀자가 알 수 있는 바가 아니오!"

여공의 딸이 바로 혜제惠帝와 노원공주魯元公主를 낳은 여후呂后이다. 흔히 이름이 여치呂雉로 알려져 있으나 「고조본기」에는 그녀의 이름이 나오지 않는다. 민간에 전해져온 이름으로 짐작된다. 「외척세가」에는 그녀의 자가 아후娥姁로 나온다. 그녀는 중국의 사서에 그 이름이 기록된 첫 번째 황후이자 황태후에 해당한다. 사서에는 한고후漢高后, 여후呂后, 여태후呂太后 등으로 나온다. 수렴청정에 해당하는 이른바 임조칭제臨朝稱制를 행한 첫 번째 태후이기도 한다.

객관적으로 볼 때 유방 사후 16년 동안 대권을 독차지한 까닭에 사실상 여제女帝나 다름없었다. 그녀는 생전에 유씨만을 후왕侯王에 봉하라는 유방의 유훈을 어기고 동생 여산呂産과 여록呂祿 등을 후왕에 봉했다. 여산 등이 그녀의 유훈을 잘 지키기만 했으면 천하는 여씨의 천하가 될 수도 있었다. 그러나 여씨 일족은 우물쭈물하는 바람에 진평과 주발의 전광석화 같은 역공에 걸려 일거에 궤멸되고 말았다. 일부 사가는 이를 '여씨의 난'으로 표현하고 있다. 여러 면에서 그녀는 당나라 때 등장한 유일무이한 여제인 측천무후則天武后의 선구자 격에 해당한다.

여공이 유방을 사위로 삼을 때 이런 점까지 염두에 두었는지 여부는 알 길이 없다. 다만 자신의 딸인 여휴가 유방의 새 왕조 건립과정에 지대한 공헌을 했고, 이후 자신의 소생인 혜제가 유방의 뒤를 이은 덕분에 최초의 태후가 되어 천하를 호령한 것만은 사실이다.

주목할 것은 사다케가 『유방』에서 여공이 유방과 꾸며 딸을 시집보낸 것으로 분석한 점이다. 여공 스스로 유방이 자신의 사랑하는 딸을 맡을 만한 인물이라고 판단했으나, 부인을 비롯해 주변의 반발을 우려해 이런 식의 연극을 꾸몄다는 것이다. 사다케는 여공이 부인에게 '아녀자가 알 수 있는 바가 아니다!'라고 일갈한 것 등을 논거로 제시했다. 당시는 관상이 극히 중시된 시절인 까닭에 사서의 기록처럼 여공이 오랫동안 관상을 잘 보는 것으로 명성을 떨쳤다면 부인에게 차분히 그 내용을 설명해 주어야 했는데 그리 하지 않았다는 것이다. 일리 있는 지적이다. 진평도 유사한 과정을 통해 마을의 호족 딸을 부인으로 맞이한 바 있다. 당시의 정황에 비춰 주변의 반발을 차단하기 위해 그런 식의 연극을 꾸밀 개연성이 충분히 있다.

그러나 「고조본기」에 나오는 다음 일화는 후대인이 만들어낸 것으로 보는 게 옳을 것이다. 유방은 정장으로 있을 때 휴가원을 제출하고 시골집으로 온 적이 있었다. 여후가 두 아이를 데리고 밭에서 김을 매고 있을 때 한 노부老父가 길을 가다가 마실 물을 청했다. 여후가 겸하여 먹을 것까지 주자 노부가 여후의 관상을 보고 이같이 말했다.

"부인은 천하의 귀인이 될 상이오."

여후가 두 아이의 관상을 보게 했다. 노부가 혜제의 상을 보고 말했다.

"부인이 귀하게 되는 것은 바로 이 사내아이 때문이오."

노원공주의 상을 보고는 역시 귀상貴相이라고 했다. 노부가 떠나자 마침 유방이 본채 곁에 딸린 작은 집에서 나왔다. 여후가 자초지종을 말한 뒤 노부가 아직 멀리 가지는 않았을 것이라고 말하자 유방이 곧바로 그 뒤를 쫓아가 자신의 관상을 물었다. 노부가 이같이 대답했다.

"조금 전에 본 부인과 어린 아이의 상은 모두 당신의 상을 닮았소. 당신의 상은 귀하기가 말로 표현할 수 없을 정도요!"

유방이 심심한 사의를 표했다.

"실로 노부의 말대로 되면 감히 은덕을 잊지 않겠습니다!"

「고조본기」는 훗날 유방이 천자가 된 뒤 노부를 찾았으나 그 행방을 알지 못했다고 기록해 놓았다. 원래 동양 전래의 관상학도 나름 통계에 기초하고 있다. 그러나 아무리 정밀한 통계라 할지라도 미래의 일을 족집게처럼 집어내는 것은 불가능하다. 그런 일화가 있었을 가능성도 배제할 수는 없으나 후대인이 만들어냈을 가능성이 훨씬 높다.

일찍이 현대 중국의 초대 사회과학원장을 지낸 궈모뤄郭沫若는 여공이 진나라 재상 여불위의 일족이었을 가능성을 제시한 바 있다. 여불위가 봉지로 받은 낙양을 비롯한 인근 삼천군三川郡의 봉지 안에 여공이 살던 선보가 포함된다는 게 논거다. 삼천군은 풍읍과 패현이 속해 있는 삼수군의 진나라 때 명칭이다. 나름 일리가 있다.

구스야마 슈사쿠楠山修作는 지난 2001년에 펴낸 『중국사논집』에서 아예 여공이 여불위의 아들이라는 대담한 주장을 펴고 나섰다. 여공이 여불위의 고사를 흉내 내 유방을 일종의 기화奇貨로 간주했고, 여불위가 편찬한 『여씨춘추』가 여후의 무위지치無爲之治 도가사상에 입각해 있었던 점 등을 논거로 들었다. 한때 천하를 쥐락펴락했던 여불위가 음독하기 전에 자식을 남겨 두었다면 민간 전설 등을 통해서라도 그에 관한 얘기가 전해졌을 공산이 크다. 그런 전설이 전무하다. 나아가 여공이 여불위의 자식이라면 유방을 사위로 맞아들이기 전후로 이에 관한 언급을 했을 공산이 크다고 보아야 한다. 이 또한 아무런 얘기가 전해지지 않고 있다. 역사소설 차원의 추론으로는 가하나 궈모뤄가 주장한 '여불위 일족설'과는 달리 억견에 가깝다.

함양 출장

「고조본기」에 유방의 성격을 알려주는 일화가 나온다. 그는 정장으로 지낼 때 죽순껍질로 관冠을 만들 생각으로 휘하에서 도둑을 잡는 역할을 하는 구도求盜를 이웃한 설현薛縣으로 보내 이를 만들게 했다. 설현에는 관을 만드는 장인이 있었다. 장인이 이내 유씨관劉氏冠이라는 것을 만들어 유방에게 건넸다. 설현은 원래 맹상군의 식읍이었다. 천하의 유협遊俠들이 맹상군의 식객으로 있었다. 전국시대 말기 이미 유씨관과 유사한 관을 쓰고 다니던 사람이 있었을 가능성이 높다.

오랫동안 유씨관의 실체를 놓고 여러 얘기가 나왔다. 미술사학자 소부카와 히로시曾布川寬는 일련의 논문을 통해 마왕퇴 1호분 한묘에서 출토된 마용馬俑이 쓴 관이 바로 유씨관이라는 주장을 제기한 바 있다. 머리 위에 끝이 올라가는 널빤지 같은 것이 얹혀 있는 매우 화려한 관이다. 높이가 7촌, 넓이가 3촌으로 일명 장관長冠으로 불렸다. 까치꼬리를 닮았다고 해서 속칭 작미관鵲尾冠으로도 불렸다.

「고조본기」는 유방이 '귀하게 된 뒤에도 늘 쓰고 있었던 까닭에 유씨관으로 불리게 됐다'고 기록해 놓았다. 한왕에 봉해진 때에도 이를 쓰고 있었던 것으로 추정된다. 유방은 황제가 된 뒤 조칙을 내려 작위가 공승公乘 이상이 아니면 유씨관을 쓰지 못하게 했다. 공승은 유방의 첫 벼슬인 정장 수준의 신분에 해당한다. 군대로 치면 하사관 정도 수준이다. 하급 아전을 빼고는 관원이면 거의 누구나 다 쓰고 다닌 셈이다. 고조는 자신이 한왕에 봉해진 뒤에도 쓰고 다닌 유씨관을 왜 이처럼 아무나 쓰고 다니게 만든 것일까? 관인寬仁하다는 세평을 듣고자 했을 공산이 크다.

「고조본기」는 유방이 젊었을 때 왕오와 무부의 집을 뻔질나게 다니며 술에 취했다는 얘기를 한 뒤 뜬금없이 함양 출장 얘기를 언급해 놓았다. 해당 대목이다.

"고조가 일찍이 함양에서 요역徭役할 때 한번은 황제의 행차를 종관縱觀한 적이 있었다. 진시황의 행차를 보고는 위연喟然히 탄식하기를,

'아, 대장부라면 마땅히 저러해야 할 것이다!'라고 했다."

'종관'은 구경을 허락받아 마음대로 본다는 뜻이다. 당시 황제의 행차인 만큼 사전에 엄격한 심사가 있었다고 보아야 한다. 여기서 주목할 구절은 '요역'과 '진시황의 행차'이다. 유방이 젊었을 때 요역 차 함양에 갔고, 이때 진시황의 행차를 허락을 받아 관람했을 가능성을 시사한다. 전후 맥락에 비춰 유방이 진시황의 행차를 본 것은 대략 진시황 31년(기원전 216년)으로 보인다. 20세 때 정장에 임명된 유방의 당시 나이는 22세였다. 정장 3년째에 해당한다. 당시 상관으로 있던 소하의 재가를 받고 갔을 공산이 크다. 출장의 명목은 강제노동에 징발된 인부의 인솔과 감독이었다.

당시 함양은 연일 토목공사가 진행되고 있었다. 『사기』는 아방궁과 수릉의 수축에 동원된 죄수가 70만 명에 달한다고 기록해 놓았다. 당시의 총인구가 약 600만 가구, 3,000만 명가량이었던 점을 감안하면 엄청난 인원이 동원된 셈이다. 사다케는 당시 소하가 유방에게 2가지 임무를 맡긴 것으로 추정했다. 첫째, 장이와 관련한 소문의 파악이다. 당시 장이는 1,000금, 진여는 500금의 현상금이 걸려 있었다. 둘째 함양의 동태에 관한 진상 파악이다. 사다케는 대량의 서쪽 교외에 있는 양무현陽武縣 박랑사博浪沙에서 장량에 의한 진시황 척살 미수 사건이 이때 빚어진 점을 논거로 들고 있다. 장이와 장량에 대한 수사망이 좁혀 올 경우 진시황의 천하순행 통로에 해당하는 패현도 타격을 입을 수밖에 없었고, 해마다 계속되는 진시황의 천하순행에 수반하는 치도馳道의 건설이 시급했기에 이에 대한 정보 입수가 시급했다는 것이다. 경계를 강화하기 위해 제나라 및 위나라 땅과 사수泗水와 하수菏水라는 중요한 수로를 통해 연결돼 있는 패현 일대가 중앙조정의 집적 통제 하에 들어갈 공산이 컸다는 해석을 덧붙였다.

나름 일리 있는 추정이기는 하나 당시 아전의 우두머리인 소하가 유방에게 그런 막중한 임무를 떠맡을 능력이 있다고 여겼는지 의문이다. 유방은 진시황 사후 진승의 거병을 틈타 기의할 때까지는 건달 출신 일개 정장에 불과했다. 욕을 입에 달고 살았을 뿐만 아니라 학문도 짧았다. 고금을 막론하고 첩보활동은 머리가 뛰어난 인물이 아니면 제대로 수행할 수 없다. 사다케의 추정은 아무래도 지나쳤다.

당시 유방이 인부를 이끌고 함양까지 간 길을 추정하면 대략 다음과 같다. 패현에서 형양까지는 수로가 이어져 있었다. 직선거리로 350킬로미터였다. 형양에서 함곡관을 거쳐 마지막 관문인 동관潼關까지 가는 길은 육로를 이용할 수밖에 없었다. 형양에서 함양까지는 직선거리로 450킬로미터였다. 합쳐서 800킬로미터, 왕복 1600킬로미터이다. 서울서 부산까지 두 번 왕복하는 거리에 육박한다. 하루에 쉬지 않고 빠른 걸음으로 30킬로미터를 간다고 가정할 경우 족히 2달 가까이 걸린다. 중간에 휴식을 취하는 것을 생각하면 2달 이상 걸린다고 보아야 한다.

사서의 기록을 토대로 추정하면 우여곡절 끝에 함양에 이른 유방은 진시황의 행차를 비롯해 함양을 마음껏 구경함으로써 2달 가까이 걸린 여정에 대한 보답을 충분히 받았을 것이다. 「고조본기」의 '종관' 표현이 이를 뒷받침한다. 인솔해온 인부들의 현장감독을 동료에게 맡기고 함양을 두루 관람했을 공산이 크다. 이때 6마리 말이 이끄는 황금 장식 수레 위에 앉아 있는 진시황의 장려한 모습을 처음으로 목도했을 것으로 짐작된다. 포부가 큰 건달 출신 촌뜨기 정장 유방의 입에서 절로 감탄이 터져 나왔음직하다.

"아, 대장부라면 마땅히 저러해야 할 것이다!"

사마천은 이를 마치 곁에서 본 듯이 사실적으로 묘사해 놓았다. 그는 과연 누구로부터 이런 말을 들었을까? 유방의 곁에 있는 누군가가 이 얘기를 듣고 다른 사람에게 전했거나, 아니면 훗날 유방이 직접 그런 사실을 술회했어야만 가능한 일이다. 이를 뒷받침하는 사료가 전혀 없다. 후대인들이 만들어낸 얘기를 사서에 그대로 옮겼을 공산이 크다. 사가들이 『사기』를 두고 '문학적 사서'로 평하는 이유다. 내용이 사실적이어서 생동감이 있기는 하나 역사적 실체와는 동떨어져 있다는 지적이다.

다만 유방의 전후행보 등을 감안할 때 그가 그와 유사한 말을 했을 가능성은 있다. 그러나 이는 그리 중요한 게 아니다. 주목할 것은 진시황 사후 천하가 일거에 혼란의 소용돌이에 빠지고 이 와중에 진승과 오광이 반기를 들자 이를 틈타 시골 건달 유방도 마침내 깃발을 들고 나선 점이다. 유방은 내심 '진승과 오광 같은 인물도 왕후장상의 씨가 따로 있느냐고 말했는데 내가 그들보다 못한 게 무엇인가?'라고 자문하며 천하를 손에 넣을 생각을 했을지 모른다.

당시 유방은 9달에 걸친 인부의 징발 임무를 무사히 마치고 귀로에 올랐다. 사다케는 진승과 오광이 반진의 깃발을 들기 전에 유방이 어려움을 함께 하며 귀로에 오른 인부들의 잠재적인 우두머리가 되었을 것으로 추정했다. 유방이 반기를 든 후 마을의 부로들이 하나같이 유방을 천거한 점 등에 비춰 전혀 근거 없는 추론은 아니다.

패현의 거병

유방은 항우와 비슷한 시기에 기병했다. 예로부터 두 사람의 나이에 관해서는 이설이 분분하다. 유방이 항우보다 연상이었다는 데는 이론이 없으나 연령 차이에 관해서는 일치되지 않는다. 5세, 15세, 24세 연상 등 여러 견해가 있다. 「항우본기」에 '항우가 처음 기병했을 때 24세였다'는 기록이 나온다. 2세 황제 호해 원년(기원전 209년)에 해당한다. 문제는 유방이다. 사서에는 유방의 출생시기와 나이 등에 관한 기록이 전혀 없다. 남북조시대 남조 송나라의 배인裴駰의 주석서인 『사기집해史記集解』에서 후한 말기의 사학자 황보밀皇甫謐의 말을 인용해 '고조는 진 소양왕 51년(기원전 256년)에 태어났다. 즉위한 지 12년 되는 한漢 12년(기원전 195년)에 서거할 당시 62세였다'고 기록해 놓았다. 그러나 『한서』의 주석은 '고조는 42세에 즉위했다. 즉위 12년 만에 서거했다. 당시 나이 53세였다'고 되어 있다. 여기서 문제가 복잡해졌다.

다른 사료가 없는 까닭에 학자들은 두 설 가운데 하나를 취하고 있다. 유방이 천하를 통일한 것은 재위 5년째인 기원전 202년이다. 당시 그는 낙양에 도읍을 두려고 했지만 유경과 장량의 주장을 좇아 그해에 장안으로 천도했다. 『사기』의 주석을 좇으면 유방은 55세, 『한서』의 주석을 좇으면 46세가 된다. 사다케는 유방과 항우의 나이 차이가 크지 않았을 것으로 보고 천도 당시 유방의 나이를 36세였을 것으로 추정했다. 항우보다 5세 위로 본 것이다. 그러나 현재 중국 학계에서는 『사기집해』의 기록을 좇아 유방의 출생연도를 진소양왕 51년인 기원전 256년으로 보는 게 통설이다. 이 경우 항우와의 나이 차이는 24세가 된다. 이를 좇는 게 좋을 듯하다.

『사기』에 따르면 유방이 거병하게 된 직접적인 계기는 진승 및 오광의 경우와 마찬가지로 부역에 동원된 죄수들을 여산으로 호송하는 책임을 맡은 데서 비롯됐다. 당시는 진시황 사후의 어수선한 분위기로 인해 죄수들이 길을 떠난 지 얼마 안 돼 대거 달아났다. 여산에 이를 때쯤이면 거의 모두 도망할 게 빤했다. 목이 10개라도 살아날 길이 없었다. 진승과 오광은 양자택일의 갈림길에서 과감히 반기를 들었다. 유방은 그리하지 못했다. 그는 고향인 풍읍 서쪽 못 가운데 있는 정亭에 이르러 술을 들이켰다. 밤이 되자 이내 호송하던 죄수들을 풀어주며 이같이 말했다.

"그대들은 모두 떠나도록 하시오. 나 또한 여기서 떠날 것이오."

대부분 크게 사례하며 길을 떠났고 오갈 데 없는 장정이 그대로 남았다. 진승이 반기를 든 지 2달 뒤인 기원전 209년 9월의 일이다. 유방은 이후 패현 일대의 늪지대에 이들과 함께 몸을 숨긴 채 때가 오기를 기다렸다. 앞서 지적한 것처럼 이때 그는 비록 짧은 기간이기는 했으나 자신을 좇는 죄수 출신 장정들과 함께 군도群盜와 다를 바 없는 시간을 보냈을 공산이 크다. 『사기』를 비롯한 사서는 모두 '군도'가 아닌 토패土霸처럼 묘사해 놓았으나 이는 유방이 천하를 거머쥔 결과를 반영한 것이다. 원래 군도와 지방 군소군벌인 토패는 종이 한 장 차이에 불과하다. 보는 관점에 따라 '토패'가 '군도'로 보일 수도 있고, 정반대의 경우도 가능하다. 결과가 모든 평가를 좌우한다. 만고의 진리이다.

「고조본기」는 패현의 자제子弟 가운데 이 소식을 듣고 유방을 따르고자 한 자가 많았다고 기록해 놓았다. 당시 젊은이를 뜻하는 말로 자제와 소년少年이 있었다. '자제'는 고을 내 최고 연장자 집단인 부로父老의 말을 충실히 좇는 젊은이를 지칭한다. 이에 대해 '소년'은 호협豪俠의 뜻을 지닌 장자長者와 대비되는 말로 부로의 말을 순순히 좇지 않는 개구쟁이 악동惡童에 가깝다. 당시 유방을 붙좇고자 한 젊은이들은 '자제'가 아닌 '소년'의 무리였다고 보는 게 합리적이다. '소년' 대신 '자제'로 표현한 것은 의도적으로 그같이 기술했거나, 후대인의 가필일 공산이 크다. 이 또한 말할 것도 없이 천하를 거머쥔 유방을 미화하기 위한 것이다. 추한 것을 조금이라도 덜 추하게 만드는 것도 윤색의 중요한 수단이다.

당시 반진의 물결은 비단 초나라 땅의 백성들 사이에 그친 것도 아니었다. 중앙에서 파견된 지방관장들도 재빨리 이런 흐름에 올라타고자 했다. 패현의 현령도 그런 사람 중 하나였다. 진승의 무리가 패현으로 몰려온다는 소식이 들려오자 그는 반군에게 패현을 바치며 목숨을 부지코자 했다. 아전의 우두머리로 있던 소하蕭何와 형옥 담당 아전인 조참曹參이 함께 간했다.

"공은 조정에서 파견한 진나라 관원입니다. 지금 진나라를 배반하고 패현의 자제를 통솔하려고 하나 이들이 듣지 않을까 우려됩니다. 원컨대 공은 밖에서 도망 온 자들을 불러 모으십시오. 수백 명을 얻은 뒤 그 세를 이용해 저들 무리를 겁주면 저들이 감히 따르지 않을 수 없을 것입니다."

이는 현령의 목을 취하기 위한 계책이었다. 유방과 미리 교신이 있었다고 보아야 한다. 「고조본기」 등은 소하를 호리豪吏로 기록해 놓았다. 이는 지방호족 출신으로 아전의 우두머리 역할을 한 자를 지칭한다. 『금병매』의 주인공 서문경이 대표적인 경우이다. 지방 유지가 시의원이

나 도의원을 하는 경우와 사뭇 닮았다. 한마디로 지방에서 재력과 권력을 동시에 지닌 호족이 바로 '호리'에 해당한다.

유방이 봉기할 때 소하가 일족 수십 명을 이끌고 가담한 것도 바로 그가 '호리'였기에 가능했다. 현령 등의 지방관장 곁에서 시중을 드는 자를 뜻하는 아전인 이른바 중연中涓의 자격으로 가담한 조참 등과 대비되는 대목이다. 유방의 입장에서 보면 일종의 객客에 해당한다. 자신의 명을 좇는 휘하의 무리를 이끌고 가담했기에 가능한 일이었다. 소하 이외에도 '객'으로 참여한 인물들이 몇몇 있었다. 왕릉王陵과 여공의 아들 여택呂澤과 여석지呂釋之 등이 그들이다. 이들 모두 자신의 명을 좇는 직속 부하를 이끌고 유방의 거병에 참여했다.

당시 패현의 현령은 '호리' 소하와 세습 아전의 우두머리로 있던 조참의 제언을 좇아 곧 번쾌樊噲를 시켜 유방을 불러오게 했다. 패현 출신 번쾌는 원래 개 도살을 생업으로 삼은 이른바 '백정'으로 당시 유방과 함께 해현의 늪지대에 은둔하고 있었다. 당시 사람들은 개고기를 양고기나 돼지고기처럼 즐겨 먹었다. 유방의 무리는 이미 수십에서 수백 명으로 그 숫자가 불어나 있었다. 패현의 현령은 곧 후회하며 그들이 변을 일으킬까 우려했다. 이에 성문을 닫고 굳게 지키면서 소하와 조참을 주살코자 했다. 소하와 조참이 곧 성을 넘어 유방을 찾아가 몸을 의탁했다. 유방이 이내 비단에 편지를 쓴 뒤 성 위로 쏘아 올렸다.

"천하가 진나라로 인해 고통을 받아온 지 오래되었습니다. 지금 부로들이 비록 현령을 위해 수비하고 있으나 제후들이 일제히 일어섰으니 이제 곧 패현을 도륙하러 올 것입니다. 지금 힘을 합쳐 현령을 주살하고 자제들 중 우두머리로 세울 만한 사람을 선발해 우두머리로 세우고 제후들과 호응하면 집안을 온전히 할 수 있을 것입니다. 그리 하지 않으면 부자父子가 모두 도륙을 당할지라도 어찌할 수 없습니다!"

협박이나 다름없다. '도륙' 운운이 그 증거다. 유방은 현령과 교섭하는 방안 대신 여론을 주도하는 부로들을 끌어들이는 쪽을 택했다. 이것이 현명한 방안이었던 것은 말할 것도 없다. 사다케는 이후에도 유사한 상황이 지속된 점을 근거로 유방을 '민의 조작'의 대가로 평했다. 일리 있는 분석이다. 후흑의 관점에서 볼지라도 탁월한 후흑술에 해당한다.

결국 패현 현성의 부로들이 이내 자제들을 이끌고 가 현령을 죽인 뒤 성문을 열고 유방을 맞이했다. 『사기』「고조공신후자연표」에 따르면 훗날 경후敬侯에 봉해진 마을의 부로 팽조彭祖가 현성의 성문을 가장 먼저 연 것으로 기록돼 있다. 매사가 그렇듯이 일이 다된 뒤에 움직이면 공적이랄 것도 없다. 미리 손을 써야 한다. 당시 팽조를 비롯한 현성의 부로들이 유방을 현령으로 삼으려고 하자 유방이 짐짓 사양했다.

"천하가 바야흐로 크게 혼란스러워 제후들이 일시에 떨쳐 일어나고 있습니다. 지금 저처럼 무능한 장수를 택하면 일패도지一敗塗地를 당할까 두렵습니다. 제가 감히 자애自愛하기 때문이 아니라 능력 부족으로 인해 여러 부형자제를 온전히 하지 못할까 두려워하기 때문입니다. 이는 매우 큰일이니 원컨대 적임자를 신중히 선택키 바랍니다."

나름 고사固辭하는 모습을 보였으나 이 또한 이미 각본에 따른 것임은 말할 것도 없다. 추천과 고사가 몇 차례 계속됐다. 부로들도 물러서지 않았다.

"평소에 들은 여러 신비한 일들로 미뤄볼 때 유계劉季님은 마땅히 귀인이 될 것입니다. 점을 쳐 보았는데 유계님처럼 길한 분이 없었습니다."

부로들이 유방의 자를 들먹이며 '천자' 운운한 것은 후대인의 윤색이 가해졌을 가능성이 높다. 그러나 대략 그와 유사한 식의 얘기를 했을 공산이 크다. 유방으로서는 크게 고무되었을 법하다. 당시 현령 밑에는 그를 보좌하는 아전들이 있었다. 소하와 조참 등이 그들이다. 사마천은 이들의 담력이 작아 감히 나서지 못했다고 분석했다. 해당 대목이다.

"소하와 조참 등은 모두 문리文吏이다. 이들은 제 몸을 아꼈고, 혹여 일이 실패하면 후에 진나라에 멸족의 화를 당할까 두려워했다. 모두 유계에게 양보한 이유다."

소하와 조참 등의 아전들은 후환이 두려운 나머지 유방에게 현령의 자리를 양보했다는 사마천의 지적이 전혀 틀린 것만도 아니다. 고금을 막론하고 대다수 아전들은 변화보다는 안정을 중시하기 때문이다. 앞서 자세히 살펴본 바와 같이 진시황을 도와 천하통일의 대업을 이룬 이사와 같은 인물은 비록 아전 출신이기는 하나 크게 깨달은 바가 있어 당대의 거유 순자 밑에서 한비자와 함께 학문을 닦았다. 출신만 아전이지 소하와 조참 등과는 천양지차가 있다. 유방이 고사하는 모습을 보일 당시 그 누구도 감히 우두머리가 되고자 하는 자가 없었다는 사마천의 지적도 바로 이런 아전의 생리를 통찰한 결과로 볼 수 있다.

유방이 반진의 깃발을 들고 패현의 현령 자리에 오른 것은 그 의미가 크다. 나름 형식을 갖춰 바야흐로 '군도'의 단계를 벗어나 지방군벌인 '토패'의 자리에 앉게 됐기 때문이다. 현령의 자리에 앉지 않았으면 아무리 많은 무리를 거느리며 막강한 실력을 행사할지라도 '군도'의 처지를 벗어나기 힘들다. 팽월의 경우가 그러했다. 중원축록中原逐鹿의 각축전에서는 실격이다. 실제로 팽월은 나름 막강한 무력을 자랑했음에도 빛이 나지 않았다. '군도'의 처지를 벗어나지 못한 탓이다.

난세에는 겉모습보다 실력이 더 중요한 게 사실이지만 결코 형식도 무시할 수 없다. 요체가 바로 '타이틀'이다. 거창할수록 좋다. 고금을 막론하고 '타이틀'은 설령 그것이 날림으로 만든 것일지라도 나름 일정한 효력을 발휘한다는 점은 앞서 지적한 바와 같다. 명함에 온갖 종류의 자칭 타칭 '타이틀'을 기재한 것을 두고 비웃는 사람도 있지만 이는 그것이 나름 일정한 효력을 발휘한다는 것을 간과한 것이다. 조선조 사대부들은 일본의 사무라이들이 명치유신을 성사시킨 이후까지 도이島夷에 불과한 자들이 '천황' 운운하며 자고자대自高自大한다고 비웃었으나 그 결과는 나라의 패망이었다. 중국의 '황제'보다도 한 단계 더 높다는 '천황'의 타이틀이 명실상부한 것인지 여부와 상관없이 일본은 이 타이틀을 근거로 조선을 병탄하고 만주와 대륙을 차례로 석권해 나갔다. 유방이 현령의 '토패'에서 시작해 토왕과 토황제를 거쳐 마침내 천하를 석권한 것과 닮았다.

난세에 사람을 움직이기 위해서는 최소한 일정한 '타이틀'이 필요하다. 실질적인 속내는 그리 중요치 않다. 역대 왕조사를 보면 반란군은 늘 군도 위에 토후, 토후 위에 토패, 토패 위에 토왕과 토황제가 존재했다. 모두 한 끗 차이이다. 토왕과 토황제가 반란의 정점에 선 자들이다. 이들 간의 각축전에서 최후의 승리를 거두는 자가 새 왕조의 창업주가 된다. 그 기반이 바로 '토패'이다. 유방도 천자가 될 수 있는 기본 요건을 갖춘 셈이다.

당시 유방의 공식 명칭은 패공沛公이었다. 초나라는 춘추시대 이래

각 현의 지방관장을 '공'으로 불렀다. 지방관장은 물론 왕자와 대신까지 '공'을 칭했다. 중원의 국가들이 남만으로 얕보면서 초나라 왕을 자작 수준의 초자楚子로 낮춘 데 따른 반발이었다. 대표적인 호칭의 인플레 사례에 속한다.

객관적으로 볼 때 당시 유방이 차지한 패현의 현령 자리는 '토패'가 아닌 '토후'에 가깝다. 여러 현을 거느린 군의 수장인 군수 정도가 '토패'에 가깝다. 진나라 말기 군수는 통틀어 37개밖에 없었다. 그러나 이는 어디까지나 이론적인 것이고 현실적으로는 유방처럼 비록 현 단위이기는 했으나 나름 실력을 지니고 반진의 깃발을 든 경우는 '토패'로 보는 게 타당하다. 다만 진승 등이 이미 왕호王號를 사용하고 있는 상황에서 유방이 '패공'을 칭한 것은 그의 세력이 아직 미약했음을 반증한다.

그러나 최소한의 '타이틀'을 확보한 뒤에는 역시 실력이 관건이다. 토후와 토패, 토왕, 토황제 등의 명칭에 구애받을 필요가 없다. 진승이 왕호를 칭했음에도 불구하고 이내 몰락의 길을 걸으면서 마지막 단계에서는 토후만도 못한 처지로 전락한 게 그 실례다.

난세의 실력은 곧 군사력을 뜻한다. 첨단병기의 차이가 거의 없었던 만큼 많은 무리를 이끄는 자가 바로 최고의 무력을 보유한 자이다. 그렇다면 당시 유방의 '실력'은 어느 정도였을까? 「고조본기」는 유방이 거병할 당시 소하와 조참 등이 패현의 자제 2~3,000여 명을 확보하고 있었다고 기록해 놓았다. 이는 처족인 여택과 여석지를 비롯해 죽마고우인 노관, 패현의 아전 우두머리인 소하와 조참 등이 이끄는 무리를 모두 합친 것이다. 초기에 이 정도의 병력을 보유했다면 이는 나름 '토패'의 체면을 유지할 만했다고 평할 수 있다.

사다케는 『사기』「고조공신후자연표高祖功臣侯者年表」에 기록된 143명의 공신 명단을 토대로 유방이 봉기할 당시의 참여자들을 크게 세 부류로 나눴다. 제1집단은 독자적으로 일족 등의 직속세력을 이끌고 참여한 무리이다. 유방의 처족인 여택과 여석지를 비롯해 '토호' 출신인 노관과 소하 등이 그들이다. 제2집단은 유방의 직속 집단이다. 번쾌와 심이기審食其, 동설董渫, 패가沛嘉, 선녕單寧, 병천丙倩 등이 그들이다. 대부분 유방처럼 건달 내지 무뢰배로 놀던 자들이다.

제3집단은 유방이 '토패'로 우뚝 선 뒤 공적인 업무를 담당한 자들이다. 이들은 업무성격에 따라 다양한 역할을 담당했다. 예컨대 하후영夏侯嬰은 영사令史, 주가周苛는 내사內史, 기신紀信은 장수, 주창周昌은 군기를 관장하는 일종의 근위대장인 직지職志의 역할을 맡았다. 그밖에도 접견과 보고 등을 책임진 알자謁者 무유武儒와 윤회尹恢, 방패 등의 수비용 무기를 책임진 집순執盾 염택적閻澤赤, 쇠뇌 등의 공격용 무기를 맡은 노장弩將 공중空中, 빈객 등을 관장하는 객리客吏 유승留勝, 비서관인 낭郎 척새戚鰓 등이 있었다. 외견상 나름 '토패'에 부응하는 업무분장이 이뤄졌음을 알 수 있다.

이들 공신들 가운데 유방이 패현의 현령 자리에 오를 때 가담해 이후 권력의 핵심부로 진출한 인물로는 조참을 위시해 주발周勃과 조무상曹無傷, 소구召歐, 주정周定, 주설周緤, 주진朱軫, 노후연魯侯涓, 손적孫赤, 임오任敖, 팽조彭祖, 선보성單父聖, 냉이冷耳 등이 있었다.

이들 가운데 조참과 주발, 소구, 손적 등은 원래의 직함이 지방관장의 곁에서 시중을 드는 중연中涓이었다. '중연'은 나중에 합류한 조참 등의 중요 인물들에게 적당한 '타이틀'을 찾다가 만들어낸 새로운 직책이다. 집사인 사인舍人과 빈객 접대 및 보고 등을 전담한 알자謁者와 유사한 역할이기는 했으나 사인보다는 신분이 높았다. 청와대 직제로 말하면 사인 및 알자는 3급 행정관, 중연은 2급 비서관에 비유할 수 있다. 안사고顔師古는 『한서』「조참전」에 나오는 '고조가 패공으로 있을 때 조참이 중연의 자격으로 참여했다'는 구절을 두고 이같이 주석해 놓았다.

"중연은 곁에서 시종하는 신하를 말한다. 사인 및 알자와 같은 부류이다. 여기의 연涓은 깨끗할 결潔의 뜻이다. 안에서 여러 사안을 깨끗이 정리한다는 취지에서 나온 것이다."

후대에는 환관을 대신하는 용어로도 사용됐다. 결국 사다케의 분류에 따르면 유방의 집단은 크게 고위측근인 소하 등의 객과 조참 등의 중연, 하위 측근인 사인, 공적 업무를 맡은 기타 집단 등 3개 부류로 대별할 수 있다.

당시 유방은 '토패'의 타이틀을 각인시키기 위해 나름 장중한 의식을 치렀다. 「고조본기」에 따르면 패현의 관아에서 전설적인 인물인 황제黃帝와 치우蚩尤에게 제사를 올리고, 짐승을 잡아 그 피를 북에 바르며 무운武運을 빌었다. 치우에게 제사를 올린 것은 초나라 백성들의 신앙을 이용코자 하는 속셈에서 나온 듯하다. 당시 백성들 사이에 전해진 '삼황오제' 전설에 따르면 치우는 황제에게 도전장을 내 결전을 벌였다가 패한 후 몸이 여러 개로 잘렸다. 황제가 치우의 뛰어난 무력을 두려워한 탓이다. 그러나 치우는 백성들 사이에서 오히려 전쟁의 신으로 받들어졌다. 특히 남쪽 초나라 지역 백성들의 치우에 대한 신앙이 매우 컸다.

원래 제사에 바치는 짐승인 희생犧牲의 피를 북에 바르는 것은 통상 출정할 때 행하는 군례軍禮이다. 원문은 흔고釁鼓이다. 여기의 '흔' 자의 윗부분은 양손으로 바닥이 평평한 커다란 물그릇을 거꾸로 들고 있는 모습을 형상한 것이다. 유酉는 술을 상징한다. 아랫부분의 분分은 옆모습을 한 사람에게 술을 끼얹는 모습이다. 술잔을 거꾸로 들고 사람에게 끼얹는 것을 형상한 글자이다. 몸을 청결히 하여 더러움을 없애는 의례를 상징한다. 예로부터 국가존망을 가르는 전쟁을 치를 때 출정하는 군사들의 무운을 비는 군례는 종묘제례만큼이나 중시됐다. 재계齋戒 의식 또한 엄중했다. 『춘추좌전』에는 '흔고'의 군례를 행한 사례가 대거 실려 있다. 유방도 이를 흉내 낸 것이다. 장차 천하를 취하겠다는 의중이 반영된 것으로 풀이할 수 있다.

이어 유방은 깃발을 모두 붉은 색으로 통일했다. 그 이유는 무엇일까? 「고조본기」에 따르면 유방이 술을 잔뜩 마시고 밤중에 못을 건너가던 중 큰 뱀이 길에 있는 것을 보았다. 곧 칼을 뽑아 이를 쳐 죽였다. 한 노파가 이를 보고 곡을 했다.

"내 아들은 백제白帝의 아들로 뱀으로 변해 길에 있었다. 지금 적제赤帝의 아들이 내 아들을 죽였구나."

그러고는 홀연히 사라졌다. 유방은 도망하여 안휘성 탕산현 동남쪽의 망산芒山과 탕산碭山의 산택山澤 사이에 몸을 숨겼다. 이때 여러 번 기괴한 일이 있었다. 패현의 많은 자제들이 이 얘기를 듣고 귀부코자 했다. 노파가 사라진 뒤 뒤쳐져 오던 사람들이 유방이 누워 있던 곳에 도착하자 유방은 술에서 깨어나 있었다. 사람들이 도중에서 만난 노파로부터 들은 얘기를 전하자 유방이 내심 기뻐하며 뱀을 죽인 것을 자랑스럽게 여겼다. 수행하던 사람들이 더욱 유방을 경외하게 되었다.

붉은 깃발의 채택은 이 일화에서 나왔다. 유방이 죽인 뱀은 백제의 아들이고, 그 뱀을 죽인 유방은 적제의 아들에 해당한다고 간주한 결과다. 오행설에 따르면 남방의 붉은 색을 상징하는 화火는 서방의 흰색을 상징하는 금金을 이긴다. 이른바 화극금火克金이다. 『주역』에는 음양설만 있을 뿐 오행설은 없다. 전국시대 말기에 미신적인 오행설이 극성하면서 교묘히 음양설과 접합했다. 백성들이 이를 크게 믿었다. 진시황이 수덕水德으로 천하통일의 대업을 이뤘다고 간주해 모든 것을 흑색으로 통일하고, 10월을 세수歲首로 삼은 것과 닮았다.

객관적으로 볼 때 「고조본기」에 나오는 백제와 적제에 관한 전설은 유방의 무리가 만들어낸 것일 공산이 크다. 사실 민심을 얻는 방법으로 그들의 믿음을 이용하는 것만큼 효과적인 것도 없다. 고려조의 왕건이 도참설圖讖說을 활용해 후삼국을 통일한 것과 닮았다.

중국의 역대 왕조에서 도참설을 이용해 천하를 거머쥔 대표적인 인물로 전한 말기 신新나라를 세운 왕망王莽과 그 뒤를 이어 후한을 세운 광무제 유수劉秀를 들 수 있다. 특히 왕망의 경우는 도참설을 활용해 무혈로 새 왕조를 세운 유일무이한 경우에 속한다. 유수도 왕망과 동일한 방법으로 도참술을 활용해 민심을 모았다. 천하를 통일한 후 유방과 동향인 패현 출신 환담桓譚은 광무제가 예언에 의해 일을 재결하려고 할 때 도참서는 경전이 아니라고 반대했다가 하마터면 사형에 처해질 뻔했다. 환담은 이마에서 피가 흘러나올 정도로 머리를 조아리고 나서야 겨우 목숨을 구할 수 있었다. 명군으로 이름난 광무제 역시 왕망과 마찬가지로 도참의 미신에 탐닉해 있었다. 『후한서』에 「방술전」이 편제된 것도 광무제가 참위를 좋아하는 취향이 반영된 것으로 볼 수 있다.

천하대란의 와중에 유방의 무리가 백성들의 미신을 적극 활용해 천하를 거머쥐고자 한 것도 따지고 보면 이와 별반 다를 게 없다. 다만 유방의 경우는 정도가 덜했을 뿐이다. 붉은 색을 기본색으로 택한 것은 후한 말기 황건적이 한왕조의 뒤를 잇는다는 취지에서 노란 색을 택한 것과 같은 논리 위에 서 있다. 중앙의 황색을 상징하는 토土는 남방의 적색을 상징하는 화火를 잇는다. 이른바 화생토火生土이다. 유방의 무리는 상극설相剋說, 황건적은 상생설相生說을 택한 것만이 다를 뿐이다.

유방의 무리가 활용한 도참설은 매우 다양했다. 「고조본기」에는 백제와 적제와 관한 일화 이외에도 이런 일화를 실어 놓았다. 일찍이 진시황은 동남쪽에 천자의 기氣가 있다고 말하면서 동쪽으로 순수하여 그 기를 진압하고자 했다. 유방이 화를 당할까 우려해 망현芒縣과 탕현碭縣 사이에 있는 산택山澤의 바위 사이에 몸을 숨겼다. 여후가 사람들과 함께 유방을 찾을 때마다 그가 있는 곳을 쉽게 찾아냈다. 유방이 기이하게 생각해 묻자 여후가 대답했다.

"당신이 있는 곳은 그 위에 언제나 상서로운 구름의 기운이 있어 그것을 따라가면 항상 당신을 찾을 수 있었습니다."

후대인이 만들어낸 얘기로 보는 게 옳다. 천하를 거머쥐면 모든 게 미화된다. 찬탈도 혁명으로 둔갑한다. 장자는 유가에서 역설하는 역성혁명의 허구성을 통찰했다. 그는 『장자』「거협」에서 이같이 일갈했다.

"됫박을 만들어 곡식의 양을 헤아리면 도둑은 됫박까지 훔치고, 저울을 만들어 무게를 재면 도둑은 저울까지 훔치고, 부절과 옥새를 만들어 신표로 삼으면 도둑은 부절과 옥새까지 훔치고, 인의를 만들어 바로잡으려 들면 인의까지 훔친다. 어떻게 그럴 줄 알 수 있는가? 혁대 고리를 훔친 자는 죽임을 당하나 나라를 훔친 자는 제후가 된다. 일단 제후가 되면 사람들은 그의 가문을 온통 인의로 포장한다. 이게 곧 도적놈이 인의와 성인의 지혜를 훔친 게 아니고 무엇인가?"

역대 왕조의 창업과 관련한 사서의 해당 대목을 읽을 때 반드시 행간을 읽어야 하는 이유다. 하나같이 미화돼 있기 때문에 이를 액면 그대로 해석했다가는 역사적 실체를 놓칠 우려가 크다. 『사기』도 예외가 될 수 없다.

세력 확장

패현의 현령 자리에 오르면서 당당히 '토패'의 일원이 된 유방의 급선무는 실력의 배양이었다. 그러기 위해서는 세력범위를 확장해 병력자원의 근원인 백성을 대거 확보할 필요가 있다. 유방은 측근들을 모아놓고 곧바로 전략회의에 들어갔다. 무엇을 얘기했을까? 정황상 크게 3가지 의제를 논했을 것으로 짐작된다.

첫째, 명분 문제이다. 진나라를 타도하고 초나라를 부흥시키겠다는 진승의 '장초' 건국 취지가 가장 그럴 듯했다. 실제로 유방 스스로 초나라 사람을 자처했다. 짧은 옷을 입지 않은 자는 동료로 인정치 않았고, 초나라 노래와 춤에 기대 시름을 달랬다. 원래 패현은 춘추시대 이래 전국시대 말까지 송나라 땅이었다. 맹자와 같은 시기에 활약한 장자가 바로 송나라 출신이다. 『장자』에 송나라 출신이 대거 우화의 주인공으로 나온 데서 알 수 있듯이 송나라 유민들은 냉소적이었다. 장자가 일면 초연한 모습을 보인 것도 따지고 보면 세상에 대한 냉소에 기초해 있는 것이다. 이는 패현의 백성들이 '장초'를 비롯해 초나라를 전면에 내세운 군벌의 지배를 선호한 게 아니었음을 시사한다. 그렇다면 유방은 왜 초나라의 후신을 자처한 것일까? 천하대세 때문으로 보인다. 천하를 거머쥐기 위해서는 '초나라 광복'을 기치로 내거는 게 효과적이다. 난세에 명분과 실리가 충돌할 경우 실리를 택하는 게 정답이다. 유방이 출정식에 앞서 초나라 백성들의 수호신이자 군신軍神인 치우에게 제사를 지낸 것도 이런 맥락에서 이해할 수 있다.

둘째, 2~3,000명으로 늘어난 세력을 군사집단으로 조직하는 문제이다. 부대마다 우두머리를 두고 몇 개 부대마다 장군을 임명했다. 유방과 행동을 함께 해온 무리와 조참과 조무상 등 패현의 호족들이 임명됐다. 유방의 고향인 풍읍에도 옹치와 왕릉 등이 무리를 이끌었다.

셋째, 군사전략 문제이다. 북상해 오는 진나라 군사를 어떻게 대처할 것인가 하는 게 핵심이었다. 이는 무리의 생존과 관련한 문제이기도 했다. 정면으로 맞받아 칠 경우 승리를 장담키가 어려웠다. 2~3,000명 수준의 반란군으로는 정규군을 상대할 수 없었기 때문이다.

결국 유방의 무리는 이런 일련의 전략회의를 통해 진나라 군사와 직접 충돌하는 방안 대신 북상해 지금의 산동성 어대현 동남쪽 호릉胡陵을 공략하는 쪽으로 가닥을 잡았다. 호릉까지의 거리는 하루 일정이었다. 호릉의 현령이 유방의 군사를 환영했다. 사실 그게 살 길이었다. 다음날 유방은 호릉에서 새로 가담한 일당을 포함해 사수를 거슬러 올라가 서북쪽의 방여方與를 노렸다. 방여 역시 큰 저항 없이 접수했다.

원래 호릉과 방여는 사수군이 아닌 설군 소속이다. 서쪽으로 탕군과 인접해 있었다. 삼수군과 설군, 탕군 등 3개 군의 접경지역에 위치한 지정학적 이유로 인해 '초한지제' 내내 호릉과 방여는 서로 차지하기 위해 다투는 쟁지爭地로 작용했다. 주목할 것은 이곳에 유방과 호흡을 같이 하는 무리가 대거 포진해 있었던 점이다.

예로부터 행정관할권이 상호 겹치는 지역은 법의 효력이 잘 미치지 못하기 마련이다. 서로 핑계를 대기 때문이다. 실제로 갑 지역에서 범죄를 저지른 후 을 지역에 범행도구를 버린 뒤 병 지역에서 활동할 경우 범인을 검거키가 쉽지 않다. 무뢰배들이 활개 칠 소지가 많은 이유다. 유방은 패현의 정장을 맡고 있을 때부터 호릉과 방여의 무뢰배들과 연계를 맺고 있었다. 패현 주변에 크게 펼쳐진 늪지대는 호릉과 방여 일대에서 좁아진다. 동북쪽의 사수泗水 본류와 서쪽에서 흘러오는 하수菏水가 이곳에서 합류한다. 하수는 정도定陶를 기점으로 제수로부터 갈라져 나온 지류이다. 정도에서 제수를 거슬러 올라가면 대량의 서북쪽에서 홍구에 이르고, 더 거슬러 올라가면 형양의 북쪽에서 황하와 연결된다. 호릉과 방여 일대의 장악은 곧 중원 진출 교두보의 확보를 뜻했다.

유방의 무리가 방여를 장악했을 무렵 사수군의 군도郡都가 있는 상현相縣에서는 뒤늦게 소식을 접하고 서둘러 관군을 소집하고 있었다. 유방은 이들의 동향을 속속들이 알고 있었다. 사수군의 고위 관원인 주가와 그의 사촌동생 주창을 비롯해 하급 아전인 임오任敖 등이 가담한 덕분이다. 정보전에서 이미 이기고 있었던 셈이다. 고금을 막론하고 정보전에서 패하고 싸움에서 이긴 적이 없다. 일본이 소위 '태평양전쟁' 당시 미드웨이해전에서 참패를 당한 게 대표적인 실례이다. 암호를 해독

당한 게 치명타였다.

유방은 사수군에 주둔한 진나라 군사가 움직이기 시작했다는 정보를 입수하자 곧바로 고향인 풍읍 쪽으로 방향을 틀었다. 패현의 현성縣城보다는 풍읍의 읍성邑城에서 농성하는 게 유리하다고 판단한 결과였다. 내부 이탈자를 최소화하려는 속셈도 있었다. 당시 사수군 군수의 이름은 장壯이었다. 「고조본기」에는 그의 성씨가 기록돼 있지 않다.

사수군 군수 장은 군사를 이끌고 사수 건너편의 설현을 공략한 뒤 이곳에 본채를 차렸다. 유방의 무리가 북쪽의 제나라 반군과 연계하는 것을 미리 차단코자 한 것이다. 후고지우後顧之憂를 없앤 그는 곧 직속부하인 군감郡監 평平에게 명해 군사를 이끌고 사수를 건너게 했다. 평은 손쉽게 패현의 현성 탈환에 성공했다. 사수군수 장의 용병이 간단치 않았음을 보여준다. 진나라 군사는 여세를 몰아 유방의 무리가 운집한 풍읍을 포위했다. 자칫 '독 안의 쥐'가 될 수 있는 위기상황이었다. 유방의 무리가 여기서 무너졌으면 한제국은 역사무대에 등장치도 못했을 것이다.

그러나 역사는 유방의 편이었다. 손쉽게 패현의 현성을 탈환한 사수 군감 평은 승리에 취해 사태를 너무 낙관했다. 풍읍에서 농성에 들어간 유방의 무리를 오합지졸로 간주한 게 그렇다. 이들이 풍읍을 포위한 지 사흘째 되던 날 유방이 풍읍의 수비를 옹치에게 맡긴 뒤 과감히 성문을 열고 나가 기습공격에 나섰다. 급작스런 공격에 진나라 군사가 일순 와해되고 말았다. 유방은 내친 김에 패현의 현성 쪽으로 내달렸다. 재차 탈환코자 한 것이다. 행군 거리는 하루 일정인 약 30킬로미터였다. 당시 패현 현성에는 약간의 수비대밖에 없었다. 유방의 무리가 패현을 손쉽게 재탈환한 이유다.

싸움은 흐름을 타는 게 중요하다. 적이 패퇴할 때는 급속히 추격해 반격의 여지를 없애는 게 필요하다. 유방은 수군을 편성한 뒤 곧바로 사수를 건넜다. 배가 모두 나포된 까닭에 패배 소식이 강 건너편에 진을 치고 있던 진나라 군사의 귀에 들어가지 않았다. 사수군수 장은 유방의 기습공격에 크게 놀라 황급히 달아났다. 「고조본기」의 기록에 따르면 당시 최고의 무공을 세운 사람은 조참과 조무상 등이 이끄는 조씨 일족의 사병私兵들이었다. 좌사마左司馬 조무상의 공이 특히 눈부셨다. 그는 달아나는 진나라 군사를 10킬로미터가량이나 급히 추격해 사수군수 장의 목을 베는 전공을 세웠다. 덕분에 유방은 패현에 이어 상급 행정단위인 사수군까지 세력을 확장케 됐다. 진승이 기병한지 3달 뒤인 기원전 209년 10월의 일이다. 현과 군은 차원이 다르다. 유방이 비록 '토왕'으로 등장한 진승의 '장초'에 비할 바는 아니지만 명실상부한 '토패'의 일원으로 우뚝 서게 된 근본 배경이 여기에 있다.

풍읍의 탈환

유방은 비록 사수군을 손아귀에 넣었지만 이내 더 강력한 적을 상대해야만 했다. 바로 진승의 '장초'였다. 똑같이 반진의 깃발을 들었지만 원래 라이벌은 적보다 더 위험한 법이다. '토왕' 진승이 볼 때 '토패' 수준의 유방이 계속 세력을 확장하는 꼴을 그대로 방치할 수는 없는 일이었다. 유방이 자원해 땅을 바치고 휘하로 들어오지 않을 경우 미리 싹을 제거하는 게 유리했다. 승승장구하여 동쪽으로 진출했던 진승의 휘하장수 주불이 적현狄縣에서 전담의 반격으로 더 이상의 동진이 불가능해지자 문득 사수군 쪽으로 방향을 돌린 것도 비슷한 이유다. 만만한 곳을 택한 것이다.

당시 주불은 일단 위나라 땅으로 돌아온 뒤 진성에 머물던 옛 위나라 왕족 위구를 보위에 앉힌 뒤 자신은 재상에 취임했다. 그는 위나라 군사를 이끌고 하수를 따라 내려와 유방이 점거한 사수군 일대를 공략키 시작했다. 당시까지만 해도 '순진했던' 유방은 같은 반진 연합세력이 자신의 등을 치리라고는 생각지도 못했다.

원래 유방의 고향 풍읍은 전국시대 말기 병화를 피해 위나라 백성들이 대거 남하해 둥지를 튼 곳 가운데 하나이다. 주불이 이를 노린 것이다. 그는 적장의 마음을 뒤흔드는 이른바 공심攻心의 계책을 구사했다. 『손자병법』「군쟁」은 '공심'을 이같이 풀이해 놓았다.

"적과 싸울 때는 적병의 사기를 꺾고, 적장의 심지心志를 뒤흔들 수 있어야 한다. 용병하면서 적의 마음을 빼앗는 게 관건이다."

주불은 군사를 이끌고 풍읍의 수비를 맡은 옹치에게 사람을 보내 설득했다.

"풍읍은 원래 위나라 수도 대량에서 옮겨온 이주민의 땅이오. 이제 위나라가 평정한 땅이 수십 성에 이르니 지금 위나라에 항복하면 위나라에서 그대를 후侯로 삼아 풍읍을 지키게 할 것이오. 만일 투항치 않으면 곧바로 풍읍을 함락시킬 것이오."

적장인 옹치의 심지를 뒤흔들기 위해 회유와 협박을 동시에 구사한 것이다. 주불이 나름 병법에 매우 밝았음을 알 수 있다. 「고조본기」의 기록에 따르면 옹치는 매우 유능한 인물이었다. 그러나 도리상 나이가 어린 유방의 지휘를 기꺼이 받아들이기는 했으나 내심 불만이었다. 주불로부터 제안을 받자마자 곧바로 이를 수용한 이유다. 당시 풍읍에는 유태공과 유온은 물론 아내 여치와 자식들도 있었다. 첫 번째 아내인 조씨曹氏와 그 사이에서 태어난 장남 유비劉肥도 그곳에 있었다.

옹치의 배신은 유방에게 커다란 충격을 안겨 주었다. 더욱 가슴이 아픈 것은 자신을 추종했던 풍읍의 자제들까지 옹치와 행보를 같이 한 점이다. 「고조본기」는 이로 인해 유방이 옹치와 이들 자제들을 크게 원망했다고 기록해 놓았다. 당시 옹치는 풍읍 사람들에게 고향인 위나라에 귀순해 '장초' 진영에 참가함으로써 반진 항전을 효과적으로 수행하자고 설득했다. 옹치의 설득이 먹힐 경우 유방의 무리는 앉은 자리에서 이내 해체될 수밖에 없었다. 실제로 그의 설득이 그대로 먹혔다.

이 소식을 들은 유방이 대경실색해 곧바로 점거한 방여와 호릉을 놓아둔 채 황급히 방향을 틀어 풍읍으로 달려간 이유가 여기에 있다. 유방이 풍읍을 잃은 것은 둥지를 빼앗기는 것이나 다름없었다. 홍문의 연회 이후 최대 위기를 맞이한 셈이다. 그는 옹치를 공격했으나 이미 이를 대비해 착실히 준비한 옹치를 이길 수는 없었다. 부득불 패현의 현성으로 들어갈 수밖에 없었다.

옹치의 배신은 여러모로 삼국시대 당시 조조가 서주의 도겸을 치다가 핵심참모 진궁陳宮과 막역지우 장막張邈의 배신으로 근거지인 연주兗州를 빼앗긴 것에 비유할 만하다. 당시 진궁과 장막은 여포를 끌어들여 연주목으로 옹립함으로써 조조의 등에 칼을 꽂는 짓을 했다. 조조의 최대 위기 가운데 하나였다. 조조는 2년에 걸친 공방 끝에 간신히 연주를 평정하는 데 성공했다. 연주를 탈환하지 못했다면 이후 원소를 격파하고 천하를 호령하는 일도 불가능했다.

유방이 풍읍을 잃은 뒤 자신의 '둥지'를 되찾기 위해 진가와 경구 밑으로 들어가 구원병을 청하고, 이후 또 다시 항량에게 고개를 숙이고 들어가 5,000명의 지원병을 얻어 마침내 탈환에 성공하는 우여곡절을 겪은 이유다. '둥지'는 모든 거사의 출발에 해당한다.

「고조본기」는 유방이 풍읍 탈환에 실패해 패현의 현성으로 돌아올 당시 진가와 영군寧君이 경구를 초왕으로 옹립한 뒤 패현에서 동남쪽으로 20킬로미터 떨어진 유현留縣에 집결했다고 기록해 놓았다. 「고조본기」는 「항우본기」와 달리 같은 사건을 다루면서 '영군'이 진가와 함께 경구를 초왕으로 옹립했다고 기록해 놓았으나 그가 어떤 인물인지에 대해서는 입을 다물었다. 진가의 직책으로 보는 견해와 전혀 다른 인물로 보는 견해가 대립하고 있다. 관련 기록을 종합해 볼 때 후자가 옳다. 성씨는 영寧이나 이름은 알려지지 않은 듯하다.

진가의 무리가 유현에 사령부를 차린 것은 회수 하류의 동해군을 장악한 뒤 세력을 사방으로 확산시키려는 속셈이었다. 원래 진가의 무리 역시 그 기본 성격을 보면 유방처럼 자체적인 노력에 의해 '토패'로 성장한 경우에 해당한다. 그러나 그릇이 유방보다는 상대적으로 컸다. '토왕'을 칭한 게 그렇다. 경구는 비록 가왕假王이기는 하나 '초왕'을 칭했다. 이는 진승의 '장초'에 정면 도전한 것이나 다름없었다.

진가와 경구는 나름 승산이 있다고 생각했다. 실제로 이때는 이미 '장초'의 위세가 이전과는 비교할 수 없을 정도로 크게 떨어져 있을 때였다. 진승의 봉기를 계기로 이미 조나라와 연나라, 위나라, 제나라 등의 고토에는 전국시대 말기를 방불하는 '토패'들이 등장해 자신의 세력권으로 삼고 있었다. 이들 모두 진시황이 천하통일을 이루기 전의 전국시대로 돌아가 봉건정권을 다시 부활시키고자 했다.

그러나 초나라 땅에서는 이게 불가능했다. 땅이 너무 넓었기 때문이다. 진시황이 초나라를 정벌할 때 군사를 총동원해 건곤일척의 승부수를 띄운 것도 이 때문이다. 비록 진승이 '장초'라는 국명을 내세우고 초나라 땅의 패자를 자처했지만 그의 관할 영역은 춘추시대 당시 초나라에 합병된 소국 진陳나라의 영토에 지나지 않았다. 현縣 단위에 불과했다. 초나라가 병탄 후 진현陳縣으로 편제한 게 그 증거다. 게다가 진가가 경구를 초왕으로 내세우며 초나라의 정통성을 주장하고 나선 까닭에 '장초'는 명분상의 위기까지 맞게 됐다.

당시 '장초'가 다스린 지역은 진현에서 수춘壽春까지 약 100킬로미터 가량 가늘고 길게 이어진 허리띠 모양의 대상帶狀 지역에 지나지 않았다. 그 이북에는 위나라, 서쪽에서 남쪽으로는 한나라와 진나라의 세력권이었다. 동쪽에서 북쪽으로는 유방을 비롯해 팽월과 경구, 항량, 경포 등의 '토패'들이 자리 잡고 있었다. 동북쪽으로는 춘추시대 이래 초나라만큼이나 강력한 세력을 자랑하는 제나라가 있었다.

경구가 유현에 이르게 됐을 때 이 소식을 들은 유방이 이내 몸을 굽히고 들어와 합류한 것은 말할 것도 없이 옹치를 물리치고 '둥지'를 탈환코자 하는 다급한 마음에 기인한 것이다. 패현에서 사수를 따라 약 20킬로미터를 내려가면 바로 유현이다. 이때 마침 장함이 이끄는 관군은 '장초'의 수도인 진현을 쳤다. 별장인 사마이司馬夷는 동으로 진격해 사수군의 상현을 함락시킨 여세를 몰아 다시 탕현을 쳤다.

이에 놀란 경구는 강력한 부장 영군과 새로 가담한 유방을 파견해 이를 저지케 했다. 유방은 영군과 함께 군사를 이끌고 사수를 내려가 팽성에 이르렀다. 여기서 서쪽에 위치한 소현蕭縣으로 들어가 사마이가 이끄는 진나라 군사와 맞붙었다. 유방의 군사가 하비의 서쪽 팽성에 이르렀을 때 공교롭게도 경구에게 몸을 의탁키 위해 무리를 이끌고 오던 장량과 마주치게 됐다. 「유후세가」는 당시의 상황을 이같이 묘사해 놓았다.

"진섭이 기병했을 때 장량 역시 수백 명의 소년들을 모아 놓고 있었다. 초왕 경구景駒가 강소성 패현 동남쪽의 유현에 머물러 있을 때 장량이 무리를 이끌고 가 몸을 의탁코자 했다. 무리를 이끌고 경구를 찾아가던 도중 유방의 무리와 마주치자 이내 그의 무리로 들어갔다. 당시 유방은 수천 명의 휘하를 이끌고 하비의 서쪽을 공략하러 가던 중이었다."

당초 장량은 진승이 봉기했을 때 곧바로 은신하고 있던 하비에서 재빨리 100명의 소년을 그러모은 뒤 반기를 들었다. 이미 진시황 척살을 꾀한 데서 알 수 있듯이 장량은 흉중에 천하를 품은 자이다. 내심 천하가 이제 자신을 부르고 있다고 판단했음직하다. 그가 휘하의 무리를 이끌고 경구를 찾아간 것은 경구가 자신의 지략을 받아줄 만한 인물인지 여부를 타진코자 한 것으로 보인다. 많은 사람들이 두 사람의 해후를 역사적인 만남으로 미화하고 있으나 이는 지나치다. 저우언라이와 마오쩌둥의 첫 만남과 닮았다는 점은 앞서 언급한 바와 같다. 「유후세가」의 관련 기록을 액면 그대로 믿어서는 안 된다는 얘기다.

유방이 장량을 처음으로 만나 얘기를 나눈 후 말을 담당하는 책임자인 구장廐將으로 삼은 사실이 이를 뒷받침한다. '구장' 표현은 『사기』 「유후세가」를 비롯해 장량의 사적을 기록한 『한서』「장진왕주전」과 『자치통감』에 모두 나온다. 유방이 첫 만남에서 장량을 당대의 지낭으로 믿었다면 '구장'의 직책을 맡겼다는 게 아무래도 이상하다.

그럼에도 「유후세가」는 두 사람의 만남을 극적으로 묘사해 놓았다. 장량이 전에 다른 사람에게 제나라 시조인 태공망 여상의 병법을 말했을 때는 아무도 이를 이해하지 못했으나 유방만은 곧바로 이해했을 뿐만 아니라 장량을 높이 평가했다는 식이다. 이에 장량이 이같이 탄복한 것으로 묘사해 놓았다.

"패공이야말로 거의 하늘이 내려 준 인물이다!"

'건달' 유방이 장량이 설파한 『육도』와 『삼략』 등의 병법을 언제 공부한 것일까? 나아가 유방은 얼마나 뛰어난 인물이기에 첫 만남에서 장량의 찬탄을 자아낸 것일까? 후대 사가가 윤색했을 공산이 크다. 두 사람이 해후할 당시 유방은 30세, 장량은 부친이 사망한 기원전 250년에 태어났다고 가정할 경우 43세가 된다. 장량 쪽이 10여 세 더 많은 셈이다. 유방이 연장자인 장량의 말을 경청하는 듯한 모습을 보일 수 있다. 그러나 마치 군신의 관계에 있는 양 장량이 '하늘이 내려준 인물' 운운했을 가능성은 거의 없다고 보는 게 합리적이다. 그럼에도 시바 료타로는 「유후세가」의 기록을 토대로 『항우와 유방』에서 이같이 묘사해 놓았다.

"유방은 큰 포용력과 이해력을 갖고 장량의 말을 경청했다. 장량은 자신의 말을 이해하는 유방의 모습을 보고 '남의 말을 듣는다는 게 이런 것인가!'라고 경탄했다."

'미화'가 또 다른 '미화'를 낳는 꼴이다. 사다케는 여기서 한 발 더 나아가 유방이 건달 출신답게 솔직하게 자신의 어려운 처지를 설명한 뒤 천하 문제를 포함한 여러 사안에 대해 장량의 자문을 구했을 것으로 보았다. 전혀 틀렸다고 볼 수는 없으나 천하를 움켜쥐는 방안까지 거론했다고 추론한 것은 지나쳤다. 대략 풍읍의 탈환 방안을 중심으로 이것저것 물어보았을 것이다. 유방이 대화를 나눈 뒤 풍읍 탈환을 뒤로 미루고 먼저 그간 자신이 근거지로 삼았던 망현과 탕현 일대를 겨냥한 점에 비춰 장량은 매우 현실적인 차원의 방안을 제시한 것으로 보인다.

당시 진나라 군사의 예기는 매서웠다. 장함의 별장 사마이가 이끄는 진나라 군사가 사수군의 군도인 상현을 공략한 데 이어 여세를 몰아 탕현의 늪지대 일대까지 밀고 들어온 게 그렇다. 유방은 영군과 합세해 결사적으로 싸웠다. 유방이 다시 탕현을 공격해 3일 만에 함락시켰다. 탕현의 군사를 수습해 6,000명의 군사를 얻었다. 전에 있던 병사와 합치자 모두 9,000명이 되었다. 얼마 후 여택과 여석지 형제는 탕현의 북쪽에 위치한 하읍下邑을 함락시켰다. 이번에도 많은 수의 병사를 손에 넣었다. 유방은 여세를 몰아 풍읍에 대한 포위공격에 들어갔다. 풍읍을 놓칠 수는 없었다. 풍읍을 잃을 경우 '토패'의 자리에서 다시 망현과 탕현 일대의 늪지대에서나 활개를 치는 '군도'로 전락할 수밖에 없었다. 더구나 풍읍에는 가족과 동료가 있었다.

이 와중에 항량의 군사가 북상해 경구의 군사를 격파하는 일이 빚어졌다. 이는 유방이 전혀 예상치 못한 일이었다. 유현에서 남하해 팽성 동쪽에 진을 친 뒤 싸움에 임했다가 대패한 경구의 군사는 사방으로 흩어져 달아났다. 일부는 패현을 거쳐 호릉까지 달아났다. 유방은 이 과정에서 자세한 내막을 들었을 것이다. 그러나 크게 보면 전화위복이었다. 유방이 유현에 설치된 경구의 본진을 떠나 탕현과 하읍의 늪지대로 들어가 있었던 것은 행운이다. 만일 경구와 같이 있었다면 항량에게 참패를 당했을 것이고, 이후 항량의 휘하에 있다가 항우와 함께 천하를 다투는 일도 없었을 것이다.

당시 유방은 경구에게 그랬던 것처럼 다시 고개를 숙이고 들어가면 항량의 지원을 얻을 수 있을 것으로 생각했던 듯하다. 「고조본기」의 해당 기록이 이를 뒷받침한다.

"패공은 항량이 설 땅에 있다는 얘기를 듣고, 100여 기를 이끌고 왕현往見했다. 항량은 패공에게 군사 5,000명과 오대부五大夫 장수 10명을 보태 주었다. 패공은 이들을 이끌고 돌아가서 풍읍을 공격했다."

'오대부'는 진제국의 관원 체계에서 중간급 장교에 해당한다. '왕현'은 찾아가 알현했다는 뜻이다. 현見은 지체가 높고 귀한 사람을 찾아가 뵌다는 알현의 뜻으로 사용될 때는 '현', 삼가 뵌다는 뜻의 배견拜見의 뜻으로 사용될 때는 '견'으로 읽는다. '알현'의 알謁은 아뢰거나 참배한다는 뜻을 지니고 있으나 '배견'의 배拜는 존경의 뜻을 표하는 접두어에 불과하다. 삼갈 근謹의 뜻이다. '배견'에는 '알'의 의미가 없다. 알현과 배견을 구분해야 하는 이유다.

대표적인 예로 『한비자』 첫 편인 「초견진初見秦」의 편명이다. 그 내용을 보면 한비자가 처음으로 진나라를 찾아가 유세를 허용해 달라는 게 골자이다. 한비자가 스승인 순자 밑에서 학업을 마치고 돌아오던 중 진나라에 들러 벼슬을 구할 때 올린 상서다. 많은 사람들이 이를 '초현진'으로 읽고 있다. 그러나 당시 한비자는 벼슬을 구하기 위한 배견을 청한 것이지 결코 알현을 청한 게 아니다. '초현진'으로 읽으면 안 되는 이유다.

유방이 항량을 찾아간 것은 한비자가 진시황을 찾아간 것과 차원이 다르다. 풍읍을 탈환하기 위해 항량의 군사를 빌리기 위해 '알현'을 하러 간 것이다. 아직은 세력이 미약했던 까닭에 풍읍을 탈환하기 위해 부득불 '별장'을 자처하며 항량의 밑으로 들어간 것이다. 알현하기 위한 '왕현'이지 대등한 위치에서 찾아보는 '왕견'이 될 수 없다.

「고조본기」는 마치 제후들의 맞절에 해당하는 항례抗禮처럼 보이기 위해 당시 유방이 100여 기를 이끌고 가 '왕견'했다는 식으로 기록해 놓았다. 그러나 방점은 그 뒤에 나오는 '군사 5,000명과 오대부 장수 10명을 보태 주었다'는 구절에 찍혀 있다. 객관적으로 볼 때 당시 유방이 보유한 병력은 1만 명을 넘지 않았다. 항량은 유방의 '왕현'에 선뜻 그 절반에 해당하는 병력을 내주었을 뿐만 아니라 유능한 간부급 장교 10명까지 지원했다. 이게 옹치를 무찌르고 풍읍을 탈환하는 결정적인 배경이 된 것은 말할 것도 없다. 원문의 '왕현'을 왕견으로 읽어서는 안 되는 이유다.

결국 유방은 항량의 지원을 받아 둥지에 해당하는 풍읍을 탈환할 수 있었다. 『사기』「표」에 나오는 「진초지제월표秦楚之際月表」는 기원전 208년 4월에 옹치가 유방의 공격을 받고 이내 풍읍을 빠져 나와 위나라로 달아났다고 기록해 놓았다. 원문은 옹치분위雍齒奔魏이다. 결과적으로 명분 면에서는 '별장'을 자처해 항량에게 굽히고 들어가는 모양이 되었으나 실리 면에서는 커다란 이익을 챙긴 셈이다. 명분을 버리고 실리를 취하는 이른바 사명취실捨名取實의 전형에 해당한다. 죽는 순간까지 실리를 버리면서 명분에 얽매인 항우의 사실취명捨實取名 행보와 대비되는 대목이다. 유방이 천하를 거머쥔 여러 이유 가운데 하나라 할 수 있다.

제4장
항우項羽가 배를 황하에 빠뜨리다

초회왕의 견제

객관적으로 볼 때 유방이 풍읍을 탈환한 것은 전적으로 항량의 전폭적인 지원 덕분이다. 당시 항량이 이끄는 군사는 천하무적이었다. 동아東阿에서 진나라 장수 장함을 깨뜨린 뒤 남쪽으로 내려가 거야鉅野 남서쪽의 성무成武를 함락시키고, 여세를 몰아 서쪽으로 진격하는 도중에 북쪽으로 올라가 정도定陶에서 진나라 군사를 깨뜨린 것 등이 그렇다. 삼천군수三川郡守로 있던 이사의 장남 이유李由가 대군을 이끌고 영격에 나섰으나 하남성 기현인 옹구雍丘에서 항우에게 대패했다. 항우가 이유의 목을 베었다. 그야말로 파죽지세였다.

당시 항우는 항량이 지휘하는 전군 내에서 최고의 용장으로 소문이나 있었다. 회계군수 은통의 목을 과감히 벤 일이 발단이었다. 이에 반해 유방은 항량의 '별장'을 자처하기 전까지 항량에게 궤멸된 '가짜 초왕' 경구 휘하의 일개 부대 장수인 부장部將에 지나지 않았다. 격이 달랐다. 그러나 항우는 5세가량 연상인 유방을 예우했다. 유방 역시 연하의 항우를 깍듯이 모셨다. 두 사람이 의형제를 맺은 이유다.

두 사람이 의형제를 맺은 일은 「항우본기」에 나온다. 유방과 항우가 치열한 접전을 벌일 때 항우가 유방의 부친을 삶아 먹겠다고 위협하자 유방이 '우리는 형제결의를 맺은 사이이다. 나의 부친은 당신의 부친이기도 하다'고 지적하는 대목이 나온다. 원문은 약위형제約爲兄弟이다. 이를 통해 두 사람이 일찍이 의형제를 맺었음을 짐작할 수 있다.

그러나 두 사람이 언제 의형제를 맺고, 누가 형이 되고 누가 아우가 되었는지 여부는 알 길이 없다. 다만 여러 가지 사정을 추정해 볼 때 항우가 형이 되고 유방이 아우가 되었을 가능성이 크다. 만일 항량이 계속 승승장구해 천하를 거머쥐었으면 항우와 유방은 천하를 놓고 혈전을 전개할 이유도 없고, 계속 좋은 관계를 유지했을 것이다. 그러나 세상사는 늘 일대 반전의 계기가 있는 법이다.

바로 사기事機와 인기人機 때문이다. 어떤 일이든 계속 잘 풀리거나, 계속 안 풀리는 일이란 없다. 잘 풀려나가는 듯 보이다가도 뜻하지 않은 곳에서 암초에 부딪치는가 하면 시종 일이 안 풀려 악전고투하다가도 어느 순간 역전의 계기가 생기곤 한다. 이게 '사기'이다. '인기'도 마찬가지다. 아무 인연이 없는 듯이 보이던 사람의 천거로 문득 발탁되는가 하면 정반대로 결정적인 순간에 가장 믿었던 사람의 시기 내지 반대로 좌절을 겪는 경우 등이 그렇다.

흔히 말하는 '인사人事가 만사萬事이다'라는 구절에 나오는 인사는 바로 '인기'와 '사기'를 합친 말이다. 일견 급작스레 빚어지는 것처럼 보이는 일도 그 내막을 살펴보면 오랫동안 내부적으로 원인이 쌓인 결과일 뿐이다. 원인이 쌓이고 쌓여 마침내 그 결과가 나중에 드러난 것일 뿐이다. 멀쩡해 보이던 사람이 급작스레 쓰러지고, 영원히 지속될 것처럼 보이던 기업이 어느 날 문득 파산에 이르는 것 등이 그 실례다. 동서고금의 역사가 보여주듯 제국의 몰락 과정도 이와 꼭 같다.

항우 패망의 단초를 항량의 패사에서 찾아야 한다는 얘기다. 대개 승승장구를 거듭하면 이내 자만심에 빠지기 쉽다. 백전백승이 오히려 독이 되는 꼴이다. 항량이 바로 그런 덫에 걸렸다. 그는 잇단 승리에 고무된 나머지 진제국을 너무 '우습게' 여겼다. "부자가 망해도 3대 간다"는 우리말 속담처럼 500여 년에 걸친 춘추전국시대의 난세를 평정하고 사상 최초로 천하를 통일한 진제국은 결코 가볍게 여길 대상이 아니었다. 더구나 당시는 한창 전쟁이 진행되던 때였다.

그처럼 중차대한 시기에 진제국을 우습게 여긴 것은 스스로 묘를 판 것이나 다름없다. 적을 업신여기는 것은 곧 교만이다. 남의 눈에 이런 모습이 보이는 것은 교만이 도를 넘었다는 징표이다. 휘하장수로 있던 송의宋義의 간언이 이를 뒷받침한다.

"싸움에서 승리한 후 장수가 교만해지고 병사들이 해이해지면 결국 패하게 됩니다. 지금 병사들이 점차 나태한 모습을 보이고 있는데 진나라 군사는 날로 증원되고 있습니다. 저는 장군에게 장차 그런 일이 일어날까 우려됩니다."

이미 교만해진 항량이 들을 리 없었다. 이때 어떤 일로 송의를 제나라에 사자로 보내게 됐다. 송의가 제나라로 가던 도중 길에서 우연히 항량을 만나러 오던 제나라 사자 고릉군高陵君 전현田顯을 만나게 됐다. 송의가 물었다.

"공은 장차 무신군 항량을 만나려는 것입니까?"

"그렇소."

송의가 만류했다.

"나는 무신군이 반드시 패하리라고 봅니다. 공은 천천히 가면 죽음을 면하고, 빨리 가면 화를 입을 것입니다."

과연 송의의 예언대로 얼마 후 호해가 관중의 장병을 대거 동원해 장함에게 보냈다. 크게 고무된 장함이 곧 항량의 군사에 대한 집중공격에 나섰다. 결과는 빤했다. 항량의 군사가 정도에서 대패했다. 항량 역시 이 싸움에서 진몰했다. 항우의 불행은 여기서부터 시작됐다고 해도 과언이 아니다. 기원전 208년 9월의 일이다. 진나라 음력으로는 2세 황제 호해 2년의 세모歲暮에 해당한다. 호해의 입장에서 보면 새해의 시작을 앞두고 경사가 난 것이나 다름없었다.

실제로 항량의 패사를 계기로 진나라 관군과 반군의 저울추는 확실히 관군 쪽으로 기울기 시작했다. 이때 7월부터 시작해 항량이 패사하는 9월까지 비가 계속해서 내렸다. 항우와 유방은 하남성 기현 동쪽 외황을 공격했으나 함락시키지 못했다. 환군하다가 하남성 개봉시 동남쪽에 있는 진류陳留를 공격했다. 이들은 이때 항량의 전사 소식을 들었다. 「항우본기」는 유방과 항우가 황급히 대책을 논의한 것으로 기록해 놓았다.

"지금 항량의 군사가 대패했다는 소식을 듣고는 장병들 모두 크게 두려워하고 있다!"

항우가 곧 진승의 '장초'를 마지막까지 붙들고 있다가 항량이 초회왕을 내세우며 '새로운 초나라'를 세운 후 합류한 장수 여신呂臣과 이 문제를 상의했다. 철수할 수밖에 없다는 결론이 나왔다. 당시 여신이 이끄는 군대는 항우의 군대와 달랐다. 독자적인 지휘권을 갖고 있었다. 유방도 마찬가지였다. 다만 유방은 항우와 여신의 군사와 비교할 때 규모도 상대적으로 작고, 권한도 그리 크지 않았다. 퇴각 결정은 항우와 여신 사이에서 이뤄졌다.

항우는 여신 및 유방과 함께 군사를 이끌고 동쪽으로 갔다. 초회왕도 우이盱眙에서 지금의 강소성 서주인 팽성彭城으로 옮겼다. 자연히 팽성이 새 도읍으로 정해졌다. 팽성은 중국의 여러 도시 가운데 가장 오랜 역사를 자랑하는 곳이다. 전설에 나오는 삼황오제인 황제와 치우가 접전을 벌인 탁록涿鹿이 바로 팽성의 옛 지명이다. 이를 기준으로 보면 무려 6,000년의 역사를 지닌 셈이다. 그러나 팽성이라는 명칭이 사서에 최초로 기록된 것은 『춘추좌전』「노성공 18년」조이다. 기원전 573년 여름에 송나라 군사가 팽성으로 쳐들어갔다는 기록이 나온다. 이를 기준으로 할지라도 매우 오래된 도시임은 분명하다.

당시 여신은 팽성의 동쪽, 항우는 팽성의 서쪽에 주둔했다. 유방은 팽성으로부터 서남쪽으로 약 70킬로미터가량 떨어진 탕현碭縣에 자리를 잡았다. 초회왕은 유방을 탕현의 상급 행정단위인 탕군碭郡의 군장郡長으로 삼으면서 무안후武安侯에 봉했다. 군장은 군수와 같은 직책으로 군사적인 성격이 짙었다. 항우는 장안후長安侯에 봉하고 노공魯公에 제수했다. '노공'은 노나라의 옛 땅을 관할하는 제후에 해당한다. 여신을 백관들을 지휘하는 사도司徒에 임명하고, 그의 부친 여청呂靑을 신하로서는 최고의 관직인 영윤令尹으로 발탁했다.

이는 2가지 사실을 암시하고 있다. 첫째, 항량의 패사를 계기로 초회왕이 자신의 목소리를 내며 항우를 견제하기 시작한 점이다. 이는 초회왕이 초나라 왕족의 일원으로서 마침내 명실상부한 제왕이 되고자 했음을 뜻한다. 「고조본기」의 다음 기록이 이를 뒷받침한다.

"호해 2년(기원전 208년) 윤9월, 초회왕이 항우와 여신의 군대를 합쳐 스스로 장군이 되었다."

이는 초회왕이 양치기를 할 때부터 천하가 어지러운 틈을 타 다시 조상이 세운 초나라를 부흥시키고자 하는 야심을 품고 있었음을 시사한다. 결과적으로 행운이 문득 다가오자 곧바로 낚아챈 셈이다. 자신에게 찾아온 천재일우의 기회를 놓치지 않고 과감한 조치를 취한 점에서 초회왕은 매우 노회老獪한 인물이었다. 당시 그는 내심 자신의 즉위에 결정적인 공헌을 한 항량이 없는 마당에 항우에게 부채를 진 것은 거의 없다고 판단했을 공산이 크다.

비록 이로 인해 훗날 항우에 의해 차도살인借刀殺人의 횡사를 당하기는 했으나 당시 그가 항우를 적극 견제하며 명실상부한 제왕이 되고자 한 것 자체를 탓할 수는 없다. 의리를 거론하며 '배은망덕' 운운하는 것은 지나치다. 오히려 전래의 의리를 논하면 누대에 걸쳐 장수를 지낸 '세세장가' 집안 출신인 항우가 명실상부한 초나라 왕족 출신인 초회왕에게 충성을 다하는 게 옳다. 사실 난세에 이런 식의 논란을 벌이는 것 자체가 무의미하다. 진시황의 급서로 천하가 뒤집혀진 상황에서 실력과 민심을 얻는 자가 천하의 강산을 차지하는 새 주인이 되기 마련이다.

둘째, 항우가 고립된 상황에 처하게 된 점이다. 여신에게 초나라 조정을 맡기고, 유방에게 팽성의 수비 임무를 맡긴 게 그렇다. 항우을 팽성에서 멀리 떨어진 노나라 땅의 제후에 임명한 것과 대비된다. 명목만 높을 뿐 새 도읍지인 팽성에서 크게 힘쓸 일이 없었다. 팽성의 서쪽을 수비하는 책임을 맡았으나 기본적으로 그는 노공에 제수된 까닭에 팽성의 서쪽 주둔은 일시적인 것에 지나지 않았다. 나아가 함부로 움직일 수도 없었다. 동쪽에 여신의 세력이 견제하고 있고, 그 외곽으로는 유방의 군사가 주둔하고 있기 때문이었다. 일종의 포위에 해당한다.

당시 초회왕이 항우를 견제하기 위해 꺼내든 유방의 카드는 나름 절묘했다. 그러나 문제는 실력이다. 유방의 실력이 어느 정도였는지 자세히 알 길이 없다. 당시 초나라 군사는 이전에 2만 명의 병사를 이끌고 항량에 합류한 진영을 비롯해 뒤에 항우군 내에서 최고의 맹장으로 불린 경포, 경포와 어깨를 나란히 한 포蒲 장군 등이 속해 있었다.

포 장군을 두고 사다케는 마지막까지 항우군의 장수로 활약한 종리매鍾離昧로 보았다. 일부 판본에는 종리매의 '매'가 매眛로 되어 있다. 『사기』에는 '종리'라는 지명이 자주 나온다. 지금의 안휘성 육안시 소재의 수춘壽春에서 회수를 따라 약 150킬로미터가량 내려가면 '종리'가 나온다. '새로운 초나라'의 첫 수도 우이와 수춘의 중간지점이다. 종리매는 이 지역 출신인 것으로 보인다. 『후한서』「지리지」에 포고피蒲姑陂 지명이 나온다. 지금의 종리에서 북쪽으로 70킬로미터 떨어진 곳이다. 사다케는 이 지명이 포장군의 이름에서 유래했을 것으로 보았다. 이는 나름 일리 있는 추론이다.

유방의 군사는 상대적으로 규모가 작았던 까닭에 당시 초나라 군사는 항량 직계의 항우와 '장초'의 후신인 여신이 이끄는 양대 군단이 주력군을 형성했다. 항우 휘하에 경포와 포 장군이 이끄는 부대를 포함해 몇 개의 중소 규모 부대가 배속돼 있었다. 유방의 무리는 비록 독자적인 지휘권을 지닌 별개의 군단으로 존재했으나 내용 면에서는 이들 중소 규모 군대 수준에 지나지 않았다. 「고조본기」가 당시 유방이 항우 이상의 무력을 보유한 것처럼 기록해 놓은 것은 후대인의 가필로 보는 게 옳다.

당시 유방이 탕군의 군수에 임명된 것은 비록 실력 면에서 뒤지지만 명목상으로는 항우와 비등한 세력으로 올라섰음을 뜻한다. 탕군은 수도 팽성의 방위선을 형성한다. 탕군 일대에는 진나라 장수 장함의 통제하에 있는 위나라 군대를 비롯해 '장초'의 패잔병 등이 일정한 세력을 유지하고 있었다. 초회왕이 유방에게 이 지역을 맡긴 것은 그만큼 신임이 컸음을 반증한다. 자신의 기반을 확고히 다지기 위해서라도 유방의 도움이 절대 필요했다. 이후 가장 먼저 함양에 입성한 자를 관중왕關中王에 봉하겠다고 선언한 것도 그 내막을 보면 사실 유방을 돕기 위한 '꼼수'에 가까웠다. 『사기』를 비롯한 사서는 이를 마치 엄청난 선언처럼 묘사해 놓았으나 이는 나중에 언급하겠지만 역사적 사실과 다르다.

객관적으로 볼 때 당시 유방이 실제로 지배한 지역은 탕군의 동쪽 부분인 탕현으로부터 망현芒縣을 거쳐 선보單父에서 하읍현下邑縣에 걸친 긴 벨트지역뿐이었다. 초회왕이 유방을 항우의 군단에 배속시키지 않고 탕군의 군장에 임명한 것은 항우를 견제코자 하는 노골적인 몸짓이었다. 객관적으로 볼 때 실력 면에서 신참에 불과한 유방은 항량을 계승한 항우와 커다란 격차가 있었다. 그럼에도 초회왕은 노골적으로 항우를 견제하기 위해 유방의 위상을 격상시켜 자신의 꿈을 이루기 위한 지렛대로 삼은 것이다. 배경이야 어쨌든 결과적으로 이게 유방에게는 세력 확장의 결정적인 배경으로 작용했다. 행운이었다.

당시 초회왕이 유방의 위상을 격상시킨 것도 형식이 내용을 지배한 대표적인 사례에 해당한다. 만일 항량이 살아 있었다면 초회왕이 이런 식의 노골적인 조치를 취하지는 못했을 것이다. 그러나 항량이 패사한 상황에서 명분상으로 초회왕을 견제할 수 있는 세력은 존재하지 않았다. 초회왕은 이런 절호의 기회를 최대한 활용해 자신의 입지를 나름 튼튼히 다진 셈이다. 위표魏豹가 위나라의 20여 개 성을 함락시키며 진나라 군사에 대한 반격의 기반을 확보하자 곧바로 그를 위왕으로 삼은 사실이 이를 뒷받침한다. 어느덧 반군 내에서 최고 권위의 상징으로 우뚝 섰음을 방증한다. 당시 항우도 바보가 아닌 이상 초회왕의 속셈을 전혀 몰랐다고 보기는 어렵다. 사서에는 이에 관한 기록이 전혀 나오지 않고 있다. 항우 역시 속으로 칼을 갈며 때가 오기를 기다렸을 공산이 크다. 후술하는 바와 같이 함양으로 진공할 때 상관인 총사령관 송의의 목을 단칼에 벤 사실이 이를 뒷받침한다.

초회왕이 항우와 유방 등의 제장들을 불러놓고 함양 진공의 명을 내린 것은 적극적인 공세를 통해 새 도읍지인 팽성의 안정을 확고히 다지는 이른바 이공위수以攻爲守의 성격이 짙다. 공격을 통해 수비를 다진다는 뜻이다. 이는 장함이 이끄는 진나라 군사의 반격이 그만큼 매서웠음을 반증한다.

장함의 용병술

실제로 당시 장함이 이끄는 진나라 군사의 진공은 눈부셨다. 그는 곧바로 황하를 건너 조나라 수도 한단성을 공략한 뒤 백성들을 하내河內로 옮기고 성곽을 허무는 조치를 행했다. 두 번 다시 반기를 들지 못하게 하려는 속셈이었다. 이로써 춘추시대 이래 가장 번성했던 여러 도시 중 하나인 한단은 폐허가 되고 말았다.

당시 조나라는 '장초'의 진승이 조나라 땅 공략을 위해 파견했던 장이와 진여가 무신의 횡사 이후 급히 조나라 왕족의 후예인 조헐을 옹립해 근근이 자립하는 상황에서 치명타를 입은 셈이다. 궁지에 몰린 장이와 진여는 잇달아 초나라에 사자를 보내 구원을 청했다. 두 사람은 이와 동시에 역할분담을 통해 위기탈출 방안을 강구했다. 우선 장이가 조왕 조헐趙歇을 모시고 거록성鉅鹿城 안으로 들어가 농성하는 사이 진여가 북쪽 상산常山 땅으로 올라가 군사를 모아 반격을 꾀하는 식으로 역할을 나눠 맡았다. 진여는 당초 예상했던 바대로 상산 일대로 달려가 수만 명의 병력을 그러모으는데 성공했다. 급히 이들을 이끌고 거록성의 북쪽으로 진주하자 장함이 이와 마주보는 거록성 남쪽 극원棘原에 영채를 차렸다. 협공 가능성을 미리 차단코자 한 것이다.

객관적으로 볼 때 초나라의 지원이 없으면 대치 기간이 길면 길수록 장함에게 유리했다. 당시 장이가 농성한 거록성은 지금의 하북성 평향현平鄉縣 서남쪽에 있었다. 중국의 고문헌에는 똑같은 명칭의 거록이 한 곳 더 있다. 지금의 하북성 거록현巨鹿縣 북쪽에 있는 옛날의 늪지대가 그곳이다. 여불위가 펴낸 『여씨춘추』의 「유시有始」에 나온다.

"무엇을 9수九藪라고 하는가? 오吳의 구구具區, 초楚의 운몽雲夢, 진秦의 양화陽華, 진晉의 대륙大陸, 양梁의 포전圃田, 송宋의 맹저孟諸, 제齊의 해우海隅, 조趙의 거록鉅鹿, 연燕의 대소大昭가 그것이다."

여기의 수藪는 수목과 덤불 등이 우거진 늪지대를 말한다. 『춘추좌전』을 비롯한 고문헌에 가장 많이 등장하는 늪지대는 초나라 땅의 운몽이다. 일명 운몽택雲夢澤 내지 '운몽대택'으로 불린다. 춘추전국시대에 나온 무수한 초나라 관련 일화가 운몽택과 연결돼 있다. 지금의 호북성 강한평원江漢平原 일대가 그곳이다. 인근에 동정호洞庭湖 등의 거대한 호수를 끼고 있는데다 남쪽은 장강과 맞닿아 있다. 지금은 상류에서 내려온 침적물로 인해 크게 축소돼 있으나 춘추전국시대의 문헌에 따르면 운몽택의 직경이 무려 450킬로미터에 달했다고 한다. 면적으로 따지면 무려 25만 평방킬로미터에 달한다. 한반도보다 큰 셈이다. 조나라 땅에 있었던 거록의 늪지대가 운몽택과 이름을 나란히 한 것은 그만큼 규모가 컸음을 의미한다. 일명 광아택廣阿澤으로 불린 사실이 이를 뒷받침한다.

『사기』에 등장하고 있는 '거록'은 광아택의 늪지대가 아니라 평원지대이다. 이곳은 항우가 초나라 연합군을 이끌고 와 장함이 이끄는 진나라 정예군을 대파한 까닭에 21세기 현재에 이르기까지 역대 사가들의 주요 관심대상이 되고 있다. 특히 전쟁사를 연구하는 학자들은 이 싸움을 거록지전鉅鹿之戰 내지 거록대전鉅鹿大戰으로 부르며 전후 배경을 세밀히 분석하는 등 매우 중시하고 있다. 「항우본기」는 당시 상황을 생생히 묘사해 놓았다. 일부 학자는 거록대전 대목을 「항우본기」의 정수로 보고 있다. 사마천이 그만큼 심혈을 기울여 묘사했음을 시사한다.

당초 진나라 조정은 장이와 진여가 이끄는 조나라 땅의 반군세력을 제압키 위해 명장 왕전王翦의 손자이자 본인 또한 명장이라는 칭송을 받는 왕리王離의 군사를 파견했다. 그만큼 신경을 쓴 것이다. 여기에 주장이 이끄는 '장초'의 주력군을 격파한 장함의 군사가 가세하면서 조나라는 최악의 위기상황에 몰리게 된 것이다.

장함의 군사가 가세케 된 결정적인 배경은 조왕 무신의 누이로부터 모욕을 받고 화를 참지 못해 반기를 든 조나라 장수 이량이 진여에게 패한 후 장함에게 투항한 데 있다. 당시 이량이 장함에게 조나라 내부 사정을 속속들이 보고했다고 보아야 한다. 이량의 투항이 있은 지 얼마 안 돼 장함이 곧바로 황하를 건너 조나라의 도성인 한단을 공략한 사실이 이를 뒷받침한다. 실제로 「장이진여열전」은 '이량이 장함이 있는 곳으로 달아나 귀부하자 장함이 곧바로 군사를 이끌고 조나라 도성 한단에 이르렀다'고 기록해 놓았다. 조나라 군사의 배치 상황과 내막 등을 소상히 알지 않고는 불가능한 일로 보아야 한다. 최고급 정보를 입수한 장함은 내심 조나라를 공략하는 일은 이제 손바닥을 뒤집듯 쉬운 여반장如反掌에 지나지 않는다고 여겼을지도 모른다. 사실 고금을 막론하고 장수의 적진 투항은 치명적이다. 나라의 명운을 좌우할 최고급 정보가 적진에 고스란히 넘어가기 때문이다.

원래 진시황의 급서 이후 장함이 무너져가는 진제국의 기둥을 지탱하는 막중한 임무를 수행케 된 단초는 '장초'의 주력군인 주장의 군사를 격파한 데 있다. 이때 주장의 군사를 격파하지 못했을 경우 함양은 이내 함락될 수밖에 없었고, '왕후장상의 씨' 운운한 진승이 최초의 농민출신 황제로서 새 제국의 창업주가 될 공산이 컸다. 그리되면 유씨의

한漢제국이 아니라 진씨의 진陳제국이 등장했을 것이다. 결과론이지만 진승은 주력군을 이끌고 관중으로 진출한 주장의 패배로 인해 쇠락을 거듭하다가 마침내 자신의 수레를 이끌던 마부 장가에 의해 목이 떨어지는 횡사를 당한 셈이다.

여기서 주목할 것은 산택山澤의 세금을 담당하는 소부少府 출신 관원인 장함이 문득 기왕의 경력과 동떨어진 장수로 우뚝 선 배경이다. 주장이 '장초'의 주력군을 이끌고 함양 인근까지 육박해 들어오는 초미지급焦眉之急의 상황에서 묘책을 제시해 이를 관철시킨 덕분이다. 석방을 미끼로 내걸고 6국에서 징발한 죄수들을 병사로 충원하는 계책이 그것이다. 죽을 목숨을 살리게 된 죄수들이 석방은 물론 전공에 따라 벼슬까지 얻을 수 있다는 유혹에 목숨을 내걸고 싸우는 최정예 전사로 돌변한 배경이 여기에 있다.

그러나 장함이 이끄는 최정예 군사에게도 치명적인 약점이 있었다. 주장을 격파한 뒤 옛날 6국에서 장소를 바꿔가며 싸우는 과정에서 '역전歷戰의 용사'로 활약한 6국 출신 병사들이 자신의 고국에서 싸울 때면 병영을 이탈하거나 심하게는 적진에 가담하는 경우가 속출했다. 이들을 이끌고 반란을 계속 진압하는 것은 불가능한 일이었다.

당시만 해도 진시황의 천하통일로부터 시간이 얼마 흐르지 않은 까닭에 사람들 모두 진제국의 백성이라는 생각보다는 6국의 백성이라는 귀속의식이 훨씬 강했다. 고국의 반군세력을 토벌하는 일에 해당국 출신 '역전의 용사'들이 분투할 것을 기대하는 것은 연목구어緣木求魚나 다름없었다. 장함이 함양의 조정에 관중 출신 병력의 조속한 증원을 요청한 이유다. 나중에 나오겠지만 이들 관중 출신 장병들은 장함이 항우에게 투항할 때 대거 반발했다가 항우에 의해 생매장을 당하고 말았다. 관중의 부형들이 항우에게 커다란 원망을 품은 이유다.

이는 결국 항우의 함양에 대한 대대적인 분탕질로 이어졌고, 역으로 유방에게는 관중 진입의 결정적인 배경으로 작용했다. 최후의 결전에서 유방의 주력군이 관중 출신 병사들로 채워진 것은 피가 피를 부르는 악순환의 결과였다. 유방이 의도적으로 관중 출신 병사들을 주력으로 삼았을지도 모를 일이다. 고금을 막론하고 병사들의 사기를 드높이는 방안으로 적개심만큼 좋은 게 없기 때문이다.

실제로 항우는 원한이 원한을 낳고, 보복이 보복을 부르는 처참한 유혈전의 희생양이 되고 말았다. 여러 원인을 들 수 있지만 항우의 초나라에 대한 귀속의식이 너무 강했던 게 탈이었다. 천하를 거머쥐거나 평정코자 하면 고향으로 상징되는 귀속의식을 과감히 떨칠 필요가 있었다. 덩샤오핑은 마오쩌둥에 이어 '신중화제국'의 제2대 황제 자리에 오른 후 자신의 고향은 물론 고향이 속해 있는 그 넓은 사천성에 단 한 번도 들르지 않았다. 전 인민들의 결속을 다지기 위한 몸짓이었다. 항우가 관중 출신 장병들을 일거에 몰살한 것은 함양에 먼저 입관했던 유방이 이른바 공약3장公約三章을 발표하는 식으로 관중 부로父老들의 지지를 얻어낸 것과 대비된다. 유방과 항우의 리더십을 비교할 때 이 대목이 빠지지 않고 거론되는 이유다.

장함이 항우에게 투항한 것은 후술하겠지만 함양의 진나라 조정이 극도로 혼란스러운 데 따른 것이었다. 진제국의 마지막 버팀목이었던 장함의 투항으로 사실상 진제국은 끝난 것이나 다름없었다. 『사기』를 비롯한 사서는 장함이 투항 이후 항우 쪽에 적극 가담한 점 등을 이유로 그가 세운 화려한 전공의 배경을 용병술보다는 외부적인 요인에서 찾고 있으나 이는 지나쳤다. 객관적으로 볼 때 당시 장함이 최정예 부대를 유지한 것은 결코 단순히 6국 출신 죄수들을 동원하는 계책을 구사하거나 이후 관중 출신 병사들을 대거 충원해서가 아니다.

보다 중요한 것은 그의 뛰어난 용병술이었다. 관련 기록을 종합해 보면 그는 항우에게 투항할 때까지 거의 백전백승의 승리를 거두었다. 항우와 별반 다를 바 없다. '초한지제'에 활약한 3대 병법가를 들라면 단연 항우와 한신을 비롯해 장함을 꼽을 수 있다. 항우와 한신의 경우는 사서에 그들이 구사한 다양한 용병술이 소상히 소개돼 있다. 거의 백전백승을 거뒀음에도 간략히 그 결과만 기록된 장함과 대비된다. 당시의 도도한 '반진' 흐름을 감안할 때 뛰어난 용병술이 없었으면 불가능한 일이었다. 그를 '초한지제'에 활약한 3대 병법가로 꼽아야 하는 이유다.

이는 장함에 앞서 조나라 공략을 위해 파견된 진나라 명장 왕리가 이내 장함 휘하의 부장副將으로 배속된 사실이 뒷받침한다. 여기의 '부장'은 휘하 부대장을 뜻하는 부장部將과 달리 상장上將의 유고 때 총사령관의 역할을 맡는 '부사령관'을 뜻한다. 왕리는 항우가 초나라에서 누대에 걸쳐 장수를 배출한 '세세장가' 출신인 것과 마찬가지로 천하통일에 결정적인 공을 세운 무수한 장수를 배출한 진나라의 '세세장가' 출신이다. 당시의 기준에서 볼 때 그런 명문가의 장수를 장함의 '부사령관'으로 임명한 것은 파격이다. 이는 장함이 세운 전공이 얼마나 뛰어났는지를 반증한다.

관중왕의 미끼

고금을 막론하고 아무리 뛰어난 용병술을 자랑할지라도 압도적인 병력 차이로 인한 중과부적衆寡不敵은 어쩔 수 없다. 당대의 병법가이자 출중한 무예를 자랑한 항우가 끝내 최후의 결전에서 패해 스스로 목숨을 끊은 것도 바로 중과부적으로 인한 것이다. 사면초가四面楚歌의 고사가 그 증거다. 『삼십육계』가 마지막 계책인 제36계 주위상走爲上 계책에서 압도적인 병력 차이로 인한 중과부적 상황에서는 속히 정면충돌을 피하고 뒤로 물러나라고 충고한 이유다. 『손자병법』도 첫 편인 「시계」에서 '주위상'의 중요성을 이같이 역설하고 있다.

"적이 내실을 충실히 하면 더욱 튼튼히 대비해야 한다. 적의 병력이 막강할 때는 반드시 정면충돌을 피하고 빈틈을 노려야 한다. 적이 기세등등하면 노하게 만들어 냉정히 판단치 못하도록 유도해야 한다."

삼국시대의 조조는 역대 제왕 가운데 21세기 현재에 이르기까지 당태종 이세민과 '신중화제국'의 창업주인 마오쩌둥과 더불어 가장 뛰어난 병법가로 손꼽히고 있다. 그는 온갖 잡문이 끼어들어 82편까지 늘어난 후한 말기의 『손자병법』을 원래의 모습인 13편으로 정리하면서 역사상 가장 탁월한 주석을 가한 바 있다. 『손자병법』의 사실상의 저자로 간주되는 이유다. 그는 이 대목에 이런 주석을 달아 놓았다.

"「시계」에서 적이 내실을 충실히 할 때 더욱 튼튼히 대비해야 한다고 말한 것은 적의 전력이 아군보다 뛰어날 경우 반드시 굳게 지키면서 실력을 키워나가야 한다는 취지에서 나온 것이다. 정면충돌을 피하고 빈틈을 노려야 한다고 언급한 것은 곧 적의 주력부대와 맞부딪치는 것을 극력 피해야 한다는 뜻이다. 적이 냉정히 판단치 못하도록 유도한다고 말한 것은 적을 끊임없이 교란해 적의 힘을 분산시킨 뒤 쇠약해지고 느슨해지기를 기다려야 한다는 의미이다."

현격한 차이가 나는 중과부적의 상황을 타개하는 방안으로 이보다 더 나은 것은 없다. 당시 장함은 비록 최정예 부대를 이끌면서 상승군常勝軍의 명성을 이어가고는 있었으나 초나라 연합군이 적극 지원에 나설 경우 승리를 장담키가 어려웠다. 자칫 장이가 이끄는 거록성의 군사와 거록성 북쪽에 포진한 진여의 군사, 남쪽의 초나라 연합군에 의해 3각 협공을 당할 소지가 컸다. 실제로 역사는 그렇게 진행됐다.

병법에 뛰어난 장함이 이를 모를 리 없었다. 그가 거록성의 공략을 서두른 근본 배경이 여기에 있다. 장이와 진여의 세력을 완전히 제압한 뒤 힘을 결집해 초나라 연합군과 최후의 결전을 벌이고자 한 것이다. 부장인 왕리가 거록성에 맹공을 퍼부은 이유다. 「고조본기」가 거록성을 포위한 왕리의 군사를 특별히 '하북군河北軍'으로 칭한 것도 이런 맥락에서 이해할 수 있다. 빠른 시일 내에 거록성을 평정하라는 장함의 명이 있었음을 시사한다.

왕리의 맹공에 장이는 성 안의 모든 자원을 동원해 이를 결사적으로 막아냈으나 일정한 한계가 있을 수밖에 없었다. 원래 성 안으로 들어가 버티는 농성전은 스스로 '독 안의 쥐'를 자처한 까닭에 아무리 열심히 싸울지라도 지원군이 들이쳐 협공을 가하는 방안을 빼고는 자멸하는 길밖에 없었다. 그만큼 위험하다. 일종의 배수진을 친 것이나 다름없다. 후술하는 바와 같이 '문경지교'와 '망년지교'를 자랑했던 장이와 진여가 서로 등을 돌리며 원수로 돌변한 것은 바로 농성전에 대한 해석

차이에서 비롯된 것이다.

당시 조나라의 긴급 구원요청을 받은 초회왕은 이내 어전회의를 연 뒤 진나라에 대한 전면전 방침을 결정했다. 조나라 구원이 그 안에 포함된 것은 말할 것도 없다. 진나라에 대한 전면전을 결정할 당시 제나라 사자인 고릉군 전현田顯이 계속 초나라에 머물고 있었다. 그는 초회왕을 만나 이같이 건의했다.

"송의가 전에 무신군 항량의 군사가 필패할 것이라고 말했습니다. 과연 며칠 후 항량의 군사가 패하고 말았습니다. 군사가 싸우기도 전에 미리 패할 징조를 보았으니 이는 가히 군사를 안다고 할 수 있습니다."

고현이 지적했듯이 송의는 나름 병법에 밝은 인물이었다. 「항우본기」는 초회왕이 과연 송의를 불러 함께 얘기를 나눠보고는 크게 기뻐했다고 기록해 놓았다. 아무리 그럴지라도 그를 대뜸 상장군上將軍에 임명하면서 항우를 차장次將, 항우의 책사 범증을 말장末將으로 삼아 조나라를 구하도록 한 것은 파격이었다. 객관적으로 볼 때 항량의 후계자는 누가 뭐래도 항우였다. 항우가 비록 나이가 어리기는 하나 그를 상장군으로 삼을지라도 당시 상황에서 제장들이 이를 이유로 반발할 가능성이 그리 크지 않았다. 뭔가 다른 꿍꿍이 속셈이 있다고 보아야 한다.

『사기』를 비롯한 사서는 이에 대해 입을 다물고 있다. 초회왕이 송의를 만나본 뒤 크게 기뻐했다는 대목의 「항우본기」 원문은 계사대열計事大說이다. 여기의 열說은 기쁠 열悅의 뜻으로 사용될 때는 '설'이 아닌 '열'로 읽는다. 초회왕이 취한 파격적인 조치의 배경을 푸는 열쇠는 바로 '계사計事' 두 글자에 있다. 무슨 일인가를 계모計謀했다는 의미이다.

이들은 도대체 무엇을 이루기 위해 어떤 일을 논의하고 계책을 세웠다는 것일까? 해당 기록이 없는 만큼 전후 맥락을 살펴 추론하는 수밖에 없다.

「항우본기」는 초회왕이 송의를 상장군에 임명한 뒤 "여러 별장들을 모두 송의에게 소속케 하고 송의의 군사를 '경자관군卿子冠軍'이라고 불렀다"고 기록해 놓았다. 여기의 '경자'는 송의에게 내린 존호尊號로 공자公子 내지 공경公卿을 달리 표현한 말이고, '관군'은 최정예 군대를 의미한다. 관冠은 '으뜸'의 뜻이다.

조나라 수도 한단은 황하의 부채꼴 지형의 정점인 형양에서 북서쪽으로 약 250킬로미터 지점에 있다. 형양에 도달한 진나라 장함의 구원부대가 그곳에서 방향을 돌려 팽성을 급습하면 초나라는 일거에 무너질 수밖에 없었다. 당시 유방이 이끄는 군사는 유격부대의 역할을 수행하고 있었다. 초나라 도성 팽성의 방어선을 튼튼히 하여 유사시 진나라 군사가 급습하는 것을 막는 임무였다. 「고조본기」는 당시 상황을 기록해 놓았다.

"초회왕이 제장들과 약속키를, '먼저 관중으로 들어가 평정하는 자를 왕으로 삼을 것이다!'라고 했다."

제장들과 약속했다는 뜻의 원문은 '약제장約諸將'이다. 이는 초회왕이 군사령관으로서 출정하게 된 각 군의 장군들에게 전략전술의 결정을 선언하고 동의를 얻었음을 의미한다. 약約은 강제적인 명령이지만 동시에 적극적인 동의가 필요하다. 일방적인 선언과 다른 이유다. 춘추전국시대의 전 시기를 통틀어 효산 동쪽의 이른바 산동山東 내지 함곡관 이동의 관동關東에 위치해 있던 6국이 진제국의 심장부인 관중 땅으로 군사를 들여보낸 전례가 없었다. 단지 춘추시대 중엽 중원을 호령하던 진晉나라가 우호관계를 맺고 함양 인근의 경수涇水까지 군사를 파견한 적이 있을 뿐이다. 이 또한 두 나라가 혼인관계로 인한 우호관계를 맺은 데 따른 것으로 적대적인 입장에서 군사를 관중 땅으로 들여보낸 것은 아니다. 그런 의미에서 '장초'의 주력군을 이끈 주장이 함곡관을 넘어 함양 부근까지 진출한 것은 놀랄 만한 일이다.

그러나 엄밀히 말하면 이는 2세 황제 호해가 방심한 데 따른 것으로 극히 예외인 경우에 속한다. 정신을 차리고 관문을 지킬 경우 아무리 많은 병력을 동원할지라도 함곡관을 돌파하는 것은 거의 불가능에 가깝다. 지리적으로 매우 험한 까닭에 소수의 병력만으로도 대군의 진입을 능히 저지할 수 있다. 천혜의 요새에 해당한다.

당시 초회왕이 '관중왕' 책봉을 관중 탈환의 미끼로 내건 것은 이런 정황을 두루 감안한 결과였다. '관중왕'의 의미가 그만큼 컸다. 그렇다면 초회왕은 거의 불가능에 가까운 것으로 여겨진 함곡관 돌파가 전제된 '관중왕' 책봉을 미끼로 내건 것일까? 나름 노림수가 있었다. 초회왕의 입장에서 볼 때 '관중왕' 책봉의 미끼는 '일거양득'에 해당했다.

첫째, 보위를 굳건히 할 수 있는 전기를 마련할 수 있었다. 장수들 앞에서 합의 하에 현상을 내걸었다는 것은 곧 군명君命의 집행력이 담보됐다는 의미이다. 「고조본기」의 '약제장' 표현이 이를 뒷받침한다. 객관적으로 볼 때 비세에 몰려 있는 초나라의 반진·반군세력이 관중으로 들어가 함양을 취하는 것은 불가능에 가까웠다. 그러나 비상한 시기에는 비상한 목표설정이 오히려 일이 성사되는 배경으로 작용한다. 사기를 북돋우는 계기로 작용하기 때문이다. 성공하면 좋고, 실패할지라도 최소한 제장들의 충성 경쟁을 부추겨 보위를 튼튼히 하는 부수적인 효과를 기대할 수 있었다. 비록 항량에 의해 옹립되기는 했으나 항량도 죽은 마당에 보위가 상대적으로 강화될 수밖에 없다. 실제로 이를 계기로 수세를 공세로 전환시킬 수 있었다. 초회왕의 입장에서 볼 때 돈이 드는 일도 아니었다. 일종의 '립 서비스'에 지나지 않았다. 제장들이 필사의 각오로 싸울 경우 장함이 위험을 무릅쓰고 팽성 공격에 나설 가능성은 희박했다.

둘째, 군권君權 유지의 최대 걸림돌인 항우를 견제할 수 있는 적절한 구실을 찾을 수 있었다. 당시 관중은 천하의 중심지로, 함양은 그 상징에 해당한다. 이곳을 차지하는 자가 천하를 호령하게 된다. 초회왕은 항우를 견제하기 위해 유방을 관중왕에 봉하려는 속셈을 갖고 있었다. 실제로 그런 쪽으로 사태를 몰아갔다. 유방이 초회왕의 적극적인 배려에 힘입어 남쪽 무관을 통해 먼저 함양에 입성하는 대공을 세운 게 그 증거다.

이 일이 훗날 자신의 목숨을 재촉하는 빌미로 작용했으나 그 계책만큼은 탁월한 것이었다. 항우의 입장에서 볼 때 교활하기 짝이 없는 계책이었으나 증거도 없이 무턱대고 불만을 털어놓을 수도 없었다. 사서의 기록을 종합해 볼 때 초회왕은 '초한지제' 때 활약한 범증과 장량, 괴철 등을 방불하는 계모의 달인이었다.

초회왕이 '관중왕' 책봉의 미끼를 던진 것은 시기적으로도 절묘했다. 당시 급선무는 장강 이남을 거의 평정하고 황하를 건너 조나라를 포위하고 있는 장함의 군사를 격퇴하는 일이었다. 그러나 쉽지 않았다. 장함은 막강한 무력을 배경으로 연전연승을 거두고 있었다. 이런 상황에서 설령 요행으로 함곡관을 돌파해 관중 땅으로 입관할지라도 그 이후를 기약할 수 없었다. 또한 함곡관을 돌파할지라도 또 하나의 관문인 동관潼關을 돌파해야 했다. 짐짓 함곡관 안으로 끌어들인 뒤 문득 관문을 닫아걸고 함곡관과 동관 사이에서 협공을 가할 경우 자칫 몰살을 당할 수도 있었다.

「고조본기」는 '제장들 모두 먼저 입관하는 것이 결코 이롭지 못하다고 생각했으나 항우만 유독 항량의 군사를 격파한 진나라 군사에 원한을 품고 있었다'고 기록해 놓았다. 숙부의 패사를 설욕코자 하는 복수심이 들끓고 있었음을 보여준다. 뒤이어 나오는 '크게 분노한 나머지 패공과 더불어 속히 서쪽으로 진격해 입관코자 했다'는 구절이 이를 뒷받침한다. 그러나 상황은 결코 여의치 않았다. 장수들의 분위기가 우호적이지 않았기 때문이다. 「고조본기」에 따르면 당시 여러 노장老將들이 입을 모아 이같이 말했다.

"항우는 위인이 교활하고 포학해 일찍이 양성襄城을 공격하면서 성안에 아무 것도 남겨두지 않았고, 사람을 모두 산 채로 파묻었습니다. 그가 지나는 곳마다 잔멸殘滅되지 않은 것이 없었습니다. 게다가 초나라는 여러 번 진격하여 빼앗고자 했음에도 바로 전에 진승과 항량 등이 모두 패한 것처럼 여의치 않았습니다. 차라리 관인한 인물을 파견해 의를 북돋우면서 서진하여 진나라 부형들을 깨우쳐 이끄느니만 못합니다. 진나라 백성들이 폭군으로 인해 고생을 한 지 이미 오래 되었습니다. 지금 실로 관인한 인물을 보내 침탈하지 않을 것을 약속하면 능히 함양을 함락시킬 수 있습니다. 항우를 보내서는 안 됩니다. 유방은 원래 관인한 인물이니 가히 보낼 만합니다."

이는 「항우본기」에는 나오지 않고 오직 「고조본기」에만 나온다. 당시 제장들이 입을 모아 항우를 성토한 게 사실일까? 항우를 지지하는 장수는 하나도 없었던 것일까? 선뜻 납득이 가지 않는 대목이다. 후대인의 가필이 의심되는 대목이다.

「고조본기」는 이어 '초회왕이 노장들의 건의를 좇아 항우를 불허한 뒤 유방에게 관중을 경략토록 명하면서 진승과 항량 휘하에 있다가 사방으로 흩어진 군졸을 수습해 병력을 증강토록 했다'고 기록해 놓았다. 관중왕을 미끼로 내놓은 마당에 항우를 불허했다는 것은 무엇을 뜻하는 것일까? 이 또한 후대인의 어설픈 가필일 공산이 크다. 적잖은 사람들이 이를 사마천의 글로 간주해 '항우의 서진을 불허했다'는 식으로 풀이하고 있다. 이런 식의 풀이는 명백한 모순이다.

만일 사마천이 이런 표현을 썼다고 전제하면 다르게 해석할 필요가 있다. 전후 맥락에 비춰 유방을 지지하는 일부 장수들이 초회왕을 만나 항우를 헐뜯으면서 유방이 먼저 입관하는 방안을 제시했을지 모른다. 이때 이들은 항우를 송의 군단에 배속시켜 입관의 공을 원천적으로 봉쇄한 뒤 유방으로 하여금 아무도 예상치 못하는 무관으로 돌파토록 하는 방안을 제시했을 공산이 크다. 이 경우 항우는 송의와 함께 거록성을 포위하고 있는 진나라 군사와 맞붙어야 하는 까닭에 승리를 거둘지라도 입관이 늦어질 수밖에 없다. 반면 무관을 택한 유방은 무관 일대를 지키는 진나라 군사만 격파하면 별 어려움 없이 함양을 향해 파죽지세로 내달릴 수 있다. 실제로 역사는 그런 쪽으로 진행됐다.

「고조본기」 원문은 불허항우不許項羽이다. 이는 '항우의 서진을 불허했다'고 해석해서는 안 된다. '항우가 관중왕이 되는 것을 허용치 않았다'고 해석해야 앞뒤 문맥이 순통順通하게 된다. 그래야 유방이 매우 빠른 속도로 무관을 향해 줄달음친 배경이 쉽게 이해된다. 이는 초회왕이 유방에게 속히 무관을 통해 입관하라는 밀명密命을 내렸음을 뜻한다. 실제로 「고조본기」는 탕현碭縣을 출발한 유방이 서쪽으로 진격하면서 지금의 산동성 복현인 성양成陽과 산동성 무성현 경계인 강리杠里에서 진나라 군사를 잇달아 격파했다고 기록해 놓았다. 항우의 입장에서는 비상한 결단이 필요한 시점이었다.

송의 참수의 배경

유방이 초회왕의 '밀명'을 받고 무관을 돌파하는 상황에서 송의를 상장군으로 모시게 된 차장次將 항우의 몫은 기대할 게 없었다. 진나라를 멸한 뒤 논공행상에서 현재 보유하고 있는 노공魯公의 지위에서 약간 더 올라가 노왕魯王에 봉해지거나 잘해 봐야 상주국 등의 관직을 '덤'으로 더 챙기는 정도에 그칠 공산이 컸다. 진제국의 심장부를 차지한 관중왕에 비할 바가 아니었다.

당시 항우는 초회왕이 유방 및 송의 등과 합작해 자신을 심하게 견제하고 있다는 생각을 하지 못했을까? 그가 바보가 아닌 이상 있을 수 없는 일이다. 문제는 형식이 내용을 압도하고 있는 당시의 상황이었다. 이를 뒤집을 수 있는 결정적인 계기가 필요했다. 이는 송의가 먼저 제공했다.

기원전 208년 겨울 10월, 송의가 지금의 산동성 조현인 안양安陽에 이르자 무려 46일 동안 그곳에 머물며 앞으로 나아갈 생각을 하지 않았다. 송의는 왜 조나라의 화급한 요청에도 불구하고 이처럼 '느긋한' 모습을 취한 것일까? 「항우본기」의 기록에 비춰볼 때 이는 항우도 전혀 예상치 못한 일이었다. 항우의 강력한 항의가 이를 뒷받침한다.

"진나라가 조나라를 포위해 위급하게 되었으니 의당 빨리 군사를 이끌도록 해야 합니다. 우리 초나라가 그 외곽을 치고 조나라가 안에서 응하면 틀림없이 진나라 군사를 깨뜨릴 수 있습니다."

송의가 반대했다.

"그렇지 않소. 무릇 소의 몸에 앉아 피를 빨아먹는 등에를 쳐서 잡으면서 이와 서캐를 잡는 수법은 안 통하오. 지금 진나라가 조나라를 공격해 이기면 군사들은 곧 피로해질 것이오. 우리는 저들이 피폐한 틈을 타 공격할 수 있소. 만일 저들이 못 이기면 우리는 군사를 이끌고 북을 치며 진격하며 서진할 수 있소. 그러면 반드시 진나라를 깨뜨릴 수 있을 것이오. 우선 진나라와 조나라가 서로 싸우도록 놓아두느니만 못하오. 무릇 갑옷을 입고 무기를 잡는 것은 내가 그대만 못하나, 장막 속에 앉아 전략을 짜는 것은 그대가 나만 못하오."

그러고는 항우를 겨냥해 군중에 이런 명을 내렸다.

"호랑이처럼 흉맹하고, 양처럼 사납고, 이리처럼 탐려貪戾한 까닭에 지나치게 강해 부릴 수 없는 자는 모두 참할 것이다!"

송의가 언급한 계책은 『삼십육계』에서 말하는 제9계 격안관화隔岸觀火 계책에 가깝다. 강 건너 적 쪽에 불 난 것을 바라보다가 적이 자멸하면 그때 그 이익을 고스란히 취하는 것을 말한다. 적이 내분을 겪을 때 성급히 일을 도모하면 오히려 실패할 수 있다. 적이 서로 단합해 대항할 수 있기 때문이다. 이때는 팔짱을 끼고 강 건너 불구경하듯이 적이 자멸할 때까지 기다리는 게 옳은 방법이다. 어부지리漁父之利 내지 방휼지쟁蚌鷸之爭 고사와 취지를 같이한다. 『삼십육계』는 그 취지를 이같이 설명하고 있다.

"상대가 극도로 포학해져 서로 원수처럼 눈을 부라리며 내분을 일으켜 죽고 죽이는 싸움을 벌이게 되면 사세로 볼 때 반드시 스스로 멸망하게 된다. 아군은 공순한 태도를 보이며 불필요하게 적을 핍박하지 않고, 적의 내분이 극으로 치달아 스스로 궤멸할 때 기회를 보아 이익을 취한다."

송의가 활약한 '초한지제' 때는 『삼십육계』가 없었다. 그러나 '격안관화'의 취지만큼은 이미 널리 알려져 있었다고 보아야 한다. 『손자병법』「군쟁」에 나오는 '이치대적以治待敵, 이정대화以靜待嘩' 구절과 취지를 같이하고 있기 때문이다. 잘 정비된 아군으로 혼란스런 적을 상대하고, 침착하고 차분한 아군으로 떠들썩하고 무질서한 적을 상대한다는 뜻이다. 앉아서 호랑이가 싸우는 것을 구경한다는 뜻의 '좌산관호투坐山觀虎鬪' 성어와 그 의미가 통한다.

송의가 나름 병법에 꽤 밝았음을 알 수 있다. 그러나 그가 항우를 향해 자신이 병법에서 앞서 있다고 자부한 것은 지나쳤다. 송의가 언급한 '격안관화' 계책은 나름 그럴 듯하나 엄밀히 따지면 견강부회에 가깝다. '새로운 초나라'의 입장에서 보면 진나라와 조나라 모두 적에 해당하는 까닭에 두 나라의 다툼을 내분으로 해석할 수도 있다. 그러나 당시 정황에 비춰볼 때 양국의 싸움은 공히 패망하는 쪽이 아니라 승기를 잡은 진나라가 조나라를 공략하는 과정에서 설령 일정한 피해를 볼지라도 결과적으로 더 큰 이득을 얻게 돼 있었다. 적진이 공멸하는 것을 기다리는 '격안관화'의 근본 취지와 배치된다. 당시 상황에서 '격안관화'의 계책을 구사할 경우 자칫 순망치한脣亡齒寒의 위기를 자초할 소지가 컸다.

더 중요한 것은 송의가 초회왕과 밀약했을 가능성이다. 그가 2달 가까이 꾸물거리면서 한 발짝도 전진하지 않은 것은 '밀약'의 가능성을 배제하고는 설명키가 곤란하다. 병가에서 가장 꺼리는 것은 결단하지 않고 우물쭈물 대는 것이다. 『손자병법』을 비롯한 모든 병서가 용병은 신속을 중시한다는 뜻의 '병귀신속兵貴神速'을 역설하는 이유다. 송의 역시 유방의 경우와 마찬가지로 초회왕과 모종의 '밀약'이 있었다고 보는 게 타당하다.

당대의 병법가인 항우가 송의의 '격안관화' 계책에 강하게 반발한 것도 이 때문이라고 보는 게 옳다. 항우가 송의의 목을 베기로 결심한 것은 자신을 둘러싸고 전개되고 있는 초회왕과 유방 및 송의의 음모를 사전에 차단하지 않고는 앞날을 기약키 어렵다고 판단한 결과로 짐작된다. 이를 촉발시킨 것 또한 송의 자신이었다. 송의는 항우의 거친 항의에 '격안관화' 계책을 내세워 입을 막은 뒤 '호랑이처럼 흉맹한 자' 운운하며 오히려 역공을 펴고 나섰으나 그의 이후 행보는 이런 얘기와 완전히 모순되고 있다.

당시 그는 자신의 아들 송양宋襄을 제나라의 재상으로 보내게 된 것을 크게 기뻐하며 전쟁을 수행하는 과정인데도 불구하고 친히 아들을 전송餞送하는 성대한 연회를 베풀었다. 장소는 지금의 산동성 동평현인 무염無鹽이었다. 46일 동안 머물고 있던 안양에서 제법 먼 거리였다. 더

한심한 것은 송의 자신이 진탕 마시며 흥겨워하는 사이 병사들이 추위에 떨며 배를 곯은 점이다. 그때는 공교롭게도 날씨가 차고 큰비까지 내렸다. 항우가 마침내 분노를 폭발시켰다.

"의당 힘을 다해 진나라를 공격해야 하는데도 오랫동안 머물며 행군하지 않고 있다. 금년은 흉년으로 백성들이 빈곤해 사졸 또한 채소와 콩류가 반씩 든 밥만 먹고 있다. 군중에는 남아 있는 양식이 없는데도 오히려 연회만 계속하고 있다. 군사를 이끌고 강을 건너 조나라의 식량을 먹으면서 조나라와 합세해 진나라를 공격할 생각은 하지 않고 기껏 말하기를, '피폐한 틈을 타야 한다'고 한다. 무릇 진나라의 막강한 무력으로 새로 세워진 조나라를 치니 사세 상 틀림없이 조나라는 망할 것이다. 조나라가 망해 진나라가 더욱 강해지는데 무슨 피폐한 틈을 타겠다는 말인가? 게다가 우리 초나라 군사는 직전에 격파를 당해 왕은 좌불안석하고 있다. 나라 안의 군사를 청소하다시피 끌어 모아 전적으로 장군에게 맡겨 놓은 상황이다. 국가의 안위가 진나라를 격파하고 조나라를 구하는 이번 싸움에 달려 있다. 지금 저 사람은 사졸들을 아끼지 않고 부자간의 사사로운 정을 좇고 있으니 사직의 위기를 구하는 사직지신社稷之臣이 아니다."

바로 앞에서 언급한 것처럼 항우의 질타는 바로 송의가 내세운 억지 논리인 '격안관화' 계책의 허구에 초점을 맞추고 있음을 알 수 있다. 논리도 명쾌하지만 그 내용 또한 병법을 깊이 꿰지 않고는 언급키 어려운 것들이다. 항우가 당대의 병법가였음을 웅변하는 대목이다. 송의의 목을 벤 뒤의 행보를 보면 이를 더욱 쉽게 알 수 있다.

이해 11월, 항우는 아침 일찍 상장군 송의를 조현朝見하면서 장막 안에서 송의의 머리를 베었다. 그러고는 곧 송의의 머리를 들고 장병들 앞에 쑥 나서 큰소리로 이같이 말했다.

"송의가 제나라와 모의해 우리 초나라를 배반했다. 이에 초왕이 나 항우에게 밀명을 내려 그를 주살토록 했다."

「항우본기」는 당시 제장들 모두 크게 두려워하며 이구동성으로 항우의 거사를 칭송했다고 써 놓았다. 해당 대목이다.

"초나라를 먼저 세운 자는 장군의 집안입니다. 지금 장군은 반기를 든 간사한 자를 주살한 것입니다!"

그러고는 항우를 임시 상장군으로 추대했다. 이어 사람을 시켜 송의의 아들 송양을 추격해 목을 베게 한 뒤 환초桓楚를 초회왕에게 보내 전말을 보고토록 했다. 초회왕은 경악했으나 이미 끝난 일이었다. 그가 항우를 상장군으로 삼은 것은 부득이한 조치였다. 남은 희망은 이제 유방이 조속히 관중으로 입관해 항우를 견제하는 길밖에 없었다.

그러나 초회왕의 입장에서 볼 때 상황은 불리하게 돌아가고 있었다. 송의의 목을 베고 상장군에 오르면서 항우가 '관중왕'에 오를 가능성이 훨씬 높아졌다. '관중왕'은 사실상 '왕 중 왕'에 해당한다. 항우는 여러 면에서 유방과 비교가 될 수 없었다. 그가 '관중왕'이 되면 사실상 황제나 다름없게 된다. 제후에 봉해지는지 여부가 그의 손에 의해 결정날 게 빤했다. 미리 환심을 살 필요가 있다. 제후는 물론 제후들 밑의 장수들이 독자적인 판단 하에 항우에게 '베팅'을 하는 자가 속출한 이유다.

대표적인 인물이 전안田安이다. 그는 옛 제나라 왕 전건田建의 손자이다. 그는 제수濟水의 북쪽까지 내려와 항우를 수종했다. 이때의 공으로 훗날 그는 제북왕濟北王에 봉해졌다. '베팅'에 성공한 셈이다. 객관적으로 볼 때 당시 제나라는 사실상 내분 상태나 다름없었다. 제나라 재상 전영田榮은 항량의 도움으로 제나라 영토를 석권케 되었음에도 이후 항량의 지원 요청을 거절한 탓에 장차 항우가 손을 봐야 할 1차 표적이 돼 있었다. 전영의 명을 좇는 것은 곧 항우와 등을 지는 것이나 다름없었다. 전안이 자발적으로 항우의 군단에 합류한 배경이다.

전안에 앞서 제나라 장수 전도田都는 전영의 명을 어기고 초나라 군단에 합류한 바 있다. 항우가 송의의 목을 베자 곧바로 항우를 지지하며 그의 휘하로 들어간 것은 말할 것도 없다. 이런 일로 인해 제나라의 실권자 전영의 앞날이 극도로 불투명하게 됐다. 실제로 이후 항우는 제후들을 분봉할 때 전영에게 '괘씸죄'를 적용해 전영을 분봉 대상에서 누락시켰다. 여러 차례 항량의 명을 거역해 항량의 패사에 간접적인 원인을 제공한 데다 이후에도 항우가 진나라 군사를 치는 일에 협조하지 않은 게 결정적인 이유였다. 이로 인해 전영은 이후 항우에게 가장 먼저 반기를 드는 주인공이 되었다. 이게 유방에게는 관중으로 진출하는 결정적인 계기로 작용했다. 결과적으로 항우는 일시적인 분을 참지 못해 제나라의 실권자인 전영을 적으로 돌려놓는 바람에 자신의 최대 라이벌인 유방이 관중 일대로 세력을 확장하는 빌미를 제공한 셈이다. 나무만 보고 숲을 보지 못한 천려일실千慮一失에 해당한다.

항우가 송의의 목을 베고 사실상 스스로 상장군의 자리에 오른 것은 기원전 208년 11월이다. 당시 유방은 어디서 무엇을 하고 있었던 것일까? 『사기』「진초지제월표」는 유방도 항우가 송의의 목을 베기 직전인 이해 10월 동군東郡의 도위 및 왕리王離의 군사를 성무成武의 남쪽에서 격파했다고 기록해 놓았다. 항우가 왕리의 군사를 대파한 것은 이로부터 2달 뒤인 이해 12월이다. 비록 왕리와 직접 맞닥뜨린 것은 아니나 유방이 그의 휘하 군사를 격파한 것은 높이 평가할 만한 일이다.

「진초지제월표」는 항우가 왕리의 군사를 격파하고 거록성을 포위에서 벗어나게 만든 이해 12월, 유방이 병력을 대폭 확장케 된 일을 기록해 놓았다. 군사를 이끌고 지금의 하남성 하읍현인 율현栗縣으로 진격하는 와중에 위나라 장수 강무후剛武侯를 만나 그의 군사 4,000여 명을 빼앗아 하나로 합친 게 그렇다. '강무후'를 두고 예로부터 말이 많았다. 전한 말기 응소應劭는 『풍속통의風俗通義』에서 초나라 장수로 간주했으나 『한서』「공신표功臣表」는 위나라 장수로 기록해 놓았다. 유방과 같은 편인 초나라 장수로 간주할 경우 자신의 군사를 빼앗긴 강무후가 그대로 승복했을 리 만무하다. 전후 문맥상 『한서』의 기록을 좇아 위나라 장수로 보는 게 타당할 듯하다. 율현에서 위나라 장수 황흔皇訢과 무포武蒲의 군사와 합세해 진나라 군사를 격파했다는 「진초지제월표」의 기록이 이를 뒷받침한다. 『자치통감』은 황흔皇欣과 무만武滿으로 기록해 놓았다.

사다케는 『유방』에서 강무후를 건국공신인 진무陳武로 보았다. 나름 일리 있는 분석이다. 진무는 유방처럼 건달 출신이었다. 유방의 휘하에 있다가 이후 독립적인 군대를 이끌었다. 유방군은 창읍 전투에서 많은 병졸을 잃고 있었다. 실력으로는 진무 쪽이 우세했다. 사다케는 유방이 과거 설현 땅에 있었을 때의 기개를 발휘해 진무의 동료 몇 명을 이끌고 사령부로 쳐들어가 직접 그의 군대지휘권을 빼앗은 것으로 분석했다.

『사기』 전편을 통해 확인할 수 있듯이 사령부로 쳐들어가 군사지휘권을 빼앗는 것은 유방이 전가의 보도처럼 써먹은 수법이다. 가장 큰 '피해자'가 바로 한신이다. 그가 어렵게 군사를 육성해 놓으면 유방이 불시에 들이닥쳐 빼앗아가곤 했다. 이런 관점에서 볼 때 강무후를 '진무'로 파악한 것은 탁견이다.

파부침주 결단

유방이 강무후의 군사를 통합해 세력을 키우고 있을 당시 항우는 이와 비교도 되지 않을 대공을 세웠다. 바로 왕리의 군사를 격파하고 명실상부한 연합군 우두머리로 우뚝 선 게 그렇다. 그 배경을 간략히 살펴보자.

항우가 상장군이 되어 제후연합군을 지휘할 당시 진나라 장수 장함은 양쪽에 담장이 있는 식량운반용 도로인 이른바 용도甬道를 높게 쌓아 황하까지 이르게 했다. 용도는 양측에 방벽을 쌓아 왕래의 안전을 보장하는 도로를 말한다. 이어 부장副將인 왕리에게 명해 군량 공급에 차질이 없도록 조치했다. 왕리의 군사들은 군량이 풍족해지자 배불리 먹은 후 거록성을 더욱 급하게 공격했다. 이와 정반대로 거록성은 양식도 떨어진데다 군사 또한 상대적으로 크게 적었다. 이내 스스로 무너질 수밖에 없었다. 농성전이 위험한 이유가 여기에 있다. 군량과 병력의 고갈을 막을 수 없다는 점이 치명적이다.

다급해진 장이는 수차례 사람을 진여에게 보내 긴급구원을 청했다. 그러나 진여는 군사가 적어 진나라를 대적할 수 없다고 생각해 감히 앞으로 나아가지 않았다. 장함이 맞은편에 영채를 세우고 진여의 일거수 일투족을 세밀히 관찰하고 있었기 때문이다. 함부로 군사를 움직일 수 있는 상황이 결코 아니었다. 경거망동했다가는 성 안의 장이를 구하지도 못할 뿐 아니라 자신 또한 궤멸당할 소지가 컸다. 자칫 단순히 '문교지교'와 '망년지교'의 의리를 좇아 함부로 용병할 수 있는 상황이 아니었다는 얘기다. 객관적으로 볼 때 진여의 판단이 옳았다. 그러나 후술하는 바와 같이 이로 인해 두 사람은 원수지간이 되고 말았다. 서로 상대방에 대한 기대와 신뢰가 컸던 만큼 실망의 강도 또한 상상을 초월했다. 동전의 양면처럼 하나로 얽혀 있는 애정과 미움은 그 정도가 강하면 강할수록 반작용 또한 커지기 마련이다. 장이와 진여의 경우가 꼭 그렇다.

당시 몇 달이 지나도록 진여가 움직일 기미를 보이지 않자 장이가 대로해 진여를 원망했다. 곧 휘하의 장염張黶과 진택陳澤을 진여에게 보내 이같이 책망했다.

"당초 나와 공은 문경지교를 맺었소. 지금 조왕과 나 장이는 조석지간에 죽게 되었소. 공은 수만 명의 군사를 보유하고도 서로 구원하지 않으니 함께 죽기로 한 문경지교의 약속은 어디에 있는 것이오? 실로 꼭 신의를 지키고자 한다면 어찌하여 진나라 군사에게 나아가 함께 죽지 않는 것이오. 하물며 보유한 군사의 열 가운데 한둘이라도 출전시키면 서로 안전할 터인데 어찌 이럴 수 있는 것이오?"

장염과 진택을 통해 장이의 노기 띤 의중을 전달받은 진여가 차분히 말했다.

"내가 헤아려 보건대 지금 전진할지라도 끝내 조나라를 구할 길이 없소. 헛되이 군사만 소모할 뿐이오. 또한 내가 장이와 함께 죽으려 하지 않는 것은 이후 조왕과 장이를 위해 진나라에 복수하려는 것이오. 지금 장이와 함께 죽고자 하는 것은 마치 고깃덩이를 굶주린 호랑이에게 내맡기는 것과 같소. 무슨 이로움이 있겠소?"

그러나 장이로부터 반드시 진여의 참전을 이끌어내라는 당부를 받은 장염과 진택은 뒤로 물러서지 않았다. 설령 패할지라도 함께 싸우다 죽는 게 낫다며 속히 결단할 것을 촉구했다. 진여도 이들의 요청을 계속 거부하기 어려웠다. 곧 두 사람으로 하여금 군사 5,000명을 이끌고 앞으로 나아가 진나라 군사의 힘을 시험해 보게 했다. 이들 모두 진나라 군사와 접전한 지 얼마 안 돼 몰사하고 말았다. 진여의 판단이 결코 틀린 게 아니었다. 실제로 장이의 아들 장오張敖도 진여처럼 북쪽 대代 땅으로 가 군사 1만여 명을 얻은 뒤 이들을 이끌고 와 진여의 옆에 영루를 쌓았지만 감히 진나라를 공격할 엄두를 내지 못했다. 장이는 극도로 초조해진 나머지 진여를 한없이 원망했다.

유일한 희망은 초나라 총사령관 송의의 목을 벤 뒤 상장군의 자리에 오른 항우가 속히 달려와 진나라 군사를 격파하는 것밖에 없었다. 항우가 송의의 목을 벨 때 내건 명분은 한시를 다투는 거록성의 위급한 상황이었다. 머뭇거릴 시간이 없었다. 곧바로 당양군當陽君 경포와 포蒲 장군에게 명해 속히 병사 2만 명을 이끌고 황하를 건너가 거록성을 구하게 했다. 이들은 초반 접전에서 승리를 거둔 여세를 몰아 장함이 애써 만들어 놓은 용도를 끊는데 성공했다. 왕리가 이끄는 진나라 군사가 곧 끼니를 거르게 되었다.

마침내 항우의 군사와 함께 협공에 나설 시기가 도래했다고 판단한 진여가 항우에게 사람을 보내 속히 진군할 것을 청했다. 항우가 곧 전군에 명을 내려 속히 황하를 건너도록 했다. 이때 그는 도하가 끝나자 다시 전군에 명을 내려 배에 구멍을 뚫어 모두 침몰시키고, 취사용 솥과 시루를 모두 깨뜨리게 했다. 장병들로 하여금 필사의 각오로 싸울 것을 촉구한 것이다. 여기서 파부침선破釜沈船 성어가 나왔다. 원문은 '침선沈船, 파부증破釜甑'이다. 선船을 같은 뜻의 주舟로 바꾸고, 시루를 뜻하는 '증'을 생략해 4자 성어를 만든 것이다.

「항우본기」의 원문에는 당시 항우가 '침선'과 '파부' 이외에도 막사까지 모두 태워 버리는 이른바 소여사燒廬舍 조치를 취했다고 기록해 놓았다. 4자 성어를 만들면서 부득불 '소여사'는 생략해 버린 셈이다. 사실 '소여사' 조치는 '파부'에 이은 후속조치에 해당하는 까닭에 굳이 4자 성어에 끼워 넣을 필요까지는 없다.

주목할 것은 항우가 전군에 명해 각자 3일치의 식량만 갖도록 조치한 점이다. 원문은 지삼일량持三日糧이다. 이는 병가가 극도로 중시하는 병귀신속兵貴神速을 구현키 위한 조치였다. 용병은 한 순간도 머뭇거리지 말고 신속하게 행동하는 것이 중요하다는 뜻이다. 『손자병법』에는 「작전」에서 용병은 신속히 이기는 것을 귀하게 여기고 오래 끄는 것을 꺼린다는 뜻의 '병귀승兵貴勝, 불귀구不貴久'로 표현해 놓았다. '병귀신속'을 달리 표현한 것이다. 사실 전쟁은 아무리 우수한 병력과 군수물자를 확보하고 있을지라도 지구전으로 나아가면 이내 병력과 자원을 모두 고갈시키게 된다. 민력民力이 피폐해지는 것은 말할 것도 없다. 역대 전사戰史를 살펴볼지라도 용병에 뛰어났던 인물들은 하나같이 '병귀신속'의 이치를 좇아 승리를 거뒀다.

'파부'와 '침선' 및 '소여사' 이외에도 '지삼일량'까지 감안해 살펴야만 당시 항우가 내린 극단적인 조치의 의미를 제대로 파악할 수 있다. 방점은 '병귀신속'의 이치를 좇은 '지삼일량'에 있다. 이를 두고 사마천은 '항우가 병사들에게 필사의 각오를 드러냄으로써 승리를 거두지 못하는 한 그대로 귀환할 마음이 조금도 없음을 보여주었다'고 풀이해 놓았다.

예나 지금이나 '필사의 각오'는 장수가 앞장서 보여주어야 효과가 있다. 그래야만 전 장병이 죽기를 각오하고 싸우는 결사대決死隊로 거듭날 수 있다. '필사의 각오'가 주효하면 한 사람이 능히 1만 명의 적군을 상대하는 일이 가능해진다. 이를 역설한 대표적인 병서가 바로 『오자병법』이다. 병사들의 사기 문제를 집중 분석하고 있는 「여사勵士」편에 따르면 전국시대 초기 위나라에서 활약케 된 오기는 '결사대'의 의미를 묻는 위문후의 질문에 이같이 대답했다.

"제가 듣기로 사람은 저마다 장점과 단점이 있고, 원기는 왕성할 때와 침체될 때가 있다고 했습니다. 군주가 시험 삼아 저에게 전공을 세우지 못한 병사 5만 명을 내주십시오. 제가 그들을 이끌고 적과 상대해 보겠습니다. 만일 싸워 이기지 못하면 제후들의 웃음거리가 되고 천하에 위신이 떨어지겠지만 결코 그런 일은 없을 것입니다. 지금 죽을죄를 지어 달아난 도적 한 명이 광야에 숨어 있을 경우 1,000명이나 되는 사람이 그를 쫓을지라도 올빼미나 이리처럼 좌고우면하는 이른바 효시낭고梟視狼顧의 모습을 보이지 않는 자가 없을 것입니다. 그 이유가 무엇이겠습니까? 도적이 갑자기 나타나 자신을 해치지 않을까 두려워하기 때문입니다. 한 명이 목숨을 내던질 각오를 하면 1,000명을 두려움에 떨게

할 수 있습니다. 지금 제가 5만 명의 군사를 훈련시켜 죽기 살기로 싸우는 도적처럼 만든 뒤 싸움에 임하면 천하의 그 누구도 이들을 상대할 수 없을 것입니다."

항우가 거록대전에서 막강한 무력을 자랑하던 30만 명의 진나라 군사를 일거에 격파한 것도 따지고 보면 오기가 지적했듯이 전 장병을 '결사대'로 만든 덕분이다. 실제로 「항우본기」는 항우의 군사가 거록성에 도착하자마자 오히려 왕리의 군사를 포위한 뒤 9번 싸워 모두 크게 승리했다고 기록해 놓았다. 표현은 간략하지만 왕리의 군사와 여러 차례에 걸친 혈전이 벌어졌고, 수차례 접전 끝에 승리를 거둔 것으로 보아야 한다. 원문의 9전九戰 역시 반드시 산술적 개념의 '9번'으로 풀이해서는 안 된다. 「항우본기」는 항우가 승리를 거둔 배경이 진나라의 엄폐용 식량운송로인 '용도'를 절단해 보급과 통신을 차단한 데 있는 것처럼 기록해 놓았다. 그러나 앞서 언급한 것처럼 '파부침주'를 통해 '결사대'를 구성한 게 보다 더 크게 작용했다고 보아야 한다. 결과적으로 당대의 병법가인 항우와 장함이 정면으로 맞붙은 첫 번째 싸움은 항우 측의 일방적인 승리로 끝난 셈이다.

이를 두고 장함이 용병술에서 항우에게 뒤진 것으로 해석해서는 안 된다. 똑같은 지략을 지닌 장수가 용병할 경우 누가 휘하 장병들을 제대로 된 '결사대'로 만드는지 여부에 따라 승패가 갈릴 수밖에 없다. 항우는 이에 성공했고, 장함은 항우의 '파부침주' 행위를 알지 못한 까닭에 제대로 대처하지 못했을 뿐이다. 장함을 위해 굳이 변명하자면 항우에게 패한 것은 장함 자신이 아니라 왕리의 군사였다.

그렇다고 총사령관인 장함의 책임이 면책되는 것은 아니지만 '결사대'로 구성된 초나라 군사의 포위공격에 임기응변으로 대처하며 피해를 최소화할 책임은 일단 일선의 장수인 왕리가 지는 게 옳다. 당시 명장의 칭송이 자자했던 왕리 역시 항우가 이끄는 초나라 연합군이 조만간 포위공격을 가하리라는 것을 익히 알고 있었다고 보아야 한다. 협공의 위협을 피하기 위해 미리 포위를 풀고 퇴각하는 등의 대비책을 강구했어야만 했다. 그러나 그는 그리하지 않았다. 그 이유는 무엇일까? 혹여 잇단 승리에 도취한 나머지 항우가 이끄는 초나라 연합군을 우습게 여겼던 것은 아닐까? 왕리의 이력을 살펴보면 그랬을 공산이 크다.

대를 이은 대결

원래 왕리의 집안은 소관小官 출신 장함과 비교할 수조차 없는 명문가에 속한다. 왕리 역시 장함보다 훨씬 높은 자리에서 출발했다. 그의 집안은 일찍이 진제국이 동쪽 6개 제후국을 통일하는 과정에서 대공을 세워 이미 열후에 봉해진 바 있다. 일각에서는 「항우본기」가 이 부분을 명확히 기록하지 않은 탓에 왕리가 장함의 부하인 것으로 오인하고 있다고 주장하나 이는 지나쳤다. 항우가 상장군이 되어 거록성으로 몰려올 당시 진나라 군사의 총사령관은 어디까지나 장함이었다. 『자치통감』은 「2세황제 3년(기원전 208년)」조에서 이같이 기록해 놓았다.

"겨울 12월, 진나라 장수 장함이 용도를 쌓아 황하까지 이르게 하여 '부장副將' 왕리에게 군량을 공급했다."

사마광이 왕리에게 멋대로 '부장'이라는 표현을 썼을 리 없다. 사마천도 비록 '부장'이라는 표현은 쓰지 않았지만 진나라 군사가 거록성을 포위할 당시 장함의 이름을 왕리에 앞서 기록해 놓았다. 장함이 총사령관이 되어 왕리의 군사를 포함해 진나라의 30만 대군을 지휘한 것으로 보는 게 옳다.

당시 진나라의 '세세장가' 출신인 왕리는 자신보다 훨씬 아래에 있던 장함의 지휘를 받게 되면서 자존심이 적잖이 상했을 공산이 크다. 사서에는 이를 짐작케 해줄 단서가 나와 있지 않지만 장함의 지시에도 불구하고 '아니꼽다'는 반발심으로 인해 거록성의 포위를 풀지 않고 초나라 군사와 정면으로 맞붙었을지도 모른다. 그 결과는 참담했다. 휘하 장수 소각蘇角은 전사하고, 섭한涉閒은 항복 대신 스스로 불 속에 뛰어들어 자진했고, 왕리 자신은 포로로 잡히는 신세가 되고 말았다.

'세세장가'의 명장이라는 칭송이 무색케 된 셈이다. 상식적으로 볼지라도 포위전을 펼칠 때 적의 구원군이 몰려올 경우 이내 역으로 포위를 당해 궤멸당할 소지가 크다. 항우의 군사가 기습전 대신 정병正兵끼리 맞붙는 전면전을 펼친 만큼 명장의 칭송을 받은 '세세장가' 출신인 왕리가 이를 몰랐다고 볼 수도 없다. 휘하장수들이 전사하거나 자진하고 자신 또한 포로로 잡힌 것은 참패 중의 참패이다. 병서에서 말하는 이른바 복군살장覆軍殺將에 해당한다. 『손자병법』은 「구변」에서 '복군살장'이 나타나는 유형을 크게 5가지로 나눠 분석하고 있다.

"장수는 성격에 따라 5가지 위험에 처할 위험이 있다. 첫째, 죽기로 싸울 것을 고집하는 자는 적의 유인전술에 빠져 살해되기 십상이다. 둘째, 기어코 살겠다는 자는 적에게 사로잡히기 십상이다. 셋째, 성미가 급하고 화를 잘 내는 자는 적에게 기만을 당하기 십상이다. 넷째, 지나

치게 염결해 명예심이 강한 자는 적의 모욕적인 언사에 쉽게 넘어가 경거망동하기 십상이다. 다섯째, 병사들을 크게 아끼며 지나치게 인자한 자는 적의 훼방에 휘둘려 곤경에 처하기 십상이다. 무릇 이 5가지는 장수들이 통상 지니고 있는 커다란 약점인 동시에 용병상의 일대 재앙이기도 하다. 군사가 전멸당하고 장수를 죽임을 당하는 '복군살장'은 반드시 이 5가지 위험에서 비롯된다. 장수된 자는 이를 깊이 살피지 않으면 안 된다."

당시 항우가 기습전 대신 전면전을 택한 만큼 왕리가 「구변」에서 첫 번째로 언급한 적의 유인전술에 빠져 패한 것으로 볼 수는 없다. 왕리의 전후행보에 비춰 두 번째와 세 번째, 다섯 번째 이유도 타당치 않다고 보아야 한다. 결국 그가 '복군살장'의 참패를 당한 것은 '세세장가' 출신으로 제후에 봉해진 정황 등에 비춰 「구변」에서 네 번째로 거론된 '지나치게 염결해 명예심이 강한 자'의 경우에 해당한다고 볼 수밖에 없다.

특히 항우 역시 '왕리'와 마찬가지로 초나라의 '세세장가' 출신이었던 점 등을 감안할 때 이런 추론이 결코 억측이 아님을 알 수 있다. 왕리의 부친 왕분王賁은 명장이었다. 그는 위나라 도성 대량을 공격할 때 황하의 물을 끌어들이는 수공을 통해 승리를 거뒀다. 연나라를 멸망시킨 장본인이기도 하다. 왕분의 부친, 즉 왕리의 조부 왕전王翦은 사실상의 천하통일에 해당하는 초나라 공벌의 주인공이다. 「진시황본기」에 따르면 기원전 224년 진시황이 초나라 정벌 계획을 세우면서 어느 정도의 병력을 동원해야 좋을지 몰라 장수들에게 자문을 구했다. 명장 이신李信과 몽념은 20만 명이면 충분하다고 했다. 다시 왕전에게 묻자 왕전은 이같이 대답했다.

"60만 명이 아니면 불가합니다."

진시황이 핀잔을 주었다.

"왕장군은 늙었소. 어찌 이토록 겁을 낸단 말이오!"

그리고는 드디어 이신과 몽념에게 군사 20만 명을 이끌고 가 초나라를 치게 했다. 왕전은 병을 칭한 뒤 사직을 고하고 고향으로 돌아갔다. 진나라 장수 이신과 몽념은 초반에 승기를 잡고 승승장구했으나 이내 초나라 군사의 계략에 말려 패퇴하고 말았다. 사단장급에 해당하는 7명의 도위都尉가 전사하자 이신은 패잔병을 이끌고 황급히 철군할 수밖에 없었다. 진시황이 대로했다. 곧 왕전을 찾아가 사과했다.

"과인이 장군의 계책을 듣지 않아 이신이 과연 우리 군사를 욕보이게 만들고 말았소. 장군이 비록 병이 들었다고는 하나 어찌 과인을 버리기야 하겠소?"

"저는 병이 들어 더 이상 군사를 지휘할 수가 없습니다."

"장군의 마음을 알고 있으니 부디 사양치 마시오."

"부득이 꼭 저를 쓰고자 하면 60만 명이 아니고는 불가합니다. 옛날과 지금은 싸우는 방법이 다릅니다. 옛날에는 반드시 싸울 날짜를 통지하고 서로 진을 친 뒤 싸웠습니다. 싸울 때도 반드시 진 앞에서만 싸웠고 달아나고 뒤쫓는데도 규칙이 있었습니다. 그러나 지금은 다만 힘으로 제압하는 시대가 되었습니다. 농부들마저 무기를 잡고 어린 아이들까지 병적에 오르는 총력전의 상황입니다. 숫자가 적으면 어찌할 도리가 없습니다. 더구나 초나라는 동남 일대를 모두 차지하고 있는 대국입니다. 한 번 명을 내리기만 하면 즉시 100만 명의 군사를 동원할 수 있습니다. 상황이 이러한데 어찌 60만 명도 안 되는 군사로 초나라를 칠 수 있겠습니까?"

"과인의 불찰이었소. 장군이 전장에서 늙지 않았다면 어찌 그토록 사세를 정확히 읽을 수 있었겠소? 장군의 계책을 따르도록 하겠소."

진왕 정이 왕전과 함께 수레에 올라 귀경했다. 그날로 왕전을 대장, 몽무蒙武를 부장副將으로 삼고 군사 60만 명을 배속시켰다. 이듬해인 기원전 224년, 왕전이 60만 대군을 이끌고 초나라 정벌에 나섰다. 출정 당일 진시황이 함양의 외곽에 있는 파상灞上까지 따라 나와 격려했다. 이곳은 훗날 항우가 함양에 입성하기 전에 영채를 차린 곳이다. 홍문지연鴻門之宴도 이곳에서 치러졌다. 왕전은 파상에서 술을 가득 부어 진시황에게 바치며 이같이 말했다.

"떠나는 이 자리에서 대왕에게 청할 말이 있습니다."

"장군이 과인에게 무슨 할 말이 있소?"

왕전이 소매 속에서 목록을 꺼내었다. 함양 일대의 땅 중에서도 가장 좋은 밭과 저택이 적혀 있었다.

"여기에 적혀 있는 밭과 저택을 신에게 내려주기 바랍니다."

"장군은 출정하는 마당에 어찌 이토록 가난해질까 걱정하는 것이오?"

"신은 이미 늙었습니다. 공을 세워도 열후에 봉해지지는 못할 것입니다. 그러나 이 좋은 밭과 저택들만은 자손에게 물려 줄 수 있습니다. 공을 세운 뒤 대왕의 은덕을 자손 대대로 전하려는 것입니다."

진시황이 크게 웃었다.

"잘 알겠소. 장군의 청대로 하겠소!"

왕전이 남쪽 무관에 이르는 동안 사자를 5번이나 보냈다. 한 측근이 힐난했다.

"장군은 재물을 구하는 것이 지나칩니다."

"그렇지 않소. 지금 진왕은 나라 안의 병사를 모두 나에게 맡겨 놓고 있소. 만일 내가 자손을 위해 전택을 많이 청하는 모습을 보이지 않으면 진왕의 의심을 살 수 있소."

초나라 정벌은 사실 천하통일을 거의 완수하는 것이나 다름없었다. 이런 대공을 세우면 시기하는 사람도 많아질 뿐 아니라 군왕 또한 대공을 세운 공신에 경계심을 가질 수밖에 없다. 왕전은 이를 알고 전택 등을 요구하며 장차 편히 살겠다는 식의 비루한 모습을 짐짓 연출한 것이다. 왕전은 공을 세운 뒤 뒤로 물러나는 이른바 공성신퇴功成身退의 이치를 깨달은 현자였다.

'공성신퇴'의 반대는 공성명취功成名就이다. 공을 세우고 이름을 떨치는 것을 말한다. 그러나 이는 작은 공을 세울 때나 통용되는 말이다. 사실상의 천하통일에 해당하는 초나라 정벌과 같은 대공을 세울 경우 '공성신퇴'의 행보를 취하지 않으면 매우 위험하다. 이를 깨닫지 못해 몸을 망친 사례가 너무나 많다. 왕전은 진소양왕 때 천하를 떨게 만든 당대의 명장 백기白起와 어깨를 나란히 할 정도로 무략이 뛰어난 명장이다. 불행하게도 백기는 '공성신퇴'를 하지 못한 탓에 정적의 무함에 걸려 결국 자진하고 말았다. 진시황이 백기 이후 이런 명장을 거느릴 수 있었던 것은 커다란 행운이다. 하늘이 진나라의 천하통일을 도운 셈이다.

당시 초나라는 매우 어지러웠다. 춘신군 소생인 초유왕楚幽王이 병사할 당시 아들이 없었다. 초나라의 조정 대신들이 왕실의 종친인 공자 웅학熊郝을 초애왕楚哀王으로 옹립했다. 그러나 초애왕은 즉위한 지 불과 2달 만에 서형인 부추負芻에 의해 죽임을 당했다. 왕전이 초나라 토벌군을 일으킨 기원전 224년은 부추가 스스로 보위에 오른 지 4년째 되던 해이다. 결과적으로 부추는 초나라의 마지막 왕이 된 셈이다.

초왕 부추는 왕전이 대군을 이끌고 쳐들어온다는 소식을 듣고 크게 놀라 곧 명장으로 이름을 떨치고 있는 항연을 대장으로 삼은 뒤 군사 20여만 명을 이끌고 가 진나라 군사를 막게 했다. 숫자상으로 이미 대적이 불가능했다. 항연은 진나라 군사가 엄청나게 많은 것을 보고 급히 초왕 부추에게 사자를 보냈다.

"진나라 군사가 60만 명이나 됩니다. 중과부적이니 즉시 군사를 증원해 주십시오."

부추가 곧 장수 경기景騏에게 명해 군사 20만 명을 이끌고 가 항연을 돕게 했다. 당시 항연은 1년간에 걸쳐 나름 선방했으나 중과부적의 상황을 타개하지는 못했다. 결국 항연은 지금의 안휘성 숙현인 기현蘄縣에서 최후의 반격을 가했으나 또 다시 대패하고 본인 또한 전사하고 말았다. 진승이 처음으로 반기를 들 때 기현을 택한 것도 바로 이 때문이다. 당시 기현의 백성들이 항연의 패사를 가장 애통해했음을 반증한다. 대장을 잃은 초나라 군사가 일거에 궤멸한 것은 말할 것도 없다.

이듬해인 기원전 223년, 몽무와 합세한 왕전이 마침내 지금의 안휘성 수현에 있던 초나라의 마지막 도성인 수춘성壽春城을 포위했다. 성을 포위한 지 얼마 안 돼 왕전과 몽무가 전군에 총공격령을 내렸다. 진나라 군사가 개미떼처럼 성벽 위로 기어 올라가 공격을 가하자 이에 절망한 초나라 장수 경기가 성루에서 스스로 목숨을 끊었다. 초왕 부추는 이내 포로로 잡혔다. 승전보를 접한 진시황이 곧바로 함양을 떠나 수춘성을 향했다. 그는 수춘성 인근의 번구樊口에 이르러 초왕 부추를 끌어오게 했다.

"너는 초왕을 죽이고 멋대로 보위에 올랐다. 네 죄를 알겠는가? 목숨만은 살려줄 터이니 이제부터 백성이 되어 여생을 보내도록 하라."

그러고는 초나라 땅에 초군楚郡을 설치했다. 이로써 춘추전국시대의 열국 중 가장 먼저 왕을 칭하면서 한때 천하를 호령했던 초나라는 마침내 역사무대에서 사라지고 말았다. 초나라 정벌은 진왕 정의 천하통일 작업이 사실상 완수되었음을 의미했다. 60만 대군의 동원을 주장한 왕전의 공이다. 마지막 남은 제나라는 결코 적수가 될 수 없었다. 제나라 정벌은 왕전의 아들 왕분, 즉 왕리의 부친이 완수했다. 덕분에 왕씨 가문은 몽오, 몽무, 몽념으로 이어지는 몽씨 가문과 더불어 진나라 내에서 가장 영향력 있는 '세세장가' 가문으로 우뚝 서게 되었다.

결과적으로 항우의 거록대전 승리는 조부 항연의 패배를 설욕한 것이나 다름없다. 초나라와 진나라의 대표적인 두 '세세장가' 가문이 조부 대에서 손자 대에 이르기까지 나라의 존망을 가르는 결전에서 1승1패의 공방전을 펼친 셈이다. 항연의 패배로 초나라가 멸망한 것처럼 왕리의 패배는 사실상 진나라 패망을 알리는 조종弔鐘에 해당했다.

허울 좋은 '문경지교'

항우는 거록대전에서 왕리의 군사를 격파한 것을 계기로 명실상부한 반진연합군의 최고사령관이 되었다. 「항우본기」는 '이때를 계기로 초나라 군사가 제후들 가운데 으뜸이 됐다'고 기록해 놓았다. 원문은 관제후冠諸侯이다. 여기서 관冠은 여럿 가운데 으뜸이 되었다는 동사로 사용된 것이다.

원래 당시의 거록대전에 참여한 군사는 항우가 이끄는 초나라 군사를 비롯해 연나라와 제나라 등 여러 제후국의 군사들이 참전한 일종의 '다국적군'이었다. 이들은 10여 개 영루에 진을 치고 있었으나 왕리가 이끄는 진나라 군사가 워낙 강해 감히 출전하지 못했다. 오직 초나라 군사만이 진나라 군사와 정면으로 맞붙어 치열한 공방 끝에 승리를 낚은 것이다.

「항우본기」는 '여러 제후국의 장수들이 영루 위로 올라가 이를 구경만 했다'고 기록해 놓았다. 여기서 좌벽상관坐壁上觀 성어가 나왔다. 여기의 관觀은 팔짱을 낀 채 상황을 지켜보는 수수방관袖手傍觀의 '방관'을 뜻한다. '좌벽상관'은 자신의 이익과 직접적으로 관련되지 않은 일에 대해서는 옆에서 관망하며 어느 한쪽을 지지하지 않는 것을 비유할 때 주로 사용된다. 취지 면에서 '수수방관'과 유사하기는 하나 어느 한쪽을 지지하지 않는다는 뜻이 내포돼 있는 게 약간 다르다.

당시 '파부침주'를 통해 '결사대'로 돌변한 초나라 병사들은 1명이 10명의 적군을 상대하는 이른바 일당십一當十의 투지를 발휘했다. 「항우본기」는 '초나라 군사들이 부르짖는 소리가 천지를 진동시키자 제후들의 군사치고 두려워 벌벌 떨지 않는 자가 없었다'고 기록해 놓았다. 결과적으로 항우는 거록대전에서 승리함으로써 사적으로는 조부의 패사를 설욕하고, 공적으로는 패망 일보 직전에 몰린 조나라를 위기에서 구해냈을 뿐만 아니라 천하를 호령하는 '관제후'의 입지를 확고히 다진 셈이다. 청대의 유명한 시인 정판교鄭板橋는 7언절구의 명시 「거록지전鉅鹿之戰」에서 이같이 읊었다.

항우가 대군을 이끌고 조나라를 구원할 때 項羽提戈來救趙
천둥과 벼락이 내리치듯 천지를 흔들었네 暴雷驚電連天掃
나라의 원수와 집안의 원수를 갚으려하니 臣報君仇子報父
진나라 병사들을 마치 풀 베듯 죽였다네 殺盡秦兵如殺草
싸울수록 기세가 더욱 세고 함성 높았지 戰氣盛聲喧呼
제후들은 성루서 관망하다 혼비백산했네 諸侯壁上驚魂逋
항왕이 굳이 황제를 칭할 이유가 있겠나 項王何必爲天子
이런 쾌전은 천고에 두 번 다시 없으리니 只此快戰千古無

항우는 진나라 군사를 깨뜨린 뒤 제후의 장수들을 만나 보았다. 제후국 장수들 모두 병거의 끌채를 마주보게 하여 만든 영문인 원문轅門 안으로 들어갈 때 거의 '반죽음'이 된 모습을 했다. 사마천은 「항우본기」의 이 대목에서 마치 눈앞에 생생히 펼쳐지듯 당시 상황을 실감나게 묘사해 놓았다.

"제후국의 장수들이 무릎걸음으로 마치 땅위를 기어가듯 앞으로 나아갔다. 감히 얼굴을 들어 항우를 쳐다보는 자가 단 한 명도 없었다."

항우가 초나라를 뛰어넘어 사실상 여러 제후들의 상장군처럼 활약케 된 배경이다. 「항우본기」는 '제후들이 모두 항우에게 복속되었다'는 식으로 기술해 놓았다. 제후들 명단에는 장이와 진여 등도 포함돼 있었다. 거록성 안에 갇혀 '독 안의 쥐' 신세가 되어 있던 장이는 조왕 조헐와 함께 곧바로 성 밖으로 나와 제후들에게 심심한 사의를 표했다. 오랜만에 다시 만나게 된 '문경지교' 장이와 진여는 나름 그간의 오해와 앙금을 풀고자 했던 듯하다. 그러나 장이는 막상 진여를 만나자마자 이런 생각은 쏙 들어가고 말았다. 조나라를 구하지 않은 것을 책망한 뒤 장염과 진택의 소재를 물었다. 혹여 진여가 그들을 죽이지나 않았을까 의심한 것이다. 장이가 거듭 묻자 진여도 마침내 크게 화를 냈다.

"그대가 나를 원망하는 것이 이토록 깊은 줄은 미처 생각지 못했소. 내가 어찌 장수의 인수印綬를 내던지는 것을 애석히 여기겠는가!"

그러고는 장수의 인수를 풀어 장이에게 내주었다. 장이는 진여가 문득 화를 내며 인수를 내주자 내심 크게 놀라 당황해했다. 진여는 장이가 받지 않자 인수를 바닥에 내려놓은 뒤 일어나 변소로 갔다. 내심 장이가 인수를 돌려줄 것을 기대한 것이다. 그러나 그 사이 한 빈객이 장이를 이같이 부추겼다.

"제가 듣건대 '하늘이 주는 것을 받지 않으면 오히려 그 견책을 받는다'고 했습니다. 지금 진여 장군이 그대에게 인수를 주는데도 이를 받지 않는 것은 하늘의 뜻에 반하는 것으로 상서롭지 못합니다. 속히 이를 받으십시오."

장이가 이를 그럴듯하게 여겨 이내 그 인수를 차고 진여 휘하의 군사를 거두었다. 진여는 변소에서 돌아온 뒤 장이가 양보하지 않는 것을 보고는 내심 커다란 원한을 품었다. 「장이진여열전」은 진여가 이내 가까운 휘하 장병 수백 명과 함께 황하의 위쪽 소택沼澤으로 가 일시 고기를 잡으며 생활했다고 기록해 놓았다. 이로써 군자를 자처하며 '문경지교'와 '망년지교'를 맺었던 두 사람의 관계는 완전히 파탄 나고 말았다. 장이는 안면을 몰수한 채 진여의 병력을 접수하고, 진여는 속으로 끓어오르는 분을 삭이면서 마치 세속의 부귀공명과는 인연이 없는 양 도인의 모습을 가장한 것이다.

두 사람의 관계가 이처럼 험악하게 파탄 난 것은 기본적으로 농성전에 대한 견해 차이에서 비롯됐다. 원래 장이와 진여 모두 나름 병법에 일가견이 있다고 자부했다. 장이는 거록의 농성전이 배수진과 하등 다를 바 없다고 여긴데 반해, 진여는 성을 근거지로 삼은 통상적인 수준의 수전守戰으로 간주한 것이다. 배수진을 친 것으로 여긴 장이는 다급했고, 통상적인 수준의 수전으로 간주한 진여는 상대적으로 느긋했다. 위기상황에 처한 당사자와 외부에서 이를 바라보는 자의 시각은 다를 수밖에 없다. 『장자』「외물」에 이와 관련해서 유명한 일화가 나온다.

장자는 집이 극도로 빈곤했다. 굶주리는데 장사가 있을 턱이 없다. 처자식의 성화를 견디지 못한 장자가 하루는 체면 불구하고 감하監河의 책임관원으로 있는 친구 감하후監河侯에게 양식을 빌리러 갔다. 장자의 딱한 사정을 들은 감하후가 흔쾌히 말했다.

"잘 알았소. 내가 나중에 봉읍에서 나오는 세금을 받아 선생에게 300금金을 빌려주겠소. 그러면 되겠소?"

감하후는 나름 성의를 다해 그같이 대답했지만 당사자인 장자는 발끈했다. 그가 안색을 바꾸며 이같이 힐난했다.

“내가 어제 이리로 올 때 도중에 나를 부르는 자가 있었소. 뒤돌아보니 수레바퀴 자국의 물웅덩이에 붕어 한 마리가 있었소. 내가 묻기를, ‘붕어야, 너는 거기서 무엇을 하는 것이냐?’라고 했소. 붕어가 대답키를, ‘나는 동해의 물결에서 튕겨져 나온 해신海神의 신하요. 그대에게 한 말 한 되의 적은 물이라도 있으면 그것으로 나를 살려주시오!’라고 했소. 그래서 내가 말하기를, ‘알았다. 내가 바야흐로 남쪽 오나라와 월나라의 왕에게 유세하러 가려는데 그때 서강西江의 물을 거꾸로 흐르게 해서 그대를 맞이하도록 하겠다. 이제 됐는가?’라고 했소. 그러자 붕어가 발끈하며 안색을 바꿔 말하기를, ‘나는 지금 내가 늘 함께 하던 물을 잃어버려 몸 둘 곳이 없는 신세요. 지금 한 말 한 되의 물만 있으면 능히 살 수 있소. 그런데 그대가 이처럼 말하니 차라리 일찌감치 나를 건어물 가게에서 찾는 게 나을 것이오’라고 했소.”

여기서 나온 성어가 학철부어涸轍鮒魚이다. 먼 곳의 물로는 가까운 불을 끄지 못한다는 것처럼 몹시 고단하고 옹색한 상황을 뜻하는 성어이다. 철부지급轍鮒之急, 학철지부涸轍之鮒, 학부涸鮒, 학린涸鱗, 학철涸轍 등으로도 표현한다. 물기가 마른 물고기를 파는 어물전이란 의미의 고어지사枯魚之肆도 같은 뜻이다.

일각에서 장자를 두고 공자의 제자인 안연의 사상적 후계자로 간주하고 있는데서 알 수 있듯이 원래 장자는 안연처럼 안빈낙도安貧樂道를 즐기며 무위자연無爲自然을 역설했다. 그런 그가 화를 낸 것은 극히 이례적인 일이다. 이는 당시 상황이 그만큼 절박했음을 반증한다.

장이가 진여에게 화를 낸 게 꼭 이와 같다. 진여가 발끈한 것은 예상치 못한 장이의 폭노暴怒에 따른 반작용에 해당한다. 당시 장이는 진여가 자신과 같은 입장에서 당시의 위기상황을 바라보았을 것으로 지레 짐작했고, 진여는 장이도 자신과 유사한 판단을 했을 것으로 지레 짐작했다. 이런 시각 차이가 수십 년 동안 이어진 '문경지교'와 '망년지교'를 결정적으로 파탄 나게 만든 근본 배경이다. 장이와 진여 사이의 '문경지교' 파탄에도 불구하고 당시 조왕 조헐은 무사히 도성인 신도信都로 돌아올 수 있었다. 모두 항우 덕분이다.

항우가 거록대전에서 왕리를 생포하는 대승을 거둔 시점은 지금의 음력으로 새해인 기원전 207년 정월에 해당한다. 그러나 당시 진나라 음력으로는 여전히 2세 황제 3년의 4번째 달인 단월端月일 뿐이다. 장이가 진여의 인수를 거둬 그의 휘하 군사를 접수한 것도 이때이다.

제5장
장량張良이 유방을 주군으로 삼다

역이기의 조언

「고조본기」에 따르면 항우가 이끄는 초나라 연합군이 왕리를 포로로 잡은 기원전 207년 1월 당시 유방은 휘하 군사들을 이끌고 바삐 서쪽으로 진군하고 있었다. 원문은 인병서引兵西이다. 여기의 서西는 서쪽으로 갔다는 뜻의 동사로 사용된 것이다. 이해 봄 2월, 유방이 지금의 산동성 거야현 남쪽인 창읍昌邑에 이르렀을 때 이곳 출신의 중소 군벌 팽월彭越을 만나게 됐다. 팽월은 곧 자신의 군사를 이끌고 유방의 군단에 합류한다.

「팽월열전」에 따르면 팽월은 자가 중仲이다. 유방의 자인 계季처럼 형제 가운데 중간이었던 까닭에 이런 자를 얻게 되었을 것이다. 그는 타고난 군도 출신이다. '평소 거야 인근의 늪지대에 머물며 일대를 통과하는 상품이나 물자 등을 약탈했다'는 기록이 그렇다. 원래 거야의 늪지대는 위나라와 제나라를 잇는 교통의 대동맥인 제수의 중간에 있다. 수적水賊이 출몰한 까닭에 통행이 어려웠다. 난세의 시기인지라 상황이 더 심각했다. 군도 출신인 팽월은 나름 야심도 있고 명망도 어느 정도 있었다. 진승과 항량이 기병했을 때 늪지대 일대의 청년 1백여 명이 팽월을 찾아간 게 그렇다.

"청컨대 우리의 수장이 되어 주십시오."

팽월이 사양했으나 청년들은 필사적으로 동의를 구했다. 결국 팽월이 이들의 요청을 수락하면서 다음날 회동할 것을 약속했다. 일출 때 모이되 약속 시간 뒤에 나오는 자는 참한다는 단서가 붙었다. 10여 명이 늦게 나왔다. 해가 중천에 있을 때 나온 자도 있었다. 팽월이 말했다.

"내가 나이 먹은 까닭에 여러분들이 억지로 나를 두령으로 삼았다. 오늘 보니 뒤에 나온 사람이 너무 많아 모두 주살할 수는 없다. 가장 늦게 나온 한 사람만 주살토록 하겠다."

그러고는 군영의 장관에게 명해 그를 참하게 한 뒤 무리들에게 호령을 발포했다. 모두 크게 놀라 감히 쳐다보지 못했다. 이내 사방으로 땅을 경략하며 제후들의 흩어진 병사들을 거둬 1,000여 명을 얻었다. 그가 나름 적절한 연합세력을 찾아 몸을 일으키고자 했음을 짐작할 수 있다. 마침 때맞춰 유방이 창읍에 이르게 됐다. 그가 이내 유방의 무리에 가담한 뒤 함께 창읍을 공격한 배경이다.

「고조본기」는 당시 상황과 관련해 다음과 같이 유명한 일화를 실어 놓았다. 창읍이 아직 함락되지 않았을 때 유방이 휘하 병력을 이끌고 서진하여 지금의 하남성 기현의 남쪽에 있는 고양현高陽縣을 지나갔다. 마침 이곳 출신 인물 가운데 역이기酈食其라는 사람이 마을의 문지기에 해당하는 이감문里監門을 맡고 있었다. 집안이 너무 가난해 뜻을 얻지 못한 결과였다. 유방이 진류현에 도착했을 때 휘하의 한 기사騎士가 마침 역이기와 같은 고향 출신이었다. 역이기가 그를 보고 이같이 당부했다.

"여러 제후국의 장군들 가운데 고양을 스쳐간 사람이 수십 명에 달하오. 그들 모두 기량이 좁고, 자질구레한 예절을 좋아하고, 스스로 옳다고 여긴 까닭에 통달한 언론을 받아들이지 못했소. 내가 듣건대 유방은 경만輕慢하고 사람을 얕잡아보는 약점이 있으나 나름 원대한 계책이 많다고 하니 이는 실로 내가 사귀고자 하는 사람이오. 다만 도중에 나를 위해 미리 소개해줄 사람이 없소. 만일 유방을 만나거든 '우리 동네에 역이기라는 유생이 있는데 나이는 60여 세, 키는 8척이다. 사람들이 모두 미치광이이라고 하나 스스로는 미친 사람이 아니라고 말한다'고 전해주시오."

"유방은 유생 출신 세객說客을 좋아하지 않소. 여러 빈객 중 유생의 모자를 쓴 자가 오면 곧바로 그 유관을 벗겨 거기에 오줌을 갈기고, 사람들과 말할 때는 늘 큰 소리로 욕을 하오. 유생에 관해서는 말할 수가 없소."

"내 얘기를 단지 전하기만 하면 되오."

이내 역이기가 가르쳐준대로 전해주자 유방이 이를 받아들였다. 곧 고양의 객사에 이른 뒤 사람을 시켜 역이기를 불렀다. 역이기가 객사에 도착한 뒤 유방을 알현키 위해 안으로 들어갔다. 유방의 모습이 가관이었다. 침대 끝에 걸터앉아 두 명의 여자에게 발을 씻도록 하면서 태연히 역이기를 만난 것이다. 역이기가 방 안으로 들어가 길게 읍揖만 하고 절을 하지 않은 채 말했다.

"족하足下는 진나라를 도와 제후들을 치려는 것이오, 아니면 제후들을 인솔해 진나라를 깨뜨리려는 것이오?"

'족하'는 상대방에 대한 높임말이다. 유방이 욕설을 퍼부었다.

"이 유생놈아! 천하가 다 함께 진나라의 고통을 받은 지 오래되었다. 제후들이 서로 이끌어 가며 진나라를 치고 있는데 어찌하여 진나라를 도와 제후를 치는 것이냐고 묻는 것인가?"

역이기가 말했다.

"실로 무리를 모으고 의병을 합쳐 무도한 진나라를 주멸코자 한다면 웃어른을 걸터앉아 면접해서는 안 되는 것이오."

역이기의 조리 있는 힐난에 유방이 화들짝 놀랐다. 시녀들을 물리치고 곧바로 일어나 옷을 갖춰 입은 뒤 역이기를 상좌에 앉히고 사과했다. 역이기가 전국시대 말기 진나라와 6국이 합종과 연횡을 반복하며 각축할 때의 얘기를 설명했다. 유방이 크게 기뻐하며 역이기에게 물었다.

"장차 어찌 계책을 내야 하는 것이오?"

역이기가 대답했다.

"공은 나름 무리를 일으키고 흩어진 병사를 수습했으나 아직 병력이 1만 명을 넘지 못합니다. 이런 군사를 이끌고 강한 진나라로 곧바로 쳐들어가는 것은 호랑이 입 주변에서 호랑이를 시험하는 것과 같습니다. 진류陳留는 사방으로 모든 곳과 연결된 천하의 요충지입니다. 지금 그 성 안에는 쌓아 놓은 곡식 또한 많습니다. 제가 그 현령을 잘 알고 있으니 청컨대 현령에게 사자로 가 그대에게 항복토록 설득코자 합니다. 만일 제 말을 듣지 않으면 그대가 군사를 이끌고 와 성을 공격할 때 제가 안에서 내응토록 하겠습니다."

진류는 지금의 하남성 개봉시 동남쪽에 위치한다. 역이기의 계책이 그대로 주효했다. 곧 그를 광야군廣野君으로 부르며 핵심 참모로 삼았다. 이후 역이기는 늘 유방의 세객說客으로 활약했다. 당시 역이기는 자신의 동생인 역상酈商을 천거했다. 진류에서 청년 4,000명을 이끌고 있으니 그를 부하장수로 활용하라는 취지였다. 고양현 출신 역상은 진승이 봉기할 때 젊은이들을 그러모은 뒤 이리저리 노략질을 하며 군도의 일원으로 살아온 인물이다. 유방이 진류를 손에 넣자 역상은 무리를 이끌고 진류 인근의 기岐 땅에서 유방에게 귀순했다. 유방은 역상이 귀부하자 곧바로 장수로 삼았다.

유방이 역이기에 이어 그의 동생 역상을 만나 휘하로 끌어들인 것은 큰 수확이었다. 유가사상을 깊이 흡입한 역이기는 유방의 참모 겸 외교관으로 활약하면서 많은 공을 세웠다. 객관적으로 볼 때 그의 동생 역상도 뛰어난 장수에 속했다. 이때 문득 그의 모친 유온이 진류에서 동북으로 30여 리 떨어진 소황小黃에서 숨을 거뒀다. 『진류풍속전陳留風俗傳』의 해당 기록이다.

"유방의 모친은 그가 군대를 일으켰을 때 소황성에서 죽었다. 나중에 소황에 분묘와 사당을 세웠다."

머릿속이 온통 함양 입성 문제밖에 없었던 유방이 모친 유온의 장례를 서둘러 치른 뒤 서진을 서둘렀음을 시사한다. 유방은 즉위 후 유온을 소령부인昭靈夫人으로 추봉追封됐다. 여후는 만년에 시어머니기도 한 유온의 존호를 '소령부인'에서 소령후昭靈后로 한 단계 더 높였다.

유방과 장량

역이기가 합류한 직후인 기원전 207년 3월, 유방이 개봉開封 등지를 공격했으나 이기지 못했다. 서쪽으로 진격하는 와중에 진나라 장수 양웅楊熊과 지금의 하남성 활현인 백마白馬에서 맞붙게 되었다. 승부가 나지 않았다. 싸움터를 지금의 하남성 중모현의 동쪽 곡우曲遇로 옮겼다. 여기서 유방이 이겼다. 사서는 '대승'으로 기록해 놓았다. 참패를 당한 양웅은 황급히 형양滎陽으로 퇴각했다. 일보 후퇴해 수비에 치중코자 한 것이다. 그러나 이 소식을 접한 2세 황제 호해는 대로했다. 믿었던 왕리가 포로로 잡힌데 이어 또 양웅마저 다시 패한 사실에 충격을 받아 분노가 폭발한 듯하다. 곧바로 사자를 보내 참한 뒤 그의 시체를 군중에 널리 돌리는 이른바 전시傳尸를 한 이유다.

여름 4월, 유방이 문득 남쪽으로 내려가 장량이 유격전을 펼치고 있는 영천潁川 일대를 공략한 뒤 끝까지 저항한 영천성의 군민軍民을 모두 도륙했다. 유방은 왜 이처럼 잔인한 짓을 벌인 것일까? 앞서 이보다 10달 전인 기원전 208년 6월에 장량이 진나라 군사의 반격으로 패퇴해 영천 일대에서 유격전을 전개하게 됐다는 사실을 언급한 바 있다.

당시 장량은 옛 한나라 땅에서 이리저리 오가며 나름 '빨치산 활동'을 열심히 전개했으나 그 성과는 극히 미미했다. 「유후세가」의 '장량이 몇 개의 성을 손에 넣었으나 진나라 군사는 곧바로 이를 탈환했다'는 기록이 그 증거다. 원문은 왕래위유병往來爲游兵이다. 표현이 '유병'이지 실상 크게 고전하고 있었다고 보아야 한다.

이를 두고 사다케는 『유방』에서 '장량은 결코 제왕이나 장수의 그릇은 아니었다. 단지 머리가 비상해 뛰어난 참모로 제격이었을 뿐이다'라고 지적했다. 그러나 이는 반만 맞는 말이다. 사다케의 평은 제갈량에게 어울린다. 장량은 철저히 2인자의 길을 걸은 제갈량과 달리 '1인자의 스승'으로 활약코자 했다. 오히려 월왕 구천의 패업을 도운 뒤 홀연히 사라진 범리에 가깝다.

『삼국연의』는 제갈량을 군신軍神으로 미화하기 위해 유비가 세운 공까지 모두 제갈량이 세운 것으로 둔갑시키고 없는 전투까지 만들어냈다. 그러나 정사 『삼국지』에 나오는 제갈량은 제왕이나 장수의 그릇은 결코 아니었다.

「고조본기」는 유방이 장량을 활용해 한나라 땅을 두루 경략했다고 기록해 놓았으나 영천성 도륙의 배경에 대해서는 입을 다물고 있다. '도륙'은 분노의 표현이다. 유방이 장량과 합세해 영천성을 공략할 때 영천성 안의 관민이 거세게 저항했고, 이는 함양 입성 문제로 마음이 급한 유방의 심기를 극도로 자극했을 공산이 크다.

영천성은 왜 그처럼 강고하게 저항했던 것일까? 짐작키가 쉽지 않다. '빨치산' 자체의 속성에서 그 원인을 찾는 게 어떨까? 한국동란 전후로 지리산 일대에 숨어든 빨치산의 활약으로 많은 참사가 빚어진 바 있다. 가장 큰 희생자는 역시 지리산 일대의 농민들이었다. 장수의 자질과 거리가 먼 장량이 빨치산 활동을 펼치면서 적잖은 무리수를 두었을 가능성을 암시한다. 영천성의 도륙은 「고조본기」에서 집중적으로 미화한 유방의 관인한 모습과 크게 동떨어져 있다.

유방이 영천성을 도륙할 당시 고국으로 돌아가 빨치산 활동을 전개하고 있던 장량과 재회한 것은 두 사람에게 일대 전기로 작용했다. 장량으로서는 가뭄에 비를 만난 격이었다. 두 사람의 결합은 곧바로 효력을 나타냈다. 당시 장량은 유방에게 옛 송나라 일대를 제압할 것을 권했다. 유방이 장량의 전략을 좇아 진나라 군사를 차례로 격파했다. 이내 옛 송나라와 위나라 영역을 차지할 수 있었다. 당시 유방이 차지한 땅은 전국시대의 열국의 영역에 비교해도 뒤지지 않을 정도로 넓었다.

당초 팽성을 출발할 당시만 해도 유방의 군사는 초회왕 휘하의 일개 말단 군단에 불과했으나 이때에 이르러 문득 장함, 항우, 제나라 전영과 어깨를 나란히 할 만큼 성장한 것이다. 왕호王號만 사용하지 않았을 뿐 당당한 군벌의 일원이 된 셈이다. 원래 항량의 패사를 계기로 팽성이 초나라의 새 수도로 정해질 당시 유방이 초회왕으로부터 부여받은 임무는 진승과 항량 휘하에 있다가 사방으로 흩어진 병사들을 거둬들이는 일이었다. 대규모 방위군단을 조직해 수도 팽성의 방위선을 구축하려는 심산이었다. 당시 유방은 성공적으로 임무를 완수했다. 북쪽 창읍에서 성양을 거쳐 남쪽 율현에 이르는 기다란 방위선이 구축된 배경이다. 유방이 이 일에 공을 들인 것은 그것이 결국 자신의 무력을 강화하는 길이었기 때문이다. 건달로 있을 당시 오랫동안 이 지역에 인맥을 쌓아두었기에 가능한 일이었다.

진나라와 전면전이 선포된 이후 유방의 머릿속은 온통 함양 입성뿐이었다. 항우가 초나라 연합군을 이끌고 서진할 당시 유방이 팽성 방위선의 북단에 있는 창읍의 공략을 포기하고 창읍의 진나라 군사를 팽월에게 맡긴 뒤 서쪽으로 진격한 이유다. 이때 문득 걸림돌이 나타났다. 당사자는 조나라 별장인 사마앙司馬卬이다.

그는 어떻게 알고 유방에 앞서 함양 입성을 서두른 것일까? 객관적으로 볼 때 당시 조나라의 군사는 이처럼 별동대를 가동할 수 있는 상황이 아니었다. 비록 왕리가 포로로 잡히기는 했으나 항우 및 한신과 더불어 당대의 병법가로 불리는 장함이 여전히 진나라 최정예 군사를 이끌고 있었다. 그러나 조나라의 변경지역은 항우 덕분에 진나라의 세력권에서 벗어나 있었다. 항우는 자신이 장함과 대치하고 있던 틈을 노려 유방이 먼저 함양에 입성하는 '얌체 짓'을 용납할 수 없었다. 조나라 별장 사마앙을 급파한 이유다. 사마앙은 황하를 건너 낙양에서 곧바로 함곡관을 돌파해 관중에 들어갈 요량이었다. 장함은 중과부적의 상황에서 항우의 주력군과 대치하고 있었던 까닭에 일부 군사를 빼돌려 사마앙의 진격을 저지할 가능성은 그리 높지 않았다. 물론 함곡관을 단독으로 돌파하는 것이 쉬운 일은 아니었으나 사마앙이 함곡관의 진나라 군사를 격파할 수만 있다면 가장 먼저 입관하는 대공을 세울 수도 있었다.

유방의 입장에서 볼 때 사마앙이 먼저 입관하면 모든 게 허사가 되고 만다. 진나라 군사와 접전하기 전에 미리 손을 볼 필요가 있었다. 유방이 이내 북쪽으로 올라가 지금의 하남성 맹진현 평음平陰을 공격해 황하 나루의 남쪽을 끊은 이유다. 당시 상황을 기록한 「고조본기」의 다음 대목이 이를 뒷받침한다.

"조나라 별장 사마앙이 황하를 건너 입관코자 했다. 패공이 북쪽으로 평음平陰을 공격해 황하 나루터의 남쪽을 끊은 뒤 낙양의 동쪽에서 이들과 싸웠다. 그러나 전세가 불리해지자 양성陽城까지 퇴각했다."

'평음'은 황하를 건널 때 주로 사용됐던 지금의 하남성 맹진현을 말한다. 유방이 퇴각해 주둔한 양성은 낙양에서 동남쪽으로 약 70킬로미터 지점에 있다. 「유후세가」는 지금의 하남성 언사현 동남쪽 환원관轘轅關을 통해 양성으로 퇴각했다고 기록해 놓았다. 장량이 휘하 군사를 이끌고 유방의 뒤를 좇았다. 「고조본기」에 따르면 환원관 일대는 유방이 장량의 도움을 얻어 자신의 관할지역으로 확보해 놓은 곳이었다. 이곳을 통해 양성으로 퇴각하는 게 가장 안전했던 듯하다.

돌발변수인 사마앙의 출현으로 인해 한나라 변경을 교두보로 삼아 함양으로 진공한다는 당초의 계책은 수포로 돌아가고 말았다. 항우와 장량의 입장에서 보면 애석하기 짝이 없는 일이었다. 특히 장량이 그러했다. 10달 가까이 영천 일대에서 '빨치산 활동'을 한 것이 말짱 도루묵이 된 셈이다. 그가 '빨치산 활동'을 하던 휘하 군사를 이끌고 유방의 뒤를 좇은 배경이 여기에 있다.

당시 유방은 장량과 함께 반년 넘게 빨치산 투쟁을 전개한 '이름뿐인 한왕' 한성韓成에게 하남성 우현의 옛 한나라 도읍지 양적陽翟을 지키도록 부탁한 뒤 곧장 장량과 함께 남쪽으로 내려갔다. 이들이 남쪽으로 내려간 이유는 무엇일까?

한나라를 거점으로 삼아 입관하려는 당초의 계획이 수포로 돌아가자 유방이 장량에게 자문을 구했다. 진나라를 공격하는 데는 낙양에서 황하 남쪽의 효산 산맥의 북쪽 산기슭을 뚫고 함곡관을 돌파하는 게 기본이다. 이전에 '장초'의 총사령관 주장이 군사를 이끌고 이쪽 경로를 통해 입관한 바 있다. 그러나 지금은 상황이 달라졌다. 사마앙의 뒤에 항우가 있었다. 그와 승부를 겨루는 것은 여러모로 위험부담이 컸다. 대안을 찾을 필요가 있었다.

장량은 뒷길을 더듬어가는 방안을 제시했다. 중원에서 관중으로 들어가는 길은 함곡관을 경유하는 것 말고도 또 하나의 경로가 있었다. 한수 유역까지 남하했다가 한수의 지류인 단수丹水를 거슬러 올라가 무관에 이른 뒤 진령산맥을 넘어 파수灞水를 따라 함양에 이르는 경로가 그것이다. '파수'는 사서에 파수霸水로 기록돼 있다. 수수濉水를 사서에서 수수睢水로 쓴 것과 같다. 여기의 파霸는 통상 '패'로 읽으나 파수의 가차로 사용된 것인 까닭에 '파'로 읽어야 한다. '패수'로 읽어도 틀린 것은 아니나 '패'는 원래 음이 아니라 속음이다. 중국어로는 양쪽 모두 '바ba'이다.

당시 항우는 아직 거록에서 장함과 대치를 계속하고 있었다. 장함이 병력 증원을 받지 못한 까닭에 대세는 항우 쪽으로 크게 기울고 있었으나 승패를 예측키가 쉽지 않았다. 장함의 군사를 격파하지 못하는 한 항우가 이끄는 초나라 연합군이 함곡관을 돌파할 방법이 없었다.

설령 항우가 조기에 매듭을 짓고 함곡관을 향할지라도 거록에서 함곡관을 거쳐 함양에 이르는 거리는 양성에서 무관을 거쳐 함양에 이르는 거리와 별반 차이가 없다. 무관을 통하는 우회노선을 택할지라도 손해 볼 게 없는 셈이다. 유방이 쾌재를 불렀다. 「진초지제월표」는 유방이 장량의 제의를 좇아 무관 돌파 방침을 결정한 시점을 정확히 기록해 놓지 않았으나 전후 맥락에 비춰 2세 황제 호해 3년(기원전 207년) 5월로 추정된다.

유방의 우회노선

『사기』「진초지제월표」는 유방이 남쪽 무관을 통한 입관을 결정하기 직전 항우의 군사가 다시 장함의 군사를 급히 공격했다고 기록해 놓았다. 장함은 함양의 조정에 원군을 요청했으나 오히려 조고의 질책만 받았다. 그가 원군을 요청한 시점은 유방군이 조나라 별장 사마앙과 충돌했을 때이다. 「진시황본기」는 당시 상황을 이같이 기록해 놓았다.

"항우가 진나라 장군 왕리 등을 거록에서 굴복시키고 다시 진격하자 장함 등이 이끄는 진나라 군사가 여러 차례 퇴각했다. 장함이 상서해 원군의 증원을 청했다. 이를 계기로 연, 제, 초, 한, 위, 조 모두 왕을 칭하며 자립했다."

진시황이 천하를 통일하기 이전의 모습으로 돌아간 꼴이다. 이는 함곡관 이동의 여러 지역에서 군웅들이 군사를 이끌고 초나라 연합군에 합세하려 했음을 암시한다. 항우군의 우위가 명확해지면서 정세에 큰 변화가 생긴 셈이다.

이로 인해 많은 사람들이 항우의 군사에게 격파를 당해 패주한 것처럼 해석하고 있으나 전후 맥락에 비춰 이는 지나치다. '여러 차례 퇴각했다'의 원문은 '삭각數卻'이다. 여기의 '삭'은 '여러 차례'의 의미로 사용될 때는 '수'가 아니라 '삭'으로 읽어야 한다. 전후 맥락에 비춰 전술상 후퇴로 보는 게 타당하다.

원래 중과부적의 상황에서 맞대결을 펼 경우 승산이 거의 없다. 당대의 병가인 장함이 이를 모를 리 없다. 항우가 이끄는 반진연합군을 안으로 깊숙이 끌어들이려는 기병술奇兵術로 보는 게 합리적이다. 항우 역시 장함의 속셈을 읽은 까닭에 퇴각하는 진나라 군사를 급히 추격하는 일을 벌이지 않은 게 확실하다. 「항우본기」의 '상지미전相持未戰, 진군삭각秦軍數卻' 구절이 이를 뒷받침한다. '상지미전'은 양측 모두 서로 굳게 지키며 교전을 피했다는 뜻이다. 서로 상대의 실력을 잘 알고 있는 까닭에 섣불리 용병하지 않았다고 해석하는 게 문맥에 부합한다.

그러나 상대방이 말려들지 않을 경우 퇴각전술은 일정한 한계가 있을 수밖에 없다. 장함의 경우 아무리 군사를 뒤로 물릴지라도 함양성 인근까지 물러날 수는 없는 일이었다. 상대가 퇴각전술에 말려들지 않을 경우에는 대개 자신에게 가장 유리한 지점에서 퇴각을 멈추고 적과 최후의 결전을 벌이기 마련이다. 사실 이게 서로 실력이 비등할 경우 승리의 가능성을 가장 높일 수 있는 유일한 방안이기도 하다.

불행하게도 함양의 진나라 조정에는 장함이 구사한 '삭각'의 퇴각 전술을 이해할 수 있는 사람이 아무도 없었다. 장함이 누차 퇴각하자 2세 황제가 이내 사자를 보내 장함을 책망한 사실이 이를 뒷받침한다. 장함이 휘하의 장사長史 사마흔司馬欣을 보내 조정의 최종적인 하명을 청한 것은 유방이 황하 나루터에서 사마앙과 접전을 벌인 기원전 207년 4월이다. 항우가 이끄는 초나라 연합군에게 승리를 거둘 경우 진제국은 기사회생할 수 있었다. 객관적으로 볼 때 장함의 증원 요청보다 한 단계 더 높은 수준의 '총동원령'을 내리는 게 옳았다. 그러나 조정에는 그런 안목을 가진 자가 전무했다. 오히려 퇴각전술을 이해하지 못한 나머지 장함을 헐뜯는 자들로 가득 차 있었다.

장함으로서는 원군이 오지 않을 경우 결사대를 이끌고 정면승부를 벌이는 길밖에 없었다. 그러나 그에 앞서 조정의 최종 입장을 확인할 필요가 있었다. 사마흔이 장함의 이런 뜻을 전달코자 함양으로 달려갔으나 상황은 장함이 생각한 것보다 훨씬 나빴다. 사마흔은 입궐 허락을 받지 못한 채 사마들이 지키는 궁궐의 바깥문인 사마문司馬門에서 사흘 동안 머물러 있어야만 했다. 조고가 접견을 거부하며 불신임의 뜻을 드러낸 탓이다.

「진초지제월표」는 '조고가 사마흔을 주살誅殺하려 했다'고 기록해 놓았다. 낌새를 눈치 챈 사마흔이 두려운 나머지 황급히 샛길을 통해 장함이 있는 본영으로 달아났다. 혹여 추격을 받을까 우려해 감히 원래 왔던 길로 가지 못한 것이다. 「항우본기」의 원문은 '불감출고도不敢出故道'이다. 여기의 '고도'는 '원래 왔던 길'이란 뜻이다. 조고가 이내 사람을 시켜 그의 뒤를 쫓게 했으나 잡지 못했다. 사마흔이 군영에 이른 뒤 황급히 보고했다.

"조고가 조정에서 멋대로 일을 처리하고 있는 까닭에 그 밑에는 제대로 일을 할 수 있는 사람이 아무도 없습니다. 지금 전투에서 능히 승리를 거둘지라도 조고는 반드시 우리의 전공을 질투할 것이고, 승리하지 못하면 죽음을 면치 못할 것입니다. 원컨대 장군은 이를 깊이 헤아리도록 하십시오."

투항과 결전 가운데 양자택일 할 것을 촉구한 것이나 다름없었다. 장함은 구체적인 언급을 하지 않았으나 이후 행보를 보면 내심 크게 흔들린 게 확실했다. 이해 5월의 일이다. 유방이 사마앙에게 패해 남쪽 무관으로 통해 입관하기로 결단한 시점과 같다.

당시 유방은 장량 및 조참 등과 머리를 맞대고 전략회의를 열었다. 여기서 무관 돌파를 위한 구체적인 전략이 마련됐다. 다음날 유방은 고향인 패현의 풍읍에 남아 있는 가족의 안전을 위해 임오任敖에게 한 무리의 군사를 건네면서 급히 풍읍으로 가 가족을 보호케 했다. 원래 임오는 패현의 옥연獄掾으로 있던 조참 밑의 옥리獄吏였다. '연'은 아전의 우두머리를 뜻한다. 경찰로 치면 파출소장 직급의 경사를 포함해 그 밑에 있는 순경 등이 옥리, 해당 지역 경찰관서의 형사과장 직급의 경위 이상 직급이 옥연 즉 옥관에 해당한다. 「장승상열전」에 임오에 관한 일화가 나온다.

"임오는 원래 패현의 옥리였다. 고조가 지명 수배된 뒤 도주해 출두하지 않자 패현의 옥리가 여후를 대신 옥에 가두었다. 이때 담당하는 옥리가 여후를 정중하게 다루지 않은 것을 본 임오는 평소 고조와 친했으므로 화를 내며 담당 옥리를 칼로 쳐 상처를 입혔다."

임오는 여후의 오라비인 여택 등을 통해 유방과 만난 것으로 보인다. 그는 유방이 다스리던 때는 그다지 출세하지 못했다. 그러나 여후의 시대에 들어와 문득 부승상에 해당하는 어사대부로 발탁됐다. 임오는 유방이 무관을 향할 때를 기점으로 입관 후 항우의 본거지인 팽성을 함락시킬 때까지 대략 2년 동안 풍읍 일대를 지키며 유방 일족의 경비에 전념했다.

풍읍의 유방 본가에는 임오 이외에도 심이기審食其가 있었다. 그는 유방이 봉기할 때 사인舍人의 자격으로 참여했다. 임오가 풍읍으로 올 당시 그는 이미 1년 10개월이 넘도록 여후와 그 아들 혜제를 모시고 있었다. 임오가 온 뒤에도 그는 변함없이 여후를 모셨다. 유방이 각지를 전전하는 3년 10개월 동안 여후를 곁에서 모신 셈이다. 항우의 역습으로 유방의 일족이 뿔뿔이 흩어졌을 때도 그는 여후 곁을 잠시도 떠나지 않다가 포로로 잡혔다. 이후 다시 1년 동안 포로가 된 여후를 곁에서 모셨다. 그 역시 유방 사후 여후에 의해 재상으로 발탁됐다. 이때 여러 추문이 나돌았다.

입관 경쟁

유방이 남쪽 무관을 돌파하는 방안을 마련할 당시 항우 역시 장함의 군사를 굴복시키기 위해 온갖 수단을 다 동원하고 있었다. 서로 먼저 입관하기 위해 모든 지략을 짜내고 있었던 셈이다. 사마앙을 보내 유방의 군사를 격파한 것은 나름 의미가 있었으나 유방으로 하여금 우회노선을 택하도록 한 것은 결과적으로 커다란 손해였다. 실제로 입관을 위한 유방의 행보는 매우 신속했다.

이해 6월, 유방이 군단 내에서 최정예 부대를 선발해 선봉으로 내세우는 식으로 군을 재편했다. 군수물자 수송 관계자와 기지 건설 등에 동원되는 공병부대는 최소한으로 줄였다. 최대한 신속히 진군이 필요하다는 판단에 따른 것이었다.

그간 유방의 군사는 대략 8개월 동안 팽성에서 직선으로 약 400킬로미터 떨어진 낙양에 이르기까지 여러 차례의 전투를 통해 점령지를 확대하면서 해당 지역의 장정을 병사로 충원해 왔다. 결정적인 도움을 준 지역은 반진의 정서가 높았던 전국시대 송나라와 위나라 지역이었다. 무관으로 진출하기 위해서는 삼국시대 제갈량이 은거했던 남양南陽까지 내려가야 했다. 낙양에서 남양까지 직선으로 약 200킬로미터가량 됐다. 남양에서 함양까지는 다시 400킬로미터를 더 가야 했다. 낙양을 기점으로 총 600킬로미터에 달하는 셈이다. 가장 큰 장애물은 행로의 중간에 있는 험준한 산악지대이다. 놀랍게도 유방은 이 험난한 길을 불과 4, 5달 만에 주파했다. 『손자병법』을 비롯한 모든 병서가 역설하는 병귀신속兵貴神速을 몸소 실천한 셈이다. 그러나 이것이 결코 순탄한 노정이 아니었음은 말할 것도 없다.

이해 6월에 가장 먼저 만난 장애물은 남양군수 기齮였다. 사서에는 그의 성씨가 나와 있지 않다. 그는 군사를 동원해 유방의 서진을 가로막고 나섰다. 그가 방어선을 편 곳은 옛 한나라 영역과의 경계에 있는 지금의 하남성 노산현 부근인 주현犨縣 동쪽이다. 그러나 진나라 군사는 이미 사기가 크게 떨어져 있었다. 함양 입성에 따른 노획물 획득의 꿈에 부푼 유방군의 적수가 되지 못했다.

남양군수 '기'도 나름 병법에 조예가 있었다. 적의 사기가 높을 때는 우선 피하는 게 상책이다. 그는 이내 군도郡都인 완성宛城으로 들어간 뒤 성문을 굳게 닫고 지켰다. 완성을 피한 채 무관으로 달려갈 경우 배후에서 역공을 받을 소지가 컸다. 어떤 식으로든 남양을 제압해야만 했다. 『사기』의 기본 사료로 활용된 육가陸賈의 『초한춘추』에 따르면 당시 마음이 급한 유방이 완성을 놓아둔 채 계속 서진하려고 하자 장량이 간했다.

"공이 아무리 급히 입관코자 해도 진나라 군사는 아직 많고 험준한 지형에 기대어 저항하고 있습니다. 지금 완성을 함락시키지 않은 채 진군을 계속하면 완성의 군사가 이내 우리의 뒤를 칠 것이고 강한 진나라는 앞에서 우리의 전진을 막게 됩니다. 이는 극히 위험한 방안입니다."

유방이 이를 좇았다. 곧 한밤중에 길을 우회해 완성을 포위하는 작전을 폈다. 병사들을 함매銜枚케 하고 깃발을 뉘여 적에게 들키지 않게 조치했다. 덕분에 이른 새벽에 완성을 세 겹으로 포위할 수 있었다. 아침에 일어나 유방군이 돌연 성을 세 겹으로 포위한 사실에 경악한 남양군수가 스스로 목을 베려고 하자 사인舍人으로 있는 측근 진회陳恢가 황급히 만류했다.

"조금 있다 죽을지라도 아직 늦지 않을 것입니다."

그러고는 이내 성벽을 넘어가 유방을 만나 이같이 유세했다.

"내가 듣건대, 초나라 왕은 먼저 함양으로 들어가는 자를 왕으로 삼기로 약속했다고 합니다. 지금 그대는 완성을 포위하고 있으나, 완성은 남양군 내 수십 개의 현성縣城과 서로 연결돼 있습니다. 게다가 관원과 백성은 항복하면 꼭 죽는 것으로 스스로 생각해 모두 굳건히 지키고 있습니다. 지금 그대가 종일토록 포위공격하면 사상자가 틀림없이 매우 많을 것입니다. 또 군사를 이끌고 완성을 떠나면 완성의 군사가 필히 그대의 뒤를 쫓을 것입니다. 그대는 완성을 공략키 위해 전진하자니 먼저 입관한 자를 왕으로 삼기로 한 경쟁에서 뒤쳐질까 우려되고, 뒤로 물러나자니 완성의 강병强兵이 뒤를 칠까 걱정해야만 할 상황입니다. 그대를 위한 계책 가운데 그 어느 것도 남양군수를 설득해 그대로 군수로 봉한다고 약속하느니만 못합니다. 따라서 그들이 성을 굳건히 지키는 것을 중지시킨 뒤 그들의 병사까지 함께 이끌고 서진토록 하십시오. 아직 함락시키지 못한 여러 성들도 이 소문을 듣고 다투어 성문을 열고 그대를 기다릴 것입니다. 그리 되면 그대가 가는 길에 누가 될 일이 없을 것입니다."

유방이 크게 기뻐했다.

"참으로 좋은 계책이오."

이해 7월, 남양군수 기齮가 항복했다. 유방이 그를 은후殷侯에 봉하고, 진회를 천호千戶에 봉했다. 이때 마치 천하를 얻은 듯한 모습을 보였다. 이를 탓해서는 안 된다. 적장의 투항을 유도하는 방안으로 이보다 나은 게 없었다. 비용이 드는 것도 아니다. 대선 때 임명장을 수여하며 참모집단을 격려하는 것과 같다.

당시 결사저항의 의지를 보였던 남양군수가 힘없이 무너진 데에는 장함이 항우에게 항복한 게 크게 작용했다. 당초 장함이 불리하다는 얘기가 널리 퍼지자 진나라의 방위체계는 내부로부터 스스로 붕괴하기 시작했다. 여기에 결정타를 가한 게 바로 장함의 투항 소식이다. 남양군수는 이 소식을 듣고 절망했다. 유방은 천시天時를 만난 셈이다.

장함의 투항

원래 거록대전은 왕리의 생포로 끝난 게 아니다. 왕리의 생포는 서전緖戰에 지나지 않았다. 실제로 총사령관인 장함은 왕리의 참패에도 불구하고 나름 군사를 차분히 정비하며 결전을 준비하고 있었다. 장함이 이끄는 진나라 주력군을 격파해야만 비로소 완벽한 승리를 거두는 것이었다. 이는 왕리를 생포한 지 6달 뒤인 기원전 207년 7월에 실현된다. 남양군수가 유방에게 투항하기 직전이다. 당시 상황과 관련해 「항우본기」는 이같이 기록해 놓았다.

"왕리의 군사가 이미 복몰覆沒했으나 장함은 극원棘原에 주둔하며 항우의 진군을 가로막고 있었다. 항우는 장수漳水의 남쪽에 주둔하고 있었다. 양측 모두 서로 굳게 지키며 교전을 피했다."

바야흐로 한신과 더불어 당대의 3대 병법가로 불리는 항우와 장함이 처음으로 맞붙는 결전이 빚어질 터였다. 장수의 실력이 비슷하고 보유한 병력이 서로 필적할 경우 선불리 움직이면 오히려 불리하다. 『손자병법』은 「군형」에서 이같이 경고하고 있다.

"아무리 전쟁을 잘해도 적이 나를 이기지 못하도록 조치할 수는 있으나, 적들로 하여금 내가 기필코 승리를 거두도록 임의로 조종할 수는 없는 일이다. '승리는 미리 점칠 수는 있으나 마음대로 얻을 수 있는 것은 아니다'라고 말하는 이유다. 적을 이길 수 없을 때는 공격을 삼가고 수비에 치중해야 한다. 반대로 적을 이길 수 있을 때는 때를 놓치지 않고 공격해야 한다. 방어를 하는 것은 아직 내가 적을 이길 여건이 마련되지 않았기 때문이고, 공격을 하는 것은 이길 여건이 충족되고도 남기 때문이다."

훗날 조조는 『손자병법』을 대대적으로 손질한 뒤 주석을 가한 『손자약해孫子略解』에서 이 대목을 다음과 같이 풀이했다.

"「군형」에서 '승리는 미리 점칠 수는 있으나 마음대로 얻을 수 있는 것은 아니다'라고 말한 것은 아군이 겉으로 드러난 모습을 토대로 승부를 점칠 수는 있으나 이것이 승리를 담보하는 것은 아니라는 취지이다. 싸움은 늘 상대방이 있기 마련이니 적장도 아군의 움직임에 따라 미리 대비하기 때문이다. '적을 이길 수 없을 때는 공격을 삼가고 수비에 치중해야 한다'고 말한 것은 기회가 올 때까지 아군의 실정이 드러나지 않도록 주의해야 한다는 취지이다. '적을 이길 수 있을 때는 때를 놓치지 않고 공격해야 한다'고 말한 것은 이때 적이 아군을 공격해 오면 그 자리에서 승리를 결정지을 수 있다는 의미이다. '방어를 하는 것은 아직 내가 적을 이길 여건이 마련되지 않았기 때문이고, 공격을 하는 것은 이길 여건이 충족되고도 남기 때문이다'라고 말한 것은 아군이 수비에 치중하며 때를 기다리는 것은 전력이 부족하기 때문이고, 아군이 적극 공세를 취하는 것은 전력에 여유가 있기 때문이라는 의미이다."

병법에 밝았던 항우와 장함 모두 「군형」의 이 대목에 대해 조조와 유사한 생각을 하고 있었을 것이다. 앞서 살펴본 바와 같이 「항우본기」의 '상지미전' 표현이 이를 뒷받침한다. 만일 서로 맞붙어 싸웠다면 누가 이겼을까? 짐작하기 쉽지 않다. 결과적으로 항우가 장함의 항복을 얻어내기는 했으나 이는 전적으로 외부요인에 따른 것으로 결코 장함이 싸움에 패해 그리된 것은 아니다.

그렇다고 항우가 장함의 항복을 받아낸 것을 과소평가해서는 안 된다. 적장의 투항을 얻어낸 것은 『손자병법』을 비롯한 모든 병서가 언급하고 있듯이 최상의 용병술에 해당한다. 『손자병법』「모공」의 해당 구절이다.

"용병의 기본 이치를 말하면 적국을 온전히 굴복시키는 전국全國이 최상이고, 적국을 무찔러 항복을 받아내는 파국破國은 차선이다. 마찬가지로 적을 상대하여 적의 군단軍團을 온전히 굴복시키는 것이 최상이고, 무찌르는 것은 차선이다. 적의 여단旅團을 온전히 굴복시키는 것이 최상이고, 무찌르는 것은 차선이다. 적의 졸대卒隊를 온전히 굴복시키는 것이 최상이고, 무찌르는 것은 차선이다. 적의 오대伍隊를 온전히 굴복시키는 것이 최상이고, 무찌르는 것은 차선이다. 백 번 싸워 백 번 이기는 백전백승百戰百勝은 결코 최상의 계책이 될 수 없다. 싸우지 않고도 굴복시키는 부전굴인不戰屈人이야말로 최상의 계책에 해당한다. 전쟁에서 최상의 용병 계책은 지략으로 적을 굴복시키는 것이다. 차선의 계책은 외교수단으로 적을 굴복시키는 것이다. 차차선의 계책은 무력으로 적을 굴복시키는 것이다. 최하의 계책은 적의 성을 직접 공격하는 것이다. 최상의 용병은 벌모伐謀이다. 이는 계략을 이용한 진공을 뜻한다. 차선의 용병인 벌교伐交는 적의 동맹외교를 차단함으로써 적을 고립시켜 굴복시키는 것을 의미한다. 차차선인 벌병伐兵은 무력을 동원해 굴복시킨다는 뜻이다. 최하인 공성攻城은 적의 도성을 포위 공격하는 식의 직접적인 타격을 의미한다."

항우는 장함의 항복을 받아냄으로써 「모공」에서 얘기하는 '벌모'의 계책을 실현한 것이나 다름없다. 무력전을 통해 왕리를 생포한 것보다 더 큰 전공을 세운 셈이다. 군사 측면에서 볼 때 항우가 세운 거록대전 승리의 진정한 의미가 여기에 있다. 당대의 병법가인 장함이 '맥없이' 투항한 것은 기본적으로 함양의 어지러운 정사로 인한 것이었다.

그러나 여기에는 진여의 공도 매우 컸다. 전후 맥락에 비춰볼 때 끝까지 결심하지 못하고 주저하던 장함이 투항의 결단을 내린 데는 그가 보낸 이런 서신이 결정적인 배경으로 작용했다. 「항우본기」는 '문경지교'가 파탄 난 뒤 휘하 장병 수백 명과 함께 황하의 위쪽 늪지대로 가 일시 고기를 잡으며 생활한 진여가 언제 항우의 군사에 합류했는지에 대해 입을 다물고 있다. 항우의 군사가 장함의 군사와 맞붙은 시기가 이해 1월인 만큼 대략 고기를 잡으며 생활한 지 반년 만인 것으로 보인다. 다음은 진여가 보낸 서신 내용이다.

"옛날 백기白起는 진나라 장수가 되어 남정하여 초나라 도성 언영鄢郢을 치고, 북쪽으로 조나라 장수 마복군馬服君 조괄趙括의 군사 40만 명을 갱살했소. 성을 공격하고 땅을 경략한 것이 수를 헤아릴 수 없소. 그러나 끝내 사사되고 말았소. 몽념은 진나라 장수가 되어 북쪽으로 융인을 몰아내고, 유중楡中의 땅 수천 리를 개척했지만 양주陽周에서 참수되었소. 이는 무슨 까닭이겠소? 전공이 많아지면 진나라는 이들에게 모두 봉상封賞을 내릴 수 없었기 때문에 죄를 뒤집어 씌워 주살한 것이오. 지금 장군은 진나라 장수가 된 지 3년이 되는 사이 병력의 손실이 10만여 명을 헤아리고 있소. 그런데도 제후들은 일시에 떨치고 일어난 후 병력이 날로 더욱 많아지고 있소. 저 조고는 본래 아부하며 살아온 지 이미 오래됐소. 지금 사태가 급하게 되자 그 또한 2세 황제가 자신을 주살할까 두려워하고 있소. 그래서 법으로 장군을 제거하여 자신의 책임을 덮고, 다른 사람으로 하여금 장군을 대신토록 함으로써 그 화를 벗어나려 하고 있소. 무릇 장군은 함양을 벗어나 전장에 머문 지 오래되어 안으로 사람들과 틈이 크게 생긴 까닭에 공을 세워도 죽고, 공을 세우지 못해도 죽게 되어 있소. 게다가 하늘이 진나라를 망하게 하려는 것은 똑똑하고 어리석은 자를 막론하고 모두 익히 아는 일이오. 지금 장군은 안으로는 황제에게 직간할 수 없고, 밖으로는 망국의 장수가 되었소. 고독하게 홀로 서서 장구히 생존코자 한들 이 어찌 슬픈 일이 아니겠소? 장군은 어찌하여 군사를 돌려 제후들과 합종하여 함께 진나라를 친다고 약속하지 않고, 진나라 땅을 오이를 쪼개듯 나눠가져 왕을 칭하지 않는 것이오? 제후들과 합종해 왕을 칭하는 길과 자신의 몸은 도끼나 작두 같은 형틀 위에 엎어져 죽고 처자 또한 살육되는 두 가지 길 가운데 과연 어느 쪽이 나은 것이오!"

구구절절이 옳은 얘기다. 정황상 이 서신은 진여가 항우와 상의하고 보낸 것으로 보는 게 옳을 것이다. 「항우본기」는 당초 진여의 서신을 받은 장함이 한동안 이리저리 생각하며 결단하지 못했다고 기록해 놓았다. 원문은 장함호의章邯狐疑이다. '호의'는 여우가 의심이 많다는 뜻이다. 매사에 지나치게 의심함을 이르는 것을 말한다. 그러나 장함의 '호의'는 오래가지 않았다. 곧 결단한 뒤 은밀히 군후軍侯 시성始成을 항우에게 보내 맹약코자 했다.

그러나 그 사이에 일이 터졌다. 맹약이 맺어지기 전에 항우가 포 장군을 선봉으로 삼은 뒤 먼저 일부 군사를 이끌고 가 진나라 군사를 치게 한 것이다. 왜 그랬을까? 장함이 잠시 머뭇거린 점도 있지만 초나라 연합군 내에서 전공을 세우고 싶어 하는 장수들의 성화도 한 몫 했을 것으로 짐작된다. 그렇다면 항우는 무슨 속셈으로 이를 허락한 것일까? 대략 진나라 최강의 정예군을 이끌고 있는 장함의 대응과 속셈, 용병술 등을 종합적으로 시험해볼 요량이었던 것으로 보인다. 『오자병법』「논장」에 이런 일화가 나온다. 하루는 위무후가 오기에게 물은 적이 있다.

"양측이 대치한 상황에서 적장에 대해 전혀 모를 경우 그를 알려면 어찌해야 하오?"

오기가 대답했다.

"휘하의 군관 가운데 용감한 자에게 약간의 정예병을 딸려 보내 시험해 봅니다. 이들에게는 전과를 올릴 생각을 하지 말고 오직 거짓으로 패해 도주하는 모습을 보이도록 지시한 뒤 추격해 오는 적의 일거일동을 면밀히 관찰합니다. 만일 지휘를 짜임새 있게 하고, 추격을 하면서도 못 미치는 척하고, 미끼를 보아도 모르는 척하며 말려들지 않으면 적장은 지장智將이 분명합니다. 이들과 싸워서는 안 됩니다. 정반대로 적의 부대가 소란스럽고, 깃발이 어지럽게 날리고, 병사들이 멋대로 행동하고, 병기를 아무렇게나 잡고, 기를 쓰고 추격해 오거나 미끼를 보고 혈안이 돼 달려들면 적장은 우장愚將이 분명합니다. 이 경우는 적병이 아무리 많을지라도 능히 사로잡을 수 있습니다."

항우가 포 장군에게 일부 군사를 내주고 장함의 군사와 정면으로 맞붙게 한 것도 장함이 과연 소문처럼 '지장'인지 아니면 '우장'인지 여부를 판단코자 했을 공산이 크다. 당시 포 장군은 밤낮으로 군사를 이끌고 지금의 하북성 자현 서남쪽의 삼호三戶에서 도강해 장수漳水의 남쪽에 진을 친 뒤 진나라 군사를 깨뜨렸다. 이는 이미 투항키로 결심한 장함이 지휘를 제대로 하지 않은 탓으로 보인다.

당시 항우는 장함이 이미 투항을 결심한 사실을 전혀 몰랐다. 곧바로 친히 전군을 이끌고 지금의 하남성 임장현 경계에 있는 오수汙水 가에서 진나라 군사를 공격한 사실이 이를 뒷받침한다. 장함이 곧 사람을 항우의 진영에 보내 맹약코자 했다. 장함의 사자를 만난 항우가 이내 제장들을 불러놓고 상의했다.

"우리도 군량이 많지 않으니 적의 맹약 제의를 들어주는 게 어떻겠소?"

"좋은 생각입니다."

이해 7월, 항우와 장함이 지금의 산서성 여성현에서 발원해 조나라 일대를 관통하는 원수洹水의 남쪽 은허殷墟에서 맹약했다. 맹약이 끝나자 장함이 항우 앞에서 눈물을 흘리며 함양의 혼란스런 정황을 얘기했다. 항우가 장함을 위로하면서 곧바로 옹왕雍王에 임명했다. '옹'은 관중을 뜻한다. 장함을 임의로 관중왕에 봉한 셈이다.

초나라의 상장군인 항우가 어떻게 '감히' 임의로 관중왕을 봉할 수 있는 것일까? 유방이 투항한 남양군수를 은후殷侯에 봉한 만큼 크게 탓할 일은 아니다. 그러나 '후'와 '왕'은 다르다. 유방은 남양군수의 투항을 계기로 '관중왕'의 자리는 떼어 놓은 당상이라고 생각해 그리했을 공산이 크다. 그렇다면 같은 맥락에서 항우는 장함의 투항을 계기로 '황제'의 자리는 떼어 놓은 당상이라고 생각해 장함을 '옹왕'에 봉했던 것은 아닐까?

여기서 주목할 것은 항우와 유방 모두 유사한 행보를 보이면서도 스케일 면에서 차이를 보이고 있는 점이다. 독립군단과 제후연합군을 이끈 데 따른 차이로 볼 수 있다. 특히 항우가 장함을 관중왕에 해당하는 '옹왕'에 봉한 것은 특별한 의미가 있다. 이는 기본적으로 초회왕의 군권君權 행사를 전혀 인정치 않겠다는 의지의 표현이나 다름없다.

당시 항우는 내심 초회왕을 숙부 항량이 임시방편으로 세운 '허수아비 왕'에 지나지 않는다고 생각하고 있었다. 일시 송의 밑에 '차장'으로 참전했으나 이는 어디까지나 사세가 여의치 못한 데 따른 고육책에 지나지 않았다. 송의의 목을 벤 뒤 스스로 상장군의 자리에 오른 그는 장함의 투항을 계기로 이제 누구의 명을 받는 식의 거추장스러운 형식을 모두 날리기로 작심한 게 확실했다. 초회왕에게 전공을 전혀 보고하지 않은 사실이 이를 뒷받침한다. 후술하겠지만 이는 큰 실수였다. 아무리 내용이 충실할지라도 일정한 형식을 덧씌워야 한다. 서로 사랑하는 남녀가 굳이 결혼식을 올리고 동거에 들어가는 것을 생각하면 된다. 공자가 『논어』「옹야」에서 문질빈빈文質彬彬을 역설한 것도 이 때문이다. 공자는 이같이 말했다.

"질質이 문文을 이기면 거칠고, '문'이 '질'을 이기면 겉만 호화스럽다. '문'과 '질'이 조화를 이룬 연후에 가히 군자라고 이를 수 있다."

'질'은 바탕, '문'은 겉으로 드러나는 여러 장식인 이른바 문채文彩를 뜻한다. 조화를 이룬다는 뜻의 원문은 빈빈彬彬이다. 이 장의 해석과 관련해 예로부터 많은 논란이 뒤따랐다. 본래 '질'이 없으면 '문'을 베풀 길이 없어 야인野人이 될 수밖에 없다. '문'을 언급하는 것 자체가 바로 '질'을 전제로 한 것이다. 마찬가지로 '문'이 없으면 '질'이 그 본연의 모습을 드러낼 길이 없다. '질'과 '문'은 상호 불가분의 보완관계에 있는 까닭에 경중선후輕重先後가 없다. 군자가 되고자 하면 당연히 '문'을 닦아야 한다. 문채가 더해지지 않는 한 '야인'으로 머물 수밖에 없기 때문이다.

그러나 남송대의 성리학자들은 '문'과 '질'을 이분법적으로 지나치게 엄격히 나누는 바람에 '문질빈빈'의 기본 취지를 제대로 이해하지 못했다. '문질빈빈'은 '질'과 '문'을 엄격히 분리할 경우 이룰 수 없는 경지이다. 마치 사람을 논할 때 몸과 마음을 나눌 수 없는 것과 같다. 조선조의 다산 정약용은 『논어고금주』에서 성리학자들을 이같이 비판했다.

"한마디로 '질'과 '문'은 후세인들이 그 효력을 토대로 나눠본 데 불과한 것이다. 어찌 하·은·주 3대가 입국立國의 단계에서 처음부터 '질'과 '문'을 엄격히 나눠 은나라는 '질'을 숭상해 이로써 스스로 명命으로 삼고, 주나라는 '문'을 숭상해 이로써 법으로 삼을 리 있겠는가?"

정약용은 '질'은 덕행에서 비롯되고, '문'은 예악禮樂으로 꾸미는 것을 의미한다고 파악했다. 인仁이 바로 '질'이고, 예악이 바로 '문'이라고 본 것이다. '문'과 '질'은 본래 나누어 볼 수 없는 것으로 다만 성인이 후학들을 깨우치기 위해 나눠 말한 것에 불과하다는 것이 그의 주장이다. 공자의 기본 취지를 정확히 풀이한 탁견이다.

당시 항우는 왜 '문질빈빈'의 기본 취지를 거스른 것일까? 송의의 목을 벨 때만 해도 초회왕에게 정황을 보고하고 상장군에 임명되는 절차를 밟았다. '문질빈빈'의 취지에 부합한다. 그런데도 그보다 훨씬 의미 있는 장함의 투항은 왜 보고를 하지 않은 것일까? 속에 품고 있던 분노를 폭발시킨 결과로 보인다.

원래 항우는 초회왕이 자신을 견제하기 위해 '관중왕'을 구실로 내세워 송의와 유방에게 공을 세우도록 유도한 사실을 훤히 꿰고 있었음에 틀림없다. 행군 도중 송의를 일거에 제거한 게 그렇다. 이로써 송의가 '관중왕'에 오를 가능성을 미연에 방지했다. 그러나 결과적인 얘기지만 유방이 약삭빠르게 무관으로 입관하는 것까지 막지는 못했다. 이미 세력을 크게 부풀린 유방을 너무 무시했다고 평할 수밖에 없다.

항우가 장함을 관중왕에 봉한 것은 초회왕이 약속한 '관중왕' 운운의 언질을 공식적으로 무효화한 조치에 해당한다. 유방이 남쪽 무관을 통해 먼저 함양에 입성할지라도 이를 결코 인정할 수 없다는 뜻을 내포하고 있다. 한마디로 초회왕에게 속된 말로 '빅 엿'을 먹인 셈이다. 그러나 그 후과는 매우 컸다. 이후 유방이 걸핏하면 이 문제를 거론하면서 항우를 대역무도한 반적叛賊으로 몰아간 게 그렇다.

이를 통해 알 수 있듯이 당시 항우는 장함의 투항을 받았을 때 비록 형식에 지나지 않지만 초회왕에게 전공을 보고하고 장함의 역할에 부응하는 왕호를 청하는 게 옳았다. 사실상의 관중왕인 '옹왕'에 봉해달라고 청하는 것도 가능했다. 장함의 투항을 계기로 사실상 진제국은 무너진 것이나 다름없었기 때문이다. 당시의 정황에 비춰 초회왕은 이를 거절하기 어려웠다. 그런데도 그는 그리하지 않았다. 장함의 투항을 계기로 너무 우쭐했던 게 분명하다. 따지고 보면 유방도 별반 다를 게 없었다. 유방이 최후의 승리를 거둔 것은 객관적으로 볼 때 여러 요인이 복합적으로 작용한 결과로 사실 기적에 가까운 일이다. 이는 후술하면서 상세히 살펴보겠다. 이들의 행보는 조조가 죽는 순간까지 한헌제를 옆에 끼고 군웅들을 호령한 것과 대비된다.

그럼에도 후대인들은 이 문제를 간과하고 오직 거록대전의 승리에 초점을 맞췄다. 21세기 현재도 별반 다를 게 없다. 거록대전의 승리가 너무 화려했던 탓이다. '초한지제' 당시 항우가 세운 전공이 매우 많은데도 불구하고 후대인들 모두 특별히 거록대전을 언급하며 칭송을 멈추지 않은 이유다.

이는 거록대전의 의미가 그만큼 컸음을 반증한다. 명대의 작가 모곤茅坤이 대표적인 인물이다. 그는 「항우본기」의 거록대전 대목을 읽으면서 찬탄을 금치 못했다. 이는 사마천에 대한 칭송으로까지 이어졌다. 『사기초史記抄』에 나온 그의 평이다.

"거록전투는 항우가 제일 흡족해했던 전투이기도 했고, 동시에 해당 대목은 사마천이 가장 흡족해했던 문장이기도 했다."

'초한지제'에 방점을 찍고 『사기』의 기록을 세밀히 살핀 한자오치韓兆

琦는 『사기신독史記新讀』에서 항우가 불명의 전공을 세운 거록대전의 역사적 의미를 다음과 같이 3가지로 정리한 바 있다.

첫째, 막강했던 진제국의 군사를 격파해 반군의 사기를 크게 높였고, 동시에 진제국을 전복시킬 수 있다는 자신감을 불어 넣었다. 둘째, 진제국의 이목이 항우에게 쏠리면서 남쪽에서 출발해 함양으로 진격하던 유방의 군사는 비교적 순조롭게 함곡관을 돌파할 수 있었다. 셋째, 진제국의 내분을 격화시켜 자멸을 재촉했다. 패전의 책임론이 불거지면서 장함과 조고의 암투가 표면화했고 결국 장함은 20만 대군을 이끌고 항우에게 투항했다. 이후 진제국 내부에서는 갈등이 최고조에 달해 조고가 2세를 살해하고 자영을 옹립하는 일이 빚어졌다. 패색이 짙을 때 빚어지는 일종의 자중지란自中之亂 현상에 해당한다.

당시 항우는 투항한 장함을 앞세워 함양으로 진격했다. 적장의 투항이 엄청난 효과를 거두는 대표적인 사례가 바로 이 경우이다. 적병의 사기가 일거에 땅에 떨어질 수밖에 없다. 삼국시대 당시 장비가 촉 땅을 공략할 때 투항한 적장 엄안을 앞세워 피 한 방울 흘리지 않고 성도에 입성한 게 대표적인 사례이다. 항우가 함양으로 진군할 때 지금의 산동성 연주현인 하구瑕丘의 군벌 신양申陽이 군사를 이끌고 내려와 합류했다. 대세에 재빨리 편승코자 한 것이다.

투항한 적장을 앞세워 진공하는 계책은 위세를 내세워 적의 마음을 공략하는 일종의 '대세론' 전술에 해당한다. 흔히 선거 때 자당 후보를 크게 띄움으로써 마음을 결정하지 못한 유권자들로 하여금 승리 가능성이 높은 후보에게 한 표를 던지도록 만드는 '밴드왜건 효과' 유인술책과 같다. 밴드왜건은 대열의 맨 앞에서 행렬을 이끄는 악대마차를 말한다. 원래 유권자들은 자신의 표가 사표로 처리되는 것을 두려워하는 까닭에 마치 축제 행사 때 악대를 태운 마차 뒤를 따라 사람들이 몰려가는 것처럼 승산이 있는 후보 쪽으로 쏠리기 마련이다.

그러나 한 후보가 독주할 경우 열세후보에 대한 동정론이 일어나 격차가 좁혀지는 경우도 있다. 이른바 '언더도그 효과'이다. 언더도그는 싸움에서 늘 지기만 하는 개가 아예 싸움을 포기한 채 꼬리를 내리고 주저앉은 경우를 지칭한다. 사람의 심리는 매우 교묘해 우세한 후보가 교만한 모습을 보일 경우 예외 없이 패자에 대한 동정심을 보인다. '언더도그'의 반작용 현상이 나타나는 이유다. 실제로 항우는 장함을 앞세워 '밴드왜건 효과'를 톡톡히 누렸으나 이후 교만한 모습을 보이면서 유방에 대한 동정심을 자극하는 반작용을 자초했다. 도덕적으로 비교할지라도 자신보다 별반 나을 것도 없는 정적에게 '언더도그 효과'를 거저 상납한 셈이다.

무관을 통한 입관

항우가 장함의 투항을 계기로 의기양양하게 서진하는 이해 8월, 유방은 함양으로 들어가는 남쪽 관문인 무관을 돌파하고 있었다. 비록 여러 우여곡절이 있기는 했으나 마침내 함양 입성의 관문 앞에서 자신의 운명과 싸우고 있었던 셈이다.

예나 지금이나 험한 지형을 배경으로 한 관문은 난공불락에 해당한다. 더구나 유방의 세력은 그리 큰 것도 아니었다. 실제로 유방은 군사를 이끌고 팽성을 떠난 이후 거의 반년 동안 진나라 군사의 저지로 인해 거의 진군을 하지 못했다. 초기에는 항우보다 훨씬 불리했다. 그러나 팽월을 끌어들여 창읍의 공략을 맡긴 후 상황이 일변했다. 단숨에 진류와 개봉, 영양 등을 손에 넣을 수 있었다. 팽월의 가담으로 후고지우後顧之憂를 던 덕분이다.

그러나 이는 항우가 거둔 거록대전에 비할 바가 못 되었다. 엄밀히 말하면 소규모 전투에서 몇 차례 승리한 것에 지나지 않았다. 항우가 거록성을 포위하고 있던 왕리의 군사를 격파한 데 이어 장함의 투항으로 진나라의 주력부대를 손에 넣은 것은 전혀 예상치 못한 횡재에 해당한다. 장함의 투항은 진제국의 급속한 몰락을 알리는 조종에 해당했다.

실제로 장함의 투항을 계기로 그 이전까지만 해도 진나라 쪽에 유리하게 전개되던 전황이 일거에 뒤바뀌었다. 유방도 그 덕을 본 셈이다. 유방이 무관을 돌파케 된 데에는 여러 원인이 복합적으로 작용한 게 사실이나 기본적으로는 장함의 투항을 계기로 진나라 군사의 사기가 일거에 땅에 떨어진 게 가장 큰 원인이었다. 결과론이기는 하나 재주는 항우가 부리고 재미는 유방이 본 셈이다.

물론 앞서 살펴본 것처럼 여러 무리수를 두기는 했으나 유방이 모든 사안의 초점을 '함양 입성'에 맞춘 점도 무시할 수는 없다. 이는 21세기 비즈니스 전략에서 자주 거론되는 일종의 '선택과 집중'에 해당한다. 무관의 돌파가 그 상징이다.

거록대전이 항우에게 천하를 호령하는 단초를 제공했다면, 무관 돌파는 유방에게 최고의 무력을 자랑한 항우에게 역전승을 거두는 단초로 작용했다고 평할 수 있다. 무관 돌파가 없었다면 함양에 먼저 입성하는 일도 없었고, 그랬다면 이후 항우에게 반기를 들 명분도 없었을 것이다. 당시 상황에서 명분도 없이 반기를 들었을 경우 이내 여러 제후들과 연합세력을 구성키도 쉽지 않았을 것이고, 막강한 무력과 뛰어난 용병술을 자랑하는 항우에게 이내 무릎을 꿇었을 것이다. 그런 의미에서 무관 돌파는 유방에게 매우 중요한 사건이었다.

원래 중원에서 관중으로 들어갈 경우 북쪽 관문인 함곡관을 거치는 게 상식으로 통했다. 항우가 조나라 별장 사마앙을 파견하면서 함곡관 돌파를 명한 게 그렇다. 그는 유방이 남쪽 관문 무관을 통해 입성하리라고는 생각지 못했다. 당초 초회왕의 제장들과 약속할 때 입관 시점을 기준으로 삼는다고만 언급했을 뿐이다. 어느 관문을 통하든 상관이 없었다. 공교롭게도 항우를 포함한 제장들 모두 함곡관만 생각했다. 결과적으로 항우는 상식의 허를 찔린 셈이다.

공교롭게도 안팎의 여러 조건이 맞아 떨어진 결과 유방은 별다른 어려움 없이 무관을 쉽게 통과할 수 있었다. 문제가 된 것은 무관이 아니라 제2차 관문이라고 할 수 있는 요관嶢關이었다. 무관은 한수의 한 지류인 단수의 상류에 위치해 있다. 이 단수를 따라 진령산맥의 동쪽 가장자리인 종남산終南山에서 지금의 서안 일대를 가로지르는 화산華山으로 이어지는 산등성이를 북으로 넘는 파수灞水의 원류 주위에 요관이 있다.

함양 입성의 마지막 관문인 요관을 넘어 진령산맥의 북쪽 산등성이를 따라 대략 100킬로미터만 내려가면 함양에 이르게 된다. 그러나 요관을 통과하지 못하면 자칫 무관과 요관 사이에서 말 그대로 진퇴유곡進退維谷의 함정에 빠질 수 있다. 최악의 경우에 해당한다. 공교롭게도 하늘이 유방을 도왔다. 그 시점에 진나라 내분이 일어난 게 그렇다. 이 사건은 항우가 장함을 '옹왕'으로 봉한 지 1달이 지난 호해 3년(기원전 207년) 8월에 빚어졌다.

『한비자』는 권신에게 대권을 빌려줄 경우 군주는 이내 허수아비가 되어 목숨을 부지키 어렵다고 경고한 바 있다. 「진시황본기」에는 조고의 호해 시해사건 바로 앞에 그런 조짐을 보여주는 일화를 실어 놓았다.

이에 따르면 이른바 중승상中丞相으로 있던 조고는 늘 진나라의 대권을 장악해 전횡할 생각을 품고 있었다. '중'은 환관을 의미한다. 그러나 군신들이 자신의 말을 듣지 않을 것을 우려해 먼저 이들을 시험코자 했다. 사슴을 가져다가 2세 황제 호해에게 바치며 이같이 말했다.

"이는 말입니다."

호해가 웃으며 말했다.

"승상이 잘못 알았소. 왜 사슴을 말이라고 하는 것이오?"

그러고는 좌우에게 물었다. 혹자는 침묵하고, 혹자는 말이라고 했다. 조고에게 아부한 것이다. 그러나 일부는 정직하게 사슴이라고 했다. 조고는 사슴이라고 말한 자들을 은밀히 법의 올가미 속으로 밀어 넣었다. 이후 군신들 가운데 아무도 조고의 잘못을 지적하지 못했다. 여기서 나온 성어가 지록위마指鹿爲馬이다.

조고는 항우가 연합군을 몰고 올 때 호해 앞에서 '관동의 도적들은 아무것도 할 수 없다!'고 호언했다. 장함이 투항하기 전까지만 해도 전혀 틀린 말은 아니었다. 그러나 왕리가 포로로 잡히고, 장함이 투항하면서 모든 게 일변했다. 함곡관 이동의 관동 지역은 거의 모두 진나라에 반기를 들고 반진연합군에 호응했다. 항우가 제후연합군을 이끌고 진나라 도성 함양을 향해 여유 있게 진격한 이유다. 조고의 전횡은 항우보다 유방에게 유리하게 작용했다. 그 결과가 바로 재빠른 함양 입성으로 나타났다.

역사에 가정은 없지만 만일 항우가 장함의 투항 이후 촌각을 다퉈 함곡관 돌파를 꾀했다면 유방보다 훨씬 빠른 시기에 함양에 입성했을 것이다. 그러나 그는 그리 하지 않았다. 여러 이유를 들 수 있지만 역시 초회왕을 '사람 취급' 하지 않은 게 가장 크게 작용했다고 보아야 한다. 공자가 언급한 '문질빈빈'의 기본 취지를 망각한 자만심의 극치였다.

당시 유방은 분명히 항우와 대립각을 세우고 있었다. 그의 전후 행보를 보면 대략 함양에 먼저 입성하기만 하면 관중의 백성을 다독인 뒤 이들을 이용해 능히 항우와 맞설 수 있다고 판단한 게 확실하다. 객관적으로 볼 때 항우는 결코 유방을 과소평가해서는 안 되었다.

실제로 유방의 진격은 거칠 것이 없었다. 남양군수를 '은후'에 봉한 게 결정적인 배경으로 작용했다. 마치 눈덩이처럼 갈수록 세력이 커지는 형국이었다. 「고조본기」는 유방이 군사를 이끌고 무관을 향해 서진하는 도중 함락시키지 못한 곳이 단 한 곳도 없었다고 기록해 놓았다. 원문은 무불하자無不下者이다. 약간 과장된 표현일 수도 있으나 대략 분위기만큼은 그러했을 것이다. 지금의 호북과 호남, 섬서의 경내를 흐르는 한수의 지류인 단수丹水에 이르는 동안 진나라의 고무후高武侯 새鰓와 양후襄侯 왕릉王陵 등이 잇달아 투항했다는 기록이 그렇다.

이때 유방은 문득 무관 앞 약 50킬로미터 지점에서 진군을 멈춘 뒤 군단의 일부를 파견해 배후지의 소탕전에 들어갔다. 주도적인 역할을 한 인물은 유방과 헤어져 독자적인 군사를 이끌고 이 지역에 들어와 있던 왕릉이었다. 원래 그는 유방이 소년시절부터 청년시대에 이르기까지 형으로 모시던 인물이다. 왕릉은 전형적인 무골武骨로 패현에서 호걸로 통했다. 유방이 미천했을 때 그를 형님처럼 섬겼다는 「고조본기」의 기록이 이를 뒷받침한다.

다만 왕릉은 글이 짧고, 기분에 자주 치우치고, 직언을 좋아했다. 사다케는 『유방』에서 오랜만에 유방을 만난 왕릉이 스스로 자신이 유방에 미치지 못하다는 사실을 깨닫고 신종臣從을 맹서한 뒤 소탕전에 참여했다고 보았다. 구체적인 기록은 없으나 아마 그러했을 것이다. 「고조본기」에 따르면 당시 유방이 군사를 돌려 하남성 당하현 서남쪽인 호양胡陽을 공격하다가 파군番君 현령 오예吳芮의 별장 매현梅鋗을 만났다. 곧 그와 함께 하남성 서협현 석析 땅을 비롯해 하남성 남양현 서북쪽 역酈 땅을 치자 모두 항복했다. 사마천은 문득 이 대목에서 다음과 같은 밑도 끝도 없는 기술을 남겨 놓았다.

"패공이 위나라 출신 영창甯昌을 진나라 조정에 파견했지만 진나라 사자가 아직 이르지 않았다."

유방은 무슨 이유로 '영창'을 진나라에 파견한 것일까? 이는 긴박하게 돌아가고 있던 함양의 사정과 밀접한 관련이 있다. 당시 무소불위의 권력을 휘두르던 조고는 잇단 패배에 화가 난 호해가 이내 자신에게 분풀이나 하지 않을까 크게 우려했다. 그럴 가능성이 충분했다. 이미 유방에게 패해 형양으로 달아난 양웅의 목을 베고 그 시체를 저자에 내건 바 있다. 조고가 이내 칭병하고 조회에 나아가 군왕을 배견하지 않았다. 호해가 곧 조고에게 사자를 보내 관동의 도적에 관한 일로 꾸짖었다. 크게 당황한 조고가 이내 은밀히 의붓딸의 남편인 함양령咸陽令 염락閻樂 및 동생 조성趙成과 모의했다.

"주상은 나의 간언을 듣지 않다가 지금 일이 급하게 되자 그 화禍를 나에게 돌리려고 한다. 주상을 갈아치우고 부소의 아들 자영子嬰을 새로 세우자. 자영은 어질고 검소해 백성 모두 그의 말을 받아들일 것이다."

조고가 은밀히 호해를 살해한 뒤 이내 모든 대신들과 공자들을 불러 배경을 설명했다.

"진나라는 원래 왕국이었소. 시황제가 천하의 군주가 된 까닭에 황제를 칭한 것이오. 지금 6국이 다시 자립하여 진나라 땅이 더욱 작아졌소. 헛된 명성으로 황제가 되는 것은 옳지 않소. 의당 옛날처럼 왕을 칭하는 것이 편할 것이오."

그러고는 이내 스스로 목숨을 끊은 진시황의 장남 부소의 아들 자영子嬰을 세워 진왕秦王으로 삼았다. 이어 호해를 평민의 의식으로 섬서성 서안시 동남쪽 두현杜縣에 있는 의춘원宜春苑에 장사지냈다. 유방이 진나라에 사자를 보낸 것은 바로 이 즈음이었다. 「고조본기」의 다음 구절이 이를 증명한다.

"조고가 2세 황제를 살해한 뒤 진나라 사자가 와서 관중을 조고와 유방이 양분해 서로 왕이 되자는 제안을 했지만 패공은 이를 거짓말이라고 생각했다."

「고조본기」에는 조고가 사자를 보낸 것으로 되어 있으나 「진시황본기」는 단초를 제공한 사람이 바로 유방이었음을 뒷받침하는 다음과 같은 기록이 나온다.

"패공은 수만 명의 군사를 이끌고 무관 일대를 도륙한 뒤 은밀히 조고에게 사자를 보냈다."

원문은 '미도무관已屠武關, 사인사어고使人私於高'이다. 여기의 도屠는 사람과 가축을 남김없이 불태우거나 찢어 죽였다는 뜻이고, 사私는 사적으로 은밀히 교섭했다는 뜻의 동사로 사용된 것이다. 정정당당한 사자가 아니었음을 보여준다. 도대체 유방은 왜 죄 없는 무관 일대의 백성을 도륙하고, 백성들의 지탄을 받는 조고에게 은밀히 사자를 보낸 것일까?

이는 유방이 관중을 얻기 위해 혈안이 되어 있었음을 증언하고 있다. 2세 황제 호해가 살해된 뒤 조고에 의해 옹립된 자영子嬰이 조고를 죽이기 전에 측근을 모아놓고 한 말이 이를 뒷받침한다. 「진시황본기」에 나오는 자영의 증언이다.

"지금 항간에는 '조고가 초楚와 밀약을 맺고 진나라 종실을 모두 죽여 관중의 왕이 되려 한다'는 소문이 나돌고 있다."

문맥상 여기의 '초'는 초회왕이 아니라 유방인 게 확실하다. 청대 말기의 저명한 학자 유월兪樾은 이 대목을 보고 이같이 추론한 바 있다.

"유방이 위나라 출신 영창을 진나라에 사자로 파견한 것은 조고가 2세 황제를 죽이면 그에 대한 보답으로 조고의 신분을 보장해주겠다는 뜻을 전하려는 의도로 짐작된다."

유방이 장차 관중왕의 자리에 오를 경우 걸림돌에 해당하는 2세 황제를 '손 안 대고 코를 푸는 격으로' 조고를 통해 제거하려 했다는 이른바 차도살인借刀殺人의 계책을 구사했다는 추론이다. 탁견이다.

객관적으로 볼 때 당시 유방이 관중의 진나라 군사와 정면으로 맞붙어 싸우는 것은 거의 불가능한 일이었다. 유방의 병사는 아무리 많아야 수만 명에 지나지 않았다. 이에 반해 비록 패색이 짙기는 했으나 함양 인근에 포진한 진나라 군사는 아직 수십만 명이나 있었다. 게다가 싸움의 장소 또한 관외關外가 아닌 관중이다. 진나라 군사 모두 관중 출신이었을 것이다. 이들이 부형과 처자식을 보호하기 위해 죽기로 싸울 게 빤했다. 유방은 입관 이후에도 앞날을 걱정할 수밖에 없는 상황이었다. 무고한 백성을 도륙하면서까지 입관을 서둘렀던 유방의 비정상적인 행보 등에 비춰 볼 때 유월의 추론은 나름 충분한 근거가 있다.

사실 객관적으로 볼지라도 당시의 정황에서 조고가 사자를 보내 관중을 양분하자고 제안했다는 것은 있을 수 없다. 누군가 가필했을 공산이 크다. 조고는 비록 무소불위의 권력을 휘두르기는 했으나 관중에서 왕 노릇을 할 수 있는 명분과 배경이 없었다. 2세 황제를 제거한 뒤 부소의 아들 자영을 후사로 옹립한 사실이 이를 뒷받침한다. 당나라 말기에도 환관들이 멋대로 황제를 폐립하는 등 크게 발호했지만 결코 자신이 보위를 차지할 생각을 하지는 못했다. 조고도 하등 다를 게 없었다. 그게 환관의 한계였다. 자영의 반격으로 일거에 제거된 사실이 이를 뒷받침한다.

관중을 양분해 왕 노릇을 하자는 조고의 제안에 대해 유방이 '거짓말로 생각했다'는 구절도 해석에 신중을 기해야 한다. 만일 유방의 행동을 미화코자 했다면 이런 제안이 있었을지라도 유방은 이를 받아들이지 않고 공격했다고 쓰는 게 옳았다. 그런데 그리 하지 않은 이유는 무엇일까?

원래 한나라 초기에 유방에게 불리한 사료는 대부분 개정되거나 삭제되었다. 그럼에도 유방에게 극히 불리한 이런 내용들이 『사기』에 버젓이 남아 있는 것이다. 한나라 황실의 입장에서 보면 천려일실千慮一失에 해당한다. 사다케는 육가 등이 미리 삭제해버리지 못한 것 가운데 일부일 공산이 크다고 분석했다. 육가 등은 「고조본기」에만 신경을 쓴 탓에 유방에게 불리한 내용으로 꾸며진 「진시황본기」의 기록을 간과했을 가능성이 높다는 것이다.

원래 육가의 『초한춘추』는 당시의 '현대사' 가운데 유방을 가장 미화한 대표적인 사서에 속한다. 『초한춘추』가 나온 시점은 '초한지제'로부터 그리 멀지 않았다. 미화에도 일정한 한도가 있었을 수밖에 없었다고 보아야 한다. 『초한춘추』를 대거 참조해 '초한지제'를 서술한 사마천 역시 한나라 조정의 관원으로서 어떤 식으로든 유방을 미화해야 할 입장이었다. 그러나 그는 역사의 실상을 전해야 하는 사관이었다. 사관으로서의 사명과 미화해야만 하는 현실적 요청 사이에서 『사기』를 편찬했으리라는 게 학계의 대체적인 분석이다. '거짓말로 생각했다'는 구절은 바로 타협의 산물일 공산이 크다.

그런 점에서 「고조본기」에 나오는 '유방의 군사가 지나는 곳마다 노략질을 금하자 진나라 백성들이 모두 기뻐했다'는 구절 역시 후대인의 윤색으로 보는 게 타당할 듯싶다. 후환을 없애기 위해 무관 일대를 도륙한 게 그 증거다. 후술하듯이 항우가 투항한 진나라 군사를 몰살한 것만 탓하는 것은 형평성을 잃었다는 얘기다.

함양 입성

항우가 진나라 군사를 몰살한 것은 큰 실수였다. 이 소식을 들은 관중의 부로들이 모두 항우를 원망하며 적대감을 드러냈기 때문이다. 이게 유방에게 커다란 반사이익을 안겨 주었다. 후술하듯이 관중왕 대신 한중왕에 봉해졌던 유방이 관중을 손쉽게 접수한 게 그 증거다. 당시 항우는 이런 점까지 염두에 두지 못했던 게 확실하다. 소탐대실의 전형에 해당한다. 이는 장함의 투항을 계기로 항우가 사태를 너무 낙관한 사실과 무관치 않다.

사람은 일이 너무 잘 풀리면 교만해지기 십상이다. 항우도 바로 그런 덫에 걸려 있었다. 장함이 항우에게 투항하자 세상 사람들 모두 이제 천하는 항우의 차지가 된 것으로 생각했다. 당사자인 항우의 경우는 더 말할 것도 없다고 봐야 한다. 함곡관 이동의 백성들이 대거 진나라 관리에게 반기를 들고 제후들에게 호응한 게 그렇다. 항우가 유방의 무관을 통한 입관을 전혀 예상치 못한 채 방심한 것도 이런 낙관적인 분위기와 무관치 않았을 것이다.

그러나 유방의 입관에는 항우 측의 이런 사정보다도 함양 조정의 잇단 내분이 더 크게 작용했다. 이해 9월, 조고가 자영에게 피살됐다. 조고 역시 사태를 너무 안이하게 처리하다가 불의의 일격을 당한 셈이다. 당시 그는 자영에게 재계를 한 뒤 종묘에 들러 보고하고 옥새를 받게 했다. 재계는 5일 동안 지속됐다. 이 사이 자영이 두 아들과 모의했다.

"승상 조고가 호해를 죽인 뒤 군신들이 자신을 죽일까 두려워해 이내 거짓으로 의를 내세워 나를 세운 것이다. 내가 듣건대 조고는 이내 초나라와 맹약하여 진나라 종실을 멸한 뒤 땅을 나눠 갖고 관중에서 왕 노릇을 하려 한다고 한다. 지금 나에게 재계하여 종묘를 찾아보게 한 것은 장차 종묘에서 나를 죽이려고 하는 것이다. 내가 칭병하고 가지 않으면 승상이 반드시 나를 찾아올 것이다. 그가 오는 즉시 곧바로 잡아 죽이도록 하라."

과연 조고가 사람을 시켜 자영을 여러 번 청했다. 자영이 가지 않자 조고가 스스로 재궁齋宮으로 찾아와 말했다.

"종묘는 중요한 일인데 왕은 어찌하여 가지 않는 것입니까?"

이 사이 자영의 두 아들이 재궁 뒤에서 뛰쳐나와 단칼에 조고의 목을 베었다. 자영이 여세를 몰아 조고의 삼족을 주멸해 전시傳尸했다. 이어 군사를 요관嶢關으로 급파해 유방의 진공을 막게 했다. 함곡관보다 요관이 더욱 급했기 때문이다. 유방이 이를 치려고 하자 장량이 만류했다.

"진나라 군사는 아직도 강하니 가벼이 볼 수 없습니다. 원컨대 먼저 사람을 보내 산 위에 기치를 벌여 놓아 군사가 있는 것처럼 가장하고, 역이기와 육가를 진나라 장수들에게 보내 이익을 내세워 항복을 권유토록 하십시오."

장량의 책략이 빛을 발하는 대목이다. 그는 요관 주위의 산에 실제 병력의 몇 배나 되는 적기를 꽂게 했다. 적기는 유방의 군사를 상징하는 깃발이다. 요관을 지키는 진나라 군사를 놀라게 하려는 속셈이었다. 이 계책은 병법에서 말하는 이른바 의병계疑兵計에 해당한다. 이후 한신도 유사한 전술을 구사한 바 있다. 당시 장량이 의병계와 더불어 언변이 좋은 육가와 역이기를 유세객으로 활용한 것은 뇌물을 사용한 일종의 반간계離間計에 해당한다. 요관을 지키는 수장守將을 구워 삼기 위한 조치였다.

이는 곧바로 효력을 나타냈다. 진나라 장수들이 곧바로 강화코자 했다. 일부 수장은 유방군에 협력해 함양을 공격하겠다고 자청하기까지 했다. 「고조본기」는 유방이 크게 기뻐하며 받아들이려고 했으나 장량이 황급히 저지하고 나섰고 기록해 놓았다.

"이는 오직 진나라 장수들만 반기를 드는 것에 불과합니다. 그 병사들이 좇지 않을까 두렵습니다. 차라리 진나라 군사가 해이해진 틈을 타 공격하느니만 못합니다."

유방이 장량의 계책을 좇았다. 이내 요관을 우회해 섬서성 남전현 남쪽의 괴산蕢山을 넘어간 뒤 섬서성 남전藍田 남쪽에서 진나라 군사를 대파했다. 유방은 이때도 병사 한 사람이 몇 개의 적기를 꽂는 식으로 의병계를 구사했다. 당시 유방의 군사는 낙양으로부터 말을 달려 입관한 까닭에 식량을 비롯한 군수물자를 거의 휴대하고 있지 않았다. 그럼에도 백성들의 재물을 거의 탈취하지 않았다. 그 이유는 무엇일까?

군기가 엄하기도 했지만 가장 큰 이유는 진나라가 요충지에 비축해 놓은 대규모 식량을 손에 넣은 데 있다. 진나라는 전국시대 중엽 진효공 이후 상앙의 변법을 좇아 일련의 부국강병 정책을 강력 시행한 덕분에 외국의 침입을 단 한 번도 받은 적이 없었다. 오히려 일방적으로 함곡관이나 무관 밖의 관외關外 6국을 공격하며 영토를 확장했다. 진나라 입장에서 볼 때 관외로 이어지는 교통로는 출정의 길이나 다름없었다. 대량의 군수물자를 곳곳에 쌓아둔 배경이 여기에 있다. 유방과 같은 반군이 쳐들어와 이를 자신들의 군수물자로 삼으리라고는 상상도 못했던 것이다. 당시 유방의 군사는 진나라 백성들에게 '해방군'을 자처했다. 이를 뒷받침하는 「고조본기」의 기록이다.

"진나라 군사는 의기소침해하고, 진나라 백성은 의기양양하며 기뻐했다."

원문은 '진인희秦人喜, 진군해秦軍解'이다. 그 결과는 유방의 일방적인 승리였다. 「고조본기」는 유방의 군사가 남전으로 진공한 뒤 다시 북쪽으로 올라가 교전할 때 진나라 군사가 연이어 대패한 배경을 여기서 찾았다.

이해 겨울 10월, 유방의 군사가 섬서성 남전현 북쪽 파상灞上에 이르렀다. 파수灞水 서쪽 고원에 위치한 까닭에 '파상'이라는 이름이 붙여졌다. 이미 싸움이 끝났다고 판단한 자영이 곧 장례용 흰 수레와 말을 끌고 나왔다. 흰 수레와 말은 국망國亡을 상징한다. 그의 목에는 인수印綬를 패용할 때 쓰는 넓은 띠가 걸려 있었다. 죄를 지어 자진自盡해야 할 입장에 서 있다는 취지에서 만들어진 의식이다.

자영은 황제의 옥새와 부절符節을 받든 채 지도정軹道亭 길가에서 항복의식을 거행했다. 부符는 금속이나 옥 위에 글자를 새긴 뒤 둘로 쪼개 하나는 군왕이 갖고 다른 하나는 절도사 등의 지방관장에게 나눠준 군사동원용 신표信標를 말한다. 군사를 동원할 때 칙서 등과 함께 그 한쪽을 내리면 해당 지역의 장관이 자신이 갖고 있는 반쪽과 맞춰본 뒤 틀림없다고 인정될 때 군대를 동원했다. 절節은 대나무 마디 형상의 신물信物로 윗부분에 깃을 달아 군왕을 상징했다. '지도정'은 지금의 섬서성 서안시 동북쪽에 있는 도정都亭으로 당시에는 파성현霸城縣에 속해 있었다. 규모가 매우 컸다. 제국의 수도인 함양과 가장 가까웠기 때문이다.

통상 항복의식은 상대의 군문에서 행해지나 나라가 항복할 때는 국경의 정에서 행해졌다. 전국시대 당시 위나라는 진나라와 위나라 국경인 응정應亭에서 항복의식을 치렀다. 정은 원래 망루를 가리키는 말이다. 높은 망루를 갖춘 군사적 거점을 지칭한다.

유방이 비록 '약체 입관'으로 함양에 입성하기는 했으나 그 의미는 간단치 않았다. '진제국'의 황제로부터 항복의식을 받은 게 그렇다. 그러나 엄밀히 얘기하면 당시의 진나라는 결코 '제국'은 아니었다. 호해가 조고에 의해 피살될 때 이미 제국의 위세를 완전히 잃고 있었다. 조고 스스로 자영에게 황제가 아닌 진왕秦王을 칭하도록 권한 사실이 이를 반증한다. 자영 역시 역습을 가해 조고를 제거했지만 황제의 자리에 나아가지 않고 '진왕'을 자처했다. 그 자신도 천하대세가 이미 기울어졌다는 사실을 익히 읽고 있었던 셈이다.

주목할 것은 고조의 '어진' 행보이다. 「고조본기」의 기록에 따르면 제장들 중에는 자영을 주살해야 한다고 말하는 자가 매우 많았다. 그러나 유방이 반대했다.

"당초 초회왕이 나를 파견했던 것은 내가 실로 관용을 베풀 수 있는 사람이라고 생각했기 때문이다. 게다가 이미 항복까지 했는데 주살한다는 것은 상서롭지 못하다."

유방을 미화한 점을 감안할지라도 유사한 일이 있었다고 보아야 한다. 인의를 가장한 유방의 술수가 간단치 않았음을 반증하는 대목이다. 이는 당시 그가 담당 관원에게 이 일을 관대히 처리케 한 사실이 방증한다. 이를 두고 훗날 한문제 때의 문인 가의賈誼는 『신서新書』에서 이같이 평했다.

"진나라는 협소한 땅에서 출발해 만승의 권한을 갖고 나머지 8주八州를 불러들이고 같은 제후들에게 사자를 보내며 조배朝拜한 지 100여 년이 지났다. 연후에 마침내 천하로 일가를 이루고, 효산과 함곡관을 궁궐의 외곽으로 삼았다. 진승이 반기를 들자 천자의 사당인 7묘七廟가 무너져 내리고, 몸은 남의 손에 죽임을 당해 천하의 웃음거리가 되었다. 이는 무슨 까닭인가? 인의가 시행되지 않고, 공수攻守의 형세가 달랐기 때문이다."

'7묘'는 종묘에서 군왕의 부왕부터 위로 6대조와 건국조인 태조의 신위를 의미한다. 종묘에는 태조의 신위를 가운데 안치하고, 그 아래로 나머지 신위를 소목昭穆의 순서대로 좌우에 배치했다. 시조와 3소三昭, 3목三穆을 합쳐 '7목'이라고 했다. 가의는 낙양 사람으로 문제 때 박사에서 조정의 의론을 담당하는 태중대부가 되었다. 후에 장사왕의 태부太傅로 좌천되었다가 다시 양회왕梁懷王의 태부가 되었으나 33세에 요절했다. 저서에 『신서』와 『가장사집賈長沙集』 등이 있다. 가장 유명한 글로는 진나라의 패망 원인을 분석한 「과진론過秦論」과 황제의 중앙통치 보장방안을 논한 「치안책治安策」이 있다.

사마천은 「진시황본기」에 가의의 「과진론」을 그대로 인용했다. 사마광도 『자치통감』에 이를 인용했다. 그러나 『자치통감』에 인용된 것은 『문선文選』 등에 인용된 「과진론」의 극히 일부분에 지나지 않는다. 사마천은 『신서』에 실려 있는 「과진론」을 높이 평가해 그 전문을 그대로 인용해 놓았다. 「과진론」은 사실史實에 기초한 뛰어난 논리로 흥망성쇠의 요체를 설파한 명문이다. 흥망에 관한 후대의 사론史論 모두 「과진론」의 영향을 크게 받았다는 게 중평이다.

「과진론」은 치국평천하의 요체를 논한 게 특징이다. 치평治平의 요체는 '득천하'와 '치천하'의 논리가 다르다는 것을 파악해 민심을 장악하는데 있다는 게 골자이다. 『사기』「표」와 『자치통감』은 진나라 음력으로 새해가 시작되는 2세 황제 호해 3년(기원전 207년) 10월을 '한漢 원년'으로 기록해 놓았다. 2세 황제가 함양으로 입성한 유방에게 항복을 선언함으로써 진제국의 숨이 끊어졌다고 판단한 결과다.

민심을 사로잡은 법3장

여기서 주목할 것은 유방이 함양에 입성한 이후에 보여준 일련의 행보이다. 당시 상황을 기록한 「고조본기」의 해당 기록이다.

"패공과 그의 군사들은 서쪽 함양으로 들어간 뒤 함양의 궁전과 객사에 머무르며 쉬려고 했다. 번쾌와 장량이 거듭 간한 까닭에 진나라 보물과 재물을 각종 창고에 봉인封印하고 군대를 파상灞上으로 돌렸다."

함양의 궁전과 객사에 머무르며 쉬려고 했다는 대목의 원문은 욕지궁휴사欲止宮休舍이다. 지止와 휴休는 휴식을 뜻하는 휴지休止의 자동사로 사용된 것이고 궁宮과 사舍는 위치를 가리키는 부사어로 사용된 것이다. 한문에서 자동사 뒤에 나오는 명사는 부사어로 사용된다.

「고조본기」의 '욕지궁휴사' 구절만 보면 유방이 마치 함양의 궁성에 들어가지 않은 것처럼 오해하기 십상이다. 의도적으로 유방을 미화하기 위해 윤색해 놓은 것이다. 「유후세가」의 다음 기록이 그 증거다.

"유방이 서진하여 함양으로 들어갔다. 궁실과 휘장, 구마狗馬, 귀중한 보물, 궁녀는 모두 천 단위로 헤아릴 정도로 호화스러웠다. 유방은 궁전에 눌러앉고자 했다."

원문은 의욕류거지意欲留居之이다. 주어가 생략돼 있으나 전후 맥락에 비춰 유방이 확실하다. 소하의 전기를 다룬 「소상국세가」의 기록은 이보다 훨씬 생생하다.

"패공이 함양에 이르자 제장들이 금백金帛과 부고府庫로 다투어 달려가 이를 무더기로 나눠 가졌다."

이게 당시 상황에 가까울 것이다. 유방만 궁전 밖에 머물고 제장들만이 궁전 안으로 들어갔을 리 없다. 「고조본기」의 해당 기록은 여타 '세가' 및 '열전'을 참조해 반드시 비교해 보아야 한다. 그래야 진실을 알 수 있다. 유방에 관한 기사 가운데 '세가' 및 '열전'에만 기록된 것이 부지기수이다. 사마천이 고조의 일로 쓰기 어려운 기사를 「고조본기」에 싣지 않고 의도적으로 여타 '세가'와 '열전'을 기록했을 공산이 크다.

사마천이 「고조본기」에서 유방의 군사가 함양의 궁성에 난입했는지 여부를 놓고 두루뭉수리하게 기술해 놓은 것은 부득이했다. 사실 궁형을 당한 사마천으로서는 달리 좋은 방법도 없었다. 이에 대해 사다케는 사마천이 『사기』를 저술할 당시 유방이 함양의 궁성에 들어가지 않았다는 게 정설로 통했을 공산이 크다고 분석하면서 육가의 『초한춘추』를 원흉으로 지목했다. 유방을 미화해 놓은 책임을 모두 육가에게 돌리는 것은 지나친 감이 있으나 이를 탓할 수만도 없다.

주목할 것은 소하의 행보이다. 사마천은 「소상국세가」에서 당시 오직 소하만이 먼저 진나라 승상부로 들어가 지도와 전적을 수습해 보관했다고 기록했다. 해당 기록이다.

"고조의 뒤를 이어 관중에 들어온 항우와 제후들은 함양을 불태우고 진나라 백성을 살육한 뒤 떠났다. 고조가 천하의 험한 요새와 호구戶口의 다소多少, 병력의 강약强弱이 어디에 있는지 소상히 알 수 있게 된 것은 소하가 진나라 도적圖籍을 손에 넣은 덕분이다."

훗날 유방이 천하를 거머쥔 뒤 논공행상을 할 때 소하의 공을 가장 높이 평가한 것도 이와 무관치 않다. 그러나 이는 나중의 일이다. 당시만 해도 유방은 함양 궁성의 호사스러움에 넋을 잃고 있었다. 그는 이내 궁성에 머물고 싶어 했다. 번쾌樊噲가 간했다.

"천하를 갖고 싶습니까, 아니면 장차 부잣집 영감이 되고 싶습니까. 무릇 이들 사치하고 화려한 물건은 모두 진나라를 망하게 한 것들인데 이것들을 어디에 쓰려는 것입니까. 원컨대 급히 파상으로 돌아가십시오. 궁중에 더 이상 머물러 있어서는 안 됩니다."

번쾌가 지적했듯이 일시적인 승리에 취해 안주하는 것은 패망의 길이다. 번쾌는 직감적으로 불안감을 느꼈던 것으로 보인다. 유방이 듣지 않자 장량이 나섰다.

"진나라가 무도했던 까닭에 이런 위치에 이를 수 있었습니다. 무릇 천하를 위해 백성을 괴롭히는 잔포한 적도들을 제거하려면 의당 소박함을 기본으로 삼습니다. 지금 처음 진나라에 들어왔는데 바로 그 즐거움에 안주코자 하면 이는 소위 '하나라 걸을 도와 포학한 짓을 함'과 같습니다. 게다가 충언은 귀에 거슬리나 실천하는 데 이로움이 되고, 독한 약은 입에 쓰나 병을 치료하는 데 이로운 법입니다. 원컨대 부디 번쾌의 말을 들으십시오."

번쾌의 말을 듣지 않았던 유방은 장량까지 나서자 이내 그의 말을 좇았다. 이내 군사를 파상으로 옮긴 배경이다.

이해 11월, 유방은 여러 현縣의 부로들과 호걸들을 모두 불러 놓고 이같이 말했다.

"여러 부로들이 진나라의 혹법으로 고생한지 이미 오래 되었소. 나와 제후들이 약속키를, '먼저 입관하는 자가 관중의 왕이 된다'고 했소. 나는 응당 관중에서 왕을 칭할 것이오. 여러 부로들과 약속컨대 이후에는 법3장法三章이 있을 뿐이오. '사람을 죽인 자는 사형에 처하고, 사람을 다치게 하거나 물건을 훔친 자는 저지른 죄의 경중에 따라 처벌한다'가 그것이오. 그 외의 진나라의 법은 모두 제거할 것이니 이민吏民들은 모두 안심하고 옛날같이 지내도록 하시오. 무릇 내가 여기에 온 것은 부로들을 위해 해를 없애려는 것이지 결코 침탈하려는 것이 아니니 두려워하지 마시오. 또한 내가 파상으로 환군하는 것은 다른 제후들이 오기를 기다려 기왕의 약속을 확정지으려는 것뿐이오."

여기의 '법3장'은 후대인에게 통상 백성들과 합의해 만들어낸 매우 간명하면서도 공정한 법률인 이른바 약법約法의 전형으로 알려져 왔다. '약법'은 2가지 뜻을 지니고 있다. 하나는 간약簡約하다는 뜻의 형용사로 해석하는 경우이고, 다른 하나는 법3장을 약속約束했다는 뜻의 동사로 해석하는 경우이다. 어느 쪽으로 해석하든 별 차이가 없다.

유방이 내세운 '약법3장'은 후대에 커다란 영향을 미쳤다. 전한 말기에 일어난 농민반란 집단인 적미적赤眉賊도 유사한 기치를 내건 바 있다. '사람을 죽인 자는 사형, 사람을 다치게 한 자는 그에 상응하는 배상을 하도록 한다'는 선언이었다. 원래 사상사의 관점에서 보면 '약법3

장'의 뿌리는 전국시대를 풍미한 묵가로 올라간다. 기독교의 수도자 집단과 유사한 집단생활을 영위한 묵가 집단은 '사람을 죽인 자는 사형, 사람을 다치게 한 자는 체형에 가한다'고 규정한 내부 규율을 갖고 있었다. 이는 유방의 독창적인 견해라기보다는 춘추시대 이래 광범위하게 받아들여진 규범으로 해석하는 게 옳을 것이다.

주의할 것은 '법3장'으로 인해 진나라의 법제가 폐기된 것은 결코 아니라는 점이다. 오히려 정반대로 보는 게 옳다. 당시 진나라는 중앙집권체제를 유지하기 위해 매우 정교한 법체계를 구축하고 있었다. 최근 그 법률 조문의 일부가 당시 진나라 관원의 분묘에서 발견된 바 있다. 문서와 서간을 뜻하는 간독簡牘의 일종인 이른바 진간秦簡이 그것이다.

원래 간독은 종이가 출현하기 전에 두루 사용된 문서로 죽간竹簡과 목간木簡을 통칭한 말이다. 간혹 가격이 비싼 비단을 사용키도 했다. 이를 백서帛書라고 한다. 간독의 실체가 일반에 널리 알려진 것은 20세기 이후이다. 1901년 3-4세기 무렵에 만들어진 목간 50매가 최초로 발견된 후 1907년 돈황한간敦煌漢簡 900매, 1930년 거연한간居延漢簡, 1975년 운몽진간雲夢秦簡 1000여 매 등이 차례로 출토됐다.

'진한지제' 당시 가장 널리 사용된 것은 죽간이었다. 대나무 마디를 끊어 1~2척가량의 적당한 길이로 골라서 세로로 끊어 만들었다. 불에 가까이 해서 푸른 색깔을 없애고 사용하였다. 현존 죽간으로 가장 오래된 것은 전국시대 초나라 사람 무덤에서 나온 초간楚簡이나 가장 유명한 것은 호남성 장사 마왕퇴 한묘와 산동성 임기현 은작산에서 출토된 한간漢簡이다. 은작산 한묘에서는 『손자병법』과 『손빈병법』 등의 죽간이 대거 출토됐다. 내몽골 카라호트에서 발견된 목간은 2만 2000여 매에 달한다.

'운몽진간'에 포함돼 있는 전율田律에는 봄에 삼림에서 목재를 잘라 반출해서는 안 되고, 흐르는 물을 방죽 등으로 막아서는 안 된다는 등의 규정이 실려 있다. 문서 전달에 관한 행서율行書律은 중앙에서 하달된 서류나 '속달'로 명기된 서류는 즉시 전송해야 하고, 일반 서류도 당일 전송해야 한다고 규정해 놓았다. 이밖에도 현지 법정에서 행한 사례 또는 그것에 의거한 관행적 판단의 뜻을 지닌 정행사廷行事 등의 규정도 보인다. 소하가 함양의 궁전에서 압수한 각종 문서에는 대부분 이런 규정이 포함돼 있었을 것이다. 실제로 '약법3장' 선언에도 불구하고 이후 한나라는 진나라 법제를 거의 그대로 원용했다.

그런 점에서 '법3장'은 일종의 헌법 원리를 선언한 것에 지나지 않았다. 그럼에도 그 효과는 매우 컸다. 가혹한 범법에 시달리던 진나라 백성 모두 환호했다. 「고조본기」의 기록이다.

"진나라 백성들이 소와 양, 술과 밥을 다투어 가져와 유방의 군사에게 바쳤다. 당시 유방은 이를 간절히 사양하며 받지 않았다. 유방이 사양하며 말하기를, '창고의 곡식이 많아 양식을 결할 일이 없소. 백성들로 하여금 양식을 소모케 하고 싶지 않소'라고 했다. 백성들이 더욱 기뻐하며 오직 유방이 관중에서 진나라 왕이 되지 못할까 걱정했다."

역사적 사실에 부합할 듯싶다. 당시 유방은 사람을 시켜 진나라 관리들과 함께 여러 현縣, 향鄕, 읍邑 등을 돌아다니며 이를 선포케 했다. '현'은 지방행정의 중심도시, '향'은 그 밑의 행정 단위 마을, '읍'은 최말단의 자연취락을 말한다. 「고조본기」의 기록처럼 진나라의 모든 백성이 새 세상이 왔다며 크게 기뻐했을 것이다.

당시 항우는 유방이 입관 이후 '약법3장' 등으로 민심을 수습하고 있을 때 이런 사실을 까마득히 몰랐던 게 분명하다. 입관 전에 장함과 함께 투항한 진나라 군사를 대거 산 채로 파묻은 사실이 이를 뒷받침한다. 만일 유방이 입관한 사실을 알았다면 이런 무지막지한 일을 저지르지 않았을 것이다. 유방이 관문을 닫은 채 저항하고 나설 경우 관중의 부형들이 이에 동조할 게 빤했기 때문이다.

그렇다면 항우는 왜 이런 만행을 저지른 것일까? 「항우본기」는 제후의 이졸吏卒 가운데 전에 일꾼을 호송하거나 수자리를 서기 위해 진나라의 각 지역을 지나갈 때 해당 지역의 진나라 이졸들로부터 크게 모욕을 받은 바 있다고 기록해 놓았다. 원문은 다무상多無狀이다. 용인의 수준을 뛰어넘는 무례한 행동을 뜻한다. 내심 커다란 원망을 품었던 제후의 이졸들이 이제는 승자의 입장에서 설욕하고자 했음을 시사한다. 실제로 「항우본기」는 이들이 주도적으로 나서 장함과 함께 투항한 진나라 병사를 마치 노비와 포로처럼 다루며 능욕했다고 기록해 놓았다. 진나라 병사들이 크게 원망하며 서로 은밀히 말했다.

"장함 장군 등이 우리를 속이고 제후들에게 항복했다. 지금 저들이 입관하여 진나라를 멸망시키면 괜찮지만 만일 그리 하지 못하면 우리를 포로로 잡아 동쪽으로 끌고 갈 것이고, 진나라 또한 우리의 부모와 처자를 모두 죽이고 말 것이다. 이를 어찌해야 좋겠는가?"

제장들이 이런 말을 엿듣고 항우에게 고했다. 항우가 휘하 장수 경포와 포 장군을 불러 대책을 상의했다.

"진나라의 군사가 아직도 많이 남아 있는데 심복치 않고 있소. 함곡관에 이르렀을 때도 말을 듣지 않으면 반드시 위험해질 것이오. 차라리 이들을 격살한 뒤 장함과 장사 사마흔, 도위都尉 예翳 등만 데리고 진나라로 들어가느니만 못할 듯하오."

이에 초나라 군사들이 한밤중에 투항한 진나라 군사 20만 명을 격살한 뒤 지금의 하남성 신안현新安縣의 현성 남쪽에 파묻었다. 이는 '초한지제' 때 빚어진 여러 사건 가운데 규모도 가장 컸을 뿐만 아니라 내용상으로도 가장 잔혹한 사건에 속한다. 앞에서도 간략히 언급했지만 유방 역시 여러 차례 진나라 군민과 초나라 군민을 도륙했지만 이처럼 심야를 이용해 일거에 20만 명을 때려잡은 적은 없다. 항우가 함양에 입성한 후 아방궁을 비롯해 함양의 모든 궁성을 불태운 것도 이때의 일과 무관치 않을 것이다.

이는 훗날 항우의 발목을 잡는 부메랑으로 작용했다. 연전연패하던 유방이 항우와 최후의 결전을 벌일 당시 휘하 병사 대부분이 관중 출신이었다. 항우에 대한 적개심을 최대한 이용한 것이다. 고금을 막론하고 병사들이 투지를 불태우도록 만드는 방안 중 적개심만큼 강력한 수단도 없다. 공교롭게도 이 사건이 빚어진 시점은 유방이 관중의 부로들 앞에서 '약법3장'을 공표한 기원전 207년 11월이다. 두 사건이 관중의 민심 향방을 가르는 결정하는 배경으로 작용한 것은 말할 것도 없다.

제6장
범증范增이 유방 척살을 꾀하다

한발 늦은 입관

당초 항우가 장함의 항복을 받은 것은 유방이 무관을 통과하기 1달 전인 기원전 207년 7월이다. 만일 함양 입성을 서둘렀다면 유방보다 훨씬 먼저 입성할 수 있었다. 그럼에도 그는 함양 입성을 서두르지 않았다. 장함의 항복으로 사실상 진나라를 접수했다고 생각했을 공산이 크다. 장함을 옹왕에 임명한 사실이 이를 뒷받침한다. 유방의 움직임에 전혀 눈길을 주지 않았다고 해석할 수밖에 없다.

항우가 40만 명에 달하는 연합군을 이끌고 함양 인근을 흐르는 희수戲水 부근의 희정戲亭에 도착한 것은 진나라 장병을 몰살하는 사건이 빚어진 지 1달 뒤인 기원전 207년 12월이다. 유방이 자영의 항복을 받고 함양에 입성한 지 2달이 지난 뒤의 시점이다. 항우는 병력이 40만이었으나 100만이라고 내세웠다. 이처럼 병력의 숫자를 부풀리는 것은 수천 년 동안 이어진 하나의 관행이었다. 국공내전 당시 장제스는 휘하장수들이 병력을 한없이 부풀리는 바람에 골머리를 앓은 바 있다. 미국이 지원한 수많은 군수물자가 암시장 등으로 흘러나가 마오쩌둥의 홍군에게 넘어갔다.

항우의 군대가 진격을 멈추고 영채를 차린 희정은 '장초'의 주력군을 이끌고 입관한 주장이 함양 인근까지 진격해 들어간 최전선이기도 했다. 함양에서 직선거리로 약 40킬로미터가량 떨어져 있었다. 유방도 항우의 군사와 맞서기 위해 종남산에서 위수로 흘러들어가는 지류인 파수 주변에 진을 친 뒤 10만을 20만으로 부풀렸다.

병법에 밝은 항우가 이내 지금의 섬서성 임동현 동북쪽 신풍新豐의 음반성陰盤城 동쪽문인 홍문鴻門 쪽으로 군사를 이동시켰다. 홍문은 함양의 동남쪽, 파상은 홍문의 서남쪽에 위치해 있었다. 적진의 움직임을 수시로 파악코자 한 조치였다. 홍문과 파상 사이의 거리는 불과 20킬로미터밖에 안 되었다. 서로 손짓하며 부를 만한 거리였다.

유방이 곧바로 좌사마로 있는 전처 조씨의 일족 조무상曹無傷을 사자로 보냈다. 이때 유방은 '관중왕'을 자칭한 게 확실하다. 후대의 사서 기록이 이를 뒷받침한다. 사마천이 『사기』를 저술하면서 유방이 관중에 들어온 2세 황제 4년(기원전 207년) 10월을 '고조 원년 10월'로 쓴 게 그렇다. 이 경우 항우의 입관은 '고조 원년 12월'에 해당한다. 사마광은 『자치통감』에서 이 해를 '태조 고황제高皇帝 원년'으로 표기했다. 실제로 유방이 사자로 파견한 조무상은 유방이 '관중왕'을 자처했음을 증언하는 발언을 했다. 「고조본기」의 해당 대목이다.

"패공의 좌사마 조무상은 항우가 노해 패공을 공격하려 한다는 소문을 듣고는 곧 사람을 보내 항우에게 '패공이 관중에서 왕이 되어 자영을 재상으로 삼고 보물을 모두 독차지하려 합니다'라고 말하게 했다. 항우로부터 포상으로 영지를 받고자 한 것이다."

조무상의 이런 고자질은 사실에 기초한 것이었다. 조무상은 유방이 거병할 당시 사수군수 장壯의 목을 벤 장본인이다. 그럼에도 『사기』는 그의 실명을 기록하지 않았다. 의도적으로 뺐을 공산이 크다. 「고조본기」의 해당 기록이다.

"패공의 좌사마가 사천수泗川守 장莊을 사로잡아 죽였다."

사수군의 원래 이름은 사천군이다. 원문은 '패공좌사마沛公左司馬, 득사천수장得泗川守壯, 살지殺之'이다. 여기의 '득'과 '살'은 주어인 '좌사마' 조무상이 목적어인 사천군수 장을 잡아서 죽였다는 뜻의 동사로 사용된 것이다. 반고는 『한서』를 저술하면서 '사천수 장'의 이름을 아예 생략해 버렸다. 이 경우 '패공의 좌사마 득得이 그를 죽였다'는 식으로 오독할 공산이 크다. 실제로 당나라 때 안사고顔師古는 그런 식으로 풀이했다. 같은 시대의 사마정司馬貞이 『사기색은』을 쓰면서 안사고가 역사를 왜곡하고 있다고 비판한 이유다.

사다케는 반고 자신이 고의적으로 이런 식의 기술을 했을 공산이 크다고 보았다. 사마천은 항우의 사적을 「진시황본기」 뒤에 바로 기술했다. 유방의 사적을 다룬 「고조본기」는 「항우본기」보다 뒤에 나온다. 그러나 『한서』는 항우의 사적을 '본기'에서 쫓아낸 뒤 진승과 하나로 묶어 「진승항적전」에 편제했다. 이름도 '항우'가 아닌 '항적'으로 격하시켰다. 사마천은 유방의 명칭도 신분의 변화에 따라 유계, 패공, 한왕, 고조 등으로 바꿔 사용하고 있다. 이에 비해 『한서』는 처음부터 아예 '고조'로 칭하고 있다. 유방을 높이려는 의도가 노골적으로 드러나 있다. 반고의 '의중'을 좇은 안사고의 해석을 따를 경우 조무상은 유방을 위해 아무런 공도 세운 적이 없게 된다. 이는 역사 왜곡이다.

유방의 나이를 과도하게 높여 진소양왕 51년(기원전 256년)으로 추정하는 것도 이런 맥락에서 이해할 수 있다. 유방의 출생연도를 가장 이른 시기로 보는 설은 서진의 진무제 사마염 때 활약한 황보밀皇甫謐이다. 유방의 출생연도를 진소양왕 51년으로 소급한 것은 그때 진소양왕이 주나라를 멸했기 때문이다. 내심 유방의 건국을 처음부터 진나라의 뒤를 이어 새 왕조를 세우기로 되어 있었다는 식으로 미화코자 한 것이다. 황보밀의 주장을 좇을 경우 유방이 반기를 든 시점은 48세 때가 된다. 이 경우 시골의 정장 일을 하다가 문득 천하를 차지한 게 되고, 이는 천명에 의해 정해져 있었기에 그리 됐다는 식의 무리한 해석으로 연결된다. 이것이 비현실적인 것임은 말할 것도 없다.

이는 후대의 일이지만 당시 유방이 자고자대自高自大하며 항우와 일전불사의 의지를 내비친 것은 거의 확실하다. 진제국의 뒤를 이을 사람은 자신이라고 생각하며 투항한 적장 장함을 '옹왕'에 봉한 항우가 조무상의 고자질을 접하고 격노한 것은 당연했다. '관중왕' 운운은 자신이 행한 '옹왕'의 책봉 조치를 비웃은 것이나 다름없기 때문이다.

스스로 '패왕'을 자처한 항우로서는 유방의 이런 '방자한' 행동을 용납할 수 없었을 것이다. 항우가 병사들을 배불리 먹인 뒤 다음날 아침까지 유방의 군사를 칠 것을 약속했다는 「항우본기」의 기록이 이를 뒷받침한다. 「항우본기」는 '항우가 크게 노해 당양군當陽君 경포에게 명해 함곡관을 깨뜨리게 했다'고 기록해 놓았다. 「경포열전」의 기록은 보다 상세하다.

"항우의 군대가 함곡관에 이르렀지만 입관을 저지당했다. 경포 등에게 샛길을 통해 함곡관의 수비군을 공격케 했다. 마침내 함곡관을 돌파해 입관할 수 있었다."

항우의 분노가 간단치 않았고, 뒤이어 함곡관을 돌파하는 과정에서 적잖은 충돌이 있었음을 짐작할 수 있다. 그럼에도 육가의 『초한춘추』는 이같이 기록해 놓았다.

"유방의 수비군이 항우군의 통과를 막았다. 항우군의 대장인 범증이 크게 노해 '패공은 모반을 일으킬 작정인가?'라고 하면서 땔감을 쌓아 올려 함곡관의 관문을 불태우려 했다. 이에 수비군이 관문을 열었다."

『초한춘추』에 따르면 당시 전투도 없었고, 범증이 사안을 과민하게 판단해 쓸데없는 일을 벌이려 했다는 얘기가 된다. 사안을 축소하려는 의도가 뚜렷이 드러난다. 사마천이 『초한춘추』의 기록과 달리 함곡관에서 제법 큰 전투가 있었음을 시사하는 기록을 남긴 것은 높이 평가할 만한 일이다. 사실史實을 있는 그대로 기록코자 하는 사관의 사명에 입각해 다른 사료의 기록이 더 정확하다고 판단했을 공산이 크다.

여기서 주목할 것은 항우의 군사가 함곡관 전투 이후 함양 동쪽의 희정에 도착하기까지 1달이 걸린 점이다. 함곡관에서 희정까지는 직선거리로 약 150킬로미터가량이다. 급속 행군을 할 경우 3, 4일이면 주파할 수 있다. 그럼에도 1달에 걸쳐 이동한 이유는 무엇일까? 사다케는 항우군이 유방군과 전면대결을 벌일 것을 상정해 사방을 경계하며 천천히 행군했을 가능성이 높다고 보았다. 그것도 아니라면 함곡관의 교전 이후에도 양군의 전투가 계속됐을 가능성이 크다고 지적했다.

객관적으로 볼 때 유방이 '관중왕'을 자처하고 있는 상황에서 3, 4일이면 주파할 수 있는 거리를 1달 가까이 걸려 행군한 것은 분명 정상이 아니다. 사다케의 지적대로 함곡관을 통과할 때부터 지속적으로 양군의 접전이 이뤄졌을 가능성을 배제할 수 없다. 경포가 샛길을 통한 기습전으로 함곡관을 돌파했다는 「경포열전」의 기록이 이런 추론을 뒷받침한다. 이는 유방의 '관중왕'에 대한 집착이 통상적인 사람의 상식 수준을 넘어섰음을 의미한다. 항우의 대군과 접전을 벌인 게 그렇다.

당초 초회왕은 항우를 견제하기 위해 유방에게 유리한 쪽으로 일을 추진할 요량으로 '관중왕'을 미끼로 내걸었다. 그렇다고 유방이 관중에 먼저 입관할 것으로 예상했다고 보기는 어렵다. 자신의 핵심측근이며 오른팔 격인 송의를 '경자관군'의 상장군에 임명하면서 함곡관 쪽으로 내보낸 사실이 이를 반증한다. 송의가 이끄는 주력군이 진나라 최강의 정예부대인 장함의 군사를 격파하고 함곡관을 통해 입관할 것을 기대했다고 보는 게 합리적이다.

그렇다고 해서 초회왕이 유방의 무관 입관을 반대한 것은 아니다. 그의 입장에서는 항우를 제압할 수만 있다면 어떤 형식의 입관이든 좋았다. 누군가가 장차 '관중왕'이 되어 항우를 견제하는 역할만 해주면 된다. 그럼에도 「고조본기」는 초회왕이 입관의 기대를 오직 유방에게 건 것처럼 묘사해 놓았다. 이는 당시의 정황과 크게 다르다. 육가의 『초한춘추』에 나오는 얘기를 사마천이 『사기』에 그대로 베껴 썼거나 후대인이 가필했을 공산이 크다.

객관적으로 볼 때 당시 유방은 오로지 관중에 먼저 입성한 점을 빼놓고는 내세울 만한 공이 없었다. 진나라 패망의 결정적인 배경이 된 장함의 주력부대를 격파할 때는 그는 아무런 공도 세우지 못했다. 단지 망해가는 진나라 도성을 아무도 예상치 못한 남쪽 무관을 통해 입성한 공밖에 없다. 초회왕이 관중에 먼저 입성한 자를 '관중왕'에 봉하겠다고 선언하지 않았다면 단지 함양 입성의 선봉대 역할을 수행한 것에 지나지 않는다.

최고의 공은 진나라의 주력군을 제압한 항우의 몫이다. 일개 선봉장 역할을 수행한 유방이 스스로 '관중왕'을 칭한 것은 확실히 지나쳤다. 그런데도 이게 통했다. 앞서 언급한 것처럼 형식이 내용을 누른 대표적인 경우에 속한다. 무관 돌파의 계책을 낸 장량 같은 인물을 휘하에 둔 덕분이다. 그의 휘하에는 장량 이외에도 많은 인재들이 운집해 있었다. 이들 모두 유방에 대한 충성심이 대단했다. 그가 '관중왕'을 자칭한 것도 나름 일리가 있다는 얘기다.

다만 유방 역시 적잖은 실수를 범했다. 항우와 마찬가지로 자신이 '관중왕'을 칭할 수 있도록 토대를 마련해 준 초회왕에게 입관 사실을 통보치 않은 게 그렇다. 사서에는 기록이 나오지 않고 있으나 전후 맥락에 비춰 그가 함양 입성 사실을 초회왕에게 보고하지 않은 것은 거의 확실하다. '관중왕'의 성립 배경을 스스로 깔아뭉갠 꼴이다. 왕리췬王立群은 중국 CCTV의 '백가강단'에서 행한 강의 내용을 요약해 펴낸 『항우강의-독사기지항우讀史記之項羽』에서 당시의 상황에 대해 커다란 아쉬움을 표했다.

"만일 항우가 이런 사실을 제대로 파악했다면 이를 구실로 유방을 일거에 포박할 수도 있었다!"

사실 항우는 유방을 제압할 수 있는 절호의 기회를 스스로 내팽개친 것이나 다름없었다. 최대의 라이벌인 유방을 지나치게 과소평가한 탓으로 볼 수 있다. 「고조본기」는 유방이 이런 실수를 범하게 된 이유를 딴 데서 찾고 있다. 당시 어떤 자가 유방에게 이같이 건의했다고 기록해 놓았다.

"진나라의 부富는 천하의 10배이고, 지형 또한 매우 유리합니다. 제가 듣건대 장함이 항우에게 항복하자 항우는 스스로 옹왕을 칭하며 장차 관중의 왕이 되려 한다고 합니다. 지금 항우가 오면 공은 이 지역을 차지하지 못할까 우려됩니다. 급히 군사들로 하여금 함곡관을 지켜 제후들의 군사가 들어오지 못하게 하십시오. 이후 점차 관중의 병사를 징발하는 방법으로 병력을 증강해 그들을 막으십시오."

「항우본기」와 「유후세가」에는 '어떤 자'의 이름이 추생鯫生으로 나온다. 여기의 추鯫는 원래 송사리를 뜻하는 말로 잡어雜魚의 의미로 사용된다. 『사기』는 의도적으로 '잡스러운 유생' 내지 '경박한 자'의 취지로 끌어 쓴 듯하다. 『초한춘추』에는 '해解 선생'으로 나온다. 일각에서는 '추생'을 역이기로 보기도 한다. 『사기』에서 역이기는 허우대가 멀쩡하고 나름 현실감각도 있지만 때로는 지나친 이상주의로 인해 비현실적인 제안을 하는 인물로 묘사돼 있다. 대략 역이기와 유사한 인물이었던 것으로 보인다.

주목할 것은 추생이 '장함이 항우에게 항복했는데 항우는 스스로 옹왕을 칭하며 장차 관중의 왕이 되려 한다고 합니다'라고 언급한 점이다.「진초지제월표」에 따르면 항우는 이해 7월에 장함의 항복을 받고 그를 옹왕으로 임명했다. 추생은 이를 살짝 돌려 항우 자신이 옹왕을 칭하며 장차 관중왕이 되려 한다고 말했다. 유방을 자극하려는 속셈이 드러난다. 장함이 항우에게 항복할 당시 유방은 아직 함양에서 동남쪽으로 약 400킬로미터 떨어진 남양에 머물고 있었다. 자세한 소식을 못 들었을지도 모른다. 사서에는 기록이 나오지 않고 있으나 추생이 건의한 시점은 전후 문맥에 비춰 대략 약법3장이 나온 직후로 보인다. 유방이 자영의 항복을 받은 것이 기원전 207년 10월 초순이므로 10월 중순 이후에 나왔을 공산이 크다.

문제는 유방이 항우의 입관을 막기 위해 함곡관을 틀어막고 나선 점이다. 추생의 건의를 그대로 좇았다고 보기는 어렵다. 유방은 항우와 일전을 각오하고 그런 조치를 취한 것일까? 당시의 정황과 이후의 행보를 보면 쉽게 납득이 가지 않는 대목이다. 사다케는 유방이 제후의 군사를 일단 관 밖에 멈추게 한 뒤 평화로운 사절단의 자격으로 입관시키려 했다고 추정했다. 그러나 이는 유방을 너무 합리적인 인물로 간주했다는 지적을 면키 어렵다.

「고조본기」의 기록을 토대로 추론하는 게 옳다. 당시 추생은 유방에게 '급히 군사들로 하여금 함곡관을 지켜 제후들의 군사가 들어오지 못하게 하고, 점차 관중의 병사를 징발하는 방법으로 병력을 증강해 그들을 막아야 한다'고 건의했다. 「고조본기」는 마치 유방에게 아무런 책임이 없고 추생의 건의를 순순히 좇은 것처럼 기록해 놓았다. 그러나 행간을 읽으면 당시 유방이 유사시의 일전불사를 염두에 두었음을 알 수 있다. 「경포열전」의 기록 등이 이를 뒷받침한다.

그렇다고 유방의 당시 결정이 결코 무모한 것만도 아니었다. 고금의 모든 전투 사례가 보여주듯이 싸움은 병력의 숫자만으로 결정되는 게 아니다. 함곡관을 틀어막으면 얼마든지 대군을 상대할 수 있다. 당시 유방은 함양 입성에 고무된 나머지 그같이 생각했을 가능성이 높다.

홍문지연의 전말

「항우본기」는 함곡관을 돌파한 항우군이 희정에 이르자 유방의 군사가 이에 대응하기 위해 파상에 주둔하게 됐다고 기록해 놓았다. 유방의 최측근인 조무상의 고자질로 항우는 분기탱천한 상황이었다. 당시의 긴박한 상황을 「항우본기」는 '항우가 희정의 서쪽에 이르자 패공이 파상에 주둔했다. 아직 항우와 만나지 않았다'고 기록해 놓았다. 일촉즉발의 충돌상황이었다. 이때 범증이 항우에게 건의했다.

"유방은 산동山東에 있을 때만 해도 재물을 탐하며 여색을 좋아했는데 지금 입관해서는 재물도 취하지 않고 부녀도 총애하지 않고 있습니다. 이는 그의 뜻이 결코 작은 데 있는 게 아님을 뜻하는 것입니다. 제가 사람을 시켜 그의 운기를 살펴보게 했더니 모두 유방이 용호龍虎의 형상을 갖춰 오색을 이뤘다고 합니다. 이는 천자의 운기입니다. 그를 급히 쳐야 합니다. 절호의 기회를 잃어서는 안 됩니다."

'용호의 형상' 운운은 윤색으로 보이나 항우의 경각심을 높이기 위해 대략 이와 유사한 진언을 했을 공산이 크다. '산동'은 효산 동쪽을 지칭하는 말로 곧 함곡관 동쪽의 관동關東 내지 함곡관 바깥의 관외關外

와 같은 뜻이다.

초나라 좌윤左尹으로 있던 항백項伯은 항우의 숙부로 평소 장량과 가까운 사이였다. 여기에는 사연이 있다. 장량은 일찍이 수배자로 있는 와중에 살인사건을 일으켜 도주한 항백을 비호한 바 있다. 같은 수배자 신세의 동병상련이 크게 작용했을 것이다. 두 사람 역시 내심 초나라 장군 항연의 아들 항백과 한나라 재상 희평의 자손의 만남이라는 점에서 각별히 생각했을 듯싶다. 결과적인 얘기지만 이것이 유방과 항우의 운명을 가르는 결정적인 계기로 작용했다. 항백이 항우의 군사가 유방을 친다는 얘기를 듣고 즉시 말에 올라 밤을 새워 유방의 진영으로 달려가 은밀히 장량을 만난 게 그렇다. 항백은 전말을 모두 얘기한 뒤 장량에게 함께 떠날 것을 호소했다.

"유방과 함께 죽어서는 안 되오."

장량이 한왕韓王 한성을 끌어들여 정중히 거절했다.

"나는 한왕을 위해 패공을 함곡관으로 보냈습니다. 패공이 지금 위급한 상황에 처했는데 내가 도망친다면 불의입니다. 패공에게 말하지 않을 수 없습니다."

이내 안으로 들어가 유방에게 이 사실을 모두 말했다. 유방이 크게 놀랐다. 장량이 물었다.

"공의 군사들이 족히 항우의 군사를 감당할 수 있다고 생각합니까?"

유방이 침묵을 지키고 있다가 반문했다.

"실로 그렇지 못할 것이오. 이를 어찌해야 좋소?"

장량이 대답했다.

"청컨대 항백을 찾아가 말하기를, '유방은 감히 배반하지 않을 것이다'라고 하십시오."

유방이 물었다.

"그대는 어떻게 해서 항백과 사귀게 되었소?"

장량이 대답했다.

"전에 그가 살인을 하게 되어 제가 그를 살려준 바 있습니다. 지금 사태가 위급하게 되자 특별히 저에게 와서 그런 얘기를 해준 것입니다."

유방이 물었다.

"그와 그대 중 누가 더 나이가 많소?"

장량이 대답했다.

"그가 저보다 많습니다."

유방이 말했다.

"그대는 나를 위해 그를 안으로 불러들여 주시오. 내가 형장兄長을 시봉하듯이 그를 대접하겠소."

장량이 밖으로 나가 항백에게 성심으로 청하자 항백이 안으로 들어와 유방을 만났다. 유방은 술잔에 가득 찬 술을 들어 축수한 뒤 자식들의 혼인을 약속하며 이같이 덧붙였다.

"나는 입관한 이후 추호도 감히 사사로이 취한 바가 없습니다. 이민吏民을 장부에 기록하고, 부고府庫를 봉인한 채 항 장군이 오기만을 기다렸습니다. 장수를 파견해 함곡관을 지키게 한 것은 다른 도적의 출입과 비상상황을 대비한 것입니다. 밤낮으로 장군이 오기만을 기다렸는데 어찌 감히 배반할 수 있겠습니까. 원컨대 장군은 내가 감히 은덕을 배반치 않을 것임을 소상히 말해 주시기 바랍니다."

항백의 원래 이름은 「연표」에 항전項纏으로 나온다. 그는 항우의 막내 작은 아버지인데도 『사기』는 항계項季로 쓰지 않고 큰 아버지를 뜻하는 항백項伯으로 기록해 놓았다. 이로 인해 예로부터 많은 논란이 있었다. 유방이 항백을 형으로 섬긴 결과 유방 진영에서 그를 '항백'으로 불렀을 가능성이 높다는 주장이 가장 그럴 듯하다.

당시 항우는 항백이 '어떻게 해서든 유방을 항복시켜 보겠다'고 제안한 까닭에 별 기대를 하지 않으면서도 이를 수용했을 공산이 크다. 항백은 유방이 자신의 건의를 허락하자 유방에게 이같이 당부했다.

"내일 아침 불가불 일찍 직접 와서 사과해야 할 것이오."

"그리 하겠습니다."

항백은 다시 밤에 항우의 군영으로 돌아가 유방이 한 말을 항우에게 빠짐없이 보고했다. 항우는 유방이 계속 항전을 계속해 온 까닭에 그가 투항하리라고는 생각지 못했다. 내심 크게 놀랄 수밖에 없었다. 이때 항백이 이같이 덧붙였다.

"패공이 먼저 관중을 깨뜨리지 않았다면 공이 어찌 감히 입관할 수 있었겠소. 지금 대공을 세운 사람을 공격하는 것은 불의요. 그를 잘 대우하느니만 못하오."

'대공'과 '불의'의 비유가 절묘하다. 조카인 항우를 우쭐하게 만들고자 한 것이다. 이게 주효했다. 항우가 곧바로 유방의 투항을 허락한 사실이 이를 뒷받침한다. '초한지제'를 종합적으로 평가할 때 이는 항우의 커다란 실수였다. 유방이 범한 여러 실책을 거론하며 '대의명분'에 입각해 유방의 목을 치는 게 해답이었다. 항백의 칭송에 우쭐해진 게 화근이었다. 일각에서 항우가 패망케 된 배경을 항백에게서 찾는 게 결코 지나친 게 아니다. 예로부터 내부의 적이 가장 무섭다고 한 이유를 이 사례처럼 잘 보여주는 것도 없다.

당시 유방이 파상에 주둔한 것도 나름 속셈이 있었다고 보아야 한다. 항우가 곧바로 함양을 향할 때는 그대로 놓아두고, 만일 입성 전에 쳐들어오면 결사항전을 펼치고, 여의치 못할 때는 종남산을 넘어 패수를 따라 남하한 뒤 무관을 통해 남양으로 퇴각코자 했을 공산이 크다. 왜 남양일까? 당시 남양에는 왕릉이 독자적으로 근거지를 만들고 있었다. 무관을 돌파할 당시 유방군에 합세한 파군番君 매현梅鋗도 남양 일대의 소수민족을 동원할 수 있는 위치에 있었다. 여러모로 남양은 일이 여의치 않을 경우 반격의 근거지로 삼을 만했다.

그러나 병력에서 항우군의 4분의 1에 불과한 유방군이 항우군의 공격을 받을 경우 무관을 무사히 빠져나가 남양을 근거지로 삼는 일은 그리 만만한 게 아니었다. 게다가 항우의 책사 범증은 유방을 놓칠 경우 호랑이를 산에 풀어 놓은 것이라는 사실을 통찰하고 있었다. 자칫 패주하는 상황이 되면 이후 걷잡을 수 없는 사태가 닥쳐올지도 모를 일이었다.

객관적으로 볼 때 확실히 유방은 궁지에 몰려 있었다. 속히 '관중왕'이 되겠다는 과도한 욕심과 상대의 힘을 과소평가한 오판 등이 화를 자초한 셈이다. 사다케는 이를 유방의 일생에서 최대 위기로 꼽았다. 후일담이지만 유방은 황제가 된 후에도 흉노의 실력을 과소평가하는 오판으로 인해 흉노에게 포위되는 등 큰 위기에 몰린 적이 있다. 진평의 계략과 하후영의 담력 덕분에 간신히 위기를 모면하기는 했으나 자칫 목숨을 잃을 수도 있었다. 모두 상대를 얕잡아본 게 화근이었다.

유방이 이런 절체절명의 위기에 빠져 있을 때 항백으로부터 일련의 소식을 전해들은 장량은 곧바로 유방을 찾아가 항복을 권하고 나섰다. 항복은 목숨을 상대에게 맡기는 것을 의미한다. 유방의 경우는 잠재적인 라이벌인 까닭에 이런저런 구실을 붙여 단박에 목을 자를지도 모를 일이었다. 장량도 이를 모를 리 없었다. 그런데도 그는 왜 주군인 유방에게 항복을 권한 것일까?

전국시대 말기의 월왕 구천의 책사 범리范蠡가 구사한 이른바 사항계詐降計를 구사하고자 했던 것은 아닐까? 전후 맥락에 비춰 그랬을 공산이 컸다. '사항계'는 최악의 상황에 처했을 때 철저히 몸을 굽혀 상대를 크게 띄워주는 방식으로 활로를 찾는 고육책에 해당한다. 유방의 최측근이자 처남에 해당하는 조무상이 유방을 '배신'하고 항우에게 고자질한 것도 양측의 현격한 실력 차이를 절감한 결과로 볼 수 있다. 항량과 장량의 설득을 받아들인 유방이 다음날 아침에 100여 기를 이끌고 항우가 있는 홍문으로 찾아와 사죄했다.

"저와 장군은 사력을 다해 진나라를 공격했습니다. 장군은 하북, 저는 하남에서 싸웠습니다. 본의 아니게 제가 먼저 입관하여 여기서 장군을 다시 알현할 수 있게 되었습니다. 지금 소인들이 쓸데없는 말을 하여 장군과 저 사이에 혐극을 만들고 있습니다."

항우가 말했다.

"이는 패공의 좌사마 조무상이 패공에 관해 달리 말했기 때문이오. 그렇지 않았다면 내가 어찌 이같이 할 리 있겠소!"

항우는 모든 책임을 조무상에게 떠넘긴 뒤 곧 유방을 군영에 머물도록 하면서 함께 술잔치를 벌였다.

범증이 수차례 항우에게 눈짓을 보내며 차고 있는 옥결玉玦을 들어 세 번이나 보여주었다. 항우는 응하지 않았다. 범증이 일어나 밖으로 나간 뒤 항장項莊을 불러 말했다.

"군왕은 위인이 독한 결단을 내리지 못하오. 그대가 우선 안으로 들어가 축수를 한 뒤 축수가 끝나면 곧 주흥을 돋우기 위해 검무를 추겠다고 청하시오. 검무를 추다가 기회를 보아 유방을 찔러 그 자리에서 죽여야만 하오. 그리 하지 못하면 그대들은 모두 그의 포로가 되고 말 것이다."

항장이 곧 안으로 들어가 축수를 했다. 축수를 마친 뒤 이같이 청했다.

"군중軍中에는 즐길 만한 것이 없으니 청컨대 검무를 추고자 합니다."

항우가 말했다.

"허락한다."

항장이 검을 뽑아 춤을 추기 시작했다. 이때 항백도 문득 검을 뽑아 춤을 추기 시작했다. 항백은 계속 자기 몸으로 유방을 날개처럼 펼쳐 가려주었다. 이에 항장은 유방을 격살할 수 없었다.

그때 장량이 군문에 이르러 번쾌를 만났다. 번쾌가 물었다.

"오늘 일은 어찌 된 것이오?"

장량이 대답했다.

"지금 항장이 칼을 뽑아들고 춤을 추면서 그 뜻을 계속 유방에게 두고 있소."

번쾌가 말했다.

"일이 급박하게 되었소. 내가 안으로 들어가 유방과 생사를 같이 하도록 하겠소."

번쾌가 즉시 칼을 차고 방패를 손에 쥔 채 안으로 들어갔다. 군문의 위사衛士가 진입을 저지하려고 하자 번쾌가 방패를 들어 옆으로 휘둘렀다. 위사가 그대로 땅바닥에 쓰러졌다. 번쾌가 마침내 안으로 들어가 휘장을 젖히고 패왕 옆에 시립했다. 그가 눈을 부릅뜬 채 항우를 노려보자 머리카락이 위로 치솟음하고 눈초리가 거의 찢어질 듯했다. 항우가 칼을 어루만지며 무릎을 바닥에 댄 채 상체를 바로 세운 자세로 물었다.

"객은 무엇 하는 사람인가?"

장량이 대답했다.

"유방을 배승하는 호위군사 번쾌입니다."

항우가 찬탄했다.

"장사로다. 그에게 술을 내리도록 하라!"

곧 그에게 술 한 말을 내렸다. 번쾌는 절을 하며 사의를 표한 뒤 일어선 채로 이를 다 마셨다. 항우가 말했다.

"그에게 돼지 넓적다리도 내려주라!"

삶지 않은 돼지 넓적다리가 통째로 그의 앞에 놓였다. 번쾌가 땅에 방패를 엎어놓고 그 위에 올려놓은 뒤 칼을 뽑아 이를 잘라서 먹었다. 항우가 물었다.

"장사는 더 마실 수 있겠는가."

번쾌가 대답했다.

"신은 죽음도 피하지 않으려 하는데 술 한 잔을 어찌 지나치게 사양할 리 있겠습니까? 저 진나라는 호랑이 및 이리와 같은 마음을 지닌 까닭에 살인하면서 더 죽이지 못할까 걱정하고, 사람에게 형벌을 내리려 하면서 더 벌주지 못할까 걱정했습니다. 그래서 천하가 모두 반기를 든 것입니다. 초회왕과 제장이 약속키를, '먼저 함양에 들어가는 자를 왕으로 삼는다'고 했습니다. 지금 유방은 먼저 파진하여 함양에 들어왔는데도 추호도 사사로이 취하지 않고 파상으로 환군하여 장군을 기다렸습니다. 이처럼 고생하여 높은 공을 세웠는데도 작위를 내려주는 상은 커녕 간사한 자의 무함만 듣고 큰 공을 세운 사람을 주살하려고 하니 이는 패망한 진나라를 잇는 짓일 뿐입니다. 저는 장군이 이리 하지 않을 것으로 생각합니다."

항우가 응답하지 않은 채 말했다.

"앉으시오."

번쾌가 장량을 좇아 앉았다.

이들이 잠시 앉아 있는 동안 유방이 몸을 일으켜 측간으로 가면서 번쾌를 밖으로 불러냈다. 유방이 말했다.

"지금 우리가 나오면서 인사도 하지 않았으니 이를 어찌하면 좋겠소?"

번쾌가 대답했다.

"지금 저들은 바야흐로 칼과 도마를 준비하고 있고, 우리는 바야흐로 도마 위의 고기가 되어 있는데 무슨 인사치레를 한다는 것입니까?"

이에 마침내 황급히 달아났다. 홍문에서 파상까지는 40리였다. 유방은 타고 왔던 거기를 놓아둔 채 급히 몸을 빼어 홀로 말을 타고 달아났다. 번쾌와 하후영, 근강靳彊, 기신紀信 등 4인은 칼과 방패를 든 채 유방의 뒤를 좇아 걸어서 도망쳤다. 이들 모두 여산 아래쪽에서 지금의 섬서성 서안시 동쪽인 지양芷陽을 거쳐 샛길로 달아나 파상에 이르렀다.

당시 유방은 도주하기에 앞서 장량에게 홍문에 남아 있다가 항우에게 사과한 뒤 하얀 옥구슬인 백벽白璧을 바치고 옥두玉斗를 범아부范亞父에게 주라고 이르면서 이같이 덧붙였다.

"이 길로 가면 우리 군영까지는 20리에 불과하오. 내가 우리 군영에 이르렀다고 여겨질 즈음 공은 안으로 들어가도록 하시오."

'아부'는 당시 항우가 범증을 높여 부른 말이다. '부친에 버금하는 어른'의 뜻이다. 이는 춘추시대 중엽 첫 패업을 이룬 제환공齊桓公이 재상인 관중管仲을 '중부仲父'로 높여 부른 것을 흉내 낸 것이기도 하다. '중부'는 관중의 자가 '중仲'인 점에 착안한 것이다. 통상 '부父'는 단순히 일반 남자의 미칭으로 쓰일 때는 '보甫'로 읽으나 부친에 준하는 존경스런 인물 내지 나이 많은 남자를 지칭할 때는 '부'로 읽는다. '중부'를 비롯해 나이 많은 농부를 뜻하는 전부田父와 어옹漁翁과 같은 의미의 어부漁父 등이 그 실례이다.

주목할 것은 유방이 장량을 통해 항우에게 바친 '백벽'이다. 이는 원래 춘추시대 이래 항복 의식에서 항복하는 자가 수의를 입은 채 입에 물고 사죄할 때 사용하는 것이다. 「항우본기」에는 장량이 항우에게 단순히 아름다운 옥구슬인 미옥美玉을 바친 것처럼 묘사돼 있으나 이는 당시의 실정과 부합치 않는다. 유방은 항우의 군막 안에서 옥구슬을 입에 물고 항복의식을 치렀을 공산이 크다. 가의를 비롯한 후대의 사가들은 내심 미옥을 바친 것까지 삭제코자 했으나 미옥이 항우의 손에 있는 이상 이마저 왜곡하기는 어려웠을 것으로 추정했다. 일리 있는 추론이다.

당시 유방은 홍문을 떠나 샛길로 황급히 달아나 자신의 군영에 이르렀다. 이즈음 장량이 장막 안으로 들어가 항우에게 사과했다.

"유방이 술을 이기지 못해 직접 인사를 올리지 못했습니다. 이에 삼가 저 장량으로 하여금 백벽 한 쌍을 받들어 재배再拜한 뒤 장군에게 바치고, 옥두 한 쌍은 재배한 뒤 아부에게 올리게 했습니다."

항우가 물었다.

"패공은 지금 어디에 있소?"

장량이 대답했다.

"장군이 패공을 책망하려는 뜻을 지니고 있다는 말을 듣고 몸을 빼내 홀로 떠났습니다. 이미 군영에 이르렀을 것입니다."

항우가 백벽을 받아 자리 위에 놓았다. 그러나 범증은 옥두를 받아 땅에 던져놓고는 칼을 뽑아 쳐서 깨뜨리며 탄식했다.

"아, 어린아이와는 족히 더불어 계책을 꾀할 수 없구나! 장군의 천하를 빼앗는 자는 반드시 패공일 것이니, 우리는 이후 그의 포로가 되고 말 것이다."

'천하를 빼앗는 자는 패공' 운운은 가의 등의 사가들에 의해 윤색된 내용일 공산이 크다. 『초한춘추』와 『사기』 등의 사료에 보이는 하나의 특징은 유방의 적이 유방을 칭찬하는 발언을 늘어놓도록 한 점이다. 이를 감안하고 읽을 필요가 있다. 다만 화가 난 나머지 유방이 항복의식 때 자신에게 바친 구슬 등을 내던지며 크게 탄식했을 가능성은 배제할 수 없다.

당시 유방은 군영에 이르자마자 즉각 조무상을 주살했다. 결국 두 영웅이 위험스런 유혈사태에 이르게 된 배경을 모두 조무상에게 뒤집어씌운 셈이다.

이것이 『사기』에 나오는 그 유명한 '홍문지연' 기본 줄거리이다. 유방은 '관중왕'이 되기 위해 함양에 입성하기 전에 이미 조고에게 사자를 보낸 바 있다. 조급증의 표현이었다. 자영의 항복을 받은 후에는 노골적으로 '관중왕'을 자처하며 자신이 주재하는 회맹에 참여할 것을 호소하는 사자를 제후들에게 보낸 바 있다.

좌사마 조무상은 바로 그런 역할을 수행키 위해 파견된 것이다. 그럼에도 유방은 항복하는 자리에서 조무상을 사자로 파견한 사실이 없다고 시치미를 떼었다. 이는 유방이 무조건 항복을 선언한 뒤 이를 축하하기 위해 열린 '홍문지연'이 문득 두 영웅의 회합을 축하하는 연회로 둔갑케 만드는데 결정적인 공헌을 했다. 항우가 조무상의 무함이 없었다면 '내가 어찌 이같이 할 리 있겠소!'라고 말한 대목이 이를 뒷받침한다. 사가들이 조무상을 희생양으로 삼아 유방의 투항을 미화한 것이다. '홍문지연'의 내막을 정확히 파악해야만 하는 이유다.

『사기』의 '홍문지연'은 소설을 방불한다. 『사기』를 깊이 연구한 중문학자 한자오치는 『사기신독』에서 이같이 주장하기도 했다.

"『사기』는 중국 최고의 문학서 중 하나이다. 본격적인 인물 전기의 효시가 되었고, 후대의 산문이나 소설, 전기문학의 발전에 지대한 공헌을 했다. 특히 「항우본기」에 나오는 홍문지연 대목은 당나라 때 전기소설傳奇小說이 등장할 때까지 약 800년 동안 그 어느 것도 이를 능가하지 못했다."

그만큼 극적이었다는 얘기다. 사마천의 문학적인 윤색을 높이 평가한 셈이다.

홍문지연은 21세기 현재에 이르기까지 수천 년 동안 논란의 대상이 되고 있다. 20세기 초 『후흑학厚黑學』을 쓴 리쭝우李宗吾는 당시 항우가 범증의 계책을 받아들여 유방의 목을 쳤을 경우 이내 천하를 거머쥐었을 것이라며 아쉬움을 표한 바 있다. 필부지용과 부인지인으로 인해 대사를 망쳤다는 주장이다. 후흑厚黑과 박백薄白의 대결로 평가한 결과다.

그러나 이에 대한 반박도 만만치 않다. 대표적인 인물이 한자오치이다. 그는 『사기신독』에서 여러 이유를 들어 '후흑과 박백'의 대결 논리를 조목조목 반박했다. 홍문지연이 호랑이 굴이었다면 천하의 건달 유방이 순순히 그리 들어갈 이유가 없었다는 게 골자이다. 당시 유방은 진나라의 각종 군사시설을 장악하고 있는데다 지형을 모두 꿰고 있었고, 지리적으로 볼지라도 항우보다 훨씬 유리했다는 점 등도 거론됐다. 그의 반론은 나름 일리가 있으나 역시 왕리췬이 『항우강의』에서 지적했듯이 모두 결단의 문제이다. 홍문지연의 자리에서 유방을 옭아맬 수 있는 구실은 매우 많았다. 그런데도 항우는 결단하지 못했다. 우유부단한 성격이 문제였다. 리쭝우의 지적이 역사적 사실에 부합한다.

금의야행의 실착

항우는 유방의 항복을 받은 뒤 이내 군사를 이끌고 함양으로 입성했다. 이때 그는 일생일대의 실수를 범했다. 함양을 도륙한 게 그렇다. 이때 그는 항복한 자영을 죽이고, 진나라 궁실을 모두 불태웠다. 불은 3

달 동안 꺼지지 않았다. 이어 함양의 재화와 부녀자들을 모조리 거둬 동쪽 팽성 쪽으로 갔다. 진나라 백성들이 크게 실망한 것은 말할 것도 없다. '약법3장'을 선언한 유방의 행보와 너무 대비되었다.

이로 인해 유방이 얻은 반사이익의 효과는 엄청났다. 여기에는 소하의 공이 컸다. 그는 진나라 승상과 어사의 율령, 도서 등을 거두어 보관했다. 2달 동안 진나라의 율령과 도서에 의거해 나름 새로운 왕조 건립의 예행연습을 할 수 있었다. '약법3장'이 그 결과물이다. 당시 유방의 무리는 항우와 달리 일찍부터 소하를 중심으로 관료체제를 가동하고 있었던 셈이다. 이를 조금만 확장보강하면 이내 진제국과 유사한 중앙집권적 관료체제를 구축할 수 있었다. 실제로 유방이 세운 한제국은 바로 그런 식으로 흘러갔다. 후대의 사가들이 소하의 공을 높이 평가한 이유다.

소하는 유방과 마찬가지로 패현 풍읍 출신이다. 패현의 총무와 인사를 주관하는 수령의 직속 속관인 공조연功曹掾으로 있었다. 아전의 우두머리에 해당한다. 유방이 건달로 지낼 때 소하가 늘 도와주었다. 한번은 유방이 부역에 징집된 사람을 이끌고 함양으로 갈 때 다른 관리들은 노자로 그에게 300전을 주었으나 소하만은 500전을 주었다. 이런 점 등이 유방을 감복케 만들었다. 유방은 기병한 후 거의 모든 내정을 그에게 맡겼다. 형법과 율령에 통달한 점을 높이 평가한 것이다.

정치제도사의 관점에서 볼 때 중앙집권적 관료체제는 진시황의 천하통일 이후 처음으로 등장했다. 그러나 진제국은 진시황의 급서 이후 2세 황제 호해가 피살되고, 자영이 '진왕'으로 격하된 자신의 위상을 그대로 수용하는 등 시종 내리막길을 걸었다. 너무 수명이 짧아 제국의 진면목을 드러낼 기회조차 없었다. 그 과실을 유방이 주워 담은 셈이다.

당시 항우 주변에도 이를 통찰한 인물이 있었다. 한나라 출신 유생으로 풀이되는 한생韓生이 당사자이다. 성과 이름이 없는 셈이다. 그는 항우를 찾아와 이같이 건의했다.

"관중은 산으로 막혀 있고 황하가 가로 질러 사방이 요새인 곳으로 땅 또한 비옥합니다. 가히 도읍으로 삼아 천하의 패권을 잡을 만합니다."

그러나 항우는 진나라 궁궐이 모두 이미 불타버려 폐허가 된 것을 꺼린 데다 내심 고향인 강동江東으로 돌아가고 싶어 한 까닭에 이같이 대답했다.

"부귀富貴하게 되어 고향으로 돌아가지 않는 것은 마치 수를 놓은 비단옷을 입고 밤길을 다니는 것과 같소. 그리 되면 누가 그것을 알아보겠소."

원문은 의수야행衣繡夜行이다. 오늘날 사용되는 금의야행錦衣夜行은 「항우본기」에 나오는 의수야행衣繡夜行이 변용된 말이다. 『한서』「항적진승전」은 이 대목을 그대로 옮기면서 의수衣繡를 의금衣錦으로 바꿔 놓았다. 이것이 훗날 바뀌어 '금의야행'이라는 성어로 굳어진 것이다. 「항우본기」에는 당시 한생이 물러나오며 이같이 탄식했다고 기록해 놓았다.

"사람들이 초나라 사람을 두고 '목후이관沐猴而冠'이라고 하더니 과연 그러하다!"

'목후이관'은 원숭이를 목욕시킨 후 관을 씌운다는 뜻으로 사람의 옷을 입힌 원숭이를 의미한다. 항우가 이 말을 듣고 한생을 뜨거운 물에 삶아 죽이는 팽살烹殺을 했다고 한다. 이는 액면 그대로 믿기 어렵다. 한생이 많은 사람들 앞에서 '목후이관'이라고 말한 것도 아니고, 홀로 탄식한 얘기가 어찌어찌해서 항우의 귀에 들어갔다고 할지라도 이를 이유로 '팽살'의 참혹한 극형을 가했다는 것은 앞뒤가 맞지 않는다. 항간의 뜬소문을 그대로 전재했거나 후대인이 손을 댔을 가능성이 크다.

당시 유방의 항복을 받아들여 명실상부한 패왕의 자리에 오른 항우에게는 2개의 과제가 놓여 있었다. 첫째, 비록 형식적이기는 하나 자신보다 상위에 있는 초회왕을 어떻게 처리할 것인가의 문제였다. 둘째, 수도를 어디에 두고 승리의 열매를 어떻게 나누며 천하를 호령할 것인가의 문제였다. 항우는 첫 번째 문제를 해결하기 위해 먼저 사람을 초회왕에게 보내 관중 문제를 처리한 결과를 통보했다. 그러나 초회왕이 회답은 의외였다.

"약속대로 한다!"

항우가 생각할 때 이는 있을 수 없는 일이었다. 최소한 자신의 공을 인정해 전후 처리의 전권을 위임하든가 혹은 이 기회에 정식으로 자리를 양보하든가 해야 했다. 내심 그렇게 생각했다. 모든 것을 자기 위주로 생각한 탓도 있지만 사실 이를 탓할 수는 없었다. 그게 당시의 기준으로 보면 그것이 상식이었기 때문이다. 항우는 내심 크게 당황했을 것이다. 초회왕의 대답이 너무 고식적이고 직선적이었기 때문이다. 초회왕의 회답대로 유방을 관중왕으로 봉할 경우 이는 자신의 잠재적인 라이벌에게 날개를 달아주는 격이었다. 더 무서운 것은 이후에도 초회왕의 명을 받드는 입장에 처해 어떤 봉변을 당할지 모른다는 점이었다. 어떤 식으로든 초회왕을 제거할 필요가 있었다. 더 이상의 효용이 없다고 판단한 결과였다.

그러나 문제는 처리방법이었다. 이게 매끄럽지 못했다. 이후 유방이 항우를 비난할 때마다 이를 전가의 보도처럼 써먹은 것은 말할 것도 없었다. 항우 입장에서는 억울할 법도 했다. 그렇다고 매번 일일이 구구한 변명을 늘어놓을 수도 없는 일이었다. 천하를 틀어쥐었다면 자연스럽게 해명됐을 터이나 천하를 빼앗긴 뒤에는 해명할 길도 없게 된다. 수천 년에 걸쳐 '불의한 인물'로 낙인찍힌 배경이다. 사서의 호오好惡 평가는 승자의 몫이다.

'지렁이도 밟으면 꿈틀댄다'는 우리말 속담이 있다. 미물도 최후의 순간에는 온 힘을 다해 반격을 한다는 뜻이다. 엄밀히 따지면 초회왕은 '지렁이' 차원도 아니었다. 유방과 항우가 함양 입성을 두고 진나라 군사와 혈전을 벌일 때 초회왕을 비롯해 그의 주변 인물들은 나름 천하를 거머쥐기 위한 책략을 세우는 데 골몰했다. 초나라 백성들의 초나라 왕실에 대한 열망을 적극 활용코자 한 것이다.

이는 이미 어느 정도 성과를 거두기도 했다. 항우와 유방이 팽성을 출발해 진나라와 전쟁에 나선 것 자체가 그렇다. 왕명이 통한 증거다. 초회왕과 주변 인물이 천하를 거머쥐고자 생각한 게 결코 망상이 아니었다. 나아가 막강한 무력을 자랑하는 항우의 군단을 보면 통일된 세력도 아니었다. 항량이 이끌던 원래의 친위세력 이외에도 진승의 장초국 패잔병 세력을 비롯해 진가와 경구 계통의 세력, 초나라 각지에서 들고 일어나 여타 군소 반란세력이 결집한 혼성집단이었다. 이들이 목숨을 걸고 항우에게 충성을 바친 것도 아니었다.

오히려 비록 형식적이지만 권위 면에서는 초회왕이 항량의 정통을 이어받았다고 보는 게 옳다. 동양을 기반으로 한 진영陳嬰의 세력이 초회왕의 무력기반이 된 게 그렇다. 진영은 초나라 최고의 관직인 주국柱國이 되었다. 항량이 출정한 이후 권모술수에 밝은 수많은 사람들이 초회왕 주변에 몰려들었다. 이들은 나름 무시할 수 없는 힘을 구축하기 시작했다.

항우가 초회왕의 '어처구니없는' 회답을 받은 뒤 분통을 터뜨리면서 곧바로 손을 쓰지 못한 것도 이와 무관치 않다. 비록 형식에 그칠지라도 권위가 갖는 위세가 이처럼 무섭다. 전국시대 당시 법가사상가인 조나라의 신도愼到는 이를 세치勢治로 표현한 바 있다. 법의 권위인 법위法威만큼 막강한 위력을 발휘하는 게 바로 세위勢威이다. 실효성이 없는 이른바 사법死法일지라도 법으로 존재하는 한 유사시 힘을 발휘하는 것과 같다. 고금동서를 막론하고 신법을 만들 경우 반드시 이와 충돌하는 구법의 효력을 정지시키는 부칙조항을 두는 이유가 여기에 있다.

반드시 폐법廢法의 조치를 취하는 것처럼 초회왕을 제거하려면 일정한 형식의 폐위廢位 과정을 거쳐야만 했다. 조조가 생전에 천자의 자리에 오르지 않은 것은 바로 이 때문이었다. 항우는 이런 이치를 깨닫지 못했다. 원소처럼 욕심이 앞선 데다 자신의 힘을 과신했다. 이게 훗날 패배의 한 원인이 된 셈이다.

물론 항우가 이를 전혀 몰랐다고 할 수는 없다. 오히려 정반대로 해석할 수 있다. 초회왕을 의제義帝로 높이면서 허수아비 황제로 몰아간 게 그렇다. 외양만 보면 오히려 교묘한 후흑술을 구사한 것으로 평할 수 있다. 그러나 아무리 허수아비일지라도 초회왕의 지위를 왕에서 황제로 격상시킨 것은 득보다 실이 많다. 형식을 더욱 단단히 해주었기 때문이다. 초회왕을 완전히 손에 넣고 양위 받을 요량으로 그랬다면 이해할 수도 있다. 조비가 한헌제로부터 선양을 받고, 사마의가 선양을 받는 모습이 그렇다. 그러나 항우는 초회왕을 완전히 손에 넣지 못했다. 오히려 정반대였다. 그런데도 그의 지위를 격상시켰다. 앞뒤가 전혀 맞지 않는 조치였다.

초회왕은 비록 형식적이기는 했으나 진제국이 사라진 마당에 반진 세력 최고의 권위자였다. 매끄럽게 처리할 필요가 있었다. 그러기 위해서는 일정한 명분이 필요했다. 그러나 항우는 힘만 믿고 이를 무시한 것이다. 삼국시대 당시 원소가 힘만 믿고 섣불리 천자의 자리에 오르고자 했다가 치명타를 입은 것에 비유할 수 있다. 조조는 그 틈을 노려 마침내 원소를 누르고 하북의 패권을 장악했다. 요체는 바로 허수아비 황제를 옆에 끼고 천하의 군웅을 호령한 데 있다.

사서는 이를 '협천자挾天子, 영제후令諸侯'로 표현해 놓았다. 조조는 이를 실행해 천하통일의 기반을 닦았고, 항우는 이를 무시해 유방에게 손에 넣은 천하를 넘겨주고 말았다. 천하는 아무리 난세의 시기일지라도 결코 힘만으로 차지할 수는 없는 노릇이다. 그럼에도 항우는 죽을 때까지 이를 제대로 깨닫지 못했다. 초회왕의 회답을 받고 불같이 화를 낸 사실이 이를 반증한다.

"회왕이란 자는 우리 집안이 세운 자일뿐이다! 진나라를 정벌한 공도 없는데 어찌하여 약속을 마음대로 주관한단 말인가. 천하가 당초 반기를 들 때 임시로 제후의 후예를 세워 진나라를 쳤을 뿐이다. 그러나 몸에 갑옷을 입고 무기를 들어 가장 먼저 일을 일으키고, 들에서 3

년 동안 야전을 하며 진나라를 멸망시키고 천하를 평정한 것은 모두 제장들과 나 항우의 공이다. 그러나 회왕이 비록 공로가 없을지라도 응당 땅을 나눠주어 왕을 칭하게 할 것이다."

제장들이 입을 모아 칭송했다.

"옳소."

마오쩌둥은 정적인 류사오치를 제압할 때 이른바 소리장도笑裏藏刀의 계책을 구사했다. 웃음 속에 칼을 은밀히 감추는 계책인 독수毒手를 뜻한다. 아무리 '허수아비 왕'일지라도 왕의 자리에 앉힌 채 제거하는 것은 하책이었다. 더구나 항우는 초회왕의 위상을 의제義帝로 격상시키는 우를 범하기까지 했다. 자신의 꾀에 스스로 넘어간 셈이다. 기원전 206년 1월의 일이다.

사마천을 비롯한 사가들은 이를 의제 원년(기원전 206년) 봄 정월로 기록했다. 진나라가 패망한 상황에서 새해의 기원을 원래의 음력으로 돌아가 기록하기 시작한 것이다. 이는 항우가 의도적으로 그리한 것이기도 하다. 새로운 세상이 온 만큼 심기일전의 자세로 천하에 임하겠다는 취지를 드러낸 셈이다. 그러나 드러내 놓고 자신과 대립하고 있는 초회왕을 의제로 높인 것은 실책 중의 실책이었다. 왕리췬은 『항우강의』에서 이때 만일 스스로 황제의 자리에 올랐다면 아무 문제가 없었을 것이라며 아쉬움을 표했다. 일리 있는 지적이다.

그럼에도 항우는 간명한 길을 버린 채 이런 하책을 택한 것일까? 여러 이유를 댈 수 있으나 지나친 반진反秦 의식과 강고한 친초親楚 의식이 가장 큰 문제였다. 진나라가 실행한 모든 제도와 관행, 가치 등을 온통 뒤집고자 한 것이다. 당시 군웅들이 할거한 상황에서는 일단 황제의 자리에 오른 뒤 시간을 두고 제후왕들을 차례로 제압하는 게 올바른 순서였다. 이는 유방이 걸은 길이기도 했다. '왕 중의 왕'인 패왕霸王은 황제만큼의 권위가 없다. 천하대세의 관점에서 볼지라도 이런 식의 봉건적인 조치는 역사의 흐름을 거스르는 것이었다.

물론 항우가 초회왕을 의제로 높이면서 스스로 패왕을 자처한 것을 두고 삼국시대 당시 조조가 한헌제를 옆에 끼고 천하를 호령한 것에 비유할 수는 있다. 겉모습은 닮았다. 그러나 속사정이 다르다. 조조는 한헌제의 권위를 건드리지 않으며 실권을 장악하는 길을 택했다. 이에 반해 항우는 초회왕을 제후왕만도 못한 존재로 만들어놓고 패왕의 자리에서 여러 제후왕들을 다스리고자 했다. '패왕'과 제후왕의 차이는 종이 한 장 차이에 불과하다. 진나라를 무너뜨리고 최강의 정적인 유방의 항복을 받아낸 여세를 몰아 스스로 보위에 오르거나, 그것도 아니라면 조조처럼 초회왕의 권위를 더욱 높여 놓은 뒤 여러 방안을 강구해 자신의 통제 하에 두는 게 옳았다. 항우는 이와 정반대의 길을 간 셈이다. 그가 실패한 여러 원인 가운데 매우 중요한 사안으로 꼽을 만한 대목이다. 그가 새해 정월에 군웅들 앞에서 밝힌 다음과 같은 옹색한 선언이 이를 반증한다.

"옛날의 황제는 땅이 사방으로 1,000리였고 또한 반드시 상류에 거처했다."

그러고는 의제를 장강 남쪽인 강남江南으로 옮긴 뒤 호남성 성도인 장사長沙 일대 침주郴州 땅에 도읍을 정하게 했다. 한헌제는 비록 허수아비 황제에 지나지 않았으나 권위만큼은 끝까지 보유하고 있었다. 이에 반해 의제는 힘도 없고, 권위조차 없었다. 진시황이 급서한 기원전

210년에서 패왕의 자리에 오르는 기원전 207년 정월까지 4년 동안 지속된 축록중원의 혼란을 가까스로 다잡은 상황에서 또 다시 천하를 쟁탈 대상으로 내놓는 우를 범한 셈이다.

실제로 그가 이해 2월에 스스로 서초패왕西楚霸王의 자리에 오르면서 유방을 비롯한 군웅들을 각지의 제후왕에 봉한 지 2달 만에 제나라의 실력자 전영이 반기를 들고 일어났다. 유방이 이에 호응해 다시 '관중왕'을 자처하고 나서면서 천하는 또다시 축록중원의 혼란 속으로 휘말려 들어갔다. 이 또한 현실을 무시한 항우의 잘못된 분봉에서 비롯된 결과다.

분봉의 허실

여기서 잠시 당시 항우가 행한 분봉의 허실을 살펴보기로 하자. 그 내막을 보면 16세기 말 일본의 도요토미 히데요시가 100년에 걸친 봉건영주들의 각축을 마무리하고 분봉을 행한 것과 사뭇 닮았다. 당시 도요토미는 정적인 도쿠가와 이에야스와 손을 잡고 자신의 분봉체제를 유지했다. 조선침략을 감행하지만 않았다면 그의 거점인 지금의 오사카가 도쿠가와의 근거지인 지금의 도쿄를 제치고 21세기 현재까지 일본의 도성이 됐을 공산이 컸다. 황제의 자리에 오르는 대신 '패왕'의 길을 택한 항우도 가장 위협적인 정적인 유방과 손을 잡고 도요토미와 유사한 길을 걸었다면 그토록 허무하게 패망하지는 않았을 것이다. 그러나 그는 황제의 자리에 오르지도 않은 상황에서 재차 유방과 천하를 놓고 다투는 길을 택했다가 자멸하고 말았다.

당시 항우는 도요토미가 그랬듯이 최고의 무력을 보유한 자답게 위나라와 초나라를 포함하는 9개 군郡의 왕이 됐다. 초회왕이 머물던 팽성이 도읍으로 정해졌다. 9개 군은 지금의 하남성과 강소성, 안휘성, 호남성, 호북성 일대를 포함한 매우 넓은 지역이었다. 지금의 하남성 남양현의 남양군南陽郡, 호남성 원릉현의 검중군黔中郡, 강소성 탕산현의 동군東郡, 강소성 패현의 사수군泗水郡, 강소성 소주시인 회계군會稽郡, 강소성 탕산현의 탕군碭郡, 안휘성 수현의 초군楚郡, 안휘성 숙현의 기군蘄郡, 호북성 강릉현의 남군南郡 등이 모두 포함됐다.

문제는 유방에 대한 분봉이었다. 항우는 유방의 항복을 이미 받아들여 화해를 한데다가 약속을 어겼다는 말을 듣기 싫어 이내 범증과 함께 은밀히 계책을 꾸몄다.

"파巴와 촉蜀은 길이 험하기는 하나 진나라 때 사람들을 옮겨 살게 했던 곳이다. 파촉 지역 역시 관중의 땅이다."

파는 지금 사천성 중경시, 촉은 사천성 성도시를 말한다. 이에 유방을 '관중왕'이 아닌 한왕漢王으로 삼고, 파, 촉, 한중에서 왕 노릇을 하게 했다. 도읍은 지금의 섬서성 남정南鄭이었다. 이어 관중 지역을 셋으로 나눈 뒤 진나라의 항장降將을 왕으로 삼아 한나라가 밖으로 진출하는 길을 봉쇄했다. 이들 3개 지역을 후대의 사가들은 삼진三秦으로 불렀다. 도요토미와 그의 사후 에도막부 시대를 연 도쿠가와 모두 상대의 근거지 주변 땅을 심복들로 채운 바 있다. 이를 친번親藩이라고 한다. 항우가 '삼진'을 둔 것과 취지를 같이한다.

'삼진'의 수장은 장함이었다. 옹왕雍王에 봉해진 그는 함양의 서쪽에서 왕을 칭하며 지금의 섬서성 흥평현인 폐구廢丘에 도읍을 정했다. 두 번째 인물은 장사長史 출신인 새왕塞王 사마흔이다. 함양 동쪽에서 황하에 이르는 지역이 관할지역이었다. 도읍은 지금의 섬서성 약양이다. 세 번째 인물은 도위都尉 출신인 적왕翟王 동예董翳이다. 사마흔과 함께 장함에게 투항을 권한 점을 인정받았다. 지금의 섬서성 수덕현인 상군上郡에서 왕을 칭하며 섬서성 부현인 고노高奴를 도읍지로 삼게 됐다.

항우는 이어 자신이 옛 위나라의 대량 지역을 차지할 생각으로 위왕 위표魏豹를 옮겨 서위왕西魏王으로 삼았다. 위표는 하동河東에서 왕을 칭하며 산서성 임분시 서남쪽 평양平陽에 도읍을 정했다. 산동성 자양현 하구瑕丘의 신양申陽은 장이가 총애하는 신하였다. 전에 그는 먼저 하남성 낙양시로 내려가 황하에서 초나라 군사를 영접한 바 있다. 이에 신양을 세워 하남왕으로 삼았다. 그는 낙양洛陽에 도읍을 정했다. 한나라 왕 한성韓成은 옛 도읍에 근거해 하남성 우현 양적陽翟에 도읍을 정했다.

조나라 별장 출신 사마앙은 하내河內를 평정하고 여러 번 공을 인정받아 은왕殷王에 봉해졌다. 하남성 기현인 조가朝歌에 도읍을 정했다. 조왕 조헐은 봉지를 옮겨 대왕代王으로 삼았다. 조나라 재상 장이는 항우가 입관할 때 함께 따라 들어간 덕분에 항산왕恒山王에 봉해졌다. 옛 조나라 지역에서 왕을 칭하며 양국襄國을 도읍으로 삼게 됐다. 경포는 초나라 장수로서 늘 으뜸가는 군공을 세운 덕분에 구강왕九江王에 봉해졌다. 그는 육六 땅에 도읍을 정했다. 파군番君 오예吳芮는 장강 일대의 백월百越 사람들을 이끌며 제후들을 도왔고 항우를 좇아 입관했다. 형산왕衡山王으로 봉해져 호북성 황강현인 주현邾縣에 도읍을 정했다.

의제의 상장군인 공오共敖는 군사를 이끌고 호북성 강릉현 남군南郡을 쳐 공을 많이 세웠다. 임강왕臨江王에 봉해져 호북성 강릉江陵을 도읍으로 정했다. 연왕 한광韓廣은 요동 지역으로 옮겨져 요동왕遼東王이 되었다. 도읍은 지금의 하북성 계현 무종無終이었다. 연나라 장수 장도臧荼는 초나라를 좇아 조나라를 구원했고 항우를 좇아 입관했다. 연왕에 봉해져 지금의 북경시 부근인 계薊에 도읍을 정했다.

제왕 전불田市은 교동왕膠東王에 봉해졌다. 도읍은 산동성 평도현 즉묵卽墨이었다. 제나라 장수 전도田都는 초나라 군사를 좇아 조나라를 구원하고 항우를 좇아 입관했다. 제왕齊王에 봉해져 지금의 산동성 임치臨淄를 도읍으로 삼았다. 항우가 황하를 건너 조나라를 구원할 때 전안田安은 제북濟北의 여러 성을 함락시킨 뒤 그 군사를 이끌고 항우에게 투항했다. 그는 제북왕濟北王에 봉해졌다. 도읍은 산동성 장청현 박양博陽이었다.

이를 종합해 보면 기존의 초나라는 서초西楚와 형산衡山, 임강臨江, 구강九江 등 4국으로 나뉘었다. 조나라의 옛 땅은 상산常山으로 개칭됐고, 대代가 따로 만들어졌다. 제나라 땅 역시 임치臨淄로 개칭되고 제북濟北, 교동膠東 등 4국으로 나뉘었다. 진제국의 근거지인 관중은 유방의 한漢을 포함해 옹雍과 새塞, 적翟 등의 삼진으로 4분된 셈이다. 연나라 땅은 요동遼東이 따로 떨어져 나갔다. 위나라는 서위西魏로 개칭되었고 은나라가 따로 세워졌다. 한韓나라 역시 하남河南이 별도로 만들어졌다. 당시 열국의 제후왕의 직급을 보면 진여와 매현만 후侯이고 나머지는 모두 왕王으로 봉해졌다.

중국의 역사를 개관하면 알 수 있듯이 원래 중국은 수천 년에 걸쳐 대개 정치군사적으로 우위에 선 북쪽이 주동이 되었다. 무력이 앞선 덕분이었다. 항우가 시행한 분봉은 이런 흐름과 다르게 동남방이 서북방을 압도하는 모습으로 구성되었다.

유방의 영지로 봉해진 파촉 및 한중을 포함해 항우가 차지한 강동 일대는 모두 동남방에 속한다. 대략 동남방은 토패土霸에서 한 등급 올라간 토왕土王, 서북 일대는 타 지역 출신 군벌인 객광客王이 차지했다. 토왕이 객왕보다 훨씬 막강했다. 동남쪽이 서북쪽보다 우위에 선 것은 통상적인 흐름을 거스른 것이었다.

1,000여 년 뒤인 당나라 말기에 유사한 반동의 흐름이 나타났다. 농민반란을 이끈 지방 군벌 주온朱溫이 5대 왕조의 첫 번째 국가인 후량後梁을 세운 게 그렇다. 후량은 단명으로 끝났지만 그 법통은 송나라로 이어졌다. 남경에 도읍을 둔 명나라의 개국은 중국 역사의 통상적인 흐름을 거스른 3번째 역류에 해당한다.

이를 토대로 분석하면 유방의 한나라와 주온의 후량, 주원장의 명나라는 몇 가지 점에서 서로 통하고 있다. 가장 큰 공통점은 이들 모두 회수 일대에서 일어났고, 창업자 모두 평민 출신이었다는 점이다. 사다케는 이런 점 등을 기초로 역대 중국 왕조의 성립 배경을 분석한 뒤 다음과 같은 3가지 유형으로 정리했다.

첫째, 진나라처럼 일정 기간 지방정권으로 있다가 전국의 패권을 장악하는 경우이다. 둘째, 북위, 수, 당, 원, 청처럼 북방 유목민이 중원으로 들어와 새 왕조를 세우는 경우이다. 셋째 한, 후량, 명처럼 이전 왕조의 폭정 등에 반발한 농민반란을 이끌며 새 왕조를 세우는 경우이다. 첫 번째와 두 번째 모두 북방민족이 세운 정복왕조인데 반해 세 번째 경우는 남방의 회수 유역에서 일어난 한족의 토착왕조에 해당한다.

북방 정복왕조는 획일적인 정치제도와 군사체계를 기초로 하여 위로부터 아래의 일반백성에 이르기까지 하나로 묶는 일군一君 체제를 채택했다. 반면 북방왕조의 지배 속에서 반란을 통해 새 왕조를 세운 남방 토착왕조는 그 반작용으로 인해 밑으로부터의 동료적 결합을 강화한 사민士民 체제를 형성했다. 이들 남방 토착왕조는 아편전쟁을 기점으로 중화인민공화국이 성립하는 약 150년 동안 남쪽에서 깃발을 들고 일어나 북쪽으로 영역을 확대하는 양상을 보이고 있다. 태평천국의 난이 대표적인 실례이다. 홍수전이 광서 일대에서 기의한 뒤 장강 이남을 점령하고 남경에 도읍을 정했다.

삼민주의를 기치로 내걸고 광동에서 시작한 쑨원은 홍수전을 '롤 모델'로 삼아 한족 주도 민족혁명을 추구했다. 쑨원의 뒤를 이어 국민당을 장악한 장제스의 국민당도 출발은 광동이었다. 마오쩌둥과 류사오치 등의 호남 출신과 주더 및 덩샤오핑 등의 사천 출신이 연계한 중국공산당 역시 남쪽에서 공산혁명운동을 시작해 마침내 '신중화제국'을 건설하는 기염을 토했다. 마오쩌둥도 쑨원과 마찬가지로 평소 '홍수전'을 높이 평가한 바 있다.

중국사를 개관하면 알 수 있듯이 북방민족에 의한 정복왕조의 수립과 농민반란을 통한 남방 토착왕조의 수립은 하나의 고리처럼 순환하는 모습을 보이고 있다. 진시황의 천하통일 이래 현대 중국의 건설에 이르기까지 수천 년에 걸친 중국의 역대 왕조의 교체사가 그렇다. 사다케는 이를 '역사 진행과정의 작용과 반작용'으로 풀이하면서 항우와 유방의 초나라 성립이 바로 진시황의 천하통일에 대한 '반작용'의 첫 출발로 파악했다. 의미 있는 분석이다.

패왕 체제의 허구

항우가 어렵사리 구축한 패왕 체제는 기본적으로 현실을 무시하고 무리한 분봉을 행함으로써 내부적으로 붕괴를 자초하는 결과를 낳았다. 가장 문제가 되는 것은 역시 유방에 대한 분봉 조치였다. 홍문의 연회는 유방의 항복의식의 일환으로 열린 것이었다. 그러나 그 내용이 문제였다. 유방이 항복의식 도중에 사라지는 바람에 항복 아닌 항복이 되었다. 사다케는 남아 있던 장량이 어떤 처벌도 받지 않은 점 등을 거론하며 유방의 항복의식이 마지막까지 진행된 것으로 봐야 한다고 주장했다.

그러나 이는 지나친 견해다. 원래 모든 의식은 반드시 그 뒤에 열리는 연회까지 포함시켜 보아야 한다. 사다케는 이를 생략했다는 지적을 면키 어렵다. 춘추전국시대 이래 모든 의식에 곁들인 연회는 결코 단순한 '뒤풀이'가 아니었다. 항우는 이후라도 범증이 그랬던 것처럼 유방의 책임을 강하게 추궁했어야 했다. 그러나 그리 하지 않았다. 거의 다 죽게 된 유방에게 활로를 열어준 것이나 다름없었다.

당시 유방의 책임을 강하게 추궁했다면 굳이 그를 한중왕에 봉하는 일도 없었을 것이다. 한중은 관중과 이웃해 있었던 까닭에 유방이 마음만 먹으면 곧바로 관중을 장악해 동쪽으로 진출할 수 있었다. 비록 장함 등을 삼진의 왕으로 봉해 유방을 외곽에서 둘러싸는 등의 조치를 취했다고는 하나 이는 어디까지나 임시방편에 불과했다. 보다 근원적인 대책이 필요했는데도 항우는 이를 만연히 대처했다. 더구나 장함 등은 이미 관중의 백성들로부터 신망을 크게 잃고 있었다. 이와 정반대로 유방은 2달에 걸쳐 자칭 관중왕으로 있는 동안 약법3장 선포 등을 통해 나름 커다란 인심을 얻고 있었다. 관중 일대에서 신망을 잃은 장함 등으로 유방을 견제코자 한 것은 너무 부주의했다.

항우의 입장에서 볼 때 유방은 가장 위험한 인물이었다. 어떤 구실을 대서라도 관중 일대에 배치하지 않는 게 상책이었다. 홍문지연 때 도중에 빠져나간 책임을 강하게 묻기만 했어도 관중과 멀리 떨어진 북쪽이나 남쪽의 변경에 배치할 수 있었다. 그랬다면 어렵사리 만들어낸 '패왕체제'는 도중에 약간의 우여곡절이 있었을지라도 나름 긴 수명을 이어갈 수 있었을 것이다. 거듭 얘기하지만 지나친 자만심과 근거 없는 낙관론이 원흉이다. 사마천도 유사한 분석을 한 적이 있다. 「항우본기」의 다음 기록이 이를 뒷받침한다.

"항왕과 범증은 패공이 이윽고 천자가 되지 않을까 우려해 그의 힘을 꺾으려고 했다. 그러나 이미 유방의 변명을 받아들여 화해한 상태이고, 또 초회왕의 서약을 따르지 않으면 제후의 신의를 잃게 될 것을 염려했다. 이에 서로 은밀히 모의키를, '파촉은 진나라의 한 지방이지만 그곳에 이르는 길은 험난하고, 진나라에서 추방된 사람들 모두 촉 땅에 살고 있다. 유방을 봉하기에 적당한 곳이다'라고 했다. 이내 공언키를, '파촉도 관중의 땅이다'라고 하면서 패공을 한왕에 봉한 뒤 파촉과 한중 지역에서 왕 노릇하고 남정에 도읍을 두도록 했다."

그렇다면 당시 항우는 왜 유방을 파촉에 봉하면서 '덤'으로 한중까지 떼어준 것일까? 관중왕에 봉하지 않은 데 따른 '미안함' 때문일까? 황당한 조치였다. '한중왕'과 '파촉왕'은 천양지차가 있다. 삼국시대 당시 유비와 조조가 한중을 놓고 격돌한데서 알 수 있듯이 한중을 차지하면 사실상 관중 진출의 교두보를 확보한 것이나 다름없었다. 유비 사후 제갈량이 관중으로 쳐들어가기 위해 한중을 거점으로 삼아 누차 기산으로 출격한 사실이 이를 방증한다. 제갈량은 실패했지만 유방은 성공했다. 항우 스스로 발판을 마련해 준 것이나 다름없었다.

지리적으로 볼 때 파촉 즉 지금의 사천분지는 촉의 잔도棧道를 통해야만 한중과 관중을 포함한 섬서 분지로 연결된다. 장강의 삼협三峽을 따라 내려가면 초나라 남부로 진출할 수 있지만 삼협의 물살이 워낙 거세어 많은 위험을 감수해야만 한다. 더구나 당시 장강 유역은 이른바 남만南蠻의 거주지였다. 유방이 이쪽 방향으로 활로를 열어가는 것은 거의 불가능했다. 도대체 항우는 왜 이런 어리석은 결정을 한 것일까? 「유후세가」에 해답의 실마리가 나온다.

"패공이 한왕이 되어 파촉에서 왕 노릇을 하게 되었을 때 장량에게 황금 100일鎰, 진주 2두斗를 내주었다. 장량이 이를 전부 항백에게 갖고가 바쳤다. 한왕도 장량을 통해 항백에게 더 많은 선물을 하면서 한중을 영지로 추가해 달라고 청했다. 항왕이 항백의 청을 들어주었다."

유방이 입관 때 이용한 무관은 한중과 관중 사이에 있는 관문이다. 파촉만 보유할 경우 '독 안에 든 쥐' 꼴이 된다. 모든 정보가 일단 한중을 거쳐 파촉으로 들어가기 때문이다. 파촉은 중원으로부터 완전히 고립돼 있는 것이나 다름없다. 그러나 한중을 차지할 경우는 얘기가 달라진다. 남정에서 한수를 따라 내려가면 이내 남양에 이르게 되고, 그곳에서 다시 유방이 입관했던 길을 거꾸로 밟아 올라가면 중원으로 진출할 수 있다. 파촉을 거점으로 천하를 거머쥐고자 할 경우 반드시 한중을 차지해야 하는 이유가 여기에 있다. 한중의 전략적 중요성이 이처럼 컸다. 그런데도 항우는 한중을 유방에게 '덤'으로 떼어 준 것이다. 어리석음의 극치다. 그도 아니면 상대를 너무 얕보았다.

초회왕의 죽음

항우가 시행한 분봉은 과거 주왕조 때의 봉건체제를 답습한 것이다. 이것이 역사의 흐름을 거스른 것임은 두말할 것도 없다. 천하대세의 도도한 흐름을 거스르는 것은 자멸의 길이다. 『맹자』는 이를 순천順天과 역천逆天으로 요약해 설명했다. 역천은 패망의 길이다. 결과적으로 항우도 역천으로 인해 패망했다고 평할 수 있다.

실제로 봉건체제의 답습에 따른 후과가 너무 컸다. 당시의 천하대세는 진제국이 이미 모범을 보여주었듯이 중앙집권적 관료체제에 입각한 일사불란한 통치체제의 구축이었다. 반드시 황제를 칭할 필요가 있었다. 그렇지 않을 경우 진제국이 너무나 일찍 패망한 까닭에 올망졸망한 제후왕들이 사사건건 충돌할 소지가 컸다. 이는 전국시대로의 후퇴를 의미한다.

그런데도 항우는 황제가 아닌 패왕霸王을 칭했다. 이는 여러 토왕과 객왕을 아우르는 '왕 중 왕'에 지나지 않는다. 가장 위에 서 있는 것은 맞지만 신분만큼은 열왕列王의 일원에 불과하다. 그는 진나라에 대한 적개심이 너무 컸던 까닭에 진제국의 모든 것을 부정하는 식으로 접근했다. 천하를 호령코자 하면 그릇의 크기를 천하 단위로 키워야 하는데도 그는 계속 초인楚人으로 존재했던 셈이다. 이는 그가 다스리는 서초西楚의 지역적 한계와 밀접한 관련이 있다.

서초는 강대국이기는 했으나 제국은 아니었다. 새 왕조의 개창과 같은 새로운 통치질서를 구축할 때 수도의 정립은 왕조의 명운을 가르는 중차대한 일이다. 조선조를 개국한 이성계가 도성의 건립 문제를 놓고 고민을 거듭한 게 좋은 실례다. 항우도 이런 고민을 했어야만 했다. 팽성으로 상징되는 서초도 나름 좋은 점이 있으나 천하의 수도로 정하기에는 결정적인 약점이 있었다. 바로 중원이 아닌 동남쪽에 치우쳐 있다는 점이다. 스스로 변방을 자처한 꼴이다. 제국의 중심부인 함양을 분탕하고 동남쪽에 치우친 팽성에 도읍한 데 따른 자업자득이었다. 원래 유방도 항우를 제압한 뒤 도성을 함곡관에서 약 150킬로미터 떨어진 낙양에 두려고 했다. 이후 계획을 바꿔 함양 인근인 장안에 둔 것은 항우의 실패를 반면교사로 삼은 결과였다.

도성을 동남쪽에 치우친 팽성에 둔 데 이어 유방을 '한중왕'에 봉하면서 장함 등에게 그의 관중 진출을 막도록 한 것은 치명적이었다. 이는 호랑이를 산 속에 풀어준 것이나 다름없었다. 그 후과는 곧바로 나타났다. 의제로 추대된 초회왕으로 하여금 재차 흑심을 품도록 만들었기 때문이다. 항우는 의제를 '사람'으로도 보지 않았지만 이는 큰 실수였다. 아무리 최고의 실력을 보유했을지라도 스스로 '패왕'을 자처했다면 명목상 자신의 위에 있는 '의제'를 확실히 손에 넣고 통제했어야만 했다. 도요토미 히데요시가 천황이 머무는 교토에 관원을 파견해 놓고 늘 주의 깊게 감시한 게 좋은 예다. 조조가 자신의 딸까지 시집을 보내면서 한헌제를 계속 자신의 관리 하에 둔 것도 같은 맥락이다.

그럼에도 항우는 가장 위협적인 유방을 산 속에 풀어주어 멋대로 활약케 만들고, 비록 허수아비였지만 늘 감시해야 할 대상인 의제 역시 먼 곳에 떨어뜨려 놓은 채 방관하는 듯한 모습을 보였다. '패왕체제'를 스스로 허물어뜨린 셈이다.

원래 '한중왕'은 '관중왕'에 버금하는 자리였다. 나아가 '의제'로 격상된 초회왕 역시 만만히 볼 수 있는 상대가 아니었다. 초나라는 춘추전국시대를 통틀어 가장 오래된 나라였다. 혈통에 대한 자부심이 다른 어느 왕족보다 강했다. 초회왕도 예외가 아니었다. 항우는 그를 무시했지만 초회왕은 초회왕대로 항우를 자신의 신하로 생각했다. 집안 내력을 따져볼 때 초회왕의 이런 생각이 터무니없는 것만도 아니었다.

초회왕은 항우가 유방을 '한중왕'에 봉하는 것을 보고 내심 '약속대로 한다'는 자신의 언명을 전적으로 무시한 것은 아니라고 판단했을 공산이 크다. 사서의 행간을 읽으면 항우를 잘만 견제하면 '허수아비 황제'에서 '진짜 황제'가 될 수 있다고 생각했을 가능성이 높다. 항우가 초회왕을 무자비하게 제거한 사실이 이를 반증한다.

사서에는 자세한 기록이 나오지 않고 있으나 항우는 의제에게도 남초南楚 일대를 영지로 나눠주었을 공산이 크다. 남초는 서초와 더불어 옛 초나라 땅의 3분의 1에 해당한다. 『사기』「화식열전」에 따르면 한나라 초기 옛 초나라 땅은 크게 3개 지역으로 구분됐다. 서초와 남초 및 동초東楚가 그것이다. 서초는 말 그대로 패왕 항우의 영지가 중심이 된 지역이다. 동초는 항량이 거병한 지금의 강소성 일대인 옛 오나라 땅이다.

동초도 서초와 함께 항우의 직할지가 되었다. 나머지 하나인 남초는 구강왕 경포, 형산왕 오예, 임강왕 공오 등 3명의 '토왕'에게 배분됐다.

당시 항우는 '의제'에게 이들 3명의 '토왕'에게 배분한 남초를 영지로 내렸을 공산이 크다. 실질적인 관리권은 3명의 '토왕'에게 맡기면서도 명목상의 관리권은 '의제'에게 내주는 식이다. '의제'가 머무는 수도를 지금의 호남성 성도인 장사長沙의 상강湘江 상류에 위치한 침현郴縣으로 지정한 것도 이런 맥락에서 이해할 수 있다. 당시 침현 지역은 소수민족인 백월百越의 거주지였다. 명목상으로는 남초를 관할하는 지존의 자리에 앉아 있지만 사실은 남만의 우두머리에 불과하다는 식으로 깎아내린 것이다.

항우가 행한 이런 일련의 조치가 아무런 계책도 없이 즉흥적으로 이뤄진 것만은 아니다. 자신을 견제해 '진짜 황제'가 되고자 했던 초회왕의 야망을 일거에 좌절시킨 게 그렇다. 나름 일정한 효과도 거뒀다. 부나방처럼 초회왕의 주변으로 몰려들었다가 냉엄한 현실을 직시한 주변 인물들이 일거에 그의 곁을 떠난 게 그렇다. 「항우본기」는 '항우의 사자가 의제에게 속히 봉지로 떠날 것을 재촉하자 군신들과 좌우가 점차 의제를 배반하기 시작했다'고 기록해 놓았다.

문제는 그 다음이었다. 남초의 '토왕' 3인에게 의제의 제거를 명했지만, 이들이 의제를 제거하는 일련의 과정이 매끄럽지 못했다. 이후 이 일이 계속 항우의 발목을 잡았다. 아무리 뛰어난 실력을 보유하고 있을지라도 매사를 우격다짐으로 밀어붙이면 반드시 후유증이 따르기 마련이다. 항우의 의제 제거과정이 꼭 그러했다.

항우가 의제의 제거를 명한 것은 기원전 206년 겨울 10월이다. 18명의 토왕과 2명의 토후土侯를 천하 각지에 봉한 지 8달 뒤이다. 그 사이에 여러 일이 일어났다. 항우의 분봉에 반발한 제나라의 실력자 전영이 이해 5월에 반기를 들고, 뒤이어 이해 8월에 유방이 장함 등을 무력으로 제압하고 관중을 손에 넣는 격변이 빚어졌다. 「항우본기」는 의제를 침현으로 쫓아낸 지 얼마 안 돼 이내 죽인 것처럼 묘사해 놓았다. 그러나 의제의 횡사는 이처럼 엄청난 격변이 일어나는 와중에 빚어진 사건이었다. 때가 좋지 않았다. 유방을 비롯한 정적들이 즉각 자신들의 반기를 합리화하는 명분으로 삼았기 때문이다.

「항우본기」에 따르면 당시 항우는 은밀히 형산왕 오예와 임강왕 공오에게 사람을 보내 의제를 제거케 했다고 기록해 놓았다. 「경포열전」에는 항우가 구강왕 경포에게 이 일을 주도적으로 처리할 것을 명했다고 나와 있다. 해당 대목이다.

"항우가 초회왕을 의제로 삼은 뒤 도읍을 장사로 옮기게 했다. 이어 은밀히 구강왕 경포 등에게 명하여 그를 격살케 했다. 이해 8월, 경포가 휘하 장수를 보내 의제를 격살케 했다. 의제가 달아나자 곧바로 그 뒤를 쫓아가 침현에서 죽였다."

「항우본기」에는 오예와 공오 등이 의제를 장강의 강중江中에서 죽인 것으로 나와 있다. 원문은 격살지강중擊殺之江中이다. 강으로 유인한 뒤쳐 죽이도록 했다는 것이다. 「경포열전」의 내용과 약간의 차이가 있다. 과정이야 어쨌든 왕리췬을 비롯한 많은 학자들은 이를 항우 일생 최대의 패착으로 간주하고 있다. 유방이 격문을 돌려 천하의 맹주를 살해한 '대역무도'한 항우를 토역討逆해야 한다고 부추기고 나선 점 등이 논거로 제시되고 있다. 확실히 의제를 제거하는 과정은 마치 바둑에서 악수가 악수를 부른 경우에 해당한다. 초반에 포석을 잘못하면 그 여파가 자못 크다. 그러나 상황을 수습할 길은 여전히 남아 있었다. 관건은 이후에 나타나는 일련의 중요 국면에서 얼마나 임기응변을 잘 하는지 여부에 달려 있었다.

한중 진출

큰 틀에서 보면 항우만 거듭 패착을 둔 것은 아니다. 유방도 별반 다를 게 없었다. 다만 차이점이 분명했다. 항우는 곁에서 자신의 잘못을 지적하며 충고해주는 사람이 겨우 범증 한 사람밖에 없었고, 나아가 항우 자신이 범증의 계책을 전폭 수용하지도 않았다. 이에 반해 유방 주변에는 장량을 비롯해 소하와 조참, 주발, 관영, 번쾌 등이 수시로 간언을 올리고, 유방 자신도 이들의 간언을 전폭 수용하는 모습을 보였다. 이게 두 사람의 운명을 갈랐다고 해도 과언이 아니다.

항우가 유방을 '한중왕'에 봉했을 당시 유방은 크게 분노하는 모습을 보였다. 『한서』「소하조참전」에 따르면 이는 항우의 편파적인 분봉에 따른 것이었다. 당초 제나라의 실력자 전영은 여러 차례 항량의 명을 거역한 데다 군사를 이끌고 초나라를 좇아 진나라를 치는 일에 나서지 않은 '전죄'가 있었다. 항우가 왕으로 봉하지 않은 이유다. 성안군成安君 진여 역시 장함의 투항에 결정적인 공헌을 했음에도 장수의 인수를 버린 데다 이후 항우를 좇아 입관하는 일에 참여치 않은 까닭에 왕으로 책봉되지 못했다. 이에 빈객들이 수차례 항우를 설득했다.

"장이와 진여는 똑같이 조나라에 대해 공을 세웠습니다. 지금 장이가 왕이 되었으니 진여 또한 왕으로 봉하지 않을 수 없습니다."

항우는 할 수 없이 진여가 지금의 하북성 남피南皮에 숨어 있다는 말을 듣고 그에게 남피 주변의 3현을 봉토로 주었다. 「진초지제월표」는 진여가 장함에게 서신을 보낸 직후 남피로 달아나 거처한 것으로 기록해 놓았다. 시종 고고한 모습을 보임으로서 '문경지교' 파탄의 책임이 장이에게 있다는 것을 천하에 널리 알리고자 한 것으로 짐작된다. 이로 인해 그는 왕에 책봉되지 못하고 겨우 자신이 거주하는 남피 주변의 3개 현만 봉지로 받게 됐다. 파군의 장수 매현梅鋗은 공을 많이 세운 점이 참작돼 십만호후十萬戶侯에 봉했다. 유방은 항우의 이런 모습에 노해 이내 항우를 공격코자 했다. 주발과 관영, 번쾌 모두 이에 동의했으나 소하가 반대했다.

"비록 한중처럼 험한 곳에서 왕을 칭하는 것이 싫겠으나 그래도 죽는 것보다는 낫지 않겠습니까?"

유방이 물었다.

"어찌하여 죽는다는 것이오?"

소하가 대답했다.

"지금 우리 군사들은 저들만 못해 백전백패할 터이니 죽지 않고 어찌하겠습니까? 무릇 천자의 치하에서 몸을 굽히면서 제후의 수장으로서 믿음을 준 사람으로 탕왕과 무왕이 있습니다. 대왕은 한중에서 왕을 칭하면서 백성들을 잘 다스려 현자를 불러들이고, 파촉의 재부를 거둬들인 뒤 옹雍과 적翟 및 새塞 등의 삼진三秦을 평정토록 하십시오. 그리하면 천하를 가히 도모할 수 있습니다."

유방이 흔쾌히 따랐다.

"좋소."

이 일화는 『한서』와 『자치통감』에만 나오고 『사기』에는 나오지 않는다. 『사기』「유후세가」에 따르면 당시 유방은 소하의 충고를 좇아 곧 장량에게 금 100일鎰과 구슬 2말을 내려 주자 장량이 이를 모두 항백에게 바쳤다. 유방은 이와 별도로 장량을 시켜 항백에게 후한 예물을 보내면서 항백에게 청을 넣도록 했다. 항백이 곧 항우를 만나 한중의 땅을 모두 유방에게 넘겨주도록 청하자 항우가 이를 허락했다는 것이다.

장량이 뇌물계를 쓴 「유후세가」의 이 대목은 『한서』「장진왕주전」과 『자치통감』에도 공히 나온다. 항우가 유방에게 한중을 '덤'으로 떼어준 데는 항백이 결정적인 공헌을 한 셈이다. 항우는 자신의 곁에 유방의 반간계에 두루 활용되고 있는 최고급 첩자가 '암약'하고 있다는 사실도 모른 채 그를 신임하며 곁에 두고 부리고 있었던 것이나 다름없다. 왕리췬이 『항우강의』에서 통탄했듯이 황당한 일이 아닐 수 없다.

이해 여름 4월, 유방이 여타 제후들과 마찬가지로 휘하 군사들을 거두어 봉지인 한중으로 들어갔다. 이때 항우는 병사 3만 명을 보내 유방에게 달려 보냈다. 그 이유는 무엇일까? 「고조본기」는 이같이 기록해 놓았다.

"한왕이 봉지인 한중으로 갈 때 항왕이 병사 3만 명을 내주며 따르도록 했다. 초나라와 제후의 군사들 가운데 한왕을 흠모하여 따르는 병사 수만 명이 두현杜縣의 남쪽에서 식중蝕中으로 들어갔다."

두현은 지금의 섬서성 남전현 서남쪽에 있다. 이들은 식중에서 진령秦嶺을 넘어 한중으로 들어간 게 확실하다. 이른바 자오도子午道를 이용한 셈이다. 관중과 한중을 잇는 매우 중요한 길이다. 여기서 유방을 흠모해 그 뒤를 따랐다는 초나라와 제후는 구체적으로 누구를 말하는 것일까?

문맥상 '초나라 군사'는 초회왕이 직접 관할한 군사의 일부를 지칭한 게 확실하다. '제후의 군사'는 유방의 입관 후 유방의 군단에 편입된 관중 출신 병사들을 언급한 것으로 보인다. 관중 출신 병사는 장함과 사마흔, 동예 등 삼진에 속해야 할 병사들이다. 객관적으로 볼 때 파상에서 항우군과 대치하던 10만의 유방군은 유방이 팽성을 출발할 때 데려온 초나라 병사와 입관 후 징발한 진나라 병사들로 구성돼 있었을 것이다. 팽성을 출발할 때 데려온 초나라 병사는 잇단 전투에서 적잖이 소실된 만큼 유방이 한중으로 들어갈 당시에는 휘하 군사들 가운데 상당수는 입관 후 징발한 진나라 병사로 채워져 있었다고 보는 게 합리적이다. '흠모하여 따르는 자 수만 명'은 바로 이들을 지칭한 것으로 보인다.

'흠모' 운운은 당시의 정황에 비춰 상당수의 병사가 한중으로 이동하지 않은 것을 호도했을 공산이 크다. 당시의 기준에서 볼 때 파촉 땅은 미개한 변경 땅이었다. 관중 출신 병사들이 유방의 군단에서 대거 이탈했음직하다. 항우는 유방이 봉지로 떠날 때 '희망자'에 한해 함께 떠나도록 조치했을 가능성을 암시한다. 이런 추론이 맞는다면 「고조본기」는 '희망자'를 '흠모하여 따르는 자'로 미화해 표현해 놓은 셈이다.

그렇다면 항우가 유방에게 딸려 보낸 병사 3만 명은 어떻게 해석해야 할까? 사다케는 『유방』에서 항우가 유방을 감시하기 위해 덧붙인 일종의 감시군으로 추정했다. 그렇다면 누가 이들을 통솔했을까? 사서에는 아무런 기록이 없다. 사다케는 유방에게 딸려 보낸 병사 3만 명을 지휘하는 군관들이 이후 항우를 배신하고 유방을 좇았을 것으로 보았다. 그렇다면 그런 인물이 과연 누구였을까? 항우의 숙부인 항백이라는 게 사다케의 주장이다. 사실 항백 이외에는 달리 생각나는 사람이 없다.

일찍이 유방이 고향인 풍읍을 탈환하기 위해 항량에게 도움을 청했을 때 항량은 고급장교인 '오대부' 10명이 이끄는 병사 5,000명을 내준 바 있다. 이는 유방이 항량 군단의 일부로 편입되었음을 뜻한다. 이를 토대로 추론하면 항우는 숙부 항백에게 3만 명을 내주면서 유방에 대한 감시를 맡겼을 가능성이 크다.

한중과 관중은 동서로 가로놓인 진령을 경계로 하여 나뉜다. 협곡의 낭떠러지에는 잔도棧道가 만들어져 있었다. 낭떠러지에 구멍을 뚫은 뒤 줄을 늘어뜨려 맞은편에 연결시킨 것을 말한다. 예로부터 한중에서 촉 땅으로 들어가는 길에 있는 잔도가 유명하지만 관중에서 한중으로 가는 길에 있는 잔도 역시 장량으로 인해 유명세를 떨치고 있다. 유방이 한중으로 들어갈 때 장량은 잔도를 불태워 끊어버리라고 했다. 관중으로 진출할 뜻이 없음을 보여주어 항우를 안심시키려는 속셈이었다. 그러나 장함이나 사마흔이 항우의 명을 받아 한중으로 쳐들어오는 것을 대비한다는 방어의 뜻도 담겨 있었다.

장량은 유방을 지금의 섬서성 포성현 포중褒中까지 배웅한 뒤 다시 한왕 한성을 따라 항우와 함께 동쪽으로 향했다. 이는 자신이 줄곧 한성의 부하였고, 유방에게는 일종의 빈객이라는 모습을 보이고자 한 것이다. 한나라 재상의 후예로서 한왕 한성의 측근으로 있다는 것은 항우를 '기만'하는 데 적잖은 효과를 발휘했다. 항우는 장량과 같은 '엘리트 귀족' 출신을 좋아했다. 자신의 처지가 그러했기 때문이다. 전국시대의 6국을 부활시키는 쪽으로 나아간 것도 이런 의식과 무관치 않다고 보아야 한다.

원래 관중에서 한중으로 가려면 험준한 진령을 넘어야 한다. 진령에는 최고봉인 3,700여 미터의 태백산을 위시해 3,000미터에 육박하는 옥황산, 수양산, 종남산 등의 험산이 줄지어 이어져 있다. 한수는 3,000미터급인 북쪽의 진령 산맥과 남쪽의 대파大巴 산맥 사이를 지나 동쪽으로 흐른다. 한중은 바로 한수의 양측으로 펼쳐지는 이들 산맥 사이의 땅을 말한다.

한중왕의 도읍으로 정해진 지금의 섬서성 한중시 일대의 남정현南鄭縣은 한수를 따라 약 500킬로미터를 내려가면 비로소 호북 평야지대와 만나게 된다. 그 전의 남쪽으로 무당산武當山이 있다. 경승지에 세워진 도교 건축이 많아 세계유산으로 등록된 곳이다. 당시 유방은 자신에게 충성을 맹서한 수만 명의 부대와 항백이 지휘하는 3만 명의 감독군과 함께 함양에서 곧장 두현으로 남하해 식중으로 불리는 협곡지대를 지나 한중으로 들어갔다. 함양에서 남하해 한수의 중류로 나온 뒤 다시 한수를 거슬러 올라가 남정에 도착하기까지 직선거리로 약 300킬로미터를 행군한 셈이다.

진령은 산등성이조차 표고 2,000미터가 넘는 까닭에 하루에 아무리 많이 행군해도 10킬로미터를 넘지 못했을 것이다. 대략 1달가량이 소요됐다고 보아야 한다. 유방이 기원전 206년 4월 중순에 함양을 출발했다고 가정할 경우 대략 5월 중순에 남정에 도착한 셈이 된다. 「고조본기」는 행군 도중 상당수의 병사가 달아났다고 기록해 놓았다. 행군이 무척 험했음을 반증한다. 겉으로 보면 패잔병 부대와 닮았다. 비록 2달에 불과했지만 관중에서 진나라 백성들의 성원 속에서 자칭 '관중왕'으로 있었던 유방으로서는 참담한 심경이었을 것이다. 항우를 함곡관에서 막아내기만 했다면 새 왕조를 능히 창건할 수도 있다고 생각하면 분통이 터질 일이었다.

그러나 32세의 유방과 27세의 항우가 천하를 놓고 다툰 접전은 일단 항우의 압승으로 끝났다. 거록대전의 위세가 그토록 컸다. 그럼에도 한성을 좇아 동쪽으로 간 장량을 비롯해 자신과 함께 한중으로 들어온 하후영과 노관, 소하, 번쾌 등 휘하 참모들의 사기는 여전히 높았다. 이들 모두 유방만이 천하를 거머쥘 수 있는 자질을 지녔다고 확신했다. 소하가 함양에 입성하자마자 도적圖籍을 손에 넣은 사실이 이를 뒷받침한다. 유방이 없었다면 소하가 그런 일을 할 리 없었다. 이들의 이런 확신은 몇 년 뒤 그대로 실현된다. 한중으로 들어온 유방이 이내 자신감을 회복한 것도 이들 덕분이라고 보아야 한다. 목표는 항우 타도였다. 항우만 제압하면 곧 천하를 차지하는 것이나 다름없었다. 그러기 위해서는 우선 관중을 탈환해야 했다. 이들이 한중으로 들어오자마자 관중 탈환에 머리를 맞댄 이유다.

2부 유방이 천하를 거머쥐다

초한지제의 흥망을 『사기』,
『한서』, 『자치통감』으로
파헤치다

제7장
한신韓信이 진창으로 진격하다

전영과 진여

유방이 진령을 넘어 한중으로 들어갈 때 항우는 내심 자신의 계책이 주효했다며 매우 흡족해했을 공산이 크다. 휘하 군사들을 이끌고 팽성으로 향하는 발걸음도 가벼웠을 것이다. 분봉을 무사히 마쳤다는 안도감과 자신이 분봉한 18제후왕의 우두머리인 패왕의 자리에 올랐다는 흐뭇함으로 인해 흥분을 떨치기 어려웠을지도 모른다.

그러나 그의 분봉은 천하대세를 거스른 것이었다. 대세를 거스르면 그 대가를 치르기 마련이다. 단초는 제나라의 전영田榮이 제공했다. 그는 항우가 제왕齊王 전불田市을 교동왕으로 보내면서 자신의 휘하에 있던 장수 전도田都를 제왕으로 삼았다는 소식을 듣고는 대로했다. 당시 전영은 전불 밑에서 재상을 맡고 있었다. 전불이 교동왕에 분봉된 것은 그렇다 치고 자신의 명을 받던 전도가 제왕이 되면 자신은 과거의 부하를 왕으로 모시는 꼴이 된다. 자존심이 강한 전영은 격분했다. 그가 반기를 든 기원전 206년 5월은 대략 유방이 도읍지인 남정에 도착할 무렵이었다. 항우가 분봉을 끝낸 지 불과 2달도 채 지나지 않은 시점이다. 항우의 '분봉체제'는 시작부터 굉음을 내며 무너져 내리고 있었던 셈이다.

전영의 반기는 심상치 않았다. 제나라는 춘추시대 이래 동방의 대국이었다. 백성들 역시 초나라 사람 못지않게 자부심이 컸다. 그런 제나라를 실질적으로 장악한 전영이 반기를 들었다는 것은 천하가 이내 '초한지제' 초기의 상황으로 환원됐음을 뜻한다.

전영은 군사를 일으켜 곧바로 가장 만만한 전도를 쳤다. 전도는 제나라 땅에 별다른 근거가 없었다. 황급히 항우가 있는 초나라 팽성으로 달아났다. 전영은 이어 전불을 교동으로 가지 못하도록 조치했다. 항우의 분봉을 무효화한 것이다. 중간에 끼게 된 전불은 이내 항우의 반격을 두려워한 나머지 은밀히 봉지인 교동으로 달아났다. 뒤늦게 이 사실을 안 전영이 대로했다. 이해 6월, 전영이 군사를 이끌고 전불의 뒤를 급속히 추격해 즉묵卽墨에서 살해하고 스스로 제나라 왕의 자리에 올랐다.

전영은 이어 거야巨野에서 1만여 명의 무리를 이끌고 있는 팽월을 끌어들였다. 팽월에게 장수의 인장을 내주며 제북濟北을 치게 했다. 유방 쪽에 서 있었던 까닭에 분봉 대상에서 비껴나 있던 팽월이 크게 기뻐하며 전영이 내린 장수의 인장을 곧바로 옆구리에 찼다. 이해 가을 7월,

팽월이 제북왕 전안田安을 일거에 죽여 버렸다. 이로써 전영은 항우가 나눈 제, 제북, 교동 등의 3제三齊를 다시 하나로 통합했다. 기세가 오른 전영이 다시 팽월에게 명해 초나라를 치게 했다. 대로한 항우가 휘하장수 소공각蕭公角 등에게 명하여 군사를 이끌고 가 팽월을 치게 했으나 이들은 오히려 팽월에게 대패하고 말았다. '패왕'의 체면이 말이 아니게 됐다.

이때 항우는 한왕 한성을 주살하는 실수를 저질렀다. 이는 장량이 자신의 정적인 유방을 추종하고 있다는 사실을 뒤늦게 알아챈 결과이기도 했다. 항우는 한성과 장량을 봉지인 양적陽翟으로 보내지 않은 채 모두 팽성으로 데리고 왔다. 얼마 후 별다른 공을 세우지 못했다는 이유로 한성을 양후穰侯로 강봉降封했다가 이내 죽여 버리고 말았다. 시점이 안 좋았다. 사적인 분노를 참지 못해 사람을 함부로 죽인다는 소문이 났을 공산이 크다.

당초 전영은 여러 차례 항량의 명을 거역한 데다 군사를 이끌고 초나라를 좇아 진나라를 치는 일에 나서지 않았다. 항우는 이를 괘씸하게 생각한 나머지 그를 왕으로 봉하지 않았다. 그는 내심 신상필벌의 원칙을 좇았다고 생각했을 공산이 크다. 그러나 이는 너무 고식적인 생각이다. 전영은 제나라 일대의 실권자였다. 진시황처럼 천하를 한 손에 거머쥔 것도 아닌 상황에서 전영처럼 유력한 실력자를 분봉대상에서 제외한 것은 완전 패착이었다. 실제로 실력자 전영은 일거에 항우의 '패왕체제'를 무너뜨린 뒤 서초패왕 항우에게 도전장을 던지며 '맞장'을 뜨자고 나섰다. 자존심이 상할 대로 상한 항우가 대군을 이끌고 가 전영을 상대한 것은 일면 불가피한 면이 있기는 했으나 이 또한 '패왕체제'의 붕괴를 재촉하는 요인으로 작용했다. 명실상부한 패왕이라면 '맞장'을 뜨자고 도전하는 자를 조적朝敵으로 몰아간 뒤 제후왕을 시켜 토벌하는 식의 정교한 통치술을 발휘할 줄 알아야 한다. 패왕이 일개 제후왕과 똑같이 움직이면 스스로의 위상을 깎아먹는 것이나 다름없다.

항우의 입장에서 볼 때 전영의 반기는 설상가상의 화를 초래했다. 장함의 투항에 결정적인 공을 세운 성안군成安君 진여가 전영과 손을 잡고 나선 게 그렇다. 진여는 항우가 진나라 군사를 격파할 당시 사적인 감정을 억누르지 못해 문경지교의 우정을 나눈 장이 앞에서 장군의 인수를 내던진 탓에 항우를 좇아 입관하는 일에 참여할 수 없었다. '왕'이 아닌 '후'에 봉해진 이유다.

당시 항우는 빈객들의 건의를 좇아 지금의 하북성 남피南皮에 머물고 있는 진여에게 남피 주변의 3개 현을 봉토로 주었다. '쪼잔한' 포상이었다. 이는 파군의 장수 매현梅鋗이 공을 인정받아 십만호후十萬戶侯에 봉해진 것과 대비됐다. 진여는 매현과는 급이 다른 인물이었다. 그런 인물을 매현과 같은 급으로 깎아내린 것은 자존심을 긁는 일이었다. 항우의 봉건은 천하대세를 거슬렀을 뿐만 아니라 포상의 기본 원칙도 저버린 고식적인 포상에 지나지 않았다. 그의 '패왕체제'가 시작부터 굉음을 내고 무너져 내린 가장 큰 이유는 역시 천하의 제후들을 압도할 만한 막강한 무력을 보유하지도 못한 채 이런 비현실적인 분봉을 한 데 있다.

고금을 막론하고 한 치의 착오도 없는 신상필벌은 불가능하다. 특히 '신상'의 경우 그렇다. 공과 과에 대한 상대적 평가가 각기 다르기 때문이다. 예나 지금이나 포상은 『손자병법』을 비롯한 모든 병서가 역설하고 있듯이 즉각적이면서도 푸짐해야 효과를 발휘한다. 사람들은 모두 '왕'으로 봉하면서 자신만 그보다 한 단계 낮은 '후'로 책봉된 진여의 심사가 편할 리 없다. 전영이 반기를 들었다는 소식을 듣자마자 곧바로 이에 호응하고 나선 이유다.

엄밀히 말하면 항우만을 탓할 수도 없다. 유방도 '쪼잔한' 포상으로 위기에 몰린 적이 있기 때문이다. 그는 항우를 제압하고 천하를 평정한 뒤 곧바로 논공행상에 들어갔다. 기원전 201년 12월부터 이듬해 정월에 걸쳐 25명에 대한 포상을 마치고 이들 공신을 각지에 봉했다. 그러나 곳곳에서 불만이 터져 나왔다. 이를 뒷받침하는 「고조본기」의 해당 기록이다.

"밤낮으로 공을 다퉈 결론이 나지 않아 봉건을 행할 수 없었다. 여러 장수들이 왕왕 서로 낙양 남궁 뜰의 모래 위에 앉아 수근거리며 모반하려 했다."

이를 방치할 경우 상황이 심각하게 진행될 소지가 컸다. 장량이 곧바로 간하고 나섰다.

"지금 폐하가 천자가 되어 분봉한 자는 모두 소하와 조참 등 늘 친애하던 오랜 친구뿐입니다."

유방은 장량의 제언을 받아들임으로써 위기를 넘길 수 있었다. 불공평한 포상이기는 마찬가지인데 왜 항우는 패망하고, 유방은 별 탈 없이 끝난 것일까? 천하를 평정했는지 여부가 관건이다. 항우의 분봉이 나름 신상필벌 원칙에 따라 행해졌음에도 불구하고 전혀 다른 결과를 가져온 이유가 여기에 있다.

제나라의 실권자 전영이 최초로 항우에게 반기를 들어 '패왕체제'를 뿌리부터 뒤흔든 것은 그의 불만이 상대적으로 가장 컸음을 반증한다. 전영이 항우에게 도전장을 내밀게 된 데에는 '초한지제'의 복잡한 은원恩怨 관계에 따른 것으로 어느 한쪽만을 탓할 수도 없다. 항량이 살아 있을 때까지 더듬어 올라가야 항우와 전영의 갈등 배경을 짐작할 수 있다.

당초 장함이 심야에 기습공격을 통해 위나라와 제나라 연합군을 격파한 뒤 임치성 아래서 전담의 머리를 베자 전담의 동생 전영은 재빨리 패잔병을 이끌고 동아東阿로 달아났다. 장함이 급히 추격해 동아를 포위했다. 마침 항량이 병사를 이끌고 왔다. 동아는 수로를 통해 패현과 팽성으로 이어져 있었다. 천우신조였다. 당시 제나라 사람들은 전국시대 제나라의 마지막 왕인 전건田建의 횡사에 커다란 애도를 표하고 있었다. 전건의 동생 전가田假를 옹립한 이유다. 전영은 이를 묵과할 수 없었다. 급히 전가를 치고 친형인 전담의 아들 전불田市을 세운 이유다. 전가는 급히 초나라로 망명했다.

이때 항량의 거센 공격에 일단 후퇴한 장함이 대오를 정비한 뒤 역습을 가했다. 항량이 전영에게 구원부대를 청했지만 전영은 초나라로 망명한 전가의 목을 요구했다. 초나라가 이 요구를 거절하자 전영은 구원부대 파견을 거절했다. 이로 인해 항량의 군사는 패하고 항량 또한 전사하고 말았다. 항우는 이 일로 인해 커다란 원한을 품었다. 18명의 제후왕을 봉왕할 때 전영을 빼놓은 근본 배경이다. 나름 '신상필벌'의 원칙을 지킨 셈이나 결과적으로 소탐대실의 우를 자초한 꼴이다. 당시 통이 크게 구원을 잊고 전영을 봉왕했다면 전영은 오히려 크게 감격해 항우의 든든한 우군이 됐을 공산이 컸다. 그러나 항우는 '꽁하게도' 전영을 아예 무시하는 조치를 한 것이다. 잠시 통쾌했는지는 몰라도 스스로 발목을 잡은 것이다.

이후 전영을 더욱 분노케 만든 것은 제나라 땅을 교동과 제, 제북으로 3분한 뒤 전영에 적대적인 인물을 왕으로 봉한 점이다. 항우는 자신을 도와 장함의 군사에게 포위된 조나라를 구한 제나라 장수 전도田都를 제왕, 전도와 마찬가지로 항우에게 협력해 조나라 구원에 나선 전건의 손자 전안田安을 제북왕에 봉했다. 나아가 전영의 조카 전불을 교동왕에 봉했다. 누가 볼지라도 전영을 견제키 위한 포석이었다. 당시 전영이 아무런 실권이 없었다면 항우의 이런 분봉을 탓할 수 없다. 그러나 제나라는 전영의 손 안에 있었다. 아예 전영의 반란을 부추긴 꼴이다.

항우는 전영의 반란에 대한 복안도 없었다. 중차대한 시기에 순전히 일시적인 기분에 따라 분봉을 강행했다는 지적을 면키 어렵다. 매사에 할 일을 다 해놓고 천명을 기다리면 설령 일이 틀어질지라도 다음을 기약할 수 있다. 진인사盡人事도 하지 않은 채 대천명待天命을 하는 것은 패망의 길이다. 그럼에도 항우는 죽을 때까지 자신의 이런 잘못을 인식하지 못했다. 사마천이 「항우본기」 마지막 서평에서 '하늘이 나를 버렸다'는 말을 남기고 자진한 항우에게 혹평을 가한 이유다.

전영에 진여까지 전영의 거병에 호응하고 나선 것은 치명타였다. 전영만 반기를 들었다면 의외로 사태가 쉽게 진정될 수도 있었다. 실력 면에서 전영은 항우의 상대가 되지 않았기 때문이다. 그러나 당대의 모사인 진여까지 전영과 합세해 들고 일어나면서 사태가 복잡해진다. 당시 진여는 장이가 상산왕에 봉해졌다는 사실을 전해 듣고 대로했다.

"장이와 나 진여는 공로가 같다. 지금 장이는 왕이 되었는데 나 진여만 후侯로 있어야 한단 말인가? 이는 항우가 공평치 못하기 때문이다!"

진여와 척을 지게 된 장이는 한때 위나라의 대협大俠으로 명성을 떨친 인물이다. 유방도 젊었을 때 장이를 대형大兄으로 모신 바 있다. 항우 역시 장이의 명성을 무시할 수 없어 그를 상산왕에 봉한 것이다. 그러나 이게 항우의 발목을 잡는 자충수가 되고 말았다. 진여를 지나치게 낮춰 보고 장이의 실력을 과대평가한 탓이다. 그 충격은 매우 컸다. 「장이진여열전」에 따르면 당시 진여는 은밀히 유세객 장동張同과 하열夏說을 전영에게 보내 이같이 유세했다.

"항우는 천하의 분봉分封을 주재하면서 공평치 못했습니다. 제장들을 좋은 땅의 왕에 봉하면서 이전의 왕은 험한 곳으로 옮기게 했습니다. 지금 조왕 조헐은 북쪽의 대代 땅에 머물고 있으니 저는 이것이 부당하다고 생각합니다. 대왕은 기병하여 불의한 일에는 응하지 않는다고 들었습니다. 원컨대 대왕은 저 진여가 장이를 칠 수 있도록 병력 지원을 해 주십시오. 그러면 조왕을 복위시킨 뒤 조나라를 제나라의 침입을 막는 울타리로 삼도록 하겠습니다."

당초 진여는 '장초'의 왕인 진승의 명을 좇아 장이와 함께 조나라 땅을 장악했을 때 조왕의 자손을 제쳐둔 채 동료인 무신을 조왕으로 옹립한 바 있다. 그런데 이제 와서 항우가 조헐을 북쪽의 대 땅으로 밀어낸 것은 부당하다고 말한 것이다. 2개의 잣대를 이용한 자가당착이다. 그럼에도 제왕 전영이 곧바로 이를 허락한 뒤 곧 군사를 파견해 진여를 좇게 했다. 이로 인해 전선이 문득 제나라에서 조나라 땅까지 확산됐다. 이는 '패왕체제'의 붕괴를 알리는 조종에 해당한다.

큰 틀에서 볼 때 전영과 진여의 반기는 대의와 모순된 것도 아니다.

당초 진나라 타도는 6국의 귀족층과 서민층 모두의 일치된 목표였다. 이미 그 목표가 이뤄진 상황에서 누가 천하를 거머쥘 것인가 하는 것은 전혀 별개의 문제이다. 천하를 하나로 묶어 호령하던 거대한 권력이 일거에 사라진 상황은 '권력의 공백'으로 인해 훨씬 어지러울 수밖에 없다. 의리의 잣대만 들이댈 수 없는 이유다. 반기를 든 진여와 전영 역시 나름의 논리가 있었다. 천하를 거머쥐고자 한 항우가 이들을 포용치 못한 게 문제의 근원이다. 난세에는 난세의 논리가 작동한다. 이를 무시하면 대사를 그르치게 된다.

제나라와 조나라 사이에 웅거하고 있던 팽월이 전영과 동맹을 맺은 사실이 이를 뒷받침한다. 당시 팽월은 18명의 제후왕과는 거리가 먼 자였다. 엄격히 말하면 거야 일대의 늪지대에서 활개 치던 군도에 지나지 않았다. 그의 세력 범위는 항우의 서초 9군 속에 포함돼 있었다. 사다케는 자신의 영지가 잠식되는 것을 싫어한 항우가 그를 봉건하지 않은 것으로 파악했으나 그보다는 항우의 '엘리트 의식'이 더 크게 작용했을 공산이 크다. 항우는 봉기할 당시 유방과 마찬가지로 다양한 세력을 기반으로 하고 있었다. 항우가 초나라 귀족지배층의 계승자인 것은 맞지만 전적으로 그런 사람들로만 구성돼 있었던 게 아니다. 그럼에도 항우는 '엘리트 의식'을 버리지 못해 유방의 첩자 노릇을 한 장량과 같은 '엘리트 혈통'만을 총애했다. 당대의 병법가인 한신이 항우 곁을 떠나 유방에게 귀의한 사실이 이를 뒷받침한다.

항우는 분봉을 할 때 팽월은 아예 치지도외置之度外했다. 당시 상황에서는 역발상으로 접근할 필요가 있었다. 항우가 팽월과 같은 자를 우대했을 경우 이에 감격한 팽월은 이내 유방 곁을 떠나 항우에게 무한한 충성을 바쳤을 공산이 크다. 그랬다면 결코 최후의 결전에서 그토록 쉽게 무너지는 일도 없었을 것이다. 『사기』는 팽월의 활약을 자세히 기록해 놓지 않았으나 그는 유격전의 명수였다. 예나 지금이나 난세의 시기에는 정규전보다 유격전이 때로는 더 큰 위력을 발휘하기 마련이다. 따지고 보면 마오쩌둥도 유격전에서 승리한 덕분에 마침내 막강한 병력과 자원을 자랑한 장제스를 몰아내고 천하를 거머쥔 것이다. 항우도 마오쩌둥 수준의 머리까지 가졌다면 능히 천하를 거머쥘 수 있었다. 그럼에도 항우는 큰 도량을 발휘하지 못하고 팽월을 아예 무시하는 모습을 보인 것이다.

이는 역으로 한중왕에 봉해진 유방에게 절호의 기회로 작용했다. 실제로 유방은 관중으로 진출하면서 팽월은 말할 것도 없고 진여와 전영 등을 모두 우군세력으로 끌어들였다. 마치 대어를 잡기 위해 넓게 그물을 푸는 식의 광범위한 포위작전이었다. 항우는 시대의 흐름을 거스르는 어설픈 분봉조치로 인해 오히려 사방에 불만세력을 키워 서로 손을 잡게 만드는 우를 범한 셈이다.

한신의 귀의

「유후세가」에 따르면 유방에게 전영이 봉기했다는 소식을 전해준 인물은 장량이다. 당초 그는 유방을 배웅한 뒤 한왕 한성과 함께 항우를 좇아 동쪽으로 갔다. 이때 장량이 항우에게 이같이 말했다.

"한왕이 잔도를 불태워 끊는 식으로 밖으로 나올 마음이 없음을 드러냈습니다."

잔도의 소절燒絶 계책은 장량 자신이 낸 것이다. 이를 항우에게 보고한 것은 항우의 자신에 대한 신뢰를 이용해 항우를 철저히 기만하려는 속셈에서 나온 것이다. 항우는 이를 전혀 알지 못했다. 「유후세가」의 다음 기록이 그 증거다.

"항왕은 장량의 말을 그대로 믿고는 장차 서쪽 한왕을 염려할 필요가 전혀 없다는 식으로 생각하게 되었다."

이후에도 유방의 관중 탈환 속셈을 숨기기 위한 다양한 기만술이 계속 구사됐음을 암시하는 대목이다. 그러나 매사에 꼬리가 길면 잡히는 법이다. 장량의 거듭된 왜곡보도에 의심을 품던 차에 제나라 전영이 반기를 들고 잇달아 초나라 군사를 격파하자 격분한 항우가 이내 한왕 한성을 팽성의 도성에서 살해했다. 위기를 느낀 장량이 황급히 팽성을 빠져 나온 뒤 샛길을 이용해 한중을 향해 달아났다. 원문은 간행閒行으로 표현해 놓았다. 여기의 간閒은 통상 '한'으로 읽으나 여기서는 사이간間의 뜻으로 사용된 것이다. 샛길을 이용해 달아났음을 뜻한다.

장량의 보고를 접한 유방은 내심 쾌재를 불렀을 것이다. 그러나 한중에 들어온 지 얼마 안 된 상황에서 그가 손을 쓸 수 있는 일은 별로 없었다. 좀 더 사태를 지켜볼 필요가 있었다. 곧이어 전영이 제나라 땅을 하나로 통합한 후 보위에 오르고, 진여 및 팽월과 손을 잡았다는 소식까지 들려왔다. 실제로 얼마 안 돼 항우를 집중 성토한 전영의 격문이 도착했다. 여러 제후왕들이 합세해 무도한 항우와 싸우자는 내용이었다.

유방이 곧 휘하 참모들을 모아놓고 대책을 논의했다. 장함과 사마흔 및 동예에 의해 삼분된 관중 즉 삼진三秦을 능히 접수할 수 있다는 전망이 중론을 이뤘다. 우선 감시자 자격으로 파견된 항백을 포섭할 필요가 있었다. 관중을 탈환한 후 장함 대신 옹왕의 자리에 앉히겠다는 회유가 그대로 먹혔다. 이제 관중을 탈환하기 위해서는 언제 어떻게 결행할 것인가 하는 결단의 문제만 남았다. 그러나 남정에 도착했을 당시의 상황은 그리 녹녹치 않았다. 「고조본기」의 기록이다.

"남정에 이르렀을 때 여러 장수와 병사들 가운데 행군 도중 달아난 자가 매우 많았다. 이들 모두 고향노래를 부르며 동쪽으로 돌아가고자 했다."

이런 상황에서 관중 탈환은 사실상 불가능했다. 더욱 놀라운 일은 승상 소하까지 어느 날 문득 사라진 것이다. 소하의 도주는 유방 집단의 궤멸을 의미했다. 어떤 사람이 이를 유방에게 보고했다.

"승상인 소하가 달아났습니다."

유방은 마치 양팔을 다 잃은 듯이 대로했다. 하루 이틀 지난 뒤 소하가 돌아와 유방을 알현했다. 유방은 화도 나고 기쁘기도 하여 소하에게 꾸짖듯 물었다.

"그대가 도망치다니 어찌된 일인가?"

"신이 감히 도망칠 리 있겠습니까? 신은 단지 도망치는 사람을 쫓아갔을 뿐입니다."

유방이 물었다.

"그대가 쫓아간 사람이 누구인가?"

소하가 대답했다.

"한신韓信입니다."

유방이 다시 욕을 했다.

"제장들 가운데 도망친 자가 지금까지 십여 명에 달하나 그대는 한 번도 쫓아간 적이 없다. 한신 같은 자를 쫓아갔다는 것은 나를 속이려는 짓이다."

소하가 말했다.

"지금까지 도망친 장수들은 어디서나 쉽게 얻을 수 있는 자들뿐입니다. 그러나 한신 같은 자는 나라에 둘도 없는 인재입니다. 군왕이 한중에서만 오랫동안 왕을 칭코자 한다면 한신을 쓸 일이 없습니다. 그러나 반드시 천하를 쟁취코자 하면 한신이 아니고는 함께 대계大計를 꾀할 사람이 없습니다. 신은 단지 군왕의 계책이 어떻게 결정되느냐를 보고자 할 따름입니다."

유방이 말했다.

"나 또한 동쪽으로 진출하고 싶은 생각뿐이오. 어찌 답답하게 여기에 오래 머물 수 있겠소?"

소하가 말했다.

"반드시 동쪽으로 가고자 꾀하며 한신을 중용코자 하면 한신은 곧 이곳에 머물 것입니다. 그러나 한신을 중용치 않으면 그는 끝내 도망치고 말 것입니다."

유방이 흔쾌히 말했다.

"과인이 공의 천거를 좇아 그를 장군으로 삼겠소."

"비록 장군으로 삼을지라도 한신은 머물지 않을 것입니다."

"그러면 그를 대장으로 삼겠소."

소하가 말했다.

"큰 다행입니다."

유방이 한신을 불러 대장군에 임명하려고 하자 소하가 말했다.

"대왕은 종래 오만하고 무례하십니다. 지금 그를 대장에 임명코자 하면서 마치 어린애를 부르듯 합니다. 이것이 바로 그가 도망친 이유입니다. 대왕이 꼭 그를 부르고자 하면 길일을 택해 목욕재계하고 단을 만들어 예를 갖추십시오. 그래야만 가능할 것입니다."

유방이 이를 허락했다. 제장들이 모두 기뻐했다. 저마다 내심 자신이 대장이 될 것으로 생각했다. 그러나 막상 대장을 제수할 때에 이르러 당사자가 한신인 것을 알고는 전군이 크게 놀랐다.

한신이 예를 마치고 대장의 자리에 올랐다. 유방이 물었다.

"승상이 수차례 장군에 관해 말했소. 장군은 과인에게 어떤 계책을 가르쳐 줄 생각이오."

한신이 사양하며 물었다.

"지금 동쪽으로 가서 천하를 놓고 다툰다면 그 상대가 어찌 항우가 아니겠습니까."

"그야 물론이오."

한신이 다시 물었다.

"대왕은 스스로 헤아려 보십시오. 용감하고, 사납고, 어질고, 강한 면에서 항우와 대왕 중 누가 더 낫습니까."

유방이 제법 오랫동안 묵연히 있다가 입을 열었다.

"내가 그만 못하오."

한신이 곧 재배再拜하며 축하했다.

"신 또한 대왕이 그보다 못하다고 생각합니다. 그러나 신은 일찍이 그를 섬긴 적이 있습니다. 청컨대 항우의 사람됨을 말씀드리도록 하겠습니다. 항우가 말소리조차 내지 못할 정도로 노기를 가득 품고 소리를 내지를 때는 1,000명이 입을 다물고 두려워하며 복종합니다. 그러나 그는 똑똑한 장수에게 믿고 맡기지 못합니다. 이는 단지 '필부지용匹夫之勇'일 뿐입니다. 또한 항우는 사람을 대할 때 공경자애恭敬慈愛하여 말하는 것이 화기애애하고, 다른 사람이 질병에 걸리면 울면서 음식을 나눠 먹습니다. 사람에게 일을 시켰으면 유공자는 응당 봉작封爵해야 하는데도 인장을 만들어 놓고는 만지작거리며 모서리를 닳아빠지게 하며 차마 수여하지를 못합니다. 이런 것을 소위 '부인지인婦人之仁'이라고 합니다.

항우는 비록 패천하覇天下하여 제후들을 신하로 삼고 있으나 관중에 머물지 않고 팽성에 도읍하고 있습니다. 또한 의제義帝와의 약속을 위배하고 친애하는 사람만 왕으로 봉했으니 이는 불공평한 처사입니다. 옛날의 제후를 쫓아낸 뒤 그 밑의 장상將相을 왕으로 삼고, 또한 의제를 이주시켜 쫓아내 강남에 두었습니다. 그가 지나간 곳치고 부서지고 없어지지 않은 것이 없습니다. 백성들은 그에게 가까이 기대지 못하고 다만 위엄과 강압에 겁을 먹고 있을 뿐입니다. 그는 명의상 패왕을 칭하고 있으나 실제상 천하 백성들의 마음을 잃었으므로 그의 강대함은 쉽게 삭약削弱해질 것입니다. 지금 대왕은 실로 그가 한 것과 정반대로 할 수만 있으면 됩니다. 천하무용天下武勇에게 일을 맡기면 어찌 그를 주살하지 못할 리가 있겠습니까. 천하성읍天下城邑으로 공신들을 봉하면 어찌 복종하지 않는 자가 있겠습니까. 의병義兵으로 동쪽 고향으로 돌아가고픈 군사들을 뒤쫓게 한다면 어찌 궤산시키지 못할 리 있겠습니까.

게다가 3진의 왕은 진나라 장수 출신들로 진나라의 자제를 여러 해 거느렸으니 죽고 도망친 자는 수를 헤아릴 수 없을 정도로 많습니다. 이들이 진나라 장병들을 속여 제후에게 항복한 후 신안에 이르렀을 때 항우가 투항한 진나라 병사 20만 명을 갱살했으나 오직 장함과 사마흔, 동예만 죽음을 면했습니다. 진나라 부형들이 이들 3인을 원망하여 원통함이 골수에 박힌 상황입니다. 지금 초나라가 강해 위세로 이들 3인을 왕으로 삼았으나 진나라 백성들은 이들을 전혀 좇지 않고 있습니다.

대왕은 무관을 통해 함양에 들어갔을 때 추호도 해를 끼친 적이 없습니다. 오히려 진나라의 가혹한 법을 없애고 진나라 백성과 법3장을 약속했습니다. 이에 진나라 백성들치고 대왕이 진왕秦王이 되는 것을 원치 않는 사람이 없습니다. 제후들 간의 약속으로 볼지라도 대왕이 응당 관중왕이 되어야 한다는 사실을 관중의 백성들 모두 잘 알고 있습니다. 대왕이 관중왕의 직위를 잃어 한중으로 오자 진나라 백성들 중 한스럽게 생각치 않는 자가 없습니다. 그러니 지금 대왕이 거병하여 동진하기만 하면 3진三秦은 격문만 전달해도 가히 평정할 수 있습니다."

한나라 건국 과정에서 소하가 이룬 공적 가운데 가장 뛰어난 것은 역시 한신을 천거한 일이다. 소하는 유방의 군단에 귀의한 한신과 수차례 얘기를 나눠보고는 그의 기재를 단박에 알아보았다. 이내 유방에게 여러 차례 한신을 천거했으나 유방이 들은 척도 하지 않았다. 한신도 유방이 자신을 중용하지 않는 것으로 생각해 달아났다. 소하는 한신이 도망쳤다는 말을 듣자 유방에게 보고하는 것도 생략한 채 곧바로 직접 그를 찾아 나섰던 것이다.

암도진창 계책

소하의 건의를 좇아 한신을 처음으로 면대한 유방은 그와 얘기를 나눠본 뒤 크게 기뻐하며 그를 뒤늦게 알게 된 것을 크게 한탄했다. 곧 때가 때인 만큼 한신의 계책을 그대로 좇아 관중 탈환 계책을 확정했다. 각 부서와 제장들의 공격노선과 역할 등이 모두 정해졌다. 소하는 한중에 남겨둔 채 파, 촉의 조세를 거둬 군량을 공급케 했다.

문제는 관중으로 들어가는 길이었다. 한중으로 들어올 때 이미 자오도의 잔도를 불태운 까닭에 이를 이용할 수는 없었다. 자오도가 함양에 이르는 가장 빠른 길이는 하나 잔도를 복구하는데 시간이 많이 걸렸다.

다른 길을 생각해야만 했다. 관중으로 들어가는 길은 자오도 이외에도 포사도褒斜道가 있다. 이는 진령의 남쪽 경사면을 흐르는 포수褒水의 원류까지 더듬어 올라간 뒤 다시 진령을 넘어 북쪽 경사면을 흐르는 사수斜水를 따라 관중 분지로 내려가는 루트이다. 포사도를 이용해 진령을 넘어갈 경우 곧바로 옹왕 장함의 도읍인 폐구廢丘 근처로 나오게 된다. 폐구에서 함양까지는 마주보며 손짓해 부를 만한 거리였다. 포사도를 이용할 경우 이웃한 사마흔과 동예가 곧바로 장함과 합세할 우려가 컸다. 이들 삼진의 제후왕과 전면전을 벌일 경우 승산이 희박했다.

마지막으로 하나 더 생각할 수 있는 길이 있었다. 일단 남정에서 포사도로 들어간 뒤 서쪽으로 방향을 틀어 현재의 섬서성 봉현 주변으로 들어갔다가 옛 길을 통해 대산관大散關에서 지금의 섬서성 보계시인 진창陳倉으로 빠져 나오는 길이다. 이 노선은 대산관까지 한중과 촉 땅의 북부를 거치는 까닭에 군사 이동의 정보가 새나갈 우려가 없었다. 더 중요한 것은 파촉 일대에서 조달되는 군수물자를 넉넉히 활용할 수 있다는 점이었다. 소하는 남정에 들어오자마자 곧바로 파촉과 한중을 하나로 묶는 명령체계를 정비하면서 파촉과 한중을 잇는 잔도를 보수한 바 있었다. 덕분에 파촉의 풍부한 물자가 잔도를 통해 남정으로 속속 옮겨졌다.

옹왕 장함의 입장에서 보면 진창은 영지의 서쪽 가장자리에 있다. 지금의 섬서성을 중심으로 한 관중 분지 전체의 관점에서 보면 가장 서쪽에 위치한 협소한 지형에 해당한다. 유방의 군사가 이 루트를 타고 침공하면 사마흔과 동예의 응원을 받기가 어렵게 된다. 실제로 유방의 군사가 이 길을 통해 관중으로 진격했을 때 방어에 나선 것은 오직 옹왕 장함의 군사밖에 없었다.

삼국시대 당시 제갈량도 마지막 북벌에 나서면서 관중으로 진격할 때 이 노선을 택했다. 당시 그는 분지 서쪽에 둔전을 마련하는 등 자급체계를 갖췄다. 그때 진을 친 곳이 바로 오장원五丈原이다. 이는 진창에서 동쪽으로 50킬로미터 더 들어간 위수의 남쪽 강변에 있다. 포사도의 북쪽 출구에서 매우 가깝다. 오장원은 해발 650미터이기는 하나 산기슭으로부터의 높이는 겨우 120미터에 지나지 않는 까닭에 얼핏 소규모 언덕으로밖에 보이지 않는다.

관중 탈환 계책이 마련되자 유방의 군사는 아연 활기를 띠기 시작했다. 일족인 조무상이 목이 잘려나갈 때 아무 말도 하지 못했던 조참이 가장 돋보였다. 실제로 이후 항우를 제압하고 천하를 평정할 때까지 그의 무공이 가장 뛰어났다. 항우의 군사와 벌인 일련의 전투에서 그는

는 '수훈殊勳 갑甲'이었다. 훗날 논공행상을 할 때 소하를 1등으로 하자 제장들이 조참을 1등으로 삼아야 한다고 반발한 이유다.

당초 유방의 무리가 함양을 출발해 남정에 도착할 때는 계절이 한여름을 넘어 늦여름으로 들어가고 있었다. 한신의 계책이 받아들여진 것은 추색秋色이 깃들 무렵이었다. 한중의 궁궐에서 전개된 일련의 전략회의에서 주도적인 역할을 맡은 사람은 말할 것도 없이 당대의 병법가인 한신이었다. 「회음후열전」에 따르면 당시 유방은 그를 위해 특별히 궁전에 전각 하나를 따로 마련해 주었다. 유방은 옥검을 차고, 옥으로 된 식탁에서 식사를 했다. 한신도 똑같은 대우를 받았다. 전각을 비롯해 복장과 의복, 수레, 음식 등 모든 것이 같았다.

유방의 휘하 장수들 모두 크게 놀라 입을 다물지 못했다. 한신 자신도 마찬가지였다. 훗날 그가 결단하지 못하고 우물쭈물하다가 '토사구팽'을 당한 것도 이때 입은 은덕에 너무 감격했기 때문이라는 분석이 그럴 듯하다. 당시 군략軍略에는 타의 추종을 불허했지만 정략政略에는 별다른 재주가 없었던 한신은 내심 유방을 위해 일생을 바치겠다고 결심했을지도 모른다.

이해 8월 중추, 유방의 군사가 마침내 관중을 향해 출진했다. 급속한 야간행군을 위해 달이 가장 밝은 때를 택한 것이다. 주목할 것은 이에 앞서 한신이 먼저 군사들을 시켜 자오도의 불타 버린 잔도를 수리하는 척한 점이다. 유방군의 움직임을 수시로 점검하며 나름 경계를 늦추지 않았던 옹왕 장함은 이 계책에 그대로 말려들고 말았다. 유방이 조만간 관중 진출을 시도할 것을 이미 짐작했음에도 방향을 잘못 잡은 것이다. 그는 잔도의 수리 기간이 제법 오래 걸릴 것이라고 생각해 군사들을 자오도의 잔도 주변으로 집결시켰다. 당대의 병법가인 장함이 라이벌 격인 한신에게 감쪽같이 넘어간 셈이다. 사실 아무리 병법에 밝을지라도 진창을 통해 관중으로 진격하는 방안은 상상하기 쉽지 않았다. 덕분에 장함이 잔도에 주의를 기울이는 사이 한신은 대군을 이끌고 별다른 저항 없이 진창으로 들어갈 수 있었다.

척후로부터 이 사실을 보고 받은 옹왕 장함이 '아뿔싸'를 외쳤으나 이미 늦었다. 황급히 지금의 섬서성 보계현 동쪽에 있는 진창 경계에서 한신의 군사를 영격했으나 별다른 준비 없이 대처한 까닭에 크게 패하고 말았다. 장함이 퇴각하는 도중에 지금의 섬서성 호치好畤에서 다시 전열을 정비한 뒤 맞서 싸웠으나 패하고 말았다. 장함은 부득불 자신의 근거지인 폐구廢丘로 달아나 방어에 나섰다.

이 사이 유방은 옹 땅을 평정한 뒤 동진하여 함양에 이르렀다. 함양은 항우의 분탕으로 인해 폐허나 다름없었다. 곧바로 군사를 이끌고 가 폐구에서 옹왕을 포위한 뒤 제장들을 각지로 파견해 여타 지역을 경략케 했다. 새왕 사마흔과 적왕 동예는 결코 적수가 되지 못했다. 이들 모두 항복했다. 유방이 그 곳에 위남渭南과 하상河上, 상군上郡 등을 두었다. 마침내 실력으로 관중을 탈환해 명실상부한 '관중왕'에 오른 것이다. 모두 한신을 군사軍師로 삼은 덕분이다.

여기서 몰래 진창으로 건너간다는 뜻의 암도진창暗渡陳倉 성어가 나왔다. 정면으로 공격할 것처럼 위장하여 적이 병력을 그쪽으로 집결시키도록 한 뒤에 방비가 허술한 후방을 공격하는 계책을 말한다. 병법서인 『36계』에 제8계로 채택된 전술이기도 하다. 적에게 거짓된 정보를 흘려 역으로 이용하는 반간계反間計의 의미로 사용되기도 한다.

적과 동지

유방은 함양을 탈환할 당시 휘하장수 설구薛歐와 왕흡王吸에게 명하여 속히 무관을 빠져나가 풍읍에 있는 일족을 데려오게 했다. 2세 황제 호해 원년(기원전 209년) 연말에 패현에서 봉기한 뒤 이미 4년의 시간이 지난 시점이다. 그의 고향 풍읍에는 부친인 태공과 부인 여후를 비롯해 훗날 한혜제로 즉위한 아들 유영劉盈과 장이의 아들 장오에게 시집을 간 노원공주魯元公主 등이 있었다. 풍읍은 서초의 영토 안에 있다. 항우를 자극할 소지가 매우 큰 '미션'이었다. 그러나 남양 일대를 본거지로 삼고 있는 왕릉의 적극적인 도움을 얻을 경우 불가능한 일도 아니었다. 설구, 왕흡, 왕릉 모두 풍읍 출신이었다.

유방은 왜 이때 일족을 데려오고자 한 것일까? 비록 항우의 분탕으로 폐허가 되기는 했으나 한때 천하를 호령하던 진제국의 심장부인 관중을 손에 넣은 것을 자랑하고픈 마음 아니었을까? 관중 백성들의 전폭적인 지지를 감안할 때 관중의 장악은 사실 천하를 틀어쥐는 전 단계에 해당했다. 명실상부한 '관중왕'이 된 자신의 모습을 부친과 부인 등에게 보여주고 싶었을 것이다. 항우가 금의야행錦衣夜行을 거부한 것과 취지를 같이한다. 다만 항우는 '천하' 대신 '초나라'에 방점을 찍은 반면 유방은 '초나라' 대신 '천하'에 초점을 맞춘 게 달랐다. 천하통일 후 굳이 주변의 권고를 물리치고 폐허로 변한 함양의 맞은편에 새로운 천하의 수도인 장안을 건설한 게 그렇다. 유방은 겉만 '초나라' 출신이었을 뿐 뼛속까지 '초나라' 출신인 항우와 달리 '천하인'에 가까웠다.

주목할 것은 당시 유방의 곁에는 정도定陶 출신 척희戚姬가 늘 함께

하고 있었다는 점이다. 함양에 입성한 뒤 진제국의 궁실을 점령했을 때 만난 게 인연이 됐다. 이후 여후에 대한 그의 감정에 미묘한 변화가 일어났다고 보아야 한다. 여후에 대해 감사하는 마음에는 변화가 없었으나 미모의 젊은 척희에 쏠리는 감정만큼은 어쩔 수 없었을 것이다. 여후가 돌아올 경우 척희와 갈등을 빚을 소지가 컸다. 실제로 이는 유방 사후 여후가 척희를 인간돼지인 이른바 인체人彘로 만드는 비극적인 보복으로 나타났다.

사마천이 「고조본기」를 저술하면서 이 대목에 이르러 여후를 모셔오는 명을 받은 왕릉에게 많은 지면을 할애한 것도 훗날 빚어지는 '인체'의 비극을 미리 암시하려는 의도에서 비롯된 것으로 보인다. 『사기』는 다른 사서와 달리 소설 등에서 흔히 사용하는 이른바 복선伏線 기법을 많이 구사한 것으로 유명하다. 『사기』를 '문학적 사서'로 부르는 이유다.

왕릉은 유방을 수행해 입관했지만 항우의 18왕 봉건을 계기로 원래 자신의 근거지인 남양으로 돌아가 있었다. 유방의 명을 받은 설구와 왕흡은 유방이 입관할 때의 길을 거슬러 내려가 무관에서 남양으로 나온 뒤 왕릉을 만나 동행을 청했다. 남양에서 한韓나라 땅을 거쳐 패현의 풍읍으로 가고자 한 것이다.

당초 왕릉은 유방이 처음으로 입관했을 때만 해도 하남성 남양에 머물며 유방을 따르려고 하지 않았다. 휘하에 수천 명의 무리가 있었을 뿐만 아니라 한때 부하처럼 부리던 유방을 좇는 게 자존심이 상하는 일이었을 것이다. 그러나 상황이 바뀌었다. 한중에 이어 관중까지 손에 넣은 유방은 과거의 유방이 아니었다. 조만간 항우를 제압하고 새 제국의 황제 자리에 오를지도 모르는 상황이었다. 이때에 이르러 왕릉이 처음으로 유방의 한나라에 귀속한 것도 이런 맥락에서 이해할 수 있다.

당시 항우도 첩보를 통해 왕릉 일행이 유방의 일족을 데려가기 위해 자신의 영지로 들어왔다는 소식을 들었다. 곧바로 한나라 땅과 경계를 이룬 지금의 하남성 태강현인 양하陽夏로 군대를 급파했다. 이로 인해 왕릉 일행은 오도 가도 못하는 처지에 놓이게 됐다. 이때 함곡관을 빠져 나온 유방의 주력부대가 하남왕 신양을 항복시켰다. 한나라 땅을 지키고 있던 항우의 군사가 물러나면서 이들 일행은 겨우 패현을 향해 떠날 수 있었다.

「진승상세가」에 따르면 당시 항우는 유사시를 대비해 왕릉의 모친을 군중에 잡아두고 있었다. 왕릉의 사자가 항우의 군영에 이르자 항우는 왕릉의 모친을 동쪽으로 앉혀 놓고 크게 예우하면서 왕릉을 부르고자 했다. 왕릉의 모친이 사자를 배웅하는 와중에 울며 말했다.

"원컨대 나를 위해 왕릉에게 부디 '한왕 유방을 잘 섬겨라. 그는 장자長者이니 끝내 천하를 얻을 것이다. 나로 인해 두 마음을 품지 말라'는 말을 전해주시오. 나는 죽음으로써 사자를 송별할 생각이오."

그러고는 칼에 엎어져 죽었다. 앞뒤 내용이 『삼국연의』에서 조조가 가짜 서신을 보내는 식의 술책을 부려 유비의 책사로 활약하는 서서徐庶를 불러 오자 서서의 모친이 자진한 것과 사뭇 닮았다. 이것이 정사 『삼국지』의 내용과 다른 것임은 말할 것도 없다. 「진승상세가」는 당시 항우가 대로한 나머지 왕릉의 모친을 삶아 버렸다고 기록해 놓았다. 전후 과정이 너무 극적이어서 항간의 얘기를 그대로 전재했거나 후대인의 가필로 보는 게 옳다.

실제로 당시 항우는 제나라 전영의 반란을 진압하는 데 전력을 쏟고 있었다. 따라서 왕릉의 모친을 잡아둔 채 왕릉을 회유할 여유가 없었다고 보는 게 합리적이다. 이는 전영의 반발이 그만큼 강했음을 시사한다. 사실 진여 및 팽월 등과 연계한 전영의 세력은 그리 만만히 볼 수 없었다. 이들은 제나라와 조나라 및 위나라 등지에 포진해 항우의 서초를 북쪽에서 포위한 형국을 이루고 있었다. 서쪽에서 유방까지 함곡관을 빠져나와 합세할 경우 동남쪽 변방의 팽성에 근거지를 둔 항우는 북쪽와 서쪽에서 협격을 받을 소지가 컸다. 실제로 상황은 그런 쪽으로 진행됐다.

항우는 서초의 북쪽에 포진한 전영의 연합세력을 상대로 분전하고 있을 때 유방이 관중을 손에 넣었다는 소식을 들었다. 그가 격노한 것은 말할 것도 없다. 곧 오현吳縣 현령을 지낸 정창鄭昌을 한성의 죽음으로 비어 있던 한나라 왕에 봉한 뒤 속히 군사를 이끌고 가 유방 군사의 동진을 막게 했다. 이때 장량이 유방의 명을 좇아 항우에게 서신을 보냈다.

"한왕은 당연히 되찾아야 할 관중왕의 지위를 잃었기 때문에 이를 되찾으려 한 것입니다. 그 밖의 다른 뜻은 전혀 없습니다. 만일 이전 약속을 지켜 그를 관중왕으로 봉해주시면 즉시 진군을 멈추고 감히 동쪽으로 나오지 않을 것입니다."

항우는 장량의 서신을 보는 즉시 그가 자신을 철저히 기만한 점을 감안해 찢어버리거나 불태워버렸어야 했다. 그러나 그는 그리하지 않았다. 결단력 부족이다. 여기에는 교묘한 속임수가 크게 작용했다. 당시 장량은 전영과 팽월이 반란을 선동하며 유방에게 함께 싸울 것을 청한 격서檄書를 항우에게 보냈다. 기분에 휘둘리는 항우를 철저히 기만하기 위한 간교한 계책이었다. 그는 격서를 보내면서 이런 얘기를 덧붙였다.

"전영의 제나라는 지금 진여의 조나라와 손을 잡고 대왕의 초나라를 멸하려 하고 있습니다!"

겉만 보면 이런 고자질은 연합세력인 전영과 진여 및 팽월 등에 대한 배신이었다. 그러나 '순진한' 항우를 기만하기 위해서는 이보다 더 나은 계책도 없었다. 실제로 항우는 더 이상 의심치 않고 이를 액면 그대로 믿었다. 어리석게도 후고지우後顧之憂를 덜었다고 판단한 결과다.

항우가 이내 전영의 무리를 소탕키 위해 방향을 틀어 북진하는 바람에 유방은 항우로부터 관중의 탈환을 '기정사실'로 인정받는 실리를 챙기게 됐다. 일종의 이이제이以夷制夷가 주효한 셈이다. 유방으로서는 적절한 시점을 택해 이런저런 구실을 붙여 함곡관을 빠져 나갈 수 있는 입지를 마련한 셈이다. 결과적으로 항우는 자신의 가장 큰 적이 북쪽의 전영 연합세력이 아니라 서쪽의 유방이라는 사실을 망각함으로써 유방에게 동쪽 진출의 '카펫'을 깔아준 것이나 다름없다. 유방이 함곡관을 빠져나와 동쪽으로 쉽게 진출하게 된 배경이 여기에 있다. 왕리췬은 『항우강의』에서 이 사건을 이후 항우가 패하게 된 결정적인 계기로 지적했다.

사실 객관적으로 볼 때 장량은 홍문의 연회 때부터 줄곧 항우와 유방 사이의 중재자를 자처하며 항우의 '골수'를 파먹고 있었다. 항우는 응당 이를 갈며 어떤 식으로든 장량을 제거하는 쪽으로 방향을 틀어야만 했다. 그러나 오히려 장량의 간교한 계책에 넘어가 자신의 주적이 누구인지도 모르는 우를 범했다. 천하를 놓고 다투는 상황에서 장량의 실체를 분명히 깨달았음에도 또 다시 이런 실수를 범한 것은 도무지 쉽게 납득이 가지 않는다.

그 이유는 무엇일까? 원래 항우는 명문가 출신으로서 준수한 용모에 뛰어난 언변을 구사하는 장량을 인격적으로 믿었다. 초나라 명문가 출신의 '엘리트 의식'이 누대에 걸쳐 한나라 재상을 지낸 또 다른 명문가 출신 장량에 대한 터무니없는 신뢰를 부추겼다. 결과적으로 장량은 항우의 이런 신뢰를 철저히 악용한 셈이다.

치세에는 사적인 감정에 치우쳐도 큰 문제가 없다. 그러나 천하가 혼란스럽기 그지없고, 더구나 최대 위협인 유방과 다투고 있는 상황에서 근거도 없이 적장의 책사로 활약하고 있는 자의 말을 액면 그대로 수용한 것은 있을 수 없는 일이다. 장수가 사적인 감정에 치우칠 때 어떤 일이 벌어지는지를 극명하게 보여준 대표적인 사례라 할 수 있다.

함곡관 출관

사서의 기록에 따르면 유방이 관중 일대를 모두 탈환한 시점은 한漢 2년(기원전 205년) 봄 정월이다. 그 사이 많은 일이 벌어졌다. 조나라에서 갈라져 나온 상산의 장이가 유방에게 항복하고, 조헐이 다시 조왕이 되었다. 비슷한 시기 항우가 의제를 제거하는 바람에 유방을 비롯한 군웅들이 자신들의 반기를 합리화하는 데 적극 활용하기 시작했다. 항우에게는 악재가 겹친 셈이나 관중을 손에 넣은 유방에게는 오히려 함곡관 밖으로 출관할 수 있는 구실이 거듭 늘어난 셈이다.

항우로서도 뭔가 전기를 마련하지 않으면 안 되는 위기국면이 조성

되었다. 항우는 비록 자신의 주적이 유방이 아니라 전영과 진여 및 팽월 등의 북부 연합세력이라고 오판은 했으나 나름 일정한 성과를 거뒀다. 가장 먼저 반기를 들었던 전영을 제거해 '본때'를 보여준 게 그렇다. 이는 유방이 관중 일대를 완전히 석권한 시기와 겹친다.

당시 항우는 차제에 반란의 진원이 된 전영의 본거지를 뿌리 뽑고야 말겠다는 각오로 대군을 이끌고 북상했다. 서쪽의 유방 등이 전혀 걱정이 안되는 것은 아니었지만 우선 화급한 사안부터 해결한 뒤 차례로 대응코자 한 결정이었다. 나름 일리가 있는 해결방안이었다. 그는 우선 급속히 북진해 전영의 근거지 인근인 지금의 산동성 복현인 성양城陽에 이르렀다. 소식을 접한 제왕 전영이 급히 군사를 이끌고 나와 싸움을 벌였다. 전영은 항우가 상대가 아니었다. 이내 패하여 산동성 평원平原 방향으로 달아났다. 「항우본기」는 평원의 백성들이 그를 죽였다고 기록해 놓았다. 참패를 당한 뒤 홀로 달아나다가 횡사했을 공산이 크다. 항우가 다시 전가田假를 내세워 제왕으로 삼았다. 한 시름을 던 셈이다.

그러나 전영의 잔당이 아직 남아 있었다. 항우는 여세를 몰아 계속 북진했다. 「항우본기」는 지금의 산동성 낙창현인 북해北海에 이른 뒤 성곽과 가옥을 모두 불태우고 항복한 전영의 병사들을 모두 갱살했다고 기록해 놓았다. 이는 역사적 사실에 부합한 듯 보인다. 분노가 치밀어 그리했겠지만 천하의 백성들에게 잔인한 인물이라는 인상을 각인시킨 것은 큰 손해였다. 그나마 분노가 치솟는 와중에 노약자와 부녀는 죽이지 않고 포로로 잡은 모습을 보인 것은 다행이었다. 「항우본기」는 당시의 상황과 관련해 '항우의 군사가 지나는 곳마다 대부분 황폐해졌다'고 써 놓았다. 원문은 다소잔멸多所殘滅이다. 잔殘은 죽이거나 훼손시켰다는 뜻이다.

'다소잔멸'은 반작용을 낳았다. 제나라 백성들이 서로 모여 공공연히 반기를 든 게 그렇다. 이 사이 유방은 승승장구했다. 휘하 장수들이 관중의 북쪽 외곽지역인 북지北地를 함락시키고 옹왕 장함의 동생 장평章平을 포로로 잡는 성과를 올렸다. 유방이 함곡관 밖으로 세력을 확장해 항우의 영토를 야금야금 파먹고 들어오는 형국이었다. 대표적인 예로 낙양에 도읍한 하남왕 신양申陽이 유방의 군사가 들이닥치자 곧바로 항복한 사례를 들 수 있다. 유방은 그곳에 하남군河南郡을 두었다. 신향이 싸움 한 번 제대로 하지도 않은 채 유방에게 손을 들었다는 것은 유방의 군사가 그만큼 강했음을 반증한다. 유방은 항우가 온 힘을 들여 전영의 근거지를 초토화하는 와중에 동진을 거듭하며 반사이익을 고스란히 챙긴 셈이다.

이해 3월, 유방이 위나라를 접수하기 위해 지금의 섬서성 태려현에 있는 임진臨晉에서 황하를 건넜다. 위왕 위표가 이내 항복한 뒤 군사를 이끌고 유방의 뒤를 좇았다. 유방이 여세를 몰아 하내河內를 함락시킨 뒤 은왕殷王 사마앙을 포로로 잡았다. 그곳에 하내군河內郡이 설치됐다. 이로써 유방은 위나라의 옛 땅을 거의 모두 수중에 넣었다. 한 해 전인 기원전 206년 8월에 관중 탈환을 위해 한중을 출발한 시점부터 이듬해 3월 은왕 사마앙을 굴복시킬 때까지 8달 동안 관중을 포함해 하동과 하남, 하내 등 삼하三河의 땅을 모두 손에 넣은 셈이다. 당시의 상황을 감안할 때 거의 전광석화 같은 세력 확장에 해당한다.

출관 이후 연승을 거둬 세력범위를 크게 넓힌 유방은 크게 고무된 나머지 이런 승세에 적극 올라타 이내 항우의 본거지인 팽성까지 손에 넣을 심산이었다. 곧 평음平陰의 나루터에서 황하를 남쪽으로 건너 낙양에 도착했다. 옛 주나라 왕실이 있던 낙양의 입성은 상징성이 컸다. 유방이 내사內史로 있던 패현 출신 주가周苛를 어사대부로 삼아 진제국의 뒤를 잇는 제2의 제국 건립 행보를 본격화했다. 조만간 닥칠 일을 미리 내다보고 이런 조치를 취한 것이다.

이때 그는 전국시대 말기 한나라의 16대 왕인 한양왕韓襄王의 서손 한신韓信을 군사총책인 태위로 삼은 뒤 군사를 이끌고 가 한나라 지역을 경략케 했다. 그는 회음후 한신과 성은 물론 이름까지 똑같다. 사서는 그를 회음후 한신과 구분하기 위해 대개 '한왕 신'으로 표현해 놓았다. 유방의 명을 받은 한왕 신이 곧 대군을 이끌고 항우에 의해 새롭게 한나라 왕에 봉해진 정창을 공격했다. 기습공격을 받은 정창이 양성陽城에서 항복했다. 기원전 206년 10월의 일이다.

이때 유방이 한왕 신을 한나라 왕으로 삼았다. 진시황이 천하통일 과정에서 가장 먼저 한나라 땅을 병탄한데서 알 수 있듯이 이곳은 관중에서 중원으로 진출하는 교두보에 해당한다. 역으로 중원에서 관중으로 진출하는 인후咽喉이기도 하다. 천하를 놓고 다툴 때 그만큼 전략적으로 중요한 곳이다. 그럼에도 항우는 분봉을 전후해 이곳을 거의 방치하다시피 했다. 한왕으로 분봉한 한성을 장량과 함께 팽성으로 끌고 갔다가 이내 살해한 게 그렇다. 유방이 관중을 접수한 뒤 한나라 땅의 공략에 나서자 뒤늦게 정창을 한왕에 임명해 이를 막게 했으나 이미 때가 늦었다.

한왕 신은 키가 8척5촌이나 되는 거구였다. 당초 항량이 초나라 후사로 초회왕을 내세울 당시 연, 조, 위 모두 이전 왕의 후예가 보위에 올랐는데 오직 한나라만 후사가 없었다. 이에 한나라의 여러 공자들 가운데 한 사람인 횡양군 한성을 찾아내 보위에 앉힌 뒤 그를 이용해 한나라의 옛 땅을 수복코자 했다. 항량이 정도에서 패사하자 한성은 급히 초회왕에게 달아났다. 이후 유방이 장량을 한나라의 사도司徒에 임명해 한나라의 옛 땅을 수복케 했다. 장량이 한왕 신을 만나 장수로 삼자 한왕 신은 휘하 병사를 이끌고 유방을 좇아 무관으로 들어갔다. 유방이 한중왕에 봉해지자 한왕 신이 유방을 따라 한중으로 들어간 뒤 이같이 말한 바 있다.

"항우는 제장들을 가까운 땅의 왕으로 봉했습니다. 대왕만 홀로 멀리 이곳에 있으니 이는 좌천입니다. 대왕의 사졸은 모두 산동 사람이어서 발돋움하며 귀향을 고대합니다. 이제 그 예봉을 동쪽으로 돌려 가히 천하를 다툴 만합니다."

유방이 그의 말을 기특하게 여겼다. 마침내 관중 일대를 공략하고 한나라 땅을 공략하는 와중에 그를 한나라 왕에 봉한 것이다. 이에 앞서 유방은 이미 그를 한나라 태위에 제수한 뒤 군사를 이끌고 가 한나라의 고토를 공략케 한 바 있다. 그를 한나라와 왕에 봉한 것은 나름 군공을 세운 데 따른 포상의 성격이 짙었다. 당시 유방이 한왕 신을 한나라 왕에 봉한 뒤 새 왕 사마흔의 도읍으로 있던 관중의 약양櫟陽으로 돌아오자 휘하 장수들이 지금의 감숙성 임조현 일대인 농서隴西를 함락시켰다. 경사가 겹친 셈이다.

매사가 그렇듯이 일이 잘 풀릴 때는 모든 게 순조롭게 진행된다. 진여의 군사가 제나라 군사와 함께 유방에게 협력한 상산왕 장이를 습격하자 싸움에서 패한 장이가 황급히 유방이 있는 곳으로 달아나 몸을 의탁한 것도 그렇다. 유방의 입장에서 볼 때 이 또한 기대하지 않은 '뜻밖의 수확'이었다. 장이는 앞서 살펴본 바와 같이 진여와 더불어 당대의 책사였다. 당대의 병법가인 한신에 이어 장이까지 유방에게 귀부한 것은 천하대세의 흐름이 유방에게 유리하게 전개되고 있다는 명백한 신호였다. 당시 유방은 폐구에서 장이를 반갑게 맞이했다. 한때 장이를 모신 바 있는 유방이 그를 후대한 것은 말할 것도 없다.

이때 진여는 조왕 조헐을 지금의 하북성 울현 일대의 대代 땅에서 맞이해 다시 조왕으로 복위시켰다. 조헐이 진여의 공덕을 높이 평가해 대왕代王으로 삼았으나 진여는 조헐의 세력이 아직 약하고 조나라가 아직 안정되지 않았다는 이유를 들어 봉국인 대 땅으로 가지 않고 조헐 곁에 남아 보필했다. 그러면서 휘하의 책사로 활약한 하열夏說을 대 땅의 상국相國으로 삼아 그곳을 지키게 했다. 나름 적절한 조치를 취한 셈이다. 기원전 206년 11월의 일이다. 이해 12월에는 항우가 제나라의 전영을 격파하자 전영이 크게 패해 평원으로 달아나다 그곳 백성에게 살해되는 일이 빚어졌다. 항우도 나름 성과를 얻은 셈이다.

이듬해인 기원전 205년 정월은 유방이 관중 일대를 모두 탈환한 시점이다. 이때 항우는 전가田假를 다시 제나라 왕으로 세웠다. 무너져 내린 '패왕체제'를 다시 구축하려는 속셈이었다. 그러나 이미 대세는 기울기 시작했다. 이해 여름 3월, 전영의 동생 전횡田横이 전영의 아들 전광田廣을 제왕으로 삼은 뒤 항우에게 도전장을 던졌다. 전영의 무리를 철저히 궤멸시켰다고 생각하고 잠시 한숨을 놓고 있던 항우로서는 뒤통수를 얻어맞은 셈이다. 실제로 항우는 전영에 이어 전횡을 상대하느라 유방의 동진을 제대로 막지 못했다. 전영을 분봉하지 않은 후과가 이처럼 컸다.

항우는 제나라 땅에 머물며 전횡과 수차례 싸웠으나 쉽게 제압하지 못했다. 그는 이 와중에 유방이 동진하고 있다는 소식을 들었다. 장량의 말만 믿고 아무런 대비도 하지 않았다가 허를 찔린 셈이다. 그러나 이미 끝난 일이었다. '독'이 오른 항우는 차제에 전횡을 완전히 격파한 뒤 유방을 치는 게 낫다고 판단했다. 얼핏 보면 양면전을 동시에 전개할 수 없는 만큼 일리 있는 결단으로 보인다.

그러나 그 내막을 보면 이 또한 커다란 실책에 해당한다. 「항우본기」의 다음 기록이 이를 뒷받침한다.

"봄, 한왕이 5국 제후왕의 군사 약 56만 명을 이끌고 동쪽으로 진격해 초나라를 정벌했다."

원문의 벌초伐楚는 항우의 본거지인 팽성으로 쳐들어가 함락시켰다는 뜻이다. 항우가 제나라 토벌에 전력을 기울이는 사이 자신의 둥지를 유방에게 그대로 '헌납'하고 만 셈이다. 여기의 '5국 제후' 실체를 놓고 예로부터 논란이 많았다.

일본 사기학史記學의 초석을 놓은 것으로 평가받는 다키가와 가메타로瀧川龜太郎는 1930년대에 펴낸 『사기회주고증史記會注考證』에서 기존의 견해를 크게 3가지 부류로 요약했다.

첫째, 『사기』에 대해 가장 오래된 주석을 내린 바 있는 서광徐廣을 비롯해 『사기집해史記集解』를 펴낸 남북조시대 남조 송나라 배인裴駰, 응소應劭, 위소韋昭, 여순如淳 등의 고주古注이다. 고주는 옹왕 장함이 '5국 제후'의 일환일 가능성이 높다고 보았다. 이 경우 장함은 유방에게 항복한 뒤 항우를 배신해 팽성 공격에 가담한 셈이 된다. 이들은 또 서위왕 위표는 자발적으로 참여했으므로 다른 4국 제후와 그 입장이 달랐다는 주장을 내놓았다.

둘째, 안사고顔師古와 『사기색은史記索隱』을 쓴 당현종 때의 사마정司馬貞, 『사기정의史記正義』를 펴낸 측천무후 때의 장수절張守節, 송대의 유반劉攽과 오인걸吳人傑 등의 신주新注이다. 신주는 상산, 하남, 한, 위, 은 등의 5개국 제후왕으로 보았다. 유방이 이미 관중을 제압하고 있었던 까닭에 옹왕을 비롯한 관중의 제후는 제외해야 하고, 대신 진여에게 패한 상산왕 장이는 휘하 군사가 있었을 것이므로 5국 제후의 일원으로 포함시켜야 한다고 주장했다.

셋째, 청대 고증학자인 왕념손王念孫과 왕선겸王先謙, 전조망全祖望, 왕중汪中, 조익趙翼, 양옥승梁玉繩, 동교증董敎增 등의 고증주考證注이다. 고증주는 크게 두 가지 견해로 나뉜다. 양옥승은 한, 위, 조, 제, 형산으로 보았다. 동교증은 형산을 빼고 연나라를 집어넣어야 한다고 했다.

주목할 점은 시대가 내려갈수록 5국 제후의 범위가 넓어지고 있는 점이다. 심지어 일부 주석가는 천하의 모든 제후가 유방의 지휘 하에 팽성을 공격한 것으로 풀이했다. 성리학의 세례를 받아 유방만을 정통으로 여기는 잘못된 흐름이 형성된 결과로 볼 수 있다. 사다케는 이런 식의 억지 해석이 나오게 된 배경을 『한서』에서 찾았다. 일리 있는 지적이다. 항우를 유방의 부하와 동급으로 취급해 '열전'에 편제한 것 등이 그 증거다.

그렇다면 5국 제후왕은 구체적으로 누구를 지칭한 것일까? 당시 옹왕 장함은 폐구에 고립되어 유방군에 의해 포위돼 있었다. 게다가 그가 원래 지배하던 옹 땅은 이미 유방 관할의 일반 군현으로 재편돼 있었다. 사다케는 군현으로 재편된 삼진의 땅 가운데 농서군과 북지군, 상군, 위남군, 하상군, 중지군 등의 6개 군 지역에 하남군으로 편성된 하남왕 신양의 영역, 하내군으로 편성된 은왕 사마앙의 영역을 더한 8개 군의 영역을 바로 5국 제후의 관할 지역으로 보았다. 반드시 5국 제후왕으로 제한할 필요가 없다는 주장이다. 그러나 「항우본기」 원문에 '5국 제후왕'으로 나와 있는 만큼 나름 가장 역사적 사실에 가깝게 추정하는 게 옳을 것이다. 「진초지제월표」의 기록을 토대로 볼 때 고증주 가운데 양옥승의 견해가 가장 그럴듯하다.

「항우본기」에 나오는 '5국 제후왕'의 군사 56만 명은 일부 과장된 점을 감안할지라도 당시의 정황에 비춰 대군을 동원한 것만은 확실하다. 유방이 이런 대군을 이끌고 항우의 본거지인 팽성을 겁략한 것은 승세勝勢의 큰 흐름을 타고 있었음을 방증한다.

유방이 '5국 제후왕'을 동원케 된 근본 배경은 말할 것도 없이 항우가 장량의 달콤한 말에 속아 넘어간 데 있다. 춘추시대 말 오왕 부차가 월왕 구천의 책사인 범리范蠡의 계책에 넘어가 제나라 및 중원의 진나라와 패권을 다투기 위해 북상했다가 월왕 구천에게 허를 찔려 도성이 포위된 것과 꼭 닮았다. '역사는 반복된다'는 말이 상기되는 대목이다.

실제로 이후에 나타나는 장면 역시 마치 옛날 영화를 다시 돌리는 것처럼 춘추시대 말기의 모습과 판박이처럼 닮았다. 뒤늦게 허를 찔린 사실을 알고 급속히 군사를 거둬 도성으로 내닫고, 이후 몇 년 간에 걸쳐 공방전을 전개하고, 최후의 결전에서 패한 뒤 스스로 목숨을 끊은 점 등이 그렇다. 유방과 월왕 구천의 행보는 놀랄 만큼 유사하다. 중국의 전 역사를 통틀어 이토록 판박이처럼 유사한 모습을 보인 경우는 없다. 리쭝우가 『후흑학』에서 월왕 구천과 유방을 후흑의 대가, 오왕 부차와 항우를 후흑과 정반대되는 박백의 상징으로 꼽은 것도 다 이유가 있다.

진평의 합류

「진승상세가」와 『자치통감』에는 유방이 팽성으로 진격할 당시 황하를 건너 지금의 하남성 수무현修武縣에 이르렀을 때 장량에 버금하는 당대의 지략가 진평陳平이 합류한 것으로 기록해 놓았다. 진평은 유방과 만나기 전까지 보여준 여러 어지러운 행보 등으로 인해 장량보다 한 수 아래의 책사로 간주돼 왔으나 그 내막을 보면 사정이 다르다. 유방 사후 여씨 일족을 일거에 제거하고 유씨의 사직을 구한 장본인이 바로 진평이다. 큰 틀에서 보면 한나라의 사직지신社稷之臣은 장량이나 소하가 아닌 진평으로 보는 게 옳다.

「진승상세가」에 따르면 그는 항우가 하남왕으로 봉한 신양의 영지이자 이후 하남군 동쪽 변경 위치하게 된 양무현陽武縣 호유향戶牖鄕 출신이다. 전국시대 위나라 땅이었고 도성 대량과 그리 멀지 않았다. 그는 결혼 전에 형 부부와 함께 살고 있었다. 그 또한 유방이나 한신 등과 마찬가지로 살림살이를 돌보지 않았다. 밭으로 30무畝가 있었고 홀로 형 진백陳伯과 함께 살았다. 진백은 늘 농사일을 하면서도 진평에게 마음껏 다른 지방으로 가 공부하게 했다. 진평은 키가 크고 잘 생겼다. 사람 중에는 이같이 말하는 자도 있었다.

"집도 가난한데 무엇을 먹었기에 이토록 살이 쪘는가."

그의 형수는 진평이 집안일을 돌보며 농사를 짓지 않는 것을 못마땅하게 여겼다.

"아니, 쌀겨와 싸라기를 먹인 것밖에 없어요. 이런 식충이 시아주버니는 차라리 없느니만 못해요."

형 진백이 이 소리를 듣고 아내를 내쫓아버렸다. 진평은 독서를 좋아했다. 마을에서 토지신에 제사를 지낼 때 진평이 사재社宰가 되어 제사고기를 나누면 매우 공평했다. '사재'는 토지제사인 사제社祭의 제사고기를 분배하는 자를 말한다. 부로들의 칭송이 자자했다.

"고기를 잘 나눴구나, 진씨 집 소년을 사재社宰로 삼기를 잘 했어."

진평이 탄식했다.

"아! 나 진평에게 천하의 부귀를 나눠주도록 하면 이 고기를 나누듯 할 터인데."

이 고사에서 소위 '진평분육陳平分肉'이라는 성어가 나왔다. 이 성어는 이후 매 사안을 공평하게 처리해 칭송을 받는 사람과 행위를 지칭하는 말로 전용되었다. 진평이 장성해 장가들 나이가 되었다. 부잣집은 그에게 딸을 주려고 하지 않았고, 가난한 집은 진평 또한 수치스럽게 생각했다. 당시 호유향에 장부張負라는 부호가 있었다. 그의 손녀는 5번 시집을 갔으나 그때마다 남편이 죽자 사람들이 감히 더 이상 그녀를 데려오려 하지 않았다. 진평이 그녀를 아내로 맞이하고자 했다.

마침 마을에 상가喪家가 생기자 진평은 가난했으므로 상가 일을 돌보게 됐다. 그는 남들보다 먼저 가서 늦게 돌아오는 방법으로 도움을 주고자 했다. 장부는 상가에서 진평을 보고 특히 그의 풍채를 주시했다. 진평 역시 장부에게 잘 보이기 위해 가장 늦게 상가를 나왔다. 장부가 진평을 좇아 그의 집으로 가보았다. 집은 성벽 부근의 후미진 거리에 있었다. 비록 낡고 해어진 자리로 문을 만들었으나 문밖에는 귀인의 수레가 멈췄던 바퀴자국이 많이 남아 있었다. 장부가 집으로 돌아와 아들 장중張仲에게 말했다.

"나는 손녀를 진평에게 보내고자 한다."

장중이 반대했다.

"진평은 집이 가난한데도 생업에 종사하지 않아 마을 사람들 모두 그의 행위를 비웃고 있습니다. 어찌해서 손녀를 유독 그에게 주려는 것입니까?"

장부가 말했다.

"사람이 실로 진평처럼 뛰어난 용모를 갖고도 오랫동안 빈천할 수 있겠는가!"

마침내 손녀를 진평에게 보냈다. 당시 진평이 가난한 까닭에 장부는 그에게 폐백을 빌려주어 빙례聘禮를 치르게 하고, 주육酒肉을 살 자금도 주어 이내 아내를 맞이하게 했다. 장부는 손녀에게 이같이 주의를 주었다.

"가난하다고 하여 섬기면서 불손해서는 안 된다. 시아주버니 섬기기를 시부 섬기듯 하고, 큰 동서 섬기기를 시모 섬기듯 해야 한다."

진평은 장부의 손녀를 맞이한 후 사용할 재물이 날로 넉넉해졌고, 교유 또한 날로 넓어졌다. 제후들이 진나라에 반기를 들 때 진평은 하남성 진류현 임제臨濟에서 위왕 위구魏咎를 모셨다. 거마를 담당한 태복太僕의 자리를 맡았다. 하후영도 유방의 태복을 맡은 바 있다. 특별한

신임이 없으면 안 되는 자리이다. 신참임에도 특별한 대우를 받은 셈이다.

곧 위왕에게 유세했으나 받아들여지지 않았다. 그는 어떤 사람이 자신을 헐뜯고 나서자 이내 달아났다. 이후 진평은 항우를 섬기다가 작위를 수여받아 경卿이 되었다. 매우 높은 자리이다. 그러나 실무에는 관여하지 않은 듯하다. 유방이 한중을 나와 삼진을 공략하고 다시 동방을 노리자 과거 조나라 장군이었던 은왕殷王 사마앙이 항우에게 반기를 들었다. 항우가 진평에게 명하여 그를 치게 했다. 진평은 은왕의 항복을 받고 돌아온 뒤 도위都尉에 제수되었다. 부상으로 황금 20일鎰을 하사받았다.

얼마 되지 않아 유방이 은나라를 공격해 함락시키자 대로한 항우가 은나라를 평정했던 장군과 관리를 주살코자 했다. 진평이 1순위였다. 그는 크게 두려워한 나머지 이내 하사받은 금과 인장을 봉인해 사람을 시켜 항우에게 돌려준 뒤 칼 한 자루만을 지닌 채 황급히 몸을 빼내 샛길로 달아났다.

그는 황하를 건너 유방이 있는 곳으로 달아났다. 당시 팽성을 향해 진격하던 유방은 '5국 제후왕'의 군사를 이끌고 지금의 하남성 수무현을 지나던 중이었다. 옛 친구 위무지魏無知를 통해 유방을 알현케 됐다. 위무지는 성씨가 '위'인 점에 비춰 위나라 왕족의 일원이었을 공산이 크다. 유방이 곧 위무지의 천거를 받은 진평을 만나 보았다. 결과는 실망스러웠다. 먹을 것을 내린 뒤 객사에서 쉬게 했다. 진평이 강하게 청했다.

"신은 일로 온 까닭에 오늘을 넘기면 말씀 드릴 수가 없습니다."

유방은 전에 한신의 활약이 있었기에 진평의 청을 무시할 수 없었다. 과연 같이 얘기를 나눠보니 진평은 보기 드문 인재였다. 유방이 크게 기뻐했다.

"그대는 초나라에 있을 때 어떤 관직에 있었소?"

"도위로 있었습니다."

유방은 그날로 진평을 도위에 제수한 뒤 군주의 수레에 함께 타는 배승陪乘을 허락하며 장령을 감찰하는 호군도위護軍都尉의 벼슬을 내렸다. 제장들이 모두 불평하며 한마디씩 했다.

"대왕이 어느 날 문득 초나라의 탈주병 하나를 얻더니 그 재능의 고하도 모르면서 곧바로 수레를 같이 타게 하고, 오히려 공을 세운 우리들을 감독케 했다."

유방이 이 얘기를 듣고 더욱 진평을 가까이 했다. 유방은 평소 휘하의 건의를 기꺼이 받아들이는 모습을 보였지만 자신에게 확신이 든 경우에는 누구의 의견도 듣지 않고 독단적으로 행동했다. 독단과 독선獨善은 구분해야 한다. 자신만이 옳다며 휘하의 건의를 아예 받아들이지 않는 태도는 '독선'이다. 그러나 '독단'은 두루 경청한 뒤 앞뒤 맥락을 살펴 신중히 판단한 뒤 최종적으로 결단하여 밀고 나가는 태도이다. 상앙이 군주의 '독단'을 역설하고, 한비자가 군주의 전제專制를 역설한 이유가 여기에 있다. 『손빈병법』 등의 병서에서 군사를 이끌고 출정한 이상 군주의 명을 받지 않는 장수의 '전제'를 역설한 것과 취지를 같이한다.

명분의 선점

「고조본기」는 유방이 '5국 제후왕'의 군사를 이끌고 팽성을 함락시켰을 당시 이를 성공적으로 이끈 매우 주목할 만한 간략한 일화를 실어 놓았다. 『한서』「고제기」에는 그 내용이 보다 자세히 소개돼 있다. 이에 따르면 유방이 남쪽으로 가 평음진平陰津에서 황하를 건넌 뒤 낙양의 남쪽 신성新城에 이르렀을 때였다. 마을의 교화를 담당하는 이른바 삼로三老의 한 사람인 동공董公이 길을 막고 유방에게 이같이 말했다.

"신이 듣건대 '덕을 좇는 자는 창성하고, 덕을 거역하는 자는 망한다'고 했습니다. 또한 '출병에 명분이 없으면 일이 성공치 못한다'고 들었습니다. 그래서 '적이 역적이라는 것을 밝힐 수 있으면 적을 이내 복종시킬 수 있다'고 하는 것입니다. 항우는 무도하여 자신의 군주를 쫓아내 죽게 했으니 천하의 역적입니다. 무릇 인仁은 용맹으로 이루는 것도 아니고, 의義 또한 힘으로 이뤄지는 것도 아닙니다. 대왕은 의당 전군에 명해 의제를 위해 소복을 입은 뒤 제후들에게 이를 알리면서 항우를 쳐야 합니다. 그리 하면 천하에서 그 덕을 우러러보지 않는 자가 없을 것입니다. 이는 역대 성왕인 3왕三王이 행한 것을 토대로 한 것입니다."

'삼로'는 나이 50세 이상의 마을 원로를 말한다. 평소 덕행을 쌓고 마을 사람을 선하게 이끌 수 있는 인물을 선발했다. 각 향鄕마다 1명씩 삼로를 두었고, 향의 삼로 가운데 1명을 현縣의 삼로로 삼았다. 대개 마을의 유력 호족이 현의 삼로에 뽑혔다. 동공의 제안은 비록 유가의 명분론에 입각한 것이기는 했으나 항우의 약점을 정확히 찌른 것이었다. 앞서 언급한 바와 같이 아무리 난세일지라도 오직 힘만으로 밀어붙여서는 안 된다. 일정한 형식을 덧씌워 공자가 말한 '문질빈빈'의 모습을 갖출 필요가 있다. 비록 허수아비 황제에 지나지 않았으나 의제를 아무런 절차도 없이 '저승'으로 보낸 것은 소탐대실의 전형에 해당한다. 유방에게 이를 적극 써 먹으라고 권한 장본인이 바로 동공인 셈이다.

동서고금을 막론하고 모든 싸움은 서로 의전義戰을 내세우기 마련이다. 실력에 앞서 명분의 우위를 점하기 위한 사전조치에 해당한다. 이는 병사들의 사기와 직결돼 있기 때문에 매우 중요하다. 항우는 자신의 실력만 믿고 이를 너무 가볍게 생각했다. 삼국시대 당시 사마씨는 어린 황제 조방曹芳을 몰아낸 데 이어 심복 가충을 시켜 황제 조모曹髦를 멋대로 살해하고는 가충의 명을 받고 창으로 조모를 찌른 자를 대역부도의 죄로 처벌할 것을 주청했다. 백성들의 원망이 자신들에게 돌아올 것을 우려한 술책이었다. 당시 하수인에 불과했던 군졸은 형장으로 끌려가며 이같이 외쳤다.

"나는 죄가 없소. 오직 가충이 시켜서 한 것일 뿐이오!"

그러나 이미 끝난 일이었다. 당시 사마씨는 간교한 수단을 써 말을 듣지 않는 황제 조모를 제거한 뒤 애꿎은 하수인을 희생양으로 삼아 백성들의 비난을 피한 것이다. 사마씨가 조조의 위나라를 집어삼킨 배경이 여기에 있다. 항우도 천하를 호령하는 명실상부한 '패왕'으로 군림코자 했다면 유사한 방법을 구사했어야만 했다. 당시의 정황에 비춰 이는 손바닥을 뒤집는 것처럼 쉬운 일이었다. 그러나 그리하지 않았다. 자만심이 지나쳤다. 동공 같은 인물이 나타나 유방에게 이를 적극 활용하라는 충언을 하도록 만든 꼴이다. '의전'의 명분에서 앞서야 승리를 기약할 수 있다는 동공의 지적은 비단 유가사상에 그치는 게 아니라 고금을 막론하고 통용되는 병법의 기본원리이다. 유방은 현명하게도 그 의미를 재빨리 간취했다. 곧 의제를 위해 대대적인 상례喪禮를 거행했다. 「고조본기」는 당시 상황을 이같이 기록해 놓았다.

"유방이 어깨를 드러낸 채 대성통곡하며 3일 동안 애도했다."

어깨를 드러낸 채 대성통곡했다는 뜻의 원문은 단이대곡祖而大哭이다. 단祖은 화가 나 웃통을 벗거나 소매를 올린다는 뜻으로 자주 사용된다. 항우의 대역무도한 만행으로 인한 의제의 횡사에 대해 분을 삭이지 못했다는 뜻을 함축하고 있다. 절묘한 표현이다. 천하를 거머쥐려면 이 정도 연기는 할 줄 알아야 한다. 당시 건달 출신 유방은 겉으로만 어깨를 드러낸 채 대성통곡했을 뿐 속으로는 기뻐서 웃음이 절로 나오는 것을 참느라 무진 애를 썼을 것이다.

항우는 유방이 천하의 제후들을 소집하는 데 딱 좋은 구실을 스스로 제공한 꼴이나 다름없다. 이를 두고 명대의 유학자 능치륭陵稚隆은 『한서』를 편집 교열하면서 이같이 논평한 바 있다.

"유방이 웃통을 벗고 통곡한 것은 오로지 세상 사람들을 격분시키려는 수작이지 정말 애통해 한 것이 아니다. 설령 항우가 의제를 죽이지 않았을지라도 유방이 의제 밑으로 들어갈 사람인가? 항우가 유방을 위해 의제를 제거해 준 꼴이다."

절묘한 비유다. 능치륭의 지적은 유방이 각지의 제후들에게 보낸 격문을 보면 더욱 쉽게 알 수 있다. 「고조본기」에 나온 격문 전문이다.

> 천하가 의제를 함께 세운 뒤 북면하여 섬겼다. 지금 항우가 의제

> 를 강남에서 살해했으니 참으로 대역무도하기 그지없다. 과인은 친히 의제를 위해 발상을 하니 과인을 따르는 제후들은 모두 흰 상복으로 갈아입도록 하라. 이제 과인은 관중의 전 군사를 동원하고, 하남, 하동, 하내 등 삼하三河의 병사를 합쳐 장강과 한수 일대에 배를 띄워 남하할 것이다. 바라건대 천하의 제후왕들은 과인을 좇아 초나라의 의제를 죽인 자를 함께 치도록 하자!

겸손하면서도 힘이 넘치는 문장이다. 천하의 건달 출신 유방이 어떻게 이런 명문을 만들 수 있었던 것일까? 천하에 뜻을 두면 문장도 이처럼 절로 힘이 넘쳐나는지 모르겠다. 아마 누군가 곁에서 도와주었을 것이다. 당시 유방의 사자가 조나라에 이르자 진여는 이런 조건을 제시했다.

"달아난 장이의 목을 치면 따르도록 하겠소."

유방은 장이와 닮은 자를 찾아내 참한 뒤 그 머리를 진여에게 보냈다. 진여는 진짜 장이의 목을 벤 것으로 생각해 크게 기뻐하며 곧바로 군사를 파견해 유방을 돕도록 했다. 진여가 '5국 제후왕'의 일원이 된 배경이다.

한 2년(기원전 205년) 3월, 유방의 군사가 항우가 없는 팽성에 사실상 무혈 입성했다. 당시 직속부대는 관중에서 징발한 병사가 대부분이었다. 유방 자신은 늘 초나라 사람이라고 여겼으나 팽성 점령은 결과적으로 관중의 북방군에 의한 남쪽 초나라 도성 함락의 느낌이 강했다. 진시황이 초나라를 병탄했을 때는 초나라 백성들의 진나라에 대한 원한이 하늘이 찔렀으나 이번에는 오히려 관중 북방군의 남쪽 초나라 사람에 대한 분노가 더욱 컸다. 항우가 진나라 군사를 대거 몰살한 데 이어 함양을 분탕하며 도륙한 후과였다. 이렇다 할 싸움도 없이 팽성을 무혈 점령하다시피 한 유방의 군사는 말단의 병사에 이르기까지 승리에 도취해 있었다. 오히려 유방이 더한 감이 있었다. 팽성 안의 모든 것은 노략의 대상이었다. 「고조본기」의 다음 기록이 이를 뒷받침한다.

"팽성에 입성한 유방은 보화와 미인을 모아 놓고 날마다 성대한 술잔치를 베풀었다."

원문은 '수기화보미인收其貨寶美人, 일치주고회日置酒高會'이다. 고회高會는 성대한 연회를 뜻한다. 원래 주색을 밝힌 유방은 함양 입성 때 제대로 펴지 못한 욕정을 이때 마음껏 발산했던 듯하다. 유방은 내심 항우의 숨통을 끊었다고 생각했을 공산이 크다. 유방과 함께 입성한 장량 등의 참모들 역시 비슷한 생각을 품었을 것으로 짐작된다. 단지 한신만 직속부대에 대해 광란적인 야단법석에 참여하지 못하도록 엄명을 내려 평소의 군기를 유지했을 뿐이다.

팽성의 함락은 나름 큰 의미가 있지만 '패왕'과의 결전이 아직 이뤄지지도 않은 시점에서 연일 '치주고회'를 베푼 것은 분명 지나쳤다. 『손자병법』을 비롯한 병서에서 역설하는 경적필패輕敵必敗의 금언을 상기시키는 대목이다. 실제로 유방은 당대의 병법가인 항우의 기습공격을 받고 마치 쥐구멍을 찾듯이 황급히 달아나는 초라한 신세로 전락하고 만다.

기습공격의 용병술

이후 유방이 '5국 제후왕'과 합세해 56만 명의 대군을 이끌고 항우를 치기 위해 팽성으로 진격할 때 항우는 이를 방어할 겨를이 없었다. 전영의 동생 전횡의 저항이 그만큼 강고했다. 「항우본기」는 당시 상황을 이같이 기록해 놓았다.

"전횡이 흩어진 병사 수만 명을 거둬 성양城陽에서 기병하자 항우는 제나라를 평정하느라 정신이 없었다."

항우는 이 와중에 유방이 팽성을 함락시켰다는 소식을 들었다. 자부심이 강한 항우는 내심 '쥐새끼에게 당했다'는 생각에 이를 갈았을 공산이 크다. 팽성의 왕궁에서 술과 미녀에 취해 광란의 연회를 벌이는 유방과 5국 제후왕의 모습이 눈에 선했을 것이다. 당대의 병법가인 그는 곧바로 결단했다. 제나라 공격을 휘하 장수들에게 맡긴 뒤 직접 정병 3만 명의 정예병을 이끌고 밤을 새워 남쪽으로 내려갔다. 오왕 부차가 황지黃池에서 패자霸者로 등극하기 직전 오나라 도성이 월왕 구천에게 포위돼 태자 우友가 포로로 잡혀 살해되고 고소대가 불에 탔다는 소식을 들은 것과 닮았다.

당시 항우는 단순히 유방을 치는 것으로 끝낼 생각이 없었다. 차제에 유방과 그의 일당을 섬멸할 생각이었다. 어떻게 3만 명의 병력으로 56만 명에 달하는 대군을 '섬멸'할 수 있었을까? 실제로 그런 거짓말 같은 일이 벌어졌다. 전쟁사와 병법을 연구하는 학자들이 입을 다물지 못하는 대목이다. 이는 항우가 당대 최고의 병법가였음을 반증하는 사건이기도 하다. 『손빈병법』은 소수의 병력으로 적의 대군을 물리치는 방법을 이렇게 기술해 놓았다.

"용병에 뛰어난 장수는 아무리 적이 대군이고 강할지라도 적의 병력을 분산시켜 서로 구원하지 못하게 만든다. 또 분산된 적을 공격할 때도 적이 서로 연락을 취할 수 없도록 조치해 자신들이 공격받는 상황을 잘 모르게 만든다. 이어 전쟁터의 지형을 잘 살펴 험준한 지형을 활용하고, 병사들을 독려해 진퇴를 자유롭게 한다. 그리하면 적이 아무리 해자를 깊이 파고 보루를 높이 쌓을지라도 그들의 진영은 결코 견고해질 수 없고, 아무리 전차부대가 견고하고 무기가 날카로워도 그 위력을 발휘할 수 없다. 또 아무리 병사들이 용맹할지라도 결코 강한 군대가 될 수 없다."

전장의 지형을 숙지한 가운데 적의 병력을 분산시키고, 아군의 움직임을 전혀 눈치채지 못하게 만드는 것이 요체이다. 물론 대낮에는 불가능하다. 오직 심야에 적이 곤히 잠들어 있는 상황에서나 가능하다. 적이 '치주고회'로 인해 술에 취해 잠에 떨어져 있을 경우에는 섬멸도 가능하다. 항우는 바로 이런 절호의 기회를 잡은 것이다. 당대의 병법가인 항우가 이런 절호의 기회를 놓칠 리 없었다. 관건은 얼마나 빨리, 그리고 얼마나 소리 나지 않게 팽성으로 달려가 기습타격을 가하는가에 달려 있었다.

팽성 주변의 지형을 훤히 꿰고 있는 항우는 팽성 서쪽으로 우회해 퇴로를 차단한 뒤 다시 동쪽으로 밀어붙여 유방을 섬멸하는 작전을 구상했다. 심야에 유방의 무리를 '독 안의 쥐'로 만들고자 한 것이다. 팽성 함락 소식을 들었을 당시 항우는 거야의 늪지대 서쪽에 포진한 전횡의 군사와 맞서 동쪽에 진을 치고 있었다. 그는 여기서 전횡의 군사가 전혀 눈치 채지 못하게 곧바로 남하해 공자의 고향인 지금의 산동성 곡부인 노현魯縣으로 들어갔다. 이어 다시 사수泗水의 물길을 좇아 남으로 내려와 산동성 어태원의 호릉胡陵을 거쳐 강소성의 소현蕭縣으로 나왔다.

일부러 멀리 우회한 것이다. 『손빈병법』에서 말한 '얼마나 빨리'의 원칙에는 어긋나지만 '얼마나 소리 나지 않게'의 원칙에는 부합한다. 만일 심야의 강행군 등을 통해 속도를 배가할 경우 '얼마나 빨리'의 원칙에도 부합할 수 있다. 항우는 이 두 가지 요구를 모두 충족시켰다. 비록 멀리 우회하기는 했으나 강행군을 통해 팽성 동쪽에 이르게 됐을 때는 새벽의 여명이 트기 직전이었다. 연일 '치주고회'로 인해 광란의 연회를 즐긴 유방의 무리는 정신없이 잠에 떨어져 있었다. 항우의 군사가 시간을 지체하지 않고 덮쳤다. 깊은 잠에 떨어졌던 유방의 군사는 크게 놀라 정신없이 곡수穀水와 사수가 있는 쪽으로 달려갔다.

왜 이런 일이 벌어진 것일까? 항우가 급습을 가하리라고 전혀 생각지 못한 것일까? 그렇지는 않다. 이들은 항우의 군사가 설령 습격을 가할지라도 북쪽으로부터 공격하는 길 이외에는 달리 방법이 없다는 식으로 안이하게 생각했다. 우회해서 급습을 가하리라고는 전혀 상상치도 못했던 것이다. 게다가 승리에 도취한 나머지 항우가 당대의 병법가라는 사실조차 망각하거나 무시했다. 허를 찔린 유방과 5국 제후의 군사들이 서로 밟고 밟히며 사방으로 달아났다. 「항우본기」는 서로 앞뒤로 곡수와 사수에 잇달아 빠져 죽은 유방의 군사가 10여만 명에 달했다고 기록해 놓았다.

그러나 유방의 군사는 워낙 병력이 많았다. 항우의 군사보다 근 20배에 달했다. 10여만 명이 곡수와 사수에 빠져죽었지만 아직도 40여만 명이나 남아 있었다. 이들은 남쪽으로 달아나 평야에 산재하는 작은 구릉에 기대 대열을 정비한 뒤 반격을 가하고자 했다. 그러나 문제는 시간이었다. 항우의 군사는 조금도 여유를 주지 않았다. 곧바로 달아나는 유방의 군사 뒤를 추격해 팽성에서 서남쪽으로 50킬로미터가량 떨어져 있는 수수睢水 강변까지 몰아붙였다. 궁지에 몰린 유방의 군사 10여만 명이 모두 수수에 수장됐다. 『사기』와 『자치통감』은 이 바람에 수수의 물이 흐르지 않을 지경이 되었다고 기록해 놓았다. 나머지 군사들은 정신없이 사방으로 궤산했다. 이로써 이날 정오쯤 모든 상황이 종료됐다. 새벽부터 시작해 반나절도 되지 않는 시간에 56만 명에 달하는 유방의 군사를 궤멸시킨 것이다. 사실상 '섬멸'에 가깝다.

수수 강변은 지금의 안휘성 동북쪽의 영벽현靈璧縣 부근을 말한다. 영벽의 벽璧은 둥근 옥을 뜻하는 벽璧으로도 쓴다. 이곳에서 귀중한 옥이 산출되기 때문이다. 영벽현 동남쪽에 위치한 타하沱河의 북안北岸이 바로 나중에 항우가 유방의 군사에게 참패를 당한 해하垓下이다. 항우와 유방은 '영벽' 일대에서 각각 한 번씩 대승과 참패를 주고받은 셈이다.

다만 유방은 대패 후 수습할 시간을 벌어 역전극을 펼쳤지만 항우는 참패 후 재기를 포기하고 스스로 목숨을 끊은 점이 다를 뿐이다. 「항우본기」는 당시 유방이 천우신조天佑神助로 살아남게 된 배경을 이같이 기록해 놓았다.

"항우의 군사가 한왕 유방을 세 겹으로 포위했다. 이때 문득 큰 바람이 서북쪽에서 일었다. 나무가 꺾이고 집의 지붕이 날아가고, 돌멩이가 섞인 모래와 흙먼지가 불어와 일순 어둠이 밀려들면서 대낮이 그믐날 밤처럼 어두워졌다. 초나라 군사가 크게 어지러워져 사방으로 흩어졌다. 이 틈을 타 한왕 유방이 기병 수십 기만 이끌고 간신히 숨듯이 달아났다."

큰 바람이 서북쪽에서 일어난 것을 마치 하늘의 도움이 있었던 것처럼 묘사해 놓았음을 알 수 있다. 당시가 겨울이었던 점을 감안하면 문득 대풍이 일어난 것은 기이한 현상이기도 하다. 만일 그런 일이 있었다면 '천우신조'로 해석할 만하다. 그러나 과연 그런 일이 있었을까? 나관중이 『삼국연의』에서 제갈량을 미화하기 위해 동남풍을 호풍환우呼風喚雨하는 것으로 묘사한 것과 닮았다. 「계포난포열전」에 당시의 상황과 관련한 특이한 일화가 실려 있다.

초나라 장수 계포季布의 외숙인 정고丁固 역시 항우 밑에서 장수로 활약했다. 그는 팽성전투 당시 유방을 팽성의 서쪽까지 급히 추격했다. 유방이 길이가 짧은 이른바 단병기短兵器로 접전하다가 상황이 급해지자 정고를 돌아보며 큰소리로 외쳤다.

"양현兩賢이 어찌 이처럼 서로 다투는 사나운 운수를 만났단 말인가!"

'양현'은 두 현자라는 뜻으로 여기서는 협객 세계의 두 거물을 의미한다. 곧 유방 자신과 정고를 지칭한 것이다. 유방의 언급을 풀이하면 이런 얘기가 된다.

"당신과 나는 의리에 죽고 사는 임협의 세계에서 살아가는 사나이들이다. 어째서 천하의 협객이 이렇게까지 나의 목숨을 노리는 것인가? 무릇 대협大俠이라면 응당 서로의 처지를 이해해 주며 도와주는 게 도리가 아니겠는가?"

「계포난포열전」은 정고가 이 말을 듣고 이내 군사를 이끌고 돌아갔다고 써 놓았다. 고금을 막론하고 스스로 '대협'을 자처하는 자들은 '의리'와 '대의' 등의 용어에 약하다. 스스로 '대협'을 떠벌이고 있는 마당에 이를 부인하는 행위는 곧 '대협'이 아닌 소협小俠을 자처하는 꼴이 되기 때문이다. 천하의 건달 유방은 바로 그 허점을 예리하게 포착한 것이다.

주목할 것은 「계포난포열전」에 나오는 후일담이다. 항우가 멸망하자 정공이 유방을 찾아와 알현했다. 그러나 유방은 군중에서 조리를 돌리며 말했다.

"정공은 항우의 신하로서 불충하여 이내 항우로 하여금 천하를 잃게 만든 자이다!"

이내 그를 참수토록 했다. 객관적으로 볼 때 유방의 보여준 배은망덕한 행보는 '대협'과 거리가 먼 '소협'의 전형에 해당한다. 위기에 처했을 때 정고가 눈 감아 주지 않았다면 유방은 이내 황천객이 되고 말았을 것이다. 천하를 평정하고 새 왕조를 세우는 일은 더 더욱 없었을 것이다. 그렇다면 정고를 살려주는 것은 말할 것도 없고 제후로 발탁해도 결코 과하지 않았다. 그런데도 스스로 '대협'을 자처한 정고에게 참을 수 없는 모욕을 가하고 그것도 모자라 목까지 친 것이다.

이를 어찌 해석해야 할까? 천하를 얻는 득천하得天下와 천하를 다스리는 치천하治天下의 논리가 다르기 때문이라고 풀이할 수밖에 없다. 이를 정면으로 논한 인물이 바로 북송대의 사마광이다. 그는 『자치통감』에서 유방의 소행을 이같이 평했다.

"한고제는 풍패에서 일어난 이후 호걸들을 널리 거두고, 도망친 사람을 부르며 반기를 든 자들을 용납한 적이 매우 많았다. 그러나 그가 제위에 오른 이후 오직 정고만이 항우에게 불충했다는 이유로 주륙을 당했다. 이는 무슨 까닭인가? 무릇 진공하여 정권을 탈취하는 진취

進取와 이뤄 놓은 성공을 지키는 수성守成의 정세情勢가 다르기 때문이다. 군웅이 각축할 때는 백성들이 안정되어 독존獨尊하는 군주를 가질 수 없다. 투항하는 자가 있다면 이를 받아들이는 것이 마땅하다. 그러나 성공을 거두어 천자의 귀한 몸이 되면 사해 내에 신하 아닌 자가 없게 된다. 만일 신민에게 예의를 밝게 드러내 보여주지 못하면 신하된 자 개개인들로 하여금 두 마음을 품게 하여 큰 이익을 꾀하도록 만드는 것이다. 이리 하면 국가가 어찌 능히 오랫동안 평안할 수 있겠는가? 그래서 대의로써 결단하여 천하인들 모두 확연히 신하가 되어 불충을 행하는 자는 스스로 용납될 곳이 없음을 분명히 알게 만들어야 하는 것이다. 사적인 감정으로 은혜를 베풀어 교결交結하는 것은 설령 자신을 살려주는 일이 있을지라도 대의와는 아무 상관이 없는 일이다. 한 사람을 죽여 천만인을 두렵게 만들었으니 그 사안의 고찰이 어찌 깊고 원대하지 않는가? 한고제의 자손들이 천록天祿을 400여 년이나 누린 것은 마땅한 일이다!"

나름 일리가 있으나 유방의 '배은망덕' 행위를 미화했다는 지적을 면키 어렵다. 과연 생명의 은인인 정고를 죽인 것이 사마광이 칭송한 것처럼 '한 사람을 죽여 천만인을 두렵게 만들었다'고 평할 수 있는 것일까? 『춘추좌전』을 보면 춘추시대 중엽 차례로 패업을 이룬 제환공과 진문공은 과거 자신을 죽이려 했던 사람을 널리 포용하며 과감히 발탁하는 모습을 보였다. 하물며 정고처럼 의리를 좇아 자신에게 은혜를 베풀었던 사람인 경우이겠는가?

유방이 정고의 목을 친 것은 사실 월왕 구천이 일등공신인 문종文種을 제거한 것처럼 환난은 같이해도 복록은 같이 누릴 수 없다는 식의 토사구팽兎死狗烹과 맥을 같이하고 있었다. 더구나 정고는 팽월이나 경포 등처럼 일정한 무력을 지니고 있던 상황도 아니었다. 반기를 들 이유도 없었다. 자신의 목숨을 구해준 정고의 목을 친 것은 결코 합리화될 수 없다.

그런 점에서 「항우본기」에 나오는 '돌멩이가 섞인 모래와 흙먼지가 불어와 일순 주위가 한낮임에도 깜깜한 밤처럼 어두워졌다'는 대목은 재해석을 요한다. 아직 이를 정식으로 거론한 사람은 없으나 정고가 유방을 살려 준 것을 윤색했을 공산이 크다. 객관적으로 볼 때 정고가 유방의 목숨을 살려 준 사건은 항우와 유방의 운명을 가르는 엄청난 일이었다. 그런데도 사마천은 왜 '본기'에 이를 수록하지 않고 '열전'에 기록해 놓은 것일까? 의도적인 윤색을 반증하는 대목이 아닐까? 그것도 아니라면 항간에 나도는 얘기를 마치 사실처럼 기록해 놓은 것일 수도 있다.

종합적으로 판단할 때 『삼국연의』에 나오는 제갈량의 호풍환우가 허구이듯이 「황우본기」의 '돌멩이' 운운의 대목은 어용 사가 가의가 윤색한 『초한춘추』 내용을 그대로 전재했을 가능성이 높다. 사다케는 그렇게 보았다. 그것도 아니라면 사마천이 항간의 얘기를 마치 역사적 사실인 양 그대로 실어 놓았다고 보는 게 합리적이다.

인정과 몰인정

사서의 기록에 따르면 팽성전투에서 유방군은 철저히 궤멸됐다. 거의 재기불능 상태였다. 항우가 조금만 더 속도를 내 강하게 밀어붙였으면 역사가 완전히 달라졌을지도 모를 일이다. 팽성전투의 참패는 기본적으로 유방의 고질적인 호주호색好酒好色이 빚어낸 참사에 해당한다. 대다수 전문가들이 팽성전투 참패의 원인을 유방에게 묻는 이유다.

이에 대해 『사기』는 애매한 모습을 보이고 있다. 유방이 팽성을 점령할 당시 군사軍師로 활약한 한신의 행적에 관해 단 한마디도 언급해 놓지 않기 때문이다. 이를 두고 한자오치는 『사기신독』에서 유방이 한신을 견제할 생각으로 후방에 배치한 결과로 분석했다. 창견創見이다.

사실 유방은 한신을 대장군에 임명한 후 잇달아 승리를 거뒀다. 한신의 '암도진창' 전술 덕분에 유방은 손쉽게 관중을 손에 넣었고, 이후 함곡관을 빠져나와 관동의 여러 제후국들을 제압하고 제후왕들을 우군으로 끌어들일 수 있었다. 일이 너무 잘 풀리면 이내 승리감에 도취돼 자만하거나 방심하기 마련이다. 유방도 항우가 그랬던 것처럼 유사한 덫에 걸려 참패를 당했다고 보는 게 옳다. 유방은 내심 '천하의 일은 이제 끝났고, 두려운 사람은 오직 한신밖에 없다'는 식으로 생각했을 공산이 크다. 한자오치의 추론은 나름 타당하다.

원래 한신은 비록 정치적으로는 여러 차례 실수를 저질렀지만 군사적으로는 단 한 번의 실수도 저지른 적이 없다. 이런 한신을 전방에 배치하지 않고 후방으로 돌린 것은 쉽게 납득이 가지 않는다. 한자오치가 지적한 것처럼 한신을 크게 의식했을 공산이 크다.

아이러니 한 것은 유방이 항우의 기습으로 팽성전투에서 참패하고 황급히 도주할 때 한신이 급히 형양에 설치한 견고한 방어선 덕분에 목숨을 구한 사실이다. 마치 참패를 예상한 듯한 일이 빚어진 것이다.

당시 한신이 형양과 성고 사이에 방어선을 구축하지 못했으면 이내 관중까지 위험해질 수 있었다. 따라서 한신은 유방의 생명을 구한 은인에 해당한다.

유방은 황급히 도주하는 와중에 패현 일대를 지나면서 문득 집안 식구들을 생각했다. 그러나 항우가 한 발 빨랐다. 사람을 풍읍으로 보내 유방의 식구를 인질로 잡아두려고 했다. 「항우본기」는 패현으로 기록해 놓았지만 「하후영열전」은 풍읍으로 써 놓았다. 풍읍이 타당할 것이다. 유방의 가족들은 이미 도망친 뒤여서 항우의 구상은 실패로 돌아갔다. 유방 역시 그들을 만날 수 없었다. 이때 유방은 하우영이 모는 수레에 올라타 길을 재촉하는 도중 우연히도 혜제 유영과 노원공주를 길에서 만나게 됐다. 하우영이 황급히 이들을 수레에 태웠다. 황당한 일은 그 이후에 벌어졌다.

초나라 기병이 추격해 오자 유방이 다급한 나머지 두 자녀를 수레 아래로 밀어 떨어뜨렸다. 무게를 줄여 속도를 높이려는 속셈이었다. 자식들을 마치 짐짝처럼 취급한 것이다. 하후영이 수레에서 내려 이들을 다시 수레에 태웠다. 「하우영열전」은 이런 일이 3번이나 계속되었다고 기록해 놓았다. 당시 하후영은 유방에게 이같이 간했다.

"지금 상황이 비록 긴박하기는 하나 더 이상 내달릴 수는 없습니다. 게다가 자식들을 내버리고 어찌 하려는 것입니까?"

그러고는 천천히 갔다. 유방이 화가 난 나머지 자식들을 10여 차례에 걸쳐 참斬하려고 했다. 하후영이 끝까지 보호하여 두 자녀를 위기에서 구할 수 있었다. 당시 상황에 대한 『사기』와 『한서』, 『자치통감』 등의 기록에 적잖은 차이가 있어 세밀한 검토가 필요하다.

유방이 두 자녀를 수레 밖으로 떨어뜨리는 장면을 두고 『사기』「하후영전」은 넘어뜨린다는 뜻의 궐蹶, 『한서』는 발로 찬다는 뜻의 발蹳, 『사기』「항우본기」와 『자치통감』은 밀어서 떨어뜨린다는 뜻의 추타推墮로 표현해 놓았다. '추타'가 가장 부드럽고, '발'이 가장 격렬하다. 어떤 표현이 당시의 정황에 부합하는지 판단하기 쉽지 않다. 이는 달리던 도중 목을 치려고 한 '참'의 대상과 함께 고려해 판단하는 게 타당할 것이다.

『사기』「하후영전」과 『한서』는 '참'의 대상을 하후영, 『자치통감』은 두 자녀로 기록해 놓았다. 위기에 몰려 급히 탈출하는 상황에서 수레를 모는 하후영을 죽이려 했다는 것은 정황상 무리가 있다. 『자치통감』의 기록이 정황에 부합한다. 자신이 살기 위해 자식의 목을 치고자 한 것은 비정非情의 극치이다. 그렇다면 두 자녀를 수레 밖으로 떨어뜨렸을 때의 거동 역시 『한서』의 표현처럼 발로 찼다는 뜻의 '발'로 보는 게 사실에 부합할 듯하다.

당시 심이기審食其는 태공과 여후를 좇아 샛길로 유방을 찾아 다녔으나 서로 만나지 못하고 오히려 초나라 군사에게 잡히고 말았다. 초나라 군사들이 이들과 함께 군영으로 돌아갔다. 항우는 이들을 군중에 두고 인질로 삼았다. 태공과 여후는 항우와 유방이 홍구를 기준으로 천하를 반분하는 강화조약을 맺은 이후에 비로소 유방에게 돌아올 수 있었다.

제8장
소하蕭何가 유방의 의심을 사다

경포의 갈등

유방이 팽성전투에서 참패해 가까스로 사지를 빠져 나와 황급히 도주할 당시 여후의 오빠 주여후周呂侯 여택呂澤이 군사를 이끌고 지금의 강소성 탕산현 북쪽인 하읍下邑에 주둔하고 있었다. 「고조본기」는 유방이 샛길로 그를 찾아가 몸을 의탁한 뒤 점차 사졸들을 거둬들였다고 써 놓았다. 팽성에서 마치 천하를 차지한 듯 연일 '치주고회'한 것과 비교하면 초라하기 짝이 없는 모습이다. 제후들이 모두 유방을 배반하고 다시 초나라에 붙는가 하면 새왕 사마흔과 적왕 동예가 유방의 무리에서 도주해 초나라에 항복했다는 「항우본기」의 기록이 이를 뒷받침한다. 천하대세는 팽성전투를 계기로 다시 항우에게 유리하게 기울기 시작하는 듯했다.

그러나 또 다시 이를 뒤집는 듯한 사태가 빚어졌다. 바로 항우가 어렵사리 세워놓은 제나라 왕 전가田假가 전횡의 공격을 받고 초나라로 도주한 게 그렇다. 전횡이 다시 제나라 땅을 모두 손에 넣었다. 화가 난 항우가 전가의 목을 베어버렸다. 그러나 이는 전가의 목을 베는 것으로 끝날 일이 아니었다. 제나라가 계속 북쪽에서 위협을 가할 경우 항우는 서쪽의 유방과 북쪽의 전횡에게 양면협공을 당할 소지가 컸다. 만일 남쪽의 경포까지 이에 가세하는 일이 빚어지면 그야말로 삼면협공을 당하는 곤경에 처하게 된다. 실제로 일이 그런 식으로 진행됐다.

왜 그런 일이 빚어진 것일까? 항우가 팽성전투의 승리에 도취해 사태를 너무 안이하게 판단한 결과다. 실력이 비슷한 사람이 바둑을 둘 때 흔히 볼 수 있듯이 마지막 종국終局이 선언될 때까지 방심은 금물이다. 역전에 역전이 거듭되기 때문이다. 국지전의 승리에 도취해 긴장의 끈을 놓는 순간 빈틈을 보이게 되고, 그 틈을 노려 상대가 공격해 들어올 경우 졸지에 상황이 역전될 수 있다. 항우가 삼면협공에 걸린 배경이 꼭 그와 같다.

이는 정반대로 팽성전투에서 참패한 유방이 상황을 반전시키기 위해 온갖 수단을 동원했음을 반증한다. 실제로 유방은 팽성전투에서 참패해 가까스로 사지를 빠져 나온 후 초심으로 돌아가는 모습을 보였다. 풍읍으로 향할 당시 풍읍은 왕릉이 지키고 있었다. 유방은 왕릉의 보고를 듣고 당초 거병하기 직전 몸을 숨기고 있던 망탕의 늪지대로 돌아가 과거의 동료와 합류키로 했다. 이들이 향한 곳은 여후의 오빠인 여택의 근거지인 하읍이었다. 원래 이곳은 여씨 일족의 근거지이다. 여택이 휘하 군사를 이끌고 주둔해 있었다. 여택은 뛰어난 무장이었다. 유방은 여택이 거느린 정규군과 합류한 덕분에 일단 한숨을 돌릴 수 있었다. 이후 점차 사방으로 궤산했던 병사들을 하나둘 거둬들이기 시작했다.

그러나 이는 일정한 한계가 있었다. 제후들 대부분이 천하대세가 항우 쪽으로 기울었다고 판단해 분분히 유방을 배반하고 다시 항우 쪽에 붙었기 때문이다. 이들을 탓할 수도 없었다. 이는 자신의 선택 하나로 일거에 운명이 뒤바뀌는 난세의 상황에서 불가피한 것이기도 했다. 이 소식을 들은 유방이 크게 곤혹스러워했다. 「유후세가」에 따르면 당시 유방은 크게 위축된 나머지 군신들에게 이같이 물었다.

"나는 이제 함곡관 이동의 땅을 내놓아 다른 사람에게 넘겨줄 생각이다. 누가 가히 나와 함께 이런 공업을 이룰 수 있겠는가?"

함곡관 이동의 땅을 내놓아 다른 사람에게 넘겨준다는 뜻의 원문은 '연관이동등기지捐關以東等棄之'이다. 연捐과 기棄는 똑같이 버린다는 뜻이지만 뉘앙스가 다르다. '연'은 의연금의 '연'처럼 기부한다는 취지이고, '기'는 내다버리듯이 미련을 버리겠다는 뜻이다. 사마천은 왜 굳이 '연'과 '기'의 동사를 겹쳐서 사용한 것일까? 이는 유방의 당시 심경을 절묘하게 표현한 것이다.

문맥상 '연'은 천하는 원래 자신의 것이라는 취지에서 나온 것이다. 가까스로 목숨을 구한 뒤 한 뙈기도 안 되는 하읍에 머물며 '허풍'을 떤 셈이다. 사다케는 과연 그런 일이 있었는지 의심스럽다며 육가가 『초한춘추』를 저술하며 창작해 낸 것으로 추정했다. 그러나 유방의 평소 행보에 비춰볼 때 이는 충분히 있음직한 일이다.

이 대목의 방점은 '연'보다 '기'에 찍혀 있다. 함곡관 이동의 땅을 포기하겠다는 취지를 드러낸 것이다. 팽성전투의 패배가 이런 생각을 갖도록 만들었을 것이다. 관중의 땅만 차지한 채 힘을 기른 뒤 후일을 도모하겠다는 의중이 그대로 드러나고 있다. 앞의 '연'은 '기'의 배경 설명에 해당한다. 굳이 『초한춘추』까지 끌어들일 필요가 없는 것이다.

팽성전투의 참패를 계기로 유방은 자신의 생각이 얼마나 성급하고 무모했는지 절감할 수밖에 없었을 것이다. 항우는 결코 만만히 볼 대상이 아니고, 자칫했다가는 포로로 잡혀 목이 잘릴지도 모른다는 생각을 했을 공산이 크다. '막강한' 적을 상대로 승리를 거머쥐기 위해서는 비상한 대책이 필요하다. 그가 심사숙고를 거듭한 계책이 바로 함곡관 이동의 땅을 내놓아 다른 사람에게 넘겨주는 '연관이동등기지' 계책이었다고 보는 게 맞다.

제후왕들에게 관동의 땅을 과감히 떼어주는 식으로 연합세력을 결성해 '막강한' 항우를 제압한 뒤 시간을 갖고 여타 위협세력을 제압함으로써 마침내 천하를 통일한다는 복안이 그것이다. 여기에는 비록 발설할 수는 없지만 한신 등에 대한 토사구팽兎死狗烹도 들어 있다. 실제로 역사는 그런 식으로 진행됐다. 결과적으로 팽성전투의 참패가 전화위복의 계기로 작용한 셈이다.

유방이 이런 대안을 마련한 것은 속히 천하를 차지하려는 성급한 마음을 버린 덕분이다. 원래 사람은 극도의 애착을 갖고 있던 대상을 포기하면 문득 호기롭고 자유로워진다. 이미 많은 것을 차지한 사람이 인색하게 구는 것은 자신이 생각하는 기준을 채우기 위해 줄달음치기 때문이다. 기준을 하향 조정하는 순간 주변을 돌보며 덕을 베푸는 사람으로 일변할 수 있다. 심기일전心機一轉은 바로 이런 경우를 지칭하는 것이다. 예상치 못한 엄청난 충격이 '심기'를 바꾸게 만드는 계기로 작용한 결과다. 이는 팽성전투 참패의 충격이 그만큼 컸음을 반증한다. 화두를 깊이 생각하다가 예상치 못한 충격을 받고 문득 도를 깨닫는 선가의 화두참구話頭參究와 닮았다.

실제로 당시 유방은 영토에 대해 인색하게 굴었다. 이내 항우를 제압하고 천하를 거머쥘 수 있다고 자만한 까닭에 남에게 떼어줄 생각이 추호도 없었다. 그러나 현실은 그와 정반대로 나타났다. 팽성전투 참패가 그랬다. 연합세력을 결성한 뒤 '막강한' 항우를 제압하는 방안이 현실을 직시한 것임은 말할 필요 없다. 유방이 '누가 가히 나와 함께 이런 공업을 이룰 수 있겠는가?'라고 물은 것도 이런 맥락에서 접근해야 정확한 해석이 가능하다.

그럼에도 역대 주석가는 물론 21세기의 대다수 사람들 역시 장량이 관동의 땅을 떼어주는 식으로 연합세력을 구축하는 방안을 최초로 제기한 것으로 간주하고 있다. 이는 유방이 언급한 '연'과 '기'의 함의를 무시하거나 간과했기 때문이다. 건달 출신 유방이 이런 창조적인 묘안을 짜낼 리 없다는 식의 선입견이 걸림돌로 작용했음직하다. 유방은 비록 건달 출신이긴 했으나 항우와 달리 남의 의견을 잘 받아들였다. 머리가 그만큼 유연하다는 뜻이다. 나아가 팽성전투 참패의 충격이 그로 하여금 마음을 비우게 만드는 계기로 작용했다. 이런 뛰어난 창견을 낼 수 있는 모든 조건이 마련돼 있었다.

그런 점에서 장량이 역전의 계기로 작용한 비책을 건의했다는 기존의 견해는 일정 부분 수정이 필요하다. '초한지제' 당시 장량이 보여준 여러 계책 가운데 가장 뛰어난 계책으로 평가받는 이른바 '4면협공' 전략은 비록 장량의 머리에서 나왔을지라도 이를 결단한 이는 어디까지나 유방이었다. '4면협공' 전략은 북쪽의 팽월과 동쪽의 한신, 서쪽의 유방, 남쪽의 경포가 사면으로 협공을 가해 항우를 제압하는 계책을 말한다. 「유후세가」는 당시 장량이 제시한 '4면협공' 전략을 이같이 기술해 놓았다.

"구강왕 경포는 초나라 출신의 맹장으로 지금 항우와 사이가 벌어졌다고 합니다. 또한 팽월은 제나라와 더불어 양나라 땅에서 항우에게 반기를 들고 있습니다. 이 두 사람이라면 가히 지금처럼 위급한 상황에서 즉시 써먹을 수 있습니다. 대왕의 휘하 장수 가운데 오직 한신만이 대사를 맡을 수 있습니다. 한신이라면 능히 한 쪽을 담당할 수 있을 것입니다. 관동 땅을 내놓을 생각이면 이들 3인에게 내주도록 하십시오. 그러면 가히 초나라를 깨뜨릴 수 있습니다!"

당시의 천하 정세를 정확히 읽은 뛰어난 계책이다. 원래 항우군의 고위간부는 대부분 항씨 일족 내지 처족 등이 차지하고 있었다. 그도 아니면 항량이나 항우와 인연을 맺은 인물들이었다. 제나라 무장으로 있다가 항우군에 가담한 사마용저司馬龍且 같은 인물은 소수에 지나지 않았다. 그는 독자적인 군사를 갖고 있지도 않았다.

그러나 초나라 군대 내에서 최고의 무력을 보유한 이른바 관군冠軍으로 통한 경포는 예외였다. 그는 애초부터 자신의 '지분'을 갖고 항우군에 합류했다. 원래 그는 유방과 마찬가지로 초나라의 옛 수도인 수춘壽春의 남부에 위치한 육현六縣 출신 건달이다. 육현은 오랫동안 한족이 아닌 남만의 거주지였다. 경포 또한 출신이 같았는지도 모른다. 항우가 분봉할 때 경포를 그의 고향인 구강에 봉한 게 그렇다. 그런 그가 총사령관인 항우와 사이가 틀어진 것은 항우에게 치명타였다.

이케다는 그 배경과 관련해 대략 경포가 항우의 명을 받고 의제를 살해한 즈음 모종의 갈등이 빚어진 것으로 보고 있다. 그것이 경포의 정의감 또는 권력욕 때문인지, 그것도 아니면 항우의 천하장악에 대한 회의 때문인지 여부는 자세히 판단하기 어렵다고 했다. 이는 사서의 기록을 토대로 추론하는 게 타당하다.

「경포열전」에 따르면 당초 항우는 제나라를 칠 때 구강에서 군사를 징발했다. 구강왕 경포는 칭병한 채 가지 않고 다른 장수에게 병사 수천 명을 이끌고 가게 했다. 유방이 팽성을 함락시킬 때도 경포는 칭병하며 초나라를 돕지 않았다. 이로 인해 항우는 경포를 원망했다. 그는 수차례 사자를 보내 책망하며 경포를 불렀다. 그럴수록 경포는 더욱 두려워하며 감히 가려고 하지 않았다. 이상은 「경포열전」의 기록이다.

기록만 보면 경포와 항우의 사이가 벌어진 시점을 반드시 의제 살해 시점으로 간주할 근거가 없다. 그보다는 '구강에서 군사를 징발했다'는 표현에 주목하는 편이 나을 듯하다. 구강은 경포의 근거지이다. 자신의 근거지에서 '마구' 군사를 징발하는 것을 좋아했을 리 없다. 여기서 불화의 씨가 뿌려진 게 아닐까? 이후 팽성전투 때 초나라를 돕지 않은 일로 인해 점차 거리가 벌어졌다고 보는 게 합리적이다.

나아가 유방의 팽성 함락은 급작스럽게 이뤄진 것이어서 경포가 돕거나 어찌할 여지가 없었다. 유방 연합군의 숫자 또한 가공할 만했다. 무려 56만 명에 달하는 유방의 군사를 향해 경포가 섣불리 나설 경우 이는 자멸의 길이다. 당시 항우가 이런 여러 정황을 두루 헤아리지도 않고 대뜸 화부터 내며 경포를 책망한 것은 큰 실책이었다. 경포가 항우와 결정적으로 틀어진 배경이 여기에 있다고 보는 게 합리적이다.

경포와 사이가 틀어지기 전에도 항우는 북쪽으로 제나라의 전횡과 조나라의 진여의 준동을 걱정해야 하는 처지였다. 서쪽 유방도 요주의 대상이었다. 함께 일을 할 사람은 오직 구강왕 경포밖에 없었다. 그런 상황에서 경포가 유방과 장량이 함께 고안해낸 '4면협공' 계책의 일익을 담당할 경우 이는 항우의 등에 비수를 꽂는 것이나 다름없었다. 당시 항우는 무엇이 자신에게 가장 긴요한 사안인지 제대로 파악치 못했던 셈이다.

소하의 위기

유방이 우현의 늪지대에서 힘을 비축한 뒤 손에 넣고자 한 목표는 전략요충지 형양滎陽이었다. 바로 형양의 서북쪽에 위치한 거대한 곡물저장소 오창敖倉 때문이었다. 원래 오敖는 성대하다는 의미이고, 창倉은 곡물창고를 뜻한다. 유방이 팽성전투에서 참패한 후 심기일전의 자세로 새로운 면모를 보였다고 평하는 것은 그가 초심으로 돌아갔기 때문이다. 풍읍에서 기의한 후 하읍에서 망탕에 이르는 늪지대에서 세력을 키웠던 전례를 그대로 답습한 게 그 증거다. 중과부적으로 적을 상대할 수 없을 때 일시 숨을 죽이며 힘을 기르는 일종의 도광양회韜光養晦의 계책을 구사한 셈이다. 이게 적중했다.

기원전 204년 5월, 유방이 형양에 이르자 사방으로 궤주했던 패잔병이 하나둘 모여들기 시작했다. 관중에 있던 소하 역시 그간 군역을 부과하지 않았던 23세 미만과 56세 이상의 남자를 모두 징발해 형양으로 보냈다. 소하가 파견한 관중의 병사는 대부분 노인과 소년이어서 전투에 직접 투입하기 어려웠다. 그런데도 소하는 왜 이런 병사들을 형양으로 보낸 것일까? 여기에는 고도의 노림수가 있었다.

유방이 팽성을 공격할 때 동원한 병력은 대부분 관중의 장정 출신들이었다. 이들은 유방이 팽성전투에서 참패한 후 사방으로 달아났다. 거의 선택의 여지가 없었다. 떠돌이 유적이 되거나 다시 유방군에 참가하든가 둘 중 하나를 택해야 했다. 소하가 노린 게 바로 이것이었다. 이들을 유인하기 위해 의도적으로 소년과 노인을 차출해 형양으로 보낸 것이다. 실제로 사방으로 돌아다니던 패잔병들이 속속 가족을 찾아 형양으로 돌아왔다. 「고조본기」는 당시 상황을 이같이 묘사해 놓았다.

"유방의 군사가 다시 크게 활기를 띠기 시작했다."

소하의 책략이 적중했음을 보여준다. 팽성전투 후 자진해서 유방군에 투신하려는 사람은 거의 없었다. 형양은 전략적으로 매우 중요했다. 중원으로 진출하는 교두보이자 관중을 방어하는 최전선이 된 까닭에 성격상 '초한지제'의 승패를 가르는 요충지였다. 유방이 형양을 확보한 가운데 나름 힘을 키운 데는 소하의 공이 컸다. 「소상국세가」의 다음 기록이 이를 뒷받침한다.

"한 3년(기원전 204년) 한왕과 항우가 경과 색 땅 사이에서 대치했다. 주상主上이 자주 사자를 보내 승상을 수고롭게 했다."

유방은 왜 사자를 자주 보내면서 승상 소하를 수고롭게 만든 것일까? 당시 곤경에 처해 있던 유방은 가장 신임하던 소하까지 의심했다.

이를 뒷받침하는 「소상국세가」의 해당 대목이다.

"포생鮑生이 하루는 소하에게 말하기를, '지금 한왕은 누더기를 걸친 채 야전을 치르느라 여념이 없는 와중에 일부러 여러 번 사자를 보내 승상을 수고롭게 하고 있습니다. 이는 한왕이 내심 승상을 마음속으로 믿지 못하기 때문입니다. 승상을 위한 계책으로 말하면 승상의 자손과 형제 가운데 무릇 병사가 될 만한 자를 모두 형양으로 보내는 것보다 나은 게 없습니다. 그러면 한왕은 필히 지금 이상으로 승상을 믿게 될 것입니다."

'포생'은 포씨 성을 가진 유생을 말한다. 소하가 총애한 선비로 짐작된다. 소하는 그의 건의를 좇아 그대로 시행했다. 「소상국세가」는 그 결과를 '한왕대열漢王大說'로 표현해 놓았다. 유방은 소하의 헌신적인 노력 덕분에 기사회생했음에도 이처럼 충성스런 자에게도 의심을 품고 있었다. 유방은 춘추시대 말기의 월왕 구천과 마찬가지로 환난은 같이 나눌지라도 복록은 함께 누릴 만한 인물이 못 되었다. 토사구팽이 단순히 일어난 게 아님을 알 수 있다. 그 어두운 전조가 이미 이때부터 겉으로 드러나기 시작했다고 해도 과언이 아니다. 사냥이 끝나지도 않았는데 이미 사냥개를 삶아먹을 물부터 끓이고 있었던 셈이다.

그 표적은 바로 한신이었다. 한신은 유방이 위기에 처할 때마다 정예병을 공급하는 역할을 담당했다. 크게 볼 때 유방이 몇 달에 걸친 곤경 속에서도 꾸준히 힘을 키운 데는 소하의 공이 큰 게 사실이지만 여기에는 일정한 한계가 있었다. 떠돌이 유적이 될 뻔한 패잔병들을 다시 그러모으는데 성공했지만 이들은 기본적으로 구사일생으로 살아남아 공포감을 지니고 있었다. 정예병의 충원이 필요했다. 이를 충족시킨 인물이 바로 한신이었다.

팽성전투 당시 한신은 엄정한 군기를 유지한 덕분에 유방군의 참패에도 불구하고 자신의 부대를 거의 그대로 유지할 수 있었다. 팽성전투에서 대승을 거둔 후 승승장구로 북상하던 항우의 군사를 형양의 남쪽 경현京縣과 북쪽의 색현索縣에서 저지한 것도 바로 한신의 군사였다. 한신이 이를 저지하지 못했다면 유방이 형양을 거점으로 그토록 빠른 시간에 기력을 회복키가 어려웠을 것이다.

이와 관련해 사다케는 유방이 기원전 204년 4월의 팽성전투 참패로 도주한 지 대략 1달 만에 형양으로 들어간 것으로 된 「고조본기」의 기록에 의문을 제기했다. 『자치통감』은 이해 5월에 형양으로 들어간 것으로 기록해 놓았다. 이는 유방이 하읍에 있을 때부터 경포를 이끌고 성고로 쳐들어가기까지 '수월數月'의 시간이 걸렸다는 「경포열전」의 기록과 충돌한다. 사다케는 유방이 늪지대 일대의 무뢰배들과 연계한 사실을 의도적으로 감추기 위해 후대인들이 개작한 것으로 추정했다. 일리 있는 분석이다.

사실 당시 상황에 비춰볼 때 유방이 참패한 지 불과 1달 만에 형양으로 들어가 다시 힘을 크게 키웠다는 것은 비상식적이다. 유방이 너무 황급히 달아나는 바람에 자식들마저 수레에서 발로 밀어 떨어뜨리는 일을 3번이나 한 사실이 이를 반증한다. 궤멸에 가까운 참패를 당한 까닭에 1달 만에 이전 수준에 버금하는 병력을 재차 충원했다는 것은 사실상 불가능에 가까웠다.

그러나 1달이든 몇 달이든 이는 사소한 문제에 지나지 않았다. 중요한 것은 소하와 한신 등의 헌신적인 노력 덕분에 비교적 짧은 시간 안에 이전 수준에 육박하는 기력을 회복했다는 점이다. 크게 패했을 때는 앞날에 대한 낙관적인 생각이 도움이 될 수 있다. 매사가 그렇듯이 적과 생사를 건 접전을 벌일 때는 최후의 결전에서 승리하는 것이 중요하다. 결전에 이르는 과정에서 빚어지는 크고 작은 승부에 연연할 필요는 없다. 매사에 낙관적이었던 유방은 그같이 생각했을 공산이 크다.

진평의 도수수금

한신이 경현과 색현에서 초나라 군사를 저지할 당시 유방은 군사들 가운데 기병대장이 될만한 자를 골랐다. 전에 진나라 기병대로 활약했던 이필李必과 낙갑駱甲이 천거됐다. 유방이 이들에게 관직을 제수하려고 하자 두 사람이 말했다.

"신들은 옛날 진나라에 봉직한 사람이기 때문에 장병들이 신들을 믿지 않을까 두렵습니다. 원컨대 대왕의 좌우에서 말을 잘 타는 자를 뽑아 저희들에게 붙여주시기 바랍니다."

유방이 이내 관영을 중대부령中大夫令에 제수하고, 이필과 낙갑을 각각 좌우 교위校尉로 삼았다. 이들이 기병을 이끌고 가 형양의 동쪽에서 초나라 기병을 대파했다. 이를 계기로 초나라 군사들이 형양을 지나 서진하는 일이 불가능하게 되었다. 이때 이미 유방의 주력군이 관중 출신 병사로 채워졌음을 알 수 있다. 이에 힘입어 유방이 형양에 군사를 주둔시킨 뒤 용도甬道를 쌓아 황하까지 연결시킬 수 있었다. 이는 형양의 서북쪽에 있는 곡물창고 오창敖倉의 양식을 최대한 활용하기 위한 조치였다.

주목할 것은 이때 관영과 주발 등이 유방 앞에서 진평을 헐뜯고 나서자 유방이 이들의 말에 미혹된 점이다. 항우가 범한 전철을 밟을 소지가 컸다. 당시 관영 등은 이같이 헐뜯었다.

"진평은 비록 상모相貌가 관에 장식하는 구슬인 관옥冠玉과 같으나 관옥 같은 상모에 반드시 책략이 있다고 말할 수는 없습니다. 신들이 듣건대 진평은 집에 있을 때 형수와 몰래 간통했다고 합니다. 또한 위나라를 섬기다가 건의가 받아들여지지 않자 이내 초나라로 달아났다가 다시 중용되지 못하자 다시 도망쳐 우리 한나라에 귀부했습니다. 그런 자에게 대왕은 관직을 높여주어 군을 감찰하는 호군도위護軍都尉에 임명했습니다. 듣자하니 그는 제장들로부터 금품을 뇌물로 받으면서 금품을 많이 낸 자는 좋은 곳에 배치하고 조금 낸 자는 나쁜 곳에 배치한다고 합니다. 진평은 배신을 거듭하는 난신입니다. 원컨대 대왕은 이를 깊이 헤아리기 바랍니다."

유방이 이 말을 듣고 진평을 의심했다. 이에 진평을 천거한 위무지魏無知를 불러 나무랐다. 위무지가 반박했다.

"신이 대왕에게 천거한 것은 그의 재능이고 지금 폐하가 나무라는 것은 그의 행실입니다. 지금 미생尾生과 효기孝己의 행실이 아무리 좋다 한들 승부의 책략에는 아무런 도움이 되지 않습니다. 폐하가 어찌 한가로이 그런 자들을 채용할 수 있겠습니까. 초나라와 한나라가 서로 대립하고 있기에 신은 기책을 내는 인재인 기모지사奇謀之士를 천거했던 것입니다. 그러니 그의 계책이 실로 족히 나라를 이롭게 하는 것인지 아닌지 만을 고려하십시오. 도수수금盜嫂受金이 어찌 족히 사람의 재능을 의심할 소재가 될 수 있겠습니까?"

'미생'은 여인과의 약속을 고집스럽게 지키다 물에 빠져 죽은 전설적인 인물이다. 『장자』「도척」편에 따르면 미생은 여인과 다리 아래에서 만나기로 약정했다. 다리 밑에 물이 계속 불어나는 상황에서 여인은 나오지 않았다. 미생은 여인이 오기를 기다리며 자리를 떠나지 않고 있다가 끝내 다리기둥을 붙든 채 익사하고 말았다. '효기'는 은나라의 중흥주인 고종高宗의 아들로 효행이 뛰어난 것으로 유명했다. 그러나 유방은 이내 진평을 불러들여 따졌다.

"선생은 위나라를 섬기다가 임용되지 못했고, 초나라를 섬기다가 떠났고, 지금은 또 나와 어울리며 교유하고 있소. 성신誠信한 사람이 실로 여러 마음을 가질 수 있는 것이오?"

진평이 대답했다.

"신이 위왕을 섬겼을 때 위왕은 신의 말을 채용하지 못했습니다. 그래서 그를 떠나 항우를 섬긴 것입니다. 항우는 다른 사람을 믿지 못해 그가 일을 맡기고 아끼는 사람은 항씨가 아니면 바로 그 처의 형제였습니다. 그래서 비록 기이한 재능을 지닌 재사가 있을지라도 쓸 수가 없었습니다. 그러던 중 유방은 능히 용인할 수 있는 사람이라는 얘기를 듣고 마침내 대왕에게 귀부한 것입니다. 신은 맨몸으로 온 까닭에 금을 받지 않으면 쓸 자금이 없었습니다. 실로 신의 계책에 채택할 만한 것이 있다면 원컨대 대왕은 이를 채택키 바랍니다. 만일 채택할 만한 것이 없다면 제가 받은 금이 그대로 있으니 봉하여 관부로 보내도록 하겠습니다. 사직을 허락해 주십시오."

유방이 이내 사과하고 많은 상을 내린 뒤 호군도위에서 한 단계 더 높은 호군중위護軍中尉에 제수해 제장들을 모두 감독케 했다. 이는 장수들의 관계를 조절하는 자리에 해당한다. 이후 제장들이 다시는 그에 관해 감히 말하지 못했다.

진평을 호군중위에 제수한 것은 한신과 호흡을 맞추기 위한 계책이기도 했다. 당시 관영과 주발 등은 진평의 능력에 의심을 보냈지만 한신에 대해서만큼은 전폭적인 신뢰를 보냈다. 당대의 병법가인 한신의 진면목을 눈으로 확인한 결과였다. 진평이 호군중위에 제수된 것을 계기로 한신의 군령에 더욱 힘이 들어간 것은 말할 것도 없다. 무력 면에서 상대적으로 우위를 지녔던 항우의 군사들과 맞설 수 있었던 배경이 여기에 있다. 군령이 지리멸렬했다면 한신의 군사도 이내 궤멸하고 말았을 것이다.

위표의 이반

당시 유방은 중원에서 관중으로 들어가는 입구인 형양과 성고 일대를 확고히 지키며 수비에 치중했다. 이는 올바른 선택이었다. 제나라의 전횡과 조나라의 진여, 거야 늪지대에서 유격전을 펼친 팽월 등은 유방이 생각한 것만큼 우호적이지 않았다. 모두 팽성전투 참패로 인한 것이었다. 팽성전투 이후 이들은 관망하는 쪽으로 입장을 선회했다. 유방이 패할 경우 순식간에 항우 쪽에 설 가능성이 높았다.

그런 점에서 유방은 최대한 힘을 비축한 뒤 일시에 힘을 쏟아 부어 국면을 전환시킬 필요가 있었다. 그래야만 이들을 다시 믿을 만한 우호

세력으로 만들 수 있었다. 그러나 쉽지 않았다. 실제로 양측이 대치하는 와중에 유방 쪽에 서 있었던 위왕 위표가 문득 유방을 버리고 항우 쪽으로 돌아서는 일이 빚어졌다. 부모의 병간호를 이유로 형양의 군영에서 벗어나 본국으로 돌아간 후 문득 태도를 바꾼 것이다.

당초 위표는 장함에게 포위된 친형인 위구가 위나라 백성들을 구하기 위해 불 속으로 뛰어들어 자진할 때 황급히 초나라로 달아났다. 초회왕이 그에게 군사 수천 명을 주어 다시 위나라 땅을 경략케 했다. 이후 그는 위나라 땅에서 유격전을 펼치며 20여 개 성을 탈환했다. 이어 항우가 연합군을 이끌고 입관할 때 행동을 같이했다. 그러나 항우의 포상은 인색했다. 제후들을 분봉할 때 대량을 포함한 옛 위나라 땅의 요지를 직할령으로 삼은 뒤 나머지 땅을 그에게 내렸다.

당시 항우가 위표에게 내린 왕호는 서위왕이다. 위나라의 일부만 떼어 준 것이다. 위표는 내심 크게 분노했으나 밖으로 드러내지는 않았다. 항우의 보복이 두려웠기 때문이다. 얼마 후 제나라의 전영이 항우에게 반기를 들자 곧바로 이에 호응하며 유방 쪽에 섰다. 유방이 팽성전투 참패로 황급히 퇴각할 때 그래도 의리를 지킨 것은 항우의 분봉에 대한 울분이 그만큼 컸음을 반증한다. 그러나 이후 유방 쪽에 섰던 제나라의 전횡과 조나라의 진여가 유방 진영에서 떨어져 나가면서 그 역시 심하게 흔들리기 시작했다. 여기에 유방이 위표의 공적을 제대로 인정하지 않아 기름을 부었다. 대우가 기대에 미치지 못하자 마침내 모친상을 이유로 본국으로 돌아간 후 항우 쪽에 선 것이다. 「위표팽월열전」에 따르면 유방은 뒤늦게 이 사실을 알고 이내 역이기를 불렀다.

"빰의 근육을 풀고 가서 위표를 설득토록 하라. 능히 설득하면 내가 자네를 만호후萬戶侯에 봉하도록 하겠다!"

빰의 근육을 푼다는 뜻의 원문은 완협緩頰이다. 매우 문학적인 표현이다. 왕족 출신 위표의 성격이 까다로운 만큼 그의 완고함을 풀어줄 수 있는 능변能辯을 펼쳐달라고 주문한 것을 이처럼 표현한 것이다. 『사기』의 '열전'을 읽을 때 해당 인물이 마치 살아 있는 듯한 느낌을 주는 이유가 여기에 있다.

유방이 역이기를 사자로 택한 것은 잘한 일이었다. 역이기는 유가의 인의를 중시하면서도 결코 고식적인 인물은 아니었다. 첫 맛남에서 유방이 두 시녀에게 발을 씻기며 맞이하는 무례한 모습을 보고 그 자리에서 질타를 가해 유방을 설복시킨 사실이 이를 뒷받침한다. 왕족 출신 위표 역시 유가의 예절에 민감했다. 역이기가 위표에 대한 유세에 실패한 것도 바로 이 때문이었다. 「위표팽월열전」에 나오는 위표의 답변이 이를 증명한다.

"사람이 한평생 살아가는 것은 마치 백구과극白駒過隙의 순간에 지나지 않소. 그런데도 지금 한왕 유방은 극히 오만한 모습으로 주변 사람들에게 모욕을 가하고 있소. 제후와 군신들을 욕하는 모습이 마치 하인을 나무라는 듯하오. 상하 간의 예절이 없기 때문이오. 나는 짧은 생을 살아가면서 그런 사람을 두 번 다시 볼 인내심이 없소!"

'백구과극'은 『장자』「지북유知北遊」에서 나온 말로 삶의 세월이 마치 흰 망아지가 지나는 것을 문틈으로 보는 것처럼 빨리 지나가는 것을 비유한 말이다. '하인' 운운의 지적은 유방의 오만하며 무례한 자세를 통타한 것이다. 위표는 비록 왕족 출신이기는 하나 유방처럼 나름 협기가 있는 인물이었다. 그러나 왕족 출신 위표와 건달 출신 유방은 사고

방식과 행동양식이 다를 수밖에 없었다. 유방의 천박한 언행에 위표는 '학'을 뗀 것으로 풀이하는 게 옳다. 위표와 유방의 인연이 끝난 이유다.

유방의 입장에서 볼 때 위표의 배신은 커다란 위협으로 작용할 수밖에 없었다. 사다케는 『유방』에서 그 이유를 크게 2가지로 요약해 놓았다. 첫째, 현실적인 위협이다. 조나라의 진여가 위표와 손을 잡고 항우를 불러들일 경우이다. 이 경우 관중의 입구에 해당하는 형양과 성고를 지키기가 어렵게 된다. 일리 있는 지적이다.

둘째, 권위의 훼손 문제이다. 당시 유방 밑에는 상산왕 장이가 망명해 와 있었고, 구강왕 경포도 휘하에 들어와 있었다. 여기에 위왕 위표를 더할 경우 유방의 권위는 항우에 필적하게 된다. 그러나 위표가 빠져나갈 경우 유방의 권위가 커다란 손상을 입게 된다는 주장이다. 나름 일리 있는 지적이지만 정곡을 찌른 것은 아니다. 중요한 것은 역시 현실적인 위협이다.

결국 위기상황을 맞은 유방은 중대결단을 내렸다. 한신에게 위표 토벌의 책임을 맡긴 게 그렇다. 위표로서는 최대 위기를 맞이한 셈이다. 당대 최고의 병법가인 한신과 맞서 승리를 거두는 것은 매우 어려운 일이었다. 실제로 그렇게 진행됐다.

이해 6월, 유방이 약양櫟陽으로 돌아온 뒤 여후 소생의 아들 유영劉盈을 태자로 삼고, 죄인들을 사면했다. 그가 바로 유방의 뒤를 이어 보위에 오른 한혜제이다. 「외척세가」에 따르면 유방 사후 여후의 치세 때 소제少帝 유공劉恭과 유홍劉弘이 각각 4년 만에 잇달아 죽임을 당했다. 여후가 손을 쓴 결과다. 그 뒤를 이어 즉위한 한문제漢文帝의 생모는 원래 위표의 후궁 출신 박씨薄氏였다. 위표가 죽은 뒤 유방이 그녀를 거둬 한문제를 낳았다. 사마천은 『사기』「진시황본기」에서 진시황을 여불위의 소생으로 간주해 아예 이름을 여정呂政으로 써 놓았다. 오랫동안 사람들은 그런 식으로 믿었다. 그러나 최근의 연구 결과 「진시황본기」의 이 기록이 역사적 사실과 다르다는 게 명확히 밝혀진 바 있다. 한문제는 여후 소생의 한혜제와 달리 후대 사가들로부터 명군으로 칭송받았다. 그는 혹여 위표의 씨가 아닐까? 사실 여부를 떠나 이를 소재로 역사소설을 쓰면 매우 흥미진진할 것이다.

유방이 유영을 태자로 봉할 당시 한나라 병사들이 황하의 물을 끌어다가 한 해 전 8월에 포위한 폐구廢丘의 성 안으로 흘려보냈다. 폐구를 지키는 군사들이 항복하자 장함이 자진했다. 장함은 무려 1년 가까이 폐구의 성 안에서 농성을 벌인 셈이었다. 항우는 동쪽에서 사방으로 협격을 받는 바람에 원군을 보낼 처지가 못 되었다. 항우의 입장에서 볼 때 장함의 죽음은 커다란 손실이었다. 그러나 태자 책봉을 행한 유방 입장에서는 일종의 축하 선물을 받은 것이나 다름없었다. 유방은 옹 땅을 모두 평정한 뒤 지금의 섬서성 서안시 동북쪽의 중지中地와 감숙성 영현의 북지北地, 감숙성 임조현 일대의 농서隴西 등 3개 군을 설치했다. 이로써 관중 일대는 완전히 유방의 손에 들어갔다.

공교롭게도 이때 관중에 큰 기근이 들었다. 곡식 1곡斛이 1만 전錢이나 나갔다. 1만 전은 황금 1근에 해당한다. 사람들이 자식을 바꿔가며 서로 잡아먹었다. 유방이 관중의 백성들에게 명해 촉이나 한중 지역으로 가 먹을 것을 얻게 했다. 「화식열전」에 따르면 이때 떼돈을 번 사람이 있었다. 선곡宣曲에 사는 임씨任氏가 주인공이다. 당초 진나라가 망할 때 사람들 모두 금옥金玉을 다투어 갖고자 했으나 오직 임씨만 홀로 창고곡식을 구매해 저장해 두었다. 초나라와 한나라가 형양에서 대치하자 백성들은 농사를 지을 수가 없었다. 돈 있는 사람들이 보유했던 금옥이 모두 임씨 손으로 들어갔다. 임씨는 이로써 크게 일어나 여러 대에 걸쳐 크게 부유했다. 예나 지금이나 난리가 났을 때 떼돈을 버는 사람이 어디선가 나타나기 마련이다.

사냥개와 사냥꾼

유방은 하읍에 머물 당시 군사를 자신의 근거지에 해당하는 탕군碭郡으로 이동시켰다. 심기일전의 각오로 반격준비를 보다 충실히 하려는 속셈이었다. 기원전 205년 가을 8월, 유방이 형양으로 가면서 소하에게 명하여 관중을 굳게 지키면서 태자 유영을 보필케 했다. 유방의 소하에 대한 신임은 매우 돈독했다. 상주하여 결재를 받을 여유가 없는 때는 정황을 좇아 편의대로 시행한 뒤 나중에 보고하는 전결권專決權을 부여한 게 그렇다. 「소상국세가」의 해당 기록이다.

"한왕이 제후들과 함께 초나라를 칠 때 소하는 관중을 지키면서 태자를 시봉했다. 함양 대신 동쪽 약양櫟陽을 수도로 하고 법령과 규약을 만들었다. 또 종묘와 사직, 궁실, 현읍縣邑을 만들 계획을 세워 그때마다 상주上奏했다. 그의 상주는 모두 그대로 받아들여졌다. 다급하여 상주할 겨를이 없을 때는 먼저 편의에 따라 임의로 조치한 뒤 나중에 상주하도록 했다."

소하가 뛰어난 행정수완을 마음껏 발휘할 수 있었던 것은 유방이 전폭적인 신뢰를 보낸 덕분이다. 소하는 무략이나 유세 등에서는 큰 재주가 없었으나 행정수완만큼은 단연 발군이었다. 유방이 사방으로 정복한 영토를 진제국의 법제를 본받아 군현체제로 편제한 것은 높이 평가할 만하다. 이는 '한제국'의 건립 기반을 닦는 일이었다.

소하는 새왕 사마흔, 적왕 동예, 하남왕 신양, 은왕 사마앙이 항복하고 서위왕 위표가 합류할 당시 자진해 합류한 위표의 영지를 제외한 나머지 네 왕의 영지를 농서隴西, 북지北地, 상上, 위남渭南, 하상河上, 중지中地, 하남河南, 하내河內 등으로 편성했다. '한제국'의 기반을 튼튼히 하기 위해 의도적으로 진제국의 지방행정 편제를 좇은 것이다. 항우를 제압한 순간 명실상부한 제국 체제가 곧바로 작동한 배경이다.

그는 '한제국'이 본격 출범하기도 전에 이미 제국 체제를 성공적으로 시험적으로 가동한 바 있다. 패현에서 아전의 우두머리인 공조연으로 재직한 경력이 큰 도움이 됐을 것이다. 「소상국세가」에 따르면 진나라 때 군의 감독관인 어사御史가 공무를 감독키 위해 지방으로 와 소하와 함께 일을 한 적이 있었다. 소하는 늘 일을 조리 있게 처리했다. 근무평가는 군을 단위로 행해졌다. 어사는 그에게 사수군泗水郡의 졸사卒史 가운데 최고의 평점을 내렸다. 졸사는 현의 아전을 포함해 해당군의 군수 휘하 모든 실무담당관인 아전을 뜻한다. 군의 졸사 가운데 최고의 평가를 받으면 현령이나 군수 등 고관으로 나아가는 길이 열린다. 어사는 소하를 입조시켜 등용코자 했으나 소하는 극구 사양하며 가지 않았다.

그는 진제국의 관원으로 일하면서 제국 체제의 행정과 법제상의 장점을 잘 이해하고 있었다. 유방의 함양 입성 때 진나라 승상과 어사의 관공서에서 율령과 도서를 입수한 이유다. 그는 이미 먼 앞날을 내다보고 있었다.

당시 그는 한나라 승상에 임명되자마자 곧바로 법령과 규약을 공포한 뒤 곧바로 '한제국'의 건립을 염두에 둔 일련의 조치를 취했다. 종묘사직과 궁실 등을 건설한 게 그것이다. 유방이 항우를 제압한 후 논공행상을 할 때 그의 공을 제1등으로 친 것도 바로 이 때문이었다. 여기서 나온 성어가 바로 공구공인功狗功人이다.

「소상국세가」에 따르면 유방이 논공행상을 할 때 소하를 지금의 하남성 영성현 서남쪽 찬후酇侯에 봉하면서 제1등으로 기록했다. 그의 식읍이 가장 많았다. 공신들이 입을 모아 항의했다.

"신들은 몸소 갑옷을 입고 무기를 잡았습니다. 많게는 100여 회, 적게는 10회를 출전해 적과 싸웠습니다. 지금 소하는 전장에 나가 목숨을 걸고 싸운 적이 없고 단지 붓만 잡고 의논만 했을 뿐입니다. 그런데도 그 공이 오히려 신들보다 위에 있게 되었으니 이는 어찌된 일입니까?"

유방이 물었다.

"그대들은 수렵을 아는가?"

"압니다."

"사냥개가 무엇을 하는지 아는가?"

"압니다."

유방이 말했다.

"무릇 수렵할 때 짐승이나 토끼를 쫓아가 죽이는 것은 사냥개이고, 사냥개를 풀어 짐승이 있는 곳으로 내달리도록 지시하는 것은 사냥하는 사람이다. 지금 그대들은 한낱 달려가는 짐승을 잡을 수 있었을 뿐이다. 이는 사냥개의 공이다. 그러나 소하는 사냥개를 풀어 짐승이 있는 곳으로 내달리도록 했으니 이는 사냥하는 사람의 공이라고 할 수 있다. 게다가 제군들은 홀로 짐을 좇았다. 많아 봐야 2~3인에 불과했다. 그러나 소하는 수십 명을 천거해 짐을 좇게 했다. 짐은 그 공을 잊을 수 없다."

군신들이 더 이상 감히 말할 생각을 하지 못했다. 여기서 사냥개와 사냥하는 사람을 대비시킨 '공구공인'의 성어가 나왔다. 소하는 단순히 행정수완만 뛰어났던 게 아니었다. 인재의 천거에 남다른 공을 세운 게 핵심이었다. '공구공인' 성어가 나온 배경이다.

「소상국세가」에 따르면 당시 소하는 관중의 호구를 정확히 파악한 뒤 군량의 운송과 병력의 조달을 적절히 하여 한 번도 공급이 모자라거나 끊어진 적이 없었다. 유방이 전결권을 부여한 덕분이다. 소하의 행정능력도 탁월했지만 유방이 전결권을 부여하지 않았다면 불가능한 일이었다. 유방 휘하의 수많은 장상들 가운데 소하만큼 유방의 핵심 심복으로 일한 인물은 없다. 그는 유방의 또 다른 분신인 그림자에 해당했다.

주목할 것은 당시 유방이 형양으로 가면서 소하에게 관중의 수비 임무를 맡기는 동시에 한신에게 위나라 토벌의 명을 내린 점이다. 한신은 유방의 명을 차질 없이 완수했다. 이때도 한신에게 일종의 전결권을 부여했다. 한신을 좌승상으로 삼은 뒤 관영 및 조참 등에게 명해 한신을 곁에서 보필케 했다. 자신의 주변 인물만 중용한 항우와 극명한 대조를 이루는 대목이다. 이것이 두 사람의 명운을 가르는 중요한 요인으로 작용한 것은 말할 것도 없다.

한신이 유방의 명을 받고 위나라를 토벌할 당시의 상황과 관련해

『사기』에는 나오지 않고 오직 『한서』에만 나오는 일화가 있다. 당초 위표의 설득에 실패한 역이기가 돌아와 보고를 하자 유방이 곧바로 물었다.

"위나라 대장은 누구인가?"

"백직柏直입니다."

"그는 입에서 젖비린내가 나는 자인데 어찌 한신을 당할 수 있겠는가?"

그러면서 또 물었다.

"기병대장은 누구인가?"

"풍경馮敬입니다."

유방이 말했다.

"그는 진나라 장수 풍무택馮無擇의 아들로 비록 똑똑하기는 하나 관영을 당해낼 수는 없을 것이다."

다시 물었다.

"보병대장은 누구인가?"

"항타項它입니다."

유방이 말했다.

"그 역시 조참을 감당할 수 없을 것이다. 나는 걱정할 필요가 없게 되었다!"

이때 옆에 있던 한신도 역이기에게 물었다.

"위왕이 주숙周叔을 대장으로 삼지 않았소?"

역이기가 대답했다.

"백직이오."

한신이 말했다.

"그는 어린애에 불과하오."

그러고는 마침내 군사를 진격시켰다. 이 일화는 『사기』에는 나오지 않고 한신과 팽월 등의 전기를 모아 놓은 반고의 『한서』「한팽영노오전韓彭英盧吳傳」에 나온다. 반고는 『사기』에 나오지 않는 이 대목의 관련 사료를 어디서 구한 것일까? 무엇보다 납득할 수 없는 것은 당시 유방이 어떻게 전장으로부터 1,000리나 떨어진 곳에서 적장의 성격과 능력 등을 이처럼 소상히 알 수 있는가 하는 점이다. 있을 수 없는 일이다. 유방을 한신보다 뛰어난 군신軍神으로 미화코자 하는 의도가 짙게 풍겨난다.

『한서』가 유방을 일방적으로 미화해 놓은 점 등에 비춰 반고 스스로 창작했을 가능성도 배제할 수 없다. 사다케가 그런 가능성을 제기했다. 사다케는 『한서』 뿐만 아니라 『사기』 역시 유사한 혐의를 벗어나기 힘들다고 지적했다. 「외척세가」에서 한신의 이름을 아예 생략한 채 '조참 등에게 명해 위왕 위표를 치게 했다'고 기록해 놓은 점을 논거로 들었다. 의도적인 왜곡에 해당한다. 그러나 「외척세가」의 이 대목은 사마천이 한 게 아니라 후대인의 가필로 보는 게 정확하다. 사마천의 삶을 토대로 판단할 때 사마천이 반고처럼 의도적으로 개작했을 가능성은 거의 없다고 보는 게 옳다.

원래 사료의 신빙성 등을 기준으로 삼을 때 『한서』는 결코 『사기』와 어깨를 나란히 할 수 있는 사서가 아니다. 과거에는 『한서』를 『사기』에 뒤이은 제2의 정사로 높이 평가했으나 이제는 바뀌어야 한다. 엄밀히 말하면 『한서』는 역사적 사실을 멋대로 왜곡해 기술한 예사穢史에 가깝다. 과거 일부 성리학자는 삼국시대 당시 유비의 촉한을 정통으로 삼은 나머지 오히려 위무제 조조를 높이 평가한 진수의 『삼국지』를 '예사'로 폄하하는 황당한 주장을 편 바 있다. 그러나 삼국시대를 기록한 사서 가운데 진수의 『삼국지』만큼 객관성을 지닌 사서도 없다. 오히려 『사기』에 버금하는 칭송을 받은 『한서』야말로 역사적 사실을 한나라 왕실의 입맛에 맞게 임의로 개작한 '예사'에 가깝다.

『한서』는 오랫동안 『사기』와 『후한서』 및 『삼국지』와 더불어 4대 사서로 평가받아 왔으나 이제 『한서』는 제외시킬 필요가 있다. 사다케가 반고의 창작 가능성을 제시한 게 그렇다. 이런 식의 개작은 『삼국연의』를 『삼국지』와 같은 급의 사서로 간주하는 만용에서 비롯된 것으로 해석할 수밖에 없다. 시대가 달라지면 평가도 달라져야 한다.

객관적으로 볼 때 한신의 승리는 위표의 의표를 찔러 하양에서 도하를 감행해 위표군의 배후를 친 결과였다. 병법에서 말하는 이른바 허허실실虛虛實實의 전형에 해당한다. 전적으로 병법의 이치를 훤히 꿴 한신의 공이다. 그럼에도 『한서』는 이를 유방의 공으로 돌려놓기 위해 이런 터무니없는 일화를 실어놓은 것이다. 한신의 위나라 공략 작전은 전에 관중을 점거할 때 사용한 '암도진창' 계책만큼이나 유명하다. 여기서 한신이 위나라를 공략하는 과정을 간략히 살펴보기로 하자.

당시 위표는 한신의 군사가 몰려오자 지금의 산서성 서남쪽 포판蒲阪에 방어진지를 구축하면서 지금의 산서와 섬서 임진관臨晉關 사이에 있는 황하 나루터를 봉쇄했다. 포판은 남쪽으로 흘러 온 황하가 동쪽으로 흘러온 위수와 합류하는 지점에 있다. 합류한 물줄기가 동쪽으로 방향을 틀기 직전의 동쪽 강가에 포판이 위치해 있었다. 위표가 다스리고 있던 곳은 남쪽으로 흐르는 황하의 동쪽 강가인 분수汾水 유역이었다. 남쪽으로 흐르는 황하는 강폭이 좁고, 경사진 협곡을 탁류가 소용돌이치면서 흐르는 까닭에 강을 건널 수 있는 도하 지점이 한정돼 있었다. 관중 쪽에서 보면 임진에서 포판으로 가는 것이 거의 유일한 도하 노선이었다.

한신은 임진에 많은 군기를 세우고 많은 수의 배를 모아 놓았다. 대부대가 일거에 도강하려는 것처럼 위장한 것이다. 병법에서 말하는 이른바 의병계疑兵計를 구사한 셈이다. 그러고는 황하를 따라 대군을 북상시켰다. 이어 상류에 있는 지금의 섬서성 한성시 일대인 하양夏陽에서 병사들에게 명해 나무통이든 나무막대든 물에 뜨는 것을 가슴에 안고 강을 건너게 했다. 하양의 맞은편 강기슭에는 황하로 들어가는 분수가 흐르고 있었다. 분수를 따라 올라가면 위표의 서위국 도성인 평양平陽을 향해 곧장 진격할 수 있었다. 평양은 지금의 산서성 성도省都인 임분시이다.

도강을 마친 한신은 우선 위표의 군사가 주둔하고 있는 포판과 평양 사이의 요충지인 산서성 하현 안읍安邑을 습격했다. 안읍은 하동군의 군도郡都이다. 이곳을 빼앗기면 평양이 위험해진다. 일종의 급소에 해당한다. 소식을 접한 위표가 황급히 군사를 이끌고 나와 한신의 군사와 맞섰다. 그러나 이는 한신이 친 그물망에 걸려든 물고기 신세를 자처한 것이나 다름없었다. 임진관 일대에서 도하를 준비 중이던 한신의 군사들이 곧바로 황하를 건너 위표 군대의 후미를 쳤다. 협공을 받은 위표의 군사는 제대로 싸우지도 못한 채 자멸하고 말았다. 한신이 포로로 잡은 위표를 곧바로 형양으로 보내고 여세를 몰아 위나라 전역을 모두 평정했다. 위나라를 향해 출진한 지 1달 만에 위나라 평정을 끝낸 셈이다. 기원전 205년 9월의 일이다. 유방은 이곳에 하동河東과 상당上黨, 태원太原 등 3개 군을 두었다.

사마천은 『사기』에서 한신의 용병술과 관련해 모두 4번에 걸쳐 언급해 놓았다. 「회음후열전」에서는 위나라, 조나라, 제나라 공략 과정을 소개해 놓았고 「고조본기」에서는 해하에서 항우군을 대파하는 내용을 실어 놓았다. 한신의 위나라 공략 과정은 병법에서 말하는 '의병계'의 전형에 해당한다. 이는 『삼십육계』에 나오는 제6계인 성동격서聲東擊西와 취지를 같이한다. 국공내전 당시 중국공산당의 홍군이 장제스에게 쫓겨 섬서성 북부 연안까지 후퇴할 때 즐겨 사용한 병법이기도 하다. 한신이 위나라를 멸한 것은 기원전 205년 8월이다. 『자치통감』은 이를 유방의 공으로 돌려놓으면서 이해 3월에 빚어진 일로 기록해 놓았다.

"3월, 유방이 임진에서 황하를 건넜다. 위왕 위표가 항복한 뒤 군사를 이끌고 유방을 수종했다."

사마광이 『자치통감』을 편제하면서 무엇을 근거로 이같이 고쳐 놓았는지는 자세히 알 길이 없다. 토사구팽이 이뤄진 후 한신의 전공에 대한 대대적인 말소 작업이 전개됐다. 일부는 유방의 공으로 둔갑하는 등 다양한 유형의 가필 내지 윤색이 시도됐다. 그같이 윤색된 사료를 참조로 했던 것은 아닐까? 사마광이 최종 감수를 하는 과정에서 이를 제대로 짚어내지 못했던 것으로 보인다.

한신의 배수진

한신이 위나라를 공략할 당시 조나라의 진여는 유방이 장이를 죽이지 않은 것을 뒤늦게 알고 곧바로 유방에게 등을 돌렸다. 한신에게 곧바로 내친 김에 조나라까지 공벌하라는 명이 떨어진 이유다. 한신은 소모된 병력을 보충하기 위해 유방에게 군사 3만 명의 증원을 청했다. 북쪽으로 조나라와 연나라를 잇달아 뒤엎고, 다시 여세를 몰아 동쪽 제나라까지 친 뒤 남쪽으로 내려가 초나라의 양도를 끊는다는 거창한 생각을 갖고 있었다. 한신이라면 이게 불가능한 일이 아니었다.

유방이 이를 흔쾌히 허락했다. 내심 경계심을 늦춘 것은 아니나 우선 급선무인 초나라의 항우를 제압하기 위해서는 북쪽에서 항우를 강하게 압박할 필요가 있었다. 그래야만 형양의 수세 국면을 공세 국면으로 전환시킬 수 있었다. 이때 유방은 증원군을 보내면서 장이를 함께 딸려 보냈다. 조나라 접수를 염두에 둔 것이다. 증원군을 지원받은 한신이 마침내 동진을 시작했다. 이때도 그는 적의 눈을 속이는 궤계詭計를 구사했다. 동쪽으로 진격하는 척하다가 문득 북진하여 조나라와 대代나라를 친 게 그렇다. 하양에서 대 땅까지는 직선거리로 630킬로미터가량 된다. 매일 10킬로미터를 넘는 진군을 한 셈이다.

기원전 205년 윤9월, 한신이 마침내 대나라 군사를 격파하고 알여閼與에서 대나라 상국 하열夏說을 사로잡았다. 한신이 위나라를 점령하고 대나라를 격파하자 유방이 곧 사람을 시켜 한신의 정예병을 데려오게 한 뒤 형양에 배치했다. 유방은 한신이 승리할 때마다 한신의 정예병을 차출해 와 형양의 전선에 투입했다. 얼핏 보면 항우가 이끄는 초나라 주력군과 맞서기 위한 조치처럼 보인다. 그러나 속셈은 딴 데 있었다. 한신이 휘하의 군사들과 『오자병법』에서 말하는 이른바 부자지병父子之兵의 관계를 맺을까 두려워해 미리 손을 쓴 것이다. '부자지병'은 장수가 병사를 자식처럼 아끼는 군대를 말한다. 무적의 상승군常勝軍을 이끈 바 있는 오기는 『오자병법』「치병」에서 승패의 관건을 병력의 다과에서 찾아야 하는 게 아니냐는 위무후의 질문에 이같이 대답했다.

"법령이 명확하지 않고 상벌이 불공정하면 병사들은 징을 쳐도 멈추지 않고 북을 울려도 나아가지 않습니다. 그러니 백만 대군이 있은들 무슨 소용이 있겠습니까? 이른바 '잘 육성된 군대'는 가만히 있을 때는 예가 바르고, 일단 움직이면 위풍이 당당합니다. 진격하면 막을 자가 없고, 후퇴하면 쫓아올 자가 없고, 진퇴에 절도가 있고, 좌우이동이 명에 따라 일사분란하게 이뤄집니다. 설령 도중에 부대가 단절될지라도 군진을 유지하고, 분산될지라도 대오를 갖춥니다. 이는 상하가 고락과 생사를 함께 한 덕분입니다. 이런 군대는 한 덩어리가 되어 움직이는 까닭에 흩어지는 일이 없고, 합세해 적과 싸우는 까닭에 지치는 일이 없습니다. 어느 곳에 투입할지라도 천하에 당할 자가 없는 이유입니다. 이를 일컬어 부자지병父子之兵이라고 합니다."

오기는 장수와 사병이 한 몸처럼 됐을 때 최고의 전투력을 발휘한다는 취지로 '부자지병'을 언급한 것이다. 『손자병법』의 백미가 '지피지기'와 '부전승'에 있다면, 『오자병법』은 '부자지병'과 '인화'에 있다고 해도 과언이 아니다. 이는 그가 공명功名을 추구하는 인간의 호명지심好名之心을 통찰한 결과로 볼 수 있다. 『손자병법』이 이익을 향해 무한 질주하는 인간의 호리지성好利之性에 대한 통찰 위에 서 있는 것과 대비된다.

제자백가 가운데 인간의 '호명지심'이 '호리지성' 못지않게 강렬하다는 사실을 통찰한 대표적인 인물로 한비자를 들 수 있다. 『한비자』「궤사」의 다음 대목이 그 증거다.

"지금 세인들은 군주의 자리를 업신여기며 권력을 우습게 여기는 자를 두고 고상하다고 말하고, 군주를 낮춰보며 벼슬을 마다하는 자를 현명하다고 말하고, 이익을 무시하며 위세를 가벼이 여기는 자를 진중하다고 말하고, 법령을 따르지 않고 하고 싶은 대로 행하는 자를 충실하다고 말하고, 명예를 숭상하며 관직에 나가지 않는 자를 정절이 뛰어난 열사라고 말하고, 법을 가벼이 여기고 형벌이나 사형의 중벌도 피하지 않는 자를 용사라고 말한다. 지금 백성들이 명성을 추구하는 것이 이익을 추구하는 것보다 그 정도가 훨씬 심하다. 상황이 이럴진대 선비 가운데 먹을 것이 없어 극도의 빈궁에 빠진 자가 어찌 도인을 흉내 내 깊은 산속으로 들어가 수행하는 방식으로 명성을 다투려 들지 않겠는가? 세상이 제대로 다스려지지 않는 것은 신하들로 인한 게 아니라 군주가 다스리는 도를 잃었기 때문이다."

인간의 '호명지심'이 얼마나 강한지를 날카롭게 지적하고 있다. 『오자병법』의 논리 역시 '호명지심' 위에 서 있다. 『손자병법』이 '호리지성' 위에 서 있는 것과 대비되는 대목이다. 이를 뒷받침하는 대목이 「도국」에 나온다.

"옛날의 명군은 반드시 군신간의 예의와 상하간의 법도를 세우고, 관원과 백성들이 저마다 자기 직분에 충실하도록 하고, 풍습을 순하게 하여 백성을 가르치고, 훌륭한 인재를 가려 뽑아 불측의 사태에 대비했습니다. 옛날 제환공은 5만 명의 군사로 패자가 되었고, 진문공은 4만 명의 선봉대로 그 뜻을 이뤘고, 진목공은 3만 명의 특공대로 인접한 적국을 굴복시켰습니다. 강대국의 군주들이 나라를 다스릴 때 반드시 백성들의 특성부터 잘 살핀 이유입니다. 군주는 5종류의 부대를 편성하십시오. 첫째 백성들 가운데 담력과 기백이 있는 자들로 부대를 편성하고, 둘째 기꺼이 전쟁터로 달려가 자신의 용맹과 충성을 보이려고 하는 자들로 다른 부대를 편성하고, 셋째 높은 담을 잘 뛰어넘고 발이 빨라 잘 달릴 수 있는 자들로 다시 부대를 편성하고, 넷째 관직에 있다가 과실로 쫓겨나 다시 공명을 얻고자 하는 자들로 부대를 편성하고, 다섯째 지키던 성을 버리고 달아난 불명예를 씻고자 하는 자들로 부대를 편성하십시오. 이같이 편성한 5종류의 부대야말로 군의 정예부대에 해당합니다. 이런 정예부대 3,000명만 있으면 어떠한 포위망도 뚫을 수 있고, 아무리 견고한 성이라도 능히 함몰시킬 수 있습니다."

오기가 '호명지심'을 집중 거론한 것은 공명을 추구하는 인간의 심성이 이익을 향해 내달리는 '호리지성'보다 강하다고 판단한 결과다. 「도국」에서 언급한 5종류의 부대 가운데 자신의 용맹과 충성을 보이려는 부대를 포함해 불명예를 씻기 위해 절치부심하는 부대 등 명예를 추구하는 부대가 전체의 8할에 달한다. 「도국」은 인간의 공명심을 자극하면 능히 천하무적의 연예練銳 즉 최정예 부대로 만들 수 있다고 역설했다. 호명지심이 호리지성보다 더 강하다고 주장한 것이나 다름없다. 호리지성에 대한 통찰 위에서 병법이론을 전개하고 있는 『손자병법』과 대비되는 대목이다.

오기가 비참한 최후를 맞이한 것도 따지고 보면 그 자신이 그토록 역설한 '호명지심'의 덫에 걸린 후과로 볼 수 있다. 자신을 그토록 총애했던 초도왕이 서거했을 때 초나라를 떠났어야만 했는데 그리하지 않은 게 그 증거다. 한신도 마찬가지였다. 항우를 제압한 대공을 세웠을 때 과감히 뒤로 물러서며 더 이상의 욕심이 없었음을 보여주었다면 '토사구팽'의 대상이 되지 않았을 것이다. 그러나 그는 가장 넓은 영지를 보유한 제나라와 초나라의 왕위에 잇달아 앉아 있으면서 유방 앞에서 당대 최고의 용병술을 자랑했다. 스스로 무덤을 판 꼴이다. 그 또한 오기와 마찬가지로 '호명지심'의 덫에 걸렸다고 해석할 수밖에 없다.

유방이 수시로 한신의 정예병을 빼내 간 것은 유방의 입장에서 볼 때 부득이한 조치이기도 했다. 이로 인해 한신은 매번 애써 육성한 정예병을 유방에게 '상납'한 뒤 다시 신참 병사를 간단히 훈련시켜 다음 전투에 대비하는 일을 거듭해야 했다. 용병에 관해서는 당대 최고를 자부한 한신은 오히려 이를 자랑스럽게 여겼을지도 모를 일이다. 사냥이 끝나면 사냥개를 삶아 먹는다는 간단한 이치를 너무 무시했다고 평할 수밖에 없다.

그러나 이는 나중의 얘기이고, 공동의 적인 항우를 제압할 때까지는 이런 방식이 나름 유효했다. 유방은 최정예 부대를 계속 공급받아 항우의 막강한 공격을 막아냈고, 한신은 한신대로 계속 새로운 병력자원을 충원해 가면서 세력을 크게 확장했기 때문이다. 두 사람 모두에게 '윈-윈전술'로 작용한 셈이다.

당시 한신이 보여준 용병술은 놀라운 바가 있다. 불과 2달 사이에 위나라와 대 땅을 차례로 접수해 산서성의 태항산맥과 그 남쪽으로 흐르는 황하 사이의 광대한 영토를 확보한 데 이어 이웃한 진여의 조나라 땅까지 손에 넣었기 때문이다. 조나라를 접수한 과정 또한 군신軍神의 명성이 결코 허언이 아니었음을 보여준다.

위나라와 대 땅을 모두 석권한 다음달인 이해 10월, 유방의 명을 받은 한신은 곧바로 남하해 지금의 산서성 태원太原에 이른 뒤 동쪽으로 방향을 틀었다. 험하기로 유명한 정형井陘의 협곡을 지나 조나라의 심장부인 도성 한단으로 돌진코자 한 것이다. 이는 한니발과 나폴레옹이 알프스산을 넘어 로마로 진격한 사례를 방불케 하는 작전이었다.

정형의 협곡 입구를 흔히 정형구井陘口라고 한다. '정형구'의 형陘은 산맥이 끊긴 두 산 사이가 좁게 형성되어 구口의 형상을 이룬 곳을 말한다. 지키기는 쉽고 공격하기는 어려운 천혜의 험지로 일종의 관關에 해당한다. 정형구를 정형관井陘關으로 부르는 이유다. 태항산맥에는 이런 관문이 모두 8곳이 있다. 정형관은 5번째 관문에 해당한다.

지질학적으로 보면 정형구는 태항산맥 사이에서 현재의 산서성 태원과 하북성 석가장石家莊을 잇는 기다란 지구대地溝帶의 입구에 해당한다. 석가장 서북쪽의 녹천시鹿泉市 서쪽의 굽이굽이 40리 산길로 표현키도 한다. 원래 지구대는 나란히 뻗어 있는 단층 사이의 지반이 푹 꺼져 만들어진 좁고 긴 계곡을 말한다. 천혜의 험준한 지역이다.

당시 한신은 자신의 군사를 20만 명이라고 내세웠다. 이에 맞서 진여도 20만 명의 대군을 정형구에 배치했다. 진여도 나름 병법에 일가견이 있는 인물이었다. 그러나 모든 것은 상대적이기 마련이다. 더 뛰어난 인물이 나타나면 자신이 아는 병법 지식은 무용지물에 가깝게 된다. 불행하게도 진여는 이 덫에 걸려 있었다. 참모로 있던 광무군廣武君 이좌거李左車의 건의를 무시한 게 그렇다. 당시 이좌거는 이같이 건의했다.

"한신과 장이가 승세에 올라타 싸움을 걸고 있습니다. 지금 저들의 예기를 당하기 어렵습니다. 제가 듣건대 '천리 길을 양식을 운송하며 가면 병사에게 주린 기색이 있고, 아무 준비 없이 급히 나무나 풀을 베어다가 밥을 해먹게 되면 군사들이 계속 배부르지 못하다'고 했습니다. 지금 정형구는 길이 매우 좁아 수레 두 대가 나란히 갈 수 없고, 말도 대오를 지어 갈 수 없습니다. 행군의 길이는 수백 리에 이를 것이고, 형세로 보아 양식 또한 반드시 후미에 있을 것입니다. 원컨대 제가 기병奇兵을 구사코자 하니 그대는 저에게 군사 3만 명을 빌려 주십시오. 그러면 샛길로 가서 그들의 치중輜重을 끊어버리겠습니다. 그대가 해자를 깊이 파고 보루를 높인 채 저들과 교전하지 않으면 저들은 앞으로 나아가 싸울 수가 없고, 뒤로 물러나 환군할 수도 없고, 들에서 노략할 것도 없게 됩니다. 열흘도 채 못 돼 한신과 장이의 머리를 가히 그대 앞에 갖다놓겠습니다. 그리 하지 않으면 우리는 반드시 저들의 포로가 되고 말 것입니다."

그러나 진여는 『사마법』에서 역설하는 의병義兵을 중시하며 속임수와 기병奇兵의 계책을 쓰지 않는 것을 자랑으로 삼았다. 그가 반박했다.

"내가 들은 바에 의하면 『손자병법』에서 적의 10배면 상대를 포위하고, 2배면 싸운다고 했소. 지금 한신의 군사는 수만이라고 하지만 실제로는 수천 명에 지나지 않소. 게다가 천리 길을 달려와 우리 군사를 치는 까닭에 지금 크게 지쳐 있을 것이오. 이런 약한 군사를 피하고 정면으로 공격치 않으면 장차 더 큰 대군이 공격해 올 때 어찌해야 한단 말이오? 제후들은 틀림없이 나를 겁쟁이로 업신여기며 가벼이 보고 곧장 공격해 올 것이오!"

한신이 사람을 보내 적진을 정탐했다. 이내 이좌거의 계책을 쓰지 않은 것을 알고는 크게 기뻐했다. 곧바로 군사를 이끌고 감히 적진이 있는 정형구로 내려갔다. 당시 태항산의 완만한 경사면은 물론 우뚝 솟은 절벽에도 나무가 띄엄띄엄 있었다. 낮에도 어두운 협곡을 행군해 출구에 해당하는 정형구에서 불과 30리도 못 미치는 곳에서 행군을 멈추고 영채를 차렸다.

한밤중에 한신은 출병의 전령을 내렸다. 날쌘 기병 2,000명을 뽑아 각기 한나라를 상징하는 붉은 깃발을 하나씩 들고 샛길을 이용해 산속에 몸을 엄폐한 뒤 조나라 군사의 동정을 살펴보게 했다. 이때 한신이 병사들에게 이같이 경계했다.

"조나라 군사는 내가 도망치는 것을 보면 반드시 영루를 비우고 나를 쫓아올 것이다. 그때 그대들은 영루로 재빨리 들어가 조나라 깃발을 뽑아낸 뒤 우리 한나라의 붉은 깃발을 세우도록 하라."

이어 휘하 장수들 앞에서 장담했다.

"오늘은 조나라 군영을 깨뜨린 후 그곳에서 회식할 것이오."

장수들 모두 한신의 말을 믿지 못하고 건성으로 응답했다.

"알겠습니다."

한신이 이를 눈치 채고 간략히 배경을 설명했다.

"조나라 군사는 먼저 용병에 편리한 곳에 기대어 영루를 쌓았소. 게다가 저들은 아직 대장군의 기고旗鼓를 보지 못한 까닭에 우리의 선봉을 공격하려 하지 않을 것이오. 아마 내가 이내 험로에 막혀 환군하리라고 생각할 것이오."

그러고는 1만 명의 군사들을 먼저 나아가게 했다. 그들이 출병하자 이내 배수진背水陣을 쳤다. 당시 한신이 배수진을 친 곳은 병주에서 시작해 북쪽으로 흐르다가 정형현의 경계지역으로 들어가는 면만수綿蔓水였다. 조나라 군사들이 이를 바라보며 크게 웃었다. 새벽을 넘긴 시점에 한신이 대장군의 기고旗鼓를 세운 뒤 우렁찬 군악소리와 함께 북을 치면서 정형구를 빠져나간 뒤 강물을 건너 동쪽으로 집결하자 이를 본 조나라 군사들이 영루의 문을 열고 공격했다. 진여는 한신을 사로잡을 기회가 왔다고 판단해 전군에 총공격을 명했다.

큰 전투가 제법 오래 지속되었다. 도중에 한신과 장이가 '기고'를 거짓으로 버리고 강물에 대기하고 있던 선박의 영채로 달아났다. 한신의 병사들이 진여 군대의 추격을 힘겹게 방어하면서 더 이상 물러서지 않고 맹렬히 싸웠다. 얼마 후 과연 조나라 군사들이 완승을 거둘 생각으로 영루를 비운 채 총출동하여 한나라의 '기고'를 다투어 빼앗으며 한신과 장의의 뒤를 쫓았다. 그러나 한신과 장이가 이미 수상군에 들어간 까닭에 병사 모두 결사적으로 군진을 점거해 분전했다. 이에 조나라 군사는 이들을 이길 수가 없었다.

이 사이 한신의 명을 좇아 산등성이에 매복하고 있던 2,000기騎가 조나라 군사들이 영루를 비운 채 급히 승리를 좇는 것을 함께 기다리다가 조나라 영루로 급히 들이쳤다. 곧바로 조나라 깃발을 모두 뽑아 버리고 한나라의 붉은 깃발 2,000개를 세웠다. 조나라 군사들은 한신 등을 잡는 것이 어렵게 되자 이내 영루로 귀환하다가 영루가 온통 한나라의 붉은 깃발로 둘러쳐져 있는 것을 보고 경악했다. 한나라 군사가 이미 영루에 있던 조왕의 장령들을 모두 포획한 것으로 생각한 것이다. 조나라 병사들이 혼란에 빠져 사방으로 달아나기 시작했다. 조나라 장수들이 비록 달아나는 군사들의 목을 베며 저지코자 했으나 이미 늦었다.

한나라 군사가 조나라 군사를 협격해 대파한 뒤 남쪽으로 몇십 리 밖에 있는 지금의 하북성 괴하槐河인 당시의 저수泜水 가에서 진여의 목을 베고 조왕 조헐을 사로잡았다. 기원전 204년 10월의 일이다. 당시 한신이 구사한 '배수진'은 후대인들로부터 한신이 구사한 여러 계책 가운데 가장 멋지고 기발한 계책으로 평가받았다. 싸움이 끝난 뒤 제장들이 수급과 포로를 바치며 서로 분분히 축하한 뒤 한신에게 물었다.

"병법에 이르기를, '진을 칠 때 오른쪽으로 산릉을 등지고, 왼쪽 전면으로 수택을 가까이 한다'고 했습니다. 이번에 장군이 오히려 배수진을 치게 하면서 '파조회식'을 언급했으나 저희들은 내심 믿지 못했습니다. 그러나 결국 승리를 거두었습니다. 이는 어떤 전술입니까."

한신이 대답했다.

"이 또한 병법에 있는 것으로 제군들이 자세히 살피지 못했을 뿐이오. 병법에 이르기를, '사지死地에 빠진 뒤에야 생환할 수 있고, 망지亡地에 놓인 뒤에야 생존할 수 있다'고 하지 않았소. 게다가 나 한신은 평소 장병들과 친애할 길이 없었소. 이들을 부리는 것은 소위 '훈련받지 않은 저잣거리 사람을 구사하는 작전'과 다름없는 짓이오. 그래서 형세상 부득불 이들을 사지에 두어 각자 스스로 분전케 만들지 않을 수 없었던 것이오. 지금 이들에게 사방으로 도주가 가능해 살아날 수 있는 생지生地를 제공했다면 모두 달아나고 말았을 것이오. 어찌 그런 사람들을 지휘하며 작전할 수 있었겠소?"

'사지' 및 '망지'와 관련해 『손자병법』「구지九地」편은 '급하게 싸우면 살아남고, 싸우지 않으면 패망해 죽음의 땅이 된다'고 기록해 놓았다.

삼국시대의 조조는 여기에 주석을 달기를, '앞에 높은 산이 있고, 뒤에 강물이 있어 나아갈 수도 없고 물러나려고 해도 장애가 있는 곳을 말한다'고 했다. 제장들이 모두 탄복했다.

"훌륭하십니다. 신들이 미칠 수 있는 바가 아닙니다!"

결과적으로 한신은 불과 3달 만에 위나라와 대나라, 조나라를 차례로 굴복시키는 대공을 세운 것이다. 화북이 일시에 유방의 세력권으로 편입된 배경이 여기에 있다. 한신은 사자를 보내 이를 보고하면서 장이를 조나라 왕으로 삼아줄 것을 청했다. 유방이 이를 허락했다. 조나라 성읍을 차례로 안정시킨 두 사람은 정예병을 유방이 있는 형양으로 보내면서 조나라 땅의 장정을 훈련시켜 모자란 병력을 충원했다.

유방으로서는 다시 항우와 접전을 벌일 수 있는 절호의 기회를 맞게 된 셈이다. 팽성전투 이후 항우에게 유리하게 전개되던 천하대세의 흐름이 일변하는 새로운 장이 펼쳐지려 하고 있었다. 당시 유방으로서는 한신이 탈취한 화북일대를 공고히 한 뒤 항우와 결전을 치를 것인지, 아니면 여세를 몰아 제나라와 연나라를 차례로 칠 것인지, 그것도 아니면 항우의 동맹국이나 다름없는 제나라를 그대로 둔 채 곧바로 남하해 항우를 칠 것인지 여부를 결정해야만 했다.

이때 한신이 독자적인 행보를 취하면서 유방의 결단을 촉구하고 나섰다. 이는 포로로 잡혔다가 투항한 이좌거의 계책을 좇은 결과였다. 당시 한신은 이좌거를 산 채로 잡아오는 자에게 1,000금을 주겠다고 내건 바 있다. 얼마 후 어떤 사람이 그를 묶은 채 한신의 휘하로 데리고 왔다. 한신이 그의 결박을 풀어주고 동쪽을 향하도록 하여 상석에 앉힌 뒤 스승을 모시듯 대우했다. 한신이 이좌거에게 물었다.

"저는 연나라를 북벌北伐하고, 제나라를 동벌東伐하고자 합니다. 어찌해야 그런 공을 세울 수 있겠습니까."

이좌거가 사양했다.

"신은 패망한 나라의 포로입니다. 어찌 족히 큰일에 참여해 모의할 수 있겠습니까?"

한신이 다시 청했다.

"내가 듣건대 춘추시대 중기에 진목공을 패자로 만든 백리해百里奚가 우虞나라에 살 때 우나라는 망했고, 진나라에 있게 된 뒤 진나라는 패자가 되었소. 이는 그가 우나라에 있을 때는 어리석었고 진나라에 있을 때는 현명했기 때문이 아니오. 오직 인재를 쓰는가 여부와 계책을 듣는가 여부에 달린 것이오. 실로 진여가 그대의 계책을 들었다면 나는 이미 포로가 되었을 것이오. 진여가 그대의 계책을 채택하지 않았기에 내가 이렇게 그대를 모실 수 있게 되었소. 지금 나는 마음을 내맡기고 계책을 좇고자 하니 원컨대 그대는 사양치 마시오."

이좌거가 대답했다.

"지금 장군은 서쪽 황하를 건너 위왕 위표를 포로로 잡고 대나라의 재상 하열도 사로잡았습니다. 또 동진하여 정형을 함락시키고, 아침나절이 끝나기 전인 오전에 조나라의 20만 군사를 깨뜨리고 성안군 진여를 주살했습니다. 그 이름이 해내에 널리 알려지고 그 위엄이 천하에 떨치고 있습니다. 농부치고 밭 갈기를 그만두고 쟁기를 놓고, 은 옷을 입고 만난 음식을 먹고, 귀를 기울이며 명을 기다리지 않는 자가 없습니다. 이는 장군의 장점입니다. 그러나 백성과 병사들이 피로하여 이대로는 용병키가 어렵습니다. 지금 장군이 피폐한 병사를 일으켜 연나라의 견고한 성 아래에 주둔케 되면 저들과 싸우려 해도 싸울 수 없고, 공성해도 함락시킬 수 없고, 오히려 피폐한 정황만 드러나 위세만 상하게 될 뿐입니다. 나아가 하는 일 없이 시간을 오래 끌면 식량만 고갈되고 맙니다. 연나라가 복종하지 않으면 제나라도 반드시 국경에서 저항하면서 자강自强을 꾀할 것이고, 두 나라가 서로 의지하며 공벌을 피하면 유방과 항우 간의 우열은 구분되지 않을 것입니다. 이것이 장군의 약점입니다. 용병을 잘 하는 자는 자신의 약점을 가지고 적의 장점을 침하지 않고, 자신의 강점을 가지고 적의 약점을 침하는 법입니다."

한신이 물었다.

"그렇다면 어떤 계책을 내야만 하오?"

이좌거가 대답했다.

"지금 장군을 위해 계책을 내면 병사들을 위무하며 쉬게 하여 조나라 백성을 위무하는 것보다 나은 계책은 없습니다. 그러면 100리 안에서 쇠고기와 술이 날마다 이르러 장병을 배불리 먹일 수 있습니다. 이어 북쪽 연나라 방향으로 머리를 돌린 뒤 유세객을 시켜 간략한 내용의 서신을 들고 그대의 장점을 연나라에 드러내도록 하십시오. 그러면 연나라는 감히 이를 따르지 않을 수 없을 것입니다. 연나라가 따르면 곧 동진하여 제나라로 가십시오. 그러면 아무리 뛰어난 지자智者가 있을지라도 제나라를 위한 계책을 낼 수 없을 것입니다. 이같이 하면 천하대사를 가히 도모할 수 있습니다. '용병은 먼저 성세聲勢를 드러낸 후 실력을 행사한다'고 했으니 바로 이를 말한 것입니다."

"훌륭한 계책이오!"

한신이 그의 계책을 좇아 사자를 연나라로 보냈다. 과연 연나라는 바람을 좇아 쓰러지듯이 한신의 성세를 듣고 이내 투항했다. 당시 이좌거가 제시한 방안은 조나라를 거점으로 기반을 확고히 한 뒤 단계별로 주변지역을 공략하는 점진적인 방안이었다. 한신이 유방에게 사자를 보내 장이를 조왕에 세워줄 것을 청한 것은 내심 제나라를 공략한 뒤 스스로 제나라 왕이 될 심산이었다. 먼저 장이를 조나라 왕에 앉히면 자신이 제나라 왕이 되고자 할지라도 유방이 크게 반대하지 않을 것으로 생각한 것이다.

그러나 이는 그만의 생각이었다. 유방이 볼 때 한신은 장이와 달리 '호명지심'이 강한데다 자기과시욕이 강한 사람이었다. 그를 제나라 왕에 앉힐 경우 설령 항우를 제압할지라도 후일을 기약키가 어려웠다. 후술하는 바와 같이 한신이 제나라를 공략한 뒤 자신을 제나라 왕에 봉해달라고 청하자 유방이 대로한 이유가 바로 여기에 있다. 한신은 '무략'에만 뛰어났을 뿐 '정략'에는 무지했다고 평할 수밖에 없다. 객관적으로 볼지라도 불과 3달 만에 위나라와 대나라, 조나라, 연나라를 차례로 복속시킨 한신은 두려운 존재로 비칠 수밖에 없었다. 옛날의 한신과 그 위상이 크게 달라져 있었던 것이다. '순진하게도' 한신 자신만 옛날과 하등 달라진 게 없다고 생각했을 뿐이다.

당시만 해도 황하는 지금의 강어귀보다 약 150킬로미터가량 서북쪽에서 발해만으로 흘러 들어갔다. 황하 하천이 흐르는 길과 현재의 황하가 흐르는 당시의 제수濟水 사이에는 커다란 저습지대가 펼쳐져 있었다. 한신이 화북 일대를 접수하기 전까지만 해도 황하 이북의 화북평원은 역수易水를 경계로 남쪽은 조나라, 북쪽은 연나라가 차지하고 있었다. 그러나 한신이 황하 이북 일대를 석권하자 황하 이남의 동쪽 반은 제나라, 서쪽 반은 초나라가 장악해 마치 삼국이 정립鼎立하는 형국이 조성됐다. 항우는 한신이 화북 일대를 손에 넣으면서 서쪽의 유방과 북쪽의 한신을 동시에 상대해야만 하는 곤경에 처하게 된 셈이다. 유방과 항우 간의 세력균형이 무너지기 시작한 배경이 여기에 있다. 모두 당대의 '군신'인 한신의 눈부신 화북 일대 석권으로 인한 결과였다.

경포의 귀의

「경포열전」에 따르면 팽성전투 참패 이후 유방이 탕군으로 이동해 어느 정도 힘을 기른 뒤 지금의 하남성 우성현인 우현虞縣에 이르렀을 때 문득 좌우를 둘러보며 이같이 탄식한 것으로 되어 있다.

"저런 자들과는 천하대사를 더불어 상의할 수 없구나!"

'저런 자'의 원문은 여피등자如彼等者이다. 누구를 지목한 것인지 여부를 놓고 설이 분분하나 사다케의 주장처럼 무엇인가 골몰히 생각하다가 무심코 내뱉은 말로 풀이하는 게 그럴 듯하다. 그렇다면 무엇을 골몰히 생각했던 것일까? 전후 문맥에 비춰 경포를 설득하는 임무를 과연 누구에게 맡기는 게 좋을지 여부 등을 고민한 것으로 보인다. 항우를 효과적으로 제압하는 방안을 고민하다가 장량을 포함한 주변 참모들에 대한 커다란 실망을 표한 것일 수도 있다. 당시 곁에서 알자謁者로 일하던 수하隨何가 유방에게 물었다.

"저는 대왕이 무슨 말씀을 하는지 잘 모르겠습니다!"

'알자'는 찾아온 손님을 접대하는 비서와 같은 자이다. 유방의 의중을 누구보다 잘 알 수 있는 입장이다. 곁에 있다가 유방의 탄식이 왜 나오게 된 것인지 나름 요량하며 이를 확인 차 그같이 반문했을 공산이 크다. 유방이 이내 속마음을 드러냈다.

"누가 능히 나를 위해 구강으로 가서 구강왕으로 하여금 군사를 일으키게 하여 초나라에 반기를 들게 할 수 있겠는가? 항우의 발을 몇 달 동안 묶어둘 수만 있다면 내가 천하를 취하는 것은 가히 100번의 시행 중 단 한 번의 실수도 없을 것이다."

항우의 발을 묶어둘 수만 있다면 천하를 취하는 것은 거의 '떼 논 당상'이라고 언급한 것은 당시 유방이 효과적인 항우 제압 방안을 놓고 골몰히 생각하고 있었음을 방증한다. 수하가 그 취지를 몰랐을 리 없다. 곧 이같이 제안했다.

"청컨대 신이 구강에 사자로 가고자 합니다."

수하는 언변이 뛰어난데다 현장 분위기를 파악하는데 탁월한 능력을 지니고 있었다. 담력 또한 뛰어났다. 유방이 크게 기뻐하며 수하의 청을 수락했다.

이해 11월, 유방이 수하에게 20명을 붙여 주면서 속히 구강으로 가 경포를 설득토록 했다. 사절의 파견 시기 및 장소와 관련해 「유후세가」는 유방이 패잔병을 이끌고 하읍에 몸을 맡기고 있을 때라고 했으나 「경포열전」은 하읍에서 탕군으로 옮기던 도중 우현에 이르렀을 때라고 했다. 당시 유방은 하읍에서 여택의 정규군과 합류한 뒤 하읍, 우현, 탕현, 망현을 포함한 탕군의 늪지대를 거점으로 삼아 옛 동료와 망명 유민들을 대거 거둬들였다. 최대한 몸을 숨긴 채 힘을 키워 반격을 준비한 것이다. 이런 계책 하에 우현의 늪지대로 자리를 옮기면서 수하를 경포에게 보냈다고 보는 게 자연스럽다.

당시 수하는 유방의 명을 받자마자 곧바로 구강九江의 도읍인 육현六縣을 향해 내달렸다. 구강왕의 음식담당 관원인 태재太宰가 그를 접대했다. 3일 동안 경포를 만나볼 수 없었다. 사서의 기록을 보면 진미를 대접받으며 무료한 시간을 영빈관에서 보낸 게 확실하다. 경포는 왜 이처럼 시간을 끈 것일까? 비록 항우와 갈등이 있기는 했으나 유방과 한패가 되어 자칫 화를 자초하고 싶지 않았을 것이다. 그렇다고 유방과 대립하는 것도 바라지 않았다고 보아야 한다. 물질적으로 최대한 환대를 하는 선에서 그치고자 했던 게 아닐까? 결국 참다못한 수하가 태재에게 말했다.

"대왕이 나를 만나지 않는 것은 틀림없이 초나라가 강하고 우리 한나라가 약하다고 생각하기 때문일 것이오. 그것이 바로 내가 사자로 온 까닭이오. 내가 대왕을 배견할 수 있도록 주선해 주면 배견 자리에서 그 이유를 말씀드리겠소. 내 얘기가 옳다고 생각되면 대왕이 기꺼이 들을 것이고, 그렇지 않다면 나를 포함한 일행 20명을 도끼나 작두 위에 엎드려 죽게 하여 구강의 저자에 내걸도록 하시오. 이 또한 대왕이 한나라를 배반하고 초나라에 귀부한 사실을 천하에 널리 드러내는 길이 될 것이오."

태재가 그럴 듯하게 여겨 경포에게 그대로 전했다. 경포가 생각해도 크게 손해 볼 게 없을 듯했다. 이내 수하를 만났다. 당시 항우군의 맹장 경포가 유방군 토벌에 나설 경우 유방군은 관중으로부터 구원을 받기도 전에 초토화될 수도 있었다. 정규전에 익숙한 항우와 달리 건달 출신 경포는 유방의 속셈을 훤히 꿰고 있었다. 유방의 입장에서 볼 때 전력에 큰 차질이 생긴 상황에서 경포는 항우 못지않게 위협적인 존재였다. 경포가 수하의 감언에 넘어가지 않을 경우 유방의 앞날은 점치기가 쉽지 않았다. 경포의 회유에 모든 것을 내 건 수하로서는 자신이 지닌 모든 재능을 총동원해야만 했다.

"한왕 유방이 신을 시켜 대왕에게 서신을 삼가 올리게 된 것은 대왕과 초나라가 왜 친하게 되었는지를 괴이하게 생각했기 때문입니다."

운을 멋지게 떼었다. '삼가' 운운의 표현이 그렇다. 「경포열전」의 원문에는 경진敬進으로 되어 있다. 유세술을 깊숙이 다룬 『귀곡자』는 유세할 때는 반드시 상대를 띄워주는 비양술飛揚術을 구사할 것을 당부하고 있다. 우리말의 '비행기를 태운다'는 얘기와 같다. 수하의 '비양술'에 우쭐한 경포가 대답했다.

"과인은 북향하여 항우를 신하로서 섬기고 있소."

수하가 말했다.

"대왕과 항우는 모두 동렬의 제후입니다. 그런데도 북향하여 신사한다는 것은 분명 초나라가 강해 가히 나라를 의탁할 만하다고 생각했기 때문일 것입니다. 항우는 제나라를 칠 때 몸소 축성용 널빤지와 공이를 짊어지고 사졸보다 앞장서 갔습니다. 당시 대왕은 의당 구강의 모든 군사를 동원해 몸소 이들을 이끌고 초나라를 위해 선봉에 섰어야 했습니다. 그런데도 대왕은 고작 4,000명을 보내 돕게 했습니다. 무릇 북면하여 신하가 되는 것이 실로 이와 같은 것입니까?

또한 한왕 유방이 팽성에 들어갔을 때 항우는 아직 제나라에서 빠져나오지 못하고 있었습니다. 대왕은 의당 구강의 모든 군사를 모아 회하를 건넌 뒤 밤낮으로 팽성 아래에서 전투를 해야 했습니다. 그런데도 대왕은 1만 명이나 되는 군사를 다독이면서 단 한 사람의 도하도 허락지 않고 팔짱을 낀 채 누가 이길지 관망만 했습니다. 무릇 다른 나라에 나라를 맡기는 것이 실로 이와 같은 것입니까? 대왕은 공허한 명분을 내세워 초나라를 섬기면서 내심 스스로에게 의탁하는 것을 두터이 하고 있습니다. 신은 개인적으로 대왕이 이리 하는 것은 취할 바가 못 된다고 생각합니다. 그럼에도 대왕이 초나라를 배반하지 못하는 것은 한나라가 약하다고 여기기 때문입니다. 초나라 군사는 비록 강하기는 하나 천하에 의롭지 못하다는 오명을 떠안고 있습니다. 이는 항우가 맹약을 배반하고 의제를 죽였기 때문입니다.

그러나 한왕 유방은 제후들을 거두고, 성고와 형양을 탈환해 지킨 뒤 파촉과 한중의 곡식을 내려 보내고, 해자를 깊이 파고 영루를 견고히 하고, 병사를 파견해 험애한 변경요새에 올라 수비를 계속케 했습니다. 지금 초나라는 적국 깊숙이 800~900리나 깊이 들어가 있는 까닭에 노약자에게 군량을 1,000리 밖으로 운반케 하고 있습니다. 한나라가 굳게 지키며 움직이지 않고 있는 까닭에 초나라 군사는 전진하려 해도 교전할 수 없고, 후퇴하려 해도 추격을 피할 길이 없습니다. 그래서 '초병은 믿고 의지하기 어렵다'고 말하는 것입니다. 만일 초나라가 한나라를 이기는 상황이 빚어지면 제후들은 스스로 위태로워질까 두려워하여 서로 구원해줄 것입니다. 초나라의 강성함은 제후들 병사의 저항을 초래하는 셈입니다. 초나라의 강성은 한나라만 못하니 그 형세는 명백히 드러나 있습니다.

지금 대왕이 완벽하게 안전한 한나라와 함께 하지 않고 위험에 처해 있는 초나라에 스스로 의탁하고 있으니 신은 개인적으로 대왕이 이리 하는 것을 이해할 수 없습니다. 신은 구강의 군사로는 초나라를 능히 망하게 할 수 있다고 보지 않습니다. 다만 대왕이 군사를 일으켜 초나라를 등지면 항우는 이곳에 머물러 있을 수밖에 없습니다. 그렇게 몇 달만 하면 한왕 유방이 천하를 취하는 것은 가히 만전을 기할 수 있습니다. 청컨대 신은 대왕과 함께 칼을 뽑아들어 한나라에 귀의하고자 합니다. 한왕 유방은 반드시 땅을 베어 대왕에게 상을 내릴 것입니다. 구강 지역은 물론 반드시 대왕에게 돌아갈 것입니다."

수하도 '항우가 맹약을 배반하고 의제를 죽였기 때문' 운운하며 항우의 약점을 집중 거론하고 있다. 건달 출신 경포에게는 '땅을 베어 대왕에게 상을 내릴 것' 운운의 실리도 실리이지만 이런 식의 명분론이 오히려 씨가 먹힐 수 있었다. 협기俠氣를 자극하기 때문이었다. 경포가 나름 긍정적인 반응을 보였다.

"잘 알겠소!"

그러나 이것이 확답은 아니었다. 「경포열전」은 '경포가 은밀히 초나라를 배반하고 한나라에 귀부할 것을 허락했지만 감히 이를 공개적으로 누설할 수는 없었다'고 기록해 놓았다. '배반' 운운은 경포가 마치 적극적인 가담의사를 피력한 것처럼 미화해 놓은 것이다. 객관적으로 볼 때 당시 경포는 확답을 피했다고 보는 게 옳다. 사안이 너무 중대했기 때문이다. 서로 비밀을 지키기로 한 사실이 이를 뒷받침한다. 경포의 결심을 재촉한 것은 오히려 잇달아 빚어진 사건에 따른 결과로 보는 게 옳다.

공교롭게도 이때 항우가 보낸 초나라 사자도 와 있었다. 그는 객사에 머물며 바야흐로 경포에게 속히 군사를 일으킬 것을 독촉하고 있었다.

태재에게 많은 뇌물을 주어 이 소식을 알게 된 수하가 최후의 승부수를 던졌다. 그는 초나라 사자가 경포 앞에서 격한 어조로 채근하고 있는 자리에 불쑥 뛰어 들어갔다. 수하의 돌출행동에 초나라 사자는 물론 경포도 크게 놀랐다. 수하가 초나라 사자의 상석에 앉으며 말했다.

"구강왕이 이미 우리 한나라에 귀부했는데 초나라가 어찌 구강에서 군사를 조달할 수 있겠는가?"

경포가 크게 놀랐다. 초나라 사자는 이를 사실로 믿은 나머지 차분한 어조로 역공을 가해야 하는 상황에서 분기탱천한 모습으로 벌떡 일어나 밖으로 나가버렸다. 그는 유세술에 관한 한 '초짜'였다. 항우의 앞날을 망친 대표적인 사례에 해당한다. 수하는 자신의 도박이 적중한 사실에 쾌재를 부르며 경포에게 은근히 말했다.

"일은 이미 벌어졌습니다. 초나라 사자를 죽여 돌아가지 못하게 한 뒤 빨리 한나라로 달려가 힘을 합치도록 하십시오."

상황이 이같이 된 바에야 경포도 달리 어찌할 도리가 없었다. 그가 체념한 듯한 어조로 대답했다.

"그대의 말에 따르도록 하겠소."

결국 경포는 초나라 사자를 죽인 뒤 군사를 일으켜 항우군을 공격했다. 항우는 졸지에 북쪽의 유방군과 남쪽의 경포군에 의해 삼면협격을 받는 꼴이 되고 말았다. 그럼에도 항우는 역시 병법의 대가였다. 주적은 유방군이었다. 곧바로 친히 군사를 이끌고 가 망탕과 하읍의 늪지대에 있는 유방군을 쳤다. 동시에 휘하장수 항성項聲과 사마용저司馬龍且에게 명해 경포를 치게 했다. 병력면에서 열세에 있던 유방군은 늪지대의 지형을 최대한 활용해 유격전으로 버텼다. 소하가 관중에서 징발한 원군이 올 때까지 시간을 벌고자 한 것이다.

그러나 경포는 항성과 사마용저의 토벌군에게 패했다. 그러나 그 역시 몇 달 동안 버티는 뚝심을 발휘했다. 이것이 항우군의 병력을 분산시키는 데 지대한 공헌을 한 것은 말할 것도 없다. 객관적으로 볼 때 경포가 남쪽에서 협격을 가하지 않았다면 유방군은 채 1달도 버티기 힘들었을 것이다. 관중을 출발한 원군이 전투가 벌어지고 있는 탕군까지 이를 수 있는 시간을 번 것 자체가 엄청난 소득이었다.

이해 12월, 경포가 유방이 있는 탕군 쪽으로 달아나고 싶었으나 초나라 군사의 추격을 받을까 크게 우려해 일부 부하만 데리고 샛길을 통해 수하의 뒤를 좇아 황급히 탕군 쪽으로 달아났다. 그러나 가까스로 유방이 있는 곳까지 도주해 온 경포는 이내 큰 충격을 받았다. 유방이 곧바로 뛰쳐나와 반갑게 맞아주기는커녕 상에 걸터앉아 발을 씻는 모습으로 그를 불러들여 만난 것이다. 「경포열전」의 기록이다.

"대로한 경포가 귀부한 것을 후회하며 자살하려고 했다."

'자살' 운운은 정황을 과장한 것이 확실하나 경포의 자존심이 극도로 상한 것만은 분명하다. 그러나 그는 이내 밖으로 나와 객사로 갔다가 또 한 번 놀랐다. 장막과 음식, 수종하는 관원 모두 유방이 머무는 곳과 같았다. 「경포열전」은 이같이 기록해 놓았다.

"경포가 다시 크게 기뻐했다. 이는 원래 바라던 수준을 넘는 것이었다."

'크게 기뻐했다' 운운의 원문은 대희과망大喜過望이다. 포상의 요체가 바로 '과망'에 있었다. 상대가 바라는 수준을 훨씬 뛰어넘은 '과망'의 포상을 내릴 때 상대방을 감복시킬 수 있다. 농락의 단초이다. 내심 바라던 수준을 초과한 것인 까닭에 경포가 내심 크게 기뻐하며 시간을 두고 지켜보기로 했다. 쥐었다 폈다 하며 상대방을 손에 넣어 마음대로 주무르는 것을 농락籠絡이라고 한다. 유방은 경포가 과분해할 정도의 파격적인 포상으로 경포를 농락한 셈이다. 유방의 '농락' 행보를 두고 『한서』의 같은 대목을 주석한 안사고顔師古는 이같이 풀이해 놓았다.

"유방은 경포가 자신보다 먼저 왕이 된 까닭에 스스로를 높이는 모습을 보일까 우려했다. 이에 짐짓 무례하게 행동해 경포를 굴복시킨 뒤 경포의 장막이나 음식, 시종들을 자신과 비슷하게 해주는 식으로 그의 마음을 기쁘게 만든 것이다."

우리말의 '어르고 뺨치는' 식으로 경포를 농락한 셈이다. 전후 맥락에 비춰 일리 있는 해석이다. 사다케도 유사한 분석을 내놓았다.

"유방은 경포에게 자신의 약함을 뼈저리게 느끼게 한 뒤 극적으로 최고의 대우를 해주는 수법을 구사해 경포를 자신의 완전한 지배하에 둘 수 있었다."

안사고와 사다케의 분석은 나름 일리가 있다. 당태종과 위국공 이정李靖이 역대 병서의 장단점과 병법을 논한 『당리문대唐李問對』에도 유사한 사례가 나온다. 하루는 당태종 이세민이 이정에게 물었다.

"경이 전에 이세적李世積은 병법에 능하다고 했소. 앞으로도 계속 그를 중용할 수 있는 것이오? 짐이 친히 제어하지 않는다면 그를 부릴 수가 없소. 훗날 태자 이치李治가 보위에 오르면 그를 어찌 부릴 수 있겠소?"

태자 이치는 당태종의 뒤를 이어 보위에 오른 당고종을 말한다. 중국의 전 역사를 통틀어 유일무이한 여제女帝가 된 측천무후는 그의 황후였다. 이정이 대답했다.

"폐하를 위해 헤아리건대 일단 이세적을 내쳤다가 태자로 하여금 재차 등용케 하는 것보다 나은 방안이 없을 것입니다. 그리되면 반드시 태자의 은혜를 고맙게 여기고 이에 보답코자 할 것입니다. 통상적인 정리情理에 비춰볼지라도 하등 문제될 게 없습니다."

태종이 말했다.

"좋은 방안이오!"

조선조 초기 태종 이방원이 유사한 책략을 구사한 적이 있다. 조선조 500년을 통틀어 가장 오랫동안 '일인지하, 만인지상'의 정승 자리를 가장 오랫동안 지킨 사람은 세종 때의 황희이다. 무려 18년 동안이나 영의정을 지냈다. 이는 이방원이 만든 것이나 다름없다. 이방원은 당태종이 이세적을 내쳤다가 다시 중용하는 수법을 흉내 내 황희를 자기 사람으로 만들었다.

원래 황희는 고려조 말 창왕 원년에 문과에 합격한 뒤 성균관에 봉직하던 중 조선조가 개창되면서 이내 실직하고 말았다. 나이 30세로 한창 일할 시기였다. 그는 한 사람이 두 임금을 섬길 수 없다는 '불사이군'의 의리를 좇아 '두문동 72현'의 일원이 되었다. 이후 두문동 밖으로 나와 태종 때부터 실력을 인정받기 시작했다. 6조의 정랑을 차례로 거치면서 지금의 대통령 비서실장에 해당하는 도승지의 자리에 올랐다. 태종은 그를 전폭적으로 신임해 국가대사를 의논했다.

"경과 의논한 일은 나와 경만이 아는 것이다. 누설될 경우 이는 곧 경이 아니면 내가 한 짓이다."

황희에 대한 태종의 신임은 특별했다. 황희는 예조판서로 있던 1415

년에 지병으로 잠시 사임을 하게 됐다. 그러자 태종은 어의를 보내 치료해 주었으며, 병이 낫자 어의들을 포상했다. 하지만 승승장구하던 그에게도 위기가 찾아왔다. 태종 16년에 세자 양녕대군의 폐위를 결사반대한 게 빌미였다. 태종의 노여움을 받은 그는 공조판서로 전임되었다가 한성부판사로 좌천되었다. 태종은 세자를 내쳐야만 하는 자신의 괴로운 심중을 제대로 헤아리지 못한 그에게 분노했다. 태종의 결단으로 충녕대군이 세자로 책봉되었다. 그가 바로 세종이다. 그러나 이조판서로 복귀한 황희는 끝까지 이를 반대했다. 황희의 반대 이유는 3가지였다.

첫째, 태조가 세자를 잘못 세워 골육상쟁의 화난을 초래한 것처럼 재차 화를 초래할 소지가 크다. 둘째, 적장자 승계의 전통을 세워나가지 못하면 향후 유사한 사례가 빈발해 화난의 빌미가 될 수 있다. 셋째, 세자가 총명한 만큼 앞으로 제대로 훈육하면 얼마든지 훌륭한 군왕이 될 수 있다. 나름대로 일리 있는 주장이기는 했으나 이는 이미 태종이 검토한 것이기도 했다.

당시 상황에서는 고심 끝에 내린 태종의 결단을 따를 필요가 있었다. 그럼에도 황희는 끝까지 반대했다. 강력한 왕권국가를 지향한 태종에겐 왕권에 대한 도전으로 비칠 가능성이 있었기 때문이다. 황희 외에도 세자의 폐위를 반대하는 중신들은 많았으나, 태종의 심중을 누구보다 잘 아는 황희의 반대는 의미가 달랐다. 군신들을 경계시키고 여론을 잠재우기 위해서라도 황희를 엄벌에 처하지 않을 수 없었다. 태종은 그를 서인으로 폐출해 지방으로 유배를 보냈다. 이어 곧바로 세자 충녕대군에게 보위를 물려주고 상왕으로 물러앉았다.

황희의 유배지는 지금의 파주인 교하였다. 교하는 그의 고향인 개성

과도 가까웠다. 징벌의 효과가 미약하다는 대간들의 비판이 일자 그는 남원으로 이배되었다. 그의 유배생활은 4년이나 더 지속됐다. 남원의 유배 기간 동안 황희는 문을 닫고 아무도 만나지 않았다. 태종은 대간들의 반발을 물리치고 마침내 세종 4년에 그를 서울로 불러들였다. 그의 나이 60세였다. 황희는 곧 태종이 머무는 창경궁을 찾아가 정중히 예를 표했다. 세종이 태종 옆에 있었다. 태종이 황희에게 말했다.

"내가 포천의 행궁에 있을 때 늘 경의 일을 주상에게 말했소. 오늘에야 비로소 경이 서울로 오게 되었소."

이로부터 석 달 후 태종이 세상을 떠났다. 황희에 대한 세종의 신임은 태종 못지않았다. 세종이 숨을 거두기 1년 전인 세종 31년까지 무려 18년 동안 영의정의 자리에 있었던 것은 황희의 충성심을 높이 산 결과다. 이는 기본적으로 태종이 충녕대군의 즉위를 반대하는 '대쪽' 황희를 5년 가까이 유배를 보내며 장차 충녕대군에게 충성을 다하도록 '조련'시켰기 때문이다. 태종 이방원은 당태종이 써먹은 수법을 똑같이 구사해 마침내 조선조 500년을 통틀어 최고의 재상을 만들어낸 셈이다. 유방이 경포를 자신의 심복으로 만든 것도 이런 맥락에서 이해할 필요가 있다.

당시 경포는 사람을 구강으로 보내 상황을 살펴보게 했다. 그러나 이때는 이미 초나라가 구강의 군사를 모두 거두고 경포의 처자를 모두 죽인 후였다. 사자가 경포의 옛 친구와 아끼는 신하들을 찾아내 무리 수천 명을 이끌고 유방이 있는 곳으로 돌아왔다. 유방은 경포에게 군사를 더 늘려 주면서 지금의 하남성 사수현 호뢰관인 성고成皐에 주둔케 했다. 항우의 침공을 저지키 위한 것이었다. 항우군 최고의 맹장인 경포의 가담은 '초한지제'의 흐름을 뒤바꾸는 결정적인 계기로 작용했다는 점에서 그 의미가 매우 크다.

화저조봉의 식견

유방이 경포에게 군사를 늘려 주고 함께 성고成皐에 주둔할 당시 초나라 군사가 자주 한나라의 용도甬道를 침탈한 까닭에 한나라 군사는 자주 식사를 걸렀다. 유방이 이를 크게 걱정해 역이기와 함께 항우군의 세력을 꺾는 방안을 논의했다. 역이기가 건의했다.

"옛날 은나라 탕왕湯王이 하나라 걸桀을 친 뒤 그 후손을 기杞에 봉하고, 주무왕이 은나라 주紂를 친 뒤 그 후손을 송宋에 봉했습니다. 지금 진나라가 덕을 잃고 의를 버린 채 제후들을 침공해 그들의 사직을 훼멸하고 송곳을 간신히 꽂을 정도의 극히 작은 땅조차 없게 만들었습니다. 폐하가 실로 6국의 후예들을 다시 세울 수 있다면 모든 군신君臣과 백성들은 반드시 폐하의 은덕에 감격해하며 풍문을 듣고 의를 사모하고 신첩臣妾이 되기를 원치 않는 자가 없을 것입니다. 덕의가 시행되어 폐하가 남면하여 패자를 칭하면 초나라는 반드시 옷깃을 여미며 한나라에 조현할 것입니다."

유방이 말했다.

"훌륭한 말씀이오. 빨리 인새印璽를 새겨 갖고 가도록 하시오."

역이기가 아직 출발하지 않았을 때 장량이 밖에서 들어와 알현했다. 유방은 마침 식사 중이었다.

"자방子房, 어서 오시오. 손님 중에 나를 위해 초나라를 뒤흔들 계책을 마련한 사람이 있소."

그러고는 역이기의 계책을 그대로 장량에게 전했다.

"이 계책이 어떻소?"

"누가 폐하를 위해 그런 계책을 세웠습니까? 그리 하면 폐하의 대업은 끝나버릴 것입니다."

유방이 의아해하며 물었다.

"왜 그렇다는 것이오?"

장량이 정색을 하고 대답했다.

"청컨대 대왕을 위해 상 위의 젓가락을 빌려 그 계책의 잘못을 그려 보이겠습니다. 옛날 탕왕과 무왕이 걸과 주의 후예를 제후로 봉한 것은 그들의 죽고 사는 운명을 능히 제어할 수 있다고 생각했기 때문입니다. 지금 폐하가 항우의 목숨을 제어할 수 있습니까? 이것이 불가한 첫 번째 이유입니다. 주무왕은 은나라로 쳐들어간 뒤 현인 상용商容의 마을을 표창하고, 간언을 하다 옥에 갇힌 기자箕子를 석방하고, 간언을 하다 죽임을 당한 비간比干의 묘에 봉분을 만들어주었습니다. 지금 폐하가 그리 할 수 있습니까? 이것이 불가한 두 번째 이유입니다. 주무왕은 은나라 곡식창고의 곡식을 내고, 은나라 도읍의 거대한 누대인 녹대鹿臺의 돈을 풀어 빈궁한 사람들에게 내려주었습니다. 지금 폐하가 그리 할 수 있습니까? 이것이 불가한 세 번째 이유입니다. 주무왕은 은나라 정벌을 마친 뒤 병거兵車를 승거乘車로 고치고, 방패와 창을 뒤집어 쌓아두어 다시는 용병치 않을 뜻을 천하에 보여주었습니다. 지금 폐하가 그리 할 수 있습니까? 이것이 불가한 네 번째 이유입니다. 주무왕은 전마戰馬를 화산華山 남쪽에서 쉬게 하여 할 일이 없음을 보여주었습니다. 지금 폐하가 그리 할 수 있습니까? 이것이 불가한 다섯 번째 이유입니다. 주무왕은 도림桃林의 그늘에 소를 방목해 다시는 군량미를 운송해 쌓아둘 뜻이 없음을 보여주었습니다. 지금 폐하가 그리 할 수 있습니까? 이것이 불가한 여섯 번째 이유입니다. 지금 천하의 선비들이 그들의 친척을 떠나고, 조상의 분묘를 버리고, 옛 친구를 버리고, 폐하를 좇아 사방으로 참전하는 것은 단지 밤낮으로 약간의 땅이라도 얻기를 바라기 때문입니다. 지금 6국의 후예를 다시 세우면 천하의 선비들이 각기 그들의 군주에게 돌아가고, 그들의 친척을 따르고, 옛 친구와 조상의 분묘로 돌아갈 것입니다. 그리 되면 폐하는 누구와 더불어 천하를 취하려는 것입니까? 이것이 불가한 일곱 번째 이유입니다. 게다가 지금 초나라보다 강대한 세력이 없는 상황에서 보위에 오른 6국의 군주는 이내 다시 약해져 초나라를 좇을 터인데 폐하가 어찌 그들에게 칭신稱臣을 요구할 수 있겠습니까? 이것이 불가한 여덟 번째 이유입니다. 실로 빈객의 계책을 채택하면 폐하의 천하대사는 모두 끝나버리고 말 것입니다."

'녹대'는 은나라 마지막 왕인 주紂가 축성된 누대를 말한다. 넓이가 3리, 높이가 1,000척에 달했다고 한다. 주무왕의 군사에게 쫓긴 은나라 주왕은 이곳에서 불을 질러 자진했다. 일명 '늠대廩臺' 내지 '남선지대南單之臺'로도 불렸다. 유방이 이 말을 듣자 곧 식사를 그치며 먹던 음식을 내뱉으며 욕을 해댔다.

"이 유생 놈, 하마터면 내가 생각하는 대사를 거의 망칠 뻔했다."

그러고는 곧바로 명을 내려 인새를 녹여버리게 했다. 여기서 나온 성어가 바로 화저조봉畫箸阻封이다. 장량이 젓가락으로 그림을 그려 유방을 설득함으로써 분봉을 막았다는 뜻이다. 이후 쉬운 비유를 들어 잘못된 방향으로 나아가는 것을 막는다는 뜻으로 사용됐다.

건달 출신인 유방이 자신의 휘하에서 외교관으로 활약한 역이기를 '유생 놈' 운운한 것은 그가 원래 타고난 '욕대장'인만큼 크게 탓할 일은 아니다. 훗날 진평은 유방의 행동거지를 두고 '거만하고 예의가 없다'고 지적한 바 있다. 틀린 말이 아니다. 가이즈카 시게키貝塚茂樹는 자신의 논문 「한고제漢の高祖」에서 『사기』의 유방 관련 기록을 통틀어 그가 욕을 하는 장면이 모두 12번 나온다고 분석한 바 있다. 그의 지적이다.

"유방을 두고 무례하게 남을 업신여기며 예의를 모른다고 언급한 사람은 비단 진평만이 아니다. 소하와 왕릉, 위표 등 유방과 잠시라도 접촉한 자는 모두 한 목소리로 지적한 부분이다."

확실히 『사기』와 『한서』 등의 기록을 보면 유방은 대상을 가리지 않고 욕을 해댔다. 역이기는 말할 것도 없고 장량과 소하 등 핵심 측근을 비롯해 한신과 위표, 경포, 육가, 유경, 난포 등 모든 사람이 욕을 먹었다. 무명의 장수를 포함하면 12명이 훨씬 넘는다. 사마천이 『사기』를 저술하면서 특별히 이를 의식하고 그런 장면을 망라했을 리는 없다고 보아야 한다. 남을 욕하는 것이 일상적인 다반사였다. 그러나 유방의 욕은 통상적인 욕설과 구분할 필요가 있다. 가이즈카의 분석이다.

"원래 욕을 하는 행동은 자신의 감정을 거리낌 없이 그대로 노출하는 것이다. 인간 본래의 모습 그대로 속속들이 드러내는 그의 막힘없는 태도가 그리 만들었다. 태풍이 한 번 지나가듯 매도된 사람에게도 아무런 뒤끝을 남기지 않는 명랑함, 그것이 유방의 인기비결이었다고 말할 수 있지 않을까?"

사서의 기록을 보면 유방은 음모陰謀의 달인이다. 그럼에도 그는 마구 욕을 해대는 등 자신의 속마음을 그대로 드러냈다. 모순된 행동이다. 이와 달리 항우는 양모陽謀의 전형에 해당한다. 그럼에도 그는 욕설을 거의 하지 않는 등 자신의 감정을 그대로 드러내지 않았다. 항우의 이런 행동 또한 모순이다.

결과론적인 얘기지만 겉으로 마구 욕을 해대는 '음모'의 전형 유방과 겉으로 감정을 쉽게 드러내지 않는 '양모'의 전형 항우의 대결에서 유방이 승리를 거둔 셈이다. 유방이 천하를 거머쥔 뒤에 나온 개국공신 왕릉의 언급이 이를 뒷받침한다.

"폐하는 거만하여 남을 업신여기고, 항우는 어질어서 사람을 사랑으로 대했습니다."

이는 무엇을 말하는 것일까? 왜 항우는 사람들을 사랑으로 대했는데 패망한 것일까? 마구 욕을 해대는 행동은 천하대사와 무관하다는 사실을 뒷받침한다. 그런 점에서 가이즈카는 아무런 뒤끝을 남기지 않는 명랑함이 '인기비결'이었을 것으로 분석했다.

그러나 이는 부분적으로만 타당한 지적이다. 어떤 경우든 아무렇게나 욕설을 해대는 모습이 좋아 보일 리 없다. 욕을 먹는 당사자 역시 기분이 좋을 리 없다. 단지 우두머리의 '더러운 입버릇'이려니 생각하며 참았을 뿐이다. 유방과 항우의 운명이 엇갈린 것은 천하대사를 놓고 다투는 음모와 양모의 대결에서 결판이 났다고 보는 게 옳다. 순자의 후손인 후한 말기의 대학자 순열荀悅이 『한기漢紀』에서 분석한 평가가 이를 뒷받침한다. 해당 대목의 전문이다.

"무릇 정책을 세워 승리를 결정짓는 술책은 그 요체로 3가지 술책을 들 수 있다. 형形과 세勢, 정情이 그것이다. '형'은 전체의 유리 내지 불리한 상황, '세'는 임기응변의 대처와 진퇴의 관건, '정'은 의지에 의한 가부결정의 실제를 말한 것이다. 정책과 사안이 동등한데도 이룬 공적이 다른 것은 바로 이 3술三術이 다르기 때문이다.

당초 장이와 진여는 진승에게 6국을 다시 세우고 스스로 무리를 심을 것을 설득했다. 역이기가 유방에게 6국의 복국을 권했다. 말한 내용이 같은데도 득실이 다른 것은 때가 달랐기 때문이다. 진승이 일어날 때는 천하가 모두 진나라의 패망을 바랐다. 그러나 천하가 초, 한으로 나뉘어 장차 어떻게 평정될지도 확연히 드러나지 않은 지금은 천하가 모두 반드시 항우의 패망을 바라는 것이 아니었다. 그래서 6국을 세우는 것이 진승에게는 이른바 '자신의 당파를 많이 심고, 결과적으로 진나라의 적을 더 많게 만드는 일'에 해당했다. 게다가 당시 진승은 천하를 마음대로 움직일만한 땅이 없었다. 그래서 진승이 6국을 세우는 것은 이른바 '자신이 소유치 않은 것을 취해 다른 사람에게 주고, 명목상의 은혜를 베풀어 실제상의 복을 얻다'는 취지에 부합했다. 그런데 지금 6국을 세우는 것은 유방에게 소위 '자신이 소유한 것을 잘라 적에게 보태주고, 헛된 명성을 세워 실제상의 화를 입는 것이다.' 이것이 바로 동일한 사안이 때에 따라 다른 득실을 초래하는 동사이형同事異形이다.

송의가 진, 조 두 나라가 싸우다가 모두 쓰러지기를 기다린 것은 취지 면에서 옛날 노나라 장수 변장자卞莊子가 싸우다 지친 두 호랑이를 찌른다는 전설과 같다. 이 술책은 전국시대만 할지라도 이웃나라끼리 서로 공격함으로 인해 한눈을 파는 사이에 이내 패망하는 위급함이 없었으므로 통할 수 있었다. 전국시대는 여러 나라가 건립되어 오랜 세월이 흐른 까닭에 한 번 싸움의 승패가 반드시 나라의 존망을 좌우하지는 않았다. 당시의 형세는 적국을 멸망시키는 긴급한 형세에 비교할 만한 것은 아니었다. 그래서 전진하여 이로운 형세를 올라타고, 퇴각하여 스스로를 보전하면서 힘을 축적하며 때를 기다리는 것으로 적의 피폐를 틈타 움직일 수 있었던 것이다. 당시의 형세가 이와 같았다. 그러나 지금은 초나라와 조나라 등이 흥기해 진나라와 형세 상 함께 존재할 수 없는 국면이 빚어졌다. 안전하고 위태로워지는 기미가 숨 쉬는 사이에도 수시로 변하는 까닭에 전진하면 성공을 거두고, 퇴각하면 화를 입을 수밖에 없다. 이것이 동일한 사안이 때에 따라 다른 형세를 초래하는 동사이세同事異勢이다.

조나라를 공벌하는 싸움에서 한신은 저수泜水의 강가에 주둔해 조나라 군사들이 이들을 패퇴시킬 수 없었다. 그러나 팽성의 실패에서 유방은 수수睢水의 강가에서 싸워 병사들이 모두 수수에 빠져 죽고 초나라 군사가 대승을 거두었다. 어째서 그러한가? 조나라 군사는 자기 나라를 벗어나 전투를 하여 유리하다고 판단되면 전진하고 곤란한 상황을 만나면 퇴각함의 자세로 임했다. 자기 목숨을 돌아보는 마음을 품은 까닭에 죽음을 무릅쓰고자 하는 담략이 없었다. 반대로 한신의 군사는 강을 등진 채 고립되어 있었다. 사졸들은 필사를 각오하여 두 마음을 품지 않았다. 이것이 한신이 승리한 이유이다. 그런데 유방은 적국에 깊숙이 들어왔는데도 술을 받아놓고 연회를 베푼 까닭에 병사들이 편히 즐기며 결전의 마음이 견고하지 못했다. 반대로 초나라 군사의 경우는 강대한 위엄을 갖고 있으면서도 도성인 팽성을 상실한 까닭에 병사들 모두 분개하는 기운에 휩싸여 급히 달려가 패망을 구하고자 하는 조바심을 품고 있었다. 이것이 한나라가 패한 이유이다. 한신은 선별된 정병精兵으로 지키고 조나라는 자기 목숨을 돌아보는 군사로 공격했다. 이에 반해 항우는 선별된 정병으로 공격하고 한나라는 나태한 병사로 응했다. 이것이 동일한 사안이 때에 따라 다른 결정에 좌우되는 동사이정同事異情이다.

그래서 이르기를, '권도權道의 방도는 미리 확정할 수 없고, 국면의 변화는 미리 세울 수 없다'고 하는 것이다. 시기時機에 따라 옮기고, 사물의 변화에 따라 변하는 것이 바로 책략을 확립하는 관건이다."

변장자의 싸우다 지친 두 호랑이를 찌른다는 전설은 변장자호卞莊刺虎 성어를 언급한 것이다. 이는 변장자자호卞莊子刺虎의 준말로, 실력이 비슷한 둘을 서로 싸우게 해 둘 다 얻는 지혜를 의미한다. 방휼상쟁蚌鷸相爭, 어부지리漁父之利와 같은 취지이다. 이 성어의 출전은 『전국책』「진책」이다.

주난왕 3년(기원전 312년), 초나라가 제나라와의 국교를 단절하자 제나라가 군사를 일으켜 초나라를 공격했다. 이때 진진이 초회왕에게 이같이 건의했다.

"대왕은 동쪽으로 제나라에 땅을 떼어 주고, 서쪽으로는 진나라와 강화하느니만 못합니다."

초회왕이 이를 받아들여 진진을 진나라로 보내자 진혜문왕秦惠文王이 진진에게 청했다.

"지금 제·초 두 나라가 싸우자 어떤 사람은 제나라를 돕는 것이 상책이라 하고 어떤 사람은 도와주지 않는 것이 유리하다고 말하고 있소. 좋은 계책이 있으면 과인에게 일러주시오."

이에 진진이 이같이 말했다.

"춘추시대 노나라 변읍卞邑의 대부 변장자가 호랑이를 척살하려고 하자 관여管與라는 사람이 말리면서 말하기를, '호랑이 두 마리가 소를 잡아먹으려고 합니다. 먹어 봐서 맛이 좋으면 분명히 다툴 것입니다. 다투게 되면 반드시 싸울 테고, 서로 싸우게 되면 큰 놈은 상처를 입고 작은 놈은 죽을 것입니다. 상처 입은 놈을 찔러 죽이면 한꺼번에 호랑이 두 마리를 잡았다는 명성을 얻을 것입니다'라고 하였습니다. 지금 제·초 두 나라가 싸우면 결국 두 나라 모두 상처를 입게 될 것입니다. 그때 대왕은 군사를 일으켜 구원에 나서십시오. 그리 하면 제나라를 구원하는 이득만 있고 초나라를 치는 데 따르는 위험과 손해는 없을 것입니다."

『사기』「장의열전」에는 호랑이 두 마리가 싸워 큰 놈은 상처를 입고 작은 놈은 죽자 변장자가 상처 입은 놈을 찔러 죽여 한 번에 호랑이 두 마리를 잡는 것으로 나온다. 결국 일거양득一擧兩得과 같은 취지이다. 순열이 『한기』에서 '변장자호' 성어를 인용한 이유는 동일한 사안이 때에 따라 다른 득실을 초래하는 동사이형同事異形, 다른 형세를 초래하는 동사이세同事異勢, 다른 결정에 좌우되는 동사이정同事異情의 3가지 상황을 설명키 위해서였다. 요체는 임기응변에 있다. 항우와 유방의 대결도 결국 상대의 움직임을 좇아 얼마나 적절히 대응하는지 여부에 따라 승부가 나게 돼 있었다. 음모와 양모의 대결에서 결판이 났다고 보아야 한다는 얘기다. 이는 홍구를 기준으로 천하를 둘로 쪼개는 기만적인 술책에서 선명히 드러나고 있다.

제 9 장
진평陳平이 반간계를 성사시키다

득천하의 반간계

한신이 화북 일대를 석권할 당시 유방이 가장 두려워한 것은 장차 경쟁세력이 될 수도 있는 한신의 잠재적인 위협이 아니라 여전히 막강한 위세를 떨치고 있는 항우의 현실적인 위협이었다. 실제로 항우의 군사력은 막강했다. 유방이 계속 정예군을 보충 받았음에도 불구하고 형양에서 수세국면을 벗어나지 못한 사실이 이를 뒷받침한다. 유방군 내에 한신을 대신할 만한 장수가 없었음을 반증한다. 「고조본기」의 다음 대목이 그 증거다.

"한왕의 군사는 형양의 남쪽에 진을 치고, 용도를 만들어 황하에 연결시킨 뒤 오창의 곡식을 취했다."

오창은 진나라 때 식량을 대량으로 비축하기 위해 만든 곡물창고였다. 수운을 통해 대량으로 운반된 식량을 비축하기 위해서는 건조한 상태를 유지해야 했다. 진나라가 강가의 약간 높은 구릉 위에 곡물창고를 만든 이유다.

사다케는 당시 유방이 오창의 곡물을 형양에 공급하기 위해 용도를 만든 것을 높이 평가했다. 오창의 곡물창고 안전과 직결된 형양의 전략적 중요성을 통찰하고 있었기 때문이다. 사실 형양은 내륙의 수운과 육운의 교차점에 해당한다. 황토고원과 화북평야의 물자가 교환되는 중개지이기도 했다. 형양을 손에 넣고 있는 한 언제든지 때가 되면 동쪽으로 쉽게 진출할 수 있었다. 반대로 형양을 잃을 경우 관중이 이내 위협을 받게 된다. 병법에서 말하는 일종의 쟁지爭地에 해당한다. 유방과 항우 모두 어떤 식으로든 형양을 손에 넣어야만 했다. 형양을 선점한 유방이 그런 점에서는 점수를 따고 있었다.

문제는 곡물 수송의 안전을 뜻하는 용도가 자주 끊긴 데 있다. 반년가량 공방전이 계속되는 와중에 용도가 항우군의 공격으로 자주 두절된 것은 불가피한 면이 있다. 길게 이어진 용도를 지키기 위해 많은 병력을 동원할 경우 득보다 실이 많았다. 실효성도 의문이었다. 수비해야 할 전선이 너무 길기 때문이었다. 이는 적의 기습공격을 자초하는 꼴이다. 유방은 오창의 식량을 최대한 활용해 유리한 국면을 만들어야만 했다. 그러자면 용도의 안전 확보가 필수였다. 항우도 마찬가지였다. 오창을 손에 넣지 못할지라도 최소한 유방이 오창의 곡식을 최대한 활용하는 것을 막아야만 했다. 북쪽 제나라의 전횡과 일시 휴전한 뒤 형양 탈환에 전력을 기울인 이유다.

당시 전횡은 한신이 황하 이북을 제압하면서 가장 위협적인 세력으로 등장한 상황에서 항우가 공격을 멈추자 크게 환호했다. 그로서는 항우를 부추겨 유방과 혈전을 치르게 한 뒤 어부지리를 챙기는 게 상책이었다. 공연히 유방과 손을 잡아 항우를 화나게 할 이유가 없었다. 항우도 전횡이 중립을 취하는 한 손해 볼 게 없었다. 전력을 기울여 유방을 제압한 뒤 대처하는 게 이익이었다. 전횡이 중립의 위치로 돌아서는 것을 계기로 한신이 화북 일대를 석권한 효과가 반감될 수밖에 없었다. 용도가 자주 끊기게 된 배경이 바로 여기에 있다.

용도의 두절은 전력 약화로 직결된다. 병사들이 제때 식사를 할 수 없기 때문이다. 병법에 밝은 항우가 이를 모를 리 없었다. 그가 맹공을 퍼부으며 형양을 포위한 이유다. 당시 북쪽 조나라에 진주하고 있던 한신도 황하를 건너 형양을 돕는 일이 쉽지 않았다. 병사들이 화북 일대의 정벌 과정에서 힘을 크게 소진한 것도 그렇지만 형양을 도우러 나섰다가 자칫 전횡에게 허를 찔릴 위험부담이 컸다. 형양을 잃게 되면 관중의 약양에서 군수물자와 병력자원을 공급하던 소하도 궁지에 몰리게 된다. 유방이 항우에게 형양을 기준으로 천하를 둘로 나눠 그 동쪽을 갖고 일시 싸움을 멈추자고 제의한 것은 바로 이런 이유 때문이었다.

「고조본기」는 항우가 이를 받아들이지 않았다고 간략히 기술해 놓은데 반해 「항우본기」는 항우가 이를 받아들이려고 하자 범증이 반대했다고 기록해 놓았다. 사다케는 「고조본기」의 기술이 역사적 사실에 가깝다고 보았다. 후대인들이 항우를 무능한 인물로 만들기 위해 주요 대목마다 범증을 등장시키는 식으로 개작했을 공산이 크다는 분석이다. 실제로 범증이 등장하는 일화에는 항우가 예외 없이 용맹하기만 할 뿐 꾀가 없는 장수로 그려져 있다. 사다케의 지적이 날카롭다. 항우를 높이 평가한 사마천이 의도적으로 그랬을 리는 없다. 후대인의 가필로 보는 게 옳을 것이다.

큰 틀에서 볼 때 유방의 천하 반분 제안을 반대한 당사자가 누구인지 여부는 사소한 문제에 지나지 않는다. 정작 중요한 것은 유방의 거짓 강화 계책이 전혀 먹히지 않은 점이다. 항우가 유방군의 군량보급로인 용도를 끊은 채 계속 강공을 퍼부을 경우 형양의 함락은 시간문제였다. 팽성전투 패전 후 가까스로 반격의 분위기를 고조시켜 가고 있던 유방으로서는 또다시 위기를 맞이한 셈이다.

이를 타개한 사람이 바로 진평이었다. 진평이 가담할 당시 유방은 그의 재주를 높이 사 곧바로 전군의 감독을 담당하는 호군도위에 임명했다. 여타 장수들이 모두 반발했으나 유방은 전혀 개의치 않았다. 유방의 리더십이 빛나는 대목이다. 진평도 내심 유방의 돈독한 신임에 보답키 위한 방안을 짜내는데 골몰했을 것이다. 그가 짜낸 계책이 바로 항우와 범증 사이를 갈라놓은 반간계였다.

「진승상세가」에 따르면 기원전 204년 봄, 유방이 문득 진평을 불러 뜬금없이 물었다.

"천하가 분분하니 언제나 안정되겠소?"

진평이 대답했다.

"항우의 강직한 신하는 범아부와 종리매鍾離昧, 사마용저司馬龍且, 주은周殷 등 몇 사람에 지나지 않습니다. 대왕은 실로 수만 근의 황금을 내어 반간계反間計를 구사하면 항우의 군신을 이간시켜 서로 그 마음을 의심토록 만들 수 있습니다. 항우는 위인이 시기가 많고 참소하는 말을 잘 믿는 인물입니다. 반드시 안에서 서로 죽이는 일이 빚어질 것입니다. 한나라가 이 틈에 거병하여 공격하면 초나라를 격파하는 것은 의심의 여지가 없습니다."

유방이 크게 기뻐했다.

"참으로 좋은 계책이오."

이내 황금 4만 근을 내주며 마음대로 사용케 했다. 지출내역을 전혀 묻지 않은 것은 말할 것도 없다. 전국시대 말기 진나라가 천하통일의 걸림돌로 작용하고 있는 위나라의 신릉군信陵君을 낙마시키기 위해 반간계를 구사한 바 있다. 당시 진나라가 유세객들에게 사용한 황금이 1만 근이었다. 유방이 진평에게 내린 4만 근이 얼마나 큰 액수인지 쉽게 알 수 있다. 당시 진평은 황금을 이용해 초나라 군영 내에서 반간계를 구사하면서 공개적으로 이런 말을 퍼뜨렸다.

"종리매 등은 항우를 위해 많은 공을 세웠는데도 끝내 분봉의 포상을 받지 못했다. 장차 한나라와 연합해 항씨를 멸망시킨 뒤 그 땅을 나눠 가지려 할 것이다."

「진승상세가」는 이를 계기로 항우가 속으로 종리매 등을 의심키 시작했다고 기록해 놓았다. 그러나 이는 액면 그대로 믿기 어렵다. 진평이 반간계를 편 기원전 여름 4월, 항우가 형양에서 유방을 포위한 채 더욱 급박하게 공격한 게 그렇다. 종리매 등이 형양에 대한 공격을 만류했을 리도 없고, 병법의 대가인 항우가 종리매를 의심한 나머지 공격의 고삐를 풀지도 않았다. 이는 종리매 등을 구실로 한 반간계가 제대로 먹히지 않았음을 반증한다. 「고조본기」의 다음 기록이 이를 뒷받침한다.

"한왕이 강화를 청하면서 형양의 서쪽 지역을 베어내 그곳만 갖겠다고 제안했다. 항왕이 받아들이지 않았다. 한왕이 이를 크게 우려해 이내 진평의 계책을 사용했다."

유방이 매우 급박한 상황에 몰려 있었음을 보여준다. 당시 그가 제시한 강화안은 1년여 뒤 홍구鴻溝를 기준으로 천하를 양분하는 계책보다 훨씬 서쪽으로 치우친 것이었다. 경계선이 관중에 훨씬 가깝다. 유방이 비세非勢에 처해 있었음을 반증한다. 항우가 유방의 제의를 거부한 것은 범증으로 인해서였다. 당시 범증도 유방이 궁지에 몰려 있다는 사실을 알고 있었다. 형양에 맹공을 가할 것을 권한 이유다. 이때 항우가 강화방안을 제시한 유방의 속셈을 정확히 파악하기 위해 사자를 보냈다. 「고조본기」에서 '진평의 계책을 사용했다'는 것은 바로 이즈음의 상황을 언급한 것이다.

당대의 지낭인 장량과 어깨를 나란히 하는 진평의 반간계가 빛을 발한 것도 바로 이때였다. 진평은 유방의 사자가 도착할 즈음 좌우에 명해 이른바 태뢰太牢를 갖춰 놓게 했다. '태뢰'는 제사나 연회 때 소와 양, 돼지 등 3가지 희생犧牲을 모두 갖추는 것을 말한다. 돼지와 양만을 갖춘 것은 소뢰小牢라고 한다. 음식을 올리는 절차가 진행되던 중 진평이 나타나 초나라 사자를 보고 짐짓 놀라는 체했다.

"아부亞父의 사자인 줄 알았는데 항우의 사자 아닌가."

그러고는 그 음식을 내간 뒤 조악한 음식을 초나라 사자에게 올리게 했다. 초나라 사자가 귀환해 이를 상세히 보고했다. 「고조본기」는 이때 항우가 범증을 크게 의심하기 시작했다고 기록해 놓았다. 이는 사실에 부합할 듯하다. 의견충돌로 범증이 항우 곁을 떠난 게 그 증거다. 당시 범증은 형양에 계속 맹공을 가해 함락시켜야 한다고 주장했으나 항우는 범증을 의심한 나머지 그의 말을 들으려고 하지 않았다. 범증은 항우가 자신을 의심한다는 얘기를 듣고 이내 화를 냈다.

"천하대사가 대체로 정해졌으니 이제 대왕이 스스로 처리하십시오. 원컨대 저는 사직하여 물러나고자 합니다. 사직의 청을 받아주십시오."

항우가 만류하지 않았다. 범증은 돌아가던 중 팽성에 이르기도 전에 등에 악성종양이 생겨 객사하고 말았다. 책사는 주군이 자신의 건의를 받아들이지 않으면 떠나는 게 원칙이다. 후대인들 중에는 범증이 계속 항우를 보필했으면 항우는 패망하지 않았을 것이라는 논지를 편 사람이 제법 많았다. 대표적인 인물이 「범증론」을 쓴 북송대의 대문호 소동파蘇東坡이다. 다음은 「범증론」 전문이다.

한나라가 진평의 계책을 써 초나라 군신 사이를 벌어지게 만드니 항우는 범증이 한나라와 개인적으로 통하고 있다고 의심하고는 그의 권리를 조금씩 빼앗았다. 범증이 크게 노하여 말하기를, '천하의 일은 대체로 결정되었으니 대왕이 스스로 처리하십시오. 저는 벼슬을 그만두고 고향으로 물러나 일반 병사의 신분으로 돌아가고 싶습니다'라고 했다. 그는 돌아가는 길에 팽성에 이르기도 전에 등창이 나서 죽고 말았다.

나 소동파는 이같이 말하고자 한다. 범증이 항우 곁을 떠난 것은 잘한 일이다. 떠나지 않았다면 항우는 반드시 범증을 죽였을 것이다. 오직 빨리 떠나지 않은 것이 안타까울 뿐이다. 그렇다면 언제 떠났어야만 했을까? 범증이 홍문지연 때 항우에게 유방을 죽이라고 권했으나 항우가 말을 듣지 않아 끝내 천하를 잃게 되었으니 마땅히 그때 떠났어야 했던 게 아닐까? 아니다. 범증이 유방을 죽이고자 했던 것은 신하된 자의 본분이고, 항우가 그를 죽이지 않은 것은 군주된 자의 도량이기 때문이다. 범증이 어찌 이 때문에 떠나야 했겠는가? 『주역』「계사전」에서 공자가 말하기를, '기미를 아는 것은 신묘한 일이다'라고 했다. 또 『시경』「소아, 기변頍弁」에 이르기를, '큰 눈이 내리기 전에 먼저 싸락눈이 내리네!'라고 했다. 범증이 떠나야 했던 시기는 항우가 의제의 장수 송의를 죽였을 때였다. 진승이 백성들의 지지를 얻었던 것은 항연과 부소 덕분이다. 항씨가 흥기한 것은 초희왕의 손자 미심을 옹립한 덕분이다. 제후들이 항우를 배반한 것은 의제를 죽였기 때문이다.

또한 범증은 의제의 옹립을 주도한 당사자이다. 의제가 살고 죽는 것이 어찌 초나라의 성쇠만을 뜻하겠는가? 범증 또한 의제와 더불어 화복을 함께하고 있었던 것이다. 의제가 죽었는데도 범증만 오래도록 살 수 있는 상황이 아니었다. 항우가 송의를 죽인 것은 바로 의제를 죽이려는 전조였다. 의제를 죽인 것은 범증을 의심하면서부터였다. 그러니 어찌 반드시 진평의 계책을 기다려야 했겠는가! 사물은 반드시 먼저 썩은 뒤에야 벌레가 생기고, 사람 또한 반드시 먼저 의심을 한 뒤에야 무함이 나오게 된다. 진평이 비록 지혜가 많다 하더라도 어찌 신하에 대해 아무 의심도 하지 않는 군주를 이간질 할 수 있었겠는가?

나는 일찍이 의제를 논하면서 '의제는 천하의 현군이다'라고 했다. 그는 오직 유방만을 입관시키고, 항우는 들여보내지 않으려 했다. 또한 많은 사람들 가운데서 송의를 알아보고 상장군으로 발탁했다. 현명하지 않다면 그럴 수 있었겠는가? 항우가 송의를 죽인 후에는 의제 또한 계속 참고만 있을 수도 없었을 것이다. 항우가 의제를 죽이지 않았다면 오히려 의제가 항우를 죽였으리라는 것은 지혜로운 사람이 아닐지라도 금방 알 수 있는 일이다. 당초 범증이 항량에게 권해 의제를 보위에 앉히자 제후들 모두 그 때문에 복종케 되었다. 중도에 의제를 죽인 것은 범증의 뜻이 아니다. 어찌 그의 뜻이 아닌 것에 그치겠는가? 반드시 힘써 다투며 막았는데도 항우가 말을 들어주지 않았을 것이다. 그의 말은 듣지 않고 그가 옹립한 군주를 죽였으니 항우의 범증에 대한 의심은 반드시 여기서 시작되었을 것이다.

항우가 송의를 죽일 당시만 해도 범증은 항우와 어깨를 나란히 하며 의제를 섬기고 있었던 까닭에 군신의 신분이 확정된 게 아니었다. 당시 범증을 위한 계책으로 말하면, 항우를 죽일 능력이 있다면 곧 항우를 죽이고, 그럴 능력이 없다면 곧 떠나는 게 옳았다. 어찌 그것이 꿋꿋한 대장부의 길이 아니었겠는가? 당시 범증은 이미 나이가 70세에 달해 있었다. 뜻이 맞으면 남아있고, 그렇지 않으면 떠나야 했다. 그때 거취의 한계를 분명히 하지 않은 채 항우에게 의지해 공명을 이루고자 했으니 비루한 일이었다. 비록 그렇기는 하나 범증은 한고제 또한 두려워한 인물이었다. 범증이 떠나지 않았다면 항우는 망하지 않았을 것이다. 아, 범증 또한 당대의 인걸이었다!

유가의 도덕론에 입각한 접근이기는 하나 범증이 항우 곁을 떠나지 않았다면 항우는 결코 패망하지 않았으리라는 게 골자이다. 소동파와 정반대의 견해를 피력하는 사람들도 많았다. 지모가 특출 나지 못했던 까닭에 항우 곁을 떠난 게 항우의 패망에 아무런 영향을 미치지 못했다는 식이다. 대표적인 인물이 북송 말기 사마광의 정적으로 활약했던 왕안석王安石이다. 그는 「범증이수范曾二首」의 두 번째 시에서 이같이 읊었다.

누가 그를 군중 아부라고 부르나	誰合軍中稱亞父
외황의 아이만도 훨씬 못한 것을	直須推讓外黃兒

'외황의 아이'는 항우가 팽월이 점거했던 외황을 어렵사리 탈환했을 때의 일화에서 나온 것이다. 당시 대로한 항우가 마을의 15세 이상 남자를 파묻으려 하자 13세의 소년이 '팽월의 위세에 눌려 반항도 못하고 오직 대왕이 오기만 기다렸다'는 논지를 펴 외황의 남자들을 모두 구할 수 있었다. 범증의 지모는 평소 항우를 위해 특별히 좋은 건의를 하지 못했으니 결국 '외황의 아이'만도 못한 게 아니냐는 풍자이다. 범증을 그다지 높게 평가할 이유가 없다는 취지를 드러내고 있다. 왕리췬도 유사한 입장을 피력했다. 『항우강의』에 나오는 그의 주장이다.

"범증은 모사라고는 하나 솔직히 항우를 잘 계도하고 권면하는 임무를 다하지 못했다. 바로 그런 이유 때문에 왕안석이 그를 두고 13세의 '외황의 아이'만도 못했다는 시로 그를 풍자한 것이다."

그러나 이는 항우를 미화하기 위해 범증을 폄하했다는 지적을 면키 어렵다. 사다케의 분석이 그럴 듯하다. 그는 『유방』에서 진평의 반간계 일화에 강한 의구심을 품었다. 항우를 너무 유치하고 단순한 인물로 희화화해 놓았다는 게 이유다. 그의 이런 분석은 사서의 기록이 뒷받침한다. 항우가 범증을 내친 뒤에도 계속 포위작전을 통해 유방군을 압박한 게 그렇다. 항우가 구사한 포위작전은 비록 지구전으로 치달을 위험이 없지 않았으나 군량보급로인 용도를 계속 끊어놓을 수만 있다면 매우 훌륭한 계책에 속한다. 실제로 그렇게 진행됐다. 전략에 관한 한 항우는 결코 범증보다 뛰어나면 뛰어났지 못하지 않았다.

사항계와 고육계

객관적으로 볼 때 진평의 계책은 반간계보다 그 이후에 구사한 이른바 사항계詐降計에서 빛을 발한다. 사서의 기록을 보면 그의 반간계는 일시적인 효과밖에 없었다. 항우군의 포위가 전혀 풀릴 기미를 보이지 않은 가운데 유방군의 식량이 이내 바닥을 드러낸 사실이 이를 뒷받침한다. 항우의 공세가 그만큼 거셌음을 반증한다.

이런 상황에서는 관중의 소하로부터 병참 지원과 병력 증원을 기대키도 어려웠고, 한신의 구원도 여의치 않았다. 특단의 대책을 내지 않으면 자칫 앉아서 굶어죽을 판이었다. 『사기』와 『한서』에는 배경에 관한 자세한 기록이 나오지 않고 있으나 초나라 군사가 용도의 일각을 점령해 식량 운송을 중도에서 차단했을 가능성이 크다.

이때 진평이 다시 기발한 계책을 냈다. 거짓으로 항복하는 틈을 타 재빨리 도주하는 것이었다. 「진승상세가」의 해당 대목이다.

"진평이 이내 밤에 여인 2,000여 명을 형양성의 동문 쪽으로 내보냈다. 초나라 군사들이 이들을 포위해 공격했다. 이 틈을 타 진평이 한왕과 함께 성의 서문 쪽으로 달아났다."

당시 진평이 구사한 사항계는 성격상 고육계苦肉計를 동반한 것이었다. 누구를 가짜 유방으로 삼을 것인지 여부가 문제가 됐다. 가짜 유방은 목숨을 내놓아야만 했다.

이해 5월, 유방이 기의했을 때부터 번쾌와 하후영 및 근강靳彊 등과 함께 유방의 곁을 지킨 기신紀信이 유방에게 비장한 어조로 건의했다.

"일이 급하게 되었습니다. 신이 잠시 초나라를 속일 터이니 청컨대 대왕은 그 사이에 속히 샛길로 빠져 나가도록 하십시오."

진평의 계책은 항우로 하여금 범증을 내치도록 만든 반간계보다 이때 구사한 사항계에서 빛을 발했다고 평할 수 있다. 진평이 구사한 사항계는 『사기』의 여러 대목에 두루 언급돼 있다. 「고조본기」의 해당 대목이다.

"한나라 군사의 식량이 다 떨어졌다. 어느 날 밤, 여인 2,000여 명을 성의 동문으로 내보냈다. 그녀들은 갑옷을 걸쳐 입고 있었다. 한나라 군사의 최후 돌격으로 간주한 초나라 군사들이 사방에서 이들을 포위해 공격했다. 이때 한왕의 수레를 탄 장군 기신이 한왕의 항복을 가장하며 동문 밖으로 나왔다. 초나라 군사가 일제히 만세를 부르며 성의 동쪽으로 몰려가 구경을 했다. 한왕이 혼란스런 틈을 타 수십 기騎를 이끌고 성의 서문으로 황급히 달아났다."

당시 상황과 관련해 「항우본기」는 훨씬 생생하게 묘사해 놓았다. 이에 따르면 당시 기신은 유방의 수레에 올라타 황색 덮개와 대장기를 설치한 뒤 병사들로 하여금 초나라 군영을 향해 이같이 말하게 했다.

"성 안의 양식이 다 떨어져 한왕이 투항코자 한다!"

초나라 군사가 모두 만세를 불렀다. 이들이 유방의 항복 장면을 보러 성의 동쪽으로 몰려가자 이 틈을 타 유방이 겨우 기병 수십 기를 이끌고 서문을 통해 재빨리 달아났다.

기신은 홍문의 연회 때 유방과 함께 호랑이 굴을 빠져 나온 4명의 측근 가운데 한 사람이었다. 나머지 3명은 번쾌와 하우영, 근강이었다. 당시 유방이 형향을 빠져나갔다는 보고를 접한 항우는 크게 화를 내며 유방으로 가장한 기신에게 다급하게 물었다.

"지금 한왕 유방은 어디에 있는가?"

"이미 탈주했소."

「항우본기」는 당시 항우가 화를 참지 못해 이내 기신을 불태워 죽였다고 기록해 놓았다. 원문은 소살燒殺이다. 당시의 정황에 비춰 '소살'은 역사적 사실에 가까운 듯하다. 기신은 항우가 불태워 죽인 유일한 경우에 속한다.

그러나 유방의 입장에서 볼 때 기신은 스스로 고육계의 주인공을 자처함으로써 진평의 사항계를 완성시키는 데 결정적인 공헌을 한 셈이다. 그렇다면 사항계를 낸 진평은 어디에 있었던 것일까? 「진승상세가」에 짧은 기록이 나온다.

"진평이 밤에 여인 2,000명을 성의 동문으로 내보냈다. 초나라 군사들이 이들을 공격했다. 진평이 한왕과 함께 성의 서문으로 달아났다."

진평은 '수십 기'의 일원으로 참여해 유방과 함께 사지를 빠져 나온 셈이다. 그렇다면 진평과 함께 성을 탈출한 나머지 사람들은 누구일까? 사다케는 하후영과 번쾌 및 근강 등 3인은 틀림없이 포함돼 있었고, 장량을 위시해 역이기와 경포 및 주발 등도 '수십 기'의 일원으로 참여했을 것으로 추정했다. 관중에 있던 소하를 제외한 유방의 핵심 측근 모두 고육계를 겸한 사항계를 통해 간신히 목숨을 구한 셈이다.

그렇다면 당시 형양성에는 누가 남아 있었던 것일까? 「항우본기」에 따르면 당시 유방은 한왕韓王 한신韓信과 주가周苛, 위표魏豹, 종공樅公 등에게 명해 형양을 지키게 했다. 유방은 왜 자신을 배신했던 위왕 위표에게 수비부대 지휘의 공동책임을 맡긴 것일까? 사다케는 유방이 제후를 휘하에 두고 있음을 드러내고 싶었기 때문이라고 보았다.

그러나 그보다는 항우가 자신을 배신한 위표를 살려둘 가능성이 희박하다고 판단했을 공산이 크다. 남의 손을 빌려 거북한 인물을 제거하는 차도살인借刀殺人 계책의 성격이 짙다. 위표는 정작 항우가 아닌 유방 휘하 장수에 의해 목숨을 잃었다. 「항부본기」에 따르면 당시 위표 등에게 형양성을 지키게 했다는 소식이 전해지자 성 안에 불온한 기운이 감돌았다. 주가와 종공이 서로 만나 대책을 상의했다.

"배신을 일삼는 자와는 함께 성을 지키기가 어렵다."

그러고는 위표를 죽였다. 항우는 형양에 맹공을 가했으나 주가와 종공 등이 강력 저항하는 바람에 쉽게 함락시킬 수가 없었다.

이해 6월, 항우가 팽월을 격파해 쫓아냈다. 이때 유방이 다시 성고에 주둔했다는 보고를 받게 됐다. 대로한 항우가 이내 군사를 이끌고 서쪽으로 가 형양성을 함락시킨 뒤 주가를 생포했다. 항우가 주가를 설득했다.

"나를 위해 일하면 공을 상장군으로 삼고, 3만 호에 봉하겠소."

주가가 욕을 했다.

"너는 당장 한나라에 달려가 항복하지 않으면 곧 포로가 되고 말 것이다. 너는 한왕 유방의 적수가 못된다."

항우가 주가를 팽살한 데 이어 종공도 죽인 뒤 한나라 왕 한신을 포로로 잡고 마침내 성고를 포위했다. 주가 등과 함께 형양성을 지키던 한왕 신은 형양성이 함락될 당시 어수선한 틈을 타 황급히 달아났다. 결과적으로 보면 진평의 반간계는 철저히 실패한 셈이다. 사실 사다케가 지적했듯이 당대의 병법가인 항우가 진평의 반간계에 '홀딱' 넘어갔다고 상정하는 것 자체가 무리이다. 항우를 어리석은 인물인 양 묘사해 놓은 「항우본기」 등의 해당 대목을 아무런 의심도 하지 않은 채 그대로 좇는 것은 매우 위험하다. 반드시 행간을 읽어야 한다. 역사는 늘 승자 위주로 기술되기 때문이다.

미끼와 함정

당시 진평이 구사한 사항계 덕분에 간신히 사지를 빠져 나온 유방은 황급히 말을 몰아 성고를 거쳐 함곡관을 통해 관중으로 들어갔다. 항우의 군사가 뒤를 추격해 올까 두려워 아예 함곡관 안으로 들어간 것이다. 가슴을 쓸어내린 유방은 다시 기운을 차려 반격을 가하고자 했다. 함곡관 안에 틀어박힐 경우 자칫 함곡관 이동의 지역을 모두 항우에게 '헌납'할 위험이 컸다. 궁지에 몰렸을 때 구사할 수 있는 최상의 수비책은 공격의 모습을 띤 수비에 있다. 공격으로 수비를 삼는 이른바 이공위수以攻爲守이다. 이 또한 병법에서 역설하는 허허실실虛虛實實 계책의 일환이다. 삼국시대 당시 제갈량이 '북벌' 운운하며 자주 써먹은 수법이기도 하다. 유방이 함곡관 이동 지역의 회복에 골몰할 때 원생袁生이라는 자가 유방에게 매우 중요한 건의를 했다.

"형양에서 초나라와 대치하는 수년 동안 한나라는 늘 불리했습니다. 원컨대 대왕은 무관을 통해 출관토록 하십시오. 그러면 항우는 반드시 군사를 이끌고 남쪽으로 달려갈 것입니다. 이때 영루를 굳건히 지키면서 싸우지 말고, 그 사이 형양과 성고 사이의 군사가 휴식을 취할 수 있는 시간을 벌도록 하십시오. 또 한신 등에게 명하여 조나라 땅을 안정시켜 수습하는 방식으로 연나라와 제나라의 연합을 성사시킨 뒤 대왕은 다시 형양으로 가십시오. 그리 하면 초나라는 대비해야 할 곳이 너무 많아져 이내 힘이 분산될 수밖에 없게 됩니다. 한나라가 이런 식으로 휴식을 취한 뒤 초나라와 싸우면 반드시 저들을 깨뜨릴 수 있습니다."

탁월한 계책이다. 예로부터 원생이 구체적으로 누구인가 하는 문제를 놓고 여러 얘기가 나왔으나 사서의 기록이 뒷받침되지 않고 있어 대개 원씨 성을 가진 유생 정도로 풀이하고 있다. 원생의 생生은 통상 유생을 가리키나 원생의 건의가 당대 최고 수준의 병법인 점을 감안할 때 병서를 깊이 천착한 유생이거나, 아니면 스스로 병가를 자처한 인물로 보는 게 타당할 것이다.

유방은 원생의 건의를 흔쾌히 좇았다. 이 계책이 국면 전환의 결정적인 배경으로 작용했다. 당시 유방은 친히 군사를 이끌고 지금의 하남성 남양시인 완현宛縣과 하남성 섭현葉縣으로 나아갔다. 그곳에서 경포와 함께 사방으로 도주했던 패잔병들을 거둬들였다.

이를 계기로 유방 세력은 형양과 성고에 형성된 서쪽의 저지선을 기준으로 북쪽의 한신, 남쪽의 유방 친위군 등 세 방향에서 항우를 압박하는 3면 협공의 모습을 갖추게 됐다. 동쪽의 전횡은 중립에 서 있는 까닭에 일종의 완충지대 역할을 수행했다. 유방은 협공체제를 더욱 강화하기 위해 남쪽에 기반을 두고 있는 경포에게 남방의 각지에 할거하는 세력을 규합토록 명했다. 겉모습만 보면 유방이 우위에 선 듯한 모습이다.

그러나 그 내막을 보면 정반대였다. 총사령관인 유방 자신이 형양의 보급로가 끊기자 휘하장수 기신을 희생양으로 삼는 사항계의 고육책을 구사해 간신히 사지를 빠져나온 게 그 증거다. 다만 남양으로 빠져나온 후 소하가 관중에서 징발해 파견한 신군新軍이 약간 도움이 됐을 뿐이다. 원래 관중은 천하의 인구 가운데 3분의 1을 보유하고 있었지만 진나라 말기 이후 천하가 동탕動蕩하는 가운데 거듭된 징발로 인해 병력자원이 거의 고갈된 상태였다. 『한서』「식화지」는 당시 상황을 이같이 묘사해 놓았다.

"무릇 쌀은 1석당 5000전에 달했다. 사람들이 서로 잡아먹자 죽은 사람이 절반을 넘었다."

점령 지역만 보면 분명 유방이 항우를 포위하며 삼면으로 압박하는 형세를 구축했으나 그 내막을 보면 '속 빈 강정'에 가까웠다. 당시 항우가 남양으로 진출한 약체의 유방군을 내버려 둔 채 형양과 성고의 저지선을 돌파해 관중 쪽으로 진공했다면 싸움은 쉽게 끝날 수 있었다. 불행하게도 항우는 유방군의 이런 속사정을 제대로 파악치 못했다. 유방이 주력군을 이끌고 완현 쪽으로 이동한 것으로 착각해 곧바로 군사를 휘몰아 남쪽으로 내달렸다. '원생'이 제시한 허허실실의 계책이 그대로 맞아떨어진 꼴이다.

당시 유방은 '원생'의 계책을 좇아 영루를 굳게 지킨 채 일절 싸움에 응하지 않았다. 말할 것도 없이 시간도 벌고, 항우군의 예기銳氣를 꺾으려는 속셈이었다. 항우는 유방의 작전에 완전히 말려들고 있었다.

매사가 그렇듯이 아무리 성난 기세도 시간이 들면 수그러들기 마련이다. 싸움을 할 때는 반드시 기세의 부침 이치를 잘 활용해야만 한다. 『당리문대』에 이에 관한 일화가 나온다. 하루는 당태종 이세민이 위국공 이정에게 물었다.

"『손자병법』「군쟁」은 적의 사기를 빼앗을 수 있는 묘책과 관련해 '군사의 사기는 아침에 날카롭고, 낮에 해이하고, 저녁에 쇠진해지기 마련이다. 용병을 잘하는 자는 우선 적의 사기가 왕성한 때를 피하고, 적의 사기가 해이하거나 쇠진해져 있을 때 공격한다'고 했소. 경은 이를 어찌 생각하오?"

이정이 대답했다.

"무릇 생명이 있고 피가 흐르는 생물은 생존을 위해 기운을 북돋우며 적과 싸우기 마련입니다. 죽음도 돌보지 않는 것은 혈기가 그리 시키기 때문입니다. 용병을 하려면 반드시 먼저 아군 병사의 마음을 헤아리는데서 출발해야 합니다. 필승의 신념과 용기를 격동시킨 연후에 비로소 적을 칠 수 있습니다. 『오자병법』「논장」은 용병의 기본 틀과 관련해 장수의 역량인 기기氣機, 지형을 뜻하는 지기地機, 변화와 대응을 의미하는 사기事機, 훈련과 대비를 뜻하는 역기力機 등의 4기四機를 언급하면서 '기기'를 가장 중시했습니다. 이는 다른 것을 말한 게 아니라 병사들이 각자 스스로 맹렬히 분투하도록 만들면 아무도 그 예기를 당할 수 없다는 뜻입니다. '아침의 사기가 날카롭다'고 한 것은 하루의 특정 시간을 언급한 게 아니라 하루의 시작과 끝을 예로 들어 사기에도 성쇠가 있음을 비유한 것입니다. 무릇 격전의 북을 3번이나 치며 오랫동안 싸웠는데도 적의 사기가 쇠하거나 사그라지지 않는다면 어찌 반드시 적의 사기를 해이하고 사그라지도록 만들 수 있겠습니까? 대략 오늘날 병서를 배우는 자들은 공연히 겉의 문장만 암송할 뿐 그 진의를 모르고 있습니다. 그래서 적의 꾐에 빠지는 것입니다. 실로 적의 사기를 뺏는 이치를 깨달을 수만 있다면 가히 군사를 맡겨 작전을 펼 수 있을 것입니다."

'격전의 북을 3번이나 치며' 운운은 기원전 684년 노나라 장수 조귀曹劌가 이끄는 군사가 지금의 산동성 곡부시 동북쪽에 있는 장작長勺에서 3번 북을 쳐 제나라 군사를 격파한 일화를 언급한 것이다. 적의 사기가 첫 번째 북을 칠 때는 왕성하지만 두 번째 북을 칠 때는 이내 사기가 떨어지고, 세 번째 북을 칠 때는 사기가 모두 소진된다는 취지에서 나온 말이다. 『도덕경』도 제23장에서 유사한 언급을 하고 있다.

"사나운 바람은 아침나절을 넘기지 않고, 폭우는 하루를 넘기지 않는다."

원문은 '표풍부종조飄風不終朝, 취우부종일驟雨不終日'이다. '소나기는 일단 피하고 보는 게 상책'이라는 우리말 속담과 취지를 같이한다. 바로 이런 병법 이치를 담고 있다. 객관적으로 볼 때 유방에게 허허실실의 계책을 일러준 '원생'은 병법을 훤히 꿴 인물이었음에 틀림없다.

그렇다면 당대의 병법가인 항우는 시간을 오래 끌면 병사들의 예기가 이내 꺾이고 만다는 이런 병법의 이치도 모른 채 남양에서 헛되이 시간만 보내면서 유방과 대치한 것일까? 그렇지는 않다. 항우에게도 나름 속사정이 있었다. 그는 내심 형양과 성고를 돌파해 관중으로 진공할 경우 한신이 배후를 칠까 우려했다. 그의 이런 생각이 근거가 없는 게 아니었다. 팽월의 활약이 그의 이런 심중을 굳혀 주었다.

당초 팽월은 유방과 마찬가지로 팽성전투 참패 이후 지리멸렬한 모습을 면치 못했다. 유방이 정신없이 패해 달아날 때 팽월 역시 항우군의 거센 공격을 받고 그간 애써 확보한 위나라 일대의 영지를 잃고 황급히 일부 군사를 거느리고 북쪽으로 달아났다. 황하 위쪽에 숨을 죽인 채 웅크리고 있던 그는 항우가 병력을 결집해 남양의 유방을 치면서 간신히 밖으로 나올 수 있었다.

주목할 것은 그가 어느 정도 여유를 찾기 시작하자마자 곧바로 휘하 병사를 이끌고 사방으로 오가며 초나라 군사를 괴롭힌 점이다. 치고 빠지는 식의 유격전술로 초나라의 후방을 교란하자 항우가 오히려 협공에 빠진 꼴이 되었다. 항우가 남양에서 쓸 데 없이 힘을 소진하는 사이 팽월 등의 유방 연합군이 기력을 회복해 협공을 가하는 국면이 조성된 것이다. 예나 지금이나 힘이 달리는 상황에서는 유격전술만큼 뛰어난 계책도 없다. 이는 병법에서 말하는 기병술奇兵術의 일종이다. 현대전에서 말하는 '비대칭전술'이 이에 해당한다. 「고조본기」는 팽월의 활약을 이같이 기록해 놓았다.

"이때 팽월이 수수睢水를 건너 항성項聲 및 설공薛公과 하비下邳에서 싸웠다. 마침내 이들을 격파하고 설공을 죽였다."

「진초지제월표」에 따르면 '이때'는 한漢 3년(기원전 204년) 5월에 해당한다. 하비는 지금의 강소성 비현인 팽성에서 직선거리로 약 70킬로미터가량 떨어져 있다. 장량이 진시황 저격에 실패한 후 잠시 몸을 숨긴 곳이기도 하다. 팽월의 원래 근거지는 거야의 늪지대이다. 당시 그는 항우가 주력군을 이끌고 남양으로 내려가자 늪지대에서 빠져나와 유격활동을 전개하다 문득 곧장 아래쪽으로 내려와 항우의 근거지인 팽성 부근에서 초나라 군사를 격파하는 대공을 세운 것이다. 국공내전 당시 덩샤오핑이 위험을 무릅쓰고 장제스 세력권의 후방으로 깊숙이 쳐들어가 교두보를 확보한 것과 닮았다. 이는 그의 유격전 반경이 크게 확장됐음을 방증한다. 그런 의미에서 팽월을 유격전술의 효시로 꼽을 만하다.

게릴라전을 위주로 하던 팽월이 문득 기습전을 전개해 정규군을 이끄는 항우 측의 맹장인 항성과 설공까지 격파한 것은 놀라운 일이었다. 시종 아웃복싱을 구사하다가 문득 인파이터로 돌변해 펀치를 날린 것에 비유할 만하다. 항우군의 힘을 분산시킨 가운데 시간을 벌 요량으로 남양으로 내려간 유방으로서는 뜻밖의 '횡재'를 한 셈이다.

고금을 막론하고 막강한 무력을 지닌 경우 상대방의 유격전을 과소평가하기 십상이다. 그러나 이는 잘못이다. '가랑비에 옷이 젖는다'는 우리말 속담처럼 치고 빠지는 유격전에 계속 노출될 경우 병력이 크게 소진될 수밖에 없다. 잔매를 계속 맞다 보면 이내 크게 멍이 들어 사망하는 것과 같다. 당시 항우가 바로 그런 처지에 놓여 있었다. 크게 놀란 항우가 황급히 휘하장수 종공終公에게 성고를 지키게 한 뒤 동쪽으로 군사를 이끌고 가 팽월을 친 이유다. 결과적으로 항우는 아무런 성과도 거두지 못한 채 남과 북을 오가며 힘만 소진한 꼴이 되었다.

이것이 유방에게 전화위복이 된 것은 말할 것도 없다. 그는 이런 절호의 기회를 놓치지 않았다. 항우가 자리를 이탈한 틈을 노려 곧바로 군사를 이끌고 북상해 종공을 격파하고 성고를 탈환했다. 반전의 계기를 잡은 셈이다. 그러나 당대의 전략가인 항우의 반격은 그야말로 전광석화같았다. 그는 북상하자마자 팽월을 격파한 뒤 곧바로 다시 서쪽으로 방향을 돌려 형양을 함락시키고 유방이 뒷일을 맡겼던 주가周苛와 종공樅公, 한왕 신 등을 단박에 포로로 잡았다. 눈 깜작할 새 벌어진 일이다.

당시 주가와 종공은 투항을 거부하다가 팽살烹殺을 당했으나 한왕 신은 고분고분한 모습을 보여 목숨을 구할 수 있었다. 한왕 신은 이후 경계가 허술한 틈을 타 도주에 성공해 복귀했으나 주가 및 종공과 다른 길을 걸은 게 문제가 돼 끝내 흉노 쪽으로 달아나게 됐다. 그러나 이는 나중의 일이다.

당시 유방은 항우가 단숨에 팽월을 격파하고 성고를 포위했다는 소식을 듣고 경악했다. 팽성전투의 악몽이 절로 상기됐다. 황급히 성고를 버리고 달아난 이유다. 당시의 상황과 관련해 「항우본기」는 「고조본기」와 달리 팽월이 황하를 도하한 뒤 하비가 아닌 동아東阿에서 초나라 군사를 격파했고, 항우가 팽월에게 반격을 가한 시점도 성고를 함락한 이후로 기록해 놓았다. 『한서』와 『자치통감』은 「고조본기」를 좇았다. 이 방식이 좋을 듯하다.

위기 속의 재기

형양과 성고를 놓고 유방과 항우 측이 접전을 벌일 당시 대략 유방군은 치고 빠지는 식의 유격작전을 펼치고, 항우군은 이들을 뒤쫓는 모습을 보였다. 군세軍勢로 보면 항우군이 우위에 서 있었다. 항우가 성고를 탈환할 당시의 모습을 묘사한 「고조본기」의 기록이 이를 뒷받침한다.

"성고에 있던 한왕이 황급히 달아났다. 홀로 등공滕公 하후영이 모는 수레 위에 올라 성고의 옥문玉門을 빠져나와 북쪽으로 내달렸다. 수레를 탄 채 황하를 건너 수무修武에 이르러 그곳에 머물렀다."

「항우본기」의 내용도 거의 유사하다. 유방이 허겁지겁 달아나던 팽성전투 당시의 '데자뷔'가 절로 연상되는 대목이다. 당시 유방이 왜 홀로 하후영이 모는 수레에 올라타게 됐는지 자세히 알 길이 없다. 대략 팽성전투 때처럼 상황이 너무 급박한 나머지 휘하 장병들을 놓아둔 채 황급히 하후영의 수레에 올라탔을 공산이 크다. 옥문은 성고의 북쪽 문이다. 유방이 수무를 향해 내달린 것은 유방을 측면지원하기 위해 조나라 수도를 떠나 남하한 한신의 사령부가 그곳에 있었기 때문이다. 한신의 천거로 조왕의 자리에 오른 장이도 한신의 영루에 머물고 있었다.

주목할 것은 유방이 수무로 향한 목적이 단순히 화급한 위기를 피하려는 데 있는 것만은 아니라는 점이다. 앞서 언급한 바와 같이 한신의 정예병을 차출하려는 속셈이 더 컸는지도 모른다. 이를 뒷받침하는 「회음후열전」의 해당 대목이다.

"수무에 도착한 다음날 새벽, 유방이 '한왕의 사자'를 칭하면서 한신과 장이가 머무는 영루 안으로 급히 들어갔다. 장이와 한신은 아직 일어나지도 않은 때였다. 유방이 이들의 침실로 들어가 전군의 총수임을 보여주는 인수印綬와 군사동원 신표인 병부兵符를 빼앗은 뒤 제장들을 소집해 곧바로 그 자리에서 인사이동을 단행했다. 뒤늦게 잠에서 깨어난 한신과 장이는 유방이 온 것을 알고는 크게 놀랐다."

전광석화 같은 인사 조치였다. 원래 병법에 따르면 장수는 전장에 나오면 군주의 명을 받지 않는 법이다. 군문 내의 모든 문제는 군사를 통솔하는 장수의 전권사항이기 때문이다. 『손빈병법』은 이를 '장수의 전제專制'로 표현해 놓았다. 군주의 통치술에 초점을 맞춘 『한비자』가 '군주의 독재獨裁'을 강조하며 '장수의 전제'를 위험시한 것과 대비된다.

유방이 궁색하게도 '한왕의 사자'를 자칭하며 영루 안으로 들어간 것도 이런 맥락에서 이해할 수 있다. 원칙대로 하면 영루를 지키는 병사는 한신의 명령이 없는 한 아무리 군주의 특사일지라도 이들을 안으로 들여보내서는 안 된다. 나아가 군주의 특사가 취침 중인 장군의 막사 안으로 멋대로 들어가는 것은 더욱 있을 수 없는 일이었다. 「고조본기」는 당시의 상황을 하나로 뭉뚱그려 '한신의 군사를 빼앗았다'는 뜻의 탈지군奪之軍으로 간략히 언급해 놓았다. 그러나 「회음후열전」은 '인수와 병부를 빼앗았다'는 뜻의 탈기인부奪其印符로 표현해 놓은 뒤 '뒤늦게 잠에서 깨어난 한신과 장이는 유방이 온 것을 알고는 크게 놀랐다'는 구절을 덧붙여 놓았다. 「회음후열전」의 기록이 역사적 사실에 가깝다. 여기의 '탈'은 엄밀히 말하면 슬쩍 훔친 도盜에 가깝다. 한신이 깨어나기도 전에 인수와 병부를 가져갔다고 기록한 「회음후열전」의 기록이 이를 뒷받침한다. 만일 한신이 흑심을 품었다면 유방이 '한왕의 사자'를 자처한 점을 구실로 모른 척하고 곧바로 체포해 목을 칠 수도 있었다. 유방이 한신과 장이가 깨어나기도 전에 훔친 인수와 병부로 전격적인 인사 조치를 단행한 것도 이런 맥락에서 이해해야 할 것이다.

당시 유방은 전격적인 인사 조치를 마무리 지은 뒤 곧바로 장이에게는 북쪽 조나라 땅에서 병사를 더 징발토록 명하고, 한신에게는 아직 징발되지 않은 자를 거둬 제나라를 치게 했다. 「고조본기」는 유방 자신에 대해서는 이같이 묘사해 놓았다.

"한왕은 한신의 군사를 얻어 곧바로 다시 떨쳐 일어났다."

원문은 '한왕득한신군漢王得韓信軍, 즉부진則復振'이다. 역사적 사실에 가깝게 기술하려면 여기의 득得은 탈奪로 바꿔야 한다. 부復는 통상 회복한다는 뜻으로 사용할 때는 '복'으로 읽지만 재차의 뜻을 지닌 부사어로 사용할 때는 '부'로 읽어야 한다. 진振은 떨쳐 일어났다는 의미이다. 표현이 그렇지 실은 한신 밑에서 훈련을 거친 장병을 몰수한 것이나 다름없다. 한신과 장이의 지휘권을 박탈한 셈이다.

그럼에도 한신은 아무런 이의도 제기하지 않은 채 '무도한' 유방의 명에 순순히 복종하는 모습을 보였다. 이를 두고 사다케는 유방이 한신을 제압하는 데 절대적인 자신감이 있었기 때문이라고 분석했다. 일리 있는 분석이다. 실제로 한신은 이후 역사상 처음으로 '천하삼분지계'를 건의한 책사 괴철의 거듭된 간언에도 불구하고 우물쭈물하다가 토사구팽의 희생양이 되고 말았다. 병법과 자부심 등에서는 유방과 비교할 수 없을 정도로 뛰어났지만 웅혼한 기개 측면에서는 결코 유방의 상대가 못 되었다. 유방을 딛고 넘어서는 일이 불가능했다고 표현하는 게 옳을 듯하다. 이는 고양이와 쥐의 관계를 연상하면 쉽게 이해할 수 있다. 쥐는 아무리 덩치가 클지라도 고양이 새끼조차 두려워하기 마련이다.

천하대세의 큰 틀에서 보면 두 사람의 관계는 작은 문제에 지나지 않는다. 유방이 한신의 군사를 '탈취해' 재차 힘을 떨치게 된 사실이 그렇다. 「고조본기」가 '부진復振'이라고 표현한 것은 당시의 상황과 부합한다. 성고를 지키다가 항우의 급습을 받고 사방으로 달아났던 장병들이 하나둘 포위망을 뚫고 한신의 사령부가 있는 수무로 찾아온 사실이 이를 뒷받침한다.

역이기의 횡사

당초 항우는 성고와 형양에 펼쳐진 유방의 저지선을 돌파한 뒤 여세를 몰아 서쪽으로 진격해 관중을 손에 넣고자 했다. 둥지를 뒤엎어 유방의 숨통을 조이고자 한 것이다. 나름 당시의 정황에 부합했다. 관중을 손에 넣을 경우 유방은 병력자원을 지속적으로 충원 받을 길이 없게 된다. 유방도 이를 걱정했다. 지체하지 않고 지금의 하남성 공현鞏縣 일대로 군사를 급파한 이유다. 이들의 저지로 초나라 군사는 더 이상 서진할 수 없었다.

대국적인 관점에서 볼 때 초나라 군사의 서진이 좌절된 것은 보통 심각한 문제가 아니었다. 겉모습만 보면 항우 쪽이 분명 우위를 점하고 있었다. 시종 공세로 일관한 게 그렇다. 그러나 실질적인 주도권만큼은 역설적으로 유방이 쥐고 있었다. 서진이 좌절된 상황에서 초나라 군의 후미에 유방군의 병력이 증원되고 있었기 때문이다. 국공내전 당시 시종 게릴라전으로 임한 홍군을 궤멸하기 위해 대규모 병력을 동원해 토벌에 나선 장제스가 장쉐량의 군사정변으로 서안에서 연금되는 것을 계기로 좌우 협공을 받게 된 정황과 닮았다.

기원전 204년 8월, 유방이 황하까지 갔다가 다시 남진하여 수무 인근에 주둔하면서 초나라 군사와 교전코자 했다. 한신으로부터 정예병을 거둬들인 데 따른 자신감의 표현이었다. 이때 낭중郎中으로 있던 정충鄭忠이 유방에게 보루를 높이 쌓고 참호를 깊이 판 뒤 교전치 말 것을 건의했다. 유방이 이를 좇았다. 황하 남쪽에서 침공하는 것에 대비해 수비를 견고히 하면서 격돌을 피하라는 정충의 건의는 시의에 부합했다. 당시 정면충돌을 택했을 경우 유방은 대패할 공산이 컸다. 흐름이 그러했다. 어떤 싸움이든 하나의 흐름이 형성됐을 때 이를 일거에 반전시키기란 매우 어려운 일이다. 이런 경우는 힘을 비축하며 때를 기다리는 게 상책이다.

당시 유방은 4촌 형인 형왕荊王 유가劉賈와 죽마고우 출신인 노관盧綰에게 명하여 병사 2만 명과 기병 수백 명을 이끌고 초나라 지역으로 들어가 팽월을 돕게 했다. 이들은 지금의 하남성 활현 부근인 백마진白馬津에서 황하를 건너 초나라의 양초 더미를 불태우라는 명을 받았다. 항우군의 군량을 바닥내 힘을 약화시키려는 속셈이었다. 당시 초나라 군사들이 유가를 공격했으나 유가는 영루를 굳게 지킬 뿐 교전하지 않았다. 팽월과 합세해 초나라 군사를 협공할 수 있는 절호의 기회가 오기를 노린 것이다.

마침내 팽월이 합세하자 이들은 연현燕縣 성곽의 서쪽에서 협공을 가해 초나라 군사를 격파했다. 백마진의 서남쪽에 위치한 연현은 과거 남연국南燕國의 영역으로 연나라 땅이 아니었다. 이로써 항우의 지배하에 있던 지금의 하남성 상구현인 수양睢陽과 하남성 기현 서남쪽의 외황外黃 등 17개 성이 다시 유방 측에게 넘어갔다. 이들은 초나라 군사의 수비거점을 점령할 때마다 초나라 측이 비축해 놓은 식량을 모두 불태웠다. 참다못한 항우가 직접 병사를 이끌고 가 팽월을 쳤지만 팽월은 치고 빠지는 식으로 항우군의 진을 뺐다.

이해 9월, 팽월이 유격전을 펼치며 후퇴하는 사이 유방이 기회를 놓치지 않고 급히 황하를 건너 다시 성고를 탈환하는데 성공했다. 팽월의 유격전이 수세에 몰려 있던 유방으로 하여금 공세국면으로 전환토록 만드는 계기로 작용한 셈이다. 당시 유방은 위기국면 때마다 팽월의 유격전으로 인한 반사이익을 톡톡히 누리고 있었다.

그러나 '천하무적' 항우의 반격은 매서웠다. 즉시 군사를 이끌고 동쪽으로 진격해 진류陳留와 외황, 수양 등을 차례로 다시 손에 넣었다. 이로 인해 유방 또한 원래의 수세국면으로 돌아갈 수밖에 없었다. 협공에 걸릴 것을 우려한 유방은 성고의 동쪽 지역을 포기하고 공현鞏縣과 낙양에서 항우와 맞붙고자 했다. 이는 매우 위험한 계책이었다. 곡식창고인 오창을 초나라 군사에게 '거저' 넘겨주는 것이나 다름없었기 때문이다. 역이기가 황급히 만류한 이유다.

"신이 듣건대 '하늘 위에 하늘이 있음을 알아야 왕업을 이룰 수 있다'고 했습니다. 왕자王者는 백성을 하늘로 삼고, 백성은 먹는 것을 하늘로 삼습니다. 무릇 오창은 천하의 양곡을 운반해 쌓아둔 지 오래되었습니다. 그곳에는 저장된 양곡이 매우 많다고 들었습니다. 초나라는 형양성을 함락한 뒤 오창을 견고히 지키지 않고 동진하면서 죄를 지어 수자리를 서는 병사들로 하여금 성고를 지키게 했습니다. 이는 하늘이 한나라를 도와주는 것입니다. 지금 바야흐로 초나라를 쉽게 깨뜨릴 수 있는데도 한나라는 오히려 퇴각하여 스스로 유리한 형세를 버리려고 하니 신이 보건대 이는 큰 잘못입니다. 예로부터 '양웅불구립兩雄不俱立'이라고 했습니다. 한나라와 초나라가 오랫동안 서로 대결하면서 결판을 내지 못하는 바람에 해내가 크게 요동치고, 농부는 쟁기를 놓고, 길쌈

하는 여인은 베틀에서 내려오고, 천하인의 마음은 안정되지 못하고 있습니다. 원컨대 대왕은 다시금 급히 진군하여 형양을 탈환한 뒤 오창의 양곡에 의지하고, 성고의 천험天險을 틀어쥐고, 태항산의 길을 막고, 비호구蜚狐口 남쪽을 봉쇄하고, 백마진을 지키십시오. 이같이 하여 제후들에게 지형에 의지해 적을 제어하는 형세를 보이면 천하인은 어느 곳에 귀부해야 할지를 명백히 알 수 있습니다."

유방이 이를 옳게 여겨 곧 오창을 빼앗을 계책을 다시 논의했다. 역이기가 건의했다.

"지금 연나라와 조나라는 이미 평정되었으나 오직 제나라만 함락되지 않은 채 남아 있습니다. 제나라는 전씨田氏 종족들이 강성한데다 바다와 태산을 등에 지고 황하와 제수를 천혜의 울타리로 삼고 있고, 남쪽으로 초나라 땅과 인접해 있습니다. 이로 인해 사람들의 배신과 사술이 매우 심합니다. 대왕이 비록 수만 명의 군사를 보낼지라도 한 해 정도의 단기간에 그들을 깨뜨리지는 못할 것입니다. 청컨대 제가 제나라 전씨에게 유세해 곧 그로 하여금 한나라를 위해 동쪽의 번신藩臣을 청하도록 만들겠습니다."

"좋은 생각이오."

역이기가 제나라에 사자로 갔다. 제왕 전광田廣 앞에서 이같이 유세했다.

"대왕은 천하가 누구에게 돌아갈지 알고 있습니까?"

"모르겠소. 천하가 과연 누구에게 돌아가겠소."

"한나라에게 돌아갈 것입니다."

전광이 물었다.

"선생은 무슨 근거로 그리 말하는 것이오?"

역이기가 대답했다.

"한왕이 먼저 함양에 들어갔으나 항우는 약속을 저버리고 그를 한중왕으로 봉했습니다. 이어 항우는 의제를 이주시켜 죽였습니다. 한왕이 이 소식을 듣고 촉과 한중의 군사를 일으켜 삼진三秦을 친 뒤 함곡관 밖으로 출관하여 의제 사건의 책임을 묻고, 천하의 군사를 거두면서 제후의 후예를 찾아내 왕으로 삼고, 성을 함락하면 곧 장수에게 제후의 봉지를 내리고, 재물을 얻으면 곧 사졸에게 나눠주었습니다. 천하와 더불어 그 이익을 함께 한 까닭에 호걸과 영웅, 현인 모두 그를 위해 성심으로 일하고자 합니다. 반면 항우는 약속을 어겼다는 오명을 얻은 데다 의제를 죽이는 은혜를 잊고 의를 저버리는 짓까지 저질렀습니다. 항우는 다른 사람이 세운 공은 기억치 못하면서 다른 사람이 저지른 죄에 대해서는 잊는 일이 없습니다. 전쟁에서 이겨도 상을 받지 못하고, 성을 함락시켜 봉지를 받지 못하고, 항씨가 아니면 그 누구도 중용될 길이 없습니다. 천하의 모든 사람이 그를 배반하고, 인재가 그를 원망하며 모두 그를 위해 일하려 하지 않습니다. 그래서 천하가 한왕에게 돌아가리라는 것을 앉아서도 점칠 수 있는 것입니다. 한왕은 촉, 한 지역의 군사를 동원해 삼진을 평정하고, 서하西河에서 도하해 북쪽으로 위나라를 깨뜨리고, 정형구를 빠져나와 진여를 죽였습니다. 이는 사람의 힘으로 된 것이 아니라 하늘이 내려준 복입니다. 지금 이미 오창의 양곡에 의지해 성고의 천험天險을 틀어쥐고, 백마진을 지키고, 태항산의 가파른 길을 막고, 비호구를 봉쇄하고 있습니다. 천하의 제후들 중 나중에 항복하는 자는 먼저 패망할 것입니다. 군왕이 속히 한왕에게 귀부하면 제나라는 가히 보전할 수 있을 것입니다. 그렇지 않으면 조만간 위기가 닥칠 것입니다."

'엿과 채찍'을 동원한 어르고 뺨치는 식의 뛰어난 유세였다. 전광이 이내 유방과 손을 잡은 이유다. 제나라가 유방과 손을 잡을 경우 동서남북 사방에서 항우를 압박하는 '사면협공'이 가능해진다. 항우에게는 최악의 시나리오에 해당한다. 그렇다면 왜 중립적인 입장을 취하던 제나라의 전광은 문득 유방과 손을 잡은 것일까? 역이기의 유세 때문만은 아니다. 당시의 정황이 그렇게 만들었다.

당초 전광은 한신의 군사가 동진하고 있다는 소식을 듣고 크게 놀랐다. 곧 휘하장수 화무상華無傷과 전해田解에게 명해 중무장한 군사를 이끌고 가 지금의 산동성 제남인 역성歷城에 주둔하며 이를 저지케 했다. 상황이 불리할 경우 항우와 손을 잡고 한신의 동진을 저지할 생각이었다. 만일 한신이 동진하지 않을 경우 구태여 대병을 동원하는 식으로 힘을 소진할 필요가 없었다. 초한 두 나라가 싸우는 것을 지켜보다가 양측의 힘이 다했을 때 적극 개입해 어부지리를 취하는 게 가장 바람직했다. 역이기는 바로 이 점을 노린 것이다. 전광이 역이기의 말을 그대로 믿고 이내 사자를 보내 유방과 동맹을 맺은 배경이 여기에 있다.

그러나 이는 유방의 함정에 그대로 빠진 것이었다. 유방이 역이기를 보내 전광을 안심시켜 놓은 뒤 한신에게 명해 제나라를 급습토록 한 사실이 이를 뒷받침한다. 현재 유방이 처음부터 궤계를 구사할 의향을 갖고 있었는지 여부를 놓고 견해가 엇갈리고 있다. 결과적으로 볼 때 유방이 궤계를 구사해 제나라를 통째로 접수한 것은 분명한 사실이다. 역이기에게 감쪽같이 속았다고 생각한 전광이 대로한 나머지 역이기를 삶아 죽인 사실이 이를 뒷받침한다.

한신의 기습공격을 받기 전까지만 해도 전광은 너무 일이 잘 풀려간다고 생각한 나머지 역성의 방어를 풀도록 명한 뒤 역이기와 연일 술을 마시며 즐거워했다. 한신이 군사를 이끌고 계속 진격하리라고는 꿈에도 상상치 못한 탓이다. 원래 한신은 제나라를 향해 진격하던 도중 역이기가 제나라 왕의 설득에 성공했다는 소식을 들었다. 평원平原의 나루터에서 황하를 건너기 직전이었다. 그는 역이기가 제나라에 사자로 가 전광을 설득하는 방안에 관해서는 전혀 들은 바가 없었다. 우선 유방의 진의를 알 필요가 있었다. 일단 진군을 멈춘 뒤 사자를 유방에게 보내 명령이 바뀌게 된 배경 등을 물으려 하자 책사 괴철이 만류했다.

"장군은 지금 한왕의 명을 받고 제나라를 치러 가는 중입니다. 역이기가 세운 공은 한왕의 명을 받아 제나라를 말로 설복시킨 것에 불과합니다. 아직 진공을 중지하라는 명이 내려온 적이 없습니다. 어찌하여 계속 진군하지 않는 것입니까? 이는 명을 위반하는 것이 됩니다. 역이기는 일개 선비인데도 사자가 되에 세 치 혀로 제나라의 70여 개 성을 설복시켰습니다. 장군은 1년여 동안 수만 명의 군사를 이끌고 가 50여 개 성을 항복시켰을 뿐입니다. 몇 년 간에 걸쳐 이룩한 장군의 공이 어찌 일개 유생이 세운 공만도 못해서야 되겠습니까?"

한신이 이를 옳게 여겨 마침내 황하를 건넜다. 괴철은 왜 한신에게 계속 진군할 것을 권한 것일까? 유방의 속셈을 훤히 꿰고 있었기 때문이다. 한신이 진공을 멈췄을 경우 이후 항명죄에 걸려들었을 공산이 크다. 유방의 입장에서 볼 때 항우를 제압한 뒤 가장 먼저 손을 대야 하는 인물은 한신이었다. 그만큼 두려운 존재였다. 무턱대고 손을 쓸 수는 없는 만큼 구실이 필요했다. 한신이 멋대로 진공을 멈춘 것만큼 좋은 구실도 없었다. 괴철은 이를 정확히 읽은 것이다. 말 못하는 사냥개도 삶아 죽일 때는 뭔가 '구실'을 달고 삶아야만 마음의 부담도 덜게 되는 법이다.

당시 제나라는 유방으로부터 전쟁 종결을 제의받고, 항우로부터 연합의 제안을 받고 크게 들떠 있었다. 몇 년 동안 지속된 초나라의 위협이 사라지게 됐다고 착각한 것이다. 제나라의 축제 분위기는 이런 착각 위에 만들어진 허상에 지나지 않았다.

이해 겨울 10월, 한신이 문득 군사를 이끌고 와 역성을 지키고 있던 제나라 군사를 격파했다. 아무런 대비도 하지 않고 있던 제나라 군사가 패한 것은 필연이었다. 이후는 탄탄대로였다. 거의 아무런 저지도 받지 않은 채 곧바로 임치에 이르렀다. 보고를 접한 전광은 눈이 뒤집혔다. 어제까지 같이 함께 술을 마시며 형제처럼 가깝게 지낸 역이기를 곧바로 잡아오게 했다.

"네가 한나라 군사를 멈추게 할 수 있으면 살려 주겠다. 그렇지 못하면 솥에 넣고 삶아 버릴 것이다!"

그는 역이기가 간교한 기만술을 구사한 것으로 생각했다. 한신의 진격은 역이기도 전혀 예상치 못했던 일이었다. 그도 내심 크게 놀랐을 것이다. 그러나 천하의 유세객인 그가 유방의 속셈이 수단방법을 가리지 않고 제나라를 정벌하는 데 있다는 것을 이내 짐작하지 못할 리 없었다. 자신도 유방의 속셈을 전혀 몰랐다고 토로해 봐야 남을 게 없었다. 전광이 이를 믿어주지도 않을 것이고, 이후 유방이 자신의 일족에게 무차별 보복을 행할 공산이 컸다. 게다가 친동생 역상은 유방의 휘하장수로 맹활약을 하고 있었다. 자신이 유방을 위해 희생하면 장차 역상을 비롯한 일족은 커다란 포상을 받을 것이다. 대략 순간적으로 그같이 생각했을 공산이 크다. 사서에 기록된 그의 언급이 이를 뒷받침한다.

"대사를 이루려고 하는 자는 작은 것을 마음에 담아두지 않고, 훌륭한 덕을 지닌 선비는 장황한 변명을 하지 않는 법이다. 그대는 내가 어찌 말을 뒤집을 것으로 생각하는가!"

대로한 전광이 그를 곧바로 끓는 물에 삶아 죽였다. 그러나 이미 끝난 일이었다. 전광은 일부 군사들을 이끌고 지금의 산동성 끝에서 북으로 흘러 발해만으로 들어가는 유수濰水의 동쪽 고밀高密까지 정신없이 달아났다. 승상으로 있던 전횡은 산동성 태안현 동남쪽 박양博陽으로 달아났다. 임치성을 지키던 장수 전광田光은 성양城陽으로 도주했다. 장수 전기田旣는 산동성 평도현 일대의 교동膠東에 주둔하고 있었던 까닭에 더 달아날 곳도 없었다.

임치를 간단히 손에 넣은 한신은 여세를 몰아 제수의 서쪽인 지금의 산동성 요성聊城과 동아 일대에서 제나라 군사를 또다시 대파했다. 제나라가 기댈 수 있는 유일한 희망은 항우밖에 없었다. 존망의 기로에서 막다른 궁지에 몰린 전광이 곧바로 사자를 항우에게 보내 긴급구원을 청했다.

광무산 대치

한신이 제나라를 공략할 당시 항우는 이런 사실을 전혀 모르고 있었다. 팽성전투 이후 제나라가 중립 쪽으로 선회하면서 유방을 직접 타격하는 일에 모든 힘을 경주한 결과다. 그는 전광의 긴급구원 요청을 받고 크게 놀랐다. 삼면협공의 위협이 가시지 않은 상황에서 제나라마저 유방의 손에 넘어가면 동서남북 사방에서 사면협공을 받게 된다. 아무리 당대 최고의 전략가일지라도 이런 난국을 돌파해 나가기란 여간 어려운 일이 아니다. 그가 황급히 휘하장수 사마용저로 하여금 자칭 20만 대군을 이끌고 가 제나라를 구원케 한 이유다.

자칭 20만 명이 정확히 얼마인지는 자세히 알 길이 없다. 사서에 기록된 '초한지제' 당시의 병력 숫자를 보면 가장 많은 것은 홍문의 연회 당시 항우가 거느린 군사가 자칭 100만 명이었다. 그 다음이 유방의 팽성 때 동원된 연합군 병력 56만 명이다. 그 뒤를 잇는 것은 항우와 유방이 최후의 결전을 벌일 때 한신이 이끈 30만 명이다. 이밖에도 조나라의 진여가 한신의 군사를 막기 위해 동원한 20만 명과 제나라 전간이 역성에서 항우와 유방의 침공을 공히 대비하기 위해 동원한 20만 명이 있다. 팽성전투 당시 유방이 이끈 연합군의 경우를 제외하고 사서는 모두 이들 병력 숫자 앞에 칭稱 또는 호號를 덧붙여 놓았다. 숫자를 부풀렸다는 뜻을 담은 것이다. 학자들은 홍문의 연회 당시 항우가 거느린 병력은 40만 명가량이었을 것으로 본다.

항우와 유방이 최후의 결전을 벌일 때를 제외하면 대략 시간이 지날수록 동원한 병력 숫자가 점차 줄어들고 있음을 알 수 있다. 그러나 여러 정황에 비춰 항우는 최소한 10만 명 이상을 동원한 것으로 보인다. 이는 초나라의 거의 전 병력을 동원한 것이나 다름없었다.

그렇다면 당시 항우는 왜 직접 나서 한신과 맞대결을 펼치지 않은 것일까? 나름 이유가 있었다. 유격전으로 일관하던 팽월이 노관과 유가의 지원을 얻어 정규전에 뛰어들면서 초나라의 후방을 집요하게 교란한 탓이다. 팽월의 공격으로 군량 수송에 차질이 빚어졌다. 발등에 불이 떨어진 셈이다. 한신의 제나라 공략을 가볍게 본 것은 아니지만 우선 화급한 불을 끌 필요가 있었다. 사마용저를 파견한 근본 이유다. 여기에는 한신의 무략을 높이 평가하고 싶지 않다는 '오기'도 작용했음직하다. 그러나 비록 결과론이지만 이는 중대한 실책이었다. 사마용저는 결코 한신의 상대가 되지 못했다. 대군을 이끌고 간 그는 군사의 절반가량을 잃고 그 자신도 포로로 잡힌 뒤 목이 잘리고 말았다.

사마용저가 용장勇將은커녕 일개 용부勇夫에 지나지 않는다는 사실을 간과한 것은 적잖은 문제가 있으나 이를 탓할 수만도 없다. 한신과 맞붙기 전까지는 사마용저 또한 여러 차례에 걸쳐 '용장'의 칭송에 부응하는 전공을 세웠기 때문이다. 이는 사마용저를 파견할 당시 팽월의 교란으로 인한 군량 조달의 문제점이 매우 심각했음을 반증한다.

고금을 막론하고 지구전의 성패는 군수물자의 원활한 조달에 있다고 해도 과언이 아니다. 유방 측이 1년에 걸친 지구전 속에서 점차 수세에서 공세로 전환할 수 있었던 가장 큰 이유는 역시 식량을 포함한 군수물자의 조달에서 우위를 점한 데 있다. 1년여에 걸친 지구전 끝에 전황이 유방에게 유리한 쪽으로 변하게 된 근본 배경이 여기에 있다.

관중은 비록 오랜 기간의 전란으로 인해 크게 피폐해져 있다고는 하나 당시 인구와 영토 면에서 천하의 3분의 1을 점하고 있었다. 「화식열전」에 따르면 실질적인 경제력에서는 전체의 10분의 6에 달했다. 유방의 입장에서 보면 천혜의 보물을 손에 넣은 것이나 다름없었다.

항우의 입장에서 볼 때 관중을 유방에게 넘겨준 것이 치명타였다. 특히 팽월의 세력이 위나라 대량의 동쪽 교외로 확대되면서 군량 수송에 어려움을 겪게 되자 항우군은 끼니를 거르는 일이 잦게 됐다. 당시의 군량 수송 상황을 개관하면 우선 수로를 통해 홍구로 이어지는 군수물자의 수송로에서 황하와 제수는 한신이 장악하고 있었고 수수睢水 일대는 팽월의 손에 넘어갔다. 초나라의 후방 병참기지에서 홍구까지 이어지는 보급 경로 가운데 4분의 3이 유방 측의 손에 넘어간 것이나 다름없었다.

특히 수수의 경우는 그 의미가 특별했다. 형양과 초나라의 수도 팽성을 연결하는 일종의 '핫라인'에 해당했기 때문이다. 수수의 관할권을 팽월에게 빼앗긴 것은 항우에게 치명타였다. 항우가 직접 팽월의 토벌에 나선 것도 바로 이 때문이었다. 그만큼 급박했던 것이다. 제나라의 경우는 사마용저에게 맡길지라도 제나라 왕 전광 등과 합세할 경우 한신을 제압하지는 못할지라도 최소한 견제 역할은 할 수 있을 것으로 보았음직하다.

객관적으로 볼 때 그의 이런 생각이 틀린 것은 아니었다. 제나라 백성들은 춘추시대 이래 초나라 백성들 못지않게 자긍심이 강했다. 한신이 비록 제나라 일대를 두루 공략했다고 할지라도 전광을 비롯한 전씨 일족이 힘을 합칠 경우 고전을 면치 못할 수밖에 없었다. 그러나 그의 생각과 달리 사마용저는 당대의 병법가인 한신에게 이내 '유린'되고 말았다. 항우에게는 치명타였다. 항우는 장차 그런 일이 빚어지리라고는 전혀 예상치도 못했을 것이다. 그는 우선 팽월을 제압한 뒤 유방이 펼쳐 놓은 형양과 성고의 저지선을 기어코 돌파해 화근의 뿌리인 관중을 석권한다는 원래의 계획을 계속 밀어붙이고자 했다. 문제는 자신의 부재중에 가까스로 탈환한 성고를 빼앗길 우려가 컸던 점이다. 그는 팽월을 치러가면서 대사마 조구曹咎에게 신신당부했다.

"모쪼록 성고를 굳게 지키도록 하시오. 한왕이 도전할지라도 신중을 기해 결코 응해서는 안 되오. 대사마는 그가 동진하지 못하도록 막기만 하면 되오. 나는 보름 안에 기필코 위나라 땅을 평정한 뒤 다시 장군을 좇도록 하겠소."

'다시 장군을 좇도록 하겠소'의 「항우본기」와 「고조본기」 원문은 부종장군復從將軍이다. 비록 휘하장수이기는 하나 연장자인 조구를 극도로 배려한 매우 정중한 표현이다. 조구는 「항우본기」에 해춘후海春侯로 나온다. 항량이 관중의 약양櫟陽에 잡혀 있을 때 그의 도움으로 풀려난 적이 있다. 이후 항우를 추종하면서 '해춘후'에 봉해졌다. 항우도 항량의 목숨을 살려준 조구의 은덕을 잊지 않고 있었던 것이다.

그러나 조구는 병법에 무지했다. 초반에는 항우의 명을 좇아 성고를 굳게 지켰다. 한나라 군사들이 수차례 도전했으나 미동도 하지 않았다. 그러나 사람을 시켜 며칠 동안 심한 욕설을 퍼붓게 하자 마침내 조구가 화를 참지 못해 출병했다. 이미 함정을 파 놓고 있던 한나라 군사는 조구가 지금의 하남성 공현에서 발원해 형양을 지나 황화로 유입하는 사수汜水를 건널 때를 노렸다. 거짓으로 퇴각하는 한나라 군사를 정신없이 좇아가던 초나라 군사가 사수를 반쯤 건넜을 때 문득 좌우에서 공격을 가했다. 싸움은 초나라 군사의 참패로 끝났다. 조구를 비롯해 새왕 사마흔, 장사長史 예翳 등은 항우의 질책이 두려운 나머지 사수 강변에서 스스로 목숨을 끊었다. 유방이 이 틈을 노려 다시 황하를 건너 성고를 빼앗았다.

성고를 빼앗기는 한 설령 팽월의 무리를 완전 소탕할지라도 그 의미가 반감될 수밖에 없다. 당시 이런 사실을 알지 못한 항우는 팽월군을 진류와 외황에서 잇달아 격파하는 등 혁혁한 전공을 세우고 있었다. 단지 외황을 칠 당시 외황의 사람들이 며칠 동안 버티는 바람에 시간을 약간 지체했을 뿐이다. 대로한 항우가 후환을 미리 제거하기 위해 15세 이상의 남자를 모두 성의 동쪽으로 끌고 가 산 채로 묻으려고 했다. 이때 외황현 현령의 사인舍人으로 있는 13세의 어린 소년이 항우를 찾아와 설득했다.

"팽월이 외황을 겁략하자 외황 사람들 모두 크게 두려워해 부득불 항복하며 대왕이 오기를 눈이 빠지게 기다렸습니다. 그런데 지금 대왕이 왔는데 사람들을 산 채로 묻고자 하면 백성들이 어찌 대왕에게 귀부할 수 있겠습니까? 그리하면 장차 외황의 동쪽에 있는 위나라 땅 10여 개 성읍 모두 크게 두려워하며 결코 투항하려 들지 않을 것입니다."

명변이다. 안타깝게도 사서에는 이 소년의 이름이 실려 있지 않다. 당시 항우는 이 소년의 조리 있는 명변에 고개를 끄덕일 수밖에 없었다. 이내 외황의 남자들을 모두 사면했다. 그가 성고의 함락 소식을 들은 것은 동쪽으로 탕군碭郡의 핵심 지역인 수양에 이르렀을 때였다.

크게 놀란 그는 곧바로 방향을 틀어 성고 쪽을 향했다. 이때 한나라 군사들은 형양의 동쪽에서 초나라의 맹장 종리매鍾離昧를 포위하고 있었다. 조금만 더 밀어붙이면 초나라의 방어선을 돌파할 수 있었던 결정적인 순간이었다. 이때 항우가 바람처럼 나타난 것이다. 한나라 군사들이 혼비백산했다. 이들 모두 황급히 인근의 험준한 곳으로 달아났다.

항우가 이내 지금의 하남성 형양현 동북쪽에 있는 광무산 주변의 광무廣武를 탈환한 뒤 그곳에 주둔하면서 한나라 군사와 대치했다. 이후 전선은 다시 교착상태에 빠지게 됐다. 「항우본기」는 당시 상황을 이같이 기록해 놓았다.

"항우가 팽월군의 소탕을 위해 동쪽으로 출정하자 유방이 군사를 이끌고 황하를 건너 다시 성고를 빼앗고 광무산에 진을 편 뒤 오창을 관할권 내로 편입시켰다. 항우가 팽월을 격파하고 돌아오자 양측은 광무산을 동서로 나눠 포진하면서 몇 달 동안 서로 노려보며 대치했다."

광무산은 동광무산과 서광무산으로 나뉜다. 그 사이에 골짜기가 있다. 그 명칭이 특이하게도 홍구鴻溝이다. 말할 것도 없이 유방과 항우가 천하를 양분하는 기준선으로 삼은 인공운하 '홍구'와는 다른 곳이다. 지금도 사람들은 동광무산의 성터를 패왕성霸王城, 서광무산의 성터를 한왕성漢王城이라고 부른다. 21세기 현재까지도 주변의 농민들은 철이나 동으로 만든 당시의 화살촉을 줍는 일이 자주 있다고 한다.

유방의 성토

항우가 재차 성고와 형양 전선 쪽으로 물러나자 일시 뒤로 물러났던 팽월이 다시 전면으로 뛰쳐나와 항우의 후방을 집요하게 교란하기 시작했다. 항우의 입장에서 보면 거의 '찰거머리'와 같았다. 또다시 군량 보급로가 막히면서 초나라 군사가 어려움을 겪게 됐다.

광무산에서 유방과 항우가 대치하는 몇 달 동안 초나라의 군량이 점차 떨어지기 시작했다. 마침내 항우는 군량이 바닥날까 걱정해야 하는 상황에 몰리게 됐다. 그는 비상한 방안을 생각했다. 인질로 잡고 있는 유방의 부친 태공을 이용하는 방안이었다. 이내 고기를 자를 때 쓰는 널판을 만들어 그 위에 태공을 올려놓은 뒤 큰소리로 유방에게 고했다.

"지금 속히 항복하지 않으면 태공을 팽살할 것이다."

골짜기를 사이에 두고 있었던 까닭에 그의 목소리는 유방이 귀에도 쟁쟁하게 울렸다. 유방이 응답했다.

"나는 그대 항우와 함께 북면하고 초회왕의 명을 받았을 뿐 아니라 형제가 되기로 약속까지 했다. 나의 부친은 곧 그대의 부친이다. 기어이 그대의 부친을 삶고자 하면 나에게도 고기국물 한 그릇을 나눠 주도록 하라!"

항우가 화가 나 태공을 죽이려고 하자 곁에 있던 항백이 만류했다.

"천하대사는 아직 예측키가 어렵습니다. 하물며 천하를 위하는 사람은 집안을 돌보지 않는 법이니 태공을 죽일지라도 아무 도움이 안 됩니다. 오직 화만 더할 뿐입니다."

항우가 다시 유방에게 전했다.

"천하가 흉흉한지 이미 여러 해가 되었다. 이는 오직 우리 두 사람으로 인한 것이다. 나 서초패왕은 그대 한왕과 직접 부딪쳐 자웅을 결하고 싶다. 이는 천하의 백성들이 이유 없이 수고하는 일을 없게 하려는 것이다!"

유방이 웃으며 사양했다.

"나는 지혜로 다툴지언정 힘으로 다툴 수는 없다!"

항우가 3번이나 장사를 내보내 도전했다. 그러나 한나라에서는 말을 달리며 활을 잘 쏘는 누번樓煩이 번번이 이들을 바로 쏘아서 죽였다. 항우가 대로했다. 이내 스스로 갑옷을 입고 창을 잡고 도전했다. 누번이 또 활을 쏘려고 하자 항우가 눈을 부릅뜨고 질책했다. 누번이 눈으로는 감히 똑바로 쳐다보지 못하고, 손으로는 감히 활을 쏘지 못하다가 마침내 말머리를 돌려 영루 안으로 달려 들어간 뒤 감히 다시 나오지 못했다. 유방이 사람을 시켜 그가 누구인지를 여러 사람에게 묻게 했다. 그가 바로 항우라는 것을 알고 크게 놀랐다.

항우가 이내 유방에게 다가갔다. 마침내 두 사람이 광무의 산간 계곡을 사이에 두고 말하게 되었다. 당시 항우와 유방은 같은 광무지역에서 시내 하나를 두고 대치하고 있었다. 항우가 홀로 도전하려고 하자 유방이 항우의 죄상을 열거하는 것으로 응답을 대신했다.

"항우는 약속을 어기고 나를 촉, 한 지역에 봉한 것이 첫 번째 죄이다. 왕명을 멋대로 고쳐 경자관군 송의를 죽인 것이 두 번째 죄이다. 조나라를 구원한 뒤 돌아와 보고하지 않고 제후들의 군사를 멋대로 겁박해 입관한 것이 세 번째 죄이다. 진나라 궁실을 불태우고 시황제의 무덤을 파헤쳐 재물을 거두어 챙긴 것이 네 번째 죄이다. 진나라의 자영을 죽인 것이 다섯 번째 죄이다. 진나라 자제 20만 명을 신안新安에서 속여서 생매장한 것이 여섯 번째 죄이다. 제장을 좋은 땅에 왕으로 봉하면서 옛 왕을 옮겨 내쫓은 것이 일곱 번째 죄이다. 의제를 내쫓고 팽성에 스스로 도읍한 뒤 한나라 왕의 땅을 빼앗고 양, 초 지역을 병탄하면서 스스로 많은 땅을 가진 것이 여덟 번째 죄이다. 사람을 시켜 의제를 강남에서 몰래 죽인 것이 아홉 번째 죄이다. 정사가 불공평하여 마침내 군주의 서약이 불신을 받아 천하 사람이 수용치 않는 대역무도를 범한 것이 열 번째 죄이다. 나는 의병으로 제후들을 좇아 잔적殘賊을 주멸하고, 수자리를 서는 병사들로 하여금 그대를 치게 한 것이다. 내가 어찌 고생스럽게 친히 그대에게 도전한단 말인가!"

항우가 초회왕의 서약을 어겼다는 지적은 나름 수긍할 수 있으나 나머지는 억지에 가깝다. 항우가 경자관군 송의를 제거한 뒤 황하를 건너는 결단을 내리고, 이어 군사를 이끌고 조나라 구원에 나서지 않았다면 초회왕과 유방 모두 진나라 군사에게 붙잡혀 목이 달아나고 말았을 것이다. 조나라를 구원한 후 초회왕에게 보고하지 않았다고 비판했으나 유방 자신도 함양 점령 후 초회왕에게 보고하지 않기는 매한가지였다. 항우가 전국시대 열국 군주들의 자손을 냉대했다고 하지만 몇 명은 옛 영토의 일부에 봉해졌다. 오히려 유방 자신이 분봉할 때 단 한사람도 없었다.

항우가 포학한 모습을 보였다는 지적도 일부만 맞는다. 이 또한 진나라 군사를 제압하는 과정에서 빚어진 것으로 불가피한 측면이 있었다. 유방이 무관을 통해 함양에 입성한 것 등도 따지고 보면 그 혜택을 입은 것으로 볼 수 있다. 항우는 능히 이를 조리 있게 반박할 수 있었는데도 사서의 기록에는 오히려 화를 낸 모습만 나온다. 항우의 반박을 누락시켰는지도 모를 일이다. 후대인들이 자신도 모르는 사이 유방의 지적이 타당하다는 식으로 여기게 된 근본 배경이다.

다만 당시 항우가 유방의 성토에 대로한 것만은 분명하다. 그가 매복한 궁노수弓弩手에게 명하여 쇠뇌와 활을 쏘게 한 사실이 이를 뒷받침한다. 비겁한 모습이다. 그는 왜 이런 모습을 보인 것일까? 유방이 비겁한 수단을 취할지 모른다는 우려 때문이었다. 그러나 그는 노여운 나머지 조리 있게 반박하지 못하고 쇠뇌를 쏘는 바람에 결과적으로 비겁한 배역을 자임한 꼴이 됐다.

당시 유방은 가슴에 쇠뇌를 맞고 상처를 입었다. 순간 그는 발을 어루만지며 짐짓 이같이 말했다.

"무뢰배 같은 놈들이 내 발가락을 맞추었다!"

휘하 장병들이 동요할까 재치를 발휘한 것이다. 그러나 쇠뇌는 화살과 달리 기구를 사용해 쏘는 까닭에 위력이 대단하다. 거리가 좀 더 가까웠으면 즉사할 수도 있었다. 유방이 진영으로 돌아와 병상에 눕자 장량이 찾아와 간곡히 청했다.

"대왕이 조금 힘이 들지라도 군영을 돌며 장병들의 노고를 치하하도록 하십시오. 장병들의 사기가 꺾이면 초나라 군사들의 침공을 막기 어렵습니다."

유방이 중상을 입었다는 사실을 적과 아군에게 알리고 싶지 않았던 것이다. 유방이 장량의 건의를 좇아 영내를 순회하며 병사들을 위로했다. 이로 인해 상처가 더욱 심해졌다. 그는 광무산 영채로 돌아가지 않고 급히 본영이 있는 성고로 돌아갔다. 이로써 몇 달간에 걸쳐 광무산에서 벌어진 두 영웅의 대결은 끝나고 말았다.

제나라 공략

항우가 광무에서 유방과 대치할 당시 초나라의 거의 전 병력을 이끌고 제나라 구원에 나선 사마용저는 항우의 기대와는 달리 참패하고 말았다. 당시의 정황에 비춰 그는 어떤 식으로든 제나라를 구원해 한신의 남하를 막아내야만 했다. 그렇지 못할 경우 천하대세는 급격히 유방에게 기울어질 수밖에 없었다. 당시 어떤 사람이 사마용저에게 이같이 간했다.

"한나라 군사는 멀리 와 싸움을 하고 있습니다. 지금 그들의 예기를 당할 길이 없습니다. 정면으로 맞붙을 경우 병서에서 지적했듯이 제나라와 초나라 군사들은 자신들이 살던 지역에서 싸우는 까닭에 이내 쉽게 패해 흩어질 것입니다. 차라리 영루를 굳건히 지키면서 제나라 왕으로 하여금 믿는 신하를 보내 한나라에 함락된 성을 설득케 하느니만 못합니다. 함락된 성의 군민들은 군왕이 살아 있고 초나라가 와서 구원한다는 소식을 듣게 되면 이내 한나라를 배반할 것입니다. 한나라 군사는 2,000리 밖에서 와 제나라 땅에 머물고 있는 객에 지나지 않습니다. 제나라 성들이 모두 저항하면 형세 상 밥 얻어먹을 곳조차 없게 될 것입니다. 그리되면 싸우지도 못한 채 이내 항복하고 말 것입니다."

전에 이좌거가 진여에게 건의한 계책과 사뭇 닮았다. 지구전으로 나아가 한신의 군사를 고사시키라는 주문이다. 그러나 스스로 병법의 대가를 자처한 사마용저는 한신을 업신여기며 단박에 이를 물리쳤다.

"나는 줄곧 한신의 사람됨을 잘 알고 있어 그를 쉽게 상대할 수 있다. 그는 표모漂母에게 밥을 얻어먹을 정도로 몸 하나 건사할 대책조차 없는 사람이다. 또한 바짓가랑이를 지나는 모욕을 받았으니 뛰어난 용기도 없다. 그러니 족히 두려워할 바가 못 된다. 게다가 제나라를 구원하러 왔다가 싸우지도 않고 그들을 항복시키면 내게 무슨 전공이 있겠는가? 지금 싸워 승리하면 가히 제나라 땅의 반쯤은 능히 얻을 수 있을 것이다!"

이를 통해 열국의 장수들 내에서 한신의 '벼락출세'와 관한 일화가 널리 퍼져 있었음을 알 수 있다. 그렇다면 사마용저가 '표모' 운운한 것은 구체적으로 어떤 얘기일까? 여기서 사서에 기록된 한신의 젊었을 때 일화를 간략히 살펴보자.

한신은 원래 지금의 강소성 회음현淮陰縣 출신이다. 어렸을 때 집안이 가난하고 덕행이 없었던 까닭에 천거를 받아 관원이 될 기회를 만나지 못했다. 그렇다고 생산업에 종사하거나 장사를 하는데도 능하지 못해 늘 다른 사람에 의탁해 음식을 얻어먹었다. 이를 두고 사마천은 「회음후열전」에서 이같이 평했다.

"내가 회음에 갔을 때 회음 사람들이 나에게 말하기를, '한신은 포의로 있을 때도 그 뜻이 여느 사람과는 달랐다. 모친이 돌아갔을 때 너무 가난해 장사도 지낼 수 없었다. 그러나 그는 높고 넓은 평지에 무덤을 만들어 그 곁에 1만 호가 들어앉을 수 있게 했다'고 했다. 내가 그의 모친 무덤을 보니 실로 그러했다."

계속 남의 집에 얹혀 밥을 얻어먹자 많은 사람들이 그를 싫어했다. 몇 달이 지나자 한신이 기식하고 있던 정장亭長 집의 아내가 그를 미워해 이내 새벽에 밥을 지어 그 자리에서 먹어치웠다. 식사시간이 되어 한신이 갔으나 식사 준비가 전혀 안 되어 있었다. 한신도 그 뜻을 알고는 화를 내며 끝내 의절하고 떠났다.

하루는 한신이 성 아래에서 낚시를 하고 있을 때였다. 마침 빨래하던 여인이 한신이 굶주린 것을 알고 밥을 내주었다. 「회음후열전」은 빨래하는 여인을 '표모'로 기록해 놓았다. 한신이 기뻐하며 표모에게 말했다.

"내가 반드시 당신에게 크게 보답하겠소."

표모가 화를 냈다.

"지금 당당한 대장부가 스스로 밥벌이를 하지 못하고 있지 않소. 내가 왕손王孫을 가엾게 여겨 밥을 준 것이오. 어찌 보답을 바라겠소."

'왕손'은 원래 왕실의 자제를 뜻하는 말이다. 시간이 지나면서 '귀족 자제'의 통칭으로 사용되다가 '청년'에 대한 존칭으로 전용되었다. 제후의 아들을 뜻하는 공자公子가 후대에 '청년'의 의미로 전용된 것과 같다. 사마용저가 '표모' 운운한 것은 바로 이 일화를 언급한 것이다. 여기서 나온 성어가 걸식표모乞食漂母이다. 밥을 빌어먹고 사는 어려운 처지에서도 초지를 잃지 않고 정진하는 경우를 말한다.

그렇다면 '바짓가랑이' 운운은 어떤 일화를 말한 것일까? 한 번은 회음의 백정들이 사는 이른바 도호屠戶의 거리를 지나다가 어떤 청년과 시비를 벌이게 됐다. 청년이 한신을 모욕했다.

"자네는 비록 장대한 체구에 즐겨 칼을 차고는 있으나 사실은 겁쟁이일 뿐이다."

이어 많은 사람들 앞에서 큰소리로 한신을 모욕했다.

"자네가 죽을 용기가 있다면 그 칼로 나를 찔러라. 그렇지 못하면 내 바짓가랑이 사이를 빠져나가라."

한신이 그를 오랫동안 주시하더니 이내 그의 바짓가랑이에 몸을 구부려 집어넣고는 엎드려 기어갔다. 저자의 사람들이 모두 한신을 겁쟁이라며 비웃었다. 사마용저가 '바짓가랑이' 운운한 것은 바로 이 일화를 언급한 것이다. 여기서 나온 성어가 '가랑이 밑을 기는 치욕'이란 뜻의 과하지욕跨下之辱이다. '걸식표모'와 같은 취지로 사용된다. 높은 뜻을 세운 까닭에 작은 모욕이나 치욕에 흔들리지 않는 것을 말한다.

늘 칼을 차고 다녔던 한신은 항량이 회하를 건널 때 그의 뒤를 좇았다. 그는 비록 항량의 휘하로 있기는 했으나 시종 별다른 명성을 얻지 못했다. 항량이 패한 후 그는 항우에게 소속되었다. 항우는 그를 낭중郎中으로 삼았다. 한신은 자주 항우에게 계책을 올렸으나 항우는 이를 채택치 않았다. 유방이 한중으로 갈 때 한신도 초나라를 빠져나와 유방에게 갔다. 그러나 여전히 그를 아는 사람은 아무도 없었다. 그곳에서 그는 양곡창고 소관小官으로 있다가 다른 사람의 죄에 연루되어 참수당할 처지에 놓이게 되었다. 일당 13인이 모두 참수되고 마침내 한신의 차례가 되었다. 한신이 머리를 들어 보니 마침 등공滕公 하우영이 보였다. '등공'은 하후영이 일찍이 초나라 등현滕縣의 현령을 지낸 까닭에 이같이 칭한 것이다. 초나라의 지방관장은 모두 '공公'으로 불렸다. 한신이 말했다.

"군주는 천하를 얻기를 원치 않는 것입니까? 왜 장사壯士를 참하려는 것입니까!"

하우영이 호걸의 모습을 한 한신의 말을 기이하게 여겼다. 곧 그를 풀어주고 더불어 얘기를 나눠보고는 크게 기뻐하며 유방에게 이를 보고했다. 유방이 그를 보급 담당의 치속도위治粟都尉에 제수했다. 그를 기재奇才로 여긴 것은 아니었다. 이 직위는 지금의 군대 계급으로 보면 영관급 정도이다. 이후 승상 소하의 소개로 유방을 만나 전격적으로 군사軍師에 발탁됐다는 것은 앞서 언급한 바와 같다.

사마용저도 한신의 이런 전설적인 얘기를 익히 들었을 것이다. 그렇다면 내심 조심하며 작전계획을 짜는 게 옳았다. 그러나 그는 자만하며 한신을 업신여겼다. 고금을 막론하고 적장을 얕보고도 이기는 경우는 거의 없다. 더구나 한신은 자타가 공인하는 병법의 대가였다. 사마용저는 싸움도 하기 전에 이미 지고 있었다.

기원전 204년 11월, 제나라와 초나라 군사가 한나라 군사와 유수濰水를 사이를 두고 진세를 펼쳤다. 유수는 산동성 동부 소재 고밀현 서쪽을 흐르는 강이다. 한신이 밤에 사람을 시켜 1만여 개의 자루를 만든 뒤 그 속에 모래를 가득 채워 넣어 유수의 상류를 막게 했다. 이어 군사를 이끌고 유수를 반쯤 건너 사마용저를 공격하다가 짐짓 지는 척하며 돌아서서 도망쳤다. 사마용저가 자고자대하며 큰소리로 말했다.

"나는 일찍부터 한신이 겁쟁이라는 것을 알고 있었다!"

그러고는 군사를 이끌고 한신의 뒤를 바삐 쫓았다. 한신이 유수를 건너자마자 신호를 보내 물막이 자루를 터뜨리게 했다. 물이 일시에 흘러내려 와 사마용저의 군사를 덮쳤다. 태반이 물을 건너지 못한 상황에서 초나라 군사가 두 쪽으로 갈라지고 말았다. 한신이 이 순간을 놓치지 않고 즉시 사마용저의 군사에게 맹공을 가했다. 초나라의 용장 사마용저는 이처럼 맥없이 전사하고 말았다. 유수의 동쪽에 있던 제·초 두 나라의 군사들은 이 모습을 보고 황급히 사방으로 궤산했다. 제나라 왕 전광田廣도 곧바로 몸을 숨겨 달아났다. 한신이 이들을 추격한 끝에 북쪽 성양에서 전광을 포로로 잡았다. 관영도 제나라 장수 전광田光을 사로잡은 뒤 박양博陽까지 진격했다.

재상 전횡은 전광이 죽었다는 소식을 듣고 스스로 보위에 오른 뒤 군사들을 이끌고 나와 관영에게 역공을 가했다. 그러나 지금의 산동성 내무현인 영하嬴下에서 오히려 관영에게 대패했다. 그는 위나라 쪽으로 달아나 팽월에게 몸을 의탁했다. 관영이 여세를 몰아 제나라 장수 전흡田吸을 산동성 고원현 천승千乘에서 격파했다. 교동에 주둔하고 있던 제나라 장수 전기는 조참에 의해 목이 달아났다. 이로써 제나라 땅이 완전히 평정되었다.

한신은 용병의 귀재였다. 강물이 마른 것처럼 위장해 사마용저의 군사를 끌어들인 뒤 통렬히 반격해 20만 대군을 대파한 게 그렇다. 사마용저 역시 진여처럼 한신을 얕잡아 봤다가 자신은 물론 제나라마저 패망케 만든 셈이다. 후대인들이 한신을 군신軍神으로 칭송한 이유다. 대표적인 인물이 명나라 때 작가 모곤茅坤이다. 그는 『사기초史記抄』에서 한신을 이같이 평했다.

"내가 고대 전략가들을 살펴보니 한신이 최고였다. 나무통으로 위나라를 격파했고, 한나라의 붉은 깃발을 세워 조나라를 격파했고, 모래주머니로 제나라를 격파했다. 이런 전략은 모두 하늘에서 내려온 듯 절묘하기 짝이 없어 적과 혈전을 벌인 적이 한 번도 없다. 그래서 나는 이같이 말하고자 한다. 고금을 막론하고 태사공 사마천司馬遷은 문장의 신선인 문신文仙, 이백李白은 시의 신선인 시선詩仙, 굴원屈原은 사부의 신선인 사부선辭賦仙이고, 유령劉伶과 완적阮籍은 술의 신선인 주선酒仙이다. 그렇다면 한신은 무엇인가? 바로 전쟁의 신선인 병선兵仙이다. 아무럼 그렇고말고!"

한신에 대한 극찬이다. 병兵은 무武 내지 전戰과 통한다. 선仙은 신神과 같은 말이니 '병선'은 곧 무신武神 내지 '군신'과 같은 말이다. 원래 중국에서는 신선 위에 성인이 있다고 생각했다. 시선 이백 위에 시성詩聖 두보를 언급하는 게 그렇다. 그렇다면 병성兵聖 내지 무성武聖은 누구일까? 바로 『손자병법』의 저자로 알려진 손무孫武이다. 손무가 과연 실존인물인지 여부에 대해서는 예로부터 논란이 많았던 만큼 실존 인물 가운데 역사상 무략 내지 병법 차원에서 가장 높은 평가를 받은 사람은 바로 한신이었다고 해도 과언이 아닌 셈이다. 모르긴 몰라도 항우 역시 최후의 승리를 거둬 새 제국의 창업주가 되었다면 한신과 유사한 칭송을 받았을 것이다.

한신의 책봉

당시 한신의 제나라 공략은 '초한지제'의 흐름에 일대 전환점으로 작용했다. 위나라와 대나라, 조나라, 연나라에 이어 제나라까지 차례로 손에 넣은 것을 계기로 그간 수세에 몰렸던 유방이 이내 공세로 전환할 수 있었기 때문이다.

위나라 일대를 장악한 팽월의 유격활동도 과소평가해서는 안 된다는 점은 앞서 언급했었다. 한신의 제나라 장악은 이와 차원이 다르다. 팽월은 유격전에서 치고 빠지는 식의 전투에서 승리한 것에 지나지 않으나 한신의 제나라 공략은 국력을 기울인 정규군이 맞붙은 싸움에서 이긴 것이다. 초나라가 거의 전군을 동원해 사마용저에게 지휘를 맡긴 점을 감안하면 그 의미는 더욱 클 수밖에 없다.

한신이 제나라를 공략할 즈음 유방도 상처가 어느 정도 아물게 됐다. 이내 임시수도로 정한 관중의 약양으로 들어갔다. 관중의 백성들을 고무시키기 위한 조치였다. 약양에서 성대한 연회를 베풀어 부로들을 위로했다. 항우의 운명을 거의 자신의 손아귀에 틀어쥐었다는 자신감의 표현이었다.

부로들의 지지를 얻는 것은 민심을 장악하는 첩경이다. 원래 진나라는 천하를 현 단위로 다스렸다. 현령은 중앙에서 파견한 말단 조직의 장이었다. 현령은 부임지에서 새로이 하급 관리를 지명해 다스렸다. 그러나 실은 이들 부로들이 유력자 중에서 하급관원을 천거하면 중앙에서 파견된 관원이 이를 추인하는 식으로 인선이 이뤄졌다. 호족들 대부분이 해당 현의 유력한 하급 관리가 된 배경이다. 유방이 이들을 직접 만나 다독인 것은 진제국의 가혹한 법치에 고통을 느끼고, 항우의 분탕질에 분노하고 있는 부로들을 감동시키고도 남았다. 훗날 유방이 항우를 제압하고 천하를 거머쥔 것도 이와 무관할 수 없다.

당시 유방은 부로들을 위해 성대한 연회를 베풀면서 성고전투에서 패한 후 비수 강가에서 자진한 초나라 장수 사마흔의 머리를 저잣거리에 내걸었다. 항우의 숨통을 끊기 위한 대대적인 군사동원을 알리는 의식이었다. 「고조본기」는 당시 상황을 이같이 기록해 놓았다.

"유방이 약양에서 4일 동안 머물렀다. 다시 성고의 본영으로 돌아갔다가 이내 광무산 영채에 주둔했다. 이 사이 관중에서 차출한 병사의 숫자가 더욱 불어났다."

이때 문득 한신이 사람을 유방에게 보내 이같이 청했다.

"제나라는 거짓과 사술을 일삼으며 번복을 잘 하는 나라입니다. 게다가 남쪽으로 초나라와 접하고 있습니다. 청컨대 임시 왕이 되어 이곳을 진압코자 합니다."

유방이 격노했다. 한신의 사자 앞에서 마구 한신을 욕해댔다.

"나는 여기서 어렵게 지키며 밤낮으로 그가 와서 도와주기만을 기다렸다. 그런데 지금 자립하여 왕이 되겠다는 것인가!"

장량과 진평이 급히 유방의 발을 밟고는 이내 그의 귀에 대고 말했다.

"한나라는 지금 실리失利한 처지에 있는데 어떻게 한신이 자립해 왕이 되겠다는 것을 금할 수 있겠습니까? 차라리 그를 왕으로 세워 잘 대우하며 스스로 제나라 땅을 지키게 하느니만 못합니다. 그렇지 않으면 변란이 일어날고야 말 것입니다."

유방도 깨달은 바가 있어 다시 칭송조로 한신을 꾸짖었다.

"대장부가 제후왕을 평정하면 곧 자신이 진짜 왕이 되는 것이다. 어찌하여 가짜 왕이 되겠다는 것인가!"

이듬해인 기원전 203년 봄 2월, 유방이 이내 장량을 시켜 인수를 들고 가도록 했다. 한신을 정식으로 제나라 왕에 봉한 뒤 그의 군사를 이용해 초나라를 칠 심산이었다. 당시 항우도 나름 한신을 끌어들이기 위해 고심하고 있었다. 당초 그는 한신이 초나라의 맹장 사마용저를 '유린'했다는 소식을 듣고 경악했다. 항우가 한신의 존재를 최초로 크게 인식한 순간에 해당한다. 「항우본기」의 '항왕문용저군파項王聞龍且軍破, 즉공則恐' 구절이 이를 뒷받침한다. 사마용저의 군사를 격파했다는 소식을 듣고 두려워했다는 뜻이다.

항우는 곧 유세객 무섭武涉을 보내 한신을 설득코자 했다. 무섭은 한신 앞에서 이같이 유세했다.

"천하가 모두 오랫동안 진나라의 폭정으로 고통을 겪다가 서로 힘을 합쳐 진나라를 쳤습니다. 진나라가 멸망한 뒤 각자의 공을 헤아려 땅을 베어주고, 경계를 나눠 왕으로 봉하고, 병사들을 쉬게 했습니다. 그런데 지금 한왕이 동쪽에서 다시 군사를 일으켜 다른 사람의 몫을 침탈하고 다른 사람의 땅을 탈취했습니다. 한왕은 이미 삼진三秦을 격파하고 군사를 이끌고 출관한 뒤 제후들의 군사를 수합해 동쪽으로 초나라를 치고 있습니다. 그의 의도는 천하를 모두 삼키는 데 있으니 이것이 이뤄지지 않으면 결코 싸움을 그치지 않을 것입니다. 그의 만족할 줄 모르는 욕심이 이토록 심합니다. 게다가 한왕은 약속을 기대할 수 없습니다. 그의 몸이 항왕의 손에 들어간 적이 여러 번 있었으나 항왕은 그때마다 그를 불쌍히 여겨 살려주었습니다. 그러나 그는 벗어나기만 하면 곧 약속을 어기고 다시 항왕을 쳤습니다. 그를 가까이하여 믿을 수 없는 행동이 이와 같습니다. 지금 그대는 비록 스스로 한왕과 두텁게 교유한다고 생각한 나머지 그를 위해 모든 힘을 다해 군사를 동원하고 있으나 끝내 그에게 사로잡히고 말 것입니다. 그대가 계속 승승장구하여 오늘의 이 자리까지 이르게 된 것은 항왕이 아직 살아 있기 때문입니다. 지금 두 왕이 다투고 있는 천하대사의 저울은 그대에게 있습니다. 그대가 오른쪽으로 기울어지면 한왕이 이기고, 왼쪽으로 기울어지면 항왕이 이길 것입니다. 그러나 만일 오늘 항왕이 망하면 그 다음은 그대가 될 것입니다. 그대와 항왕은 교분이 있었는데 어찌하여 한나라에 반기를 들고 초나라와 연합하여 천하를 셋으로 나누고 왕이 되려고 하지 않는 것입니까? 지금 이 시기를 놓치면 한나라를 좇아 초나라를 치는 쪽으로 몰려 스스로 결심하게 될 것입니다. 어찌 지자智者로서 실로 이같이 할 수 있겠습니까?"

천하의 명변이다. 항우가 패망하면 '토사구팽'의 제1차 대상이 될 수밖에 없다고 지적한 것은 유방의 욕심과 속셈을 정확히 읽었기에 가능했다. 유세객 무섭만이 이를 알았다고 보기도 어렵다. 당시 머리가 있는 '지자'들은 모두 똑같이 읽었을 것이다. 한마디로 그의 유세는 화북 일대를 석권한 마당에 유방의 휘하에서 떨어져 나와 천하를 3분함으로써 삼국정립三國鼎立을 이루자는 게 요지였다. 사실 이 길만이 그가 살 수 있는 길이었다. 그럼에도 한신은 사의를 표하면서 이같이 거절했다.

"나는 항왕을 섬길 때 관직은 낭중郎中, 지위는 창을 잡고 궁정을 지키는 수위守衛에 불과했소. 말을 해도 듣지 않고 계획을 세워도 채택하지 않기에 초나라를 배반하고 한나라에 귀부한 것이오. 한왕은 나에게 상장군의 인수를 주고, 수만 명의 군사를 주고, 손수 옷을 벗어 나에게 입히고, 음식을 밀어 나를 먹여주고, 말을 하면 들어주고 계책을 세우면 채택해 주었소. 그래서 내가 이런 위치에 이를 수 있었던 것이오. 다른 사람이 나를 깊이 신뢰하며 가까이 하는데 내가 이를 배반하는 것은 상서롭지 못한 일이오. 비록 죽더라도 내 태도는 바뀌지 않을 것이오. 나 한신을 위해 부디 항왕에게 유감의 뜻을 전해주시오."

무섭이 떠나자 괴철이 한신이 있는 곳으로 왔다. 그 또한 천하의 판세를 좌우하는 저울추가 한신에게 있다는 사실을 훤히 꿰고 있었다. 무섭의 유세가 실패한 것을 직감한 그는 유세 방법을 달리했다. 이내 관상법을 이용해 이같이 유세했다.

"제가 그대의 얼굴을 보니 봉후封侯에 불과합니다. 게다가 위태롭고 편안치 않습니다. 그대의 뒷모습이 귀하기는 하나 나머지는 말할 수 없습니다."

이런 식의 얘기에 다음 얘기를 듣고 싶어 하지 않을 사람이 거의 없을 것이다. 한신이 다급히 물었다.

"그게 무슨 말이오?"

괴철이 대답했다.

"당초 천하가 기의했을 때 모든 사람이 우려한 것은 오직 어떻게 해야 진나라를 타도할 수 있는가 하는 것뿐이었습니다. 그러나 지금 초한 두 나라가 다투자 천하의 백성들이 간과 쓸개로 땅을 칠하고, 부자父子의 해골이 들판에 방치돼 그 수를 헤아릴 수조차 없게 됐습니다. 초나라는 팽성에서 기병한 후 사방에서 싸우며 패배한 적을 추격하는 기세로 승세를 타고, 자리를 말 듯 승리하며 그 위세를 천하에 떨쳤습니다. 그러나 지금은 경현과 색현 사이에서 포위된 까닭에 성고 이서의 산지에서 핍박을 받으며 더 이상 진공치 못하고 있습니다. 초나라 군사가 여기에 머문 지도 이미 3년이 지났습니다. 한나라 역시 10만의 군사를 이끌고 공현과 낙양에 근거해 험한 산과 황하에 기대고 있으나 하루에 수차례 출전하는데도 약간의 전공도 세우지 못한 채 좌절하여 스스로를 구하지도 못하고 있습니다. 이를 두고 바로 '지혜와 용기가 모두 바닥이 났다'고 하는 것입니다. 지금 백성들은 피로가 극에 달해 크게 원망하고 있지만 돌아가 의지할 곳이 없습니다. 신이 생각건대 형세 상 천하의 성인이 아니고는 천하의 화란을 종식시킬 길이 없습니다. 지금 한나라와 초나라의 운명이 그대에게 달려 있습니다. 그대가 한나라를 위하면 한나라가 승리하고, 초나라를 위하면 초나라가 승리할 것입니다. 실로 그대를 위한 계책으로 천하를 셋으로 나눠 3국이 공존하는 정족지세鼎足之勢를 이루는 것보다 나은 게 없습니다. 그러면 누구도 감히 먼저 움직일 수 없게 됩니다. 무릇 그대의 뛰어난 무략으로 제나라 땅을 토대로 조나라와 연나라를 복종시킨 뒤 초나라와 한나라의 병력이 없는 곳으로 출병해 그들의 후방을 제압하십시오. 이어 백성들의 기대를 좇아 서쪽으로 초나라와 한나라를 향해 '백성을 위한 정전停戰'을 외치십시오. 그러면 천하는 바람 불듯이 신속히 호응할 것입니다. 그 누가 감히 이 말을 듣지 않겠습니까? 큰 것은 자르고 강한 것은 약하게 하여 제후들을 세우십시오. 제후들이 서면 천하는 복종할 것이고, 그 공덕은 바로 제나라로 돌아올 것입니다. 제나라의 땅을 안정시켜 교수膠水와 사수泗水의 땅을 점거한 채 조용히 예모를 갖추면 천하의 제후들이 서로를 이끌며 제나라에 조현하러 올 것입니다. 제가 듣건대 '하늘이 주는 것을 받지 않으면 오히려 해를 입고, 시기가 이르렀는데도 행하지 않으면 오히려 재앙을 입는다'고 했습니다. 원컨대 그대는 이를 깊이 생각토록 하십시오."

그러나 한신은 독백하듯 곤혹스런 표정으로 물었다.

"한왕이 나를 심히 후하게 대해 주었는데 내가 어찌 이익을 좇아 의를 등질 수 있겠소?"

괴철이 대답했다.

"당초 장이와 진여가 포의로 있을 때 서로 문경지교를 맺었습니다. 그러나 후에 제때 구원하지 않은 일로 인해 서로 다투다가 마침내 장이가 진여를 저수의 남쪽에서 죽인 뒤 그 시신을 쪼갰습니다. 두 사람이 서로 어울려 한 몸처럼 가까이 지내다가 끝내 서로 죽이려 한 것은 무슨 까닭입니까? 우환은 다욕多欲에서 생기는 법이고, 인심은 헤아리기 어려운 법입니다. 지금 그대가 아무리 충성을 다하고 무한한 신뢰를 보내면서 한왕과 사귈지라도 틀림없이 장이와 진여의 문경지교보다 견고할 수 없고, 한왕과 그대 사이에 빚어진 갈등은 제때 구원하지 않은 일로 다툰 경우보다 훨씬 많습니다. 그대는 한왕이 반드시 그대를 위태롭게 하지는 않을 것으로 생각하고 있으나 신이 보건대 이는 착각입니다. 월나라 대부 문종은 망한 월나라를 부흥시켜 구천을 패자로 만들어 공을 세우고 명성을 얻었으나 그 몸은 죽고 말았습니다. 사냥감이 다 없어지면 사냥개를 삶아먹는 토사구팽兎死狗烹이 빚어지는 법입니다. 무릇 교우로 말하면 그대와 한왕의 그것은 장이와 진여의 그것에 미치지 못합니다. 충신으로 말할지라도 대부 문종이 구천에게 해준 것보다 더할 수는 없습니다. 이 두 경우는 족히 감계鑑戒로 삼을 만합니다. 원컨대 그대는 이를 깊이 생각토록 하십시오. 제가 듣건대 '용기와 지략이 뛰어나 주군을 두렵게 만드는 자는 몸이 위태로워지고, 공로가 천하를 뒤덮는 자는 상을 받지 못한다'고 했습니다. 그대는 군주를 두렵게 만드는 막강한 위세인 이른바 진주지위震主之威를 지니고 있고, 그 어떤 포상으로도 그 공을 기릴 수 없는 이른바 불상지공不賞之功을 세웠습니다. 초나라에 귀부하면 초나라 사람들이 믿지 않을 것이고, 한나라에 귀부하면 한나라 사람들이 크게 두려워하며 떨 것입니다. 그대는 이런 무략과 대공을 지닌 채 장차 어디로 귀부하려는 것입니까?"

한신이 완곡하게 말했다.

"선생은 더 이상 언급치 마시오. 내가 장차 유념하겠소."

며칠 후 괴철이 다시 말했다.

"무릇 남의 말을 듣는 것은 일이 이뤄질 징조이고, 세밀히 계획하는 것은 일이 이뤄지는 관건입니다. 잘못 알아듣고 계획을 잘못 세우고도 오랫동안 편안한 자는 극히 적었습니다. 그래서 사물의 대세를 장악하는 것은 곧 과감한 단안을 내리는 데 있고, 머뭇거리며 결정치 못하는 것은 일을 그르치는 근원이 됩니다. 터럭같이 작은 이익을 자세히 살피면 천하의 대국을 잃기 마련입니다. 머리로는 명백히 알고 있는데도 결단하여 감히 실행치 않는 것은 모든 일의 화근입니다. 무릇 공업功業은 이루기 어렵고 실패는 쉽기 마련이고, 시기時機는 얻기는 어렵고 잃기는 쉬운 법입니다. 일은 반드시 해당 시기에 맞춰야 하니 지나간 시기는 두 번 다시 오지 않기 때문입니다."

「회음후열전」은 한신이 머뭇거리며 차마 유방을 등지지 못했다고 기록해 놓았다. 그는 스스로 자신이 세운 공이 매우 많아 유방이 끝내 자신의 제나라를 빼앗지는 않을 것으로 생각한 것이다. 결국 그는 괴철의 계책을 따르지 않았다. 「회음후열전」은 당시 모든 것이 끝났다고 생각한 괴철이 이내 한신의 곁을 떠난 뒤 거짓으로 미친척하며 무당이 되었다고 기록해 놓았다.

유방은 복을 타고난 셈이다. 한신의 이런 우유부단한 태도가 그의 천하통일에 결정적인 배경으로 작용한 것은 말할 것도 없다. 당시 유방은 관중에 사직을 세우고, 명분상 5국 제후에게 명을 내리는 등의 움직임을 통해 점차 '대왕'의 모습을 갖춰나가고 있었다. 한신을 제왕에 봉하고, 한신과 함께 움직였음에도 아무런 공도 세우지 못한 장이를 조나라 왕에 봉한 게 그렇다. 유방의 입장에서 볼 때 장이와 한신은 하늘과 땅만큼의 차이가 있었다. 한신은 장차 자신에게 커다란 위협이 될 수밖에 없다는 사실을 통찰하고 있었다. 한신을 마지못해 제왕에 임명한 것도 바로 이 때문이다.

실제로 당시 유방은 한신을 극도로 경계하고 있었다. 무략도 무략이지만 현실적으로 최강의 무력을 보유하고 있었기 때문이다. 항우와 유방이 치열한 공방전을 전개할 때 한신은 무려 30만 대군을 이끌고 있었다. 항우와 유방이 공히 싸우다가 지쳐 나가떨어지면 가만히 앉은 자리에서 어부지리를 취할 수 있었다. 유방이 한신을 경계한 것은 당연했다.

문제는 한신이 왜 자신을 제왕에 봉해달라고 요청해 놓고도 무섭과 괴철이 제시한 삼국정립 방안을 거부하는 모순적인 모습을 보였는가 하는 점이다. 그간 여러 해석이 나왔지만 사다케의 분석이 가장 그럴듯하다. 한신은 유방이 자신의 재능을 알아줄 것으로 생각해 제나라 왕에 봉해달라고 요청했고, 유방이 이에 응하자 이에 대한 화답으로 항우의 제의를 거절했다는 것이다. 유방이 최고의 대우를 베푸는 방식으로 한신을 심복시킨 결과로 본 것이다. 그는 육가의 『한진춘추』에 나오는 한신의 다음 언급을 근거로 들었다.

"한왕이 나에게 옥으로 장식한 식탁에 차린 음식과 옥검을 하사했다!"

음식을 옥으로 장식한 식탁에 차려주고 옥검을 선물로 내린 것은 파격이다. 이에 감격한 한신이 평생 유방에 대한 지조를 지켰다는 게 논거다. 한마디로 말해 한신은 전국시대 초기 협객 예양豫讓이 자신을 국사國士로 대접해 준 주군 지백智伯의 원수를 갚기 위해 몸을 내던진 것과 유사한 행보를 보였다는 게 그의 분석이다. 나름 일리가 있다.

예양의 일화는 매우 유명해 『사기』를 비롯해 많은 사서에 대거 인용돼 있다. 출전은 『전국책』「조책」이다. 이에 따르면 전국시대 초기 예양은 중원의 패권국인 진晉나라의 권신인 범씨范氏와 중항씨中行氏를 섬겼으나 제대로 인정을 받지 못했다. 이에 곧 지씨智氏에게 몸을 의탁하자 지백이 그를 국사로 대접했다. 이후 조씨趙氏와 한씨韓氏, 위씨魏氏가 지씨를 멸하고 진나라 영토를 나눠가졌다. 조씨는 지백에게 극도로 원한을 품은 나머지 마침내 그의 두개골로 술잔을 만들었다. 이때 예양이 산 속으로 도망치며 이같이 다짐했다.

"아, 선비는 자신을 알아주는 사람을 위해 목숨을 바치고, 여인은 자신을 사랑해주는 사람을 위해 화장을 하는 법이다. 나는 지백의 은혜에 보답하지 않으면 안 된다."

여기서 현재까지 인구에 회자하는 '사위지기자사士爲知己者死, 여위열기자용女爲悅己者容'이라는 명구가 나왔다. 사다케가 한신의 거절을 유방의 은덕에 대한 보답 차원에서 해석한 것은 '자신을 알아주는 자를 위해 모든 것을 바치는 것은 남자가 본래 품고 있는 소망이다'라는 고정관념에서 비롯된 것이다. 예양의 일화를 보편적인 진리로 간주한 결과다.

틀린 말은 아니지만 한신을 예양에 비유한 것은 지나쳤다. 유방이 한신에게 과감히 군사軍師로 발탁하는 지우지은知遇之恩을 베풀기는 했으나 이는 자신의 필요에 따른 것이다. 한신은 유방에게 제왕에 봉해달라고 요청할 당시 항우와 유방의 위세를 뛰어넘는 막강한 무력을 지니고 있었다. 명실상부한 군웅의 일원이었다. 비록 유방이 자신을 군사로 발탁하는 은혜를 베풀었다고 할지라도 이는 일종의 '계약'에 가까운 것으로 두 사람의 인간관계를 규제하는 결정적 요인은 아니었다.

객관적으로 볼 때 사다케가 언급한 옥으로 장식한 식탁과 옥검 등은 사소한 것에 지나지 않는다. 그의 분석은 한신을 '졸장부'로 규정한 것이나 다름없다. 보다 근본적인 원인은 역시 유방에 대한 근거 없는 신뢰와 우유부단에 있었다고 보는 게 옳다. 단호한 결단이 필요한 상황에서 한신은 유방과 맺은 사적인 의리를 내세워 괴철의 '천하삼분지계'를 거절하는 우를 범했다. 그가 만일 장차 '토사구팽'의 제1차 표적이 되리라는 것을 알았다면 과연 이처럼 사소한 사적인 의리에 얽매였을까? 한신은 훗날 괴철의 말을 듣지 않은 것을 후회했으나 이미 늦었다.

한신은 무략에서는 타의 추종을 불허하는 당대 최고의 병법가였지만 정치적 결단에서는 한없이 우유부단했다. 사타케가 항우의 '삼국정립' 제의를 거절한 것을 두고 예양의 사례에 빗대어 해석한 것은 핀트가 어긋났다. 한신이 항우의 제안을 거절한 것은 그의 우유부단한 성격에서 비롯된 것으로 보는 게 옳다. 다만 한신이 팽성전투 이후 유방의 군사적 재능에 의문을 품게 됐고, 유방의 천하통일에는 자신이 있어야 한다는 확신을 갖게 됐고, 유방의 능력이 자신보다 못하다고 결론을 내리게 됐다는 그의 분석은 그럴 듯하다.

실제로 당시 한신이 항우의 권유를 좇아 유방으로부터 떨어져 나와 독립을 했다면 한나라와 초나라를 능가하는 제나라를 만들 수 있었을 것이다. 객관적으로 볼 때 이는 그리 어려운 일도 아니었다. 당대의 책사인 괴철이 언급한 것처럼 적당한 구실을 대어 독립을 선언하기만 하면 됐다. 그런데도 그는 이를 실행하지 못했다. 결국 결단의 문제로 보는 게 옳다. 그는 결정적인 순간에 우유부단했다. 항우와 닮았다.

유방 휘하에서 비록 군사적 재능 면에서는 한신만 못하지만 정치적 판단 면에서 매우 뛰어난 인물이 두 사람 있었다. 장량과 진평이 그들이다. 장량은 천하대세를 읽는 안목에서 타의 추종을 불허했다. 진평은 순간적인 판단을 좇아 위기를 탈출하는 임기응변에서 단연 발군이었다. 두 사람이 한신과 달리 토사구팽의 도마 위에 오르지 않고 나름 자연수명을 다할 수 있었던 이유다.

난세에는 군사적 재능도 필요하지만 정치적 재능이 더 위력을 발휘한다. 군사적 재능만 뛰어나면 오히려 토사구팽의 대상이 되고 만다. 이는 삼국시대의 여포가 걸은 길이다. 국공내전 당시에도 유사한 일이 빚어졌다. 뛰어난 군사적 재능을 자랑했던 허룽과 펑더화이, 린뱌오 모두 문화대혁명의 와중에 이슬처럼 사라지고 말았다.

한신의 이런 우유부단한 모습은 유방이 날로 '대왕'다운 모습을 갖춰간 것과 대비된다. 기원전 203년 가을 7월에 경포를 회남왕淮南王에 봉한 게 그렇다. 직후인 이해 8월에는 연나라가 기병을 이끌고 와 유방을 도왔다. 천하대세가 유방에게 있다고 본 결과다. 한마디로 유방은 흐름을 탄 셈이다. 유방이 명실상부한 '대왕'의 모습을 보인 것은 이때 발포한 다음과 같은 명령에 있다.

"병사들 가운데 불행히도 죽은 자가 있으면 관원은 사자에게 수의를 입혀 입관한 뒤 집으로 정중히 옮기도록 하라."

「고조본기」는 이를 계기로 사방에서 민심이 귀부하기 시작했다고 기록해 놓았다. 당시 유방은 항우를 제압한 이후를 대비해 본격적인 인사 조치를 시작한 것으로 짐작된다. 이해에 중위中尉 주창周昌을 어사대부

御史大夫로 삼았다. 어사대부는 지금의 감사원장에 해당한다. 주창은 형양성이 함락된 뒤 끝까지 투항을 거부하다 팽살을 당한 주가周苛의 사촌동생이었다. 관중에 있는 승상 소하가 행정 대권을 독점한 상황을 견제하려는 의중이 담겨 있다. 어사대부는 황제의 오른팔에 해당한다. 신권臣權의 상징이자 만조백관의 우두머리인 승상을 견제하는 것이 기본 임무였다. 유방은 이미 먼 앞날까지 내다보고 있었다.

홍구의 화약

유방이 새로운 제국의 건립과 관련해서 일련의 인사 조치를 취할 때까지의 상황을 개괄적으로 정리하면 우선 기원전 205년 4월부터 기원전 203년 8월까지 총 2년 5개월 동안 유방과 항우 사이에 일진일퇴의 공방이 지속됐다. 팽성의 함락과 뒤이은 팽성전투의 참패가 만들어낸 결과였다. 황급히 퇴각한 유방은 형양과 성고 사이에 형성된 저지선을 지키기 위해 안간힘을 썼다. 반면 항우는 여세를 몰아 저지선을 뚫고 관중으로 입관코자 했다. 양측의 힘이 밀고 밀리는 시소게임을 한 셈이다. 객관적인 무력은 항우가 우세했다.

그러나 항우는 늘 저지선을 뚫을 수 있는 절호의 순간에 발목을 잡히고 말았다. 팽월의 유격전과 경포의 이반, 한신의 화북 공략이 그 배경이다. 그때마다 항우는 이들을 제압하느라 저지선을 뚫고 관중으로 돌진할 수 있는 기회를 놓쳤다. 유방의 입장에서 볼 때는 행운이었다. 유방은 이런 기회를 놓치지 않고 반격을 가해 수세국면을 일시 공세국면으로 전환시키는 기지를 발휘했다. 유방은 당대의 책사인 장량과 진평 등의 도움을 받았지만 기본적으로 타고난 정략가였다. 군사적인 재능과 통상적인 지략 면에서는 한신과 장량, 진평 등에 미치지 못하는 게 사실이다. 그러나 대국을 읽고, 참모들의 건의를 적극 수용하고, 결정적인 순간에 결단하는 등 최고 통치권자로서의 자질 면에서는 발군이었다. 그가 '초한지제' 내내 수세국면에 처해 있었음에도 결국 천하를 거머쥐게 된 근본적인 이유였다. 나무보다 숲을 보는데 뛰어난 자질을 지니고 있었던 셈이다.

이 기간 중 그는 휘하의 장수와 책사 및 관원들을 마치 수족처럼 부렸다. 온갖 종류의 음모와 기책, 전술이 동원되었다. 정규전 위주로 싸움을 전개한 항우가 막강한 무력에도 불구하고 궁극적으로 승리를 하지 못하고, 때로는 유방군의 협격으로 궁지에 몰리는 어려움을 겪은 것도 바로 이 때문이다. 이런 일진일퇴의 공방 흐름은 연나라가 자발적으로 일군의 기병을 이끌고 와 합류하고 유방이 천하를 향해 전사자에 대한 예장을 선언하는 기원전 203년 8월을 기점으로 끝나게 됐다. 이는 천하대세의 흐름이 유방에게 기울어졌다는 표징이기도 했다. 이때에 이르러 유방이 역전의 승세에 올라타 주도권을 장악케 된 배경을 두고 한자오치는 『사기신독』에서 5가지로 요약했다.

첫째, 유방은 근거지를 확고히 마련했다. 이는 전적으로 소하의 공이다. 당시 유방은 소하에게 명해 태자를 잘 보필하면서 후방 총사령부가 설치된 약양에서 전권을 쥐고 병력과 군수물자를 지원케 했다. 소하는 이 막중한 임무를 차질 없이 이행했다. 유방이 형양 및 성고 전선에서 항우의 공세를 끝까지 방어할 수 있었던 배경이다. 당시 소하는 관중을 포함해 파촉 일대에서 병력과 군수물자를 모아 전방에 끊임없이 제공했다.

「소상국세가」에 따르면 유방은 항우와 싸우는 5년 동안 여러 차례 항우군에게 참패해 홀로 달아나는 모습을 보여주었다. 소하는 그때마다 관중 일대의 병력을 끊임없이 전선으로 보내 유방의 재기를 도왔다. 소하의 위대한 면은 유방이 지시하기도 전에 이미 보충 병력이 현장에 도착했다는 점이다. 집에 불이 날 때마다 소하가 적시에 불을 꺼준 셈이다. 사서에는 구체적인 내용이 나와 있지 않지만 관중의 수많은 장정이 전장의 백골이 되었다고 보아야 한다. 한자오치는 유방이 여러 차례에 걸쳐 관동의 광활한 지역을 잃었음에도 끝내 오뚝이처럼 일어나 마침내 항우를 제압케 된 원인이 여기에 있다고 역설했다. 일리 있는 분석이다.

둘째, 유방은 서부 전선에서 항우와 대치하면서 지금의 하남성 동부에서 활약한 팽월을 우군으로 끌어들였고, 팽월은 유방의 기대에 부응해 항우의 후방을 교란하는 유격전을 쉴 새 없이 펼쳤다. 덕분에 유방은 서부 전선의 압박에서 빠져나와 다소나마 숨을 돌릴 수 있었다. 반대로 항우는 서부전선과 남부전선을 오가며 응전하느라 점차 지쳐갔다. 소하가 전략 면에서 지대한 공헌을 했다면, 팽월은 전술 면에서 혁혁한 공을 세운 셈이다.

셋째, 유방은 당대의 병법가인 한신을 적극 활용해 항우와 연계된 화북의 여러 제후국을 제압했고, 심지어 항우의 배후까지 공략키도 했다. 한신은 첫 해에는 서위와 대나라, 이듬해에는 조나라와 연나라, 그리고 그 다음 해에는 제나라까지 공략하는 놀라운 전공을 세웠다. 시종 공세를 취했던 항우가 막판에 수세로 몰리게 된 배경이다.

넷째, 유방은 항우의 배후를 공략키 위해 구강 지역에서 활동하던 항우의 장수 경포를 회유하는 데 성공했다. 항우에게 지금의 안휘성 중부 지역을 장악하고 있던 경포의 이반은 치명타였다. 실제로 경포는 자신의 영향력을 최대한 발휘해 항우의 병력을 분산케 만드는 데 결정적인 공을 세웠다. 항우가 이른바 '사면협공'의 위기에 처한 이유다.

다섯째, 유방은 진평을 활용해 반간계를 성사시켰다. 당시 진평은 유방의 '통 큰' 지원에 힘입어 황금 4만 근을 갖고 항우 진영으로 침투해 들어가 장수들을 매수하거나 이간하는 반간계를 성공적으로 구사했다. 항우의 핵심참모 범증은 이 공작에 말려들어 결국 화병으로 죽고 말았다. 다시 나오겠지만 항우의 측근인 주은周殷 등이 반란을 일으키고, 심지어 항우의 일족인 항타項佗와 항양項襄 등이 유방을 도와 항우를 제압하는 데 일조한 것은 전적으로 진평의 공이다. 항우의 등에 칼을 꽂은 이들 모두 제후에 봉해졌다. 그 이전에 포섭돼 첩자 역할을 한 항백 역시 진평의 포섭 대상이었다.

사서는 당시 2년 5개월의 대치 기간 동안 큰 전투는 70차례, 작은 전투는 40차례가 있었다고 기록해 놓았다. 이 사이 유방과 항우는 서로 밀고 당기는 식의 공방전을 펼쳤지만 큰 틀에서 보면 이 시기는 유방이 점점 강해지는데 반해 초반에 우세했던 항우는 점점 약해지는 식의 흐름이 형성되는 기간이기도 했다.

항우는 기원전 203년 중엽에 들어와서야 처음으로 자신이 고립되어 있다는 사실을 깨닫기 시작했다. 자신을 도와줄 우군은 하나도 없었다. 사방이 온통 적들에 의해 둘러싸여 있었다. 군량도 바닥이 난 상태였다. 이때 문득 유방이 휴전을 제의하고 나섰다. 유방은 왜 천하대세의 흐름이 자신에게 유리하게 진행되고 있는 상황에서 문득 휴전을 제의하고 나선 것일까? 「항우본기」에 그 배경을 짐작케 해주는 대목이 나온다.

"이때 한나라 군사는 식량이 크게 풍족했지만, 초나라 군사는 크게 지쳐 있는데다 식량마저 바닥을 드러내고 있었다. 한왕이 문득 육가陸賈를 항우에게 사자로 보내 태공을 보내줄 것을 설득했다. 항우가 듣지 않자 한왕이 다시 후공侯公을 보내 태공의 송환을 요청했다. 항우가 이내 유방과 약정해 천하를 반으로 갈라 나눠 갖기로 했다. 홍구鴻溝의 서쪽은 한나라, 동쪽은 초나라가 차지하기로 했다. 이에 항우가 인질로 잡고 있던 한왕 유방의 부모와 처자를 돌려보냈다."

대략 유방이 2년 반이나 인질로 잡혀 있던 부친과 처자를 데려오기 위해 휴전을 제의하고 나섰음을 알 수 있다. 이를 두고 한자오치는 『사기신독』에서 항우의 판단을 흐리게 하고 항우군의 사기를 떨어뜨리려는 취지로 풀이했다. 나름 일리 있는 분석이기는 하나 너무 평면적이다.

전체 맥락에서 보면 당시 유방이 일족을 송환받고자 한 것은 최후의 일격을 가하기 위한 사전조치의 성격을 띠고 있었다. 항우의 판단을 흐리게 하려는 의도가 있는 것은 사실에 부합하나 항우군의 사기를 떨어뜨리려고 했다는 해석은 지나치다. 당시 항우군은 이미 크게 지쳐 있었던 까닭에 휴전이 성사될 경우 오히려 기력을 회복할 시간을 갖게 된다. 유방이 바보가 아닌 이상 이런 의도로 그런 제안을 했을 리 없다. 첫 번째 사자가 실패하자 유방은 곧바로 두 번째 사자를 보낸 것은 첫 번째 강화회담에서 유방이 제시한 조건이 항우의 의중에 부합치 않았거나 항우가 생각하는 기준에 미흡했음을 암시한다.

홍구의 강화방안을 1년여 전 유방이 궁지에 몰려 있을 때 형양을 기준으로 천하를 양분하는 강화방안과 비교하면 유방에게 상대적으로 유리했다. 홍구가 제1차 강화방안 때의 형양보다 훨씬 동쪽에 있는 까닭에 영천군潁川郡과 진군陳郡 등이 유방의 관할 하에 들어왔다. 그러나 홍구의 강화방안은 원래 항우를 기만하기 위한 것으로 이는 별 의미가 없었다. 오히려 여기서 주목할 점은 항우를 설득한 후공의 이후 행보이다. 「항우본기」는 이같이 기록해 놓았다.

"한왕은 후공을 평국군平國君에 봉했다. 평국군은 몸을 숨겨 다시 사람들과 만나려 하지 않았다. 사람들이 말하기를, '그는 천하의 변사辯士이다. 가는 곳마다 나라를 기울게 만들었다. 그래서 그를 평국군이라고 칭한 것이다'라고 했다."

후공이 확정한 휴전의 합의조건은 홍구를 기준으로 천하를 양분하는 것이었다. 문제는 한신이 장악하고 있는 조나라와 제나라를 포함해 팽월의 활동영역이 항우가 차지하는 홍구의 동쪽에 속하게 되는 점이었다. 과연 한신과 팽월을 '무시한' 이런 합의가 가능할 수 있었을까? 유방은 이들의 반발을 전혀 고려하지 않았을까?

이는 기본적으로 홍구의 강화방안이 파기를 전제로 한 것임을 반증하고 있다. 거짓 강화방안인 까닭에 한신과 팽월을 '무시한' 이런 제안이 가능했던 것이다. 거짓 항복을 통해 상대방을 안심시켰다가 급습을 가하는 병법의 사항계詐降計와 닮았다. 거짓의 대상으로 항복 대신 강화를 택한 점만이 다를 뿐이다. 일종의 사구계詐媾計에 해당한다. 이는 조폭의 세계에서 흔히 볼 수 있는 모습이다. 화해의 제스처를 보이면서 적을 안심시켰다가 문득 등을 치는 경우가 그렇다.

국가 간에는 이런 사례가 많지 않으나 전혀 없지도 않다. 임진왜란 당시 왜군은 조명 연합군이 왜군의 점령지를 탈환해 나가자 위기감을 느낀 나머지 강화회담을 제의했다. 명나라는 조선의 반발에도 불구하고 이를 받아들였다. 덕분에 일본은 숨을 돌리며 전열을 재차 정비할 시간을 벌었다. 결국 처음부터 '거짓 강화'로 출발한 강화회담이 결렬되자 왜군은 병력을 대거 추가해 정유재란을 일으켰다. 당시 조선은 일본의 강화 제의가 일종의 '사구계'에 불과하다는 것을 알고 명나라에게 강화회담에 응하지 말할 것을 요구했으나 씨도 먹히지 않았다.

유방의 '사구계'는 강화회담 직후 곧바로 항우의 등을 노렸다는 점에서 화해 자리에서 빚어지는 마피아의 총질이나 삼합회의 칼질과 별 차이가 없다. 그렇다고 이를 탓할 수도 없다. '사구계' 역시 엄연히 천하를 놓고 다투는 과정에서 구사되는 병법의 일환이기 때문이다. 당시 유방이 '사구계'를 통해 얻고자 한 제1차 목표는 부친을 포함한 가족의 송환이었다. 가족의 송환만 이뤄지면 곧바로 팽성으로 환군하는 항우군을 급습할 생각이었다.

사서의 해당 기록 문맥을 종합해 볼 때 당대의 종횡가인 후공은 유방의 이런 의중을 좇아 온갖 감언이설로 항우를 현혹했을 공산이 크다. 비록 기록이 남아 있지는 않지만 항우가 납득할 만한 조건을 제시했다고 보아야 한다. 구체적으로 어떤 조건을 제시했는지는 모르겠으나 대략 그대로 지켜서는 천하통일이 불가능한 '달콤한' 내용이었을 것이다. 이 또한 천하통일을 위한 궤계의 일환으로 구사된 것인 만큼 문제 삼을 게 없다.

문제는 그 다음이다. 만일 합의조건 파기의 책임을 유방에게 떠넘길 경우 한나라는 창업 때부터 '사술詐術로 천하를 거머쥔 왕조'라는 비난을 면할 길이 없게 된다. 유방을 제외한 그 누군가가 약속을 파기한 책임을 질 필요가 있다. 『사기』와 『한서』가 공히 유방이 마지못해 장량과 진평의 간교한 계책을 좇은 것으로 기술해 놓은 배경이 여기에 있다. 후공이 '평국군'에 봉해진 후 몸을 숨긴 것도 바로 이런 관점에서 접근해야만 그 의미를 제대로 이해할 수 있다. 만일 후공이 협상 전말을 누설할 경우 유방은 지탄을 면할 길이 없게 된다. 그렇다고 대공을 세운 후공의 입을 억지로 막을 수는 없는 일이다. 그 경우 온갖 소문이 나돌게 된다. 득보다 실이 크다. 최상의 방법은 후공으로 하여금 세인들과 접촉을 끊도록 만드는 방안이다. 실제로 사다케를 비롯한 많은 전문가들은 그런 식으로 풀이하고 있다.

다만 사다케는 그 내막에 대해서만큼은 매우 독창적인 견해를 제시해 눈길을 끌고 있다. 그는 『유방』에서 자신의 문학적 상상력을 최대한 발휘해 해당 대목을 이같이 의역해 놓았다.

"한왕 유방은 교섭을 맡았던 후공을 평국군에 봉하면서 속히 몸을 숨겨 초나라 사자를 만나는 일이 없도록 명했다. 그러고는 휘하 장상들에게 말하기를, '후공은 천하에 구변이 좋은 자이다. 그가 머무는 나라는 능히 적국을 멸망으로 빠뜨릴 수 있다. 그래서 적국을 평정한다는 뜻에서 평국군이라는 군호君號를 내린 것이다'라고 했다."

'거짓 강화' 교섭이 끝난 후 후공이 유방 등으로부터 몸을 숨긴 것으로 풀이하는 통설과 달리 사다케는 교섭 후 초나라 사자의 눈에 띄지 않도록 몸을 숨긴 것으로 풀이한 것이다. 사다케의 이런 해석은 전국시대 말기 장의張儀가 초회왕을 속인 뒤 의도적으로 초나라 사자를 만나지 않은 장면을 연상시킨다. 이같이 해석하면 당시의 정황과 맞아떨어진다. 태공을 포함한 유방의 가족이 항우의 통제 하에 있는 한 항우의 숨통을 조이는 최후의 일격을 가하기가 쉽지 않았다. 천하를 놓고 다투는 마당에 '거짓 강화'와 같은 사구계를 구사해 항우를 착각에 빠뜨린 뒤 등을 노릴지라도 이는 비난의 대상이 될 수 없다. 다만 새로운 왕조를 건립하면서 백성들로부터 도덕적인 비난을 받는 것만은 피해야 한다. 누군가 이를 떠맡아야 한다.

후공은 역이기와 기신이 유방을 위해 기꺼이 목숨을 내던진 것과 마찬가지로 '거짓 강화'의 야비한 수단을 구사한 데 따른 도의 차원의 예상되는 비난을 대신 뒤집어 쓴 셈이다. 사서의 행간을 통해 알 수 있듯이 사가들이 이런 작업에 앞장섰다. 유방에게 쏟아질 합의파기의 비난을 교묘한 곡필曲筆로 장량 및 진평에게 떠넘긴 것과 같다. 이들 사가들이 춘추필법의 직필直筆을 꺾은 채 자발적으로 '역사왜곡'의 악역을 떠맡은 꼴이다. 사마천의 경우에 본인이 직접 이런 곡필 행위에 가담했다고 보기는 어렵다. 후대인의 가필로 보는 게 타당할 것이다.

배약과 추격

고금을 막론하고 모든 회담은 '을사늑약'과 같이 한쪽이 우세한 힘을 배경으로 체결을 강요하는 경우를 빼고는 쌍방의 이해관계가 어느 정도 일치해야 합의점을 찾을 수 있다. 홍구의 강화회담도 예외가 될 수 없다. 당시 회담 당사자로 나선 유방 측의 후공이 어떤 이면 합의안을 제시했는지는 알 길이 없으나 홍구를 기점으로 천하를 양분하는 방안을 제시하고, 항우가 이에 동의한 것만은 분명하다. 항우는 왜 동의한 것일까?

시종 우위를 점해 왔던 항우도 홍구의 강화회담에 응할 당시는 크게 피폐해 있었다. 잠시 숨을 돌려 다시 전열을 정비할 필요가 있었다. 유방 측도 별반 차이가 없었다. 홍구 강화협정이 맺어지자 양측 병사들 모두 쌍수를 들어 환호한 사실이 이를 뒷받침한다. 강화회의 타결로 일단 황하에서 회하 상류로 이어진 인공운하 홍구를 기준으로 서쪽은 한나라, 동쪽은 초나라에 귀속되었다. 항우도 내심 반겼을 것이다. 그러나 그는 홍구의 강화회담이 타결된 지 불과 3달 뒤에 스스로 목을 치는 비극의 주인공이 된다. 건달 출신 유방에게 철저히 농락당한 결과다.

원래 홍구는 식량 등의 물자수송에 매우 긴요한 대표적인 운하였다. 지금의 하남성 정주시 서북방에서 끌어들인 황하의 물줄기가 동쪽으로 개봉시까지 흐르다가 회양현을 거쳐 하남성 구현丘縣에 이르러 영수潁水와 합류해 회수로 빠진다. 운하의 굴착은 전국시대 중엽 위혜왕 10년(기원전 360년)에 시작됐다. 개통 후 진한시대는 물론 그 이후의 위진남북조시대까지 황하와 회수를 연결하는 중요한 수로로 사용됐다.

주목할 것은 홍구가 항우와 유방이 강화회의를 전개할 때부터 이미 낭탕거狼湯渠라는 별명을 얻은 점이다. 그 내용이 고약하다. 낭狼은 통상 '이리'의 의미로 사용되지만 매우 어지럽다는 뜻도 있다. 낭자狼藉가 그 실례이다. 탕湯 역시 흔들리거나 쓰러진다는 의미이다. 왜 이런 별명이 나온 것일까? 혹여 당시 백성들이 유방이 구사한 홍구 강화회의의 비열한 사술詐術을 비난하려는 취지에서 나온 것은 아닐까?

태공과 여후가 유방의 영채로 송환된 시점은 홍구 강화회담 타결 직후인 기원전 203년 9월이다. 항우는 유방의 약속을 믿고 태공과 여후를 돌려보낸 뒤 형양 일대에 대한 포위를 풀고 동쪽 팽성을 향해 나아가기 시작했다. 주목할 것은 『사기』와 『한서』 모두 유방 역시 본거지인 서쪽 관중의 약양으로 돌아가려고 하자 문득 장량과 진평이 만류한 것으로 기술해 놓은 점이다. 사서의 기록이다.

"한나라가 천하의 반을 차지하자 제후들이 모두 귀부했습니다. 초나라는 군사는 피로에 지쳐 있고 식량도 떨어진 상황입니다. 바야흐로 하늘이 초나라를 멸망시키려는 것입니다. 지금 저들을 풀어준 채 공격하지 않으면 이는 '호랑이를 길러 근심거리를 남기는 격'이 될 것입니다."

이 대목을 읽으면 유방은 신의를 극히 중시하는 사람이고, 장량과 진평은 암수暗數와 궤계의 달인이라는 착각을 할 수밖에 없다. 그러나 행간을 자세히 뜯어보면 내용 자체가 모순이라는 것을 쉽게 알 수 있다. 의문은 크게 2가지이다.

첫째, 유방은 천하대세가 자신에게 유리하게 돌아가고 있는데 왜 천하통일을 도모할 생각을 하지 않고 관중으로 돌아가려고 한 것일까? 객관적으로 볼 때 유방은 누구보다 욕심도 많고 시기심도 많았다. 그런 그가 바야흐로 떡이 입 안으로 들어오려는 상황에서 떡을 나눠주려 했을 리 없다. 이는 앞서 자세히 검토한 바와 같이 홍구 강화회의가 '사구계'의 일환으로 구사된 것임을 뒷받침한다. 유방이 군사를 이끌고 서쪽으로 돌아가려고 했다는 뜻의 원문 '욕인이서귀欲引而西歸'가 당시의 정황과 동떨어져 있다. 윤색 내지 가필로 보아야 한다.

둘째, 유방은 병법의 기본 이치가 적을 철저히 속이는 궤사詭詐에 있다는 사실을 모르고 있었던 것일까? 『한비자』와 『사기』 모두 전국시대 이래 세인들 모두 집에 『손자병법』과 『오자병법』을 비치해 놓고 열심히 읽었다고 증언하고 있다. 난세에 적을 제압키 위한 궤사의 구사는 상식에 속한다. 유방만 도덕군자인 양 이를 모르거나 무시했을 리 없다. 오히려 정반대라고 보는 게 옳다. 홍구의 계책 자체가 처음부터 사술의 일환으로 구사된 것이다.

객관적으로 볼 때 유방이 장량과 진평의 간언을 듣고서야 비로소 공격에 나섰다고 보는 것 자체가 있을 수 없는 일이다. 홍구의 기만적인 강화회담은 시종 유방이 계책을 내고 주도적으로 추진한 것이다. 육가와 후공을 잇달아 보낸 사실이 이를 뒷받침한다. 유방은 이미 전에 형양을 반분하는 계책을 낸 바 있다. 홍구의 강화회담 추진 과정에서 전혀 거론되지 않던 장량과 진평이 마지막 대목에 이르러서야 문득 튀어나오는 것 자체가 억지스럽다. 유방을 미화하려는 의도가 너무 선명히 드러나고 있다. 장량과 진평의 건의를 받고 비로소 이들의 계책을 사용했다는 뜻의 원문 '용유후진평계用留侯陳平計' 구절은 당시의 정황과 전혀 어울리지 않는다. 가필 내지 윤색의 결과로 보인다.

실제로 이같이 보지 않을 경우 유방이 강화회담 타결의 '먹물'이 마르기도 전에 항우에게 등을 노린 배경을 도무지 이해할 길이 없다. '역사는 승자의 기록'이라는 금언을 새삼 상기시켜 주는 대목이다. 유방이 구사한 '야비한' 기만술은 그가 얼마나 욕심과 시기심이 많은지를 잘 보여주고 있다. 항우의 등에 칼을 꽂으려고 황급히 쫓아갔다가 대패한 사실이 이를 뒷받침한다. 말할 것도 없이 항우를 얕잡아 보고 단숨에 천하를 거머쥐고자 너무 서두른 탓이다.

항우는 누가 뭐래도 한신과 더불어 당대 최고의 병법가였다. 그가 퇴각하면서 행군의 후방에 대한 경계를 푼 채 멍하니 앞만 보고 달려갔을 리 없다. 당시 홍구에서 팽성으로 가는 노선은 크게 3가지였다. 제수와 수수, 홍구를 따라 내려가는 방법이었다. 제수를 따라가는 노선은 팽월과 한신이 장악하고 있는 지역을 통과해야 했다. 수수의 노선 역시 '찰거머리' 같은 팽월의 세력권을 지나야만 했다. 항우가 바보가 아닌 이상 제수나 수수를 따라갈 리 없다. 선택은 하나밖에 없었다. 홍구를 따라 동남쪽으로 내려가 팽성에 이르는 노선이었다. 이는 항우군의 보급로이기도 했다. 누구보다 해당 노선의 지형지물에 밝았다고 보아야 한다.

주목할 것은 한때 항우에게 포로로 잡혀 있던 한왕 신이 이 노선의 책임자로 있었던 점이다. 이 노선의 서쪽은 그가 책임을 맡고 있는 한韓나라 영역이었다. 당대 최고의 병법가인 한신과 동명이인인 한왕 신은 유방이 가까스로 형양성을 빠져나갈 당시 주가 등과 함께 형양성에 남아 수비의 책임을 맡고 있다가 포로로 잡혔다. 주가는 투항을 거부하며 항우를 심하게 모욕하는 바람에 팽살됐지만, 그는 이내 항복을 선언한 덕분에 목숨을 구할 수 있었다. 이후 초나라 군사의 감시가 허술한 틈을 타 몰래 달아나 유방 밑으로 돌아왔다.

유방은 내심 크게 의심하면서도 겉으로는 반갑게 맞이하며 다시 그를 한나라 왕에 앉혔다. 외견상 예우하는 모습을 보였으나 그 내막을 보면 영 딴판이다. 한왕 신을 최전선의 성고에 배치한 게 그렇다. 초나라의 첩자로 온 것인지 여부를 시험하려는 의도였다. '후흑술'의 정수에 해당한다.

당시 한왕 신이 관할하는 홍구 서쪽의 한韓나라 일대는 명목상으로만 유방군의 세력권이었을 뿐 실제로 지배가 이뤄지지 못하고 있었다. 항우가 홍구를 따라가는 노선을 선택한 근본 배경이 바로 여기에 있다. 그러나 홍구 노선이 결코 안전하다는 것은 아니었다. 3가지 귀환노선 가운데 상대적으로 안전했을 뿐이다. 이 노선의 동쪽은 팽월의 영향권이었다. 급습을 당할 우려가 컸다. 팽월은 유격전의 대가였다. 어떤 식으로든 팽월과 접전하는 것을 피해야 했다. 항우가 홍구 노선을 이용해 퇴각하면서 팽월의 세력권인 홍구의 동쪽 방면을 피하고, 되도록 서쪽을 통해 동남쪽으로 퇴각하는 우회노선을 택한 이유다. 이 과정에서 부득불 한왕 신이 관할하는 한나라 영역을 침범했다.

유방의 노림수가 여기에 있었다. 이를 구실로 항우의 등을 찍고자 한 것이다. 그는 애초부터 항우가 홍구 노선을 이용해 철군하리라는 것을 훤히 읽고 있었다. 원래 홍구의 서쪽에는 전국시대 당시 일시적이기는 했으나 초나라의 수도로 있다가 이후 진승이 세운 장초의 도성이 된 진성陳城이 있다. 이 부근에서 항우를 칠 경우 항우는 부득불 진성을 배경으로 저항할 게 빤했다. 항우를 독 안으로 몰아넣고 때려잡는 것으로 이보다 나은 방안은 없었다. 실제로 역사는 그런 식으로 진행됐다. 홍구의 강화회담이 유방의 철저한 사전검토를 거쳐 마련됐음을 반증한다.

기원전 203년 겨울 10월, 유방은 항우가 한나라 일대로 들어간 것을 구실로 '강화조약 위반' 운운하며 그 뒤를 급히 추격했다. 항우로서는 퇴각하는 과정에서 불가피하게 잠시 들어갔을 뿐이라고 항변하고 싶어도 그럴 여유가 없었다. 유방군의 추격이 그만큼 급속했다. 결국 진성의 북쪽 35킬로미터 지점의 양하陽夏에서 행렬의 꼬리를 잡았다.

양측은 지금의 하남성 태강현太康縣 남쪽과 회양현 북쪽 사이에 있는 고릉固陵에서 첫 번째 전투를 벌였다. 고릉은 유방이 영채를 차린 양하와 항우군이 본거지를 둔 진성의 중간에 위치해 있었다. 유방은 모든 것이 자신의 계책대로 이뤄졌다며 의기양양했을 것이다. 그가 팽월과 한신이 오는 것을 기다리지 않은 채 단독으로 항우를 공격한 이유다. 이들을 부를 경우 '전공에 따른 포상'을 아까워한 것이다. 이를 탓할 수만도 없다. 항우를 제압한 뒤에는 이들이 새로운 경쟁자로 부상할 게 빤했기 때문이다.

그러나 일이 여기서 꼬였다. 당시 항우는 무략도 무략이지만 결코 유방 홀로 공을 독차지할 수 있는 대상이 아니었다. 결국 그는 항우의 반격에 참패를 당한 뒤 허겁지겁 양하의 본영으로 퇴각해야만 했다. 항우를 얕잡아보고 성급한 마음에 단독으로 공격을 감행했다가 참패한 것이다. 자업자득이었다.

당초 유방은 항우를 '확실히' 때려잡기 위해서는 한신과 팽월의 도움이 필요하다는 것을 알고 있었다. 이에 속히 군사를 이끌고 약속된 시간에 맞춰 남하할 것을 청했다. 그러나 한신과 팽월의 군사는 약속된 시간에 모습을 드러내지 않았다. 뒤늦게라도 모습을 드러낼 가능성이 거의 없었다. 그러나 매사를 낙관적으로 생각하는 유방은 항우를 독 안에 든 쥐로 만들었다는 자신감으로 인해 이들이 없어도 능히 항우를 포살捕殺할 수 있다고 생각했다. 참패의 배경이다.

유방이 이런 실수를 범하게 된 것은 기본적으로 근거도 없이 매사를 자신에게 유리한 쪽으로 해석하는 낙관적인 기질에서 비롯된 것이다. 이런 경향의 사람은 뜻도 크고 행동도 시원시원하지만 현실을 직시하지 않는 결정적인 약점을 지니고 있다. 당시 한신과 팽월은 경포와 달리 이미 거대한 세력으로 커져 있었다. 단순히 유방의 명을 좇아 순순히 참전할 존재가 아니었다. 「위표팽월열전」에 따르면 팽월은 유방의 참전 요청을 받자 이런 핑계를 대며 정중히 거절했다.

"지금 위나라 땅을 처음으로 평정한 까닭에 여전히 초나라의 움직임이 걱정될 뿐입니다. 아직 떠날 수 없습니다."

그러면서 위나라 20여 개 성에서 징수한 10여 만 곡斛의 곡식만 보냈다. 1곡은 10두斗이다. 10여 만 곡이면 대략 3,000톤에 달한다. 매우 많은 양이다. 그러나 이는 목마른 사람에게 물 대신 빵을 주는 것이나 다름없었다. 유방군은 오창을 손에 넣은 까닭에 곡식은 넉넉했다. 정작 필요한 것은 병력이었다. 그럼에도 팽월은 동문서답으로 응한 것이다. 팽월이 모르고 그런 것일까? 정반대로 해석하는 게 옳다. 자신의 존재감을 각인시키려는 취지에서 그리한 것으로 보인다.

한신의 경우를 보면 더욱 명확히 확인할 수 있다. 팽월은 나름 '성의'를 표시했지만 한신은 아예 응답조차 하지 않았다. 원칙대로 따지면 팽월은 유방의 동맹자, 한신은 신하에 해당한다. 동맹자는 비록 정중한 거절이지만 나름 '성의'를 표시했는데 신하는 아예 그런 '성의'조차 보이지 않았다. 왜 그랬을까?

사다케는 유방이 항우에게 홍구 강화회담의 기만적인 '사구계'를 구사한 것이 큰 영향을 미친 것으로 보았다. 역이기가 유방의 말만 믿고 유세에 나섰다가 팽살 당한 것을 목도한 한신은 내심 유방의 말만 믿고 무턱대고 참전했다가 유사한 참화를 당할까 우려했다는 주장이다. 역이기의 참사에 대해 의리를 중시하는 사인士人으로서의 동정심을 지니고 있었다는 식이다. 시바 료타로도 『항우와 유방』에서 유사한 입장을 보였다. 한신과 역이기를 자신의 신념을 좇아 움직이는 염치인廉恥人, 진평을 시세에 민감하게 반응하며 움직이는 파렴치인破廉恥人으로 묘사한 게 그렇다.

『항우와 유방』은 역사소설인 만큼 문학적 상상력을 동원한 것을 문제 삼을 필요는 없다. 그러나 사다케가 유사한 취지로 한신의 행보를 분석한 것은 문제가 있다. '염치'와 '파렴치'의 이분법적 심리분석보다는 당시의 전황을 토대로 한 종합적인 상황분석이 낫다. 한신이 먼저 유방에게 자신을 제나라 왕에 봉해 달라고 요청한 점에 주목할 필요가 있다. 이는 유방의 지우지은知遇之恩을 소중히 여기고 있지만 자신의 달라진 위상을 인정하지 않는 것은 더 이상 받아들일 수 없다는 의중을 담고 있는 것이다.

당시는 아직 천하의 주인이 누구인지 확정되지 않은 때였다. 한신이라고 천하의 주인이 되지 말라는 법도 없다. '지우지은'의 군신관계는 상호적인 것이다. 난세에는 더욱 그렇다. 매우 유동적일 수밖에 없었다. 한신은 나름 '혁혁한' 전공으로 신세를 갚았다고 생각했을 공산이 크다. 자신을 제나라 왕에 봉해 달라고 먼저 요청한 사실이 이를 방증한다. 그는 항우 및 유방과 어깨를 나란히 해도 좋을 정도의 막강한 무력을 보유한 자신에게 유방이 계속 막말을 퍼부어대며 '하대'하는 식으로 접근하는 태도에 커다란 저항감을 느꼈을 것이다. 매사를 자신을 중심으로 해석하는 유방의 '조야粗野한 건달' 버릇이 젊었을 때부터 칼을 차고 다니며 나름 '우미優美한 선비' 행세를 한 한신의 반발을 불러왔을 공산이 크다.

앞서 분석한 바와 같이 유방은 팽성전투 참패 후 관동의 땅을 과감히 포기하는 식의 심기일전 자세를 보여준 바 있다. 현실을 직시한 각성이 생래적인 탐욕과 시기심을 억누른 결과다. 그러던 것이 재차 상황이 유리해지자 다시 원래의 모습으로 돌아간 꼴이다. 팽월과 한신을 '하대' 하며 일방적인 명을 내린 게 그렇다. '독 안의 쥐'라고 생각한 항우의 반격으로 참패를 당한 고릉전투가 다시 유방으로 하여금 냉엄한 현실을 각성케 만드는 계기로 작용했다.

그러나 처음에는 참패를 당한 후에도 상황이 이상하게 돌아가고 있다는 사실을 제대로 깨닫지 못했다. 황급히 양하로 물러나 참호를 깊게 판 뒤 영루를 굳게 지키면서 한신과 팽월이 오기를 기다렸지만 두 사람이 올 리 만무했다. 그러나 유방은 두 사람이 자신의 명을 받들어 이내 올 것으로 '착각'했다. 초조하게 기다리다 지친 유방이 마침내 장량에게 물었다.

"제후들이 내 말을 따르지 않으니 도대체 이게 어찌된 일이오?"

너무 늦은 감이 있다. 그는 형양에서 항우와 대치할 때 충직하기 그지없는 소하에 대해서도 의심을 품은 바 있다. 자신이 항우에게 패하면 소하가 관중을 '슬쩍'할 것으로 의심한 것이다. 그는 소하가 일족을 참전시킨 뒤에야 안심했다.

앞서 언급했지만 그는 춘추시대 말기 월왕 구천과 여러모로 닮았다. 고난은 같이해도 부귀는 함께 누릴 수 없는 인물이었다. 구천과 유방이 공히 공신들을 가차 없이 도륙한 '토사구팽'을 행한 게 결코 우연이 아니다.

객관적으로 볼 때 당시 한신은 앉은 자리에서 어부지리를 취할 수 있는 가장 막강한 세력으로 부상해 있었다. 실제로 무력 면에서 유방과 항우를 압도했다. 군사적 재능 면에서 유방은 한신과 비교할 수조차 없었다. 한신과 어깨를 나란히 할 수 있는 사람은 겨우 항우 정도밖에 없었다. 그런데도 유방은 이런 사실을 무시 내지 간과했다. 사태를 지나치게 낙관한 나머지 달라진 현실에 눈을 감은 것이다.

장량이 간언을 삼간 채 유방이 자문을 구할 때까지 기다린 것도 이런 맥락에서 이해할 수 있다. 섣불리 간할 경우 득보다 실이 컸다. 자칫 '토사구팽'의 목록에 오를지도 모를 일이었다. 여러모로 월왕 구천의 책사였던 범리와 유사한 행보를 보인 그는 이미 유방이 구천처럼 고난은 함께 해도 부귀영화는 함께 누릴 수 없는 인물이라는 사실을 통찰하고 있었다. 대사가 끝난 뒤 범리가 구천 곁을 표표히 떠난 데 반해, 장량은 신선술에 빠지는 식의 위장행동으로 속세와 인연을 끊은 점만이 다를 뿐이다.

중국의 역대 인물 가운데 21세기 현재까지 범리와 장량이 최고의 지낭智囊으로 꼽히는 이유도 이와 무관치 않을 것이다. 이는 두 사람이 공을 세운 뒤 아무 미련 없이 뒤로 물러난 데 있다. 이른바 공성신퇴功成身退를 실천한 것이다. 군주로서도 이들을 경계할 이유가 없었다. 두 사람이 '토사구팽'을 피해 천수를 누리게 된 근본 배경이 여기에 있다.

이와 관련해 사다케는 장량과 유방의 만남을 천기天機를 틀어쥘 능력은 없지만 그 방법을 알고 있는 '모신'과 천기를 틀어쥘 능력은 지니고 있지만 그 방법을 모르는 '군주'의 만남으로 풀이했다. 일리 있는 비유이다. 천하를 틀어쥔 뒤 유방은 장량의 공에 보답하기 위해 제 지방의 3만 호를 주려고 했다. 한나라 초기 신하들의 영지는 조참에게 내려준 1만600호가 가장 컸다. 거의 2배에 달한다. 파격에 가까운 우대로 볼 수 있다. 장량이 이를 덜컥 받으면 어떻게 될까? '공성신퇴'의 취지가 무색해진다. 유방의 견제 눈초리도 피할 수 없게 된다. 「유후세가」는 장량이 정중히 사양한 내용을 이같이 기록해 놓았다.

"당초 신은 하비에서 반란을 일으켰다가 도중에 폐하와 유현留縣에서 만나게 되었습니다. 이는 하늘이 신을 폐하에게 내려주신 것입니다. 폐하는 신의 계책을 써서 다행히 그때마다 적중했습니다. 신은 유현이면 족합니다. 3만 호는 당치도 않습니다."

장량은 유현 일대의 1만 호를 영지로 받은 뒤 유후留侯로 불리게 됐다. 범리처럼 군주 곁을 완전히 떠나는 방안 대신 조참보다 덜 받는 것으로 나름 '공성신퇴'의 취지를 살린 셈이다. 범리보다는 상대적으로 세속적인 길을 택한 셈이다. 그러나 큰 틀에서 보면 세속에 묻혀 있으면서 탈속脫俗을 추구하는 쪽이 훨씬 더 현명한 방법이다. 「유후세가」에 따르면 훗날 그는 자신의 삶을 이같이 요약했다.

"우리 집안은 대대로 전국시대 한나라의 재상이었다. 한나라가 멸망하자 만금의 재산을 던져 망국 한나라를 위해 막강한 진나라에 복수해 천하를 진동시켰다. 이제 세 치의 혀를 가지고 '황제의 스승'이 되어 1만 호를 봉지로 받고 지위는 제후에 오르게 됐다. 이는 인신人臣으로서 최고의 자리에 올랐다고 해야 할 것이다. 더 이상의 욕심은 없다. 이제 세상과 하직인사를 하고 적송자赤松子의 자취를 따르고자 한다."

장량이 전설적인 도인인 '적송자'의 길을 걷겠다고 선언한 것은 삶을 등산에 비유한 결과다. 제왕의 자리를 빼고는 인신으로서는 최고의 자리에 오른 만큼 이제 하산하겠다는 취지를 밝힌 것이다. 제왕의 그릇이 아닌 사람이 정승 자리까지 오르고도 더 욕심을 내는 것은 패망의 길이다. 사다케가 지적했듯이 장량은 자신의 그릇이 천기를 틀어쥐는 능력은 없어도 이를 얻는 방법을 아는 책사에 부합한다는 사실을 통찰하고 있었다.

그는 단순한 '일인지하, 만인지상'의 정승이 아니었다. 스스로를 '황제의 스승'에 비유한 게 그렇다. 「유후세가」의 원문은 제자사帝者師이다. 흔히 줄여 제사帝師라고 한다. '황제의 스승'이면 '황제'보다 더 높은 게 아닌가? '초한지제'의 혼란이 수습된 뒤 자신의 공을 이처럼 직설적으로 표현한 사람은 없다. 장량은 이처럼 자부심이 강한 사람이었다.

조선조 개창 당시 장량과 유사한 역할을 한 인물이 정도전이다. 그 역시 장량처럼 '제왕의 스승'을 자부했다. 그러나 그는 어리석게도 현실 정치에 몸을 담근 채 취중에 그런 발언을 했다. 스스로 무덤을 판 셈이다. 그가 이방원의 토벌 대상이 된 이유였다. 속세와 인연을 끊을 때는 '제왕의 스승'을 자부해도 아무 상관이 없다. 그러나 현실에 몸을 담은 채 그런 얘기를 할 경우 이는 화를 자초하는 길이다. 아무튼 이는 나중의 얘기다.

당시 장량이 입을 다문 채 유방이 스스로 자신에게 자문을 구할 때까지 기다린 것은 그가 이때 이미 '적송자'를 염두에 두고 있었음을 시사한다. 천하가 평정됐는데도 매사를 자기중심적으로 생각하는 주군을 계속 모시는 것은 매우 위험한 일이다. 그는 아마도 일단 '유씨의 천하'를 만들어 놓은 뒤 떠나더라도 떠날 생각을 했음직하다. 유방이 뒤

늦게 자문을 구하자 그는 그간 자신이 생각해온 해법을 차분히 제시했다. 「고조본기」의 해당 기록이다.

"전에 초나라 군사를 격파했는데도 한신과 팽월 모두 땅을 나눠받지 못했습니다. 그들이 오지 않는 것은 실로 당연한 일입니다. 지금이라도 대왕이 그들과 더불어 천하를 나눠 함께 소유할 의향이 있으면 가히 그들을 즉시 이곳에 이르게 할 수 있습니다. 한신은 비록 제나라 왕의 자리에 오르기는 했으나 이는 대왕의 본의에 따른 게 아닙니다. 팽월 역시 위나라 일대를 모두 평정한 당사자인데도 대왕은 위표를 왕으로 삼으면서 그를 상국으로 삼았을 뿐입니다. 지금 위표가 죽고 없는 까닭에 팽월은 내심 보위에 오르기를 간절히 바라고 있는데도 대왕은 이를 속히 확정해 주지 않고 있습니다. 지금이라도 수양睢陽 이북에서 곡성穀城에 이르는 땅을 팽월에게 주어 위나라 왕으로 삼고, 진성陳城 이동에서 바다에 이르는 땅을 한신에게 떼어 주십시오. 한신은 고향이 초나라 지역에 있는 까닭에 초나라의 옛 땅을 다시 찾고 싶어 할 것입니다. 이 두 곳을 두 사람에게 내준 뒤 그들로 하여금 항우와 싸우도록 하면 항우는 이내 쉽게 무너지고 말 것입니다."

장량이 팽월에게 떼어줄 곳으로 언급한 '수양 이북에서 곡성에 이르는 땅'은 이미 팽월이 장악하고 있는 지역이다. 떼어주고 말 것도 없는 곳이다. 현실을 인정하면 끝난다. 그런데도 욕심이 많은 유방은 이를 인정하려 들지 않았던 것이다.

문제는 한신이다. 한신에게 떼어줄 것을 권한 '진성 이동에서 바다에 이르는 땅'은 초나라 땅의 대부분을 포함한다. 이는 차원이 다르다. 장량은 유방에게 제나라 땅에 이어 초나라 땅까지 '덤'으로 얹어줄 것을 권한 것일까? 있을 수 없는 일이다.

유방은 한신이 제나라의 '임시 왕'인 이른바 가왕假王으로 봉해 달라고 청했을 때 끓어오르는 화를 꾹 참으며 오히려 한 술 더 떠 진왕眞王으로 봉하는 의식을 거행했다. 이 의식을 거행한 당사자가 장량이다. 장량은 유방에게 한신이 제나라의 '진왕'이 아닌 '가왕'인 점을 상기시켜 준 것이다. 당시 항우가 지배하고 있던 초나라와 한신이 점령한 제나라는 규모는 엇비슷했다.

장량은 한신이 '금의환향'을 위해 장차 제나라와 초나라를 맞바꾸는 방안에 선뜻 찬동하리라고 본 것일까? '고향이 초나라 지역에 있는 까닭에' 운운한 대목을 보면 그리 생각했던 것처럼 보인다. 그러나 한신의 입장에서 볼 때 초나라가 단지 고향이라는 이유만으로 제나라를 초나라와 맞바꾸는 것은 별 실익이 없었다. 오히려 더 손해일 수도 있었다. 오랫동안 항우의 지지기반이 된 초나라를 다스리려면 많은 공을 들여야 하기 때문이다. 천하의 지낭 장량이 이를 몰랐을까?

사다케는 후대인의 가필 내지 윤색이 있었을 것으로 추정했다. 장량이 언급한 '전에 초나라 군사를 격파했는데도 한신과 팽월 모두 땅을 나눠받지 못했다'는 대목의 「고조본기」의 원문은 미유분지未有分地이다. 이는 당시의 정황과 동떨어진 것이다. 팽월과 한신은 이미 위나라와 제나라를 실질적으로 지배하고 있는 군웅의 일원이었다. 항우와 일대 결전을 앞두고 있는 상황에서 유방이 이들에게 일방적으로 명을 내릴 수 있는 입장이 아니었다. 더구나 명목상의 군신관계를 맺고 있는 상황에서 유방이 팽월과 한신의 영지를 멋대로 바꿔 봉하는 이른바 전봉권轉封權 내지 개봉권改封權을 행사하는 것은 더더욱 있을 수 없는 일이다. 원래 전봉권과 개봉권은 천하를 호령하는 천자만이 행사하는 독점적인 권한이다. '미유분지'는 유방을 무소불위의 천자로 가정한 것으로 당시의 상황과 전혀 어울리지 않는다.

사다케는 당시 한신이 제나라 땅 위에 '덤'으로 초나라 땅까지 얹어주는 것으로 착각했을 가능성을 제기했다. 유방은 항우를 제압하자마자 시치미를 뚝 떼고 제나라 땅을 몰수하면서 초나라 땅만 내주었다는 것이다. 사서에는 구체적인 얘기가 없으나 '가왕'과 '진왕'의 논리를 들이댔을 것이다. 그렇다면 거짓 포상을 미끼로 내걸고 상대를 농락하는 이른바 사상계詐賞計를 구사한 셈이다. 인터넷 홈쇼핑에서 진품인 양 선전한 후 막상 대금을 송금하면 '짝퉁'을 보내는 식의 사기수법과 닮았다. 홍구의 강화회담 때 써먹은 기만적인 '사구계'와 하등 다를 바가 없다.

전후맥락에 비춰볼 때 당시 유방은 항우에게 '사구계'를 구사한 데 이어, 같은 맥락에서 한신에게는 '사상계'를 구사한 것으로 보는 게 타당하다. 홍구의 강화회담 때 구사한 '사구계'의 책임을 장량과 진평에게 씌운 것처럼 기만적인 미끼를 내건 '사상계' 구사에 따른 비난의 방향을 장량 쪽으로 돌린 셈이다. 그런 점에서 리쭝우李宗吾가 『후흑학厚黑學』에서 유방을 월왕 구천에 버금하는 후흑술의 대가로 평한 것은 나름 정곡을 찌른 주장이다.

그러나 엄밀히 얘기하면 사실 유방은 오히려 구천보다 더한 감이 있다. 구천은 기본적으로 건달 출신이 아니다. 나름 체면을 중시했다. 『사기』「월왕구천세가」와 『오월춘추』 등의 해당 대목이 이를 뒷받침한다. 구천은 범리 등의 간언을 들은 뒤 비로소 오왕 부차의 대소변을 맛보는 식의 극단적인 위장술을 구사했다.

이에 반해 건달 출신 유방은 책사인 장량과 진평의 건의를 듣기 이전에 천하를 거머쥘 수만 있다면 그보다 더한 것도 할 수 있는 마음의 준비를 하고 있었다. 사서에는 유방이 늘 장량과 진평 등의 간계를 들은 후 마지못해 이를 좇은 것처럼 기록돼 있으나 이는 반대로 해석할 필요가 있다. 진정한 후흑술의 대가는 구천이 아닌 유방으로 보는 게 옳을 듯싶다.

항우가 천하의 패권을 차지한 후 여러 제후왕들을 분봉한 조치와 유방의 '토사구팽' 행위를 비교하면 이를 쉽게 알 수 있다. 유방은 자신의 보위 유지에 조금이라도 위협 요소가 있는 자는 온갖 구실을 붙여 '토사구팽'의 저승길로 보냈다. 항우는 애초부터 이런 일을 아무렇지도 않은 듯 해치울 수 있는 인물이 못되었다. 한신과 항우가 서로 닮은 점이다. 리쭝우가 지적했듯이 잡초처럼 생장한 건달 출신은 원래 '체면'을 따지지 않는다. 얼굴이 두꺼운 이런 면후面厚가 난세에는 위력을 발휘한다. 유방은 '면후' 위에 마음이 시꺼먼 심흑心黑까지 갖췄다. 어지러운 난세에 천하를 거머쥘 수 있는 모든 조건을 구비한 셈이다. 당대 최고의 병법가를 자부한 항우와 한신은 이런 '면후'와 '심흑'의 술책이 없었다. 후흑술 관점에서 보면 난세에 남의 부림을 받는 장수나 책사는 될 수 있을지언정 천하를 거머쥐는 창업주의 자격에는 결격 내지 미달이다.

그런 점에서 한신과 팽월이 유방이 구사한 '사상계'에 걸려든 것을 두고 유방에게만 책임을 묻는 것은 잘못이다. 사서의 기록을 보면 건달 출신 유방은 오히려 이익을 향해 무한 질주하는 인간의 호리지성好利之性을 꿴 당대의 지략가에 해당한다. 큰 미끼를 내걸어야만 대어를 낚을 수 있다는 사실도 잘 알고 있었다. 그가 천하를 거머쥔 배경이다.

난세에는 반드시 인간의 '호리지성'을 능수능란하게 활용할 줄 알아야만 능히 천하를 거머쥘 수 있다. 리쭝우가 후흑술을 역설한 이유다. 유방은 후흑의 대가였다. 당시 유방이 한신의 행위에 화를 내며 사람을 보내 크게 질책했다면 일이 어떻게 진행될지 알 수 없었다. 한신이 이를 구실로 독립을 선언하며 어부지리를 취하고자 했을지도 모른다. 당시 유방이 후흑술의 일종인 '사상계'를 구사하자 한신과 팽월이 과연 재빨리 군사를 이끌고 남하했다. 이는 항우와 유방의 운명을 가르는 최후의 결정타에 해당했다. 난세에는 여러모로 건달이 유리하다. 시정에서 잡초처럼 살면서 인간의 '호리지성'을 누구보다 절감할 수 있는 위치에 있기 때문이다.

제10장
여후呂后가 통일의 과실을 따다

진하의 결전

기원전 202년 11월, 항우가 패사하기 1달 전, 팽월과 함께 움직인 유방의 사촌동생 유가劉賈가 남쪽으로 내려가 회수를 건넌 뒤 지금의 안휘성 수현인 수춘壽春을 포위했다. 이어 사람을 보내 초나라의 대사마 주은周殷을 회유했다. 사서에는 어떤 식으로 회유했는지 입을 다물고 있으나 대략 제후에 봉할 것을 약속한 것으로 짐작된다. 주은이 회유에 넘어가고 말았다. 왕리췬은 『항우강의』에서 당시 항우가 가장 신임했던 사람은 주은이었고, 주은의 배신이 바로 항우를 사면초가에 빠뜨린 결정타였다고 지적했다. 일리 있는 지적이다.

시오노 나나미의 『로마인 이야기』에 따르면 로마황제 네로 역시 반군과의 싸움에서 최측근인 근위대장의 배신으로 다 이긴 승리를 놓치고 비참한 최후를 맞이했다. 네로의 일대기를 깊이 연구한 마씨모 피니(Massimo Fini)는 지난 1993년에 펴낸 『네로』에서 네로를 '역사적 음모의 희생자'로 평한 바 있다. 기독교도를 살해해서 '미치광이 폭군'의 오명을 뒤집어쓰게 됐다는 것이다. 네로는 단검으로 자신의 목을 찌르면서 '참으로 훌륭한 예술가인 내가 죽는구나(Qualis Artifex Pereo)'라는 말을 했다.

항우가 자진하기 직전 최후의 전투를 벌이면서 부하들 앞에서 '하늘이 나를 망하게 한 것이지 결코 내가 싸움을 잘못한 죄가 아니다'라고 자부한 것과 닮았다. 「항우본기」의 원문은 '천지망아天之亡我, 비전지죄야非戰之罪也'이다. 왕리췬은 『항우강의』에서 항우의 '천지망아'를 이같이 풀이했다.

"항우의 실패는 유방의 강력함 때문이 아니었다. 항우가 자기 자신에게 패한 것이 원인이었다. 자신에 대한 과신이 그를 자신에게 패배하게 만든 중요한 원인이었다."

그가 항우의 패망 원인을 주은의 배신에서 찾은 것도 같은 맥락이다. 유방의 리더십에 방점을 찍는 것은 잘못이라는 지적이다. 나름 일리 있는 분석이지만 정곡을 찌른 것은 아니다. 그보다는 이미 천하대세가 그리되었다고 보는 게 옳다. 한신이 항우가 보낸 유세객 무섭의 '천하삼분지계'를 거부할 때 이미 항우의 운명은 결정된 것이나 다름없었다. 단지 시간문제였을 뿐이다.

당시 항우를 배신한 주은은 안휘성 서성현인 서현舒縣 땅의 군사를 이끌고 가 육현六縣의 군민軍民을 도륙한 뒤 구강의 병사를 일으켜 경포를 왕으로 영접했다. 육현은 원래 경포의 본거지이다. 경포가 항우를 배반하고 유방에게 간 이후 항우는 육현에 있는 경포 추종자들을 몰살했다. 이는 그에 대한 보복의 성격을 띠고 있었다. 경포는 이미 이해 7월에 유방에 의해 회남왕에 봉해진 바 있다. 3달 만에 자신의 본거지로 내려와 보위에 오른 것이다. 경포와 주은이 함께 진격해 안휘성 박현인 성보城父의 군민을 도륙했다. 이들이 육현과 성보를 잇달아 도륙한 것은 항우의 배후지를 소탕하려는 속셈이었다. 항우가 재기할 수 있는 근거를 아예 뿌리 채 들어내려고 그런 듯하다. 주은이 앞장 선 게 그렇다. 주은과 경포는 이내 유가의 뒤를 좇아 한 곳에 집결했다. 「항우본기」에 따르면 바로 그 유명한 해하垓下이다. 「고조본기」의 내용도 유사하다.

원래 해하는 진성의 동남쪽으로 약 260킬로미터 지점에 있는 작은 취락이었다. 지금의 안휘성 고진현 동쪽에 있는 영벽靈璧 주변의 12미터 높이 절벽의 바로 아래이다. 「항우본기」는 유방의 약속을 믿은 한신과 팽월이 군사를 해하에 집결시켰다고 기록해 놓았다. 그러나 여기에 이상한 점이 있다. 하필이면 초나라 서부의 중심 도시인 진성을 목표로 집결할 예정이던 유방의 연합군이 왜 진성에서 수백 킬로미터 떨어진 작은 취락에 모였는가 하는 점이다.

최근 중국사회과학원 근대사연구소 소장을 지낸 판원란范文瀾이 항우와 유방의 결전 장소는 해하가 아니라 유방이 항우의 반격을 받아 참패한 고릉 주변인 지금의 녹읍현鹿邑縣이라고 주장하고 나섰다. 창견創見이었지만 이후 그가 근대사에 초점을 맞추는 바람에 더 이상 크게 주목받지 못했다. 이후 북경대 고대사연구센터의 신더융辛德勇이 판원란의 창견을 발전시켜 진성 일대가 당시 결전 장소였다는 새로운 주장을 내놓았다.

그는 지난 2005년에 펴낸 『역사의 공간과 공간의 역사歷史的空間与空間的歷史』에서 '해하'는 '진하陳下'의 잘못이라는 사실을 여러 근거를 들어 논리적으로 설명해 놓았다. 「고조본기」와 「항우본기」에 나오는 해하는 원래 유방의 본영이 있던 양하의 남쪽에 위치한 진성의 성 아래 즉 진하를 뜻한다는 게 그의 주장이다.

그의 주장에 따르면 「번역등관열전」에는 '번쾌가 항적을 진에서 포위해 크게 깨뜨렸다', '관영이 한왕과 이향頤鄉에서 만나 항적의 군사를 진하에서 공격해 격파했다', '하후영이 한왕을 수레에 모시고 수행해 항적을 치고 추격하여 진에 이르렀다'는 구절이 잇달아 나온다. 또 「고조공신후자연표」에는 개국공신 18위에 기록된 고달蠱達이 '도위의 자격으로 참전해 진하에서 항우군을 깨뜨렸다'는 기록이 나온다.

사실 해하를 진하로 바꿔 해석해야만 그 북쪽에 있던 유방군, 동쪽 이향의 관영군, 남쪽 성보로부터 공격해 온 유가와 주은의 군대가 항우를 삼면에서 협공하는 모양이 된다. 항우가 서쪽 방향의 해하로 달아날 경우 스스로 초나라에서 완전히 떨어져 나가는 꼴이 된다. 스스로 사지를 향해 달려가는 셈이다. 싸움을 아예 포기했다면 모를까 이는 있을 수 없는 일이다. 사다케는 『항우』에서 신더융의 주장을 전폭 수용하고 나섰다. 이들의 주장을 좇아 「항우본기」 등에 나타난 당시의 기록을 고쳐 읽으면 대략 다음과 같이 요약할 수 있다.

"항우의 군사는 홍구의 강화회담 이후 형양과 성고의 전방 제일선에서 철수해 홍구를 따라 동남쪽으로 퇴각하던 중 문득 유방군의 추격을 받게 됐다. 유방은 진성의 바로 위쪽에 접하고 있는 양하에 이르러 팽월과 한신, 한신 휘하의 관영, 유가와 경포 및 주은 등이 이끄는 연합군을 진성 주변에 집결시키고자 했다. 진성을 둘러싼 완벽한 포위망을 구축해 일거에 섬멸코자 한 것이다. 그러나 팽월과 한신의 군사가 도착하지 않았다. 하지만 유방은 성급히 단독으로 공격에 나섰다가 고릉에서 참패했다. 진성에 영채를 차린 후 전열을 정비한 항우가 영격에 나선 결과였다. 크게 당황한 유방이 황급히 본채가 있는 양하로 물러나 농성에 들어갔다. 이후 유방은 이른바 '사상계'를 구사해 팽월과 한신을 끌어들이는 데 성공했다. 여기에 믿었던 주은마저 배신하게 되자 항우는 졸지에 '독 안의 쥐' 신세가 되고 말았다."

결론적으로 말해 해하를 진하로 바꿔 해석해야만 유방이 삼면 협공을 통해 항우를 일거에 제압코자 한 속셈을 제대로 읽을 수 있게 된다. 신더융과 사다케의 견해가 역사적 사실에 부합한다. '이해 12월, 한왕이 제후의 군사와 합세해 초군을 공격했다. 항우와 해하에서 승부를 냈다'는 「고조본기」의 기록이 이를 방증한다. 이는 연합군이 결집한 지 1달 안에 천하의 주인을 가리는 결승전을 치렀다는 사실을 전하고 있다. 액면 그대로 받아들여 해하로 풀이할 경우 1달 안에 천하의 주인을 가리는 게 불가능하다. 해하가 진성에서 너무 멀리 떨어져 있기 때문이다. 여기의 해하를 진하로 바꿔 읽으면 문맥이 자연스럽게 통하게 된다. 누군가 가필했다고 보아야 한다. 「고조본기」의 다음 기록도 해하를 진하로 바꿔 읽어야 전후 문맥이 자연스럽게 연결된다.

"한신은 자신이 이끄는 군사를 30만 대군이라고 했다. 그는 날개를 펴듯 공희孔熙를 좌측, 진하陳賀를 우측에 배치한 뒤 항우의 군사를 정면에서 공격했다. 한왕의 군사는 후방에 포진했다. 강후絳侯 주발과 극포후棘蒲侯 시무柴武 등이 한왕 군사의 뒤에 대기했다. 항우군은 10만이었다. 한신의 군사가 먼저 싸웠으나 이내 불리해 퇴각했다. 이때 공희와 진하가 이끄는 군사가 좌우 양 날개에서 협격을 가하자 항우군이 불리해졌다. 이 와중에 일시 퇴각한 한신의 군사가 다시 공격태세를 갖춰 삼면으로 협격을 가했다. 이들이 항우군을 해하에서 대파했다."

전후 문맥에 비춰 당시 한신은 짐짓 패한 척하며 항우군을 포위망 안으로 끌어들이는 이른바 사패계詐敗計를 구사한 듯하다. 항우군은 협격에 걸려 몰살의 위기에 몰리자 황급히 진성 안으로 달아나 농성에 들어간 게 확실하다.

문제는 다음이다. 『사기』는 왜 「고조본기」와 「항우본기」에서는 해하, 「번역등관열전」 등에서는 진하라고 표현해 놓은 것일까? 사다케는 한신과 유가, 팽월, 주은, 경포 등의 1급 장수에 대해서는 '해하에 모였다'로 표현한 데 반해, 번쾌와 하우영 및 관영 등의 2급 장수에 대해서는 '진하에서 항우를 깨뜨렸다'는 식으로 기술한 점에 주목했다. 후대인이 가필을 하면서 1급 장수에 대해서는 주의를 기울여 진하를 해하로 바꿔 놓았지만 2급 장수에 대해서는 그렇지 못한 탓에 사마천의 기록을 그대로 놓아두었다는 게 그의 주장이다. 그는 「조상국세가」의 다음 대목도 유사한 경우로 꼽았다.

"한신이 제나라 왕의 신분으로 군사를 이끌고 진하에 이르러 한왕과 함께 항우군을 격파했다. 이때 조참은 제나라 땅에 머물며 아직 복속하지 않은 지역을 평정했다."

「조상국세가」의 이 대목 역시 「번역등관열전」과 마찬가지로 진하를 해하로 바꿔 쓰는 작업이 미처 이뤄지지 못한 결과로 본 것이다. 사다케는 진하가 해하로 바뀌게 된 배경을 두고 그는 항우군 섬멸에 결정적인 역할을 한 한신의 공을 유방의 공으로 둔갑시키려는 얄팍한 속셈에서 비롯된 것으로 파악했다. 크게 3가지 이유를 들었다.

첫째, 진하를 그대로 놓아둘 경우 항우군의 반격을 받고 양하에서 농성하던 유방이 한신의 원조 덕분에 가까스로 숨을 돌리게 된 정황이 그대로 드러나게 된다. 둘째, 항우군을 대파한 한신의 공을 있는 그대로 기술할 경우 한신을 '토사구팽'한 유방에게 후대인들의 비난이 쏟아질 우려가 크다. 셋째, 항우가 진하 인근의 고릉에서는 유방에게 일격을 가했지만 이후 진하에서 멀리 떨어진 해하에서 한신에게 '최후의 일격'을 맞고 대패하는 식으로 바꿔야만 유방이 반격을 주도한 것처럼 꾸밀 수 있다.

날카로운 분석이다. 진하를 그대로 놓아둘 경우 유방은 초한전 기간 내내 '홍문의 연회'를 전후로 마지막 접전인 '진하의 결전'에 이를 때까지 시종 항우에게 패한 꼴이 된다. 그리 될 경우 새로운 제국을 세운 창업주의 모습이 너무 초라하게 된다.

그렇다면 언제 이런 가필이 이뤄진 것일까? 『사기』와 『한서』에 나오는 관련 대목의 유사성에 주목한 사다케는 『사기』가 성립하기 이전이나 『한서』가 성립한 이후일 공산이 크다고 추론했다. 그러나 그보다는 『사기』가 성립한 이후 『한서』가 성립되기 이전일 공산이 크다. 『사기』와 『한서』 모두 대목에 따라 진하 또는 해하로 표현되어 있기 때문이다.

이는 크게 2가지 의미를 지니고 있다. 첫째, 『한서』가 『사기』의 기록을 그대로 좇았음을 시사한다. 둘째, 당초 사마천은 진하로 썼는데 도중에 누군가 해하로 바꿔 쓰기를 시도했고, 그 작업이 철저하지 못해 일부 대목에 진하라는 표현이 그대로 남았음을 암시한다. 사마천도 비록 일부 대목에서는 항간에 나도는 얘기를 마치 역사적 사실처럼 수록해 놓기는 했으나 모든 것을 있는 그대로 수록한다는 사관의 소명의식은 매우 강했다. 그가 『사기』를 저술하면서 '초한지제'의 대미를 장식하는 진하의 결전을 실수로 진하 또는 해하로 동시에 썼을 가능성은 거의 없다고 보는 게 합리적이다.

사면초가의 비애

원래 초나라 군사가 한신의 군사에게 일격을 받고 농성에 들어간 진성은 항우가 어린 시절을 보낸 항씨 전래의 본향인 항성項城에서 매우 가까운 곳이다. 항성은 진성에서 북쪽으로 약 40킬로미터 지점에 위치해 있었다. 불과 5년 전에 거록전투에서 천하무적을 자랑하는 장함의 진나라 군사를 대파하고, 4년 전에는 서초의 패왕이 되어 천하를 호령했던 항우가 이제는 상황이 역전돼 고향 인근에서 농성을 벌이는 초라한 신세로 전락하고 만 것이다. 「항우본기」의 해당 기록이다.

"항왕이 진하에 방벽을 쌓고 한나라 군사를 막았다. 병사는 적고 식량도 떨어졌다. 한나라와 여러 제후들의 군사가 몇 겹으로 에워쌌다. 어느 날 밤 진성을 사면으로 포위한 한나라 군사 진영에서 초나라 노래가 들려왔다."

여기서 사방이 적으로 둘러싸인 고립무원의 상태를 뜻하는 사면초가四面楚歌 성어가 나왔다. 사다케는 2010년에 펴낸 『항우』에서 '사면초가'가 아닌 사면제가四面齊歌로 보아야 한다고 주장했으나 유방의 군사가 '초가'를 불렀을 가능성을 배제할 수 없다. 향후 본격적인 연구가 필요한 대목이다.

「항우본기」는 당시 상황을 매우 문학적으로 윤색해 놓았다. 이에 따르면 하루는 한나라와 제후들의 군사가 겹겹이 포위한 상황에서 잠을 이루지 못하는 항우의 귀에 문득 한나라 군사 진영에서 일제히 부르기 시작한 초나라 노랫소리가 들려왔다. 크게 놀란 항우가 크게 탄식했다.

"한나라 군사가 초나라 땅을 이미 모두 점거했단 말인가? 어찌하여 한나라 군사 속에 초나라 지역 사람들이 저토록 많단 말인가!"

초나라 군사가 모두 배신한 것으로 생각한 것이다. 그러고는 한밤중에 일어나 장막 안에서 술을 마셨다. 강개한 심정으로 스스로 시를 지어 읊었다.

힘은 산을 뽑고 기개는 세상을 덮을 만하네	力拔山兮氣蓋世
시운이 불리하여 추騅 또한 나아가지 않네	時不利兮騅不逝
추가 나아가지 않으니 이를 어찌해야 하는가	騅不逝兮可奈何
우虞여, 우여, 그대를 어찌해야 좋단 말인가	虞兮虞兮奈若何

항우가 여러 차례 노래를 부르자 전쟁터마다 항우를 따라다녔던 우미인도 함께 비통한 심경이 들어 목메어 울었다. 과연 이런 일이 있었을까? 『자치통감』은 후대에 널리 애송된 항우의 이 시를 누락시켰다. 후대인의 위작으로 간주한 것이다. 사다케도 『항우』에서 항간의 설화가 끼어든 것으로 단정했다. 그러나 오랫동안 이는 역사적 사실로 여겨졌다.

사다케의 지적처럼 우미인과 이별하는 장면이 너무 극적인 탓에 역사적 사실로 믿고 싶어 했을지도 모른다. 남송대의 주희의 논평이 이를 뒷받침한다.

"비분강개가 너무 강렬해 천년이 흘러도 여분餘憤이 역력하다."

청대 상주常州 일대의 명사 오견사吳見思도 이같이 논평해 놓았다.

"어찌해야 하는가, 그대를 어찌해야 좋단 말인가, 이 두 구절은 별 뜻이 없는 것 같으나 실은 비분이 가슴 가득하고 천만 가지 감정이 메아리친다. 그토록 높고 넓은 천지 사이에 그 어느 곳에도 몸 하나 둘 곳이 없다. 영웅호걸의 비극적인 말로에 대한 묘사가 이에 이르러 극에 달했다."

이들의 이런 평은 지난 1993년에 나온 영화 「패왕별희霸王別姬」의 소재가 됐다. 그러나 그 내용만큼은 역사적 사실과 동떨어져 있다. 청대 초기의 고증학자 주량공周亮工은 '패왕별희' 등의 감상적인 논평을 이같이 힐난했다.

"해하에서 어떤 상황이었을까? 우희는 죽고 강동 자제들은 흩어졌다. 말 한 필에 의지해 도주하다가 늪지에서 길을 잃었다. 도대체 어느 겨를에 시를 짓고 노래를 부른단 말인가? 설령 시를 짓고 노래를 불렀다고 해도 누가 이를 들어서 기록해 놓았단 말인가? 내 생각에 이 부분은 그런 사실이 정말 있었는지 여부를 떠나 틀림없이 사마천이 창작한 것으로 항우의 정신과 심정을 생동적으로 대변한 것일 뿐이다!"

사실 주량공의 지적처럼 사마천이 「항우본기」에서 이 부분을 문학적으로 윤색해 놓았지 않았다면 항우의 비장한 최후는 결코 후대인에게 진한 감동을 남겨주지 못했을 것이다. 「항우본기」는 당시의 비극적인 정황을 이같이 묘사해 놓았다.

"항우가 눈물이 여러 갈래로 나뉘어 아래로 쏟아지자 곁에 있던 시위侍衛가 모두 함께 울며 쳐다볼 수 없는 지경이 되었다. 항우는 그의 준마인 추騅에 올라탄 뒤 휘하 장사 800명이 말에 올라 수종한 가운데 한밤중이 되는 시간까지 포위를 뚫고 남쪽으로 내달렸다. 날이 밝아서야 한나라 군사들이 이내 이를 알아챘다. 유방이 기병대장 관영에게 명해 기병 5,000기를 이끌고 그 뒤를 쫓게 했다."

항우는 잔여 병력 100여 명을 이끌고 포위망을 뚫었으나 유방의 휘하장수 관영이 이끄는 5,000명의 기병이 그 뒤를 급속히 추격했다. 「항우본기」에 따르면 당시 항우가 회하를 건널 때 뒤따르는 자는 겨우 100여 기에 불과했다. 항우 일행이 안휘성 정원현 서북쪽 음릉陰陵에 이르러 길을 잃고 한 농부에게 길을 물었다. 농부가 길을 속여 말했다.

"왼쪽이오!"

항우 일행은 왼쪽으로 가다가 이내 큰 늪 지역에 빠지고 말았다. 이 대목에 대해서도 이론이 분분하나 빨리 '초한지제'의 난세가 끝나기를 고대한 백성들의 염원이 반영된 것으로 풀이하는 견해가 그럴 듯하다. 한나라 군사들이 곧바로 바짝 추격해 왔다. 항우는 다시 군사를 이끌고 동쪽으로 내달렸다. 지금의 안휘성 정원현인 동성東城에 이르렀을 때는 겨우 28기만 남아 있었다. 항우가 동성에 이르렀을 때 추격해 오는 한나라 기병은 수천 명에 달했다. 「항우본기」는 이때 항우가 내심 '한나라 군사의 추격을 벗어나는 게 불가능하다고 생각했다'고 기록해 놓았다. 항우가 이내 수종하는 기병들에게 말했다.

"내가 기병하여 지금까지 8년이 되었다. 70여 차례 참전했으나 일찍이 패한 적이 없어 마침내 천하에 패자를 칭하게 되었다. 그러나 지금 여기에서 곤경에 처하게 되었으니 이는 하늘이 나를 망하게 한 것이지 결코 내가 싸움을 잘못한 죄가 아니다. 오늘 죽음을 결심했으니 내가 제군들을 위해 통쾌하게 싸울 것이다. 반드시 포위를 무너뜨리고, 적장의 목을 베고, 적의 깃발을 베어버릴 것이다. 이같이 3번 이겨 제군들로 하여금 하늘이 나를 망하게 하려는 것이지 결코 내가 싸움을 잘못한 죄가 아님을 알도록 하겠다."

'하늘이 나를 망하게 한 것이지 결코 내가 싸움을 잘못한 죄가 아니다'라는 언급이 두 번에 걸쳐 거듭 나온다. 주량공이 지적한 것처럼 항우가 그리 말한 것을 누가 들었던 것일까? 항우의 죽음을 애틋하게 생각한 사마천이 만들어낸 것이 아닐까? 만일 그렇다면 사마천은 이 대목을 기술하면서 감정이입이 지나쳐 해당 대목을 두 번에 걸쳐 거듭 언급해 놓았을 공산이 크다.

「항우본기」에 따르면 항우는 휘하 기병들 앞에서 이런 '호언'을 한 뒤 기병을 4대隊로 나눠 네 방향으로 진행케 했다. 한나라가 군사가 그들을 여러 겹으로 포위했다. 항우가 부하 기병에게 말했다.

"내가 그대들을 위해 저 장수들 중 하나의 목을 베겠다!"

그러고는 사방을 향해 있던 기병들에게 말을 타고 아래로 질주하도록 하면서 산의 동쪽 3곳에서 만나기로 약속했다. 항우가 큰소리를 내며 내려가자 한나라 군사들이 모두 놀라 사방으로 흩어져 달아났다. 마침내 한나라 장수 하나를 참했다. 이때 훗날 적천후赤泉侯에 봉해진 낭중기郎中騎 양희楊喜가 급히 추격해 왔다. 「항우본기」는 항우가 눈을 부릅뜬 채 큰소리로 꾸짖자 양희와 타고 있던 말이 모두 크게 놀라 몇

리를 뒷걸음쳤다고 기록해 놓았다. 거의 '문학'에 가까운 기술이다. 재미는 있을지 모르지만 신뢰성이 떨어진다.

이때 항우와 기병들이 3곳으로 나뉘어 모여 있자 한나라 군사들은 항우가 어디에 있는지 알 길이 없었다. 이내 군사를 셋으로 나눠 다시 그들을 포위하기 시작했다. 항우가 다시 말을 타고 내달려 한나라 도위 한 사람의 목을 베고 수백 명을 죽인 뒤 다시 기병을 모았다. 그는 단 2기를 잃었을 뿐이다. 항우가 휘하 기병들에게 물었다.

"내 약속이 어떠한가."

기병들이 모두 엎드려 대답했다.

"대왕의 말씀과 같습니다."

참으로 '가관'이다. 최후의 순간까지 그토록 자신의 무용을 뽐내고 싶었던 것일까? 이 대목은 항우를 '유치한 용부勇夫'로 만드는데 결정적인 역할을 하고 있다. 후대인의 가필일 공산이 크다. 「항우본기」는 이때 항우가 동쪽 오강烏江까지 달아났다고 기록해 놓았다. 지금의 안휘성 화현和縣에 해당한다. 오강의 정장亭長이 출항 차비를 하여 배를 준비시켜 놓고 기다리다가 항우에게 말했다.

"강동江東은 비록 작으나 땅이 사방으로 1,000리나 되고 수십만의 무리가 있으니 족히 왕을 칭할 수 있습니다. 원컨대 대왕은 속히 도강토록 하십시오. 지금은 신만이 배를 갖고 있어 한나라 군사들이 이를지라도 도강할 배가 없습니다."

항우가 웃으며 말했다.

"하늘이 나를 망하게 했는데 내가 강을 건너 무엇을 하겠는가. 게다가 나는 강동의 자제 8,000명과 함께 도강하여 서진했다가 지금 한 사람도 돌아오지 못하게 되었다. 설령 강동의 부형들이 나를 가련하게 생각해 왕으로 맞아준다 한들 내가 무슨 면목으로 그들을 보겠는가. 설령 그들이 겉으로 얘기하지 않을지라도 내가 어찌 내심 부끄러운 생각이 들지 않겠는가."

그러고는 타고 있던 애마 '추'를 정장에게 내린 뒤 기병들로 하여금 모두 말에서 내려 걸어가며 길이가 짧은 병기를 들고 접전케 했다. 「항우본기」는 이때 항우 홀로 접전해 죽인 한나라 군사만 수백 명에 달했다고 기록해 놓았다. 거의 '살인마' 수준이다. 싸움에서 패하면 역사의 기술이 이처럼 무참하다. 모두 한고제 유방을 돋보이게 하려는 수작일 것이다.

「항우본기」에 따르면 '살인마' 수준의 일개 용부 행보를 보이던 항우는 이내 자신의 몸에 십여 군데 창상創傷을 입게 되었다. 이때 그의 눈에 한나라 기병사마騎兵司馬 여마동呂馬童의 모습이 보였다. 그를 돌아보며 이같이 말했다.

"그대는 옛날에 알고 지내던 사람이 아니던가."

여마동이 고개를 돌려 항우를 등진 채 중랑기中郎騎 왕예王翳에게 손가락으로 항우를 가리키며 소리쳤다.

"이 사람이 항우다!"

항우가 말했다.

"내가 듣건대 한나라에서 나의 수급을 1,000금과 성읍 1만 호에 산다고 하니 내가 너를 위해 덕을 베풀겠다."

그러고는 스스로 목을 찔러 죽었다. 왕예가 그의 머리를 잘라 취하자 다른 기병들도 항우의 시신을 쟁탈키 위해 서로 마구 짓밟았다. 이

때 서로 죽고 죽인 자가 수십 명이었다. 결국 마지막으로 양희와 여마동, 낭중 여승呂勝과 양무楊武가 각기 시신의 한쪽씩을 나눠 가졌다. 왕예를 비롯한 5명이 각자 얻은 시신을 하나로 모으자 바로 항우의 몸 전체가 되었다. 「항우본기」에 따르면 유방은 이들의 공을 기려 항우의 식읍을 5개로 나눠 배분하면서 모두 열후에 봉했다고 한다. 기원전 202년 12월의 일이다. 당시 항우의 나이 31세였다.

여기서 오강자진烏江自盡 성어가 나왔다. 장렬한 최후를 표현할 때 사용한다. 최근 이에 대한 강한 반론이 나왔다. 지난 1982년 안휘성 사범대 부속중학 교사 지정산計正山은 《광명일보光明日報》에 발표한 학술논문 「항우는 결국 어디서 죽었나項羽究竟死干何地」에서 항우가 죽은 곳은 '오강'이 아니라 지금의 안휘성 정원현定遠縣에 있는 동성東城이고, 자진이 아니라 전사했다는 주장을 폈다.

그는 이 논문에서 「항우본기」의 기록이 서로 상충하고 있는 점을 4가지 측면에서 집중 조명했다. 첫째, 항우가 동성에 이르렀을 때 겨우 28기밖에 남지 않았고, 스스로 포위망을 빠져 나갈 수 없다고 판단했는데 어떻게 문득 동성에서 300리나 떨어진 오강까지 갈 수 있는가 하는 점이다. 동성과 오강 사이에는 200리에 달하는 황보皇甫 산맥이 가로로 놓여 있어 이곳을 통과하려면 많은 하천과 호수, 험한 산을 넘어야만 했다. 당시 상황에서 물리적으로 거의 불가능에 가까웠다. 둘째, 오강의 정장은 어떻게 항우가 그곳으로 올 것을 귀신같이 알고 배를 준비해 두었을까 하는 점이다. 상식적으로 도저히 납득할 수 없는 것이다. 의협을 좋아하는 후대인들이 이런 얘기를 만들어냈을 공산이 크다.

셋째, 『사기』「고조본기」에 '한왕이 기병대장 관영으로 하여금 항우를 추격해 동성에서 죽이도록 했다. 모두 8만 명을 참수함으로써 마침내 초나라 땅을 공략했다'고 나온다. 『사기』「번역등관열전」에도 '관영이 추격전에 나선 끝에 동성에서 항우를 격파하고 휘하 장졸 5인과 함께 항우를 베었다'고 기록돼 있다. 『한서』「고제기」에도 '관영이 추격 끝에 항우를 동성에서 베었다'고 되어 있다. 사마천도 「항우본기」 사평에서 '5년 후 끝내 나라를 망치고 자신은 동성에서 죽게 됐다'고 기록해 놓았다. 넷째, 『정원현지定遠縣志』에 따르면 우미인의 묘가 현에서 60리 떨어진 동성에 있다고 했다. 사다케는 『항우』에서 우미인 자체를 허구로 간주한 까닭에 우미인의 묘는 후대인이 만들어낸 가공의 묘에 지나지 않는다고 지적했다. 그럼에도 중국 사람들은 지금도 우미인을 실존인물로 간주한다. 중국학계도 별반 다를 게 없다. 중국의 민간전설에 따르면 항우는 우미인의 목을 말에 매고 내달리면서 자신이 죽지 않으면 버리지 않겠다고 약속했다고 한다. 항우도 동성에서 전사했을 공산이 크다. 지정산은 이런 점 등을 논거로 항우가 동성에서 한나라 병사들과 최후의 격전을 벌인 뒤 전사했을 것으로 추정했다.

당시 그의 논문은 커다란 반향을 불러일으켰다. 인민대 교수 펑치융馮其庸이 이내 지정산과 함께 공동연구에 들어갔다. 해하와 영벽 및 동성 일대에 대한 답사를 포함해 음릉陰陵과 우희묘虞姬墓, 대택大澤 등지를 두루 탐사한 뒤 지정산의 주장이 옳다는 것을 뒷받침했다. 그는 지난 2007년 『중화문사논총中華文史論叢』에 발표한 「항우불사오강고項羽不死烏江考」에서 항우가 오강에서 자진하게 되었다는 얘기가 만들어지게 된 배경을 세밀히 추적했다.

그의 논문에 따르면 『사기』와 『한서』에 전혀 나오지 않고 있는 '오강

자진'의 전설은 원나라 때 희곡작가 김인걸金仁杰이 쓴 잡극 『소하월야추한신蕭何月夜追韓信』에서 비롯됐다. 그는 1986년에 오강 일대를 답사하는 과정에서 현지 농민이 잡극에 나오는 뱃사공의 말을 아직도 인용하는 것을 보고 경악했다.

"말을 배에 태우면 사람을 태울 수 없고, 사람을 배에 태우면 말을 태울 수 없소(渡馬不渡人, 渡人不渡馬)!"

원대의 잡극이 '오강자진'의 근원이었다는 사실이 처음으로 확인된 셈이다. 현재 정원현에는 우희묘를 비롯해 항우와 관련한 유적지가 여러 곳 남아 있다. 송대의 대문호 소동파가 이곳에 와서 시를 지은 점 등에 비춰 항우는 우미인의 전설과 상관없이 동성에서 최후의 전투를 벌이다가 장렬히 전사했을 공산이 크다. 안휘성 문화청은 우미인을 실존 인물로 간주해 현재의 우희묘는 그 형태와 봉토 등이 한나라 때의 묘제를 그대로 따르고 있다고 발표했다. 이에 대해 지정산은 유방이 항우를 노공魯公의 예로 장사지낸 결과로 추정했다.

원래 항우의 죽음으로 초나라 땅은 사실상 모두 평정된 것이나 다름없다고 봐야 한다. 그러나 일이 온통 순탄하게 진행된 것은 아니었다. 당시 공자와 맹자의 고향인 노나라 지역만은 귀순치 않았다. 노나라는 전국시대 말기에 초나라에 병탄된 바 있다. 노나라는 왜 항우의 죽음에도 불구하고 새로운 '천자'인 유방을 인정치 않은 것일까? 그 배경을 짐작케 해주는 「항우본기」의 기록이다.

"화가 난 유방이 천하의 병사들 이끌고 그곳을 가 도륙코자 했다. 성 아래에 도착했을 때 오히려 성 안에서 비파 소리와 책 읽는 소리가 들렸다. 노나라는 예의를 지키는 나라여서 주군을 위해 죽음으로 절개를 지키는 것을 높이 기렸다. 유방이 이내 항우의 머리를 가져다가 노나라의 부형들에게 보여주었다. 그때서야 노나라가 이내 항복했다. 당초 초회왕은 항우를 노공에 봉한 바 있다. 마침내 노공으로 있던 항우가 죽은 것을 확인한 후에야 비로소 노나라 사람들이 항복한 것이다. 유방은 노공으로 있던 항우를 곡성穀城에 예장하면서 친히 발상하여 곡을 한 뒤 돌아갔다."

수천 년이 지난 현재까지도 노나라의 고토가 있는 산동성 사람들은 의리를 가장 중시하는 것으로 유명하다. 장사를 하는 사람들도 물건 값을 속이는 법이 없다고 한다. 그 조짐을 이미 노공으로 있던 항우에 대한 의리를 통해 확인할 수 있다.

「항우본기」는 당시 유방이 항씨의 종족에 대해 단 한 사람도 죽이지 않았다고 기록해 놓았다. 노나라 지역 사람들의 의리에 감동을 받았기 때문인지도 모른다. 항백 등 4인은 열후에 봉해지고 유씨 성을 하사받았다. 초나라에 끌려와 있던 다른 여러 지역의 사람들은 모두 고향으로 돌아갔다.

「고조본기」는 유방이 돌아오는 도중 지금의 산동성 정도定陶에 이르러 문득 제왕 한신의 영루로 치고 들어가 그의 군사를 빼앗았다고 기록했다. 같은 사건을 다룬 「회음후열전」은 '항우가 패한 후 고조가 기습하여 제왕 한신의 군사를 빼앗았다'고 되어 있다. 「고조본기」의 원문은 치입탈馳入奪, 「회음후열전」은 습탈襲奪이다.

사다케는 유방이 겉으로는 한신을 방문한다고 통지한 뒤 소수의 병사를 거느리고 그의 군영으로 갑자기 쳐들어갔을 공산이 크다며 '습탈'이 사실에 더 가까울 것으로 추정했다. 그러나 유방은 이전에도 그랬듯이 은밀히 숙소 안으로 들어가 인수와 부절을 도둑질했을 공산이 크다. 어느 경우든 기습적으로 한신의 군사지휘권을 탈취한 것만은 분명하다. 한신의 군사지휘권을 박탈하는 순간 천하를 놓고 다투는 군웅의 축록중원逐鹿中原 대전은 사실상 끝난 것이나 다름없었다.

그러나 이는 동시에 '토사구팽'이 이미 시작됐음을 알리는 서곡이기도 했다. 전후 맥락에 비춰 유방은 항우가 역사무대에서 퇴장하는 순간 이미 항우군 섬멸의 일등공신인 한신의 군사를 빼앗을 궁리부터 하고 있었던 게 확실하다. 사다케는 항우군의 패잔병이 사방으로 흩어져 사실상 초토화되었음에도 직접 '제후의 군사'를 이끌고 추격한 점을 논거로 들었다. 만일의 경우 제후를 끌어들이려고 생각했다는 것이다. 일리 있는 분석이다. 당시 유방은 임강왕 공위共尉가 항복하지 않자 노관과 유가를 보내 그를 포로로 잡았다. 제후들에게 자신의 명을 듣지 않을 경우 어떤 꼴이 될 것인지 확실히 보여준 셈이다. 항우가 죽은 지 1달 뒤인 기원전 202년 봄 정월, 유방이 대사면령을 내렸다.

"병사들이 쉬지 못한 지 8년이 되었다. 천하 만민도 더불어 고생이 매우 심했다. 지금 천하의 대사가 끝났으니 특별히 참수해야 할 사안을 제외한 여타 죄인을 사면토록 하라!"

이때 제후와 장상이 함께 상서해 유방에게 속히 황제의 자리에 오를 것을 청했다. 『한서』「고제기」는 상서에 초왕 한신을 위시해 그와 동명이인인 한왕 신, 구강왕 경포, 양왕 팽월 등이 모두 연명했다고 기록했다. 「고조본기」는 당시 유방이 이같이 사양했다고 기록했다.

"내가 듣건대 황제의 자리는 현덕한 자가 앉는 자리이다. 지금 나의 덕은 황제가 되기에 부족하다. 유명무실한 행위는 내가 좋아하는 바가 아니다. 감히 황제의 자리에 나아갈 수 없다."

누가 유방에게 천자의 자리에 나아가기 위해서는 3번 사양해야 한다고 가르쳐 주었을 공산이 크다. 이후의 상황이 꼭 그렇게 전개됐다. 유방이 사양하자 다시 신하들이 연명하여 상서했다.

"대왕은 낮은 신분에서 몸을 일으켜 포악한 진나라를 타도하고 사해를 평정했습니다. 또 커다란 은혜를 베풀어 공적이 있는 자에게는 봉지를 내려주며 황후王侯로 봉했습니다. 지금 대왕이 황제의 자리에 오르지 않으면 천하의 백성들이 제후와 장상을 칭하는 신들을 의심할까 두렵습니다. 신들은 목숨을 걸고 대왕의 보위 취임을 반드시 성사시키도록 할 것입니다."

유방이 3번 사양했으나 제후와 장상들이 물러서지 않았다. 예정된 수순이었다. 마침내 유방이 마지못해 이를 수락하는 모습을 보였다.

"제군諸君이 반드시 이로써 편하다고 생각한다면 나 또한 나라를 편하게 만들도록 하겠다!"

이해 2월 3일, 유방이 '범수氾水의 양陽'에서 즉위식을 가졌다. '양'은 산의 남쪽과 강의 북쪽을 칭하는 말로 여기서는 범수의 북쪽을 의미한다. 예로부터 유방의 즉위 장소와 관련해 여러 설이 있었다. 당나라 초기에 나온 『괄지지括地志』는 유방이 즉위한 단壇이 조주曹州의 제음현濟陰縣 경계에 있었다고 주장했다. 그러나 범수는 제음濟陰에 있었다. 유방이 정도에서 즉위했다는 한고제 때의 공신 숙손통叔孫通의 주장이 타당하다. 지금은 학자들 대부분이 '범수의 양'을 옛 위나라 땅에 봉해진 양왕 팽월의 양나라 수도 정도를 달리 표현한 것으로 보고 있다.

당시 유방은 즉위 직후 왕후인 부인 여씨를 황후, 태자 유영을 황태자, 작고한 모친 유온을 소령부인昭靈夫人으로 높였다. 이어 조서를 내려 이같이 명했다.

"의제에게는 후사가 없다. 제왕齊王 한신은 초나라의 풍속에 친숙하니 초왕楚王으로 옮기고 하비下邳에 도읍하도록 하라. 건성후建城侯 팽월을 양왕梁王으로 삼으니 정도定陶에 도읍하도록 하라. 이전의 한왕韓王 한신은 다시 한왕으로 삼으니 양적陽翟에 도읍하도록 하라. 형산왕衡山王 오예는 장사왕長沙王으로 삼으니 임상臨湘에 도읍하도록 하라. 항우에 의해 파군番君으로 낮춰진 오예의 휘하장수 매현梅鋗은 공이 있었을 뿐만 아니라 짐을 좇아 무관으로 들어갔으므로 파군에게 덕이 있다. 회남왕淮南王 경포, 연왕燕王 장도, 조왕趙王 장오 모두 옛날과 같이 하도록 하라!"

항우를 제압한지 2달이 지난 시점에 마침내 명실상부한 황제의 자리에 오른 것을 이처럼 상징적으로 보여주는 장면도 없다. 제후를 임명하는 권한은 오직 천자만이 갖고 있는 전봉권專封權에 해당한다. 이제 천하의 모든 제후는 새로운 황제인 유방의 명을 받들어야만 한다. 그렇지 않으면 이내 천자의 토벌 대상이 될 뿐이다. 그게 바로 천자의 전토권專討權이다.

당시 한제국의 창업주 유방에 의해 분봉된 제후왕에게는 이른바 단서철권丹書鐵券이 수여됐다. 단서철권은 붉은 글씨로 된 쇠로 만든 문서를 말한다. 육가의 『초한춘추』에 전해지는 내용은 다음과 같다.

"황하가 띠처럼 가늘어지고, 태산이 숫돌처럼 얇아질지라도 한나라의 종묘가 있는 한 너는 대대로 끊이지 않을 것이다!"

만세토록 자손들이 그 지위를 세습할 것이라고 약속한 것이다. 대략

'단서철권'을 받은 제후왕들은 감격에 겨워 목이 메었을 것이다. 보위에 오른 후에도 유방의 '허풍'은 이처럼 사람을 미혹케 만들고 있었다. 「고조본기」의 다음 기록이 그 증거다.

"이로써 천하가 크게 정해졌다. 고조는 낙양에 도읍을 두었고, 제후들 모두 신하로 예속됐다."

진나라 2세 황제 호해 원년인 기원전 209년 7월에 시작된 천하동란은 만 6년 반이 지난 뒤인 기원전 202년 2월에 막을 내렸다. 햇수로 8년 만이다. 이때 항우에 의해 임강왕臨江王에 봉해진 공오共敖의 아들 공환共驩이 반기를 들었지만 이내 토벌돼 찻잔 속의 태풍으로 끝나고 말았다. 이해 5월 유방은 징발되었던 병사들의 귀향을 허락했다. 이때 그들에 대한 우대조치와 공을 세운 유공자에 대한 특전을 한 치의 어김없이 시행토록 했다. 소하와 장량 등이 그같이 건의했을 가능성이 높다.

원래 춘추시대 이래 천자는 '전봉권'과 '전토권'을 휘둘러 천하의 제후들을 다스렸다. 진시황은 사상 최초로 황제를 칭함으로서 춘추전국시대의 왕호王號를 제호帝號로 한 단계 격상시켰다. 덩달아 제후들의 칭호 역시 자연스럽게 후호侯號에서 왕호로 올라갔다. 호칭의 평가절상에 해당한다. 그러나 명목상의 평가절상에 그친 게 아니었다. 황제는 춘추전국시대의 주왕실과는 비교할 수 없을 정도의 막강한 권한을 보유했다. 천하를 황명皇命에 의해 획일적으로 다스렸기 때문이다. '전봉권'과 '전토권'의 권한이 상대적으로 한 단계 더 올라간 것은 말할 것도 없다. 이를 거역하거나 부인할 경우 곧바로 봉지를 빼앗기거나 토벌 대상이 될 수밖에 없다. 이를 방치할 경우 천자의 고유 권한인 '전봉권'과 '전토권'의 위력이 훼손되기 때문이다. 유방은 즉위 직후 바로 이런 상황을 맞게 됐다. 그게 바로 참혹한 유혈로 끝이 난 '토사구팽'의 광란이다.

공신과 토사구팽

유방이 행한 토사구팽의 상징적인 희생양은 당대 최고의 군사전략가인 한신이다. 「회음후열전」에 따르면 한신은 일찍이 회음현 내 아랫마을의 남창정南昌亭 정장의 집에서 여러 차례 기식寄食했다. 이를 두고 사다케는 한신이 정장 밑에서 경찰업무를 수행하는 구도求盜로 있었을 가능성을 제기했다. 그렇다고 사다케가 무슨 뚜렷한 근거를 제시한 것은 아니다.

원래 한신처럼 자부심이 강한 인물은 아무리 가난했을지라도 최하층 아전에 해당하는 '구도'로 있었을 가능성은 그리 크지 않다고 보는 게 옳다. 그보다는 정장의 막우幕友 내지 막료幕僚로 기식했을 가능성이 더 높다. 「회음후열전」의 다음 대목이 이를 뒷받침한다.

"가난한데다 품행이 단정치 못해 천거를 받아 관원으로 선발되지 못했다. 게다가 생계를 도모하거나 장사를 하는 것에도 소질이 없었다. 늘 남에게 빌붙어 먹은 이유다. 꺼려하는 자가 매우 많았다."

'가난한데다 품행이 단정치 못했다'의 원문은 빈무행貧無行이다. 유방도 젊어서 '빈무행'의 처지에 있었음에도 정장의 자리에 오를 수 있었다. '빈무행'이 고위관원의 결격사유는 돼도, 하급관리의 결격사유는 될 수 없다. 한신은 유방과 달리 자존심이 컸던 까닭에 아예 처음부터 하급관리가 되고자 하는 생각 자체가 없었다고 보는 게 타당하다. 생계를 도모하거나 장사를 하는 등의 치생상고治生商賈에도 소질이 없었다는 표현이 이를 반증한다. 좌상坐商과 행상行商을 뜻하는 '상고'는 당시 가장 천시된 직업이었다. 한신은 내심 아무리 빈궁할지라도 이런 식의 천한 일은 할 수 없다는 식으로 생각했을 공산이 크다.

사서의 기록에 나오는 한신의 행보를 보면 이런 추론이 결코 터무니없는 게 아님을 알 수 있다. 대표적인 예로 초왕의 신분이 된 후 젊었을 때 남창의 정장을 불러 100전을 준 것을 들 수 있다. 당시 그는 이같이 말했다.

"자네는 소인배다. 모처럼 남을 도와주면서 도중에 내팽개치는 자이다!"

그가 '무뢰배 의리'를 '소인배 의리'로 간주하고 있음을 방증하는 대목이다. 이는 그가 남창의 정장에게 버림을 받은 후 주린 배를 안고 강가에서 낚시를 할 당시 수십 일간에 걸쳐 자신에게 밥을 갖다 준 표모漂母에게 1000금의 거액을 포상한 것과 대비된다. 1000금은 전국시대 말기 거상 여불위가 조나라에 인질로 와 있던 진시황의 부친 자초子楚에게 보위에 오르기 위한 활동비로 제공한 것과 같은 액수이다. 표모의 '조건 없는 선행'을 공자의 제자 자로가 보여준 '군자의 의리'로 간주했음을 보여주는 사례이다. 이는 그가 군자와 소인배를 철저히 구분했음을 암시한다. 늘 큰 키에 길고 큰 검을 허리에 차고 천천히 걸어갔다는 「회음후열전」의 기록도 이를 뒷받침한다. '빈무행'을 가난에도 불구하고 그의 뜻이 너무 높았기에 사람들의 지적을 받았다는 식의 빈고행貧高行으로 바꿔 해석해야 하는 이유다.

사다케는 사마천의 친구 임안任安이 빈곤한 집안사정으로 인해 구도에서 정보亭父 및 정장을 거쳐 조정관원이 된 것을 실례로 들며 한신이 젊었을 때 구도로 있었을 가능성을 제기했으나 이는 적절치 못하다. 임안은 착실한 면에서는 한신과 닮은 점이 있으나 그 뜻과 행동 등은 한신과 비할 바 못된다. 그릇이 다르다. 한신의 뜻과 행동이 그만큼 고매했다는 얘기다.

원래 '무행'은 유방처럼 상황에 따라 의리를 헌신짝처럼 내던지는 건달에게나 어울리는 법이다. 마피아와 조폭의 세계가 보여주듯이 이는 예외가 없다. 사다케는 임협任俠에 지나치게 주목한 나머지 무뢰배의 협기俠氣와 공자의 제자 자로가 보여준 유협儒俠의 협기를 구분하지 못하는 잘못을 범했다. 똑같은 의리일지라도 무뢰배의 협기는 '이익'에 기초해 있지만, 유협의 협기는 '정도'에 기초해 있다. '의리'라는 표피적인 현상에 얽매여 무뢰배의 의리와 유협의 의를 '임협'으로 뭉뚱그리는 것은 문제가 있다.

사다케의 유방에 대한 분석이 나름 매우 정심精深하기는 하나 일정한 한계를 보이는 이유가 여기에 있다. 그 역시 유방의 천하통일 업적에 지나치게 주목한 나머지 '무뢰배 의리'를 마치 뛰어난 '창업군주 리더십'으로 간주하는 이전 사가들의 전철을 밟고 있다. 유방의 리더십은 뛰어난 장점을 많이 지니고 있는 게 사실이다. 그럼에도 배신을 일삼는 '무뢰배 의리'라는 치명적인 약점을 안고 있다.

리쭝우가 『후흑학』에서 유방의 후흑술을 높이 평가한 것은 배신을 일삼는 '무뢰배 의리'를 칭송코자 한 게 아니다. 천하를 거머쥐고자 하는 높은 이상과 참모들의 말을 경청하며 곧장 실행에 옮기는 임기응변의 결단력 등을 높이 평가한 결과다. 천하를 거머쥔 뒤 자신에게 투항한 생명의 은인 정고의 목을 베고, 간난을 함께 한 많은 공신들을 주살하는 토사구팽을 자행한 것 등은 그의 도량이 결코 크지 않았음을 방증한다. 여기서 한신이 토사구팽된 과정을 간략히 살펴보기로 하자.

기원전 201년 겨울 10월, 항우를 제압하고 천하를 통일한 지 3년째 되던 해였다. 어떤 사람이 유방에게 제나라 왕에서 초나라 왕으로 자리를 옮긴 한신이 모반을 꾀하고 있다는 내용의 상서를 올렸다. 유방이 진평을 불러 대책을 묻자 진평이 계책을 냈다.

"예로부터 천자는 순수巡狩를 하면서 제후들을 불러 모았습니다. 폐하는 거짓으로 노닐면서 제후들을 초나라의 서쪽 경계에 있는 진현陳縣으로 불러 모으십시오. 한신은 별일이 없을 것으로 생각하고 마중을 나올 것입니다. 이때 그를 잡으십시오."

한신이 마중을 나오자 유방이 무사에게 명해 그를 포박한 뒤 황제의 뒤를 따르는 예비용 수레인 후거後車에 싣게 했다. 한신이 탄식했다.

"범리가 구천 곁을 떠나면서 '교활한 토끼의 사냥이 끝나면 사냥개를 삶아먹고, 높이 나는 새의 사냥이 끝나면 좋은 활을 창고에 집어넣고, 적국을 격파하면 모신謀臣을 죽인다'고 말한 게 사실이구나. 천하가 평정되자 나 또한 팽烹을 당하는구나."

'교활한 토끼' 운운의 원문은 '교토사狡兎死, 양구팽良狗烹'과 '고조진高鳥盡, 양궁장良弓藏'이다. 이를 4자 성어로 줄여 흔히 '토사구팽', 조진궁장鳥盡弓藏으로 표현한다. 사서에 기록된 최초의 토사구팽은 춘추시대 말 월왕 구천이 대부 문종을 제거한 일이다. 그러나 사실 이에 앞서 오왕 부차가 자신의 즉위에 공을 세운 오자서를 '팽'한 게 그 효시에 해당한다. 단지 범리가 월왕 구천 곁을 떠날 때 대부 문종에게 함께 떠날 것을 권하면서 '토사구팽' 운운한 것으로 인해 월왕 구천이 최초의 토사구팽을 행한 인물로 거론된 것이다.

『춘추좌전』의 기록을 보면 그 이전에도 군주가 공신을 제거하는 '토사구팽'과 유사한 일이 비일비재했다. 왜 이런 일이 빚어지는 것일까? 바로 개국 초기에 필연적으로 등장할 수밖에 없는 강신强臣 때문이다. 창업주는 온갖 고난을 겪고 새 왕조를 창건한 까닭에 능히 강신을 제어할 수 있다. 그러나 궁중에서 자란 후사는 강신을 제어하는 일이 거의 불가능하다. 후사가 개국공신 등의 강신에게 제압을 당하고 뒤이어 이를 우려한 숙부 등의 야심 많은 종실이 들고 일어나 강신을 제어하고 '제2의 창업'을 하는 이유가 여기에 있다. 명나라 영락제와 조선조 세조가 대표적인 경우다.

이를 미연에 방지하기 위해 창업주들은 나름 자신의 손에 피를 묻히는 '토사구팽'의 악역을 맡곤 하지만 아무리 철저히 할지라도 이런 흐름을 막을 수는 없다. 크게 보면 유방의 경우도 예외가 아니다. 본인은 '토사구팽'의 악역을 자처했지만 그의 후손들은 정실인 여후의 소생을 빼고는 철저히 여후에게 탄압받는 신세로 전락하고 말았다. 후술하는 바와 같이 진평이 주발과 합세해 여씨 일족을 몰아내지 않았다면 유씨의 천하는 이내 여씨의 천하로 바뀌었을 공산이 컸다. 진평이 제2의 창업을 도운 셈이다.

유방이 한신을 '토사구팽'의 희생양으로 삼을 때 진평의 조언을 구한 것은 그가 자신의 보위를 위협하지 않을 것이라는 확신이 들었기 때문이다. 유방의 이런 판단은 정확했다. 그런 면에서 한신은 진평과 대비된다. 한신은 '후거'에 실려 가면서 자신을 '모신'에 비유했지만 이는 틀린 비유이다. 그는 진평과 달리 유방의 '라이벌'이었다. 유방이 당시 곧바로 한신의 목을 치지 못한 것은 한신의 공이 너무 현저한데다 명분이 약했기 때문이다. 건국 초기인 까닭에 아직 천하가 안정된 것도 아니고, 천하의 모든 백성들이 모두 지켜보고 있는 상황에서 함부로 최고의 공신을 곧바로 '팽'할 수는 없는 일이었다. 좀 더 시간이 필요했다. 그런 점에서 유방은 놀라운 인내력을 발휘한 셈이다.

당시 유방은 귀경하는 길에 천하에 대사령을 내렸다. 짐짓 황제의 관후寬厚한 인정仁政을 널리 선전코자 한 것이다. 이어 그간 한신이 세운 공을 감안해 목숨을 살려주는 식으로 '너그러움'을 보여 주면서 회음후淮陰侯로 강등하는 조치를 내렸다. 이는 사실 한신의 수족을 자른 것이나 다름없었다. '후'는 회음 일대의 몇 개의 현을 보유한 토후土侯에 지나지 않는다. 휘하에 용병할 군사가 없었다. 죽은 목숨이나 다름없었다. 유방은 사냥개를 삶아 먹을 시기만을 저울질하고 있었던 셈이다.

당시 제후왕들 가운데 성씨가 다른 사람은 모두 8명이었다. 유방은 이들의 움직임에 촉각을 곤두세웠다. 이들 모두 탄탄한 무력을 바탕으로 천하평정에 핵심적인 역할을 수행한 까닭에 마음을 놓을 수 없었던 것이다. 한신은 비록 회음후로 강등됐지만 경계대상 1호에 해당했다. 그만큼 두려운 존재였다. 불순한 움직임이 조금이라도 보일 경우 이를 구실로 그의 목을 치고자 한 것이다.

빌미는 한신 자신이 제공했다. 그는 회음후로 강등된 후 마음이 늘 우울해 집안에 머물며 거의 외출을 하지 않았다. 그러던 중 한번은 유방이 장수들을 초청해 연회를 베풀었다. 유방이 한신에게 물었다.

"나는 군사를 얼마나 거느릴 수 있겠소?"

"10만 명을 넘지 않을 것입니다."

"그렇다면 그대는 어떠하오?"

"신은 다다익선多多益善입니다."

"그대는 '다다익선'이라고 하면서 어찌해 나에게 붙잡히게 되었소."

뼈아픈 지적이다. 한신이 황급히 말을 바꿨다.

"폐하는 병사를 거느리는데는 능하지 못해도 장수를 거느리는데 능합니다. 이것이 제가 대왕께 붙잡힌 이유입니다. 게다가 대왕은 하늘이 내려준 인물로 인력으로 만들어낸 것이 아닙니다."

유방은 '하늘의 뜻'이라는 말이 마음에 들었다. 그러나 당시 한신은 돌이킬 수 없는 실수를 저질렀다. 울적한 기분에 자신의 재주를 거리낌 없이 자랑한 게 그렇다. 이로부터 5년 뒤인 기원전 196년 한신은 휘하 장수로 있던 진희陳豨와 내통해 모반을 꾀하다가 여후의 간계에 걸려 '토사구팽'을 당하고 말았다. 한신은 죽기 직전 이같이 탄식했다.

"아, 내가 천하를 셋으로 나눠 가지라는 괴철의 '천하삼분지계'를 왜 쓰지 않았던 것인가? 끝내 일개 아녀자에게 속아 죽게 되었으니 이 어찌 천운이 아니겠는가!"

당시 진희를 진압하고 귀경한 유방은 한신이 죽었다는 소식을 듣고는 한편으론 기쁘면서도 한편으로 가련한 생각이 들어 여후에게 물었다.

"한신이 죽으면서 무슨 말을 하였소?"

"참모의 계책을 쓰지 않은 것이 한스럽다고 했습니다."

유방이 소리쳤다.

"그는 바로 괴철이다!"

그러고는 곧바로 괴철을 잡아들이게 했다. 괴철이 잡혀오자 유방이 물었다.

"네가 한신에게 모반을 가르쳤는가?"

"그렇습니다. 그가 신의 계책을 쓰지 않았기 때문에 죽임을 당한 것입니다. 그가 신의 계책을 썼다면 폐하가 어떻게 그를 죽일 수 있었겠습니까?"

유방이 발끈했다.

"이 자를 속히 '팽살'토록 하라!"

"아, 원통하다. 허무하게 '팽살'을 당하다니!"

"네가 모반을 가르치고도 무엇이 원통하다는 것인가?"

괴철이 대답했다.

"진나라가 실록失鹿하자 천하의 모든 사람이 이를 쫓았습니다. '실록'의 시기에는 재주가 많고 빨리 달리는 자가 먼저 잡는 법입니다. 도척盜跖의 개는 성군인 요임금을 보고 짖었습니다. 이는 요임금이 어질지 않기 때문이 아닙니다. 개는 본래 그 주인이 아닌 사람을 보면 짖기 마련입니다. 당시 신은 오직 한신만 알았을 뿐 폐하는 알지 못했습니다. 지금 천하에는 정예한 기개로 날카로운 칼을 지니고 폐하처럼 천하를 취하고자 하는 자가 너무 많습니다. 단지 역량이 미치지 못해 그리하지 못할 뿐입니다. 장차 그들을 모두 팽살할 수 있다고 생각하는 것입니까?"

'실록'은 천하의 주인이 가려지지 않은 난세를 뜻한다. 사슴을 뜻하는 녹鹿은 대권을 상징한다. 천하를 놓고 다투는 것을 축록逐鹿, 천하의 대권을 장악하는 것을 득록得鹿으로 표현하는 이유이다. 할 말이 없게 된 유방이 좌우에 명했다.

"괴철을 풀어주도록 하라!"

괴철의 건의는 훗날 제갈량이 유비에게 건의한 '천하삼분지계'의 효시에 해당한다. 그는 당대 최고의 책사였다. 사서의 기록을 토대로 보면 결코 장량이나 진평에 뒤지지 않았다. 오히려 더 뛰어난 바가 있다. 그러나 그 역시 범증과 마찬가지로 주인을 잘못 만났다. 당시 한신이 그의 계책을 받아들였다면 역사는 전혀 다른 방향으로 흘러갔을 것이다. 한신의 패망은 자업자득의 성격이 짙었다.

당시 유방은 한신을 '토사구팽'한 후 소하를 승상에서 상국相國으로 높이고 5,000호를 더해 주었다. 문무관원이 찾아와 축하하자 식객 가운데 한 사람이 말했다.

"승상은 큰 재앙이 오리라는 것을 알고 있습니까?"

"그게 무슨 말이오?"

"친정에 나선 황상은 비바람과 추위를 무릅쓰고 있습니다. 그러나 승상은 조정에서 한가로운 나날을 보내고 있습니다. 그런데도 승상을 상국으로 높이고 식읍도 늘려주었으니 이는 무슨 뜻입니까?"

"무슨 뜻이오?"

"회음후가 모반을 꾀했기에 승상에 대해서도 의심하는 것입니다. 속히 가산을 헐어 군비로 충당하십시오. 그래야 화를 복으로 바꿀 수 있습니다."

소하가 이를 좇자 유방이 크게 기뻐한 것은 말할 것도 없다. 당시 유방은 소하처럼 자신의 속마음을 제대로 읽지 못한 팽월과 경포 등을 차례로 '토사구팽'했다. 기원전 195년 10월, 유방은 경포를 제압하고 귀경하던 중 고향인 풍읍에 들러 옛 친구들을 모아놓고 잔치를 벌였다. 「고조본기」는 그가 직접 거문고와 유사한 13현 악기인 축筑을 타며 가무를 행했다고 기록해 놓았다. 당시 그가 읊은 노래이다.

대풍이 일어나니 구름도 올라가네	大風起兮雲飛揚
위세를 해내에 떨치고 귀향했다네	威加海內兮歸故鄕
어디서 용사를 구해 사방을 지킬까	安得猛士兮守四方

이른바 대풍가大風歌이다. 원래 '대풍'은 난세, '구름'은 군웅을 뜻한다. 그러나 '대풍'은 유방 자신, '구름'은 항우를 비롯한 여타 군웅으로 해석하는 게 더 그럴 듯하다. 마지막 구절은 천하란 홀로 다스릴 수 없다는 취지를 담고 있다. 항우의 '해하가'와 대비되는 구절이다.

10여 일이 지나 유방이 떠나려 하자 패의 부형들이 간곡히 만류했다. 유방이 폐가 된다고 떠나자 패의 사람들이 읍을 비워두고 그의 뒤를 따라가 읍의 서쪽 변두리에서 다시 술과 요리를 바쳤다. 유방은 극소에 머물며 3일 동안 주연을 계속했다. 그는 패의 부형들의 성원에 호응해 패현을 자신의 탕목읍湯沐邑으로 지정해줌으로써 영원한 은전을 베풀었다. '탕목읍'은 쉽게 말해 황족의 용돈을 마련하기 위한 땅으로 면세 대상이었다. 열흘 남짓한 기간 동안 유방은 마음을 열어 그곳 사람들의 말을 듣고, 기꺼이 청을 들어주었다. 풍읍의 건달에서 출발해 천하를 거머쥐게 된 유방으로서는 만감이 교차했을 것이다. 그는 풍읍에 들른 지 7개월만에 숨을 거뒀다. 기원전 197년 5월의 일이었다. 그의 죽음은 그 자신이 직접 나서 손에 피를 묻히며 '강신'을 제거하는 토사구팽 작업이 사실상 마무리되었음을 알리는 종곡終曲인 동시에 외척인 여씨 일족의 참람한 발호를 알리는 서곡序曲이기도 했다.

육가의 초한춘추

역사는 승자의 기록으로 남을 수밖에 없다. 특히 한신처럼 '토사구팽'의 대상이 된 경우는 더욱 그렇다. 「조상국세가」의 마지막 대목에 나오는 사마천의 평이 이를 뒷받침한다.

"재상 조참의 공성攻城과 야전의 공적이 이처럼 많은 것은 그가 한신과 행동을 같이 했기 때문이다. 한신이 죽임을 당한 후 조참이 한신이 세운 공을 독차지했다."

토사구팽이 이뤄진 후 한신의 공적에 대한 대대적인 말소작업이 전개됐음을 시사한다. 이는 정반대로 유방에 대한 조직적이면서도 대대적인 미화작업이 전개됐음을 의미한다. 『사기』 등의 사서에 욕을 입에 달고 산 유방이 관후한 장자長者로 미화돼 있는 게 그렇다. 그러나 행간을 읽으면 정반대의 해석이 가능하다.

유방은 황제의 자리에 오르기 전까지 상대방과 대화를 나눌 때 스스로를 내공乃公, 이공爾公, 이공而公 등으로 표현한 점이다. 모두 '자네 아버지'의 뜻이다. 이는 애송이 내지 조무래기의 뜻을 지닌 수자豎子와 대비된다. 유방이 상대방을 경멸조로 부를 때 자주 사용한 용어이다. 유방이 빈객은 물론 주변 참모들로부터 거만하고 무례하다는 평을 들은 이유다. 황제의 자리에 오른 후에도 유사한 욕설을 퍼부은 게 확실하다. 육가가 보위에 오른 유방 앞에서 한 충고가 이를 뒷받침한다.

"폐하가 마상에서 천하를 얻었다는 것은 잘 알고 있습니다. 그러나 마상에서 천하를 다스릴 수는 없습니다. 폐하보다 먼저 천하를 통일한 진나라가 만일 폐하가 언급한 인의와 성왕의 길 등을 지켰다면 대체 어떻게 폐하가 천하를 얻을 수 있었겠습니까?"

「고조본기」는 당시 유방이 언짢아하면서도 부끄러운 기색이 있었다고 기록해 놓았다. 정곡을 찔렀기 때문일 것이다. 그는 자신이 천하를 얻은 것이 천시와 지리, 인화 등이 두루 맞아떨어진 결과임을 깨달았음직하다. 이를 뒷받침하는 유방의 언급이다.

"짐을 위해, 진나라가 어떻게 천하를 잃었고, 짐이 어떻게 천하를 얻었는지를 책으로 써 주시오. 하, 은, 주 등의 고대 국가의 흥망에 관한 것도 덧붙여 주시오."

육가가 유방의 주문을 좇아 편찬한 것이 바로 『신어新語』이다. 모두 12편이다. 각 편이 완성되면 매번 유방 앞에 나아가 큰 소리로 읽었다. 유방은 한 편 한 편을 들을 때마다 크게 고개를 끄덕이며 찬탄을 금치 못했다. 좌우 신하들이 입을 모아 '만세!'를 외쳤다고 기록돼 있다.

주목할 것은 현재 전해지는 『신어』가 육가가 쓴 원래의 작품이 아니라는 점이다. 후쿠이 시게마사福井重雅는 지난 2002년에 펴낸 『육가 '신어'의 연구陸賈'新語'の研究』에서 여러 증거를 들어 이를 논증했다. 그의 주장에 따르면 원래 『신어』는 삼국시대와 뒤이은 남북조시대의 어지러운 난세 상황에서 망실됐다. 현존하는 것은 누가 개작했는지 여부를 알 수 없는 남조 양나라 때 출현한 2권의 『신어』이다.

육가는 생전에 『신어』 이외에도 또 하나의 저작인 『초한춘추楚漢春

秋』를 남겼다. 유방과 항우의 치열한 각축을 기록한 사서로 원래 9권이었다. 이는 현존하지 않는다. 남아 있는 것은 『사기』를 비롯한 일부 사서의 주석에 나오는 극소수의 인용문뿐이다. 사서에 인용된 육가의 『초한춘추』 주석을 면밀히 검토한 사다케는 유방이 황제의 자리에 오른 이후 죽기 전까지 8년 동안 흠정欽定 사서로서 『초한춘추』가 만들어졌고, 사마천이 『사기』를 저술하면서 『신어』를 대거 인용했을 것으로 추정했다.

현재 많은 학자들은 『신어』에서 '초한지제' 부문만을 발췌해 『초한춘추』를 만들었을 것으로 보고 있다. 유방에 대한 미화작업이 대대적으로 전개됐음을 시사한다. 실제로 한나라 초기 육가는 유방의 요청에 따라 궁중에서 '초한지제'의 여러 사건을 자신의 해석을 덧붙여 강의한 바 있다. 유방을 비롯한 군신들이 열광한 것은 말할 것도 없다. 정황상 『신어』와 『초한춘추』 모두 유방을 비롯한 건달 출신들이 천하를 거머쥐게 된 과정을 미화할 수밖에 없었다고 보아야 한다. 현존하는 『신어』의 일문佚文이 이를 뒷받침한다.

『사기』 및 『한서』 등을 해석할 때 반드시 엄밀한 사료 비판이 뒤따라야 하는 이유다. 그래야만 행간 사이에 숨겨져 있는 역사적 실체를 파악할 수 있다. 『사기』와 『한서』의 기록을 액면 그대로 인용할 경우 자칫 유방이 보여준 '무뢰배 의리'와 같은 잘못된 리더십을 확산시킬 소지가 크다. 리쭝우가 『후흑학』에서 후흑의 궁극적인 목표를 반드시 후흑구국厚黑救國에 두어야 하고, 사적인 이익을 도모하는 후흑모리厚黑謀利에 두어서는 안 된다고 당부한 것도 바로 이 때문이다. 마키아벨리가 『군주론』과 일명 '로마사논고'로 불리는 『정략론』에서 군주의 반도덕적인 행보는 오직 이탈리아의 통일 등의 공의를 위해서만 합리화될 수 있다고 역설한 것과 취지를 같이한다.

'초한지제' 당시 많은 영웅호걸들이 등장했다. 비단 항우와 유방에 그치지 않았다. 가장 눈에 띄는 한신을 위시해 장량과 소하, 진평, 범증, 괴통, 장이, 진여, 팽월, 경포, 번쾌, 장함 등이 그들이다. 비록 도중에 실패하기는 했으나 처음으로 진제국에 반기를 든 진승도 빼놓을 수 없다. 이들 모두 여러 조건이 맞아 떨어지기만 했으면 유방을 대신해 천하를 거머쥘 수도 있었을 것이다. 그런데도 유방만이 천하를 통일하는 주인공이 된 것은 천지와 지리, 인화 등의 모든 요건이 절묘하게 맞아 떨어진 결과로 볼 수 있다. 이를 뒷받침하는 대목이 『당리문대』 하권에 나온다.

하루는 태종이 이정에게 물었다.

"사람들은 모두 한고제 유방을 두고 장수를 잘 다뤘다고 말하고 있소. 그러나 이후 한신과 팽월은 사형을 당하고, 소하는 투옥되었소. 어찌하여 이런 지경에 이르게 된 것이오?"

이정이 대답했다.

"신이 한고제와 항우를 보건대 모두 장수를 잘 다룬 군주는 아닙니다. 진나라가 멸망할 당시 장량은 조상이 대를 이어 한韓나라를 섬긴 상황에서 진시황이 한나라를 멸한 까닭에 한나라를 위해 원수를 갚고자 했습니다. 진평과 한신은 항우가 크게 써 주지 않는 것을 원망했습니다. 이들 모두 한고제의 세력을 빌려 스스로 분발한 것에 지나지 않습니다. 소하와 조참, 번쾌, 관영 등은 당초 망명객에 지나지 않았으나 한고제는 이들의 도움으로 천하를 손에 넣었습니다. 당시 설령 진시황에게 패망한 6국을 다시 세웠을지라도 이들은 각자 고국을 생각했을 것입니다. 그러니 한고제에게 장수를 잘 다루는 뛰어난 자질이 있다고 한들 어찌 그들이 한고제를 위해 일할 리 있었겠습니까? 신의 생각으로는 한고제가 천하를 손에 넣게 된 까닭은 장량이 젓가락을 빌려 그림을 그려가면서까지 득천하의 계책을 일러주며 역이기의 움직임을 저지하고, 소하가 배와 수레를 사용해 식량을 제때 운반한 덕분입니다. 이로써 말하면 한신과 팽월이 죽임을 당한 것은 범증이 항우에 의해 내침을 당한 것과 같습니다. 신이 한고제와 항우 모두 장수를 잘 다루는 군주가 아니라고 말한 이유입니다."

태종이 물었다.

"후한을 세운 광무제 유수는 한나라를 중흥한 뒤 한고제의 실패를 거울삼아 능히 공신을 보전하면서 대신 그들이 나랏일에 관여하지 못하게 했소. 이는 장수를 잘 다룬 경우에 해당하지 않소?"

이정이 대답했다.

"흔히 광무제는 비록 조상의 기업基業 덕분에 쉽게 성공했다고 말합니다. 그러나 당시 왕망의 흉포한 기세는 항우 못지않았고, 구순寇恂과 등우鄧禹의 재능은 소하나 조참만 못했습니다. 그럼에도 오직 광무제만이 지성으로 사람을 대했고, 부드러운 도로 천하를 다스리며 공신들을 보전했습니다. 그런 점에서 고조보다 훨씬 뛰어나다고 할 수 있습니다. 이를 감안해 장수를 잘 다룬 방안을 평할 경우 신은 광무제만이 그 요체를 얻었다고 봅니다."

이정의 광무제 유수에 대한 극찬은 액면 그대로 동의하기 어렵지만 유방과 항우를 비롯해 '초한지제'에 활약한 영웅들에 대한 평은 나름 그 핵심을 정확히 짚고 있다. 주목할 것은 그가 항우는 물론 유방의 리더십에 대해서도 비판의 날을 세운 점이다. 후대에 유방을 제왕리더십의 전범으로 간주한 점을 감안하면 이는 창견에 해당한다. 21세기 제4차 산업혁명시대의 리더십 관점에서 볼지라도 주목할만한 감계鑑戒에 해당한다. 유방 사후 사상 두 번째의 통일제국인 한나라가 외척인 여씨 일족의 전횡으로 인해 어지러운 모습을 보인 사실이 이를 뒷받침한다.

후사와 외척

건달 출신 유방은 젊었을 때부터 매우 호색했다. 정장이 된 후 전처인 조씨를 몰아내고 부호의 딸인 여씨를 정실로 맞아들인 것은 그의 호색 조짐을 잘 보여주고 있다. 그는 항우와 함께 진나라 토벌을 기치로 내걸고 팽성을 출발한 후 연거푸 승리할 때마다 미녀를 손에 넣었다. 「고조본기」에 나오는 범증의 증언이 이를 뒷받침한다.

"패공은 관중에 들어오기 전에는 보물을 탐하고 미녀를 좋아했습니다!"

그가 관중에 들어오기 전에 얼마나 많은 여인을 취했는지는 자세히 알 길이 없다. 사서에는 자세한 기록이 나오지 않고 있으나 대략 영토를 넓힐 때마다 미희와 보물을 손에 넣었다고 보는 게 옳을 듯싶다. 함양에 입성했을 때 척부인을 손에 넣은 게 대표적인 실례이다. 인구에 회자하는 '영웅호색'의 속언을 그대로 뒷받침한 셈이다.

그의 이런 호색 행각과 유사한 모습을 보인 인물로 태평천국 당시의 홍수전을 들 수 있다. 그는 천하의 반쪽을 차지한 상황에서도 수많은 후궁을 두었다. 천하를 통째로 거머쥔 유방의 경우는 더 말할 것도 없을 것이다. 그렇다면 「고조본기」에 나오는 범증의 다음 말은 어떻게 해석하는 것이 좋을까?

"패공은 관중에 들어온 후에는 보물을 취하거나 미녀를 가까이하는 일이 완전히 없어졌습니다."

'영웅호색'의 본색이 이처럼 갑자기 바뀔 수 있는 것일까? 상식적으로 쉽게 납득이 가지 않는다. 『초한춘추』와 『사기』에 나오는 유방 관련 기록을 액면 그대로 좇아서는 안 되는 이유다. 육가가 『초한춘추』에서 분칠을 하고 손질을 한 것을 사마천이 그대로 인용했을 공산이 크다. 사실 사마천이 그 내막을 정확히 알고 있었어도 이를 「고조본기」에 그대로 실을 수는 없는 일이었다.

주목할 것은 유방이 항우보다 먼저 입관한 후 함양의 궁궐을 점령하는 과정에서 특이한 '전리품'을 하나 챙긴 점이다. 바로 정도定陶 출신 척희戚姬이다. 척희는 지금까지 유방이 만나본 적이 없는 유형이 여인이었다. 유방이 늘 그녀를 데리고 전장에 나간 게 그렇다. 당시 유방은 혈기가 한창 끓어오르는 27세였다. 사다케는 척희를 두고 '유방의 삶에 새로운 전기를 마련해 준 여인'으로 평했다. 일리 있는 평이다.

그렇다면 척희가 나타난 이후 여후는 유방에게 어떤 의미를 지니고 있었던 것일까? 결론부터 말하면 두 사람은 남녀 간의 애정으로 맺어진 사이가 아니라 이해관계로 맺어진 사이였다. 일종의 정략관계에 가까웠다. 여후를 정실로 맞아들일 때부터 그러했다.

당초 유방이 정장으로 있게 된 것은 소하 덕분이다. 호족 출신인 소하는 같은 호족으로 있던 조씨曹氏와 가까웠다. 조씨네도 소하의 소개를 흔쾌히 받아들였다. 유방과 조씨네 딸 사이에 태어난 아들이 훗날 제왕齊王에 봉해진 유비劉肥이다. 유방의 서장자이다. 유비의 생모 조씨는 사서에 흔히 조희曹姬로 기록돼 있다. 『한서』는 특이하게도 그녀를 외부外婦로 써 놓았다. '외부'는 정실 이외에 다른 곳에서 맞아들인 첩 등을 지칭한다. 그녀는 유방이 여공의 딸 여치와 혼인하려고 하자 스스로 뒤로 물러났다. 당시 유방은 이를 다행으로 여겼지만 조씨의 오빠 조무상은 앙심을 품은 게 확실하다. 유방이 관중을 장악했을 때 유방의 사자로 가서 항우에게 유방의 속셈을 고자질한 게 그렇다. 결국 그는 항우가 그 내막을 토설함으로써 곧바로 죽임을 당하고 말았다.

여후는 유방에게 시집을 온 이후 조강지처의 모범을 보였다. 유방을 위해서라면 어떤 고생도 마다하지 않은 게 그렇다. 유방 대신 감옥에 들어간 적도 있고, 망과 탕의 늪지대에 몸을 숨긴 유방을 위해 젖먹이 아이를 안고 필요한 물자와 정보를 조달하기도 했다. 유방이 참패를 당한 팽성전투 이후에는 3년 10개월 동안 항우의 포로로 지내면서 시부인 태공의 시봉에 약간의 소홀함도 없었다. 홍구의 강화회담을 계기로 유방의 영채로 귀환한 이후 시부인 태공과 며느리인 여후가 보여준 돈독한 관계가 이를 뒷받침한다.

그렇다면 사마천이 『사기』를 저술하면서 「여태후본기」를 편제한 것은 어떻게 해석해야 할까? 여후는 보위에 오른 적이 없다. 그럼에도 진시황이나 항우, 유방과 같은 반열에 올려놓은 것은 파격이다. 항우는 비록 제위에 오르지는 못했으나 그에 버금하는 '패왕'을 자처했다. 왜 그랬을까? 그녀가 수렴청정을 하는 동안 천하가 편안했다고 판단한 결과였다. 「여태후본기」에 나오는 사마천의 평이 그 증거다.

"여후는 사람됨이 굳세고, 고조를 도와 천하를 평정했다. 유력한 공신을 제거하는 데는 그녀의 공이 컸다."

그녀는 강한 권력욕을 지니고 있었다. 사실상의 여제에 해당했다. 실제로 황제의 자리에 오른 측천무후를 제외할 경우 중국의 전 역사를 통틀어 여후처럼 막강한 권력을 휘두른 인물은 청조 말기의 서태후밖에 없다. 여후와 서태후가 행사한 권력은 측천무후와 별반 차이가 없다. 세 사람을 통틀어 중국 역사에 등장한 '3인의 여제'로 볼지라도 큰 잘못은 없다. 사마천도 대략 이런 관점에서 「여태후본기」를 편제한 것으로 보인다.

여기서 주목할 것은 여후의 시부에 대한 헌신적인 시봉과 남편 유방에 대한 순종이 결코 무조건적인 것이 아니었다는 점이다. 천하를 자신의 소생 유영에게 넘겨주어야 한다는 전제조건이 딸려 있었다. 그녀가 유방에게 헌신적인 모습을 보인 배경이 바로 여기에 있다. 유방이 척희를 손에 넣은 이후 남녀 간의 애틋한 애정은 온통 척희에게 퍼부은 사실이 이를 뒷받침한다. 이는 비단 유방과 같은 호색한에게서만 볼 수 있는 것도 아니다.

사실 정략결혼으로 맞아들인 정실과 마음이 끌려 취하게 된 애첩을 지닌 사람은 거의 예외 없이 유사한 모습을 보일 수밖에 없다. 큰 틀에서 볼 때 유방과 여후의 관계는 일종의 '비즈니스' 이해관계에 가까웠다. 유방 사후 여후가 척희에게 잔인한 형벌을 가한 것은 작은 문제에 지나지 않는다. 요체는 권력의 장악이었다. 자신의 소생인 유영이 보위에 오르는 것도 엄밀히 따지면 그녀가 실질적인 대권을 쥐기 위한 수단에 불과했다. 그만큼 권력욕이 강했다. 어찌 보면 유방으로서는 자칫 자신을 찌를지도 모를 독부毒婦를 옆에 끼고 산 셈이다.

한비자는 권력에 관한 한 부인과 자식조차 믿어서는 안 된다고 역설한 바 있다. 바깥에 있는 신하도 신하이지만 안에 있는 처자식도 늘 경계해야 한다는 취지로 편제된 『한비자』「비내備內」는 이같이 경고하고 있다.

"만승萬乘의 대국 군주나 천승千乘의 소국 군주의 경우, 후비后妃와 부인을 비롯해 적자嫡子로서 태자가 된 자들 가운데 간혹 군주의 조기 서거를 바라는 자가 있다. 무엇으로 그러한 것을 알 수 있는가? 부부는 골육의 정이 없다. 사랑하면 가깝지만, 사랑하지 않으면 멀어진다. '어미가 사랑스러우면 그 자식도 품에 안아준다'는 말이 있다. 반대로 뒤집어 해석하면 '어미가 미우면 그 자식도 버린다'는 얘기가 된다. 남자는 나이 50세가 되어도 호색하는 마음이 그치질 않는다. 여자 나이 30세가 되면 미모가 쇠한다. 미모가 쇠한 부인이 호색한 장부를 섬기면 그 자신이 내몰릴까 염려하고, 천시되지 않을까 염려하고, 자식이 보위를 잇지 못할까 염려한다. 이것이 후비와 부인들이 군주의 조기 서거를 바라는 이유이다. 어머니가 태후가 되고 자식이 군주가 되어 명을 내리면 실행되지 않는 게 없고, 금령을 내리면 그쳐지지 않는 게 없고, 남녀 간의 환락도 선왕 때보다 줄지 않고, 만승의 대국을 마음대로 하여 서슴지 않는다. 이것이 군주를 짐주鴆酒로 독살하거나, 은밀하게 목을 졸라 죽이거나 목을 베려는 까닭이다. 옛 사서인 『도올춘추檮杌春秋』에서 말하기를, '군주가 병으로 죽는 경우는 절반도 안 된다'고 했다. 군주가 이를 알지 못하고 환난이 일어날 소지가 많아진다. 그래서 군주의 죽음으로 이익을 얻은 사람이 많을수록 군주는 위험해진다."

유방과 여후의 관계가 꼭 이와 같았다. 사마천은 여후가 만년에 이르러 '미모가 쇠해 유방의 애정이 식었다'고 기록해 놓았다. 척부인이 총애를 받은 이유다. 유방에 대한 헌신적인 감정이 문득 유방에 가까이 하는 모든 여성에 대한 적개심으로 돌변할 소지가 컸다. 척부인이 후계자 다툼에서 패한 후 여후의 보복을 입고 역사상 유일무이한 '인간돼지'의 테러를 당한 게 그렇다.

사다케가 여후를 두고 '유방이 황제가 되기 전은 물론 황제가 된 뒤에도 마음대로 지배할 수 없었던 유일한 인물이다'라고 평한 것은 나름 정확하다. 이는 여후와 유방의 관계를 정략적인 '비즈니스' 관계로 파악한 결과다. 여후가 유방을 도운 시기를 크게 두 시기로 나눠보면 이를 쉽게 확인할 수 있다.

제1기는 유방이 23세 때인 기원전 215년에 여후와 결혼한 후 29세 때인 기원전 209년에 항량의 군대에 가담해 장함이 이끄는 진나라 군사와 싸우기까지의 7년간이다. 제2기는 홍구 강화회담을 계기로 유방의 진영으로 귀환한 기원전 203년부터 유방이 사망하는 기원전 195년까지의 9년간이다. 주목할 것은 두 시기 사이에 7년의 공백이 있는 점이다.

이 시기는 여후가 유방과 떨어져 패현에서 자식과 시부인 태공을 모시고 있다가 팽성전투를 계기로 항우의 군대에 끌려가 인질로 붙잡혀 있던 시기였다. 이 와중에 유방은 척희를 곁에 끼고 전장을 누볐다. 여후도 이 사실을 잘 알고 있었을 것이다. 정성을 다해 시부를 모시고 자식들을 양육하는 와중에 남편이 미희를 옆에 끼고 다니는 게 곱게 보일 리 없었다. 그럼에도 그녀는 남편을 위해 최선을 다했다.

원래 호족 출신인 그녀는 큰 오라비인 여택을 설득해 남편을 적극 돕도록 설득했다. 팽성전투의 참패에도 불구하고 유방의 세력이 급격히 커진 데는 소하와 한신의 공도 컸지만 여후의 보이지 않는 노력도 크게 작용했다. 유방이 기의했을 때부터 여씨 일족이 그를 패현의 반란군 우두머리로 추대한 것 자체가 이미 먼 앞날을 내다본 포석으로 보아야 한다. 이런 관점에서 보면 여후는 유방에게 시집올 때부터 여씨 일족의 '미션'을 받고 이를 충실히 수행한 셈이다.

조선조 말 세도정치가 극성을 부릴 때 왕비 및 대비들이 왕에게 시집올 때부터 시가인 이씨 왕실보다 외척세력인 친정에 더 큰 주의를 기울이면서 친정의 대변자 내지 기둥 역할을 한 것과 같다. 태자 및 세자의 책립 문제를 놓고 사활을 건 유혈투쟁을 벌인 근본 배경이 여기에 있다. 천하를 놓고 다투는 경쟁에서는 통상적인 차원의 남녀문제가 개입될 여지가 거의 없다. 모두 '파워게임'의 당사자일 뿐이다. 부부관계만이 그런 것도 아니다. 부자지간도 하등 다를 게 없다. 수많은 태자와 세자가 군부君父에게 맞서거나 밉보이는 바람에 자신은 물론 처족과 외족이 멸문지화를 당한 사례가 부지기수이다.

21세기라고 달라진 게 없다. 재벌 총수의 집안에서 빚어지는 후사後嗣 투쟁이 그 증거다. 사마천이 「화식열전」에서 갈파했듯이 전한 때도 수만 금의 재산을 지닌 부호는 제후의 위세를 방불했다. 지금은 자본주의 시대인 만큼 그 위세가 더욱 높아진 까닭에 과거 보위를 둘러싼 왕조 때의 유혈투쟁을 방불케 한다. 재벌 총수가 황혼이혼을 마다하지 않고, 형제들이 후계자 자리를 놓고 서로 무함하거나 삿대질을 하며 치열한 유산소송을 벌이는 것 등이 그렇다. 모두 거대한 규모의 권력權力과 금력金力을 둘러싼 다툼이다. 유방 사후 여씨 세력이 발호한 것도 바로 이런 관점에서 접근해야 그 실체를 제대로 파악할 수 있다.

진정한 사직지신

후계자 자리를 둘러싼 다툼은 왕조의 창업 초기 때 가장 치열하다. 이때는 제왕의 무수한 자식들 사이에서만 전개되는 게 아니라 숙부와 백부, 조카, 생질 등 온갖 종류의 친인척이 모두 개입하는 까닭에 양상도 매우 복잡할 뿐만 아니라 피를 흘리는 사람 또한 상상을 초월한다. 창업주가 후사를 정해 놓지 않을 경우는 진시황의 사례가 보여주듯이 '제국'이 일거에 무너질 수도 있다.

설령 아무리 똑똑한 후계자를 세워놓을지라도 창업주가 군계일학의 영걸일 경우 이 또한 위험할 수 있다. 삼국시대 당시 조비는 분명 명군의 반열에 들어갈 만하지만 부황인 조조가 워낙 탁월했던 까닭에 유업을 제대로 잇지 못하고 이내 자손 대에 나라를 사마씨에게 빼앗기고 말았다. 중국의 역대 왕조는 대략 200년 단위로 왕조 교체가 이뤄졌다.

유방이 세운 한나라가 400년 동안 이어진 것은 매우 희귀한 사례에 해당한다. 그러나 이 또한 엄밀히 따지면 유방이 세운 전한제국은 왕망의 신나라가 들어설 때 패망한 것이나 다름없었다. 광무제 유수는 장사왕 유발의 후손으로 유수의 대에 와서는 황실의 인연이 거의 다 소진돼 지방 호족으로 전락해 있었던 상황이었다. 황통과는 거리가 한참 멀었다. 이렇게 볼 경우 유방이 세운 한나라도 200년을 주기로 왕조가 바뀌는 일반적인 패턴에서 한 치도 벗어나지 못한 셈이다.

중원의 관점에서 볼 때 한국처럼 한 왕조가 500년간 이어지는 것은 거의 기적에 가까운 일이다. 일각에서는 이를 자랑스럽게 말하고 있으나 결코 자랑할 게 못된다. 그만큼 정체되어 있었다는 뜻도 되기 때문이다. 물이 오랫동안 흐르지 않은 채 고여 있으면 이내 썩어 악취가 진동키 마련이다. 객관적으로 볼 때 중원에서 한 왕조가 200년 동안 이어졌다는 것은 나름 높이 평가할 만하다. 춘추전국시대를 비롯해 위진남북조시대와 오대십국 등의 난세에 몇 십 년 단위로 명멸한 왕조가 수도 헤아릴 수 없을 정도로 많기 때문이다. 동서를 통틀어 명실상부한 첫 제국인 진제국이 불과 15년 만에 허무하게 무너진 사실이 이를 반증한다.

그런 의미에서 유방이 세운 전한제국이 여씨 척족의 발호에도 불구하고 200년 동안 이어진 것은 나름 평가할 만하다. 여기에는 여후 사후 전광석화처럼 일어나 일거에 여씨 척족 세력을 소탕한 건국공신인 진평의 공이 컸다. 그를 전한제국의 사직지신社稷之臣으로 평가하는 이유다.

원래 사직은 조상신과 곡물신에게 제사를 올리는 곳을 말한다. 새 왕조가 확고히 성립하기 이전에 세우는 경우는 매우 드물다. '김칫국부터 마신다'는 식의 비판을 받을 소지가 크기 때문이다. 사직이 탈 없이 이어지기 위해서는 태자의 자리가 튼튼해야 한다. 태자를 나라의 근본이라는 뜻의 국본國本으로 부르는 이유다. '사직의 근본'을 달리 표현한 것이다. 군왕이 원정 등으로 인해 국도國都를 떠날 때 국도에 머물며 군주를 대신해 정사를 보는 이른바 감국監國의 역할을 수행하는 것은 바로 이 때문이다.

유방은 팽성전투 참패 후 형양에 머물며 흩어진 병사를 모으는 등 한창 힘을 결집하고 있을 때 여후 소생 유영을 태자에 책봉했다. 그는 왜 이처럼 어려운 시기에 굳이 태자 책봉을 서두른 것일까? 항우를 반드시 제압해 천하를 거머쥘 수 있다고 자신한 것일까? 객관적으로 볼 때 팽성전투에서 참패한 당시의 상황은 이와 정반대였다. 자칫 '김칫국부터 마신다'는 비판을 받을 소지가 컸다. 그렇다면 유방은 왜 주변으로부터 이런 비난을 받을 소지가 많은데도 불구하고 태자 책봉을 서두른 것일까? 나름 이유가 있었다. 「고조본기」에 단서가 나온다.

"한 3년(기원전 204년) 6월, 혜제 유영을 태자에 봉하고 죄인을 크게 사면했다. 태자에게 약양櫟陽을 지키게 했다."

원래 약양은 함양과 더불어 관중의 핵심지역 가운데 하나였다. 함양이 항우의 분탕으로 폐허가 된 상황에서는 관중 제1의 도시였다. 유방이 한중에서 관중으로 진출한 후 곧바로 그곳을 임시수도로 삼은 것도 이 때문이었다. 여기의 약櫟은 상수리나무를 뜻하는 글자로 원래 의미로 사용될 때는 '력'으로 읽는다. 그러나 지명으로 사용될 때는 '약'이 맞다. 다만 지금의 하남성에 있는 역성櫟城은 같은 글자인데도 '역'으로 읽는다. '역성'은 춘추시대 정나라의 대표적인 도시로 '약양'만큼이나 유서가 깊다. 섬서성에 있는 약양만 특이하게도 '약'으로 읽는다. 21세기 현재까지 같은 글자로 된 지명인데도 달리 읽는 매우 드문 경우에 속한다. 『사기』의 고주古注에서 '약양'을 '역양'이 아닌 '약양'으로 읽어야 한다고 주장한 이후 관행으로 굳어진 결과다.

유방이 서둘러 유영을 태자에 봉한 가장 큰 이유는 승상 소하를 견제하기 위해서였다. 유방은 가장 충성스런 소하도 믿지 못한 것이다. 앞서 언급한 바와 같이 유방은 팽성전투 참패 후 형양에 머물며 힘을 비축하는 와중에 시종 소하에 대한 의심을 떨치지 못했다. 자신이 궁지에 몰리는 비상사태 때 그가 관중을 통째로 '들어먹을까' 우려한 것이다. 유방의 의심은 소하가 자신의 자손과 형제 등 일족을 병사로 내보낸 뒤에야 어느 정도 가라앉았다.

그렇다고 당시 유방이 의심의 눈초리를 완전히 거둔 것도 아니다. 유영을 서둘러 태자에 봉한 게 그 증거다. 이를 두고 사다케는 형양에서 주력군을 이끌고 있는 처남 여택을 묶어두기 위한 방책으로 풀이했다. 여후가 항우에게 인질로 잡혀 있는 상황에서 처족인 여씨 일족과 맺어진 끈이 약화될까 우려한 결과라는 주장이다. 일리 있는 해석이다.

그러나 성급한 태자 책봉의 또 다른 한 원인으로 척희가 훗날 여후에게 독살을 당한 유여의劉如意를 임신했을 가능성을 제기한 것은 핀트가 어긋났다. 고금의 역사가 보여주듯이 총애하는 후궁 소생은 정실 소생의 태자 책봉을 서두르는 요인이라기보다는 늦추는 배경으로 작용한다. 사다케는 거꾸로 해석한 셈이다.

유방 사후 여후에 의해 유여의는 독살을 당했고, 척부인은 인체人彘가 되고 말았다. 말할 것도 없이 자신의 소생을 태자의 자리에 올리려다가 실패한 데 따른 것이다. 많은 사람들이 이를 여인들의 질투로 해석하고 있으나 이는 평면적인 분석이다. 앞서 언급한 것처럼 천하를 놓고 다투는 권력투쟁에서 '뿌리도 없는' 척희가 감히 여씨 일족에게 도전장을 던진 데 따른 것으로 보는 게 옳다. 유방이 죽기 직전 장량 등을 동원해 태자 교체를 꾀하는 유방을 설득함으로써 가까스로 자신의 소생을 보위에 올려놓기는 했으나 매우 불안정했다. 유여의와 척희가 언제 반대당의 구심점 역할을 할지 모를 일이었다. 철저히 궤멸시킬 필요가 있었다. 척부인을 '인체'로 만든 데에는 남편의 총애를 빼앗긴 한 여인으로서의 질투와 원한이 투영된 것이 사실이나 방점은 어디까지나 '잠재 라이벌'의 제거에 있었다.

그러나 그 후유증이 만만치 않았다. 한혜제가 '인체'로 변한 척희의 모습을 보고는 그 충격으로 1년 반 이상 자리에 누운 게 그렇다. 그는 이같이 한탄했다.

"이는 사람이 할 짓이 아니다. 나는 천하를 다스릴 수 없다!"

결국 그는 재위 7년째인 기원전 188년 주색에 빠져 지내다가 이내 숨을 거두었다. 당시 나이 24세였다. 여기서 주목할 점은 여후가 어렸을 때부터 유약하기 그지없었던 유영에게 '인체'로 변한 척희의 모습을 의도적으로 보여준 점이다. 「여태후본기」의 원문은 '거수일居數日, 내소효혜제관인체迺召孝惠帝觀人彘'이다. 척희를 '인체'로 만든 뒤 며칠 안 돼 이내 혜제를 이끌고 가 '인체'가 돼 있는 척희의 참혹한 모습을 보여주었다는 뜻이다. 이는 무엇을 말하는 것일까?

혜제를 '허수아비 황제'로 만들어 놓고 자신이 실질적으로 천하를 다스리고자 했던 것은 아닐까? 유영은 팽성전투 당시 항우 군사의 내습을 피해 달아나는 도중에 여후와 헤어진 뒤 여동생인 노원공주와 함께 길을 헤매다가 요행히 부친을 만난 적이 있다. 그러나 부친의 발길질에 차여 여러 차례 수레 밖으로 굴러 떨어지는 충격을 당한 바 있다. 하후영 덕분에 간신히 목숨을 구했으나 이때의 충격으로 인해 그는 내내 심약한 인간으로 생장했다.

애초부터 일족의 '미션'을 지고 '비즈니스' 차원의 정략결혼을 한 여후의 입장에서 볼 때 유방과 합작해 만들어낸 혜제는 어디까지나 권력을 장악키 위한 '소도구'에 불과했다. 그가 보위에 올라 이미 목적을 달성한 만큼 혜제는 있어도 그만 없어도 그만이었다. 그가 자기 목소리를 내며 모후의 섭정에 이의를 제기할 경우에는 오히려 제거 대상이 될 소지가 컸다. 여후가 '인체'를 보여주었을 때 심약한 혜제도 그 속셈을 읽었을 것이다. 그가 '이는 사람이 할 짓이 아니다' 운운한 것은 바로 이런 자포자기의 심정을 반영한 것으로 보인다. 이는 혜제가 재위 7년(기원전 188년) 8월에 정실의 자식도 없이 죽자 전에 황후 장씨張氏의 소생으로 둔갑시킨 혜제 후궁의 자식인 소제少帝 유공劉恭을 보위에 앉힌 뒤 명실상부한 섭정을 한 사실이 이를 뒷받침한다. 유공이 즉위하자마자 여후는 곧바로 여씨 일족이 하명한 '미션'을 구체화하기 시작했다. 유방이 토사구팽을 마무리한 후 유씨 이외의 다른 성씨는 제후왕에 봉해서는 안 된다고 못 박은 명을 어기고 여씨를 대거 제후왕에 봉한 게 그렇다. 여후의 치세 때 소제 유공과 후소제後少帝 유홍劉弘이 각각 4년 만에 잇달아 죽임을 당했다. 여후가 손을 쓴 것이다.

그녀는 재위 8년째가 되는 기원전 180년 7월, 여후는 병이 심해지자 조카인 조왕 여록呂祿을 상장군으로 삼아 도성을 지키는 북군北軍을 지휘하게 하고, 또 다른 조카 여왕 여산呂産은 황궁을 지키는 남군南軍을 장악토록 조치했다. 군사권을 장악해야 권력을 계속 유지할 수 있다는 사실을 통찰하고 있었다. 이어 여록과 여산에게 이같이 당부했다.

"여씨가 왕이 된 것에 대신들이 불평하고 있다. 내가 죽으면 황제의 나이가 어려 대신들이 변란을 일으킬까 걱정이다. 반드시 군사를 장악해 궁궐을 지키고, 결코 나로 인해 장례에 참석하는 틈에 다른 사람이 군사를 장악하는 일이 없도록 해야 한다."

이해 7월 30일, 여후는 죽기 직전 천하에 대사령을 내린 뒤 여왕 여산을 상국, 여록의 딸을 황후로 삼는다는 유조遺詔를 내렸다. 장례가 끝난 뒤 유조에 따라 좌승상 심이기가 후소제 유홍의 태부가 되었다. 여후는 8년 동안 사실상의 여제로 군림하면서 장차 여씨 천하를 만들기 위한 만반의 조치를 취한 뒤 숨을 거둔 셈이다. 여씨 천하를 만드는 것은 전적으로 조카 여록과 여산의 몫이었다. 여후가 죽기 전에 이미 조정을 비롯해 지방장관에 이르기까지 모두 여씨 일당으로 채워져 있었다. 적당한 시기에 어린 황제 유홍으로부터 선양만 받으면 끝나는 일이었다. 이는 전한 말기 왕망이 써먹은 수법이기도 하다. 여록과 여산이 왕망처럼 지략이 있었으면 능히 여씨의 나라를 만들 수 있었다.

결과적으로 여씨 입장에서 보면 '사직지신' 진평으로 인해 여씨 왕조 창업의 꿈이 수포로 돌아간 셈이다. 당시 매일 술에 취해 지내던 진평은 여후가 죽자마자 곧바로 태위太尉로 있던 주발과 합세해 여씨 토벌작전에 들어갔다. 주발은 여씨 일족을 토벌하기에 앞서 군문에 들어가 이같이 명했다.

"여씨를 편들 자는 오른쪽 소매를 걷어 올리는 우단右袒을 하고, 유씨를 편들 자는 왼쪽 소매를 걷어 올리는 좌단左袒을 하라!"

여기서 어느 쪽의 편을 들어 따르는 것을 뜻하는 '좌단' 성어가 나왔다. 당시 소하와 조참, 장량, 번쾌 등은 이미 혜제의 재위 중 세상을 떠난 까닭에 오직 진평과 주발 정도밖에 남아 있지 않았다. 진평은 여후의 의심을 사지 않기 위해 짐짓 술만 마시는 등 위장술을 구사하다가 여후가 죽자마자 일거에 여씨 일족을 소탕한 것이다.

당시 진평이 구사한 계책은 『귀곡자』「모려」편에 나오는 이른바 모려술謀慮術의 정수에 해당한다. 이는 모략謀略과 같은 말이다. 모략이 통상 나쁜 의미로 사용되고 있기는 하나 원래 의미는 책략의 큰 줄거리인 대략大略을 도모한다는 뜻이다. 모려술을 구사할 때는 상대의 심리상태 변화에 따라 계책도 수시로 바꿔야 한다. 「모려」는 사안에 따라 크게 정략에 관한 모정謀政, 용병에 관한 모병謀兵, 책략에 관한 모교謀交, 유세에 관한 모인謀人 등 4가지로 나눠 구체적인 방안을 논하고 있다. 관통하는 논리는 똑같다.

최고의 모려술은 계책을 세우는 데서 한 발 더 나아가 상대를 꼼짝 못하게 제압하는 것이다. 병법에서 군사동원을 하지 않은 채 상대방을 제압하는 병법의 '부전승'과 취지를 같이한다. 진평이 구사한 '모려술'이 바로 이와 같다. 여씨 일족을 속이기 위해 짐짓 술이나 마시며 정사에 손을 놓은 것처럼 가장하는 이른바 사취계詐醉計를 구사했다. 삼국시대 당시 사마의가 정적인 조상을 타도할 때 짐짓 병이 든 것처럼 가장하는 사병계詐病計를 구사한 것과 닮았다.

역사에 밝았던 사마의는 진평의 '사취계'에서 힌트를 얻어 '사병계'를 구사했을지도 모른다. '사취계'는 진평이 종횡가의 모려술을 훤히 꿰고 있었기에 가능했다. 병가의 병법에만 밝았던 한신, 법가의 법술에 능했던 장량과 대비되는 대목이다. 모려술의 진수는 상황이 여의치 않자 숨을 죽이고 있다가 결정적인 시기가 오면 전광석화처럼 일어나 적을 제압하는 데 있다. 당대의 종횡가인 진평은 화려한 모려술을 구사해 전한제국의 수명을 200년이나 연장시킨 사직지신이 된 셈이다.

부록 1. 초한지제 세계표

1) 유씨劉氏

고조高祖 방邦—— 혜제惠帝 영盈—— 소제少帝 공恭
기원전 206—195　　195—188　　188—184
소제少帝 홍弘
184—180
문제文帝 항恒—— 경제景帝 계啓—— 무제武帝 철徹—— 방태자房太子——
180—157　　157—141　　141—87
소제昭帝 불릉弗陵
87—74
ㅁ ——폐제廢帝 현賢
—————————선제宣帝 순詢—— 원제元帝 석奭—— 성제成帝 오鰲
74—49　　49—33　　33—7
ㅁ——애제哀帝 흔欣
7—1
ㅁ—— 평제平帝 연衎
1—기원후 5
ㅁ——————— ㅁ———————ㅁ——————— 유자孺子 영嬰
기원후 6—8

2) 항씨項氏

항연項燕(？— 기원전 224)————ㅁ———— 항우項羽(적籍 기원전 233—202)
항량項梁(？— 기원전 208)
항전項纏(= 항백項伯)

부록 2. 진나라 및 초한지제 연표

기원전	연대	사건
221	진시황 26년	진시황이 제나라를 멸하고 천하를 통일함.
220	27	황하를 '덕수德水', 백성을 '검수黔首로 개칭, 천하를 36군으로 나눔.
219	28	아방궁을 지음. 치도馳道를 닦음. 진시황이 낭야로 감.
218	29	장량이 역사를 시켜 진시황 척살을 시도함.
217	30	아무 일이 없었음.
216	31	납월臘月을 '가평嘉平'으로 개칭. 백성들에게 쌀 6석과 양 2마리씩 하사.
215	32	진시황이 갈석碣石으로 감.
214	33	남월南越을 공략해 계림桂林과 남해南海, 상군象郡을 설치함.
213	34	이사가 분서焚書를 건의함.
212	35	몽념에게 명해 직도直道를 닦아 구원九原까지 길을 내게 함.
211	36	백성 3만 명을 북하北河와 유중楡中으로 이주시킴.
210	37	진시황이 사구沙丘에서 붕어, 호해가 2세황제로 즉위.
209	2세 원년 7	초은왕楚隱王 진승陳勝이 기병함.
	8	무신武臣이 조왕으로 자립, 갈영葛嬰이 양강襄彊을 초왕으로 옹립.
	9	유방 기병. 제왕 전담田儋, 연왕 한광韓廣, 위왕 위구魏咎 자립.
	10	진승이 갈영을 주살(* 진나라 음력으로 기원전 208년, 2세 2년 개시).
	11	조왕 무신이 살해되자 장이와 진여 도주.
	12	진승 사망. 옹치가 위나라에 투항. 진나라 장수 장함이 초병을 침.
208	2년 1	장이와 진여가 조왕 헐歇 옹립.
	2	항량의 도강으로 경포 귀속.
	3	유방이 하읍을 공략함.
	4	항량이 초왕 경구를 침.
	6	항량이 초회왕과 한왕韓王 옹립. 제왕 전담 패사. 위왕 위구 자진.
	7	진나라 군사 동아東阿 포위, 유방와 항우가 구원.
	8	항량이 전불을 제왕으로 옹립.
	9	항량이 진나라 장수 장함에게 패사. 위표가 위왕으로 자립.
	後9	장함이 조나라 한단을 공파해 백성을 하내로 이주시킴.
	11	항우가 송의를 살해하고 상장군에 제수됨.
	12	항우가 진나라 군사를 거록에서 대파하고 제후들을 호령함.
207	유방 원년 1	항우가 진나라 장수 왕리를 생포함.

		2	항우가 장함의 군사를 격파함. 유방이 팽월의 군사를 얻음.
		3	유방이 개봉에서 진나라 장수 양웅을 격파함.
		4	조고가 장함의 증원요청을 거부함. 유방이 형양을 공략함.
		5	진나라 장수 사마흔이 장함에게 조고의 전횡을 고함.
		6	장함이 항우에게 투항할 것을 약속함. 유방이 남양을 침.
		7	항우가 장함을 옹왕에 봉함. 유방이 남양을 평정함.
		8	항우가 사마흔 등을 상장군에 임명함. 유방이 무관을 공파함.
		9	유방이 장량의 계책으로 남전 등을 평정함.
		10	유방이 함양을 점령한 뒤 파상으로 물러남.
		11	항우가 진나라 항졸 20만 명을 갱살함. 유방이 약법3장을 선포함.
		12	항우가 자영을 주살한 뒤 제후국들을 소국으로 나눔.
206	2년	1	항우가 서초패왕으로 자립함.
		2	항우가 18왕을 분봉함.
		6	제왕 전영이 교동왕 전불을 격살함.
		7	팽월이 제북왕 전안을 죽임.
		8	항우가 정창을 한왕韓王으로 세움.
		9	연왕 장도가 요동국을 병탄함.
		10	항우가 의제를 죽임.
		12	유방이 이해 12월을 정월로 삼음(* 한무제 때 원래 음력으로 복귀).
205	3년	1	항우가 전가를 제왕으로 옹립함.
		2	전영의 동생 전횡이 전가를 침. 전가가 망명지 초나라에서 피살됨.
		3	항우가 3만 병력으로 한나라의 56만 대군을 격파함.
		4	위표가 한나라 유방을 배반함.
		5	유방이 입관入關함.
		6	유방이 옹雍 땅을 농서군 등으로 편입함.
		8	한나라 군사가 위표를 사로잡음.
		9	한나라가 서위西魏를 군으로 편입, 다시 이해 9월을 9월로 삼음.
		10	한나라 장수 한신이 진여를 참함.
		11	한나라가 상산국常山國을 태원군으로 편입, 대국代國을 병탄함.
		12	구강왕 경포가 한나라에 투항, 항우가 구강국을 병탄함.
204	4년	4	초나라 군사가 형양을 포위함.
		7	임강왕 공오 훙薨.
		11	한신이 초나라 장수 용저龍且를 격파함. 유방이 장이를 조왕으로 세움.
203	5년	2	유방이 한신을 제왕으로 세움.

		7	유방이 경포를 회남왕으로 세움.
		9	태공과 여후가 초나라 군영에서 풀려나 유방에게 옴.
		12	항우가 해하에서 패사함(* 진나라 음력으로 기원전 202년 12월).
202	6년	1	유방이 천하통일의 논공행상을 함. 제왕 한신이 초왕으로 옮겨 봉해짐.
		2	유방이 황제로 즉위.

사서로 읽는 항우와 유방

– 초한지제의 흥망을 『사기』, 『한서』, 『자치통감』으로 파헤치다

발행일 1쇄 2019년 9월 10일

지은이 신동준

펴낸이 여국동

교 열 최 웅

펴낸곳 도서출판 인간사랑

출판등록 1983. 1. 26. 제일 – 3호

주소 경기도 고양시 일산동구 백석로 108번길 60 – 5 2층

물류센타 경기도 고양시 일산동구 문원길 13 – 34(문봉동)

전화 031)901 – 8144(대표) | 031)907 – 2003(영업부)

팩스 031)905 – 5815

전자우편 igsr@naver.com

페이스북 http://www.facebook.com/igsrpub

블로그 http://blog.naver.com/igsr

인쇄 인성인쇄 **출력** 현대미디어 **종이** 세원지업사

ISBN 978 – 89 – 7418 – 783 – 5 03910

* 책값은 뒤표지에 있습니다. * 잘못된 책은 바꿔드립니다.

이 도서의 국립중앙도서관 출판시도서목록(CIP)은 서지정보유통지원시스템 홈페이지(http://seoji.nl.go.kr)와
국가자료공동목록시스템(http://www.nl.go.kr/kolisnet)에서 이용하실 수 있습니다.(CIP제어번호: CIP2019032328)